Karl Praechter

Friedrich Ueberwegs Grundriss der Geschichte der Philosophie

1. Band - Die Philosophie des Altertums 2. Teil

Karl Praechter

Friedrich Ueberwegs Grundriss der Geschichte der Philosophie

1. Band - Die Philosophie des Altertums 1. Teil

ISBN/EAN: 9783965067721

Auflage: 1

Erscheinungsjahr: 2023

Erscheinungsort: Treuchtlingen, Deutschland

© Literaricon Verlag UG (haftungsbeschränkt)

www.literaricon.com

Printed in Germany

Cover: Allegorie der Philosophie, Fresko, Universität Athen, Abb. gemeinfrei

FRIEDRICH UEBERWEGS GRUNDRISS DER GESCHICHTE DER PHILOSOPHIE

ERSTER TEIL
DIE PHILOSOPHIE DES ALTERTUMS

Zwölfte, umgearbeitete und erweiterte, mit
einem Philosophen- und Literatorenregister
versehene Auflage

Herausgegeben

von

DR. KARL PRAECHTER
ord. Professor an der Universität Halle

Register, Berichtigungen und Nachträge

BERLIN 1926

VERLEGT BEI E. S. MITTLER & SOHN

DIE PHILOSOPHIE DES ALTERTUMS

Zwölfte, umgearbeitete und erweiterte, mit
einem Philosophen- und Literatorenregister
versehene Auflage

Herausgegeben

von

DR. KARL PRAECHTER

ord. Professor an der Universität Halle

Register, Berichtigungen und Nachträge

BERLIN 1926

VERLEGT BEI E. S. MITTLER & SOHN

Verzeichnis der Arbeiten Neuerer
zur Geschichte der Philosophie des Altertums.

(Mit Ausschluß der im Textteil verzeichneten A u s g a b e n der Werke
der Philosophen und ihrer Fragmente.)

———

Zu § 1. Der Begriff der Philosophie. Über den B e g r i f f d e r P h i l o -
s o p h i e vgl. U e b e r w e g , Ztschr. f. Philos. u. philos. Krit., 42 (1863) 185—199.
C. H e b l e r in der von Virchow u. v. Holtzendorff hrsg. Samml. gemeinverständl.
wissensch. Vortr., Heft 44, Berl. 1867. E d. Z e l l e r , Üb. d. Aufg. der Philos. u.
ihre Stell. zu d. übrig. Wissensch., in Zellers Vortr. u. Abh., 2. Samml., Lpz. 1877,
444—466. F. P a u l s e n , Üb. d. Verh. der Philos. z. Wissensch., Vierteljahrsschr.
f. wissensch. Philos., 1 (1877) 15—50. W. W i n d e l b a n d , Über Begriff u. Gesch.
d. Philos., in: Präludien⁵ I, Tüb. 1915, 1—54. Sieh auch die Einll. in die Philos. v.
L. S t r ü m p e l l , F. P a u l s e n , O. K ü l p e , W. W u n d t u. a., ferner W u n d t ,
Philos. u. Wissensch., Essays I², Lpz. 1906, W. D i l t h e y , Kultur d. Gegenw.,
Teil 1 Abt. 6 (Berl. Lpz. 1907) 1 ff. S t a n. G a r f e i n - G a r s k i , Ein neuer
Vers. üb. d. Wesen der Philos., Heidelb. 1909. H. R i c k e r t , Vom Begr. d. Philos.,
Logos 1 (1910) 1—34. P. N a t o r p , Philosophie. Ihr Problem u. ihre Probleme,
Gött. 1911. C o r n e l i u s , Einl. in d. Philos.², Lpz.-Berl. 1911, 4 ff. N i c. P e t r e s c u ,
Zur Begriffsbest. d. Philos., Berl. 1912. Über Wesen u. Wert d. Philos. handelt
P. M e n z e r in s. Einl. in d. Philos., Lpz. 1913 (Wissensch. u. Bild. Nr. 119), über
die geschichtl. Entwickl. des Begriffs der Philos. u. die verschiedenen Bedeut. des
Wortes R. H a y m in Ersch u. Grubers Enzykl. der Wiss. u. Künste, III 24, Lpz.
1848, Artikel Philos. E i s e n m a n n , Über Begr. u. Bedeut. der σοφία bis auf
Sokrates, Münch. 1859 P r. E d. A l b e r t i , Der platon. Begr. d. Philos., am
Lysis, Phädros, Gastm. u. d. Phädon entw., Ztschr. f. Philos. u. philos. Kritik, 51
(1867) 29—52; 169—204. Viel Wertvolles über ant. u. mittelalterl. Anschauungen
von der Aufg. d. Philos. u. ihrer Disziplinen ist zu finden bei D o m i n i c u s
G u n d i s s a l i n u s , De divisione philosophiae, hrsg. u. philosophiegeschichtl.
unters., nebst einer Gesch. der philos. Einleit. bis z. Ende der Scholastik von
L. B a u r (Beitr. z. Gesch. d. Philos. d. Mittelalt., Bd. 4 H. 2—3), Münster 1903.
C. W e y m a n , Die Wissenschaft der Wissenschaften, in: Festg. f. G. Frh. v. Hertling, Freib. i. Br. 1913, 371—378. A. K l o t z , Disciplina disciplinarum, Arch.
f. latein. Lexikogr. 13 (1902) 98. Zu den Definitionen der Philosophie B. K e i l ,
Hermes 40 (1905) 155. H u b. R ö c k , War Philos. den Alten jemals Wissenschaft
schlechthin? Arch. f. Gesch. d. Philos. 28 (1915) 1—53. S. auch R u d. E i s l e r ,
Wörterb. der philos. Begriffe³, Berlin 1910, Art. Philosophie. Über den Erfinder
des Wortes φιλόσοφος U. v. W i l a m o w i t z - M o e l l e n d o r f f , Aus Kydathen
214; E. M a a ß , Hermes 22 (1887) 570 Anm. 1; H. D i e l s , Arch. f. Gesch. d.
Philos. 2 (1889) 87; F. D ü m m l e r , Akademika, Gieß. 1889, 276. Vgl. auch Text.
K. J o ë l, Gesch. d. ant. Philos. I 2, 1.

Zu § 2. Die Methode und die Hilfsmittel der Geschichte der Philosophie. A. D i e
M e t h o d e : Über die Methode der Darstellung der Gesch. der Philos. wird bes.
in den Einl. der betreffenden Geschichtswerke gehandelt. Gegen H e g e l s Auffassung polemisiert in gewissem Betracht Z e l l e r in den Jahrb. d. Gegenw. 1843,
209 ff. = Kl. Schr. I 52 ff. und in der Einl. zu s. Philos. d. Griechen, I ⁶ 10 ff.,
auch S c h w e g l e r in s. Gesch. d. Philos. Zellers Einwürfe bekämpft M o n r a d ,
De vi logicae rationis in describenda philos. historia, Christiania 1860. R. E u c k e n ,
Über den Wert der Gesch. der Philos., Jena 1874. E d. Z e l l e r , Wie soll man

2* **Zu § 2. Die Methode und die Hilfsmittel der Geschichte der Philosophie.**

Gesch. der Philos. schreiben? Jahrbb. d. Gegenw., 1844, 818—830 = Kl. Schr. I
86—99. Die Gesch. d. Philos., ihre Ziele u. Wege, Arch. f. G. d. Ph., 1 (1888) 1—10
= Kl. Schr. I 410—418. Tiefgreifende Erfassung d. Problems bei J. S t e n z e l,
Zum Probl. d. Philosophiegesch., Berl. 1921, Bresl. Hab.-Schr. — J. E. H e y d e,
Grundwissenschaftl. Philos., Lpz. 1924 (Aus Nat. u. Geistesw. 548). S. auch
R. E i s l e r, Wört. d. philos. Begr.³ Artikel Philosophiegeschichte.

B. D i e H i l f s m i t t e l : S. auch Grundr. II¹⁰, 1* ff. III¹² 621 ff. IV¹²
661 ff.

1. B i b l i o g r a p h i e.

E r s c h und G e i s s l e r , Bibliograph. Handb. d. philos. Lit. der Deutschen
von der Mitte des achtzehnten Jahrh. bis auf die neueste Zeit³, Lpz. 1850. V. P h.
G u m p o s c h , Die philos. Lit. d. Deutschen von 1400—1850, Regensburg 1851.
A d. B ü c h t i n g , Bibl. philosophica, oder Verz. der auf dem Geb. der philos.
Wissenschaften 1857—1867 im deutschen Buchh. ersch. Bücher u. Zeitschr., Nordhausen 1867; für die Jahre 1867—1871, Nordhausen 1872. J. P e t z h o l d , Bibliotheca bibliographica, Lpz. 1866, wo der Abschn. 385—468 die Literaturgesch. d. Philos.
betrifft. A. R u g e , Die Philos. d. Gegenwart. Eine internationale Jahresüber-
sicht. 1. Doppelb. (Lit. v. 1908 u. 1909) Heidelb. 1910. Hier S. V. über frühere
bibliograph. Arbeiten. 2. Bd. (Lit. v. 1910), 1912. 3. Bd. (Lit. v. 1911), 1913. 4. Bd.
(Lit. v. 1912), 1914. 5. Bd. (Lit. v. 1913), 1915. R. H e r b e r t z , Die philos. Lit.
Ein Studienführer, Stuttg. 1912. Wissenschaftl. Forschungsberichte, hrsg. v.
K. Hönn; geisteswissensch. Reihe, 1914—1919; darin: Philosophie, bearb. v.
W. M o o g. Gotha 1921. Außerdem findet sich philos. Bibliographie in den unter
2 G anzuführenden philos. Zeitschr., insbes. d. Arch. f. Gesch. d. Philos.

2. A l l g e m e i n e L i t e r a t u r z u r G e s c h i c h t e d e r P h i l o -
s o p h i e (die speziellen Arbeiten zur Philosophie bestimmter Perioden, Schulen
und einzelner Philosophen werden später jeweils an ihrem Orte angeführt werden).

A. Gesamtgeschichte der Philosophie:

a) A u s g e w ä h l t e A b s c h n i t t e a u s d e n Q u e l l e n : M. D e s s o i r
und P. M e n z e r , Philosophisches Lesebuch⁴, Stuttg. 1917.

b) D a r s t e l l u n g e n :
Ä l t e r e , in den früheren Aufl. des Grundr. an dieser Stelle z. T. eingehend
charakterisierte Werke seien hier in Auswahl mit kurzer Titelangabe verzeichnet:
C h r. M e i n e r s , Grundriß d. Gesch. d. Weltweisheit², Lemgo 1789. D. T i e d e -
m a n n , Geist der spekulat. Philos., 7 Bde., Marb. 1791—1797. J. G. B u h l e ,
Lehrb. d. Gesch. d. Philos. u. einer krit. Lit. derselben, 8 Bde., Gött. 1796—1804.
Gesch. der neueren Philos. seit der Epoche der Wiederherst. d. Wissenschaften, 6 Bde.,
Gött. 1800—1805. W. G. T e n n e m a n n , Gesch. d. Philos., 11 Bde., Lpz. 1798
bis 1819. Grundr. d. Gesch. der Philos. für den akad. Unterricht¹, Lpz. 1812, von
der 3. Aufl. an bearb. durch A m. W e n d t , 5. Aufl. Lpz. 1829. Ins Franz. übers.
v. Vict. Cousin. J. F. F r i e s , Gesch. d. Philos., 2 Bde., Halle 1837—1840. F. A s t ,
Grundr. einer Gesch. d. Philos.², Landshut 1825. E. R e i n h o l d , Handb. der
allgem. Gesch. d. Philos., 2 Teile in 3 Bdn., Gotha 1828—1830. Lehrb. d. Gesch.
d. Philos.³ Jena 1849. Gesch. d. Philos. nach den Hauptmomenten ihrer Entw.⁵, 3 Bde.,
Jena 1858. H e i n r. R i t t e r , Gesch. d. Philos., 12 Bde., Hamb. 1829—1853;
Bd. I—IV in neuer Aufl. 1836—1838. Übersicht über die Gesch. d. neuesten dtsch.
Philos. seit Kant, Braunschw. 1853. F. S c h l e i e r m a c h e r , Gesch. d. Philos.,
(Werke III 4 a) Berl. 1839. G. W. F. H e g e l , Vorles. üb. die Gesch. d. Philos.,
hrsg. v. K. L. Michelet², 3 Bde. (Werke, Bd. XIII—XV), Berl. 1840—1843.
G. O. M a r b a c h , Lehrb. d. Gesch. d. Philos., 1. Abt.: Gesch. der griech.
Philos., 2. Abt.: Gesch. der Philos. d. Mittelalt., Lpz. 1838—1841. J. B r a n i s s ,
Gesch. d. Philos. seit Kant, I, Bresl. 1842. C h r. W. S i g w a r t , Gesch. d. Philos.,
3 Bde., Stuttg. 1854. A. S c h w e g l e r , Gesch. d. Philos. im Umriß, ein Leitf. z.
Übersicht, Stuttg. 1848, 16. Aufl. nach der von R. Koeber bearb. 15. Aufl. rev.
Stuttg. 1905, auch in der Reclamschen Universal-Biblioth. neuerdings (durchges.
u. ergänzt v. J. Stern) hrsg. J. E. E r d m a n n , Grundr. d. Gesch. d. Philos.,
2 Bde., Berl. 1866, 4. Aufl. bearb. v. Benno Erdmann, Berl. 1896. C. H e r m a n n ,

Gesch. der Philos. in pragmat. Behandl., Lpz. 1867. J. H. S c h o l t e n , Gesch. d. Religion u. Philos., aus dem Holländ. ins Französ. übersetzt von A. Réville, Par.-Straßb. 1861, ins Dtsche. übers. v. E. R. Redepenning, Elberf. 1868. E. D ü h r i n g , Krit. Gesch. der Philos. Berl. 1894. O. F l ü g e l , Die Probleme d. Philos. u. ihre Lösungen hist. krit. dargest[2], Cöthen 1888. C h r. A. T h i l o , Kurze pragmat. Gesch. der Philos. I[2]., Cöthen 1880. II ebd. 1874. P. H a f f n e r , Grundlinien d. Gesch. der Philos., 1.—3. Abt., Mainz 1881 bis 1884 (kathol. Standp.). J. B a u m a n n , Gesch. d. Philos. nach Ideengehalt u. Beweisen, Gotha 1890, 2. Aufl. u. d. Titel: Gesamtgesch. d. Philos., Gotha 1903. F r. S c h u l t z e , Stammbaum der Philos., tabellar.-schemat. Grundr. der Gesch. d. Philos., für Studierende bearbeit.[2], Jena 1899.

N e u e r e A r b e i t e n : W. W i n d e l b a n d , Gesch. der Philos.[2], Frbg. i. B. 1900. Ins Engl. übers. v. J. H. Tufts, Lond. 1905 (Gesch. der Probleme und der zu ihrer Lösung erzeugten Begriffe). Lehrb. d. Gesch. d. Philos.[9] u. [10] besorgt v. E. Rothacker, Tüb. 1921. J. B e r g m a n n , Gesch. d. Philos., 2 Bde., Berl. 1892 bis 1893. P. D e u s s e n (Anhänger Schopenhauers), Allgem. Gesch. d. Philos. mit bes. Berücks. der Religionen, I I[3]: Allgemeine Einleit. u. Philos. des Veda bis auf die Upanishads, Lpz. 1915; I 2: Die Philos. d. Upanishads, Lpz. 1899 (ins Engl. übers. Edinb. 1906), 2. Aufl. 1907; I 3: Die nachvedische Philos. der Inder, 1908. II 1: Die Philos. der Griech., 1911. K. V o r l ä n d e r , Gesch. der Philos. I[5] : Altert., Mittelalt. u. Überg. z. Neuzeit. II[5]: Neuzeit, Lpz. 1919 (Philos. Bibl. Bd. 105. 106). W. K i n k e l , Gesch. der Philos. als Einl. in das System d. Philos., I: von Thales bis auf die Sophisten, Gieß. 1906. II: von Sokrates bis Plato, Gieß. 1908; von Sokr. bis Arist., Berl. 1922. Allgem. Gesch. d. Philos. I: Gesch. d. Philos. d. Altert., Osterwieck a. H. 1920. T h. C u n z , Gesch. d. Philos. in gemeinverst. Darstell. I: Alte Zeit. Die Systeme der Griechen, Marb. 1911.

E. H. S c h m i t t , Kritik d. Philos. v. Standp. der intuitiven Erkenntnis, Lpz. 1908 (darin 189—507 geschichtl. Teil). G. U p h u e s , Gesch. der Philos. als Erkenntniskritik, Halle a. S. 1909. A l l g e m e i n e G e s c h. d. P h i l o - s o p h i e in: Die Kultur d. Gegenwart, hrsg. v. Paul Hinneberg, Teil I Abt. V, Berl.-Lpz. 1909, 2. Aufl. 1913. Darin: W. W u n d t , Die Anf. d. Philos. u. die Philos. der primitiven Völker; H. O l d e n b e r g , D. indische Philos.; I g n. G o l d z i h e r , Die islam. u. d. jüd. Philos.; W. G r u b e , Die chines. Philos.; T e t s u j i r o I n o u y e , Die japan. Philos.; H. v. A r n i m , Die europ. Philos. d. Altert.; C l. B a e u m k e r , Die europ. Phil. d. Mittelalt.; W. W i n d e l b a n d , Die neuere Phil. — G r o ß e D e n k e r . Unter Mitwirk. von E. v. A s t e r , O. B a e n s c h , M. B a u m g a r t n e r , O. B r a u n , F. B r e n t a n o , H. F a l - k e n h e i m , A. F i s c h e r , M. F r i s c h e i s e n - K ö h l e r , R. H ö n i g s - w a l d , W. K i n k e l , R. L e h m a n n , F. M e d i k u s , P. M e n z e r , P. N a t o r p , A. P f ä n d e r , R. R i c h t e r , A. S c h m e k e l , W. W i n d e l - b a n d hrsg. von E. v. A s t e r , Lpz. 1912 (jetzt in 2. Aufl.).

K ü r z e r e d e u t s c h e A r b e i t e n : C h r. G. J. D e t e r , Kurzer Abriß der Gesch. d. Philos., Berl. 1872, 12. neubearb. Aufl. hrsg. von M. F r i s c h - e i s e n - K ö h l e r , Berl. 1918 (sehr brauchbar, auch zum Repetieren). V. K n a u e r , Gesch. d. Philos. mit bes. Berücks. der Neuzeit[2], Wien 1881. Die Hauptprobl. der Philos. in ihrer Entw. u. teilweisen Lösung von Thales bis R. Hamerling, Wien- Lpz. 1892. F. K i r c h n e r , Gesch. d. Philos. von Thales bis zur Gegenw., 4. Aufl. bearb. v. G e o. R u n z e , Lpz. 1911. J ü r g. B o n a M e y e r , Leitf. z. Gesch. der Philos., Bonn 1882. J. R e h m k e , Grundr. der Gesch. der Philos.[2], Lpz. 1913 (jetzt in 3. Aufl.). E. L a g e n p u s c h , Grundr. z. Gesch. d. Philos., 1. u. 2. T. Bresl. 1899, 1900. A. M a n n h e i m e r , Gesch. d. Philos. in übers. Darst. S. zu § 4. A d. R o t h e n b ü c h e r , Gesch. d. Phil., Leitf. f. Gebildete u. Studierende, Berl. 1904. A. V o g e l , Überblick über d. Gesch. der Philos. in ihren interessantesten Problemen. I. Teil. Die griech. Philos., Lpz. 1904. J. R e i n e r , Grundr. d. Gesch. der Philos.[2], Lpz. 1910. F. T r a u g o t t , Gesch. d. Philos., dargest. in ihren Haupt- systemen, Berl. 1905. M. H a m m e r , Gesch. u. Grundprobleme d. Philos.[2], Münster 1909. A. M e s s e r , Gesch. der Philos. im Altert. u. Mittelalter[2] (Wissensch. und Bildung, Bd. 107), Lpz. 1916. D e r s., Gesch. d. Philos., Bd. 1—4 in 6., Bd. 5 in 4. Aufl., Lpz. J. C o h n , Führende Denker[4], Lpz.-Berl. 1921 (Aus Nat. u. Geistesw. 176).

Tabellarische Übersichten: C. S t u m p f und P. M e n z e r, Tafeln zur Gesch. der Philos.[3], Berl. 1910. Tabell. Übers. z. Gesch. d. Philos. und ihrer Hauptrichtungen, im Anh. v. W. W u n d t, Einl. in die Philos.[6], Lpz. 1914. S. auch F r. S c h u l t z e oben S. 3*.

V. C o u s i n s. Grundr. IV[11] 492. A l f r. W e b e r, Histoire de la philos. europ.[6], Par. 1897, engl. N. Y. 1895, (von Frank Thilly) Lond. 1896. A. F o u i l l é e, Histoire de la philos.[3], Par. 1882. P. J a n e t e t G a b r i e l S é a i l l e s, Histoire de la philos. Les problèmes et les écoles, Par. 1887. R. A. M e r k l e n, Philosophes illustres, nouv. éd. Par. 1892. H. D a g n e a u x, Histoire de la Philos.[2], Par. 1901.

G. H. L e w e s, The history of philosophy from Thales to the present day by George Henry Lewes, 4. edit. corrected and partly rewritten, 2 vols., London 1871. Der 1. Bd. ins Dtsche. übers.[2], Berl. 1873, d. 2. Bd. 1876. J. H a v e n, A history of ancient and modern philosophy, Lond. 1876. A s t o n L e i g h, Hist. of the phil., Lond. 1880. W. L. C o u r t n e y, Studies in Philos. ancient and modern, Lond. 1882. A s a M a h a n, A crit. hist. of philos., N. Y. 1884. W. T u r n e r, History of philos., Lond. 1903.

R. B o b b a, Storia della filos. rispetto alla conoscenza di Dio da Talete fino di giorni nostri, voll. I—IV, Lecce 1873—1874. A. C o n t i, Storia della filos.[3], 2 vol., Firenze 1882. C. C a n t o n i, Storia compendiosa della filos., Milano 1887.

C. G o n z a l e z, Historia de la filos., 4 Tomos, Madrid 1879, auch ins Franz. übers. von R. D. P. de Pascal, Par. 1891.

N. K o t z i a s, Ἱστορία τῆς φιλοσοφίας, 5 Bde., Athen 1876—1878.

Die Philosophie eines besonderen Landes behandelt:

V. d i G i o v a n n i, Storia della filos. in Sicilia da' tempi antiqui al sec. XIX. Vol. I.: Filos. antica, scolastica, moderna. Vol. II: Filos. contemporanea, Palermo 1873.

B. Geschichte einzelner philosophischer Disziplinen und Probleme:

I. L o g i k u n d E r k e n n t n i s t h e o r i e, M e t h o d e n l e h r e:

K. P r a n t l, Gesch. d. Logik im Abendlande, Bd. 1: Die Entwickl. der Log. im Altert., Lpz. 1855. Bd. 2—4: Die Log. im Mittelalt., ebd. 1861—1870. Bd. 2[2], Lpz. 1885. F. H a r m s, Die Philos. in ihrer Gesch. II: Gesch. d. Logik, Berl. 1881. *M. Εὐαγγελίδης, Ἱστορία τῆς θεωρίας τῆς γνώσεως, τεῦχος ά, ἐν Ἀθήν.* 1885 (bis zu den Sophisten). J. L a c h e l i e r, Étude s. la théorie du syllogisme, Rev. philos. 1 (1876) 468 ff. E. T h o u v e r e z, La quatrième figure du syllogisme, Arch. f. Gesch. d. Phil. 15 (1902) 49—110. J. B a u m a n n, Der Wissensbegr. (Synthesis Bd. 1), Heidelb. 1908 (behandelt d. Wissensbegr. bei d. Griechen, in der ind. u. chines. Phil., bei d. Kirchenvätern, im christl. Mittelalt. bis 1200, in der arab. Phil., in der Scholastik nach 1200 und in der Neuzeit). M. S c h l e s i n g e r, Die Gesch. d. Symbolbegr. in d. Philos., Arch. f. Gesch. der Philos. 22 (1909) 49—79 (verfolgt d. Begriff zunächst in d. antiken Philos.). Gesch. d. Symbols, Berl. 1912. M. G r a b m a n n, Die Gesch. der scholast. Methode, I: D. schol. Methode v. ihren ersten Anf. in d. Väterlit. bis zu Beg. des 12. Jahrh., Freib. i. B. 1909; II: Die schol. Meth. im 12. u. beginnenden 13. Jahrh., ebd. 1911. E d. v. H a r t m a n n, Über die dialektische Methode[2], 1910. E. C a s s i r e r, Gesch. d. Erkenntnisprobl.[2], Berl. 1911. M. L o s a c c o, Storia della dialettica, I, fino a Protagora, Annal. Univ. Tosc. 1917, 1—68. T h. Z i e h e n, Lehrb. d. Logik auf positivist. Grundlage mit Berücks. d. Gesch. d. Logik, Bonn 1920. H. M a i e r, Die geschichtl. Wurzeln d. Wahrheitsproblems, Sitz. Berl. Ak. 1923, 31. Mai. M. W e n t s c h e r, Erkenntnisl., Berl.-Lpz. 1920 (hist. Einl.).

II. M e t a p h y s i k u n d N a t u r p h i l o s o p h i e, N a t u r w i s s e n - s c h a f t, M e d i z i n, M a t h e m a t i k.

J a c. T h o m a s i u s, Historia variae fortunae, quam disciplina metaphysica jam sub Aristotele, jam sub scholasticis, jam sub recentioribus experta est, vor dessen Erotemata metaphysica, hrsg. von seinem Sohne Christian Th., Lpz. 1765. E d. v. H a r t m a n n, Gesch. der Metaphys., 2 Bde., Lpz. 1899, 1900. C. H e y d e r, Die L. von den Ideen in einer Reihe von Unters. über Gesch. u. Theorie derselben, 1. Abt., Frankf. a. M. 1873. W. B e n d e r, Mythol. u. Metaph., Grundlinien einer Gesch. d. Weltanschauungen. 1. Bd.: Die Entst. d. Weltanschauungen im griech. Altert., Stuttg. 1899. A. H e u ß n e r, D. philos. Weltanschauungen u. ihre Hauptvertreter[2], Gött. 1912. J. P e t z o l d t , D. Weltprobl. v. Standp. d. relativist. Positivismus aus. Histor.-krit. dargestellt[2], Lpz. 1912. A. S c h m e k e l , Die positive Philos. in ihrer geschichtl. Entwicklung, 2. Bd.: Isidorus v. Sevilla, sein System und seine Quellen, Berl. 1914 (der 1. B l. erscheint später).

E. D a c q u é , Der Deszendenzgedanke u. seine Gesch. v. Altert. bis zur Neuzeit, Münch. 1903. H. S c h w a r z , Natur- u. Geisteswiss. in der Gesch. d. Philos., Neue Jahrb. 13 (1904) 361—369. A. E y m i n , Notes historiques sur les rapports des sciences médicales avec la philosophie depuis le VIe siècle avant J.-C. jusqu'aux premières années du XIX siècle, Lyon 1904. S. O p p e n h e i m , D. astronom. Weltbild im Wandel d. Zeit[3] I: Vom Altert. bis zur Neuzeit (Aus Nat. u. Geistesw. 444), Lpz. 1920. A. G u n d e l , Sterne und Sternbilder im Glauben d. Altert. u. d. Neuzeit, Bonn Lpz. 1922. J. L. E. D r e y e r , History of the planetary systems from Thales to Kepler, Cambr. 1906. T r o e l s - L u n d , Himmelsbild und Weltansch. im Wandel der Zeiten[4], übers. v. Leo Bloch, Lpz. 1913 (betrifft zunächst das 16. Jahrh. nach Chr., greift aber bis ins Altertum zurück). Gesundheit u. Krankheit in der Ansch. alter Zeiten, übers. v. Leo Bloch, Lpz. 1901. S v a n t e A r r h e n i u s , D. Vorstell. v. Weltgebäude im Wandel d. Zeiten. Aus d. Schwed. übers. v. L. Bamberger, Lpz. 1908. S. G ü n t h e r , Gesch. d. Naturw., Lpz., Reclam. M. B e r t h e l o t , D. Chemie im Altert. u. im Mittelalter; aus d. Franz. übers. v. E. Kalliwoda, eingel. u. m. Anmerk. vers. v. F. Strunz. F. S t r u n z , Beitr. u. Skizzen z. Gesch. d. Naturwissenschaften, Hamburg 1909 (darin: Chemisches bei Platon). A. B u c h e n a u , Die philosoph. Entwicklungsgesch. d. mathemat. Naturw. bis auf Newton, Berl.-Zehlend. 1913. H a n s M e y e r , Gesch. d. Lehre v. d. Keimkräften v. d. Stoa bis z. Ausg. der Patristik, Bonn 1914. J. v a n W a g e n i n g e n , De quattuor temperamentis, Mnemos. N. S. 46 (1918) 374—382.

Über den Einfluß der Mathematik auf die geschichtl. Entw. d. Philos. bis auf Kant handelt A. T a b u l s k i , Lpz. 1868 Diss. Vgl. die Gesch. der Mathematik von M o n t u c l a , B o s s u t , A r n e t h , der Geom. von C h a s l e s , der Geom. vor Euklid von C. A. B r e t s c h n e i d e r , und in bezug auf die Neuzeit B a u m a n n s Darst. u. Kritik der LL. von Raum, Zeit u. Math. usw. S. G ü n t h e r , Gesch. d. Mathematik I (v. d. ältesten Zeiten bis auf Cartesius), Lpz. 1908. J. C o h n , Gesch. d. Unendlichkeitsprobl. im abendl. Denk. b. Kant, Lpz. 1896.

III. P s y c h o l o g i e :

F. A. C a r u s , Gesch. d. Psychol., Lpz. 1808 (Nachgelassene Werke III). Im wesentlichsten gehört hierher auch A. S t ö c k l , Die spekulative L. v. Menschen u. ihre Gesch., Bd. 1 (ant. Zeit), Würzb. 1858; Bd. 2 (patrist. Zeit), a. u. d. T.: Gesch. der Philos. der patrist. Zeit, Würzb. 1859. Als Fortsetzung: Gesch. der Philos. des Mittelalters, Mainz 1864—1865. F. H a r m s , Die Philos. in ihrer Gesch., I: Psychologie, Berl. 1877. H. S i e b e c k , Gesch. d. Psychologie, I 1.: Die Psychol. vor Aristoteles, Gotha 1880, 2: Die Psychol. von Aristoteles bis zu Thomas von Aquino, 1884. M. D e s s o i r , Abriß einer Gesch. d. Psychol., Heidelb. 1911. O. K l e m m , Gesch. d. Psychol. Lpz. Berl. 1911. G. L. F o n s e g r i v e , Essai sur le libre arbitre, sa théorie et son histoire, Par. 1887. E. S e e b a c h , Die L. von der bedingten Unsterblichk. in ihrer Entst. u. geschichtl. Entw., Krefeld 1898, Gieß. Diss. R. P e r d e l w i t z , Die L. von d. Unsterblichk. d. Seele in ihrer geschichtl. Entw. bis auf Leibniz, Erl. 1900 Diss. J. G. F r a z e r , The belief in immortality and the worship of the dead, Lond. 1913. A. S c h l e s i n g e r , Der Begriff des Ideals; eine historisch-psychol. Analyse I, Würzb. 1908 Diss. H. S i e b e c k , Neue Beitr. z. Entwicklungsgesch. des Geistbegriffs, Arch. f. Gesch. d. Philos. 27 (1914) 1 ff. C. C l e m e n , Das Leb. nach d. Tode im Glaub. d. Menschh. (Aus Nat. u. Geistesw. 544). Lpz. Berl. 1920. R. G a n s z y n i e c , De argumentis immortalitatem vulgo adstruentibus part. I cum epimetro de origine notionis animae, in: Symb. philolog. Posnaniensium ed. cura L. Cwiklinski, Posnan. 1920.

IV. A l l g e m e i n e L e b e n s a n s c h a u u n g , E t h i k , P o l i t i k , S o z i o l o g i e , P ä d a g o g i k :

C h. M e i n e r s , Gesch. der älteren u. neueren Ethik oder Lebensweisheit, Gött. 1800—1801. K. F. S t ä u d l i n , Gesch. der Moralphilos., Hannover 1823. Gesch. der L. v. der Sittlichkeit der Schauspiele; vom Eide; vom Gewissen usw.,

Gött. 1823 ff. F. v. R a u m e r , Die gesch. Entw. der Begr. von Staat, Recht u. Politik[3], Lpz. 1861. E. F e u e r l e i n , Die philos. Sittenl. in ihren gesch. Hauptformen, 2. Bde., Tüb. 1857—1859 (hegelscher Standp.). J. M a c k i n t o s h , Dissertation on the progress of ethical philos., Lond. 1830; new edition, ed. by W. Whewell, Lond. 1863. R. B l a k e y , History of moral science[2], Edinb. 1863. J. J a h n e l , De conscientiae notione qualis fuerit apud veteres et apud Christianos usque ad medii aevi exitum, Berol. 1862. W. G a s s , Die L. v. Gewissen, Berl. 1869. M. K ä h l e r , Das Gewissen, I. T.: Die Entwickl. seiner Namen u. seines Begriffs. 1. Hälfte: Altert. u. Neues Test., Halle 1878. F. H a r m s , Die Formen der Ethik, Abh. Berl. Ak. 1878. T h. Z i e g l e r , Gesch. der Ethik, I: Die Ethik der Griechen u. Römer, Bonn 1881. II: Gesch. d. christl. Ethik, Straßb. 1886, 2. Ausg. m. Register 1892. K. K ö s t - l i n , Gesch. d. Ethik, I: D. Ethik des klass. Altert., 1. Abt.: D. griech. Ethik bis Platon, Tüb. 1887 (s. dazu T h. Z i e g l e r , Zur Gesch. der griech. Ethik, Philos. Monatsh., 24 [1888] 440—461). H. H ö f f d i n g , Ethik[2], Lpz. 1901. F. J o d l , Gesch. der Ethik als philos. Wissensch. I. Bis zum Schlusse d. Zeitalters d. Auf- klärung[3], Stuttg. Berl. 1920. R. A. P. R o g e r s , A short history of ethics Greek and modern, Lond. 1911. V. B r o c h a r d , La morale anc. et la morale mod., in des Verfassers Études etc. (s. S. 7*). O t t m. D i t t r i c h , Die Systeme d. Moral. Gesch. d. Ethik v. Altert. bis z. Gegenw., Lpz. 1923 (betont den Zusammenh. d. Systeme unter d. Gesichtsp. e i n e r ethischen Grundforderung). R. E u c k e n , Die Lebensanschauungen der großen Denker[15. 16], Lpz. 1921. A. E l e u t h e r o - p u l o s , Wirtschaft u. Philos. oder d. Philos. u. d. Lebensauff. der jeweils bestehen- den Gesellschaft. I: Die Philos. u. d. Lebensauffass. d. Griechent. auf Grund der gesellschaftl. Zustände; 3. Aufl. unter d. Titel: Die Philos. u. d. sozialen Zustände (materielle u. ideelle Entwickl.) d. Griechentums, Zür. 1915 (vgl. dazu W. N e s t l e , Berl. philol. Woch. 1916, 1207 ff. 1572 ff.). II: Die Philos. u. die Lebensauffass. der german.-roman. Völker auf Grund der gesellschaftl. Zustände, Berl. 1901. A. D o r n e r , Zur Gesch. des sittl. Denkens u. Lebens, Hamb. 1901. E. W e s t e r - m a r c k , Origin and development of the moral ideas, I, Lond. 1906, dtsch. Lpz. 1907; II, Lond. 1909. G. A d l e r , Gesch. d. Sozialism. u. Kommunism. v. Plato bis zur Gegenw. I. Teil: Bis z. franz. Revol. (Hand- u. Lehrb. d. Staatswissensch. I. Abt. 3. Bd.), Lpz. 1899. A. V o i g t , Die soz. Utopien, Lpz. 1906. F. S t e i n - m ü l l e r , Die Feindesliebe nach dem natürl. u. positiven Sittengesetz; eine histor.- ethische Abh., T. 1 Münch. 1909 Diss.; vollst. als Buch Regensb. 1909. S. R a n d - l i n g e r , Die Feindesliebe nach dem natürl. u. positiven Sittengesetz; eine historisch- ethische Studie, Münch. 1910 Diss. L. K u h n , Feindesliebe in alter u. neuer Philos., Pasing 1912 Pr. O. v. d. P f o r d t e n , Konformismus; eine Philos. d. normativen Werte; 3. T.: D. Grundurteile d. Philosophen; eine Ergänzung z. Gesch. d. Philo- sophie. 1. Hälfte: Griechenland, Heidelb. 1913. Die Gesch. der P ä d a g o g i k behandeln F. H. C h r. S c h w a r z , F. C r a m e r (vorchristl. Zeit), J. H. K r a u s e (Griechen u. Römer), K. v. R a u m e r (neuere Zeit), K a r l S c h m i d t (Gesch. der Pädagogik, Cöthen 1862 ff., neu bearb. v. Wichard Lange ebd. 1867 ff.), T h. Z i e g l e r (1895), H. S c h i l l e r (3.Aufl. 1894). Hierher gehört ferner die Enzy- klopädie des gesamten Erziehungs- und Unterrichtswesens, hrsg. von K. A. S c h m i d, Gotha 1859—1875. W. M ü n c h , Gedanken über Fürstenerz. aus alter und neuer Zeit, Münch. 1909. B. M a y , D. Mädchenerz. in d. Gesch. d. Pädag. v. Plato bis z. 18. Jahrh., Erl. 1908 Diss. P. B a r t h , Gesch. d. Erziehung [3. 4], Lpz. 1920. — Vgl. auch H a s t i n g s a n d S e l b i e S. 8* unter *F.*

V. R e l i g i o n s p h i l o s o p h i e u n d B e z i e h u n g e n d e r P h i l o - s o p h i e z u r R e l i g i o n :

E. N a g e l , D. Probl. d. Erlösung in d. ideal. Philos., Weinfelden 1900, Zür. Diss. E d v. L e h m a n n , Mystik im Heident. u. Christentum[2] (Aus Nat. u. Geistesw. Bd. 217), Lpz. 1918. H. S c h w a r z , D. Gottesgedanke in d. Gesch. d. Philos., I: von Heraklit bis Jak. Böhme (Synthesis Bd. 4), Heidelb. 1913. H. D i e l s , Himmels- u. Höllenfahrten von Homer bis Dante, Neue Jahrb. 49 (1922) 239—253. D i e K u l t u r d e r G e g e n w a r t , Teil I Abt. III 1: Die Religionen des Orients u. d. altgermanische Religion[2], Lpz. Berl. 1913. F. M. C o r n f o r d , From Religion to Philosophy; a study in the Origins of Western Speculation, Lond. 1912. C. C l e m e n, Religionsgeschichtl. Bibliogr., Lpz. Berl. 1917 ff. und Fontes histor. religionum ex auctor. Graecis et Latinis coll. ed. C. Clemen. Fasc. I: Font. hist. rel. Persicae coll. C. Clemen, Bonnae 1920. Die Mystik nach Wesen, Entw. u. Bedeut., Bonn 1923. Viel die Philos. Berührendes bieten auch das **Archiv f. Religionswissenschaft** (Freib. i. B. 1898 ff., Lpz. 1904 ff.), begr. v. A. Dieterich, jetzt hrsg. v. O. Weinreich, sowie die **Religionsgeschichtl. Versuche u. Vorarbeiten** (Gießen 1903 ff.), begr. v. A. Dieterich, jetzt hrsg. v. L. Malten u. O. Weinreich. S. auch **Hastings and Selbie** S. 8* unter *F*.

VI. **Ästhetik**:

R. **Zimmermann**, Gesch. der Ästhetik als philos. Wissensch., Wien 1858. Vgl. die historisch-kritischen Partien in **Vischers** Ästhetik und M. **Schasler**, Ästhet. als Philos. des Schönen u. der Kunst, I: Krit. Gesch. der Ästh. v. Platon bis auf die neueste Zeit, Berl. 1871. A. **Kuhn**, D. Idee d. Schönen in ihrer Entwickl. bei d. Alten bis in unsere Tage[2], Berl. 1865. **Fierens-Gevaert**, L'histoire de l'esthétique, Rev. de l'instruction publ. en Belgique 48 (1905) 8—20.

C. Geschichte einzelner philosophischer Richtungen:

K. F. **Stäudlin**, Gesch. u. Geist des *Skeptizismus*, Lpz. 1794, 1795. E. T. **Tafel**, Gesch. u. Kritik des *Skeptizismus* u. *Irrationalismus*, Tüb. 1834. É. **Saisset**, Le scepticisme (Énesidème, Pascal, Kant), 2. éd., Par. 1867. **Raoul Richter**, Der Skeptizismus in der Philos., 2 Bde., Lpz. 1908. F. A. **Lange**, Gesch. des *Materialismus* und Kritik seiner Bedeut. in d. Gegenw.[10], 2 Bde., Lpz. 1921 (z. Standp. s. Grundr. IV[12], 4:0 ff.). L. **Mabilleau**, Histoire de la philos. atomistique, Par. 1895. O. **Willmann**, Gesch. des *Idealismus*, 3 Bde., Braunschw. 1894—1897, 1. Bd. in 2. Aufl. 1907.

D. Sammlungen von Abhandlungen und Einzelbeiträge allgemeineren Inhaltes:

G. G. **Fülleborn**, Beiträge zur Gesch. der Philos., 1. bis 12. Stück, Züllichau 1791—1799. Ad. **Trendelenburg**, Histor. Beiträge z. Philos. 3 Bde., Berl. 1846—1867. Ed. **Zeller**, Vorträge u. Abh. gesch. Inhalts, Lpz. 1865 (enthaltend: 1. die Entwicklung des Monotheismus bei den Griechen, 2. Pythagoras und die Pythagorassage, 3. zur Ehrenrettung der Xanthippe, 4. der platonische Staat in seiner Bedeutung für die Folgezeit, 5. Marcus Aurelius Antoninus, 6. Wolffs Vertreibung aus Halle, der Kampf des Pietismus mit der Philosophie, 7. Joh. Gottlieb Fichte als Politiker, 8. Friedr. Schleiermacher, 9. das Urchristentum, 10. die Tübinger hist. Schule, 11. Ferd. Christian Baur, 12. Strauß u. Renan); 2. Sammlung 1877 (auf Gesch. der Philos. bezüglich: Religion u. Philos. bei den Römern, Alexander u. Peregrinus, der Prozeß Galileis); 3. Samml. 1884 (Gesch. d. Philos. betreffend: d. L. des Aristoteles v. d. Ewigkeit der Welt, Üb. die griech. Vorgänger Darwins, Über das kantische Moralprinzip u. den Gegensatz formaler u. materialer Moralprinzipien). Philosophische Aufsätze Ed. **Zeller** z. seinem 50 jähr. Doktorjub. gew. Lpz. 1887. W. **Dilthey**, Einl. in d. Geistesw. I, Berl. 1883. E. **Laas**, Idealismus und Positivismus, eine kritische Auseinandersetzung, 3. T., Berl. 1880 bis 1884. S. auch E. **de Roberty**, L'anc. et la nouv. philos. Essai sur les lois générales du développement de la philos., Par. 1887, L. **Strümpell**, Die Einl. in die Philos. v. Standp. der Gesch. der Philos., Lpz. 1886, W. **Wundt**, Einl. in die Philos.[8], Lpz. 1920 (Geschichtl. Orientierung). R. **Eucken**, Gesamm. Aufs. z. Philos. u. Lebensansch., Lpz. 1903. Beiträge z. Einf. in d. Gesch. d. Philos., Lpz. 1906. W. **Windelband**, Präludien, Aufsätze u. Reden zur Philos. u. ihrer Gesch.[8], Tüb. 1921. Philos. Abhandll., M. **Heinze** zum 70. Geb. gew., Berl. 1906. Ed. **Zellers** Kleine Schriften, 3 Bde., Berl. 1910. 1911 (der 1. Bd. u. der 1. Teil des 2. Bandes enthalten Abh. z. Gesch. d. Philos.). V. **Brochard**, Études de philos. anc. et de philos. mod., Par. 1912. Philos. Abhh., H. **Cohen** z. 70. Geb. darg., Berl. 1912. Studien z. Gesch. d. Philos., Festg. f. **Clem. Baeumker**, Münster i. W. 1913. Abhh. aus dem Geb. d. Philos. u. ihrer Gesch., Festg. z. 70. Geb. v. G. **Frh. v. Hertling**, Freib. i. Br. 1913. Festschr. für Al. **Riehl** zu seinem 70. Geb., Halle a. S. 1914.

E. Geschichte der philosophischen Terminologie und Darstellungsform:

R. **Eucken**, Gesch. d. philos. Terminol., Lpz. 1878. Über Bilder u. Gleichnisse in der Philos., Lpz. 1880. Zur philos. Terminol., Arch. f. Gesch. d. Philos. 1

(1888) 309—313. O. W i l l m a n n , Die wichtigsten philos. Fachausdrücke in hist. Anordn., Kempt. Münch. 1909. A d. D y r o f f , Über Name u. Begriff der Synteresis, Philos. Jahrb. 1912, 1—3. A. B u t l e r , A dictionary of philos. terms, Lond. 1909. J. S t e n z e l , Über d. Zusammenh. des Dichterischen u. Religiösen bei Platon. Ein Beitr. z. Frage der philosophischen Terminologie, Schlesische Jahrb. f. Geistes- u. Naturwiss. 2 (1924) 143—167.

F. Lexikalische Werke:

Brauchbar für Philosophiegesch. ist immer noch das enzyklop.-philosoph. Lexikon v. W. T. K r u g , 4 Bde., Lpz. 1827 ff., sowie auch die neueren Lexika von A d. F r a n c k (unter Mithilfe einer Reihe von Gelehrten): Dictionnaire des sciences philosophiques, 3. tir., Par. 1885, und von J. M. B a l d w i n (mit einer Anzahl Gelehrter zusammen): Dictionary of Philos. and Psychol., Vol. I, New York Lond. 1901. L. N o a c k , Philosophiegeschichtl. Lexikon, histor.-biograph. Handwörterb. zur Gesch. der Philos. (philos. Biblioth.), Lpz. 1879. E. B l a n c , Dictionnaire de philos. anc., mod. et contemp., Par. 1906. Dazu Suppl. au dictionn. etc., Par. 1908. Auf die geschichtl. Entw. nehmen auch Rücksicht F r. K i r c h n e r , Wörterb. der philos. Grundbegriffe (Philos. Bibl. 67. Bd.), 6. Aufl. von C. Michaelis, Lpz. 1911 und R u d. E i s l e r , Wörterb. d. philos. Begriffe, 4. völlig neu bearb. Aufl., Berl. 1910. Derselbe, Philosophen-Lexikon. Leben, Werke und Lehren der Denker, Berl. 1925. Handwörterbuch d. Philosophie, 2. Aufl. Berl. 1922. F. M a u t h n e r , Wörterb. d. Philos., I. II., Münch. Lpz. 1910. J. R e i n e r , Philos. Wörterb., Lpz. 1912. J. H a s t i n g s , Encyclopaedia of religion and ethics edit. with the assist. of J. A. S e l b i e and other scholars. P. T h o r m e y e r , Philosophisches Wörterb.², Lpz. Berl. 1920. S. auch A. B u t l e r oben unter *E*.

G. Zeitschriften;

Philosophische Monatshefte, Vierteljahrsschrift für wissenschaftliche Philosophie und Soziologie, Zeitschr. für Philosophie u. philosophische Kritik, Jahrbuch für Philos. u. spekulative Theologie, Philos. Jahrbuch (letztere beide vom kathol. Standpunkt), Kantstudien (dazu Ergänzungshefte), Logos, Revue philosophique, Rivista filosofica, Revue de philosophie, Revue de métaphysique et de morale, Revue de psychologie sociale, Annales de philosophie chrétienne u. a. Seit 1888 erscheint in Berlin ein eigenes ,,A r c h i v f ü r G e s c h i c h t e d e r P h i l o s o p h i e" (seit 1895 als I. Abteilung des Archivs für Philosophie, dessen II. Abteilung das Archiv für systematische Philosophie ist), hrsg. in Gemeinschaft mit H. Diels † (bis 1895), W. Dilthey (†), B. Erdmann (†) u. E. Zeller (†), seit 1896 auch mit P. Natorp † und Chr. Sigwart (†) von Ludw. Stein, in welchem auch von einer Reihe weiterer Fachgenossen sehr schätzenswerte Jahresberichte über sämtliche Erscheinungen auf dem Gebiete der Gesch. d. Ph. veröffentlicht werden.

H. Systematische Darstellungen einzelner Disziplinen und Probleme der Philosophie mit Berücksichtigung der Geschichte:

F. J. S t a h l , Philos. d. Rechts nach geschichtl. Ansicht, Heidelb. 1830 ff. u. ö. I m m. H. F i c h t e , System der Ethik, Lpz. 1850—1853. W. W u n d t , Ethik, Stuttg. 1886 u. ö. F. P a u l s e n , System der Ethik¹¹ u. ¹², Stuttg. 1921. F r i t z S c h u l t z e , Philos. d. Naturwiss., Lpz. 1881 f. K. H i l d e n b r a n d , Gesch. u. System der Rechts- und Staatsphilos., Lpz. 1860. A. L a n g , Das Kausalproblem, Köln 1904. P. S o k o l o w s k i , Die Philos. im Privatrecht, Halle 1902. 1907. A. S t ö h r , D. Begriff des Lebens, Heidelb. 1910. E. L a s k , D. Logik d. Philos. u. d. Kategorienlehre, Tüb. 1911 (behandelt in Kap. 4 S. 224 ff. d. philos. Kategorien in d. Gesch. d. theoret. Philos.). Viel geschichtl. Material enthalten auch die rechtsphilos. Schr. von W a r n k ö n i g , R ö d e r , R ö ß l e r , T r e n d e l e n b u r g , H. A h r e n s (im ersten Bande seines Naturrechts) und anderen; vgl. die betreffenden histor. Artikel (von F. D a h n u. a.) in dem von Bluntschli und Brater herausgegebenen ,,Staatswörterbuch". — H. B a v i n c k , Ethik u. Politik, Verslagen en mededeel. d. kon. Akad. van wetensch. V 2, 1 (8. Nov. 1915). O. B a u m g a r t e n , Politik u. Moral, Tüb. 1916.

Zu § 3. Die Orientalen. (Über die Orientalen im allgemeinen s. d. Text; vgl. auch J o ë l , Gesch. d. ant. Philos. I 1 ff.) *Die Inder:* J a h r e s b e r i c h t e s. unten zu § 4. C. C l e m e n , Religionsgesch. Bibliogr. Abt. VII. Von Schriften allgemeinen Inhalts, welche i n d i s c h e Religion und Philosophie berühren, seien erwähnt: H. H. W i l s o n , Essays and lectures on the religions of the Hindus, coll. and ed. by R. Rost, Lond. 1861, 1862. M o n i e r W i l l i a m s , Indian Wisdom, Lond. 1876.. Brahmanism and Hinduism, 4. ed., Lond. 1891. A. B a r t h , Les religions de l'Inde, Par. 1879. M a x M ü l l e r , The six systems of Indian philos., Lond. 1903. A d. D y r o f f , Eine indische Ästhetik, Arch. f. Gesch. d. Philos. 18 (1905) 113—134. H. J a c o b i , Zur Frühgesch. der ind. Philos., Sitz. Berl. Akad. 1911 Nr. 35. H. W. S c h o m e r u s , Der Caiva Siddhanta, eine Mystik Indiens, Lpz. 1912. H. O l d e n - b e r g , Die ind. Philos., in: Kultur d. Gegenwart, Teil 1, Abt. 5; 2. Aufl., Lpz. 1913. Die ind. Religion, ebd., Teil 1, Abt. 3, 1; 2. Aufl., Lpz. 1913. R. P i s c h e l , Die ind. Liter., ebd. Teil 1, Abt. 7, Lpz. 1906. L. S u a l i , Introduz. allo studio della filos. Indiana, Pavia 1913. D a s g u p t a , Surendranath, A history of Indian Philosophy I, Cambr. 1922. P. D e u s s e n , Allg. Gesch. d. Philos. s. oben S. 3*.

Zu den einzelnen indischen religiösen und philosophischen Systemen seien genannt: Rigveda, übersetzt, mit Komm. u. Einl. v. A. L u d w i g , 5 Bde., Prag 1876—1883. H. T. C o l e b r o o k e , Essays on the Vedas a. on the philos. of the Hindus, in den Miscellaneous Essays, Vol. I, Lond. 1837, neue Aufl. 1873, dtsch. teilweise von P o l e y , Lpz. 1847, besondere Aufl. d. Ess. on the rel. and phil. of the H., Lond. 1858. A. K ä g i , Der Rigveda, Lpz. 1881. L. S c h e r m a n n , Philosoph. Hymnen aus der Rig- u. Atharva-Veda-Sahita verglichen mit den Philosophemen der ältesten Upanishads, Straßb. 1887. E d m. H a r d y , D. ind.-brahman. Relig. des alt. Indiens, Münster 1893. J. M u i r , Original Sanskrit Texts, Vol. III (the Vedas: Opinions of their authors and of later Indian writers on their origin, inspiration and authority), 2. ed., Lond. 1863. H. O l d e n b e r g , Religion des Veda, 2. Aufl. Stuttg. Berl. 1917. Vedaforschung, Stuttg. Berl. 1905. Die Anfänge der eigentlichen Philosophie sind in den auch noch zum Veda gerechneten U p a n i s - h a d s enthalten. Sie wurden in Europa zuerst bekannt durch A n q u e t i l D u - perrons Werk Oupnekhad (id est: secretum tegendum), Straßb. 1801, eine lat. Übers. einer persischen Übers. von fünfzig der wichtigsten Upanishads. Aus diesem Werke lernte sie Schopenhauer kennen. Einige Upanishads ins Engl. übers. zu den Ausgaben in der „Bibliotheca Indica" (Calcutta), die ältesten und wichtigsten ins Engl. übers. v. M. M ü l l e r in Sacred Books of the East, Vol. 1 u. 15, zwei davon kritisch ins Deutsche übers. v. O. B ö t h l i n g k , Lpz. 1889, vgl. auch Berichte der Sächs. Gesellsch. d. W. 1890. An Duperrons Werk knüpfte an: A. W e b e r , Ind. Studien, Bd. I ff., Berl. (später Lpz.), 1850 ff. P. R e g n a u d , Matériaux pour servir à l'histoire de la philos. de l'Inde, Par. 1876 (behandelt die Upanishads). P. D e u s s e n , Sechzig Upanishads des Veda, a. d. Sanskr. übers. u. mit Einleit. u. Anmerkung. versehen, Lpz. 1897. Outlines of Indian philosophy, 1900. On the philosophy of Vedanta in its relation to the occidental Metaphysics, Bombay 1893. Das System des Vedanta, nach den Brahma-Sutras des Badarayana u. d. Kommentar des Sankara üb. dieselben, Lpz. 1883 (Sankara lebte im 8. od. 9. Jahrh. n. Chr.). Die Sutras des Vedanta od. die Sariraka-Mimansa des Badarayana nebst d. vollständ. Komment. des Sankara, aus d. Sanskr. übers., Lpz. 1887. Eine englische Übers. v. G. T h i b a u t in den Sacred Books of the East, vol. 34. 38. Major G. A. J a c o b , A Manual of Hindu Pantheism. The Vedantasara, Lond. 1881. Sadanandas Vedantasara, sanskrit u. dtsch. in O. B ö t h l i n g k s Sanskrit-Chrestomathie, 3. Aufl., hrsg. v. R. Garbe, Lpz. 1909. G. T h i b a u t , The Arthasamgraha, an elementary treatise on M i m a n s a , Benares 1882. J. R. B a l l a n t y n e , The S a n k h y a Aphorisms of Kapila translated, Calcutta 1865 (Bibliotheca Indica). C h r. L a s s e n , Gymnosophista sive Indicae philosophiae documenta, Bonn 1832 (Sankhya). J o h n D a v i e s , Hindu Philosophy. The Sankhya Karika of Iswara Krishna, Lond. 1881. R. G a r b e , D. Mondschein der Samkhya-Wahrheit, Münch. 1892. Die Samkhyaphilosophie, eine Darstell. d. indisch. Rationalismus[2], Lpz. 1917. Samkhya u. Yoga, Grundr. d. indoarisch. Philos., 3 Bd., 4 H., Straßb. 1896, u. a. Werke dess. Verfassers. S a d a j i r o S u g i u r a , Hindu Logic as preserved in China and Japan, Publications of the University of Pennsylvania, Philad. 1900. D. psychol. Seite des Yoga kehrt heraus D. M a r c u s , Die Yoga-Philos. nach dem

Rajamartanda, Halle 1886. The Aphorisms of the N y a y a , 4 Hefte, by J. R. B a l l a n t y n e , Allahabad 1850—1854. E. W i n d i s c h , Üb. d. Nyayabashya, Lpz. 1889, Univ. Pr. E. R ö e r , Die Lehrsprüche der V a i s e s h i k a - Philos. v. Kanada, a. d. Sanskr. übers. u. erl., Ztschr. d. Dtsch. Morg. Ges. 21 (1866) 309—420. A. W i n t e r , Die Saptapadarthi des Sivaditya, Ztschr. d. D. M. G. 53, 328 ff. H. J a c o b i , Die ind. Logik, in d. Nachricht. d. K. G. d. Wissensch. zu Gött. a. d. J. 1901. E. W i n d i s c h , Über die b r a h m a n i s c h e Philos., in der Ztschr. „Im Neuen Reich", 1878 Nr. 21; ders., Über d. Sitz der denkenden Seele bei Indern u. Griechen, in d. Berichten d. Sächs. Gesellsch. d. W. 1892. P. R e g n a u d , Études de Philosophie Indienne, Rev. philos. (éd. Ribot), 1876—1879. A. W. v. S c h l e g e l , B h a g a v a d - G i t a , i. e. ϑεσπέσιον μέλος, Bonn 1823. W. v. H u m b o l d t , Über die unter dem Namen Bhagavad-Gita bekannte Episode des Mahabharata, Berl. 1826. Bhagavad-Gita od. das Lied der Gottheit, übers. von B o x b e r g e r , Berl. 1870, auch von L o r i n s e r , der christl. Einfluß annimmt. Ph. C o l i n e t , La Théodicée de la Bhagavadgita, Par. 1885. The Arthasamgraha by L a u g á k s h i B h á s k a r a , Benares 1882. The Sarva-Darsana-Samgraha by M á d h a v a A c h á r y a , transl. by C o w e l l and G o u g h , Lond. 1894. The Tarka-Samgraha of Annambhatta by A t h a l y e - B o d a s , Bombay 1897. Nyâyakosa or Dictionary of the technical terms of the Nyâya philosophy by B h î m â c h â r y a , 2. edit., Bombay 1893. R. G a r b e , B h a g a v a d g i t a , aus d. Sanskrit übers. mit einer Einl. über ihre urspr. Gestalt, ihre LL. und ihr Alter, Lpz. 1905, 2. Aufl. 1921. Dazu R. G a r b e , Dtsch. Lit.-Ztg. 1922, 97—104 und H. J a c o b i , ebd. 265—273. Ch. J o h n s t o n , Die Vedanta-Philos., Berl. 1907. H. O l d e n b e r g , Indien u. d. Religionswiss., Stuttg. 1906. L. v. S c h r o e d e r , Mysterien u. Mimus im Rigveda, Lpz. 1908. Die Uttara-Gîtâ od. d. Initiation Arjunas durch Srî Krishna in Yoga u. Inâna, deutsche Ausg. v. E. A. K e r n w a r t , Lpz. 1907. B l o o m f i e l d , The religion of the Veda., New York 1908. K. G e l d n e r , Zur Erkl. d. Rigveda, Zeitschr. d. Dtsch. Morgenl. Ges. 71 (1917) 315—346. P. D e u s s e n , Vedânta, Platon und Kant, Wien 1917. P. S c h w a r z k o p f f , Vedantismus u. Unsterblichkeit, Arch. f. Gesch. d. Philos. 31 (1918) 91—105. T. W. R. D a v i d s , Early Buddhism, Lond. 1908. S. A. D e s a i , A study of the Indian philos., Lond. 1907. P. D e u s s e n , Outlines of Indian philos. with an appendix on the philos. of the Vedânta in its relations to occident. metaphys., Berl. 1907. J. M. M i t c h e l l , Great religions of India, Lond. 1905. Die Bhagavad-Gita etc. ins Dtsche. übertr. u. mit erläut. Anmerk. usw. vers. v. F r z . H a r t m a n n , Lpz. 1907 — nach der 6. amerikan. Aufl. d. v. W i l l . Q. J u d g e veröff. Ausg. in d. deutsche Spr. übertr. v. C. J. G l ü c k s e l i g , Nürnb. 1905. Annambhattas Tarkasamgraha, ein Kompendium der Dialektik u. Atomistik mit des Verf. eigenem Kommentar, genannt Dîpikâ. Aus dem Sankskrit übers. v. E. H u l t z s c h , Berl. 1907, Abh. Ges. d. Wiss. zu Gött., phil.-histor. Kl., N. F. Bd. 9 No. 5 (im Vorwort Literaturangabe). Die Tarkakaumudi des Laugakshi Bhaskara. Aus dem Sanskrit übersetzt von E. H u l t z s c h (Ztschr. d. Dtsch. Morg. Ges., Bd. 61 S. 763). H. J a c o b i , The Date of the Philosophical Sutras of the Brahmans, Journ. of the Amer. Orient. Soc. vol. 31, part. 1 (1910). The Yoga-System of Patañjali, transl. by J. H. W o o d s , Harvard Univ. Press 1914. H. O l d e n b e r g , Die L. der Upanishaden u. d. Anfänge d. Buddhismus, Gött. 1915. Aus Brahmanas u. Upanishaden, übertr. u. eingel. v. A. H i l l e b r a n d t , Jena 1921. H. L ü d e r s , Zu d. Upanisads, Sitz. Berl. Ak. 1916, 278 bis 309. — G. S c h u l e m a n n , Zur Gesch. d. ind. Philos., Arch. f. Gesch. d. Philos. 32 (1919) 207. H. J a c o b i , Über d. Einfüg. d. Bhagavadgita in Mahabharata, Ztschr. d. Dtsch. Morg. Ges. 72 (1918) 323 ff. H. O l d e n b e r g , Vorwissenschaftl. Wissensch. Die Weltansch. d. Brahmanentexte, Gött. 1919. J. S c h e f t e l o w i t z , Die Nividas und Praisas, Ztschr. d. Dtsch. Morg. Ges. 73 (1919) 30 ff. P. T u x e n , Forestillingen om Sjaelen i Rigveda etc., Danske Videnskab. Selskab, Hist.-fil. Medd. II 4 (bespr. Museum 28, 115 ff.). B. F a d d e g o n , The Vaiçesika-System describ. with. the help of the oldest texts, Verh. d. k. Ak. v. Wetensch. te Amsterd. Afd. Letterk., N. R., Decl 18 No. 2, Amst. 1918. H. N a u , Proleg. zu Pattanatu Pillaiyars Padal, Halle a. S. 1919 Diss.. G. H. B a n e r j e e , Hellenism in Ancient India², Calcutta 1920. Die Stellung der Suparna- und Valakhilya-Hymnen im Rigveda, Ztschr. d. dtsch. Morg. Ges. 74 (1920) 192 ff. E. H u l t z s c h , Die Karikavali des Visvanatha, aus dem Sanskrit übers., Ztschr. d. Dtsch. Morg. Ges.

1921. J. W. H a u e r , Anf. d. Yogapraxis im alten Indien, Berl. Stuttg. Lpz. 1922.
B e t t y H e i m a n n , Madhva's (Anandatirtha's) Komment. zur Kathaka-Upanisad,
Lpz. 1922. W. C a l a n d , De Ontdekkingsgesch. v. d. Veda, Versl. en Med. d.
K. Ak. v. Wet. Afd. Lett. 5. R. D. III Amst. 1918. H. W. S c h o m e r u s ,
Indische Erlösungslehre, Lpz. 1919.
Übers. alter b u d d h i s t. Texte in Sacred Books of the East, voll. 10. 11.
13. 17. 20. 21. 35. 36. 42. Die kanonische Lit. des Buddhism. wird von der P a l i
T e x t S o c i e t y , Lond., seit 1882 herausgegeben. C. W a r r e n , Buddhism
in translations, Harvard Oriental Series, vol. 3, Cambr.-Mass. 1896. Während diese
Übers. auf die südbuddhist. Paliliter. geht, beschäftigen sich die B u d d h i s t T e x t
S o c i e t y in Calcutta seit 1893 und die B i b l i o t h e c a B u d d h i c a in
St. Petersb. seit 1897 namentlich mit der nordbuddhist. Lit. T. W. R h y s D a v i d s ,
Buddhism., being a sketch of the life and teachings of Gautama the Buddha, Lond.
1878 (bes. auf die ceylonesische Paliliter. gestützt, sehr gut zur Einführung), ins
Dtsch. übers. von A. P f u n g s t , Lpz. (Reclam) 1889. W. W a s s i l j e w , Der
Buddhism, seine Dogmen, Gesch. u. Lit. Aus dem Russ. übers. (von A. Schiefner),
Lpz. 1860 (chinesische, tibetanische Quellen). S. B e a l , The Romantic Legend
of Sakya Buddha from the Chinese Sanscrit, Lond. 1875. B i g a n d e t , The life
or legend of Gaudama, the Buddha of the Burmese, 3. ed. Lond. 1880. J. d'A l w i s ,
Buddhism, its origin, history and doctrines, its scriptures and their language, Lond.
1863. E. S c h l a g i n t w e i t , Über den Gottesbegriff des Buddhism., Sitz. Münch.
Ak. 1 (1864) 83—102. R. S. H a r d y , Eastern Monachism, Lond. 1850. The Legends
and Theories of the Buddhists compared with History and Science, with introductory Notices of the life and System of Gotama Buddha, Lond. 1867. A Manuel
of Buddhism in its modern developm., 2. ed., Lond. 1880. M a x M ü l l e r , Über den
Buddhist. Nihilismus, Vortrag, Kiel 1869. T â r a n â t h a , Gesch. d. Buddhism.
in Indien, aus dem Tibetan. übers. v. A. Schiefner, Lpz. 1869. A. B a s t i a n , Die
Weltauff. der Buddhisten, Vortrag, Berl. 1870. E. S e n a r t , Essai sur la légende
du Buddha, Par. 1875, 2. éd. 1882 (faßt die Buddhalegende mythisch). H. O l d e n -
b e r g , Buddha, sein Leben, seine L., seine Gemeinde, Berl. 1881, 5. Aufl. 1906.
O. sucht den ursprüngl. Kern in Legende u. Lehre herzustellen und bestreitet die
Herkunft des Buddhism. aus dem Sânkhya, welche namentlich zu beweisen ver-
sucht hatte H. J a c o b i , Der Ursprung des Buddhism. aus dem Sankhya-Yoga,
Nachr. Ges. d. W. zu Gött. 1896, 43 ff., Ztschr. d. D. M. G. 52, 1 ff. H n r. K e r n ,
Der Buddhism. u. seine Gesch. in Indien, übers. aus d. Holländ. v. H. Jacobi, Lpz.
1882—84. Manual of Indian Buddhism, Straßb. 1896. R. S e y d e l , Das Ev. von
Jesu in sein. Verh. zu Buddha-Sage u. Buddha-Lehre, Lpz. 1882. Die Buddha-
Legende u. das Leben Jesu nach den Evangelien[2], Lpz. 1897. E d m. H a r d y ,
Der Buddhismus, Münster i. W. 1890; neue Ausg. bes. v. R i c h. S c h m i d t ,
Münster i. W. 1919. M o n i e r W i l l i a m s , Buddhism in its connexion with
Brahmanism and Hinduism and in its contrast with Christianity, Lond. 1889. J o s.
D a h l m a n n , S. J., Nirvana, e. Studie üb. d. Buddhism., Berl. 1896. W a d d e l l ,
The Buddhism of Tibet or Lamaism, Lond. 1895. E. W i n d i s c h , Mara und
Buddha, Abh. Sächs. Gesellsch. d. W. 15 (Lpz. 1895). Die Komposition des Maha-
vastu, ebd. 27 (1909). Buddhas Geburt u. die L. v. d. Seelenwanderung, ebd. 26
(1908). T h. A c h e l i s , Zur buddh. Psychologie, Vierteljahrsschr. f. wissensch.
Philos. 18, 385. O. S c h r a d e r , Wille u. Liebe in der L. Buddhas[2], Berl. 1905.
J a t a k a m , D. Buch d. Erzählungen aus früheren Existenzen Buddhas, aus dem
Pali z. ersten Male vollständig ins Dtsch. übers. v. J u l. D u t o i t , Lpz. 1905 ff.
S. K u r o d a , Mahâyâna. Die Hauptl. des nördl. Buddhism. Deutsche Ausg. v.
K. B. S e i d e n s t ü c k e r , Lpz. 1904. J. D u t o i t , Das Leben d. Buddha,
eine Zusammenst. alt. Berichte aus d. kanon. Schr. d. südl. Buddhisten. Aus d. Pâli
übers. u. erl., Lpz. 1906. B. N a n a t i l o k a , Das Wort d. Buddha. Eine Übers.
üb. d. ethisch-philos. System d. Buddha in d. Worten d. Sutta Pitakam d. Pâli-
Kanons nebst Erläut. v. K. S e i d e n s t ü c k e r , Lpz. 1906. R. P i s c h e l , Leben
u. L. des Buddha, Lpz. 1906, 2. Aufl. v. H. L ü d e r s (Aus Nat. u. Geistesw. 109),
Lpz. 1911. F. S t r e i ß l e r , D. Buddhism., Lpz. 1906. Heilige Schriften d. Buddhisten, dtsch. v. K. S e i d e n s t ü c k e r , I., Lpz. 1907. P. L. N a r a s u , The
essence of Buddhism, Lond. 1907. D. T. S u z u k i , Outlines of Mahayana Buddhism,
Lond. 1907. Der Buddhist, Unabh. deutsche Monatsschr. f. d. Gesamtgeb. d. Bud-

dhismus. Hrsg. u. redig. v. K. B. S e i d e n s t ü c k e r , Jahrg. I. II, Lpz. 1905/07.
Buddho Gotamos Reden aus d. Samml. d. Bruchstücke Suttanipato d. Pali-Kanons,
übers. v. K. E. N e u m a n n , Lpz. 1905. Buddho Gotamos Reden, aus d. längeren
Samml. Dighanikayo des Pali-Kanons übers. v. K. E. N e u m a n n , Münch. 1907.
Khuddaka-Patho, Kurze Texte aus d. buddh. Pali-Kanon, übers. v. K. S e i d e n -
st ü c k e r , Bresl. Pali-Buddhism. in Übersetz. Texte aus d. buddh. Pali-Kanon
u. d. Kammavacam, aus demPali übersetzt nebst Erläut. v. K. S e i d e n s t ü c k e r ,
Bresl. 1911. M. W a l l e s e r , Die buddh. Philos. in ihrer geschichtl. Entwickl.,
Heidelb. 1904—1912. H. L. H e l d , Buddha, sein Evangelium u. seine Auslegung,
Münch. Lpz. 1911. The Majjhima Nikaya. The first fifty discourses from the collection of the medium-length discourses of Gotama the Buddha. Freely rendered and
abridged from the Pali by the B h i k k h u S i l a c a r a , vol. 1 part. 1. 2 (Veröff.
d. dtsch. Pali-Gesellsch. Nr. 6 part. 2), Bresl. 1912. M. W i n t e r n i t z , Gesch.
d. ind. Liter., 2. Bd. 1. Hälfte: Die buddh. Liter. (Die Literaturen des Ostens in
Einzeldarstellungen, 9. Bd.), Lpz.1913. Buddho Gotamo, Das Satipatthana-Suttam;
die Rede d. B. über d. Grundlagen des Eingedenkseins (Majjhima Nikayo Nr. 10),
übers. u. m. Anm. vers. v. J. v. O t t (Veröff. d. dtsch. Pali-Gesellsch.), Bresl.
1913. B h i k k h u S i l a c a r a , Das Ichproblem im Buddhism., ein Vortrag,
übers. v. Alfr. Eichelberger, Bresl. 1913. Die Fragen des Milindo (Zwiegespräche
zw. einem Griechenkönige u. einem buddhist. Mönche üb. d. wichtigsten Punkte
d. buddhist. L.). Aus d. Pali z. ersten Male vollst. ins Dtsch. übers. v. B h i k k h u
N y a n a t i l o k a (Veröff. aus d. Gebiete d. Pali-Buddhism. [neue Folge d. Veröff.
d. dtsch. Pali-Ges.]), Bresl. 1914. Neuausgabe Lpz. 1919. G. G r i m m , Die L.
d. Buddha. Die Religion d. Vernunft², Münch. 1917. D. Lebenskraft u. ihre Beherrschung nach der L. d. Buddha, Augsb. 1918. H. B e c k h , Buddhismus², Berl.
1920. H. H a c k m a n n , Der Buddhismus², Tüb. 1917 (Religionsgesch. Volksb.,
4. H. I/II). R. O. F r a n k e , Die Buddhal. in ihrer erreichbar ältesten Gestalt
(im Dighanikaya), Ztschr. d. dtsch. Morg. Ges. 69 (1915), 455—490; 71 (1917), 50
bis 98. H. L. H e l d , Deutsche Bibliographie d. Buddhismus, Münch. Lpz. 1916.
F r. H e i l e r , Die buddhist. Versenkung³, Münch. 1922. M. E. L u l i u s v a n
G o o r , De Buddh. non, Leiden 1915. Buddhist. Märchen aus d. alt. Indien übers.
v. E l s a L ü d e r s , mit Einl. v. H. Lüders, Jena 1921. H. H a a s , Bibliographie
z. Frage nach den Wechselbeziehungen zw. Buddhism. u. Christent., Lpz. 1922.
Reden d. Buddha, übers. u. eingel. v. H. O l d e n b e r g , Münch. 1922. Über den
japanischen Buddhismus handelt H. H a a s in: Kultur d. Gegenwart, Teil 1 Abt. 3,
1; 2. Aufl., Lpz. 1913. *Zeitschrift:* Mahabodhi-Blätter, eine Zweimonatschrift für
Buddhismus, Lpz. 1912 ff.

Für die Lehre der D s c h a i n a s. H. J a c o b i s Übers. v. kanonisch. BB.
derselb. in Sacred Books of the East, voll. 22. 45. Über das Verh. der D s c h a i n a
zu den Buddhisten ist lehrreich die Einleitung von H. J a c o b i zu: The Kalpa-
sutra of Badrabahu, Lpz. 1879. G. B ü h l e r , Üb. d. indische Sekte der Dschaina,
Vortrag Sitz Wien. Ak. 26. Mai 1887. M. W i n t e r n i t z , Gesch. d. ind. Lit.,
2 Bd., 2. Hälfte: Die buddh. Lit. u. d. heiligen Texte der Jainas, Lpz. 1920. 3. Bd.,
Lpz. 1922. E. v. A s t e r , Relig. u. Philos. im alten Orient, Aus Nat. u. Geistesw.
Bd. 521. Verschiedene Arbeiten von E. L e u m a n n , z. B. in d. Ztschr. d. D. M. G.,
Bd. 46.

Zu § 4. Die Quellen und Hilfsmittel unserer Kenntnis der Philosophie der Griechen.

I. Quellen.

A. D i r e k t e Q u e l l e n (e r h a l t e n e S c h r i f t e n u n d F r a g -
m e n t e d e r P h i l o s o p h e n). Die Lit. darüber ist jeweilen unter den betreffenden Philosophen verzeichnet.

B. B e r i c h t e.

Allgemeines: Die weitverzweigte Lit. über die in Betracht kommenden ant.
Schriftsteller kann hier nicht in auch nur annähernder Vollständigkeit verzeichnet
werden. Verwiesen sei auf die Prolegomena zu D i e l s Doxographi Graeci (grundlegend nicht nur für die im engsten Sinne doxogr. Lit.), die Angaben über die einzelnen Autoren bei S u s e m i h l, Gesch. d. griech. Lit. in d. Alexandrinerzeit,

C h r i s t - S c h m i d , Gesch. d. griech. Lit., u. die Artikel der P a u l y - W i s s o w a - K r o l l schen Realenzyklopädie.

Platon und Aristoteles als Quellen für frühere und gleichzeitige Philosophen: E. Z e l l e r , Platos Mitteil. üb. frühere] gleichz. Philos., Arch. f. Gesch. d. Philos. 5 (1892) 165—184 = Kl. Schr. II 1—19. A. J. a f S i l l é n , Platonis de antiquissima philos. testimonia, Upsala 1880. A. E m m i n g e r , Die vorsokrat. Philosophen nach den Berichten des Aristoteles, Würzb. 1878. F. S t e f f e n s , Welcher Gewinn f. d. Kenntnis d. griech. Philos. von Thales bis Platon läßt sich aus d. Schriften d. Aristoteles schöpfen? Ztschr. f. Philos. u. philos. Krit. 67 (1875) 165—194; 68 (1876) 1—29, 193—212; 69 (1876) 1—18. J. B u r n e t , Early Greek philosophy² 419 f. (329 d. Übers.). R. H. W o l t j e r , De Platone praesocraticorum philosophorum existimatore et iudice, Leyden 1904. O. G i l b e r t , Arch. f. Gesch. d. Philos. 22 (1909) 28—49; 145—165; Philol. 68 (1909) 368 ff.; Gött. gel. Anz. 1909, 1002 ff. A. E. T a y l o r , Platos Biography of Socrates, Lond. 1917 (aus Proceed. Brit. Acad. VIII). Über Platon, X e n o p h o n und Aristoteles als Quellen für Sokrates s. im übrigen § 31 Text u. Lit.

Besondere Gruppen der Berichte:

a) B i o g r a p h i e , e i n s c h l i e ß l i c h d e r d e r B i o g r a p h i e d i e n e n d e n c h r o n o l o g i s c h e n u n d a n d e r w e i t i g e n V o r a r - b e i t e n : Überall zu vergleichen: Fr. L e o , Die griech.-röm. Biogr. nach ihrer literar. Form, Lpz. 1901. Die Lit. zu den im Textteil genannten *E i n z e l v i t e n* s. unter den Philosophen, deren Leben beschrieben wird, und den philosoph. Verfassern der Lebensbeschreibungen. A. v. M e s s , Die Anfänge d. Biographie u. d. psycholog. Geschichtschreibung in d. griech. Lit., Rh. Mus. 70 (1915) 337—357; 71 (1916) 79—101. *A p o l l o d o r:* H. D i e l s , Chronol. Unters. über Apollodors Chronika, Rh. Mus. 31 (1876) 1 ff. (grundlegend für die Chronologie d. antiken Philosophen, wichtige Feststellungen über die den Ansätzen d. Apollodor zugrunde liegende Methode). G. F. U n g e r , Die Chronik d. Apollodoros, Philol. 41 (1882) 602 ff. (verfehlt). Weiteres bei L o r t z i n g , Jahresber. üb. d. Fortschr. d. klass. Altertumswissensch. 96, 193 ff. W. A. B a e h r e n s , Zu Apollodors Chronik, Rh. Mus. 68 (1913) 152 (betrifft die Angabe über Aristoteles S. 339 Jacoby). S. auch die Einl. zu der Fragmentsamml. J a c o b y s . — *H e r m i p p o s:* C. F r i e s , Zu H. von Alexandreia, Woch. f. klass. Philol. 1904, 1043—1046. (H. nach F. nicht Lügenschmied, sondern nur Sammler, dem es eben lediglich auf das Sammeln, nicht auf kritische Sichtung ankam. F. verweist auf die gleiche Auffassung bei D i e l s , Didymosscholien S. XXXVIII.) — *S a t y r o s:* U. v. W i l a m o w i t z - M o e l l e n - d o r f f , Hermes 34 (1899) 633 ff. Für Satyros' Methode ist lehrreich F r . L e o , Satyros βίος Εὐριπίδου, Nachr. Ges. d. Wiss. zu Gött. philol.-histor. Kl. 1912, 273 bis 290. H. G e r s t i n g e r , Sat. βίος Εὐρ., Wien. Stud. 38 (1916) 54—71. H. F r e y , Der βίος Εὐρ. des S. u. seine literargesch. Bedeut., Zür. 1920 Diss. — *A n t i - g o n o s v. K a r y s t o s:* U. v. W i l a m o w i t z - M o e l l e n d o r f f , Antigonos v. Karystos (Philol. Unters. H. 4), Berl. 1881. C. R o b e r t , Art. Antigonos 19 bei Pauly-Wissowa.

Zu der Frage nach der Existenz von *Philosophenkanones* (Listen philos. Musterautoren) s. H. R a b e , Rh. Mus. 62 (1907) 587—590; 65 (1910) 339—344. A. M a y e r , Byz. Ztschr. 20 (1911) 64 ff., wo auch frühere Arbeiten berücksichtigt sind. Antike *Zusammenstellungen unglücklicher Philosophenschicksale (insb. Fälle von Vertreibung durch die Staatsgewalt):* L. R a d e r m a c h e r , Rh. Mus. 56 (1901) 214. S. auch Rh. Mus. 59 (1904) 525 ff. *Listen praktisch-tätiger Philosophen und philosophischer Tyrannenbekämpfer:* K. P r a e c h t e r , Byz. Ztschr. 14 (1905) 493. *P h i l o - s o p h e n a l s E r f i n d e r:* W. S c h m i d , Art. Favorinus bei Pauly-Wissowa 2082. Vgl. z. Liter. περὶ εὑρημάτων auch E. W e n d l i n g , Hermes 28 (1893) 341. 349. *Der Philosoph als Wettermacher:* E r w. P f e i f f e r , Studien z. ant. Sterngl. (Στοιχεῖα Heft 2, Lpz. Berl. 1916) 93 ff. *Aus niederen Berufen zur σοφία Aufgestiegene* (Epikur Frg. 171. 172 Us.) H. M u t s c h m a n n , Hermes 50 (1915) 347 f. *Ankläger von Philosophen:* W. S c h m i d , Art. Favorinus bei Pauly-Wissowa 2082. Zum *Katalog philos. Schulhäupter* des Celsus bei Augustin de haeresibus. H. J o r d a n , Gesch. d. altchr. Lit. 307. 7. *Philosophencharakterisierung:* B o l l , Vit. contempl. 30.

b) Berichte nach dem Prinzip der διαδοχή.

Antisthenes aus Rhodos: E. Zeller, Über Antisthenes aus Rhodos, Sitz. Berl. Ak. 1883, 1067—1073 = Kl. Schr. I 291—298. E. Schwartz, Art. Ant. 9 bei Pauly-Wissowa. W. Crönert, Kol. u. Men. 133 ff. — *Alexander Polyhistor:* E. Schwartz, Art. Alex. 88 bei Pauly-Wissowa. — *Diogenes Laërtios:* Zum *Namen:* W. Crönert, Kolot. u. Mened. 185. Zur *Überlieferung:* H. Diels, Jenaer Literaturz. 1877, 394 Anm. Kurt Wachsmuth, Sillogr. reliquiae[2] 51 ff. Usener, Epicurea p. VI ff. W. Volkmann, Quaestionum de Diogene Laertio cap. I. II, Bresl. 1890. 1895. Edg. Martini, Analecta Laertiana, Lpz. 1899 Hab.-Schr. A. Gercke, Dtsche. Lit.-Zt. 1900, 170 ff. Die Überl. d. Diog. L., Hermes 37 (1902) 401—434. E. Martini, Z. handschr. Überl. des Laert. Diog., Rh. Mus. 55 (1900) 612—624. H. Mutschmann, Vergessenes u. Übersehenes, Berl. phil. Woch. 1908, 1328. S. auch die Einleitungen von Mutschmann u. den Baselern (3. Buch), sowie Von der Mühll (Briefe u. Κύριαι δόξαι aus d. 10. B.) in den im Text erwähnten Ausgaben. Die zahlreichen Beiträge zur Erklärung und Emendation einzelner Stellen können hier nicht verzeichnet werden. S. darüber den Jahresber. üb. d. Fortschr. d. klass. Altertumsw. 96 (1898) 60 f.; 108 (1901) 205. Weiteres wird in der in Bearbeitung befindlichen Fortsetzung des Berichtes angegeben werden. — Die für die ant. Philosophiegesch. höchst wichtige *Quellenfrage* behandeln: F. Bahnsch, Quaestionum de Diog. Laërtii fontibus initia, Gumbinnae 1868, Königsb. Diss. Fr. Nietzsche, De Laërtii Diog. fontibus, Rh. Mus. 23 (1868) 632—653, 24 (1869) 181—228. Beitr. zur Quellenk. u. Krit. des Laërt. Diog., Basel 1870 Pr. Analecta Laërtiana, Rh. Mus. 25 (1870) 217—231. Diese drei Abh. jetzt in Fr. Nietzsches Werken 17, 3. Abt. 1 (Philologica), Lpz. 1910. S. dagegen J. Freudenthal, Hellenist. Studien, H. 3, Exk. 4: Zur Quellenkunde des Laërt. Diog., Berl. 1879. E. Maaß, De biographis Graecis quaest. selectae, in: Philol. Unters., 3. Heft, 1880; dagegen die Epistola ad Ernest. Maassium v. Wilamowitz-Moellendorff, der auch im Antigonos v. Karystos, Berl. 1881, die Frage behandelt. V. Egger, Disputationis de fontibus D. L. particula de successionibus philosophorum, Bordeaux 1881, Thesis v. Paris. H. Diels, Hermes 24 (1889) 324 (zu Diog. Laërt. 9, 109). H. Usener, Die Unterlage des Laërt. Diog., Sitz. Berl. Ak. 1892, 1023—1034 = Kl. Schr. III 163—175; Epicurea, Praefatio S. XXII ff. W. Volkmann, Quaest. de D. L. c. 1: de D. L. et Suida, Bresl. 1890 Pr. Unters. zu D. L., Jauer 1890, Festschr. d. Gymn. Fr. Susemihl, Jahrbb. f. klass. Philol. 141 (1890) 187—191; Philol. 54 (1895) 567 bis 574. A. Covotti, Quibus libris vitarum in libro septimo scribendo L. usus fuerit, Studi ital. di filol. class. 5 (1897) 65—97. E. Martini, Analecta Laërt., pars II, Lpz. Stud. 20 (1902) 147—166. A. Gercke, De quibusdam L. D. auctoribus disputatur, Greifsw. 1899 Pr. (hier 4—6 über frühere Arbeiten). Fr. Leo, D. L. in: Die griech.-röm. Biogr. nach ihrer literar. Form. 35—84. W. Crönert, Kolot. u. Mened. 133—147. R. Helm, Lucian u. Menipp. 231 ff. (Analyse der Vita des Kynikers Diogenes). O. Hense, Praef. zu Teletis reliquiae[2] p. LVIII ff. (Vita des Bion). H. v. Arnim, De D. L. et Ario Didymo in: Stoic. vet. fragm. I. p. XXX ff. H. Schmidt, Studia Laërtiana, Bonn 1906 Diss. Ed. Schwartz, Art. Diog. Laërt. (Diogenes No. 40) bei Pauly-Wissowa. E. Howald, Handbücher als Quellen d. Diog. Laërt., Philol. 74 (1917) 119 bis 130. Das philosophiegeschichtliche Kompendium d. Areios Didymos, Hermes 55 (1920) 68—98. Const. Ritter, Philol. 68 (1909) 334 f. (zu Diog. L. 3, 28; dazu J. Czebe, Philol. 75 [1919] 178—182). Zum Abschnitt üb. Menedemos W. Crönert, Kol. u. Men. 1 f.. — E. Bickel, Diatr. in Sen. philos. fragmen. I 135 ff. Über d. Verhältnis d. Suidas zu Diog. Laert. s. u. a. W. Volkmann, Quaest. de Diog. Laert. I, Bresl. 1890, W. Crönert, Kol. u. Men. 1 (Anm.) 172, über Pseudo-Hesychios Edg. Martini, Analecta Laert. II, Lpz. Stud. 20 (1902) 147 ff.

c) Doxographische Berichte.

Für das Gesamtgebiet dieser Lit. kommen vor allem in Betracht die Prolegomena in Diels' Doxographi Graeci sowie die dazu im Texte unter „Ergänzungen" angeführten Arbeiten. Die Beziehungen der doxogr. Lit. zu Poseidonios berührt u. a. P. Wendland, Arch. f. Gesch. d. Philos. 1 (1888) 207 f. Doxographisches bei

Späteren: R. H e l m , Lucian u. Menipp 87. — A. D ö r i n g , Doxogr. z. Lehre vom
τέλος, Ztschr. f. Philos. 101 (1893) 165 bis 203. Kritische Beiträge: T h. G o m p e r z ,
Wien. Stud. 2 (1880) 12 ff. = Hellenika II 253 ff.
     A ë t i o s: H. D i e l s , Stobaios u. Aëtios, Rh. Mus. 36 (1881) 343—350.
H. ′U s e n e r , Aët. 2, 24, 8 p. 355 D., Jahrbb. f. klass. Philol. 139 (1889 382 = Kl.
Schr. I 345. — P s .- G a l e n: S. M e k l e r , Festschrift für Th. Gomperz (1902)
300—302. G. V i t e l l i , Stud. ital. di filol. class. 18, 284. — H e r m e i a s:
A n d r. v. D i P a u l i , Die Irrisio des Hermias (Forsch. z. christl. Lit.- u.
Dogmengesch., herausgegeben v. Ehrhard u. Kirsch Bd. 7 H. 2), Paderb. 1907.
G. L o e s c h c k e , Art. Hermias 15 bei Pauly-Wissowa-Kroll. S. auch Grundriß II¹⁰
S. 63. 65. 71. 41*. — N e m e s i o s: s. unten unter Nemesios (bes. W. W. Jaeger) und
Grundriß II¹⁰ (Stellen im Register). — T h e o d o r e t: s. Grundriß II¹⁰ (Stellen im
Register).

     d) B e h a n d l u n g d e r S e k t e n i n ü b e r s i c h t l i c h e r W e i s e;
D a r s t e l l u n g d e s e i n e n o d e r a n d e r n S y s t e m s i n s e i n e r
G l i e d e r u n g.
     Allgemein sind auch hier die Prolegomena zu D i e l s ' Doxogr. Graeci heran-
zuziehen. S. auch Fr. S u s e m i h l , Gesch. d. griech. Lit. in d. Alex. unter d. betreffenden Autoren.
     H i p p o b o t o s: H. v. A r n i m , Art. H. bei Pauly-Wissowa-Kroll. — A r e i o s
Didymos: B ü c h s e n s c h ü t z , Berl. 1881, Festschr. d. Friedr.-Werd. Gymn.
S u s e m i h l , Gesch. d. gr. Lit. in d. Alex. II 254 f. H. S t r a c h e , De Arii Didymi
in morali philosophia auctoribus, Berl. 1909 Diss. (abweichend M. P o h l e n z , Berl.
philol. Woch. 1911, 1497 ff.). E. H o w a l d , Das philosophiegeschichtl. Kompendium des A. D., Hermes 55 (1920) 68—98. — A r i s t o k l e s: s. unten zu § 71 bei den
Peripatetikern des 2. Jahrh. nach Chr. — C i c e r o: s. unten zu § 64.

     e) G e l e g e n t l i c h e B e r ü h r u n g d e r P h i l o s o p h e n u n d
i h r e r L e h r e n (i n a n d e r e r A b s i c h t a l s d e r j e n i g e n d e r B e -
r i c h t e r s t a t t u n g).
     Über die in Betracht kommenden Autoren, soweit sie als Philosophen in diesen
Band aufgenommen sind, s. die betreffenden Paragraphen. Über die patrist. Schriftsteller orientieren A d. H a r n a c k , Gesch. d. altchristl. Lit. bis Eusebius, 2 Teile,
Lpz. 1893, 1897 und die im Text genannten Werke von Bardenhewer und Jordan,
sowie Grundr. II¹⁰. Für die weiteren Quellen (Athenaios, Gellius, Photios usw.) muß
auf die Darstellungen der griechischen, römischen und byzantinischen Literatur-
geschichte verwiesen werden.

II. Hilfsmittel: Arbeiten Neuerer zur Geschichte der griechischen Philosophie.
     Vorbemerkung: Die zu § 2 verzeichneten Arbeiten zur G e s a m t geschichte der
Philosophie, ihrer Richtungen und Probleme sind auch für die Geschichte der g r i e -
c h i s c h e n Philosophie durchweg heranzuziehen.

     A. Allgemeine Bibliographie.
     B i b l i o t h e c a s c r i p t o r u m c l a s s i c o r u m her. v. W i l h. E n g e l -
m a n n⁸, umfassend die Literatur von 1700 bis 1878, neu bearb. von E. P r e u ß:
I. Scriptores Graeci, II. Scriptores Latini, Lpz. 1880/2. B i b l. s c r i p t. c l a s s.
e t G r a e c. e t L a t i n. Die Literatur von 1878 bis 1896 einschl. umfassend hrsg.
v. R u d. K l u s s m a n n . I 1 u. 2 Script. Graeci, II 1 u. 2 Script. Lat., Lpz. 1909/13.
Beide Werke enthalten ein Verzeichnis der Lit. zu d. antiken Schriftstellern, darunter
auch den Philosophen, in alphabetischer Anordnung (einschließl. der Dissertationen,
Programme und Zeitschriftenaufsätze). Allgemeineres ist unter Scriptores philosophi
gesammelt. Für die Zeit von 1896 an entbehren wir eines solchen Hilfsmittels. Einen
teilweisen Ersatz bietet die vierteljährl. in Lpz. erscheinende B i b l i o t h. p h i l o l.
c l a s s i c a , die jeweilen die Erscheinungen des abgelaufenen Quartals verzeichnet.
Das Allgemeine ist hier in einem besonderen Abschnitt „Philosophia antiqua" ver-
einigt. Dissertationen und Programme (akadem. u. Schulprogramme) stellte nach
Jahresabschnitten zusammen R. K l u s s m a n n in d. Berl. philol. Wochenschrift.
Zu vergleichen sind auch die Verzeichnisse der deutschen u. d. schweizer. Universitäts-

schriften. Eine „Revue des revues" veröffentlicht in Jahresabschnitten die Revue de philologie. Besprechung neuer Erscheinungen außer in den allgemeinen Rezensionszeitschriften (Literar. Centralblatt, Deutsche Literaturzeitung) bes. in d. Berl. philol. Woch. (jetzt Philol. Woch.), d. Woch. f. klass. Philologie (eingegangen Ende 1920) u. im Arch. f. Gesch. d. Philos. S. auch *B.* (Jahresberichte) und *C.* (Zeitschriften).

B. Jahresberichte und Verwandtes.

Der J a h r e s b e r i c h t ü b e r d i e F o r t s c h r i t t e d e r k l a s s. A l t e r t u m s w i s s e n s c h a f t, begründet von Bursian, jetzt herausgegeben von K. Münscher, bringt besondere Berichte über einzelne antike Philosophen (wie Platon, Lucrez u. a.) und Gruppen von solchen (Vorsokratiker, Nacharistoteliker). Es bespricht hier die Literatur über griech. Philosophie und griech. P h i l o s o p h e n b i s a u f A r i s t o t e l e s aus dem Jahre 1873 Susemihl Bd. 1, 511 ff., griech. Philosophie und griech. P h i l o s o p h e n b i s a u f T h e o p h r a s t o s a. d. J. 1874/75 ders. 3, 261 ff., die V o r s o k r a t i k e r 1876/97 Lortzing 96, 156 ff.; 112, 132 ff.; 116, 1 ff., 1897 (—1923) Howald 197, 139 ff., Ä l t e r e S o p h i s t i k 1876 bis 1911 Lortzing 163, 84 ff., 168, 1 ff., X e n o p h o n 1873 Büchsenschütz 1, 161 ff.; 1874/77 Nitsche 9, 14 ff.; 1879 K. Schenkl 17, 1 ff.; 1880/88 ders. 54, 1 ff.; 1889/98 E. Richter 100, 33 ff.; 1899—1902 ders. 117, 47 ff.; 1903/8 ders. 142, 341 ff., 1909/18 ders. 178, 1 ff., P l a t o n 1876 Schanz 9, 167 ff.; 1877/79 ders. 17, 193 ff.; 1880/85 G. Schneider 50, 134 ff.; 1886/87 ders. 67, 29 ff.; 83, 1 ff., (anschließend an Schanz u. Schneider) Ritter 157, 1 ff.; 161, 1 ff.; 187, 1 ff.; 191, 79 ff.; 195, 1 ff., A r i s t o t e l e s, T h e o p h r a s t u n d d i e ä l t e r e n P e r i p a t e t i k e r (u. Akademiker) 1876 Susemihl 5, 257 ff.; 1877 ders. 9, 336 ff.; 1878/79 ders. 17, 251 ff.; 1880/82 ders. 30, 1 ff.; 1883 ders. 34, 1 ff.; 1884 ders. 42, 1 ff.; 1885 ders. 42, 230 ff.; 1886 ders. 50, 1 ff.; 1886/91 ders. 67, 78 ff.; 75, 55 ff.; 1892 ders. 79, 79 ff.; 1893 ders. 79, 258 ff.; 1894 ders. 88, 3 ff., die n a c h a r i s t o t e l i s c h e Philos. 1873 M. Heinze 1, 187 ff.; 1874/75 ders. 3, 555 ff.; 1876/80 ders. 22, 1 ff.; 1881/86 ders. 50, 34 ff.; 1887/88 Haas 79 1 ff., die n a c h a r i s t o t e l i s c h e n P h i l o s o p h e n (m i t A u s s c h l u ß d e r ä l t e r e n A k a d e m i k e r u n d P e r i p a t e t i k e r u n d v o n L u c r e z. C i c e r o, P h i l o n u n d P l u t a r c h) 1889/95 Praechter 96, 1 ff.; 1896/99 ders. 108, 129 ff., L u c r e t i u s 1873 Brieger 2, 1097 ff.; 1874/76 ders. 6, 159 ff.; 1877 ders. 10, 62 ff.; 1878/79 ders. 18, 186 ff.; 1880/81 ders. 27, 149 ff.; 1882/84 ders. 39, 171 ff.; 1885/89 ders. 63, 207 ff.; 1890/95 ders. 89, 120 ff.; 1896/98 ders. 105, 1 ff.; 1899/1900 ders. 109, 145 ff.; 1901/03 ders. 126, 1 ff.;1904/1921 Merbach 196, 39 ff., C i c e r o s p h i l o s o p h i s c h e S c h r i f t e n 1881/83 Schwenke 35, 74 ff.; 1884/86 ders. 47, 267 ff.; 1887/90 ders. 76, 213 ff.; 1891/93 Deiter 84, 69 ff.; 1894/97 ders. 101, 148 ff., 1902 (für wichtigere Erscheinungen 1898) — 1911 Lörcher 162, 1 ff., V a r r o 1898—1908 Mras 143, 63 ff.; 1909/18 ders. 192, 64 ff., S e n e c a 1915—1921 K. Münscher 192, 109 ff. (früheres bis 1899 in den Berichten über nacharist. Philos.), d i e j ü d i s c h - h e l l e n i s t i s c h e P h i l o s o p h i e 1889/98 Wendland 98, 118 ff., P l u t a r c h s M o r a l i a 1873 H. Heinze 1, 320 ff.; 1874/75 ders. 3, 576 ff.; 1876/77 ders. 9, 298 ff.; 1878/79 ders. 13, 219 ff.; 1880/81 ders. 26, 57 ff.; 1882/83 ders. 30, 252 ff.; 1884/85 ders. 42, 123 ff.; 1885/88 Treu 62, 1 ff.; 1889/99 Dyroff 108, 1 ff.; 1899/1904 Weißenberger 129, 83 ff.; 1905/10 Bock 152, 313 ff.; 1911/15 ders. 170, 233 ff.; 1916/20 ders. 187, 228 ff. Die in Rußland erschienenen Arbeiten über alte Philosophie aus d. J. 1889 bespricht Lutoslawski 60, 438 ff., aus d. J. 1890 ders. 69, 194 ff. In Betracht kommen auch die Berichte über die Lit. zur ant. Mythol. u Religionsgesch., Mathematik, Mechanik, Astronomie, zu den Naturwissenschaften, zur Medizin und zur Musik im Altertum. Vielfach greifen auch die Berichte über die Lit. zur griech. Rhetorik und zur zweiten Sophistik sowie zu Apuleius ein.

Zu berücksichtigen sind ferner die Jahresberichte im A r c h i v f. G e s c h. d. P h i l o s. Von den für die alte Philosophie wichtigsten Berichten verzeichne ich hier das Gebiet, die Berichtsperiode, den oder die Verfasser und die Fundstelle im Archiv: I n d i s c h e P h i l o s o p h i e 1887/89 Oldenberg 1, 407 ff.; 3, 295 ff. — 1894/97 Handt 12, 211 ff. (Indische Ästhetik, Dyroff 18, 113 ff.). V o r s o k r a t i k e r 1886 Diels 1, 95 ff., 243 ff. — 1887 ders. 2, 87 ff. — 1888 ders. 2, 653 ff. — 1889 ders. 4, 111 ff. — 1890 E. Wellmann 5, 87 ff. — 1891 ders. 6, 259 ff. — 1892/93 ders. 8, 284 ff. — 1894/1900 ders. 15, 113 ff. — 1900/09 O. Gilbert 21, 419 ff.; 23, 263 ff.

403 ff. S o k r a t i s c h e , p l a t o n i s c h e und a r i s t o t e l i s c h e P h i l o -
s o p h i e 1886/87 Zeller 1, 252 ff., 412 ff. 595 ff.; 2, 95 ff. 259 ff. — 1888 ders. 2,
261 ff.; 3, 302 ff. — 1889 ders. 4, 121 ff. — 1890/91 ders. 5, 535 ff.; 6, 131 ff. 403 ff. —
1892 ders. 7, 95 ff.; 8, 124 ff. — 1893 ders. 8, 565 ff.; 9, 363 ff. — 1894 ders. 9, 519 ff. —
1895 ders. 10, 557 ff.; 11, 153 ff. 435 ff. — 1896 ders. 12, 226 ff.; 13, 272 ff. 597 ff. —
1897/98 Apelt 14, 273 ff. 403 ff. — 1899/1900 H. Gomperz 15, 516 ff.; 16, 119 ff.
261 ff. — 1901/04 ders. 19, 227 ff. 411 ff. 517 ff. Einige wichtigere Erscheinungen
der deutschen Lit. über die sokratische, platonische und aristotelische Philosophie
1905/08 ders. 25, 226 ff. 345 ff. 463 ff. Plat. Philos. 1917/1922 Philippson 27, 113 ff.;
28, 79 ff. N a c h a r i s t o t e l i s c h e P h i l o s . d. G r i e c h. u. r ö m. P h i l o s.
1886 Stein 1, 422 ff. — 1887/90 Stein und Wendland 4, 495 ff. 657 ff.; 5, 103 ff.
225 ff. 403 ff. — 1891/96 Joël 10, 539 ff.; 11, 281 ff. Dyroff 13, 121 ff.; 14, 113 ff. —
1897/1903 ders. 17, 144 ff. 275 ff. S e m i t i s c h - g r i e c h. P h i l o s. 1887/90
A. Müller 4, 519 ff. V e r h ä l t n i s d e r K i r c h e n v ä t e r z u r g r i e c h.
P h i l o s. 1886/87 Wendland 1, 627 ff. — 1888 ders. 4, 154 ff. — 1889/92 ders.
7, 287 ff. 405 ff. — 1883/96 Lüdemann 11, 519 ff.; 12, 531 ff. — 1897/1900 ders.
15, 403 ff. 493 ff.; 16, 401 ff. 547 ff.

Die meisten der angeführten Berichte des Archivs beschränken sich auf die
deutsche Lit. (s. im einzelnen die Überschriften). Es sind also überall die ebenfalls
im Archiv herausgegebenen umfassenderen Berichte über die philosophiegeschichtl.
Erscheinungen in fremden Sprachen (Berichte über die Erscheinungen zur Gesch.
d. Philos. bez. d. alten Philos. in Frankreich, England, Rußland usw.) heranzuziehen.
J a h r e s b e r i c h t e d e s P h i l o l. V e r e i n s z u B e r l i n über einige
philosophische Schriftsteller des Altertums (Xenophon, Platon, Cicero, Plutarch)
erschienen in der Zeitschrift für das Gymnasialwesen (jetzt „Sokrates"). Inhalts-
verz. d. Berichte von 1874—1919 Sokr. 7 (1919). Von Jahrg. 1921 an bringt diese
Zeitschr. Annalen über die Fortschritte der Altertumswissenschaft.

Über die Arbeiten auf dem Gebiete der Gesch. der alten Philos. seit Buhle
und Tennemann bis auf Ritter u. Brandis handelt Z e l l e r in den Jahrb. d. Gegenwart Juli 1843, über die Arbeit des letzten Vierteljahrh. auf dem Gebiete der Geschichte
der griechischen Philosophie zusammenfassend K. P r a e c h t e r bei W. Kroll,
Die Altertumsw. im letzten Vierteljahrh. (Jahresber. üb. d. Fortschr. d. klass. Alt.
Bd. 124), Lpz. 1905. Die Behandlung der griech. Philosophiegesch. durch Neuere
betrifft auch W. N e s t l e , Fr. Nietzsche und die griech. Philos., Neue Jahrb.
29 (1912) 554 ff.

C. Zeitschriften.

Neben den die gesamte Gesch. der Philos. berücksichtigenden philos. Zeitschriften (oben S. 8*) kommen für die ant. Philos. die Zeitschriften in Betracht,
die ausschließlich oder vorzugsweise dem klassischen Altertum gewidmet sind. Unter
ihnen seien die folgenden genannt, aus denen in diesem Bande zahlreiche Abhandlungen angeführt werden: Hermes, hrsg. v. C. Robert † u. G. Wissowa, seit 1923
v. R. Heinze u. A. Körte; Rhein. Museum für Philologie, hrsg. von A. Brinkmann †;
Philologus, Zeitschr. f. d. klass. Altertum, hrsg. von A. Rehm; Neue Jahrb. f. d.
klassische Altertum, Geschichte u. deutsche Literatur, hrsg. von J. Ilberg; Sokrates,
Zeitschr. f. d. Gymnasialwesen hrsg. v. E. Hoffmann; ferner Zeitschr. f. d. österr.
Gymnasien, Wiener Studien, The Classical Review, The Classical Quarterly, Mnemo-
syne, Revue de philologie, Rivista di filologia, Studi italiani di filologia classica,
Classical Philology, Harvard Studies in Classical Philology u. a. — Die Neuen Jahr-
bücher für Philol., hrsg. von A. Fleckeisen, haben aufgehört zu erscheinen. Über die
(Berliner) Philol. Wochenschr., die Wochenschr. f. klass. Philol., die Bibliotheca
philol. class. und die Revue des revues der Revue de philologie s. o. S. 16* unter *A*. — Für
die späteste Periode der ant. Philos. ist auch zu berücksichtigen die Byzantinische
Ztschr., begr. v. K. Krumbacher, hrsg. v. A. Heisenberg u. P. Marc, die besonders
durch die kurzen Besprechungen der neuesten Literatur in ihrer III. Abteilung
dem Studium eine Hilfe bietet, wie wir sie in analoger Weise für die früheren Perioden
des Altertums nicht besitzen. Vieles unser Gebiet Berührende enthalten auch die
Zeitschrift für wissenschaftliche Theologie und andere theologische Periodika, sowie
die Publikationen der Akademien.

D. Lexikalische Werke.

P a u l y s Real-Enzyklopädie d. klass. Altertumswiss., neue Bearbeitung v. G. W i s s o w a , fortgef. v. W. K r o l l u. K. W i t t e (enthält ausführliche Artikel auch über die Philosophen).

Für Biographisches:
Prosopographia Attica ed. J. Kirchner, 2 Bde., Berl. 1901. 1903 (mit den Nachträgen von Roussel, Bull. d. corresp. hellén. 32 [1908] 303—444 und Sundwall, Öfversigt af Finska Vetenskaps-Societetens Förhandlingar 52 [1909/10] Helsingf. (1910). Prosopographia imperii Romani saec. I. II. III.; pars I. ed. E. Klebs, pars II. ed. H. Dessau, pars III. ed. P. de Rohden et H. Dessau. Berl. 1897, 1898.

E. Gesamtgeschichte der antiken Philosophie.

a) Z u s a m m e n s t e l l u n g a u s g e w ä h l t e r Q u e l l e n s t e l l e n :

Historia philosophiae Graecae et Romanae ex fontium locis contexta. Locos collegerunt, disposuerunt, notis auxerunt H. R i t t e r et L. P r e l l e r . Edidit L. Preller, Hamb. 1838. Ed. IX quam curav. E. W e l l m a n n , Gothae 1913.

Mehr für elementare Zwecke, nicht so gründlich wie das eben erwähnte Werk: Texts to illustrate a Course of elementary Lectures of Greek Philosophy from Thales to Aristotle, by J. J a c k s o n , Lond. 1901 und: Texts etc. ... after Aristotle by J. A d a m , Lond. 1902. Schulzwecken dient die Auswahl a. d. griech. Philosophen Platon, Aristoteles, Epiktet, Marc Aurel, Epikur, Theophrast, Plutarch, Lukian) von O. W e i ß e n f e l s , 3. Aufl. von E. G r ü n w a l d , Lpz. (Teubner).

b) D a r s t e l l u n g e n :

α. D e u t s c h e :

C h r. M e i n e r s , Gesch. d. Ursprungs, Fortgangs u. Verfalls d. Wissenschaften in Griechenland u. Rom, Lemgo 1781—1782. W. T. K r u g , Gesch. d. Philos. alter Zeit, vornehml. unter Griech. u. Römern², Lpz. 1827. C h r. A. B r a n d i s , Handb. d. Gesch. d. griech.-röm. Philos., Berl. 1835—1860. Gesch. der Entwickl. d. griech. Philos. u. ihrer Nachwirk. im röm. Reiche, Berl. 1862—1864. E d. Z e l l e r , Die Philosophie der Griechen. Eine Untersuchung über Charakter, Gang und Hauptmomente ihrer Entwicklung, Tübingen 1844—1852. Zweite, völlig umgearb. Aufl. unter dem Titel: Die Philosophie der Griechen in ihrer gesch. Entwicklung dargestellt, in 5 Bdn., Tübing., später Lpz. 1859—1868. Jetzt liegen von dem Werke vor: I. Teil⁶: Allg. Einl., Vorsokr. Phil. 1. Hälfte mit Unterstütz. v. F r. L o r t z i n g , hrsg. v. W. N e s t l e , Lpz. 1919. ⁷Lpz. 1923. 2. Hälfte hrsg. v. W. N e s t l e , Lpz. 1920. II. Teil, 1. Abt.⁴ Sokrates und die Sokratiker, Plato und die alte Akademie, Lpz. 1889. II. Teil, 2. Abt.³: Aristoteles und die alten Peripatetiker, Lpz. 1879. III. Teil, 1. Abt.⁴ hrsg. v. E d. W e l l m a n n : Die nacharistotelische Philosophie, 1. Hälfte, Lpz. 1909; 2. Abt.⁴: Die nacharistotelische Philosophie, 2. Hälfte, ebd. 1903. Register zu dem ganzen Werke, ebd. 1882 (II 1. und 2. Abt. in Obraldruck erneuert 1920/21, die 1. Abt. mit Anhang v. E. Hoffmann). Einige Teile sind ins Engl. u. Franz. übers. Zellers Philos. d. Griech. ist grundlegend für die gesamte neuere Behandlung der antiken Philosophie, und jede Weiterarbeit hat mit diesem Werke zu rechnen. Das Material, soweit es dem Verf. erreichbar war, ist hier mit bewundernswerter Gründlichkeit gesammelt und mit feinstem Takt und gesündester philologisch-historischer Methode verarbeitet, deren Wert um so stärker betont werden muß, je mehr sich heute eine Neigung verbreitet, sie zu unterschätzen und nüchterne Interpretation durch „Schau" zu verdrängen. Gleichwohl ist Zellers Darstellung nicht d i e Geschichte der griechischen Philosophie schlechthin und ist am wenigsten von ihrem Urheber selbst dafür gehalten worden. Trotz umfassender eigener Kenntnis auch der späteren Philosophie hat Zeller aus prinzipiellen Gründen davon Abstand genommen, durch Ausblicke auf die nachantike philosophische Entwicklung und Hinweise auf parallele Erscheinungen innerhalb dieser die antike Philosophie nach Möglichkeit dem Rahmen der gesamten Philosophiegeschichte einzufügen. Ferner hängt es mit Zellers besonderer wissenschaftlicher Richtung zusammen, daß er zwar den inneren gedanklichen Zusammenhang der Systeme aufs eingehendste verfolgt hat, aber ihren Beziehungen zu der individuellen Persönlichkeit ihrer Urheber und deren Entwicklung sowie auch ihrer Verankerung in dem Gesamtleben der antiken Völker und seinen jeweiligen Bedingtheiten und Richtungen weniger tief nachgegangen ist, als es im Interesse des vollen Verständnisses der philosophischen Gedankenwelt wünschenswert wäre. Besonders aber verlangte der unlösbare Zusammenhang der antiken Philosophie mit Astronomie und Naturwissenschaften sowie mit religiösen Anschauungen (im späteren Altertum besonders die Beziehungen zur ägyptischen Religion und zum Christentum) eine stärkere Berücksichtigung. Zum Teil handelt es sich hier um Gebiete, die erst durch die Forschungen der letzten Jahrzehnte mehr und mehr erschlossen wurden, Forschungen, die in vollem Umfange zu verwerten Z. nicht mehr möglich war. Auch sonst hat die großenteils auf Zeller fußende Weiterarbeit Ergebnisse gezeigt, die zu mehr oder minder erheblicher Umgestaltung der einzelnen Teile des Werkes (Vorsokratik, Platon u. a.) hätten führen müssen. Eine solche nach des Verf. Tode vorzunehmen, war durch Anlage und Haltung des Werkes und seine geschichtliche Stellung innerhalb der philosophischen Literatur ausgeschlossen. Die Herausgeber der seitdem aufs neue erschienenen Bände haben daher sehr mit Recht den Text im wesentlichen unverändert gelassen, aber in zahl- und z. T. umfangreichen Zusätzen neben Zellers nachgelassenen Notizen die Ergebnisse der neueren Forschung verwertet. — Eine treffende Würdigung des Werkes nach seinen Vorzügen und Schwächen gibt H. D i e l s in der Gedächtnisrede auf Ed. Zeller, Abh. d. Berl. Akad. 1908 21 f., 27 ff., abgedr. in Zellers Kl. Schr. III 485 f., 492 ff. S. auch W. C a p e l l e , Berl. philol. Woch. 1920, 505 ff. 529 ff. 554 ff. Wesentlich als Hilfsmittel für akademische Vorlesungen gedacht ist die kurze Bearbeitung: E d. Z e l l e r , Grundriß d. Gesch. d. griech. Philos.[12], bearb. von W. N e s t l e , Lpz. 1920.

   K. P r a n t l , Übersicht d. griech.-röm. Philosophie., Stuttg. 1854. 1863. A. S c h w e g l e r , Gesch. d. griech. Philos., hrsg. von K. K ö s t l i n , Tüb. 1859; 3. Aufl. Freib. i. B. Tüb. 1882, 2. Ausg. 1886. Auch ins Neugriech. übertragen mit vielen Zusätzen, Athen 1867. W. W i n d e l b a n d , Gesch. der alten Philos. nebst einem Anh.: Abriß der Gesch. d. Mathematik u. d. Naturwiss. im Altert. v. S. Günther, Nördl. 1888 (I. v. Müllers Handb. d. kl. Altertumswissensch. V 1, 1); 3. Aufl. (ohne d. Anh.) bearb. von A d. B o n h ö f f e r , Münch. 1912; 4. Aufl. bearb. v. A. G o e d e c k e m e y e r , ebd. 1923. T h. G o m p e r z , Griech. Denker, Lpz. 1893—1909, 3 Bde., Bd. 1 und 2 in 3. Aufl. Lpz. 1911/1912. Auch ins Franz. u. Engl. übers. Behandelt die griech. Philos. bis auf Straton von Lampsakos. Sehr lesbare, gefällige u. anregungsreiche Darstellung, in der die griech. Philos. in ihrem Hervorwachsen aus dem allgemein geistesgeschichtl. Untergrunde betrachtet und ihr Zusammenh. mit anderen Wissensgebieten mit tief- und weitgreifender Sachkenntnis verfolgt wird (in diesem Punkte Ergänzung zu Zeller s. o.). E. K ü h n e m a n n , Grundlehren der Philos., Studien üb. Vorsokrat., Sokr. u. Platon, Stuttg. 1899. F. J u r a n d i c , Prinzipiengesch. d. griech. Philos., Agram 1905. A. K a l t h o f f , Die Philos. d. Griechen, auf kulturgeschichtl. Grundlage dargest., Berl. 1901. A. M a n n h e i m e r , Die Philos. d. Griechen in übersichtl. Darst., Frankf. a. M. 1902. In 2. Aufl. u. d. Titel: Gesch. d. Phil. in übersichtl. Darst. 1. Teil: I. Wesen u. Aufg. d. Philos. II. Die Philos. d. Griechen, Frankf. a. M. 1903. A. D ö r i n g , Gesch. d. griech. Philos., 2 Bde., Lpz. 1903. F r. B ö r t z l e r , Gesch. d. griech. Philos., Stuttg. 1905. R. H o e n i g s w a l d , Die Philos. d. Altert. Problemgeschichtl. u. system. Unters., Münch. 1917. E. v. A s t e r , Gesch. d. antik. Philos., Berl. Lpz. 1920. L u d w. S t e i n , Gesch. d. Philos. bis Plato (Philos. Reihe 2. Bd.), Münch. 1920. E. H o f f m a n n , Die griech. Philos. von Thales bis Platon (Aus Nat. u. Geistesw. 741), Lpz. Berl. 1921. H. L e i s e g a n g , Griech. Philos. v. Thales b. Platon, Bresl. 1922, v. Aristot. b. Plotin ebd. 1923. W. C a p e l l e , Die griech. Philos., I, von Thales bis Leukipp, Berl. Lpz. 1922 (kurze aber lichtvolle Einführung, schätzenswert namentlich auch durch die schon in diesem Bande hervortretende und nach den besonderen Studien des Verf. auch für die Fortsetzung zu erwartende kundige Behandlung des Naturwissenschaftlichen und Medizinischen). W. D i l t h e y , Schriften I: Einl. in d. Geisteswiss. I, Leipz. Berl. 1922 (Überbl. üb. d. Gesch. d. ant. Philos.). Die Darstellungen der antiken Philosophiegesch. von H. v. A r n i m und P. D e u s s e n s. o. S. 3*. Den Zwecken der Studierenden dient der Abriß von A. G e r c k e in: Gercke u. Norden, Einl. in d. Altertumsw.[3] II, Lpz. 1922. — Von philosophischer Seite liegt ein neues eingehendes Werk in seinem ersten Teile vor: K. J o ë l , Gesch. d. antiken Philosophie I [reicht bis auf Platon ausschließlich; ein 2. Band soll die weitere Entwicklung bis zum Neuplatonismus umfassen], Tüb. 1921. Der Verf., dessen Liebe zum Hellenentum sich in wohltuender Weise kundgibt, behandelt seinen Gegenstand in beredter, glanzvoller Darstellung und zeigt sich auch mit dem historisch-philologischen Detail hier wie in seinem früheren umfangreichen Werke über den echten und den xenophontischen Sokrates wohl vertraut, so daß er auch Einzelfragen zu fördern vermag. Das Verdienstliche dieser Darstellung wird aber leider stark beeinträchtigt durch die Neigung zu Typisierung und Konstruktion, die hier wie in dem Sokratesbuche in beherrschender Weise sich geltend macht. Koinzidenzien, deren Herausarbeitung bestenfalls einer mehr oder minder geistreichen Belebung dienen kann, werden zu tatsächlich verstandenen geschichtlichen Zusammenhängen, so beispielsweise die Parallele der die Welt unter einer ἀρχή zusammenfassenden ionischen Philosophie und der orientalischen Monarchien (240 f. 244), die Parallele des Allgemeinen in Sokrates' Philosophie und des Allgemeinen in der athenischen Polis. (794. Eine Auslese weiterer Kombinationen aus dem Werke in der Besprechung von K. Seeliger, Philol. Woch. 1922, 219 ff. 241 ff.) Der berechtigte geschichtsphilosophische Gedanke von dem Zusammenhange alles Geisteslebens, ja alles Lebens überhaupt (S. VIII), schädigt hier durch überspannende Auswertung die exakte philosophiegeschichtliche Erkenntnis. Demgegenüber sollen die wirklichen Vorzüge des Buches — darunter vor allem die aus der umfassenden Belesenheit des Verf. und seiner langjährigen Beschäftigung mit philosophischen Problemen erwachsenen vielfach neuen Beleuchtungen — keineswegs bestritten werden.

β. F r a n z ö s i s c h e :

C. B é n a r d , La philos. anc.; histoire générale de ses systèmes. I. partie (bis zu Sokrates und d. Sophisten), Par. 1885. L. R o b i n , La pensée grecque et les origines de l'esprit scientifique, Par. 1923.

γ. E n g l i s c h e :

A. W. B e n n , The Greek philosophers, 2 vols., Lond. 1882 (das letzte Kap.: Greek philosophy and modern thought, s. auch: Mind 1882). Näheres s. S. 36* unter *J*. Derselbe, The philos. of Greece consid. in rel. to the character and hist. of its people, Lond. 1898. R. A d a m s o n , The development of Greek philosophy, ed. by W. R. S o r l e y and R. P. H a r d i e , Lond. 1908. A. W. B e n n , Hist. of anc. philos. Lond. 1912. J. B u r n e t , Greek philosophy I: Thales to Plato, Lond. 1914. W. T. S t a c e , A crit. hist. of Greek philos., Lond. 1920.

δ. I t a l i e n i s c h e :

G. d. R u g g i e r o , Storia della filos. I: La fil. Greca, Bari 1917. Einzelne ausgewählte Philosophen behandeln C. M a r t h a , Les moralistes sous l'empire romain⁶, Par. 1894 (Seneca, Epiktet, Marc Aurel u. a.), V. D e l b o s , Figures et doctrines de philosophes (Sokr., Lucr., Marc Aur.), Par. 1918.

Über die *Einteilung der griechischen Philosophie* handelt außer den Verf. von Darstellungen der griech. Philosophiegeschichte auch A. G o e d e c k e m e y e r , Arch. f. Gesch. d. Philos. 18 (1905) 303—314.

F. Organisation und äußere Verhältnisse der Philosophenschulen. Persönliches.

U. v. W i l a m o w i t z - M o e l l e n d o r f f , Die Philosophenschulen u. die Politik. Exkurs I zu Antigonos v. Karystos (Philol. Untersuch. Heft 4), Berl. 1881. Die rechtl. Stell. d. Philosophenschulen, Exkurs II desselben Werkes. H. U s e n e r , Organisation der wissenschaftl. Arbeit, Preuß. Jahrb. 53 (1884) 1—25 (abgedr. Vortr. u. Aufs. 69—102). H. D i e l s , Über die ältesten Philosophenschulen d. Griechen, in: Philos. Aufsätze Ed. Zeller gewidm., Lpz. 1887, S. 239—260. K. Z u m p t , Über den Bestand d. philos. Schulen in Athen u. die Sukzession der Scholarchen, Abh. Berl.Ak. Jahrg. 1842, philos. u. hist. Abt. 27—119. J. B e r n a y s , Phokion u. s. neueren Beurteiler. Ein Beitr. z. Gesch. d. griech. Philos. u. Politik, Berl. 1881. E. Z i e b a r t h , D. griech. Vereinswesen, Lpz. 1896, 69 ff. L. K e l l e r , Die Akademien der Platoniker im Altertum, Monatsh. d. Comeniusges. Berl. 1899 (betrifft auch die äußere Organisation). W. K r o l l , Antike Universitäten, Grenzboten 1906, 718—725. F. S c h e m m e l , Die Hochschule v. Konstantinopel im 4. Jahrh. p. Chr. n., Neue Jahrb. 22 (1908) 147—168. Die Hochschule v. Athen im 4. u. 5.

Jahrh. p. Chr. n., ebd., 494—513 (darin über d. philos. Unterricht 505—513). Die Hochschule von Alexandreia im 4. u. 5. Jahrh. p. Chr. n., ebd. 24 (1909) 438—457. Die Hochschule v. Konstantinopel v. 5.—9. Jahrh., Berl. 1912 Pr. Das Athenäum in Rom, Woch. f. klass. Philol. 1919, 91—95; Philol. Woch. 1921, 982—984. Die Schulen von Konstantinopel vom 9.—11. Jahrh. [greift auch weiter zurück], Philol. Woch. 1923, 1178 ff. B o u c h é - L e c l e r c q , Université d'Athènes sous le Bas-Empire, Acad. des Inscriptions et Belles-Lettres 1908. J. W. H. W a l d e n , The universities of ancient Greece, New York 1909. K. H u b e r t , Leben u. Unterricht in d. Akademie, Sokrates 2 (1914) 256—263. W. B o u s s e t , Jüdisch-christlicher Schulbetrieb in Alexandreia u. Rom, in: Forsch. z. Rel. u. Lit. d. Alten u. Neuen Testam. N. F. Heft 6 (1915) 1 ff. E. H o w a l d , Die plat. Akad. u. d. moderne Universitas litterarum, Bern 1921 (s. zu Platon). Vieles für die äußeren Verhältnisse in Betracht Kommende aus der ersten Kaiserzeit bei L. F r i e d l a e n d e r , Darstell. aus d. Sittengesch. Roms (9. u. 10. Aufl. bearb. v. G. W i s s o w a , Lpz. 1919—1921), bes. in dem Abschnitt über die Philosophie als Erzieherin zur Sittlichkeit (III 243 bis 297). Eine eingehende zusammenfassende Darstellung des philos. Unterrichts-betriebes in seiner geschichtl. Entwicklung wäre wünschenswert. Manches auch von allgemeinerem Interesse enthält die zunächst nur Epiktet betreffende Arbeit von I v o B r u n s , De schola Epicteti, Kiel 1897, Univ.-Pr. zu Kais. Geb. Daß sich aus des Gregor. Thaumat. Panegyrikos auf Origenes ein Bild von dem gleichzeitigen Schulbetriebe auch der stoisch. u. platon. Schule gewinnen läßt, zeigt A. B r i n k -m a n n , Rh. Mus. 56 (1901) 55 f. Lit. über d. Verhältn. der Philos. z. Rhetorik im Bildungswesen s. unter *G.* V.

Testamente der griech. Philosophen: G. B r u n s , Ztschr. d. Savignystift. 1 (1880) 1—52 (auch in d. Verf. Kleiner. Schriften II [Weimar 1882], 192—237), D a r e s t e , Annuaire des études grecques, 16 (1883) 1—21, A. H u g , Zu d. Testam. d. griech. Philos., Festschr. z. Begrüß. d. Züricher Philologenversamml., Zür. 1887, T h. G o m p e r z , Die angebl. platon. Schulbibliothek u. die Testamente der Philosophen (Platon. Aufs. II), Sitz. Wien. Ak. 141 (1899) 7. Abh.

Über die Porträts der griech. Philosophen handelt J. J. B e r n o u l l i , Griech. Ikonographie I. II, Münch. 1901. Vgl. auch: F. H i l l e r v. G ä r t r i n g e n und C. R o b e r t , Hermes 37 (1902) 128 ff. F r. W i n t e r , Archäol. Anz. 1896, 74 bis 87. J. P o p p e l r e u t e r , Das Kölnische Philosophenmosaik, Ztschr. f. christl. Kunst 1909, 231—244. F. D r e x e l , Das Philosophenmosaik von Torre Annunziata, Mitt. d. archäol. Inst. Röm. Abt. 27 (1912) 234—240. U. W i l c k e n , Jahrb. d. deutsch. Archäol. Instit. 32 (1917) 162 ff. (Philosophenstatuen vom Serapeum in Memphis). D e m a r t e a u , Le vase hédonique d'Herstal, Bull. Inst. arch. Liégeois 1900, 475 (Diels, Abh. Berl. Ak. Jahrg. 1916, Nr. 6, 83). Einzeldarstellungen s. unter den betreffenden Philosophen.

I v o B r u n s , Das literar. Porträt d. Griechen im 5. u. 4. Jahrh. vor Chr. Geb., Berl. 1896 (über d. Philosophen 201—424). Zum literar. Porträt d. Philosophen ist auch J. F ü r s t , Philol. 61 (1902) 384 zu vergleichen. — Zur komischen Dar-stellung griech. Philosophen auf d. griech. Bühne R. H e l m , Lucian und Menipp 371—386, auf der römischen Bühne s. E. H a u l e r , Die in Ciceros Galliana erwähnten Convivia poetarum ac philosophorum u. ihr Verf., Wien. Stud. 27 (1905) 95—105. W e i h e r , Philosophen u. Philosophenspott, Münch. 1916 Diss. — A e g. M e -n a g i u s , Historia mulierum philospharum, Lugd. 1690 (wieder abgedr. in Aeg. Menagii observat. et emendat. in Diog. Laert., Amstelod. 1692, auch bei Hübner, Comm. in Diog. Laert., Lips. 1833, II 595 ff.). J o. C h r. W o l f , Mulierum Graec. quae oratione prosa usae sunt fragmenta et elogia, Lond. 1739. Zusammenstellung griech. Philosophinnen auch bei S t. W o l f , Hypatia (s. d. 11—15). J. C. P o e s t i o n , Griech. Philosophinnen², Norden 1885. G. H e r z o g , Philosophisch gebildete Frauen auf dem röm. Kaiserthron, Wiener Blätt. f. die Freunde d. Antike 1 (1922) 90 ff. Vgl. C h r i s t - S c h m i d II⁶ 514, 5.

G. Geschichte einzelner Disziplinen und Probleme der griechischen Philosophie.

I. E r k e n n t n i s t h e o r i e .

P. N a t o r p , Forschungen zur Gesch. des Erkenntnisprobl. im Altert. Protagoras, Demokrit, Epikur u. d. Skepsis, Berl. 1884. G. C e s c a , La teoria della conoscenza nella filos. greca, Verona 1887. W. F r e y t a g , D. Entw. d. griech.

Erkenntnistheorie bis Aristoteles, Halle a. S. 1905. R. H e r b e r t z , Das Wahrheitsprobl. in der griech. Philos., Berl. 1913. A r t. S c h n e i d e r , Die myst.-ekstat. Gottesschau im griech. u. christl. Altertum, Philos. Jahrb. d. Görresges. 31 (1918) 35 ff. D. Gedanke d. Erkenntnis d. Gleichen durch Gleiches in ant. u. patrist. Zeit, Abh. z. Gesch. d. Philos. d. Mittelalt. 1923 (Festg., Cl. Baeumker z. 70. Geb. darg.), 65—76.

II. M e t a p h y s i k .

P. R e i n m ü l l e r , Die metaph. Anschauungen der Alten vom Standp. der modernen Naturwiss., Hamburg 1875 Pr. C l. B a e u m k e r , Einige Gedanken üb. Metaph. u. üb. ihre Entw. i. d. hell. Philos., in: Jahresb. d. Görres-Ges., Sekt. f. Philos., 1884.

H. G r o t i u s , Philosophorum sententiae *de fato* et de eo quod in nostra est potestate collectae et de Graeco versae, Amstelod. 1648. Über die Lehre vom Fatum bei Juden und Griechen handelt A. V o g e l , Rost. 1869 Diss. O. H e i n e , Stoicor. de fato doctr., Numburgi 1859. A. G e r c k e , Rh. Mus. 41 (1886) 266 ff. B. W. S w i t a l s k i , Chalcid. Komm. zu Plat. Tim. 91 ff. H. K r a u s e , Stud. Neopl. 43 f. K. P r a e c h t e r , Byz. Ztschr. 21 (1912) 12 ff. W. G u n d e l s. unter *H. b.* Terminologie. Über die L. von der *Einheit* handelt W e g e n e r , De uno sive unitate apud Graecorum philosophos, Potsdam 1863 Pr. C l e m. B a e u m k e r , D. Probl. d. *Materie* in d. griech. Philos., München 1890. C. D e i c h m a n n , D. Problem d. Raumes in d. griech. Philos., Halle a. d. S. 1893 Diss. F. H. W e b e r , Die genetische Entwickl. d. *Zahl- u. Raumbegriffe* in d. griech. Philos. bis Aristoteles u. d. Begriff der *Unendlichkeit*, Straßb. 1895. A. R i v a u d , Le problème du *devenir* et la notion de la *matière* dans la philos. grecque depuis les origines jusqu'à Théophraste, Par. 1906. M. H e i n z e , Die L. vom *Logos* in der griech. Philos., Oldenb. 1872. A. A a l l , Gesch. der Logosidee in der griech. Philos., Lpz. 1896 (1. Teil des Werkes: Der Logos. Gesch. seiner Entwicklung in d. griech. Philos. u. der christl. Literatur, 2. Teil 1899). S. N. T r u b e z k o j , Die Lehre vom Λόγος in d. alten Phil. in ihrem Zusammenh. m. d. Entw. d. Idealismus (russisch), Woprosy filos. i psichol. 1897 I—III. T h. S i m o n , D. Logos, Lpz. 1902. T h. Z i e l i n s k i , D. antike Logos in d. modernen Welt, Neue Jahrb. 18 (1906) 529—544. F. E. W a l t o n , Development of the Logos-doctrine in Greek and Hebrew thought, Lond. 1911. E. H a r d y , D. Begr. der *Physis* in d. griech. Philos., 1. T., Berl. 1884 (s. auch unter *H. b.* Terminologie). G. T e i c h m ü l l e r , Gesch. des Begriffs der *Parusie* (3. Teil der aristotelischen Forschungen), Halle 1873. C. G ö r i n g , Über den Begriff der *Ursache* in der griech. Philos., Lpz. 1874. Hab.-Schr. O. B e r t l i n g , Gesch. d. alt. Philos. als Weg der Erforsch. d. Kausalität (für Stud., Gymn. u. Lehrer dargest.), Lpz. 1907. C. F ü ß l e i n , Das metaphys. Problem der *Veränderung* in der griech. Philos., Merseb. 1881 Pr. W. C a p e l l e , Zur antiken *Theodicee*, Arch. f. Gesch. d. Philos. 20 (1907) 173—195. A. E. H a a s , Ästhetische u. *teleologische* Gesichtsp. in der ant. Physik, Arch. f. Gesch. der Philos. 22 (1909) 80—113. C. L. v. P e t e r , Das Probl. d. *Zufalls* in d. griech. Philos., Berl. 1910 (auch Diss. v. Jena 1909). M. W u n d t , Griech. *Weltanschauung*[2] (Aus Natur u. Geisteswelt Nr. 329), Lpz. Berl. 1917. B r. B a u c h , D. *Substanzproblem* in d. griech. Philos. bis zur Blütezeit, Heidelb. 1910. J. S t e f f e n s , D. Entwickl. d. *Zeitbegriffs* im vorphilos. u. philos. Denken d. Griech. bis Platon, Bonn 1911 Diss., auch als Buch in Berl. erschienen. H. E i b l , D. Probl. d. Zeit bei den alten Denkern, Arch. f. system. Philos. 27, 67 ff. A. L e v i , Il concetto del tempo nei suoi rapporti coi probl. d. divenire e essere nella filos. greca sino a Platone, Riv. filos. neoscol. (Milano) 1919, 1, W. A. H e i d e l , Antecedents of Greek *Corpuscular theories*, Harv. Stud. in class. philol. 22 (1911) 111 ff. V. F a z i o - A l m a y e r , Studi sull' *atomismo* Greco. Palermo 1911. R u d. E i s l e r , Gesch. des *Monismus*. I. Altertum, Lpz. 1910. A. D r e w s , Gesch. d. Monismus im Altertum, Heidelb. 1913. — S. auch *H. b.* (Terminologie).

III. N a t u r p h i l o s o p h i c   s o w i e   N a t u r w i s s e n s c h a f t e n , M a t h e m a t i k   u n d   Z a h l e n s p e k u l a t i o n ,   A s t r o n o m i e   u n d A s t r o l o g i e ,   G e o g r a p h i e ,   M e d i z i n ,   T e c h n i k ,   i n s o f e r n d i e s e G e b i e t e s i c h m i t d e r P h i l o s o p h i e b e r ü h r e n .

H. K e l l e r , Des Weltalls Werden, Wesen u. Vergehen in d. griech. Philos.,
in: Das Weltall 13. Jahrg. (1913). C h. H u i t , La philos. de la nature chez les
anciens, Par. 1901. A. d e M a r g e r i e , La philos. de la nat. dans l'antiquité,
Par. 1901. E d. G a s c - D e s f o s s é s , La philos. de la nat. chez les anciens,
Ann. d. philos. chrét., 1901 Mai. S. G ü n t h e r , Abriß d. Gesch. d. Math. u. d.
Naturw. im Altert., Anh. zu W. Windelband, Gesch. d. alten Philos²., Münch. 1894.
J. L. H e i b e r g , Naturww., Math. u. Mediz. im klass. Altert². (Aus Nat. u. Geistesw.
370), Lpz. 1920. H. L a c k e n b a c h e r , Beiträge z. ant. Optik (Sehtheorien
v. Herakleitos, Alkmaion, Empedokles, Leukippos, Demokritos, Platon), Wien.
Stud. 35 (1903) 35 ff. A. E. H a a s , Ant. Lichttheorien, Arch. f. Gesch. d. Philos. 20
(1907) 345—386. Ästhet. u. teleolog. Gesichtsp. in d. ant. Physik, s. o. unter II.
M. H e i n z e , Ant. Darwinismus, Im neuen R. 1877 I. E. Z e l l e r , Über die
griech. Vorgänger Darwins, Abh. Berl. Ak. 1878 (Vortr. u. Abh., 3. Samml. [Lpz.
1884], 37—51). J. S c h w e r t s c h l a g e r , Die erste Entst. der Organismen
nach den Philosophen des Altert. u. des Mittelalt. mit bes. Rücksichtnahme auf Ur-
zeugung, Eichstädt 1885 Progr. P. T a n n e r y , Pour l'histoire de la Science
Hellène, Par. 1887. S. jetzt auch P. T a n n e r y , Mémoires scientifiques, publ.
par. J. L. Heiberg et H. G. Zeuthen. I. Sciences exactes dans l'antiquité, I, 1876
bis 1884, Par. 1912. G. L o r i a , Le scienze esatte nell' antica Grecia², Mail. 1914.
M. C a n t o r , Vorlesungen üb. Gesch. d. Math. I³, Lpz. 1907. P. T a n n e r y ,
La géom. grecque, Par. 1887. G. M i l h a u d , Les philosophes géomètres de la
Grèce, Par. 1900. C h. T h u r o t , Recherches histor. sur le principe d'Archimède,
Rev. arch. 1869. M. S i m o n , Gesch. d. Math. im Altert. Berl. 1909. H. G. Z e u t h e n ,
Die Mathematik im Altert. u. Mittelalt., Lpz. Berl. 1912 (Kult. d. Geg. Teil 3 Abt. 1).
E v a S a c h s s. Lit. z. Platons Timaios (§ 38). H. U s e n e r , Dreiheit, Rh. Mus.
58, 1—48; 161—208; 361—362. W. H. R o s c h e r , Die Hebdomadenlehren d.
griech. Philosophen u. Ärzte, Abh. Sächs. Ges. d. Wiss. phil.-hist. Kl. 24 Nr. 6 (1906).
Enneadische Studien. Vers. einer Gesch. der Neunzahl bei d. Griechen mit bes.
Berücks. d. ält. Epos, d. Philos. u. Ärzte, ebd. 26 Nr. 1 (1907). (S. dazu Philol. 67
[1908] 158—160.) Die Tessarakontaden und Tessarakontadenlehren d. Griechen
u. anderer Völker, Berichte Verh. Sächs. Ges. d. Wiss. phil.-hist. Kl. 61 (1909) 21
bis 206 (Über d. Lit. z. ps.-hippokr. Schrift $\pi.\ \dot{\epsilon}\beta\delta o\mu\dot{\alpha}\delta\omega\nu$ s. unten zu § 11).
O. W e i n r e i c h , Triskaidekadische Studien, Gieß. 1916 (Religionsgesch. Vers. u.
Vorarb. Bd. 16 H. 1). Für die griech. Zahlensymbolik und die Filiation der sie vertre-
tenden Schriften ist wichtig G. B o r g h o r s t , De Anatolii fontibus, Berl. 1904 Diss.
Über die Siebenzahl s. bes. F. B o l l , Art. Hebdomas bei Pauly-Wissowa-Kroll, wo
auch weitere Lit. zu finden ist. Die Zahlenl. auf einem begrenzten Gebiete behandelt
der prächtige Aufsatz von F. B o l l , Die Lebensalter; ein Beitr. zur ant. Ethologie u.
z. Gesch. d. Zahlen, Neue Jahrb. 31 (1913) 89—145 (auch ges. ersch.). E. H o p p e ,
Mathem. u. Astron. im klass. Altert., Heidelb. 1911. Die Entwickl. d. Infinitesimal-
begriffs, Philol. 76 (1920) 355—359. E r. F r a n k , Mathem. u. Musik u. d. griech.
Geist, Logos 9 (1920) 222—259. O. A p e l t , Die Widersacher d. Mathem. im Altert.
in: Beitr. z. Gesch. d. gr. Philos., Lpz. 1891. P. T a n n e r y , Recherches s. l'histoire
de l'astron. anc. (Mémoires d. l. Société d. sciences phys. et natur. de Bordeaux 4,
sér. 1), Par. 1893. T h. H. M a r t i n , Mémoire sur les hypothèses astron. des plus
anc. philos. de la Grèce, Par. 1878. M. S a r t o r i u s , Die Entwickl. d. Astron.
b. d. Griech. bis Anaxagoras u. Empedokles, Ztschr. f. Philos. u. phil. Krit. 82 (1883)
197—231; 83 (1883) 1—28. S c h i a p a r e l l i , I precursori di Copernico nell'
antichità, Milano e Napoli 1873, deutsch v. M. Curtze, Lpz. 1876. Die in die LL.
d. griech. Philosophen vielfach hereinspielende Astrologie behandelt A. B o u c h é -
L e c l e r c q , L'astrol. grecque, Par. 1899. Vgl. dazu H. U s e n e r , Byz. Ztschr.
10 (1901) 246 ff. = Kl. Schr. III 372 ff. S. auch R i e ß , Art. Astrol. bei Pauly-
Wissowa, H u l t s c h , Art. Astron. ebd. Über Entwickl. u. Aufgaben der Forschung
auf diesen Gebieten orientiert auf Grund meisterlicher Beherrschung des Gegen-
standes F. B o l l , Die Erforsch. d. ant. Astrol., Neue Jahrb. 21 (1908) 103—126,
und: Die Entwickl. d. astron. Weltbildes im Zusammenh. mit Religion u. Philos.,
in: Kultur der Gegenwart III 3, Lpz. 1913, 1—56 (hier auch reichere Lit.). Derselbe,
Art. Finsternisse und Fixsterne bei Pauly-Wissowa. Derselbe, Sternglaube u. Sterndeutung. Die Gesch. u. d. Wesen d. Astrologie. Unter Mitwirk. v. C. Bezold (Aus
Nat. u. Geistesw. Bd. 638)², Lpz. Berl. 1919. Die Sonne im Glauben u. der Welt-

ansch. d. antik. Völker, Stuttg. 1922. E r w. P f e i f f e r , Studien z. antiken Sterngl.
($\Sigma\tau o\iota\chi\varepsilon\tilde{\iota}a$ Heft 2), Lpz. Berl. 1916. (Eingehende Berücksichtigung der Beziehungen z. Philosophie.) P. C a p e l l e , De luna, stellis, lacteo orbe animarum
sedibus, Halle 1917 Diss. W. Gu n d e l , Die naiven, religiös. u. philos. Anschau-
ungen v. Wesen u. Wirken d. Sterne I, Gieß. 1912 Pr. Art. Kometen bei Pauly-
Wissowa-Kroll (hier 1164 ff. philos. Erklärungsversuche). E r. F r a n k , Zur Gesch.
d. griech. Astronomie, in: Plato u. die sog. Pythagoreer, Halle (Saale) 1923, 184 ff.
Das noch im Fortschreiten begriffene große Werk Catalogus codicum astrologorum
Graecorum ed. B a s s i , B o l l , B o u d r e a u x , C u m o n t , H e e g , K r o l l ,
M a r t i n i , O l i v i e r i , bringt in reichen Auszügen aus astrol. Schriften auch
viel für die Gesch. d. Philos. Wichtiges. R o b. E i s l e r , Weltenmantel u. Himmels-
zelt, Münch. 1910. H. W. S c h ä f e r , Die astronom. Geogr. d. Griech. bis auf
Eratosthenes, Flensburg 1873 Pr. H. B e r g e r , Gesch. d. wissenschaftl. Erdkunde d. Griechen[2], Lpz. 1903. J. W e i ß , D. Erdbild d. Antike, Wiener Blätt.
f. Freunde d. Antike 2 (1923) 12 ff. K. T r ü d i n g e r , Stud. z. Gesch. d. griech.-
röm. Ethnogr. Lpz. 1918, Bas. Diss. A. S c h r o e d e r , De ethnogr. ant. locis
quibusd. communibus obss., Hal. Sax. 1921 Diss. T h. H. M a r t i n , La foudre,
l'électricité et le magnétisme chez les anciens, Par. 1866. O. G i l b e r t , Die meteorolog. Theorien d. griech. Altert., Lpz. 1907. W. C a p e l l e , Auf Spuren alter
$\varphi v \sigma\iota\varkappa o\ell$, Hermes 45 (1910) 321—336. Aus d. Vorgesch. einer Fachwissenschaft
[d. Meteorologie], Arch. f. Kulturgesch. 10 (1912) 1—24. Zur meteorol. Lit. d.
Griechen, Hamb. 1912, Pr. d. Johanneums. Zur Gesch. d. meteorolog. Liter., Hermes
48 (1913) 321—358. G. K a i b e l , Ant. Windrosen, Hermes 20 (1885) 579—624.
H. S t e i n m e t z , De ventorum descriptionibus apud Graecos Romanosque, Gött.
1907 Diss. A. R e h m , Griech. Windrosen, Sitz. Münch. Ak. philos. u. philol.-hist.
Kl. 1916, 3. Abh.; dazu H. D i e l s , Deutsche Lit.-Zeit. 1917, 363—366 u. W. C a -
p e l l e , Neue Jahrb. 43 (1919) 97. E. S. Mc. C a r t n e y , An Animal Weather
Bureau, The Class. Weekly 14, 89 ff. 97 ff. Vieles für die hydrologischen Theorien
der Philosophen Wichtige bietet E. O d e r , Ein angebl. Bruchst. Demokrits üb.
d. Entd. unterirdischer Quellen, Philol. Suppl. 7 (1898) 231—384, für ihre Lehren
über Erdbeben u. Vulkanismus S. S u d h a u s im Kommentar z. Gedichte Aetna,
Lpz. 1898. F. R a m s a u e r , D. antike Vulkankunde, Burghausen 1906 Pr.
W. C a p e l l e , Erdbeben im Altert., Neue Jahrb. 21 (1908) 603—633. Erdbeben-
forschung, Pauly-Wissowa-Kroll Suppl. IV 344—374. Die Nilschwelle, Neue Jahrb.
33 (1914) 317—361 (in Betracht kommen die Ansichten alter $\varphi v\sigma\iota\varkappa o\ell$ 331—361).
Berges- u. Wolkenhöhen bei griech. Physikern ($\Sigma\tau o\iota\chi\varepsilon\tilde{\iota}a$ Heft 5), Lpz. Berl. 1916.
S. auch L. C h a t e l a i n , Mélanges d'archéol. et d'histoire 29, 87—101. R. A.
F r i t z s c h e , D. Magnet u. d. Atmung in ant. Theorien, Rh. Mus. 57 (1902) 363
bis 391 (berührt Empedokles, Demokrit, Epikur, Straton, Asklepiades v. Bithynien,
Platon, Lucrez u. a. Philosophen). E. C h a u v e t , La philos. d. médecins grecs,
Par. 1886. Für die mediz. LL. ant. Philosophen d. früheren Zeit ist wichtig: D i e l s ,
Über die Exzerpte von Menons Iatrika in dem Londoner Papyrus 137, Hermes 28
(1893) 407—434. E. S t e m p l i n g e r , Sympathieglaube u. Sympathiekuren
in Altert. u. Neuzeit, Münch. 1919. J. B. E g g e r , Begriff d. Gymnastik b. d. alten
Philos. u. Medizinern, Freib. i. d. Schweiz o. J. (1903?) Diss. A d. M e y e r , Wesen
u. Gesch. d. Theorie v. Mikro- u. Makrokosmos, Bern 1900 Diss. W. W. J a e g e r ,
Nemes. v. Emes. 114, 1. 126. 134 ff. 140 (Makro- u. Mikrokosmos). Fragen der Organisation d. menschl. u. tier. Körpers behandelt S h. O w e n D i c k e r m a n ,
De argumentis quibusdam apud Xenophontem, Platonem, Aristotelem obviis e
structura hominis et animalium petitis, Halle a. S. 1909 Diss. K. Z i e g l e r , Men-
schen- u. Weltenwerden, ein Beitr. z. Gesch. d. Mikrokosmosidee, Neue Jahrb. 31
(1913) 529—573 (auch separ. Lpz. Berl. 1913). K. Z i e g l e r u. S. O p p e n -
h e i m , Weltuntergang in Sage u. Wissensch., Lpz. 1921 (Aus Nat. u. Geistesw.
720). H. D i e l s , Wissenschaft u. Technik bei den Hellenen, Neue Jahrb. 33 (1914 I)
1—17 = Antike Technik[2], Lpz. Berl. 1920, 1—39. A. N e u b u r g e r , Die Technik
d. Altert., Lpz. 1920. M. P o h l e n z , Der Geist d. griech. Wissenschaft, Nachr.
Ges. Wissensch. Gött., Geschäftl. Mitt. 1922, 25—48. H. B a l s s , Präformation
u. Epigenese in d. griech. Philosophie, Archivio d. Storia della scienza 4 (1923) 319
bis 325. — In dem Werke V o m A l t e r t u m z u r G e g e n w a r t , Lpz. Berl.
1919, 2. Aufl. 1921, behandelt eine Reihe von Verfassern die Beziehungen zwischen

Antike u. Moderne auf verschiedenen wissenschaftl. Gebieten, wobei überall des Anteils der Philosophie gedacht wird.

IV. P s y c h o l o g i e.

A. E. C h a i g n e t , Histoire de la psychol. d. Grecs, 5 voll., Par. 1887—1892. E r w. R o h d e , Psyche, Seelenkult u. Unsterblichkeitsgl. d. Griech[7 u. 8], Tüb. 1921. J. F. H ü c k e l h e i m , Üb. d. Unsterblichkeitsgl. bei d. alten Griech. u. Röm., Warendorf 1903. 1905 Pr. Über die Entwickl. d. L. v. Geist (Pneuma) in d. Wissensch. d. Altert. handelt H. S i e b e c k , Ztschr. f. Völkerpsychol. 12 (1880) 361—407. Derselbe, Über den Begriff d. Bewußtseins in d. alten Philos., Ztschr. f. Philos. u. philos. Kritik 80 (1882) 213—239. H. V o l g e r , Die L. v. d. Seelenteilen in d. a. Philos. I. II, Plön 1892—1893. G. L. D u p r a t , La psycho-physiologie des passions dans la philos. anc., Archiv f. Gesch. d. Philos. 18 (1905) 395—412. P. B e c k , Die Ekstase, ein Beitr. z. Psychol. u. Völkerkunde, Bad Sachsa 1908. E. W i n - d i s c h , Über d. Sitz d. denkenden Seele, bes. b. d. Indern u. Griechen, u. eine Etymologie von griech. $\pi\varrho\alpha\pi\iota\delta\varepsilon\varsigma$, Ber. Verh. Sächs. Ges. d. Wiss. philol.-hist. Kl. 43 (1891) 155—203. T h. B o r e a s , '$H\ \delta\acute{o}\xi\alpha\ \pi\varepsilon\varrho\grave{\imath}\ \tau\tilde{\omega}\nu\ \sigma\pi\lambda\acute{\alpha}\gamma\chi\nu\omega\nu\ \dot{\omega}\varsigma\ \acute{\varepsilon}\delta\varrho\alpha\varsigma\ \tau\tilde{\eta}\varsigma\ \psi\upsilon\chi\tilde{\eta}\varsigma$, Festschr. f. Kontos, Athen 1909. S h. O w e n D i c k e r m a n , Some Stock Illustrations of Animal Intelligence in Greek Psychol., Transact. of the Amer. Philol. Associat. 42 (1912) 123—130. H. H i e l s c h e r , Völker- u. individual-psychol. Unters. üb. d. ält. griechische Philos., Arch. f. d. ges. Psychologie 5 (1905) 125 ff. R. P e t s c h , Die L. v. d. gemischten Gefühlen im Altert., Neue Jahrb. 33 (1914) 377—389. H. R i n g e l t a u b e , Quaestiones ad vet. philos. de affectibus doctrinam pertinentes, Gött. 1913 Diss. P. R a b b o w , Ant. Schr. über Seelenheil. u. Seelenleit. I: Die Therapie des Zorns, Lpz. Berl. 1914. D. T a r r a n t ‚ The conception of soul in Greek philos., The Hibbert Journ. 20, 76 ff. E r w. P f e i f f e r , Stud. z. ant. Sterngl. (s. o.) 113 ff. P. C a p e l l e , s. o. *Tierpsychologie:* A. D y r o f f , s. zu §§ 56. 70. M. W e l l m a n n u. H. D i e l s , s. zu §§ 56. 61. W. P u r p u s zu § 79 (Porphyr.) H. H o b e i n , De Maximo Tyr. 69 ff. W. W. J a e g e r , Nemes. v. Em. 117 ff. K. G r o n a u , Poseid. u. d. jüd.-christliche Genesisex. 103 ff. W. K r o l l , Rh. Mus. 71 (1916) 336 f. K. R e i n h a r d t , Poseidonios 356 ff.

V. S p r a c h p h i l o s o p h i e. P h i l o s o p h i e u n d R h e t o r i k.

L. L e r s c h , Die Sprachphilosophie d. Alten, 3 Bde., Bonn 1838—1841. H. S t e i n t h a l , Gesch. d. Sprachw. bei d. Griech. u. Röm.[2], 2 Bde., Berl. 1891. 1892. G. F. S c h ö m a n n , Die Lehre v. d. Redeteilen bei den Alten, Berl. 1862. F. M u l l e r , De veterum imprimis Romanorum studiis etymologicis, I, Utr. 1910 Diss. S. auch die Liter. z. Demokrit (Reinhardt), zum platonischen Kratylos, z. Stoa (§ 55), z. Epikureismus (§ 60) und F. Lammert z. Ptolemaios (§ 71). — Interesse der Philosophen f. Eigennamen: R. H i r z e l , Der Name (Abh. d. philol.-hist. Kl. d. Sächs. Ges. d. Wiss. 36 [1918]) 7. Die Beziehungen zwischen Philosophie u. Rhetorik berühren vielfach F. B l a ß , Die attische Beredsamkeit[2], 1887—1898, R. V o l k - m a n n , D. Rhetorik d. Griech. u. Röm.[2], 1885, G. T h i e l e , Hermagoras, Straßb. 1893, E. N o r d e n , Die ant. Kunstprosa, 3. Abdr., Lpz. 1915. 1918, H. v. A r n i m , Sophistik, Rhetorik, Philos. in ihrem Kampf um die Jugendbildung, Einleit. z. d. Verf. Buch: Leben u. Werke d. Dio v. Prusa, Berl. 1898, U. v. W i l a m o w i t z - M o e l l e n d o r f f , Asianismus u. Atticismus, Hermes 35 (1900) 1—52 (vgl. hier 15 ff.), W. S ü ß , Ethos, Stud. z. ält. griech. Rhetorik, Lpz. 1910, H. G o m p e r z , Sophistik u. Rhetorik, Lpz. Berl. 1912, P. W e n d l a n d , Hellen.-röm. Kult.[2] 57 ff. S. auch Br. K e i l , Hermes 42 (1907) 549, 1; 560, R. P h i l i p p s o n , Berl. philol. Woch. 1917, 502 ff. und W. S c h m i d , Rhein. Mus. 72 (1918) 113 ff. 238 ff. u. bes. 243 ff. Man vgl. auch die Lit. zu den einzelnen für die Beziehungen zwischen Philosophie und Rhetorik in Betracht kommenden Philosophen. S. ferner zu diesem Abschnitt auch unten *H. c.* auf S. 34* f.

VI. A l l g e m e i n e L e b e n s a u f f a s s u n g , E t h i k , P o l i t i k , S o z i o l o g i e , R e c h t s p h i l o s o p h i e , P h i l o s o p h i e d e r K u l t u r - e n t w i c k l u n g i m a l l g e m e i n e n.

C. M a r t h a , Études moral. s. l'antiquité, Par. 1880. L. S c h m i d t , Die Ethik der alt. Griech., 2 Bde., Berl. 1881. E d. S c h w a r t z , Probleme d. ant.

Ethik, Jahrb. d. Hochstifts zu Frankf. a. M. 1906. M. W u n d t , Gesch. d. griech. Ethik. I. Die Entst. d. griech. Ethik. II. Der Hellenismus, Lpz. 1908. 1911 (gibt einen breiten kulturgeschichtl. Unterbau u. bedeutet dadurch einen wesentl. Fortschritt über seine Vorgänger). Griech. Weltanschauung[2] (Aus Nat. u. Geistesw. 329), Leipz. Berl. 1917. S. auch: Vom Altert. z. Gegenw., Lpz. Berl. 1919, 200 ff. J. v a n d e r V a l k , De ontwikkelingsgang van het denken der oude Grieken, Rotterdam 1919. G. L. D u p r a t , Morale des passions dans la philos. anc., Par. 1909. J. B u r n e t , Law and nature in Greek ethics, International Journal of Ethics 1897 April. H. G o m p e r z , Die Lebensauff. d. griech. Philosophen u. d. Ideal d. inneren Freiheit[2], Jena 1915. G. M o d u g n o , Il concetto della vita nella filos. greca, Bitonto 1907. A. E. D o b b s , Philosophy and popular morals in ancient Greece, Dublin 1907. E. S i g a l l , Der Wert d. Lebens im Lichte d. ant. Philos., Czernow. 1907 Pr. J. L. H e i b e r g , Liv og Dod i graesk Belysning, Soertryk af Univ. Festskr. Sept.1915 Kobenh. 1915 (bespr. Berl. philol. Woch. 1919, 1057 ff.). M. M a r q u a r d , D. pessimist. Lebensauff. d. Altert., Erl. 1905 Diss. (Kempten 1905 Pr.). M. H e i n z e , D. Eudämonism. in d. griech. Philos., Abh. Sächs. Ges. d. Wiss. 1883. M. W u n d t , D. Intellektualism. in d. griech. Ethik, Lpz. 1907. W. N e s t l e , Intellektualismus u. Mystik in d. griech. Philos., Neue Jahrb. 49 (1922) 137—157. L. C r e d a r o , Il problema della libertà di volere nella filosofia dei greci, Rendic. dell' Istituto Lomb. ser. 2 vol. 25 fasc. 9, 10 p. 607—660. J. J a h n e l , Über den Begriff Gewissen in der griech. Philos., Glatz 1872 Pr. K. A. H a s e n c l e v e r , Die Berühr. u. Verwert. des Gewissens in d. Hauptsystemen der griech. Philos., Freib. 1877 Diss. — A. G i e s e c k e , De philosophor. veterum quae ad exilium spectant sententiis, Lpz. 1891 Diss. E. W o l f f , Philanthropie b. d. alt. Griech., Berl. 1902 Pr. M a x S c h n e i d e w i n , Antike Humanität, Berl. 1897 (D. Scipionenkreis Ursprungsstätte d. Humanitätsprinzips). R. R e i t z e n s t e i n , Werden u. Wesen d. Humanität im Altert. Straßb. 1907 (D. Begriff geht auf Panaitios zurück). E d. S t e t t n e r , Ant. Humanität in modern. Beleucht., Bielitz 1912. 1913 Pr. S i e g f r. L o r e n z , De progressu notionis φιλανθρωπίας, Lpz. 1914 Diss. J. I l b e r g , Zur gynäkolog. Ethik d. Griech., Arch. f. Religionsw. 13, 1 ff. Zum Liebesproblem (Frauenliebe, Knabenliebe, Ehe) s. auch K. P r a e c h t e r , Hierokles d. Stoiker, Lpz. 1901, 121 ff., F r. W i l h e l m , Rh. Mus. 57 (1902) 55 ff. (hier 55 f. Zusammenst. d. ant. Lit.); 61 (1906) 104 f.; 70 (1915) 162, E. B i c k e l , Diatribe in Senecae philos. fragmenta, I: Fragm. de matrimonio, Lips. 1915, F. B u d d e n h a g e n , *Περί γάμου*. Antiqu. poëtarum philosophorumque Graec. de matrim. sententiae, Zür. 1919, Bas. Diss. (nur ein Teil d. Arb. liegt im Druck vor), O. H e n s e , Rh. Mus. 73 (1920) 297 ff., E. B e t h e , D. dorische Knabenliebe, ihre Ethik u. ihre Idee, Rh. Mus. 62 (1907) 438—475. Vgl. z. philosoph. Erotik auch A u g. M a y e r , Philol. Suppl. 11 (1910) 563. — W. C a p e l l e , Altgriech. Askese, Neue Jahrb. 25 (1910) 681—708. Art. Ascetism in d. Encyclop. of Relig. and Ethics by Hastings and Selbie II, S. 80—87. E. B i c k e l , Das asket. Ideal bei Ambrosius, Hieronymus u. Augustin, Neue Jahrb. 37 (1916) 437—474 (hier 448 ff. über antike Askese). F. B o l l , Vita contemplativa, Sitz. Heidelb. Ak. philos.-hist. Kl. 1920, 8. Abh. (Reiches Material, auch neuere Lit., in den Anmerk. — Liegt jetzt in 2. Aufl. vor.) — W. N e s t l e , Der Pessimismus u. s. Überwind. b. d. Griech., Neue Jahrb. 47 (1921) 81—97. H. D i e l s , Der ant. Pessimism., Berl. 1921 (Schule u. Leben H. 1). R. H i r z e l , Der Selbstmord, Arch. f. Religionswiss. 11, 75—206.

Weitere ethische Topoi: Affekte im allgemeinen: R i n g e l t a u b e , s. oben S. 25* IV. Zorn: A. S c h l e m m , Hermes 38 (1903) 588 (Ant. Schrr. üb. den Gegenstand u. ihre Filiation). J. G e f f c k e n , Kynika 27. R a b b o w u. R i n g e l t a u b e (behandeln den Zorn als Hauptaffekt). Vgl. Philod. de ira e d. W i l k e XXXI f. P h i l i p p s o n , Rh. Mus. 71 (1916) 425 ff. P o h l e n z , Nachr. Ges. Wiss. Gött. 1921, 163 ff. Mitleid: O. H e r w e g e n , Das Mitl. in d. griech. Philos. bis auf d. Stoa, Bonn 1912 Diss. Anstrengung und Erholung: K. P r a e c h t e r , D. Topos π. σπουδῆς καὶ παιδιᾶς. Hermes 47 (1912) 471—476. Freundschaft: L. D u g a s , L'amitié antique d'après les mœurs populaires et les théories des philosophes, 2. ed., Par. 1914. G. B o h n e n b l u s t , Beiträge z. Topos π. φιλίας, Berl. 1905, Berner Diss. Beurteilung d. Greisenalters: F. W i l h e l m , Rhein. Mus. 62 (1907) 605, 6. Die Schr. d. Juncus περὶ γήρως usw., Bresl. 1911 Pr. — E r n s t M e y e r , Der Emporkömmling. Ein Beitr. z. ant. Ethologie, Gieß. 1913 Diss. (69 ff.: Die Philosophie). W i l h. M e y e r , Laudes inopiae, Gött. 1915 Diss. — Viele Motive u. Parallelen bei F r. W i l h e l m , Philol. 75 (1919) 364 ff. — W. W i l l i , Griech. Popularphilosophie, Greifsw. 1923. — Ertragreich für die ethische Topik ist besonders die Literatur über die kynisch-stoische Diatribe, s. unten zu § 58.

   R. P ö h l m a n n , Gesch. d. ant. Kommunism. u. Sozialism., 2 Bde., Münch. 1893 bis 1901, 2 Aufl. u. d. Tit.: Gesch. d. sozial. Frage u. d. Sozialism. i. d. ant. Welt, 2 Bde., Münch. 1912. J. S c h v a r c z , Die Anf. einer polit. Lit. bei d. Griech., Anh. z. d. Schr.: Kritik d. Staatsformen d. Aristoteles, verm. Ausg., Eisenach 1890. R. S c h ö l l , Die Anf. einer polit. Lit. bei d. Griech., Münch. 1890. H. H e n k e l , Stud. z. Gesch. der griech. L. v. Staat, Lpz. 1872. H. v. A r n i m , Die polit. Theorien d. Altert., Wien 1910. J. K a e r s t , Stud. z. Entwickl. u. theoret. Begründ. d. Monarchie im Altert., Münch. Leipz.1898 (Histor. Bibl. Bd. 6). V. M i t t e r m a n n , Die Grundged. d. griech. Sozialphilos., Krems 1907 Pr. H e i n r. W o l f , Gesch. d. antik. Sozialism. u. Individualism., Gütersloh 1909 (Gymn.-Bibl. Heft 50). E. B u r l e , Essai historique sur le développement de la notion de droit nat. dans l'antiquité grecque, Trévoux 1908. V. E h r e n b e r g , Anfänge d. griech. Naturrechts, Arch. f. Gesch. d. Philos. 35 (1923) 119—143. L. E. M a t t h a e i , The place of arbitration and mediation in ancient systems of internat. ethics, Classic. Quart. 2, 241 ff. H. F r a n c o t t e , Mélanges de droit public grec, Lütt. Par. 1910 (betrifft auch Fragen, die in der philos. Staatsl. viel behandelt wurden, wie d. Verhältnis. v. Königt. u. Tyrannis). M. H o d e r m a n n , Quaestion. oeconomic. specimen, Berl. Stud. f. klass. Philol. u. Arch. Bd. 16, H. 4, Berl. 1896. F. W i l h e l m , Rh. Mus. 70 (1915) 162 ff. (reiche Stellensamml. aus d. antik. ökon. Lit.). A. A. T r e v e r , History of Greek Economic Thought (bespr. Journ. of Hell. Stud. 40, 126). — Hierher gehört auch die in der ant. philos. Lit. reich vertretene Gattung der Fürstenspiegel. Vgl. darüber: G. B a r n e r , Comparantur inter se Graeci de regentium hominum virtutibus auctores, Marp. Catt. 1889 Diss. K. P r a e c h t e r , Ant. Quellen d. Theophylaktos v. Bulg., Byz. Ztschr. 1 (1892) 399—414. Antikes i. d. Grabrede d. Georgios Akropol. auf Joh. Dukas, ebd. 14 (1905) 479 ff. K. E m m i n g e r , Stud. z. d. griech. Fürstenspiegeln I, Münch. 1906 Pr., II u. III, Münch. 1913 Diss. Motive u. Stellensammlungen z. Topos περὶ βασιλείας bei P. F i s c h e r , De Dionis Chrysostomi orat. tertiae composit. et fontib., Bonn 1901 Diss., u. F. W i l h e l m , Der Regentenspiegel d. Sopatros, Rh. Mus. 72 (1918) 374—402 (hier auch Lit.). S. auch d. oben angeführte Arbeit von K a e r s t . Für Weiteres s. d. Generalreg. d. Byz. Ztschr. z. Bd. 1—12 unter „Fürstenspiegel" und d. Lit. z. Seneca, Dion Chrysost., Plutarch, Julian, Themistios, Synesios u. a. E d. Z e l l e r , Über d. Begriff d. Tyrannis bei d. Griech., Sitz. Berl. Ak. 1887, 1137—1146 = Kl. Schr. I 398—409. H. S w o b o d a , Zur Beurt. d. griech. Tyrannis, Klio 12, 341 ff. (berührt auch d. Stellung d. Tyrannis in d. philosoph. Konstruktion d. Staatsverfassungen). W. F l e s k e s , Vermischte Beitr. z. literar. Porträt d. Tyrannen im Anschl. an d. Deklamationen, Bonn 1914, Diss. v. Münster. J. E n d t s. Aristoteles. W. N e s t l e , Politik u. Moral im Altertum, Neue Jahrb. 41 (1918) 225—244. A d. M e n z e l , Kallikles. Eine Studie z. Gesch. der L. vom Rechte d. Stärkeren, Wien Lpz. 1922. Vgl. auch W. N e s t l e , Berl. philolog. Woch. 1917, 449 ff., H. B a v i n c k u. O. B a u m g a r t e n o. S. 8*. H. v. A r n i m , Gerechtigkeit u. Nutzen in d. griech. Aufklärungsphilosophie, Frankf. a. M. 1916 Univ.-Rede. E. S c h a r r s. Xenophon. Vgl. auch d. Lit. zu Platons u. Aristoteles' Staatslehren. M. P o h l e n z , Staatsgedanke u. Staatslehre d. Griechen (Wissensch. u. Bildung Bd. 183), Lpz. 1923. G i a c. P e r t i c o n e , L'eredità del mondo antico nella filos. politica, Torino 1923. J. J ü t h n e r , Hellenen u. Barbaren, Lpz. 1923 (D. Erbe d. Alten, 2. Reihe, Heft 8).

   A. V e d e r , Historia philosophiae juris apud veteres, Lugd. Bat. 1832. R. H i r z e l , Ἄγραφος νόμος, Abh. Sächs. Ges. d. Wiss. philol.-hist. Kl. 20 (1900). Themis, Dike u. Verwandtes, Lpz. 1907 (vgl. u. a. den Abschn. über d. Naturgesetz 387 ff., wo die hierher gehörigen Ansichten d. alten Philosoph. behandelt sind). Der Eid, Lpz. 1902. Die Talion, Philol. Suppl. 11, 407—482. Die Person. Begriff u. Name derselben im Altert., Sitz. Münch. Ak. philos.-philol. u. hist. Kl. 1914, 10. Abh. Völkerrecht: W. G e m o l l , Philol. Woch. 1921, 236—239. M. M ü h l , ebd. 1078—1080. W. E. C a l d w e l l , Hellen. Conceptions of Peace (Stud. in Hist. Econom. and Publ. Law, ed. by the Fac. of Polit. Science of Columb. Univ.

84, 395 ff.). J. K ä r s t, Die Entst. d. Vertragstheorie im Altert., Ztschr. f. Politik 2 (1909) 505 ff. Vgl. auch I h e r i n g s umfassendes Werk: Geist des römischen Rechts auf den verschiedenen Stufen seiner Entwickl., Lpz. 1852 ff. u. ö. V. K i r c h n e r, Der Lohn in der alten Philos., im bürgerl. Recht, bes. im Neuen Testament, Gütersl. 1908.

E. N o r d e n, Beitr. z. Gesch. d. griech. Philos., Jahrb. f. klass. Philol. Suppl. 19 (1892) 368 ff.; darin 411—428: Philos. Anss. über die Entst. d. Menschengeschl., seine kulturelle Entw. u. d. goldene Zeitalter. O. A p e l t, Die Anss. d. griech. Philos. über d. Anfang der Kultur, Eisenach 1901 Progr. B i l l e t e r, Griech. Anschauungen üb. d. Ursprünge d. Kultur, Zür. 1901 Pr. E. N o r d e n, Agnostos Theos, 370—374; 397—400. Weitere Lit. über Entst. u. erste Entwickl. d. Menschengeschlechtes bei H. B i n d e r, Dio Chrysost. u. Posidonius, Borna-Lpz. 1905, Diss. v. Tüb., 26 Anm. 28. ⹁ E d w. B. T y l o r, Primitive culture⁵, Lond. 1913. R. H e l m, Utopia, Rost. 1921 Univ.-Rede. S. auch H i r z e l, Ἄγραφος νόμός 79 ff. u. dazu P r a e c h t e r, Hierokl. d. Stoiker 39, 2. P o h l e n z Χάριτες 85 ff. G e r h ä u ß e r, Protrept. d. Poseid. 16 ff. B o l l, Offenb. Joh. 138. J a e g e r, Nemes. v. Em. 122 ff. J. H e i n e m a n n, Poseid. metaph. Schrr. I 88 ff. R u d b e r g, Forsch. z. Poseid. 51 ff. W i l h e l m, Philol. 75 (1919) 371 f. K r o l l, Rh. M. 71 (1916) 346. M a k o w s k y, De coll. Alex. Magn. et Dind. 19. N e s t l e, Neue Jahrb. 48 (1921), 144 f. W i l a m o w i t z, Platon I² 664 ff. Idealisierung fremder Völker: T r ü d i n g e r, A. S c h r o e d e r (hier 30, 2 weitere Lit.), s. o. S. 24*, E. S c h a r r (s. Xenophon) 130—135. W i l h. M e y e r, Laudes inopiae, Gött. 1915 Diss.

Zur Politik ist antiker Anschauung entsprechend auch die P ä d a g o g i k zu stellen. Aus d. Lit. darüber sei hier angeführt: A d. B u s s e, Die Anf. d. Erziehungswiss., Neue Jahrb. 26 (1910) 465—477. K. P r a e c h t e r, Die griech.-röm. Popularphilos. u. die Erz., Bruchsal 1886 Pr. Über die Stellung der Philos. zu den enzyklischen Fächern M. G u g g e n h e i m, Zür. 1893, Pr. d. Kantonssch., E. N o r d e n, Ant. Kunstprosa II 670 ff., A. S t a m e r, Die ἐγκύκλιος παιδεία in dem Urteil d. griech. Philosophenschulen, Kaiserslaut. 1912 Pr. B. B i s c h o f, Die körperl. Erz. b. d. Griech. im Lichte d. griech. Philos., Freudenthal i. Österr. 1911/12 Pr. P. M o n r o e, Source Book of the Hist. of Education for the Greek and Roman Period (bespr. Class. Weekly 14, 77). F r. M i e l e n t z, Beitrr. z. Gesch. d. artes liberales im Altertum, Königsb. 1923, Ungedr. Diss., Auszug. J. O v e r b e c k, Pädag. Strömungen im 1. Jahrh. nach Chr. Geb., Ungedr. Rost. Diss. 1923, Auszug. Ders., D. Entdeckung d. Kindes im 1. Jahrh. n. Chr., Neue Jahrb. 54 (1924) 1—8.

Über einige für die Ethik wichtige Begriffe vgl. auch unten S. 32* ff. *H. b.* (Terminologie).

VII. P h i l o s o p h i e   u n d   R e l i g i o n.

Bei den engen Beziehungen zwischen antiker Philosophie und Religion ist der Aufschwung, den die religionsgeschichtliche Forschung in den letzten Jahrzehnten genommen hat, auch unserer Kenntnis der griechischen Philosophie in hohem Maße zugute gekommen. Besonders nachhaltig haben hier die Arbeiten von E r w. R o h d e, H. U s e n e r, W. R o s c h e r und A. D i e t e r i c h gewirkt. Z. T. durch sie angeregt haben zahlreiche Gelehrte ihrer und einer jüngeren Generation durch Forschungen auf den Grenzgebieten der griechischen, orientalischen, ägyptischen, jüdischen und christlichen Religion einer- und der griechischen Philosophie andererseits die Geschichte der letzteren in dankenswertester Weise gefördert. Alle Berührungspunkte dieser weit ausgedehnten Literatur mit der griechischen Philosophie zu verzeichnen, ist unmöglich. Nur einiges sei erwähnt, das den Zugang zu Weiterem erschließen kann.

a) Allgemeines. Beziehungen der griechischen Philosophie zu den Religionen Griechenlands, des Orients und Ägyptens.

A. B. K r i s c h e, Forsch. auf dem Gebiet der alten Philos. I. Die theolog. LL. d. griech. Denker, Gött. 1840. J. G e f f c k e n, Ant. Kulturkämpfe, Neue Jahrb. 29 (1912) 593—611. E d w. C a i r d, The evolution of theology in the Greek philosophers, Glasgow 1903, ins Deutsche übers. von H. Wilmanns, Halle a. S.

1909. C. d u P r e l , Die Mystik der Griechen, Lpz. 1888. K. K i e s e w e t t e r ,
Der Okkultismus d. Altertums, bearb. v. L. Kuhlenbeck, Lpz. 1896. A. F. L u d w i g,
Gesch. d. okkultist. (metaphys.) Forschung von d. Antike bis z. Gegenwart, Pful-
lingen (Württ.) o. J. T h. H o p f n e r , Griech. Mystik (Geisteswiss. Vorträge
Heft 51/53), Lpz. 1922. J. R ö h r , D. ohkulte Kraftbegriff im Altert., Philol. Suppl.
17 (1923) 1—133. E. S t e m p l i n g e r , Antik. Abergl. in modernen Ausstrah-
lungen, Lpz. 1922., Viel auch die Philosophie Berührendes bieten das Archiv f.
Religionswissenschaft, sowie die Religionsgesch. Versuche u. Vorarbeiten. (s. o. S. 7*).
In dieser Sammlung sind u. a. erschienen: L u d. R u h l , De mortuorum iudicio
(2. Bd., 2. H. 1903), C. T h u l i n , Die Götter des Martianus Capella u. die Bronzeleber v. Piacenza (berührt Nigidius Figulus) (3. Bd., 1. H. 1906), H e n r. S c h m i d t ,
Veteres philos. quomodo iudicaverint de precibus (4. Bd., 1. H. 1907), E. F e h r l e ,
D. kultische Keuschh. im Altert. (6. Bd. 1910), O. W e i n r e i c h , Antike Heilungs-
wunder (8. Bd., 1. H. 1909). Von H. U s e n e r kommen vor allem in Betracht
seine Abh. über Dreiheit, sowie die im 4. Bde. seiner Kl. Schr. gesammelten Arbeiten
zur Religionsgesch., von E r w. R o h d e seine Psyche (s. o. S. 25* IV) und seine
Kl. Schrr. Von A. D i e t e r i c h berühren die Philos. bes. die Schrr. Abraxas, Lpz.
1891, Nekyia², Lpz. 1914, Mutter Erde², Lpz. 1913, Eine Mithrasliturgie², Lpz. 1910,
sowie Aufsätze seiner Kleinen Schriften. Hierher gehören ferner: R. R e i t z e n -
s t e i n . Zwei religionsgesch. Fragen, Straßb. 1901; Poimandres, Lpz. 1904; Hellenistische Wundererzählungen, Lpz. 1906; Die hellenist. Mysterienrell.², Lpz. Berl.
1920; D. Märchen v. Amor u. Psyche bei Apuleius, Lpz. Berl. 1912 (berührt kosmogon. Vorstellungen); Hellenistische Theol. in Ägypten, Neue Jahrb. 13 (1904)
177—194. F r. C u m o n t , La relig. et les philos. en Grèce, Journ. des sav. 1908,
113—126; Die Mysterien des Mithra, dtsch. v. G. Gehrich², Lpz. 1911; Les religions
orientales dans le paganisme romain, Par. 1907, dtsch. v. G. Gehrich², Lpz. 1913;
Le mysticisme astral dans l'antiquité, Bull. de l'Acad. royale de Belgique, Classe
d. lettr. Nr. 5, Brux. 1909, 256 ff.; La théologie solaire du paganisme romain, Mémoires présentés par divers savants à l'Acad. des Inscript. et Bell.-Lettr. t. 12 part. 2,
Par. 1909; Astrology and religion among the Greeks and Romans, New York Lond.
1912 (vgl. auch Arch. f. Religionsw. 9, 323 ff.; P. Wendland, Berl. phil. Woch. 1910,
39). F r. C u m o n t - G e h r i c h , Die orient. Rell. in ihrem Einfl. auf d. europ.
Kultur d. Altert., in: Die Kult. d. Gegenw.², Teil 1 Abt. 3, 1, Lpz. 1913. O. G i l b e r t ,
Griech. Religionsphilos., Lpz. 1911. A. F a i r b a n k s , A handbook of Greek
rel., New York 1911. J. T o u t a i n , Études de mythol. et d'histoire des rell.
antiques, Par. 1909. F. O. H e y , Der Traumgl. der Antike I, Münch. 1908 Pr.
F. J a e g e r , De oraculis quid veteres philosophi iudicaverint, Rost. 1910 Diss.
K. S t e i n h a u s e r , Der Prodigiengl. u. das Prodigienwesen d. Griech., Ravensburg 1911, Tüb. Diss. C. P a s c a l , Le credenze d'oltretomba nelle opere letterarie
dell' antichità classica², 2 Bde., Torino-Milano 1923. G a n s c h i n i e t z , Art.
Katabasis b. Pauly-Wissowa-Kroll 2409 f. 2413 ff. W. W e b e r , Ägypt.-griech.
Götter im Hellenismus, Groningen 1912. Literarische Fragen aus dem Gebiete der
die Religion betreffenden philos. Schrr. behandelt C a r. R e i n h a r d t , De Graecor.
theologia capita duo, Berl. 1910 Diss. (auch als Buch erschienen). Den für den Volksglauben wie für die Philos. bedeutsamen Dämonenglauben berühren u. a. C u r t
W a c h s m u t h , Die Anss. d. Stoiker über Mantik u. Dämonen, Berl. 1860,
R. H e i n z e , Xenokrates, Lpz. 1892, 78—123, C a r l F r i e s , Rhein. Mus. 55 (1900)
28 ff., J. T a m b o r n i n o , De antiquorum daemonismo, Religionsgesch. Vers.
u. Vorarb. 7. Bd. 3. H. (1909), W. B o u s s e t , Zur Dämonologie der späteren
Antike, Arch. f. Religionswiss. 18 (1915) 134—172, M. P. N i l s s o n , Daimon,
Nord. Tidskr. f. Filol. 4. R. VII 4, 164, A n d r e s , Art. Daimon b. Pauly-Wissowa-
Kroll Suppl. III 267 ff. (hier bes. 268. 322 weitere Lit.); die Anss. d. Philosophen üb.
Mantik B. M u l d e r , Vetustissimorum philosophorum placita de divinatione,
Roterod. 1829, A. S t. P e a s e in d. Ausg. v. Cic. d. div. I. — O. C a s e l , De philo-
sophorum Graec. silentio mystico (Rel. Vers. u. Vorarb. Bd. 16 H. 2), Gieß. 1919.
In das Grenzgebiet von Rel. u. Philos. führen auch W. C a p e l l e , Zur ant. Theodicee,
Arch. f. Gesch. d. Philos. 20 (1907) 173—195, B. v. B o r r i e s , Quid veteres philo-
sophi de idololatria senserint, Gött. 1918 Diss., S. H. N e w h a l l , Quid de somniis
censuerint quoque modo eis usi sint antiqui quaeritur, Diss. der Harv. Univ. 1912/13
(Referat: Harv. stud. in Class. Philol. 24 (1913) 163 f.), J. G e f f c k e n , Der Bilder-

streit d. heidn. Altert., Arch. f. Religionswiss. 19 (1919) 286—315, C. L a c k e i t, Aion, Zeit u. Ewigkeit in Sprache u. Rel. d. Griech., Königsb. 1916 Diss., G i l l i s P: s o n W e t t e r, Φῶς, eine Unters. über hellenist. Frömmigk. usw. (Skrifter utgifna af K. Humanistika Vetenskapssamfundet i Uppsala 17, 1) 1915; dazu M. P. N i l s s o n, Gött. gel. Anz. 1916, 40 ff.; J. G e f f c k e n, Die griech. Aufklärung, Neue Jahrb. 51 (1923) 15—31, A. B. D r a c h m a n n, Atheisme i det antike Hedenskap, Kopenh. 1919 (englisch Lond. 1922; hier 153 f. frühere Lit.). Hier kommen ferner manche der oben S. 23* f. angeführten Arbeiten in Betracht, so bes. die von B o l l, E i s l e r und R o s c h e r. S. auch L e i s e g a n g zu § 53 und die Enzyklopädie von Hastings und Selbie oben S. 8* unter *F*.

b) Griechische Philosophie und Judentum s. unten § 73: Hellenistisch-jüdische Philosophie.

c) Griechische Philosophie und Christentum.

Zunächst kommt die oben unter *a*. verzeichnete religionsgeschichtliche Literatur großenteils auch hier in Betracht. So befaßt sich beispielsw. E d w. C a i r d, The evolution of theology in the Greek philosophers auch mit den Einwirkungen der griech. Philosophie auf die christl. Theologie. Sehr reich an Gelehrsamkeit und anregender Kombination sind die Arbeiten U s e n e r s und R e i t z e n s t e i n s. Aus der weiteren Lit. greife ich in chronologischer Folge eine Reihe von Erscheinungen heraus, die verschiedene Standpunkte vertreten und, wie ausdrücklich bemerkt sei, an Wert sehr ungleich sind: Über das Verhältn. zw. hellenischer u. christl. Ethik handelt N e a n d e r in seinen wissenschaftl. Abh., Berl. 1851. — F. C h r. B a u r, Drei Abh. z. Gesch. d. alten Philos. u. ihres Verhältn. z. Christent., neu herausg. v. E. Zeller, Lpz. 1876. E. H a t c h, Griechent. u. Christent., dtsch. v. E. Preuschen, Freib. i. B. 1892. E. d e F a y e, Clément d'Alexandrie; étude sur les rapports du christianisme et de la philos. grecque au II. siècle, Par. 1898 (Bibl. de l'École des hautes études, sciences relig. II). G. v. H e r t l i n g, Christent. u. griech. Philos., Philos. Jahrb. 13 (1901) 1 ff. Le christianisme et la philos. grecque, Annal. de philos. chrétienne 1901. G. S c h e l o w s k y, Der Apologet Tertullianus in s. Verh. zu der griech. Philos., Lpz. 1901 Dissert. P. W e n d l a n d, Christent. u. Hellenism. in ihren literar. Bezz., Neue Jahrb. 9 (1902) 1—19. C. J e n t s c h, Hellenent. u. Christent., Lpz. 1903. J. G e f f c k e n, Aus d. literar. Kampfe zwischen Heident. u. Christent., Preuß. Jahrb. 114 (1903) 225—253. A. N a e g e l e, Johannes Chrysostomos u. sein Verh. z. Hellenismus, Byz. Ztschr. 13 (1904) 73—113 (hier 97 f. weitere Lit. üb. das Verhältnis der Kirchenväter, insbesondere der großen Alexandriner u. Kappadokier zur hellenischen Bildung). M. P o h l e n z, Die griech. Philos. im Dienste d. christl. Auferstehungsl., Ztschr. f. wiss. Theol. 47 (1904) 241—250. Philos. Nachklänge in altchristl. Predigten, ebd. 48 (1905) 72—95 (Einfl. d. griech. consolationes auf die großen Kappadokier, im bes. von Plut. π. εὐθυμίας auf Basileios' Predigten u. zweiten Brief). J. P. M a h a f f y, The progress of Hellenism in Alexander's empire, Chicago 1905 (berührt auch die Einw. des Hellenismus auf d. Christent.). J. G e f f c k e n, Altchristl. Apologetik u. griech. Philos., Verh. d. 48. Vers. dtsch. Philol. u. Schulm. zu Hamb. 1905, Lpz. 1906, 27—29, Ztschr. f. d. Gymnasialw. 60 (1906) 1—13; vgl. auch die Einl. in desselben Verf. Buch: Zwei griech. Apologeten, Lpz. Berl. 1907. Antike Kulturkämpfe, Neue Jahrb. usw. 29 (1912) 593—611. P. W e n d l a n d, D i e h e l l e n i s t i s c h - r ö m i s c h e K u l t u r i n i h r e n B e z i e h u n g e n z u J u d e n t u m u n d C h r i s t e n t u m [2 u.3] (Handb. z. Neuen Testament I 2), Tüb. 1912 (vortreffliche Einführung in die gesamten Kulturverhältnisse, innerhalb deren auch die Philos. ein wichtiges Ferment bildet). H. W i n d i s c h, Taufe u. Sünde im ältesten Christent. bis auf Origenes, Tüb. 1908 (berücksichtigt auch die Einw. der griech. Philos. auf die christl. Lehre). G. B ü t t n e r, Basileios d. Großen Mahnrede an die Jugend, Münch. 1908, Würzb. Diss. (vgl. dazu M. Pohlenz, Berl. philol. Woch. 1911, 180 ff.). Beitrr. z. Ethik Basileios' d. Großen, Landshut 1913 Pr. M. J. D a s k a l a k i s, Die eklekt. Anschauungen d. Clemens v. Alexandrien u. s. Abhängigkeit v. d. griech. Philosophie, Münch. 1908 Diss. G. H e i n r i c i, Hellenism. u. Christent. (Bibl. Zeit- u. Streitfragen, hrsg. v. Kropatschek, V 8), Gr.-Lichterfelde-Berl. 1909. C. C l e m e n, Religionsgeschichtl. Erkl. des N. T., Gieß. 1909 (untersucht die Abhängigkeit des ältesten Christentums von nichtjüdischen Religionen und philosophischen Systemen). E d v . L e h m a n n , Mystik im Heident. u. Christent., übers. v. A. Grundwitz[2], Lpz. 1918. M. P o h l e n z , Vom Zorne Gottes. Eine Studie üb. d. Einfl. der griech. Philos. auf d. alte Christent., Gött. 1909. J. G e f f c k e n , Aus der Werdezeit des Christentums[2], Lpz. 1909. Die christl. Martyrien, Hermes 45 (1910) 81—505 (berührt Bezz. z. philosophischen Märtyrertum [der Philosoph vor dem Tyrannen] in der ant. Welt). S. L u b l i n s k i , Die Entst. des Christent. aus d. ant. Kultur, Jena 1910. A d . B a u e r , Vom Griechent. z. Christent., Lpz. 1910 (gegen diese Darst. wendet sich mit Unrecht A. K a h r , Griechent. u. Christent., Graz 1911). A. D i r k i n g , S. Basilii Magni de divitiis et paupertate sententiae quam habeant rationem cum veterum philosoph. doctrina, Münst. 1911 Diss. W. H a r l o f f , Unterss. zu Lactantius, Borna-Lpz. 1911, Diss. v. Rostock (bespricht die Schr. de falsa sapientia u. behandelt 1. den Kampf gegen die einzelnen Probleme der Philos., 2. die Polemik gegen die einzelnen Systeme und deren Vertreter). O. P f l e i d e r e r , Die Vorbereitung des Christent. in der griech. Philos.[2] (Religionsgesch. Volksb. III 1), Tüb. 1912. W. G l a w e , Die Bezz. d. Christent. z. griech. Heident. im Urteil der Vergangenh. u. Gegenw. (Bibl. Zeit- u. Streitfr., 8. Ser. 8. H.), Berl.-Lichterf. 1913. F. B o l l , Aus der Offenb. Johannis, Lpz. Berl. 1914. F r . A n d r e s , Die Engellehre d. griech. Apologeten d. 2. Jahrh. u. ihr Verhältn. z. griech.-röm. Dämonenl. (Forsch. z. christl. Literatur- u. Dogmengesch. hrsg. v. Ehrhard u. Kirsch, 12. Bd. 3. H.), Paderb. 1914. Über ant. u. christl. Unsterblichkeitsgl. handelt L. F r i e d l a e n d e r , Darstell. aus der Sittengesch. Roms[9] III 298 ff. 322 ff. Antike Philos. u. Christent. berührende stilistische Probleme erörtert in einer auch für die sachl. Zusammenhänge sehr fruchtbaren Weise Ed. N o r d e n in den beiden Werken, Die antike Kunstprosa u. Agnostos Theos (s. S. 32* *H. a.*); einem für beide Gebiete in Betracht kommenden literarischen Motiv gilt K. H o l l , Die schriftsteller. Form des griech. Heiligenlebens (s. u. S. 35*). Lehrreiche Einzelfälle eines Zusammenhanges: R. R e i t z e n s t e i n u. P. W e n d l a n d , Nachr. d. Ges. d. Wiss. zu Gött. philol.-hist. Kl. 1910, 324—334 (berührt Poseidonios u. Christentum), M. D i b e l i u s , Die Christianisierung einer hellenistischen Formel, Neue Jahrb. 35 (1915) 224 ff. — J. W. S w a i n , The Hellen. Origins of Christ. Ascetism, Columb. Univ. Diss., New York 1916. — R. R e i t z e n s t e i n , Historia monachorum u. Historia Lausiaca (Forsch. z. Relig. u. Liter. d. Alten u. Neuen Test., N. F. Heft 7), Gött. 1916. E. S t e m p l i n g e r , Hellenisches im Christent., Neue Jahrb. 42 (1918) 81—89. J. G e f f c k e n , Der Ausgang d. griech.-röm. Heident., Neue Jahrb. 41 (1918) 93—124. D. Christent. im Kampf u. Ausgleich mit d. griech.-röm. Welt[3] (Aus Nat. u. Geistesw. 54), Lpz. 1920. D. Ausg. d. griech.-röm. Heident., Heidelb. 1920. D. Ausg. d. Antike, Berl. 1921 (Schule u. Leben H. 3). M. W u n d t , D. Zeitbegriff b. Augustin, Neue Jahrb. 41 (1918) 32—37. K. G r o n a u , Das Theodizeeproblem in d. altchristl. Auffass., Tüb. 1922 (s. auch Gronau unter Poseidonios). H. L e i s e g a n g , Pneuma Hagion; d. Urspr. d. Geistbegriffs d. synopt. Evangelien aus d. griech. Mystik, Lpz. 1922. E. B e v a n , Hellenism and Christianity (vgl. Class. Rev. 36, 81). L. V. J a c k s , St. Basil and Greek Literature, Chicago 1922 (69 ff. Berücksicht. d. griech. Philosophen, bes. d. Platon u. Aristoteles). R. L i e c h t e n h a n , D. göttl. Vorherbestimmung bei Paulus u. in d. poseidonian. Philosophie, Gött. 1922. Vgl. auch in den Theol. Stud. u. Kritiken 1922, H. 1. 2 (Sonderh.) die Beiträge von E. L e h m a n n u. A. F r i d r i c h s e n (55), G. R u d b e r g (179) und A. F r i d r i c h s e n (185). — Christent. u. antiker Sternglaube: E r w. P f e i f f e r , Stud. z. ant. Sterngl. (s. o. S. 24*), 71 ff. — Von umfassenderen theol. Werken ist vor allem A d . H a r n a c k , Lehrb. der Dogmengeschichte[4], Tüb. 1909, zu nennen.

D i e   L i t e r a t u r   ü b e r   d e n   E i n f l u ß   b e s t i m m t e r   S c h u l e n , e i n z e l n e r   P h i l o s o p h e n   u n d   p h i l o s o p h i s c h e r   A u s d r u c k s - f o r m e n   a u f   d a s   C h r i s t e n t u m   w i r d   j e   a n   i h r e m   O r t e   v e r - z e i c h n e t   w e r d e n . S. Platon, Stoa (Poseidonios, Epiktet, Seneca), kynisch-stoische Diatribe, Neuplatonismus; bei letzterem auch über Rückwirkungen des Christentums auf die antike Philosophie). S. auch Grundriß II[10] S. 21* f. und unter den einzelnen Vertretern der patristischen Philosophie.

VIII. Ästhetik.

J. W a l t e r , Die Gesch. d. Ästhetik im Altert. ihrer begriffl. Entwickl. nach, Lpz. 1893. O. K ü l p e , Anfänge psycholog. Ästhetik bei d. Griech., Philos. Abh.

f. M. Heinze 101—127. H. A b e r t , Die L. v. Ethos in. d. griech. Musik, Lpz. 1899. Die Musikansch. d. Mittelalters u. ihre Grundlagen, Halle a. S. 1905 (handelt auch von der Musikästhetik d. ausgehenden Altertums). E r. F r a n k , Zur Gesch. d. griech. Musik u. ihrer Theorie, in: Plat. u. die sog. Pythag., Halle (Saale) 1923, 150 ff. W. B ö r n e r , D. Künstlerpsychologie im Altert.; ein Beitr. z. Gesch. der Ästhetik, Ztschr. f. Ästh. u. allgem. Kunstwiss. 7, 82—103. A. E. H a a s , Ästhetische u. teleol. Gesichtsp. in der ant. Physik, s. o. S. 23*. U. v. W i l a m o w i t z - M o e l l e n - d o r f f , De tragicorum Graec. fragmentis comm., Götting. 1893 Pr. (Bezz. d. Philos. z. griech. Poesie). A. K a l k m a n n s nachgelassenes Werk, hrsg. v. H. V o ß , Berl. 1910 (Bezz. zw. griech. Kunst u. Philos.). E. S t e m p l i n g e r , Mimesis im philosoph. u. rhetor. Sinne, Neue Jahrb. 31 (1913) 20—36. G u i l. E g g e r k i n g , De Graeca artis tragicae doctrina imprimis de affectibus tragicis, Berl. 1912 Diss. W. S ü ß , D. Probl. d. Komischen im Altert., Neue Jahrb. 45 (1920) 28—45. M. P o h l e n z , Die Anfänge d. griech. Poetik, Nachr. Gött. Ges. d. W. philol.-hist. Kl. 1920, 142—178. — S. auch bes. die Lit. zu § 51.

IX. M e t h o d i s c h e s . S t e l l u n g d e r P h i l o s o p h e n z u E r - s c h e i n u n g e n d e r L i t e r a t u r u n d G e s c h i c h t e .

G. W e l t r i n g , Das σημεῖον in der aristot., stoisch., epikur. u. skept. Philos., Bonn 1910 Diss. E. H o w a l d , Die Anff. d. literar. Kritik b. d. Griech., Kirchhain N.-L. o. J., Züricher Diss. F. W i p p r e c h t , Zur Entwickl. der rationalist. Mythen- deut. b. d. Griech. I. II, Pr. v. Donaueschingen 1901/2. 1907/8, Tüb. 1902. 1908. W. O. F r i e d e l , De philosophor. Graecor. studiis Homericis I, Merseburg 1879 Pr.; II, Stendal 1886 Pr. A. B. H e r s m a n , Studies in Greek allegorical inter- pretation, Chicago 1906 (s. auch W e i n r e i c h , Sitz. Heidelb. Ak. 1919, 16. Abh. S. 13). C a r. R e i n h a r d t , De Graecor. theologia capita duo, Berol. 1910, handelt in Kap. 1 de Homeri interpretatione allegorica. F. B e r t r a m , Die Timonlegende, Heidelb. 1906 Diss. (darin Kap. 3: Timons Weiterleben in der Geschichtsschreibung u. d. Philos.). W. H o f f m a n n, D. literar. Porträt Alexanders d. Großen im griech. u. röm. Altert., Lpz. hist. Abh. Heft 8, Lpz. 1907 (betrifft auch die Stellung der Philos. zu Alex.). L. E i c k e , Veter. philosophor. qualia fuerint de Alexandro M. iudicia, Rost. 1909 Diss. F r a n z W e b e r , Alexander d. Gr. im Urteil d. Griech. u. Röm. bis in die konstantinische Zeit, Gieß. 1909 Diss. B. B u s c h , De M. Porcio Catone Uticensi quid antiqui scriptores aequales et posteriores censuerint, Münst. 1911 Diss. A. v. B l u m e n t h a l , Die Schätzung d. Archilochos im Altert., Stuttg. 1922. Vgl. auch A. D y r o f f , Cäsars Anticato u. Ciceros Cato, Rh. M. 63 (1908) 587—604.

H. Die Werke der antiken Philosophen unter formalen (sprachlich-stilistischen) und literarischen Gesichtspunkten.

a) Sprachlich-Stilistisches im allgemeinen.

Reich an wertvollen Beobachtungen ist E d. N o r d e n , Die antike Kunst- prosa v. VI. Jahrh. vor Chr. bis in d. Zeit d. Renaissance. Lpz. 1898, 3. Abdr. I Lpz. 1915, II Lpz. 1918, sowie auch dessen Agnostos Theos, Lpz. Berl. 1913.

b) Terminologie (mit Berücksichtigung auch wesentlich begriffsgeschichtlicher Arbeiten).

An zureichenden terminologischen Untersuchungen, die eine wichtige Grund- lage für die Geschichte der Philosophie bilden, herrscht noch großer Mangel, der wie auf dem Gebiete der griechischen Philosophie selbst, so auch auf dem Grenz- gebiete dieser Philosophie und der christlichen Patristik sich bemerkbar macht (vgl. Ad. Harnack, Dogmengesch.[4] I S. VIII; s. auch K. Praechter, Byz. Ztschr. 21 [1912] 21 f. und Th. O. Achelis, Woch. f. klass. Philol. 1912, 91). Die gangbaren Lexika sind für terminologische Forschungen unzulänglich. Viel Treffliches bietet und verspricht der latein. Thesaurus. Ein gleiches Werk für die griech. Sprache ist in absehbarer Zeit nicht zu erwarten. Teilweisen Ersatz bilden Speziallexika und Wort- indices zu einzelnen Schriften oder Schriftengruppen. Sehr nützlich ist die Zusammen- stellung von H. S c h ö n e , Repertorium griech. Wörterverzeichnisse u. Spezial- lexika, Lpz. 1907. Eine analoge Übersicht bietet für die lateinische Lexikographie P a u l R o w a l d , Repertorium lateinischer Wörterverzeichnisse und Speziallexika,

Lpz. Berl. 1914. Unter den vorhandenen Wörterverzeichnissen hebe ich als für die philos. Terminologie bes. wertvoll hervor: H. D i e l s , Index verborum zu den Doxographen (Doxographi Graeci 707 ff.), W. K r a n z , Wortindex zu den Vorsokratikern (Diels, Fragmente d. Vorsokratiker II 2²; Ergänzungen dazu in den Nachtr. z. 3. Aufl.). H. B o n i t z , Index Aristotelicus (Bd. 5 d. akadem. Ausg.). Reiches, leider noch wenig ausgebeutetes Material für die Spätzeit der griech. Philos. enthalten die Wortindices zu den von der Berliner Akademie herausgegebenen C o m m e n t a r i a i n A r i s t o t e l e m G r a e c a. Für terminol. Einzeluntersuchungen ist vorbildlich H. D i e l s , Elementum, Lpz. 1899 (behandelt den „B e g r i f f elementum" und berücksichtigt dementsprechend eingehend auch das griechische στοιχεῖον). Von anderen Arbeiten seien hier genannt: B r. J o r d a n , Beitrr. zu einer Gesch. der philos. Terminologie (ἀρχή bei den Vorsokratikern, die Termini bei Anaximander), Arch. f. Gesch. d. Philos. 24 (1911) 449 ff. E. H a r d y , Der Begriff d. Physis in d. griech. Philos. I, Berl. 1884 (von Thales bis Sokrates. Sokrates u. Xenophon. Platon. Aristoteles). W. A. H e i d e l , περὶ φύσεως. A study of the conception of Nature among the Pre-Socratics, Proceed. of the Americ. Acad. of Arts and Scienc. 45 (1910) 77—133. K. P r e i s e n d a n z , Φύσις, Philol. 67 (1908), 474 f. O. L a g e r c r a n t z , Elementum, Uppsala (Lpz.) 1911. W. C a p e l l e , Μετέωρος-μετεωρολογία, Philol. 71 (1912) 414—448. Πιδάρσιος-μετάρσιος, ebd. 449—456. Artikel Ascetism u. Body (Greek and Roman) in der Encyclopaedia of religion and ethics (s. o. S. 8*). H. J. F l i p s e , De vocis quae est λόγος significatione atque usu, Leyden 1902 Diss. (die Gesch. des Begr. λόγος betreffen die oben S. 22* angeführten Arbeiten von Aall, Trubezkoj u. a. S. auch unten S. 39* [Turchi] und unter Philon von Alex.). E. F. T h o m p s o n , Μετανοέω and μεταμέλει in Greek Literature until 100 A. D., Histor. and Linguist. Stud. in lit. relat. to the New Test. vol. 1 part. 5. Chicago 1908 (vgl. auch W.W r e d e , Μετάνοια Sinnesänderung, Ztschr. f. neut. Wissensch. I, 1, 42 ff., K. P r a e c h t e r , Byz. Ztschr. 21 [1912] 24, u. E. N o r d e n , Agnostos Theos, 134 ff.). Über συνείδησις s. P r a e c h t e r , Byz. Ztschr. 21 (1912) 26, P. E w a l d , De vocis συνειδήσεως apud scriptores N. T. vi ac potestate, Lips. 1883, N o r d e n , Agnostos Theos 136, 1, R. M u l d e r , De conscientiae notione quae et qualis fuerit Romanis, Lugd. Bat. 1908, Diss. v. Amsterdam. A. E l i a s , De notione vocis clementiae apud philosophos veteres et de fontibus Senecae librorum de clementia, Regiomonti 1912 Diss. K. K o c h , Quae fuerit ante Socratem vocabuli ἀρετή notio, Jena 1900 Diss. J. L u d w i g , Quae fuerit vocis ἀρετή vis ac natura ante Demosthenis exitum, Lpz. 1906 (berücksichtigt die Philosophen nur beiläufig). Zur Begriffsentwickl. von ἀρετή W. S e y f f e r t , De Xenophontis Agesilao quaestiones, Gött. 1909 Diss., cap. 2. v. W i l a m o w i t z , Platon I² 59 f. 223, 2, W e i n r e i c h , Sitz. Heidelb. Ak. 1919, 16. Abh. 15 ff. — R u d. S c h u l t z , Αἰδώς, Rostock 1910 Diss. P. S t e i n , Τέρας, Marb. 1909 Diss. (Gebrauch bei Platon, Aristoteles u. a.). M. R u d o l p h , Πόρος, Marb. 1912 Diss. R. H i r z e l , Οὐσία, Philol. 72 (1913) 42—64. P. S h o r e y , Φύσις μελέτη ἐπιστήμη, Transact. of the Amer. Philol. assoc. 40 (1910) 185—201. Ἀντιστροφή σὺν ἀντιθέσει, Class. Philol. 8, 228. W. H. S. J o n e s , A note on the vague use of θεός, Class. Rev. 27 (1913) 252 ff. W. G u n d e l , Beitrr. z. Entwicklungsgesch. d. Begriffe Ananke u. Heimarmene, Gieß. 1914 Habil.-Schr. R. F i s c h e r , De usu vocabulorum ap. Cicer. et Senecam philos. Graec. interpret., Freib. i. Br. 1914 Diss. Hierher gehören auch die Arbeiten über φιλόσοφος, φιλοσοφία, σοφία, s. Lit. zu § 1, σοφιστής, s. o. S. 1, unten zu § 24. Vgl. ferner G i l l e s p i e u. R i t t e r über εἶδος und ἰδέα, Jeffré über τέχνη unter Platon (zu § 38), P. v a n B r a a m über ἁμαρτία bei Aristoteles unter Aristot. (zu § 45), R. H. T u k e y über den stoischen Gebrauch von λέξις und φράσις unter Stoa (zu § 55), O. T e s c a r i über ἀνταναπλήρωσις und ἰσονομία, E. B i g n o n e über ὁμοιότητες unter Epikureismus (zu § 59. 61), F. B o l l , Sitz. Heidelb. Ak. 1920, 8. Abh. S. 6. 23 ff. über θεωρεῖν und contemplari. S. auch W e l t r i n g über σημεῖον oben S. 32* und vgl. die S. 8* f. aufgeführten lexikal. Werke. Begriffskundliches besonders auch in den Arbeiten zu Aristoteles § 47 ff. Zur Entw. d. Begriffs der φρόνησις W. J a e g e r , Arist. 67. 82. — R e i l e y s. Lucrez u. Cicero. Auch für die philos. Terminologie sind zu berücksichtigen L e o p. S c h m i d t , Register der ethischen Ausdrücke der Griech., in d. Verf. Ethik d. alt. Griech. II 485 ff., M. H o f f m a n n , Die ethische Terminol. bei Homer, Hesiod u. d. alt. Elegikern u. Iambographen, Tüb. 1914.

H. Kramer, Quid valeat ὁμόνοια in literis Graecis, Gött. 1915 Diss.
Ed. Schwartz, Über d. hellenischen Begr. d. Tapferk., Straßb. 1915 Rekt.-Rede.
H. Diels, Ztschr. f. vergl. Sprachforsch. 47 (1916) 200 ff. (ἐντελέχεια). J. W.
Beardslee, The Use of φύσις in Fife-Century Greek Lit., Chicago 1918 Diss.
W. B. Veazie, The word φύσις, Arch. f. Gesch. d. Philos. 33 (1920) 1—22.
P. Cauer, Terminologisches z. Platon u. Aristoteles, Rh. Mus. 73 (1920) 161—173.
J. Stenzel, Üb. d. Einfl. d. griech Sprache auf die philos. Begriffsbildung, Neue
Jahrb. 47 (1921) 152—164 (s. auch Stenzel o. S. 8*). Br. Snell, Die Ausdr. f. d.
Begriff d. Wissens in d. vorplat. Philosophie, Ungedr. Diss. (Jahrb. philos. Fak.
Gött. 1922, 113 f.). E. Weitlich, Quae fuerit vocis σωφροσύνη vis ac natura apud
antiquiores script. Graec. usque ad Plat., Ungedr. Diss. (Jahrb. philos. Fak. Gött. 1922,
1. Hälfte, 38 ff.).

> *c) Literaturformen und Verwandtes.*

Auch hier sind Ed. Nordens zu *a.* angeführte Werke Ant. Kunstprosa
und Agnostos Theos fruchtbringend. Über eine Hauptform philos. Darstellung, den
Dialog, handelt R. Hirzel in dem auch die inhaltliche Seite der Dialoge
berücksichtigenden Werke: Der Dialog, 2 Bde., Lpz. 1895. Hierher gehören ferner
K. Fries, D. philos. Gespräch von Hiob bis Platon, Tüb. 1904, Vilh. Kiaulehn, De scaenico dialogorum apparatu capita tria, Halis Sax. 1813 Diss., v. Wilamowitz, Platon II² 21 ff. u. ö. Die antike *Predigt* besprechen v. Wilamowitz, Der kynische Prediger Teles (Antigonos von Karystos Exkurs 3, 292 ff.) u.
P. Wendland, Hellen.-röm. Kultur² 91 (griech.-philos. u. christl. Predigt).
Vielfach berühren die antike Predigt die später (zu § 58) anzuführenden Arbeiten über
die kynisch-stoische Diatribe. Von weiterer hierher gehöriger Lit. seien genannt:
K. Buresch, *Consolationum* a Graecis Romanisque scriptarum historia critica,
Lpz. Stud. 9, 1, 1886 (vgl. dazu auch Skutsch bei Pauly-Wissowa s. v. Conso-
latio ad Liviam; Lier, Philol. 62, 450, Anm. 7; Berl. phil. Woch. 1909, 469);
R. Philippson, Berl. philol. Woch. 1917, 501 ff.; P. Hartlich, De *exhor-
tationum* a Graecis Romanisque scriptarum historia et indole, Lpz. Stud. 11
(1889) 207—333. Vgl. zur Literatur der Προτρεπτικοί auch die Arbeiten von Rain-
furt (s. u. Galen) und Wagner (De Sallust. prooem. font., s. u. Poseidonios),
Gerhäußer, Protrept. d. Poseid. 11 ff. R. Vetschera, Z. griech. *Parănese*
Smichow 1912. E. Koepke, Über die Gattung der ἀπομνημονεύματα, Brandenb.
1857. *Einleitungen in die Philosophie* bespricht L. Baur, Domin.
Gundissalinus, De divis. philosophiae, Münster 1903, 325 ff. Vgl. auch Mommert
in der Ausg. v. Porphyrios' ἀφορμαί S. XXVIII. Zur Εἰσαγωγή-Literatur s. auch
E. Norden, Hermes 40 (1905) 508 ff. (zur Philosophie 510). A. Baumstark,
Aristoteles b. d. Syrern v. 5.—8. Jahrh., Lpz. 1900, 133 ff. Ἐπιτομαί: B. Mom-
mert in der Ausg. v. Porphyr. ἀφορμαί S. XXVIII. Διάλεξις, διάλογος:
v. Arnim, Leben u. Werke des Dio v. Prusa 279 ff. Διάλεξις, ὁμιλία:
Münscher, Philol. Suppl. 10 (1907) 514. 520 f. Διάλεξις, μελέτη:
Dürr, Sprachl. Unters. zu Maximus Tyrius, 5 ff. *Chrie:* H. Colson, Class.
Rev. 35, 150 ff. *Nachgeschriebene Vorträge* (Predigten und Katheder-
vorträge, Kollegienhefte): Freudenthal, Hellenist. Stud. III 303; v. Arnim,
Leb. u. WW. des Dio v. Prusa 172 ff., 282 ff.; Wendland, Gött. gel. Anz. 1901,
780, 1; Praechter, Gött. gel. Anz. 1904, 390; 1905, 518 f.; 1906, 903; Byz.
Ztschr. 18 (1909) 523 ff.; Hense, Praef. zu Musonius. Über das bei nachgeschrie-
benen Kollegien in unseren Handschriften mehrfach in der Überschrift stehende
ἀπὸ φωνῆς c. gen. („nach dem mündl. Vortrage des Professors x.") s. D. Serruys,
Rev. de philol. 35, 71—74. Zu dem für die Einleitung exegetischer Vorträge fest-
stehenden Dispositionsschema (ὁ σκοπός, τὸ χρήσιμον, τὸ γνήσιον, ἡ τάξις τῆς ἀνα-
γνώσεως, ἡ αἰτία τῆς ἐπιγραφῆς, ἡ εἰς κεφάλαια διαίρεσις, ὑπὸ ποῖον μέρος ἀνά-
γεται τὸ παρὸν σύγγραμμα, ὁ τρόπος τῆς διδασκαλίας) vgl. Immisch, Philol.
63 (1904) 34, 2; Brinkmann, Rh. Mus. 61 (1906) 118; 64 (1909) 539 ff. 573-
579; Praechter, Byz. Ztschr. 18 (1909) 530. Über ein anderes zehn Punkte
umfassendes Schema, das den Kommentaren zu den arist. Kategorien vorangestellt
zu werden pflegte, s. Baur, Domin. Gundissalinus 329, Praechter a. a. O.
527 ff. *Die Synkrisis* in der antiken Literatur behandelt O. Hense, Freib.
i. Br. 1893 Pr. S. auch C. Waites, Harv. stud. in class. philol. 23 (1912) 1 ff.

(Prodikos' Allegorie und ihre Nachahmungen), J. A l p e r s , Hercules in bivio, Gött. 1912 Diss., H. S c h a r o l d , D. Mythus v. Herakl. am Scheidewege, Blätter f. d. Gymnasialschulwesen 50 (1914) 209 ff. S. auch die Lit. zu Prodikos § 28, Kebes § 67, Dion Chrysost. § 68, Maximos v. Tyros § 70, Lukian § 76 u. Themistios § 85, sowie A. B r i n k m a n n , Rh. Mus. 66 (1911) 616 ff., O. W e i n r e i c h , Hermes 50 (1915) 315 f. Sitz. Heidelb. Ak. 1919, 16. Abh. S. 16 f. 19, A. B r e t z , Asterios v. Amasea (Texte u. Unters. z. altchristl. Lit. 3. R. 10. Bd. 1. H.), Lpz. 1914, 46 ff. R. R e b i s c h k e , De Silii Ital. orationib., Danz. 1913 Königsb. Diss. 125 ff. S. auch Meleagros v. Gadara oben § 58. *P h i l o s o p h e n - A r e t a l o g i e n* bespricht R. R e i t z e n s t e i n , Hellen. Wundererzähl., Lpz. 1906. Erzählungen in der Popularphilos. R. R e i t z e n s t e i n , D. Märchen von Amor und Psyche bei Apuleius, Lpz. Berl. 1912, 38 ff., *I d e a l b i l d e r   i n   F o r m   v o n   L e b e n s - b e s c h r e i b u n g e n* (bei den Pythagoreern; Philostratos) K. H o l l , Die schriftsteller. Form des griech. Heiligenlebens, Neue Jahrb. 29 (1912) 406—427. — Eine bes. für die philos. Darstellung wichtige Literaturform ist Gegenstand der Abh. v. F. U l l r i c h , Entst. u. Entwickl. der Literaturgattung des *Symposion*, Würzb. 1908. 1909, Pr. S. auch G. W i s s o w a , Nachr. d. Gött. Ges. d. Wiss. 1913, 333. — J. G e f f c k e n , Stud. z. Gesch. d. griech. *Satire*. I. Grundlinien einer Gesch. d. griech. Sat., Neue Jahrb. 27 (1911) 393 ff. II. Die menipp. Satire, der satir. Roman, Lukian, Oinomaos' Γοήτων φωρά, Julian, ebenda 468 ff. C. W. M e n d e l l , Satire as Popular Philosophy, Class. Philol. 15 (1920), 594. J. G e f f c k e n , *Briefe* ant. Philosophen an Frauen, Preuß. Jahrb. 122 (1905) 427—444. A. S c h u m r i c k , Observationes ad rem librariam pertinentes de σ ύ ν τ α ξ ι ς, σ ύ ν τ α γ μ α, π ρ α γ μ α - τ ε ί α, ὑ π ό μ ν η μ α vocabulis, Marb. 1909 Diss. I. B r u n s , Das *literarische Porträt* usw. s. o. S. 21*. G. M i s c h , Gesch. d. *Autobiographie*, 1. Bd.: Altert., Lpz. 1907 (betrifft u. a. Heraklit, Seneca, Epiktet, Marc Aurel). *Plagiatvorwürfe* auch auf dem Gebiete der philos. Lit. behandelt E d . S t e m p l i n g e r , Das Plagiat in d. griech. Lit., Lpz. Berl. 1912 (s. auch K. H o s i u s , Neue Jahrb. 16 [1913] 176—193). Vieles auch für die philos. Lit. Beachtenswerte gibt H. M u t s c h m a n n , *Inhaltsangabe und Kapitelüberschrift* im antiken Buch, Hermes 46 (1911) 93—107 (hier u. a. auch über *Sammelwerke, Kompendien, Εἰσαγωγαί*). Über *Zitiermethode* E. H o w i n d , De ratione citandi in Ciceronis, Plutarchi, Senecae, Novi Testam. scriptis obvia, Marb. 1921 Diss. Über das *Apophthegma* W. G e m o l l , Das Ap., Wien. Lpz. 1924. Dringendes Bedürfnis wäre eine *Geschichte des philosophischen Kommentars*, wofür in der von der Berliner Akademie veranstalteten Sammlung der griech. Aristoteleskommentare und anderen neuerdings in gesichteten Texten edierten Kommentaren reiches Material bereit liegt. Einige wesentliche Punkte sind berührt von K. P r a e c h t e r , Byz. Ztschr. 18 (1909) 520 ff. S. auch L e o , Nachr. Ges. d. Wiss. zu Gött. 1904, 257 ff., W e n d l a n d , Gött. gel. Anz. 1906, 359 f.

Die *Diatribe u. angrenzende Literaturformen* bespricht O. H a l b a u e r , De diatribis Epicteti, Lpz. 1911 Diss., 3 ff. Vgl. im übrigen die Lit. zu § 58. *Vorlesungskonzepte (im Unterschiede von den z. Herausgabe bestimmten Literaturwerken) u. Verwandtes:* W. W. J a e g e r , Stud. z. Entstehungsgesch. d. Metaph. d. Aristot., Berl. 1912, 135 ff., K. G r o n a u , Poseidonios u. d. jüd.-christl. Genesisexegese, Lpz. Berl. 1914, 294 ff., W. B o u s s e t , Jüd.-christl. Schulbetrieb in Alexandria u. Rom (s. o. S. 21*) 1 ff. *Gnomologien:* A. E l t e r , De gnomologiorum Graec. historia atque origine, Bonn 1893—1897, Univ.-Prr. *Einzelmotiv bildlicher Darstellungsweise:* P. W e n d l a n d , Das Gewand d. Eitelkeit, Hermes 51 (1916) 481—485. Zur Unterscheidung der *Gattungen ethischer Schriftstellerei* bei Seneca Epist. 95, 65 E. B i c k e l , Rhein. Mus. 60 (1905) 543 ff. — O. I m m i s c h , Über eine volkstüml. Darstellungsform in d. ant. Lit. [Mischung von Vers u. Prosa, menipp. Sat.], Neue Jahrb. 47 (1921), 409—421. — Übersicht über d. literarischen Formen d. Popularphilosophie bei C h r i s t - S c h m i d , Gesch. d. griech. Lit. II 1⁶ 52 ff.

d) Die griechische Philosophie in syrischer, arabischer und armenischer Überlieferung.

A u g. M ü l l e r , Die griech. Philosophen in d. arab. Überl., Halle a. S. 1873, Festschr. der Franckeschen Stiftungen. J. G. W e n r i c h , De auctorum Graec. versionibus et commentariis Syriacis, Arabicis, Armeniacis Persicisque commentatio, Lips. 1842. A. B a u m s t a r k , Aristoteles bei den Syrern v. V.—VIII. Jahrh.

I, Lpz. 1900, S. V ff., wo auch ältere Lit. verzeichnet ist. Derselbe, Oriens Christianus Bd. 5. Zwei neu aufgefundene Schr. d. graeco-syr. Lit., aus d. Syrischen übers. v. V. R y s s e l , Rh. Mus. 51 (1896) 1—20; 318—320. Neu aufgefundene graeco-syr. Philosophensprüche über die Seele; aus dem Syr. übers. v. V. R y s s e l , ebd. 529—543.

   e) *Papyrusfunde philosophischer Werke:*
   A. K ö r t e , Neue Jahrb. 39 (1917) 281 ff. W. S c h u b a r t , Einführung in d. Papyruskunde, Berl. 1918, 472 ff. Papyrusforschung, Jahresb. Philol. Ver. Berl. 47 (1921) 141 ff. S. im übrigen d. Archiv f. Papyruskunde.

   J. Sammlungen einzelner Beiträge.
   H. S i e b e c k , Unterss. zur Philos. der Griech., Halle 1873, 2. Aufl. Freib. i. B. 1888. G. T e i c h m ü l l e r , Studien z. Gesch. d. Begriffe, Berl. 1874. — Neue Studien z. Gesch. der Begriffe, I—III, Gotha 1876—1879. — Literarische Fehden im 4. Jahrhundert v. Chr., Bd. 1 u. 2, Bresl. 1881—1884. — T h. B e r g k , Fünf Abhandl. z. Gesch. d. griech. Philosophie u.Astronomie, Lpz. 1883.—E. Z e l l e r , Vorträge u. Abh. u. Kleine Schr. s. o. S. 7*. — F r i e d r. N i e t z s c h e , Werke; in Betracht kommt besonders Bd. 19 (Philologica Bd. 3): Unveröffentlichtes zur ant. Rel. u. Philos., hrsg. v. O. Crusius u. W. Nestle, Lpz. 1913. — O. A p e l t , Bei-träge z. Gesch. d. griech. Philos., Lpz. 1891 (1. Unterss. üb. d. Parmenides des Plato, 2. Die Ideenl. in Platos Sophistes, 3. Die Kategorienl. des Aristoteles, 4. Zur Meta-physik des Aristoteles, 5. Die Widersacher der Mathematik im Altert., 6. D. stoischen Def. der Affekte u. Posidonius, 7. Idee der allgemeinen Menschenwürde u. die Kosmo-politiker im Altert., 8. Der Sophist Hippias).—E. N o r d e n , Beiträge zur Geschichte der griech. Philosophie, Jahrbb. f. klass. Philologie, Supplem. 19 (1892) 368—462. — F. D ü m m l e r , Kleine Schr. I., Zur griech. Philos., Lpz. 1901. Philos. Auf-sätze E d. Z e l l e r gew. s. o. S. 7*. Festschr. f. T h. G o m p e r z , Wien 1902. C h. W a d d i n g t o n , La philos. ancienne et la critique historique, Par. 1904. Hierher gehören ferner J a k. B e r n a y s' Ges. Abh. hrsg. v. H. Usener, 2 Bde., Berl. 1885. V a h l e n s Academica u. Ges. philolog. Schrr., U s e n e r s Vortr. u. Aufsätze (darin die Abh. über die Organisation der wissensch.Arbeit), T h. G o m p e r z' Hellenika u. die Kleinen Schr. v. R o h d e , U s e n e r , D i e t e r i c h u.a. Viel Anregendes bieten E d. S c h w a r t z' Charakterköpfe aus der antiken Literatur 1. Reihe[5] (darin: Sokrates u. Plato; Polybios u. Poseidonios; Cicero). 2. Reihe[3] (darin: Diogenes d. Hund u. Krates d. Kyniker; Epikur), Berl. 1919. R. C. J e b b , Hellenica; a collection of essays on Greek poetry, philosophy, history and religion, Oxford and Cambridge 1880 (darin über die Erziehungstheorie in Platons Staat, den aristotelischen Staatsbegriff, Epikur, Xenophon). A. W. B e n n , The greek philosophers, 2 Bde., Lond. 1882. 1914 (Samml. einzelner früher an anderen Orten erschienener Aufsätze). P. T a n n e r y , Mém. scient. s. o. S. 23*.

   K. Werke nicht speziell philosophiegeschichtlichen Inhaltes, die aber auch für die Geschichte der Philosophie von Bedeutung sind.
   J. A. F a b r i c i u s , Bibliotheca Graeca sive notitia veterum scriptorum Grae-corum, 14 Bde., Hamb. 1705—1728, ed. IV. cur. C. G. Harles, 12 Bde., Hamb. 1790 bis 1809. Derselbe, Biblioth. Latina, Hamb. 1697, nunc melius delecta etc. diligentia J. A. Ernesti, 3 Bde., Lpz. 1773—1774 (als Materialsammlungen auch heute noch von Wert). Vgl. ferner die oben S. 15* f. unter *A.* angeführten Werke von Engel-mann-Preuß und Klussmann.
   Berücksichtigt ist die Philosophiegeschichte in den Werken über Geschichte d. griech. u. d. röm. Literatur u. einzelner die Philosophie berührender Zweige der-selben. Reiche zuverlässige Belehrung bietet insbesondere die in ihrer Neubearbei-tung treffliche Geschichte der griech. Literatur von W. v. C h r i s t , unter Mitw. v. O. S t ä h l i n bearb. v. W. S c h m i d , I[6] Münch. 1912, II 1[6] ebd. 1920, II 2[6] ebd. 1924. Geistvoll und anregend durch eine Fülle neuer Auffassungen ist U. v. W i l a m o w i t z - M o e l l e n d o r f f s Griech. Liter. d. Altert.[3] in der Kultur der Gegenwart Teil 1 Abt. 8, Lpz. 1912. Sehr förderlich sind ferner die Darstellungen der griech. u. röm. Lit. in der Einleitung in die Altertumswissenschaft, hrsg. v. A. Gercke u. E. Norden I[3] Lpz. 1922 ff. Vielfach, besonders für die Sophistenzeit, betrifft auch die philosoph. Literatur F r. B l a s s , Die attische Beredsamkeit[2],

Lpz. 1887—1898. Für eine bestimmte Periode d. griech. Lit. bietet das Material in gewissenhaftester Sammlung und Verarbeitung F. S u s e m i h l, Gesch. d. griech. Liter. in d. Alexandrinerzeit, Lpz. 1891—1892. Für die Philos. bei den Römern kommen in erster Linie die Geschichten der römischen Literatur von T e u f f e l, neu bearb. von W. K r o l l u. F. S k u t s c h, I⁶ (Lpz. Berl. 1916), II⁷ (1920), III⁶ (1913), M. S c h a n z I³ II³ Münch. 1907—1913, III³ (bearb. v. C. Hosius u. G. Krüger), Münch. 1922, IV 1², Münch. 1914, IV 2 (bearb. v. M. Schanz, C. Hosius u. G. Krüger), Münch. 1920, F r. L e o (Kultur der Gegenw. Teil 1 Abt. 8) in Betracht. Die spät-antike Literatur berührt K. K r u m b a c h e r, Gesch. d. byzant. Lit.², Münch. 1897, Die griech. Liter. d. Mittelalters, Kultur d. Gegenw. Teil 1 Abt. 8. Über die durch die Forschung der neueren Zeit zur antiken Philos. in immer engere Bezie-hungen gerückte altchristliche Literatur orientieren u. a.: O. B a r d e n h e w e r, Gesch. d. altkirchl. Liter. 4 Bde.², Freib. i. B. 1913—1923, derselbe, Patrologie³, Freib. i. Br. 1910 (bis zum 8. Jahrh.), A d. H a r n a c k, Geschichte der altchrist-lichen Literatur bis Eusebius (einschl.), Lpz. 1893—1904, G. K r ü g e r, Gesch. d. altchristl. Lit. in den ersten drei Jahrh.², Freib. i. B. 1898, H. J o r d a n, Gesch. d. altchristl. Liter. Lpz. 1911, O. S t ä h l i n in dem Abschnitt „Christl. Schrift-steller“ in der Griech. Literaturg. von Christ-Schmid. Vielfach berühren Einschlägiges F r. L e o, Die griech.-röm. Biogr. nach ihrer literar. Form, Lpz. 1901, E d. M e y e r, Gesch. d. Altertums, F r i e d l a e n d e r - W i s s o w a, Darstell. aus d. Sittengesch. Roms (s. o. S. 21*) u. a. Werke.

Zu § 5. **Vorbereitung der griechischen Philosophie. Beziehungen zum Orient. Theologische, kosmologische und gnomische Dichtung.** Die der Abhängigkeit der griech. Philos. vom *Orient* gewidmeten Werke von R ö t h u. G l a d i s c h s. bei Z e l l e r - N e s t l e, Phil. d. Griech. I⁶ 29 ff. wo die Unhaltbarkeit ihres Stand-punktes nachgewiesen ist. Eine weitgehende Beeinflussung der Griechen, insbeson-dere des Demokrit, durch die indische Philosophie nimmt an M a b i l l e a u in seiner Histoire de la philos. atomist. (vgl. dazu Lortzing, Burs. Jahresb. 96 [1898] 212). Ab-hängigkeit der Griechen von einer bei den Orientalen vertretenen Urweisheit be-hauptet O. W i l l m a n n in seiner Gesch. des Idealismus. Über den Zusammenhang der indischen Philosophie mit d. europäischen handelt ferner u. a. R. G a r b e, Phil. Monatsh. 1893, 513—530. S. auch A. W e b e r, Die Griechen in Indien, Sitz. Berl. Ak. 1890. v. E c k s t e i n, Über d. Grundlagen d. ind. Philos. u. den Zusammenh. mit den Philosophemen der westl. Völker, Indische Studien II 369—388. L. v. S c h r ö-d e r, Pythagoras u. die Inder, Leipz. 1884. F r. S c h ä f e r, Quid Graeci de origine philosophiae a barbaris ducenda existimaverint secundum Laërtii Diogenis prooemium exponitur, Lpz. 1877 Diss. In die ant. Überlieferung von den ältesten Beziehungen der Barbaren zu griech. Weisheit spielt auch die *Anacharsislegende* herein, der die kynische Schule ihr Gepräge aufgedrückt hat: R. H e i n z e, Anacharsis, Philol. 50 (1891) 458—468, K. P r a e c h t e r, Arch. f. Gesch. d. Philos. 11 (1898) 513 f., Hermes 56 (1921) 422—431, P. V o n d e r M ü h l l, Das Alter d. Anacharsislegende, in: Festg. H. Blümner überr., Zür. 1914, 425—433. Für das Verhältnis der ältesten griech. Wissenschaft zum Orient bieten Vorzügliches die o. S. 23* genannten Arbeiten von F. B o l l z. Astron. u. Astrol. Vgl. auch B u r n e t, Early Gr. philos.² 17 ff. (13 ff. der Übers.). F. C u m o n t, Babylon u. die griech. Astronomie, Neue Jahrb. 27 (1911) 1—10. F. W. v. B i s s i n g, Ägyptische Weis-heit u. griech. Wissensch., Neue Jahrb. 29 (1912) 81—97. W. C a p e l l e, ebenda 33 (1914) 332 f. A. C h i a p p e l l i, L'Oriente e le origini della filosofia greca, Atene e Roma 17, 263 ff. und Arch. f. Gesch. d. Philos. 28 (1915) 199 ff. C. F r i e s, Arch. f. Gesch. d. Philos. 28 (1915) 162 ff.

Die reichhaltige L i t e r a t u r, welche auf die *vor der eigentlichen Philo-sophie liegenden Spekulationsformen* geht, kann hier nicht in extenso angeführt werden. Allgemein s. Z e l l e r - N e s t l e I⁶ 95 ff. Für die prinzipielle Seite vgl. W. W u n d t, Kult. d. Gegenw. Teil I Abt. V S. 1 ff. Im übrigen seien genannt: L. P r e l l e r, Griech. Mythol. I⁴: Theogonie u. Götter, bearb. v. C. R o b e r t, Berl. 1894. G. F i n s l e r, Homer, Lpz. Berl. 1908 (wichtig besonders die Abschnitte: Der homerische Mensch 317 ff. [darin Psychologisches, Handlungsfreiheit u. Ver-antwortlichkeit, Lebensanschauungen], die Religion 391 ff. Tod u. Jenseits 463 ff.); 2. Aufl. 1. Teil: Der Dichter u. seine Welt, Lpz.-Berl. 1913. Th. v. S c h e f f e r,

Die homerische Philos., Münch. 1921. O. R o s s b a c h, Hesiods Weltbild und zu
seinen neuen Bruchstücken, Berl. philol. Woch. 1917, 1501 ff. O. G r u p p e,
Die griech. Kulte u. Mythen in ihren Beziehungen zu den orientalischen Religionen,
I. Bd., Lpz. 1887. Griech. Mythologie u. Religionsgeschichte, in Iw. v. Müllers Handb.
d. klass. Altertumswiss. V. 2. W. F. W a r r e n, The earliest cosmogonies, New York
1909. J. D ö r f l e r, Vom Mythos zum Logos, Freistadt 1914. *Orphik:* Orphi-
corum fragmenta coll. O. K e r n, Berol. 1922; hier 345—350 die wichtigere neuere
Literatur. — *P h e r e k y d e s:* L. P r e l l e r, Ausgew. Aufs., Berl. 1864, 350—361.
O. K e r n, De Orphei Epimenidis Pherecydis theogoniis quaest. crit., Berl. 1888.
A. C h i a p p e l l i, Della teogonia di Ferecide di Syros, Rom 1889. D a m. S p i l i o -
t o p u l o s, Περὶ Φερεκύδου τοῦ Συρίου καὶ τῆς Θεογονίας αὐτοῦ, Erl. 1890 Diss.
H. D i e l s, Zu Ph. v. S., Arch. f. Gesch. d. Philos. 1 (1888) 11—15. Zur Pentemychos
des Ph., Sitz. Berl. Ak. 1897, 144—156 (Behandlung eines neu gefundenen längeren
Stücks der Pentem.). — Zum Pherekydesfragment Bodl. ms. Gr. class. f. 48 p
Fr. B l a s s, Rh. Mus. 55 (1900) 101 f. C. F r i e s, Zu Ph. v. S., Woch. f. klass. Philol.
1903, 47—50. — *E p i m e n i d e s:* H. D i e l s, Sitz. Berl. Ak. 1891, 387—403. H. D e -
m o u l i n, Epiménide, Bruxelles 1901 (Bibl. de l'univ. de Liège XII) 3 ff. O. K e r n
s. unter Pherekydes u. Art. Epim. bei Pauly-Wissowa. — *S i e b e n W e i s e:* F. E.
B o h r e n, De septem sapientibus, Bonnae 1867. F. L o r t z i n g, Zur Wiener
Apophthegmensammlung, I. Über die Quellen der den sogen, σοφοί beigelegten
Aussprüche, Philol. 43 (1884) 219—233. G u i l. B r u n c o, De dictis VII sapient.
a Demetrio Phalereo collectis, Act. sem. Erlang. 1883, III, 299—397. E. W ö l f f l i n,
Sprüche der sieb. Weis., Sitz. Münch. Ak. 1886, 287—298. W. S t u d e m u n d,
Üb. d. Sprüche der s. Weis. in den Codd. Paris. 1720 u. 1773, Woch. f. klass. Philol.
3 (1886) 1584—1596. Zu Σωσιάδου τῶν ἑπτὰ σοφῶν ὑποθῆκαι bei Stob. III
(floril.) 1, 173 p. 125, 3. H. O. H e n s e, Berl. philol. Woch. 1907, 765 ff. und in
der Ausgabe des Stobaios IV 1 (floril. II) p. VIII f. E. S t e c h e r t, Rh. Mus. 68
(1913), 155 f. J. M i k o l a j c z a k, De septem sapient. fabulis quaest. selectae,
Bresl. 1902 Diss. (vollst. Bresl. philol. Abh. 9 [1902] 1). H. W u l f, De fabellis
cum collegii septem sap. memoria coniunctis quaest. criticae, Halle 1896 Diss. (Diss.
philol. Hal. 13 [1897] 161—216). E. M e y e r, Gesch. d. Altert. II § 441 ff.
M. W u n d t, Gesch. d. griech. Ethik I 75 ff.
       S. zu diesem Paragraphen jetzt bes. Z e l l e r I⁶ mit L o r t z i n g s Zusätzen,
die auch die neue Lit. nennen und verwerten.
       Über den in die Anfänge griech. Wissenschaft führenden Astronomen *Kleostratos*
(Diels, Vors. c. 70) handeln J. K. F o t h e r i n g h a m und E. J. W e b b, Journ. of
Hell. Stud. 39 (1919) 164 ff. 40 (1920) 208. 41 (1921) 70 ff.

       Zu § 7. Die erste Periode der griechischen Philosophie. J a h r e s b e r i c h t e
s. o. S. 16*.   Reiche Lit.-Sammlungen zu den Vorsokratikern bietet W. N e s t l e
bei Z e l l e r, Philos. d. Gr. I⁶. Die Nachträge zu D i e l s' Vorsokratikern³ (Berl.
1922) sind wegen Diels' eigener Zusätze u. der dort verzeichneten neueren Lit. überall
heranzuziehen. — G o m p e r z, Griech. Denker I¹ 36 ff. J o ë l, Gesch. d. ant.
Philos. I 232 ff. G. K a f k a, Die Vorsokratiker (Gesch. d. Philos. in Einzeldarst.
Bd. 6) Münch. 1921. L. S t e i n, E. H o f f m a n n und W. C a p e l l e s. o. S. 19*.
       S i l l é n, E m m i n g e r, S t e f f e n s, B u r n e t und G i l b e r t s. o.
S. 13*.
       H. D i e l s, Über die ältesten Philosophenschulen d. Griech., Philos. Aufss.
Ed. Zeller gewidm. Lpz. 1887, 239—260 (dazu N e s t l e bei Zeller I⁶ 252 f., W i l a -
m o w i t z, Platon I² 246). Die Anf. der Philologie bei d. Griech., Neue Jahrb. 25
(1910) 1—25 (berührt u. a. Herakleitos, Parmenides, die Sophistik).
       J. B u r n e t, Early Greek philosophy², Lond. 1908; dtsch. u. d. Titel: Die
Anf. d. griech. Philos.², aus d. Engl. übers. v. Else Schenkl, Lpz. Berl. 1913 (bedeuten-
des selbständiges Werk mit vielen beachtenswerten neuen Auffassungen), 3 ed. vgl.
Class. Rev. 36, 75. Franz. u. d. Tit. L'aurore de la philos. grecque, éd. franc. par
A. Reymond, Par. 1919. A. W. B e n n, Early Greek philosophy. Lond. 1908.
K. G o e b e l, Die vorsokrat. Philos. Bonn 1910. U. C. B. M o n t a g n i, L'evo-
luzione presocratica, Città di Castello 1912. A. F i s c h e r, Die Grundll. d. vorsokr.
Philos., in: E. v. Aster, Große Denker 7 ff. Ch. W a d d i n g t o n, La philos.
grecque avant Socrate, in d. Verf. La philos. anc. et la crit. historique, Par. 1904

A. L e c l è r e , La philos. grecque avant Socrate[2], Par. 1908. A. D i è s , Le cycle mystique. La divinité, origine et fin des existences individuelles dans la philos. anté-socratique, Par. 1909 Thèse.

F r. N i e t z s c h e , D. Philos. im tragisch. Zeitalter der Griechen (a. d. Jahren 1872—75), Werke 10 (1896) 1—15 . G u i l l. B r é t o n , Essai sur la poésie philos. en Grèce, Par. 1882.

E. C h. H. P e i t h m a n n , D. Naturphilos. vor Sokrates, Arch. f. Gesch. d. Philos. 15 (1902) 214—263, 308—342. K. J o ë l , Der Urspr. d. Naturphilos. aus dem Geiste der Mystik, Basel 1903 Univ.-Pr., 2. Aufl. Jena 1906 (s. auch J o ë l , Gesch. d. ant. Philos. I 149 ff.). A. K ö r b e l , Beitrr. z. Gesch. d. ion. Naturphilos. mit bes. Betonung d. Quellen in d. Werken d. Aristot., Brüx 1903. G. D a n d o l o , L'anima nelle tre prime scuole filos. della Grecia, Riv. di filos. scientif. 10 (1891) 257—282. W. A. H e i d e l , Qualitative change in presocratic philos., Arch. f. Gesch. d. Philos., 19 (1906) 333—379. The problem of $\dot{\alpha}\lambda\lambda o i \omega\sigma\iota\varsigma$ in presocratic philos., Proceed. of the Americ. philological associat. 35 p. XIV f. W o l f g. S c h u l t z , Altion. Mystik, Wien. Lpz. 1907. A. H r o m a d a , Die vorsokrat. Naturphilos. der Griechen u. d. moderne Naturwissensch., Prag 1878 Pr. W. A. H e i d e l , $\Pi\varepsilon\varrho i$ $\varphi\acute{v}\sigma\varepsilon\omega\varsigma$, a study of the conception of nature among the Presocratics, Proceed. of the Americ. Acad. of Arts and Sciences 45 (1910) 77—133. W. K r a n z , Die ältesten Farbenll. d. Griech., Hermes 47 (1912) 126—140. R. B. E n g l i s h , The nature of the soul as set forth by certain Pre-Socratic philosophers, Proc. of the Amer. philol. ass. 42 (1911) p. XXI—XXIII.

H. S i e b e c k , Die Anf. der Erkenntnisl. in d. griech. Philos., Ztschr. f. ex. Philos. 7, 377 ff. B. M ü n z , Die Keime der Erkenntnisth. in d. vorsophistisch. Per. der griech. Philos., Wien 1880. Die vorsokrat. Ethik, Ztschr. f. Philos. 81 (1882) 245 ff. T h. Z i e g l e r , Die Anf. einer wissenschaftl. Ethik b. d. Griech., Tüb. 1879 Pr. A. G a l a s s o , Le idee nelle scuole filos. prima di Platone, Napoli 1886. W. A. H e i d e l , The Logic of the Pre-Socratic Philosophy, Studies in Logical Theory by John Dewry and others, Chicago 1903, 203—226. E. A r n d t , Das Verh. d. Verstandeserkenntnis z. sinnl. in d. vorsokr. Philos., Halle a. S. 1908 (Abh. z. Philos. u. ihrer Gesch., hrsg. v. B. Erdmann). N i c o l. H a r t m a n n , Über d. Seins-problem in d. griech. Philos. vor Plato, Marb. 1908 Diss. (vollst.: Philos. Arb., hrs. v. Cohen u. Natorp, Bd. 3). N. T u r c h i , La dottrina del Logos nei presocratici, Riv. stor.-crit. delle scienze teolog., Roma 1910.

P. T a n n e r y , Pour l'histoire de la science hellène. De Thalès à Empédocle. Par. 1887. (T. rückt die naturwissenschaftl. Forschung der Vorsokr. im Gegensatze zu ihren im engeren Sinne philos. Lehren in den Vordergrund.) Vergl. dazu P. N a t o r p , Zur Philos. u. Wissensch. der Vorsokr., Philos. Monatsh., 25 (1889) 204—223. K. J o ë l , Zur Gesch. der Zahlenprinzipien in d. griech. Ph. Monismus u. Antithetik b. d. älteren Ioniern u. Pythagoreern, Ztschr. f. Ph. u. ph. Kr. 97 (1890) 161—228. W. A. H e i d e l , On certain fragments of the Presocratics, Proceed. of the Amer. Acad. of Arts and Sciences 48 (1913) 681—734 (Beitr. z. Erklärung u. Kritik von Vorsokratiker-stellen).

F e r d. H o f f m a n n , De philosophorum ac sophistarum qui fuerunt ante Aristotelem studiis Homericis. Partic. I. De philosophis antiquiss. Hal. 1874 Diss.

A d. B a u m a n n , Formen der Argumentation bei den vorsokrat. Philo-sophen, Würzb. 1906 Pr. W. N e s t l e , Bemerkk. z. d. Vorsokr. u. Sophisten, Philol. 67 (1908) 531—581.

H. D i e l s , Wissenschaft u. Technik bei den Hellenen, Neue Jahrb. 33 (1914), 1 ff. = Antike Technik[2], Lpz.-Berl. 1920, 1—39.

E r w. P f e i f f e r , Gestirne u. Wetter im griech. Volksglauben u. b. d. Vor-sokratikern, Lpz. 1914, Heidelb. Diss.

O. G i l b e r t , Ionier u. Eleaten, Rh. Mus. 64, 185 ff.

Beiträge zu Diels' Vorsokratikern: A. V o g l i a n o , Atti della R. Accad. delle scienze di Torino 1911/12, 91—107. A. C. P e a r s o n , Class. Rev. 23 (1909) 48—50 (s. auch H e i d e l oben).

Beziehungen späterer Philosophen zu den Vorsokratikern: M. W a l t h e r , J. F. Herbart u. die vorsokrat. Philos., Halle 1908 Diss. R. O e h l e r , Fr. Nietzsche u. die Vorsokratiker, Lpz. 1904. *Beziehungen der pseudohippokrat. Schriften $\pi\varepsilon\varrho i$*

ἀέρων ὑδάτων τόπων, περὶ ἱρῆς νούσον, περὶ φυσῶν, περὶ σαρκῶν zu Vorsokratikern: F. W i l l e r d i n g , Studia Hippocratica, Gött. 1914 Diss. Zu περὶ διαίτης s. zu § 12.

Zu § 8. Die ältere ionische Naturphilosophie. M. S a r t o r i u s , Die Entwickl. der Astronomie bei den Griech. bis Anaxag. u. Empedokl., Bresl. 1883 Diss., vollst. Ztschr. f. Philos. u. philos. Krit. 82, 197—231; 83, 1—28. O. G i l b e r t , Spekulation u. Volksgl. in d. ionisch. Philos., Arch. f. Religionswiss. 13, 306. Die ionische Kosmologie wird mehrfach berührt von E r w. P f e i f f e r , Stud. z. ant. Sterngl. s. o. S. 24*). — R. G a n s z y n i e c , Die biolog. Grundlage d. ion. Philos., Arch. f. Gesch. d. Naturw. u. d. Techn. Bd. 9 H. 1. — Sehr bemerkenswerte Ausführungen über das Verhältnis der philosophischen und der historisch-geographischen Interessen bei den ältesten Ioniern und die Stellung der späteren, insbesondere der doxographischen Tradition zu ihnen bei W. A. H e i d e l, Proceed, of the Amer. Acad. of Arts and Sciences 56 (1921) 239—288.

Zu § 9. Thales. Hippon. *Thales:* F. D e c k e r , De Th. Milesio, Halle 1865 Diss. K r i s c h e , Forsch. auf dem Gebiete der alten Phil. I 34—42. G. H o f - m a n n , Die Sonnenfinsternis des Th. am 28. Mai 585 v. Chr., Triest 1870 Pr. L. S c h l a c h t e r, Altes u. Neues über d. Sonnenfinsternis des Th. u. d. Schlacht am Halys, Bern 1898 Pr. F. B o l l , Art. Finsternisse b. Pauly - Wissowa 2353 f. P. S c h u s t e r, Th. ein Phönizier? in: Acta Phil. Lips. 4 (1875) 328—330. H. D i e l s , Th. e. Semite? Arch. f. G. d. Ph., 2 (1889) 165—170 (verneint). O. I m m i s c h , Zu Th. Abkunft, Arch. f. G. d. Ph. 2 (1889) 515. P. T a n n e r y , Thalès de M., ce qu'il a emprunté à l'Égypte, Rev. philos., Mars. 1880. A. D ö r i n g , Thales, Ztschr. f. Ph. u. ph. Kr. 109, 179—195. A. C h i a p p e l l i , Gli elementi Egiz. nella cosmogonia di Talete (Atti del congr. internaz. di scienze storiche [Roma 1903] vol. XI sez. VII), Roma 1904. J. D ö r f l e r , Die kosmogon. Elemente in der Naturphilos. des Th., Arch. f. Gesch. d. Philos. 25 (1912) 305—331. A. W i l u s z , Th. v. Milet. Pherekydes (polnisch), Jaroslau 1911. C o n s t. R i t t e r , Kleinigkeiten zu Th., Herakleitos, Gorgias, Philol. 73 (1914) 237—243. W o l f A l y , Ionische Wissenschaft in Ägypten, Rhein. Mus. 70 (1915) 479 f. Z e l l e r - N e s t l e I⁶ 253 ff. F r a n k l , Th. u. der Magnetstein, Arch. f. Gesch. d. Philos. 35 (1923) 155—157.

Hippon: S c h l e i e r m a c h e r , Unters. über den Philos. H. in Schl. sämtl. WW., Abt. III, Bd. 3, Berl.1835, 403—410. H. D i e l s , Über d. Genfer Fragmente d. Xenophanes und H., Sitz. Berl. Ak. 1891 II 575—583. Neue Fragm. d. Xenophanes und H., Arch. f. Gesch. d. Philos. 4 (1891) 652—653. E. W e l l m a n n , Art. H. 6 bei Pauly-Wissowa-Kroll. W. N e s t l e , Phil. 67 (1908) 544. Z e l l e r - N e s t l e I⁶ 333 ff.

Zu § 10. Anaximander von Milet. S c h l e i e r m a c h e r , Über A., Abh. Berl. Ak., 1815, auch im 2. Bande der III. Abt. der sämtl. Werke 171—296. F. L ü t z e, Üb. das ἄπειρον A. ein Beitr. zur richtig. Auff. desselben als materiellen Prinzips, Lpz. 1878. P. T a n n e r y , Anax., l'infini, l'évolution et l'entropie, Revue philos. 1882. J. N e u h ä u s e r , Dissertatio de A. Milesii natura infinita, Partic. prior, Bonnae 1879 Pr. A. Milesius, Bonnae 1883. G. S p i c k e r , De dicto quodam A. philosophi, Münst. 1883 Ind. lect. P. N a t o r p , Über d. Prinz. u. die Kosmol. A., Philos. Monatsh. 20 (1884) 367—398. C. B a e u m k e r , Vermeintl. aristotel. Zeugnisse über A. ἄπειρον, Jahrbb. für klassische Phil. 131, 827—832. T h. Z i e g l e r , Ein Wort von A., Arch. f. G. d. Ph. 1 (1888) 16—27. P. T a n n e r y , Une nouvelle hypothèse sur A., ebd., 8 (1895) 443—448. H. D i e l s , Üb. A. Kosmos, ebd. 10 (1897) 228—237. A. D ö r i n g , Zur Kosmogonie A., Ztschr. f. Ph. u. ph. Kr., 114 201—213. G u y o t , Sur l' ἄπειρον d'A., Revue de philos. 4, 708. W. M. F r a n k l , Über A. Hauptphilosophem, Arch. f. Gesch. d. Ph. 24 (1911) 195—196. W. A. H e i - d e l , The Δίνη in Anaximenes and A., Class. Philol. 1 (1906) 279—282. On A., Class. Philol. 7 (1912) 212—234. L. O t t e n , A. aus Milet, Münster 1912 Diss. F r. D r t i n a , Eine Studie üb. d. Philos. des A., Festschr. f. Jos. Král, Prag 1913, 1—11 (böhmisch). J o s. D ö r f l e r , Über den Urspr. d. Naturphilosophie A., Wien. Stud. 38 (1916) 189 ff. W. A. H e i d e l , A.'s book the earliest known geographical treatise, Proceed. of the Amer. Acad. of Arts and Sciences 56 (1921) Nr. 7.

H. D i e l s , A. v. Milet, Neue Jahrb. 51 (1923) 65—76. E. W e l l m a n n ,
Artikel Anaximandros bei Pauly-Wissowa. Z e l l e r - N e s t l e I⁶ 270 ff.

**Zu § 11. Anaximenes von Milet und Diogenes von Apollonia. Anhang: Ps.-
Hippokrates von der Siebenzahl.** *Anaximenes:* P. T a n n e r y , A. et l'unité de sub-
stance, Revue phil. 1883, 6. Un fragment d'A. dans Olympiodore le chimiste (Collection des anciens alchimistes grecs publiée par Berthelot et Ruelle, I, Par. 1887),
Arch. f. Gesch. d. Philos. 1 (1888) 314—321. A. C h i a p p e l l i , Zu Pythagoras
u. A., Arch. f. Gesch. d. Philos. 1 (1888) 582—594. J. D ö r f l e r , Zur Urstofflehre
des A., Freistadt in Ober-Österr. 1912 Pr. E. W e l l m a n n , Art. A. bei Pauly-
Wissowa. Z e l l e r - N e s t l e I⁶ 315 ff. S. auch W. A. H e i d e l unter Anaximander.

    Diogenes v. A.: S c h l e i e r m a c h e r , Abh. Berl. Ak. 1814, wieder abg. in
Schleiermachers Werken, Abt. III Bd. 2, Berl. 1838, 149—170. P. N a t o r p , D. v.
Ap., Rh. Mus., 41 (1886) 350—363; dagegen H. D i e l s , Leukippos u. D. v. Ap.,
Rh. Mus., 42 (1887) 1—14, und nochmals P. N a t o r p , D. u. Leukippos, Rh. Mus.
42, 374—386. G. P. W e y g o l d t , Zu D. v. A., Arch. f. Gesch. d. Philos., 1 (1888)
161—171 (Benutzung d. D. in einigen pseudohippokratischen Schriften). G. G e i l ,
Die schriftstell. Tätigkeit des D. v. A., Philos. Monatsh., 26 (1890), 257—270.
E. K r a u s e , D. v. Ap., I. Teil, Posen 1908, Beil. zum Jahresber. d. Gymn. z. Gnesen;
II. Teil, ebd. 1909 Pr., III. Teil, Ausz. a. d. Janus (Archives internationales pour
l'histoire de la médecine et la géographic médicale), Leiden 1914, IV. u. V. Teil, Ausz.
a. d. Janus 1915 (Besprechung von Fr. Lortzing, Berl. philol. Woch. 1916, 1017 ff.).
E. W e l l m a n n , Art. Diogenes 42 bei Pauly-Wissowa. Über Diogenes' Einfluß
auf die hippokrat. Schrift π. φυσῶν: A x e l N e l s o n , Die hippokr. Schrift
π. φυσῶν, Upsala 1909 Diss. Über Diogenes als mögliche Quelle der später verbreiteten
teleologischen Ausführungen über die aufrechte Haltung des Menschen usw.:
Sh. O w e n D i c k e r m a n , De argumentis quibusdam ap. Xenophont. Platon. Aristot.
obviis e structura hominis et animal. petitis, Halis Sax. 1909 Diss., 46 ff. — G u n n a r
R u d b e r g , Simplikios och Diogenes frå Apollonia, Eranos 13, 101—110. Z e l l e r -
N e s t l e I⁶ 338 ff. Zu Diog. v. Apoll. Fr. 5 s. A. B r i n k m a n n , Rh. Mus. 68
(1913) 320.

    Aus der Literatur über die von W. H. Roscher hierher gezogene *pseudo-hippokrat.
Schrift von der Siebenzahl* sei das folgende hervorgehoben: W. H. R o s c h e r ,
Über Alter, Urspr. u. Bedeut. d. hippokrat. Schr. v. d. Siebenz. Ein Beitr. z. Gesch.
d. ältesten griech. Philos. u. Prosalit., Abh. Sächs. Ges. d. Wiss. 28 (1911) Nr. 5. Das
Alter d. Weltkarte in „Hippokrates" π. ἑβδομάδων und die Reichskarte des Darius
Hystaspis, Philol. 70 (1911) 529—538. H. D i e l s , Die vermeintl. Entdeckung einer
Inkunabel d. griech. Philos., Dtsch. Lit.-Ztg. 1911 1861—1866. W. H. R o s c h e r ,
Die neuentdeckte Schr. eines altmilesischen Naturphilos. u. ihre Beurteil. durch
H. Diels in d. Dtsch. Lit. 1911 Nr. 30 (um Vorwort u. Register vermehrter Sonderab-
druck aus „Memnon" Bd. 5 Heft 3/4), Stuttg. 1912. Für Roscher entscheidet sich
W. N e s t l e , Woch. f. klass. Philol. 1912, 901—903, gegen ihn F. L o r t z i n g, Berl.
philol. Woch. 1912, 1374—1376. Die Beurteilung durch Lortzing hat zu einer Polemik
zwischen Roscher und Lortzing, Berl. philol. Woch. 1912, 1876—1880, Anlaß ge-
geben. Mit schwerwiegenden Gründen gegen Roschers Hypothese F. B o l l , Zur
Schrift π. ἑβδομάδων, im Anh. zu Bolls Abh. „Die Lebensalter", Neue Jahrb. 31 (1913)
89 ff. (auch separat ersch.). G. H e l m r e i c h , Neue Fragmente zu Hippokrates
περὶ ἑβδομάδων, Hermes 46 (1911) 437—443. W. H. R o s c h e r , Die hippokr.
Schr. v. d. Siebenz. in ihrer vierfachen Überl. zum erstenmal hrsg. u. erläutert, Stud. z.
Gesch. u. Kult. d. Altertums, hrsg. v. E. Drerup, H. Grimme u. J. P. Kirsch, VI 3. 4,
Paderb. 1913 (hier und Woch. f. klass. Philol. 1914, 96—98 auch Verteidigung der
Ansicht Roschers gegen Lortzing und Boll). Zustimmend W. N e s t l e , Woch.
f. klass. Philol. 1914, 649—651. Replik von B o l l , Aus d. Offenbar. Joh. 60 Anm. 1.
W. H. R o s c h e r , Die hippokr. Schr. v. d. Siebenz. u. ihr Verh. z. Altpythagoreis-
mus, Ber. Verhandl. Sächs. Ges. d. Wiss. phil.-hist. Kl. 71 (1919) 5. Heft. S. auch
H. P h i l i p p , Woch. f. klass. Philol. 1913, 666—669, Fr. B o l l , ebenda 929,
E r w. P f e i f f e r , Berl. philol. Woch. 1914, 1413 ff., W. C a p e l l e , Hermes 57
(1922) 257, 3. — K. M r a s , Sprachl. u. textkr. Bemerk. z. spätlat. Übers. d. hippokr.
Schr. v. d. Siebenz., Wien. Stud. 41 (1919) H. 1/2.

Zu § 12. Herakleitos, Kratylos. S c h l e i e r m a c h e r , H. der Dunkle v.
Ephesos, dargcst. aus d. Trümmern s. Werkes u. d. Zeugnissen der Alten, in Wolfs
u. Buttmanns Mus. d. Altertumsw. 1 (1807) 313—533, wieder abgcdr. in Schleiermachers sämtl. Werken, Abt. 3, Bd. 2 (Berl. 1838) 1—146. J. B e r n a y s , Heraclitea, Bonn 1848. Heraklit. Studien, Rh. Mus., 7 (1850) 90—116. Neue Bruchst. d.
H., ebd. 9 (1853) 241—269. Diese drei Arbeiten abgedr. in Bernays' Ges. Abh. I, in
denen sich neu findet: Entwurf z. Fortsetzung d. herakl. Stud. und (S. 66ff.) ein Vortrag
Bernays' aus d. J.1848: De scriptorum qui fragmenta Heraclitea attulerunt auctoritate.
F. L a s s a l l e , Die Philos. H. dcs Dunkeln v. Ephes., 2 Bde., Berl. 1858, Anf.
eines Neudrucks, Lpz. 1892 (hegelianisierend). T h. B e r g k , De Heracliti sententia
apud Aristotelem de mundo c. 6, Halle 1861 Ind. schol., auch in: Kl. philol. Schrr.
II 83—90. K. J. N e u m a n n , Heraclitea, Hermes 15 (1880) 605—608, s. auch
16 (1881) 159 f. A. P a t i n , Quellenstudien zu H.; Pseudohippokrat. Schriften
in: Festschr. f. Ludw. Urlichs, Würzb. 1880, 46—82. H. Einheitsl., die Grundl. s.
Systems u. d. Anf. seines Buchs, Münch. 1885, Pr. d. Ludw.-Gymn. Heraklitische
Beispiele, I u. II, Neuburg a. D. 1892/93. A. M a t i n é e , H. d'Éph., Par. 1881.
T a n n e r y , Un fragment d'H., Annales de la Faculté des lettres de Bordeaux, 1882,
331—333. H. et le concept de Logos, Rev. philos., 16 (1883) 292—308. T h. D a v i d-
s o n , H. fr. 36 Byw., American Journ. of Philol. 5, 503. A. C h i a p p e l l i , Sopra
alcuni frammenti delle XII tavole nelle loro relazioni con Eraclito e Pitagora, Archivio
giuridico 35 (1885) 111—125. Su alcuni frammenti di Eraclito, memoria letta all'
Accad. di scienze mor. e polit. della Società Reale di Napoli, 22 (1888) 105—143.
E. S o u l i e r , Eraclito Efesio, Roma 1885. E. P f l e i d e r e r , Was ist der Quellpunkt
der heraklit. Philos. ? Tüb. 1886. Die Philos. des H. v. Eph. im Lichte der Mysterienidee. Nebst Anh. üb. heraklit. Einfl. im alttest. Kohelet u. bes. im B. der Weisheit,
sowie in der ersten christl. Lit., Berl. 1886. Die pseudoheraklit. Briefe u. ihr Verfasser, Rh. Mus. 42 (1887) 153—163. Heraklitische Spuren auf theolog., insbesondere
altchristl. Boden, Jahrb. f. protestant. Theol. 13 (1887) 177—218. (Nach Pfl.s ver-
kehrter Ansicht ist die Mysterienidee, d. h. der Gegensatz zwischen Leben und Tod,
der Zentralgedanke in der heraklitischen Philos. Wertvoll sind die Nachweise viel-
facher späterer Benutzung H. im Judent. u. Christent.). J. M o h r , Heraklit.
Studien, Zweibrücken 1886 Pr. G. M a y e r , H. v. Eph. u. A. Schopenhauer,
Heidelb. 1886. T h. G o m p e r z , Zu H. Lehre u. den Überresten seines Werkes,
Sitz. Wien. Akad., 113 (1886) 997—1057, auch separat erschienen, Wien 1887. G. T.
W. P a t r i c k , The fragments of the work of H. of Eph. of nature, translat. from
the greek tcxt of Bywater, with an introduction historical and critical, Baltimore
1889 (zuerst in d. American journal of psychology 1 [1888] 557—690). C h r. C r o n ,
Zu H., Philol. 47 (1889) 209—234, 400—425, 599—617. E. W a r m b i e r , Studia
Heraclitea, Berl. 1891 Diss. J. D r ä s e k e , Patristische H.-Spuren, Arch. f. Gesch.
d. Philos. 14 (1891) 158—172. A. A a l l , Der Logos bei H., ein Beitr. zu d. ideen-
geschichtl. Studien, Ztschr. f. Ph. u. ph. Kr., 106 (1895) 217—252, vgl. auch desselben Verf. Gesch. der Logosidee usw., ob. S. 22* (beachtenswert die Bekämpfung
der Identifikation von $\pi\tilde{v}\varrho$ und $\lambda\acute{o}\gamma o\varsigma$). J. D r ä s e k e ; Herodot u. H., Woch. f.
klass. Phil. 1894, 136 ff. A. P a t i n , Parmenides im Kampf gegen H., Jahrbb.
für klass. Philol. 25 (1899) 491 ff. K. P r a e c h t e r , Ein unbeachtetes H.-Fragm.,
Philol. 58 (1899) 473 f. P. T a n n e r y , Un nouv. fragm. d'H., Rev. de philos. 1
(1900). G. S c h ä f e r , Die Philos. des H. v. Ephes. u. die moderne Heraklitforschung,
Lpz. Wien 1902. H. D i e l s , Zwei Fragmente Heraklits, Sitz. Berl. Ak. 1901
188—201. E. C. H. P e i t h m a n n , Heraklit (Biographia antiqua, Scr. II, Heft 1),
Bitterfeld Lpz. 1901 (v. christl. Standp.; schief u. irreführend). A. B r i e g e r ,
H. der Dunkle, Neuc Jahrb. 13 (1904) 686—704. D. Grundzüge d. herakl. Physik.,
Hermes 39 (1904) 182—223. W. S c h u l t z , Pythagoras u. H. (Studien z. ant.
Kultur, Heft 1), Wien 1905 (verfehlt). W. N c s t l e , H. u. die Orphiker, Philol.
64 (1905) 367—384. O. S p e n g l e r , Heraklit, Halle a. S. 1904 Diss. C. P a s c a l
Sopra un punto della dottrina Eraclitea, Rendiconti del R. Istit. Lomb. di sc. e lett.
Ser. I vol. 39 (1906) 199—205. W. Z i l l e s , Zu einigen Fragm. H., Rh. Mus. 62
(1907) 54—60. A. d i P a u l i , Quadratus Martyr, Der Skoteinologe. Ein Beitr. zu
H. v. Ephesos, Arch. f. Gesch. d. Philos. 19 (1906) 504—508. M. W u n d t , Die
Philos. des H. v. Ephesus im Zusammenh. mit der Kultur Ioniens, Arch. f. Gesch.
d. Philos., 20 (1907) 431—455. C. O. Z u r e t t i , Miscell. Salinas, Palermo 1907

(vgl. Diels Herakl.[2] fr. 125 a). Also sprach Herakleitos: H. Schr. Über das All, dtsch. v. M. K o h n , Hamb. 1907. W. N e s t l e , Philol. 67 (1908) 533 ff. B r. P r e s s l e r, Die naturphilos. Ansch. H. v. Eph. im Anschl. an Diels' Fragm. d. Vors. dargest., Magdeb. 1908 Pr. O. G i l b e r t, H. Schr. π. φύσιος Neue Jahrb. 23 (1909) 161—179. E m. L o e w , H. im Kampfe gpg. d. Logos, Wien 1908 Pr. Ein Beitr. z. H. Fragm. 67 und 4 a, Arch. f. Gesch. d. Phil. 23 (1910) 89—91. Die Zweiteilung in der Terminologie H., ebd. 24 (1911) 1—21. Parmenides u. H. im Wechselkampfe, ebd. 343—369. Das Fragm. 2 des H., ebd. 25 (1912) 456—462. Das heraklit. Wirklichkeitsprobl. u. seine Umdeutung bei Sextus, Wien 1914 Pr. Die Bedeutung d. Berichtes b. Sextus f. d. Heraklitforschung, Wien. Stud. 39 (1917) 234 ff. Ein Beitr. z. heraklitisch-parmenideischen Erkenntnisprobl., Arch. f. Gesch. d. Philos. 31 (1918) 63—90, 125—152. Vgl. zu den Arbeiten Loews die Besprechungen von W. N e s t l e , Woch. f. klass. Philol. 1909, 284—286, F r. L o r t z i n g, Berl. philol. Woch. 1910, 1305—1310; 1916, 889—891, die Polemik zwischen Loew und Nestle, Woch. f. klass. Philol. 1909, 421 f., W. N e s t l e , War H. „Empiriker", Arch. f. Gesch. d. Philos. 25 (1912) 275—304. W. S c h u l t z, Die Kosmologie des Rauchopfers nach Herakl. fr. 67, Arch. f. Gesch. d. Philos. 22 (1909) 196—229. Ἐφέσια und Δελφικὰ γράμματα, Philol. 68 (1909) 210—228. E. B o d r e r o , Eraclito, Testimonianze e frammenti, Turin 1910. H. G o m p e r z, Zu H., Ztschr. f. d. österr. Gymn. 61 (1910) 961—973, 1057—1067. S. auch T h. G o m p e r z , Hellenika II 230 ff. H. S l o n i m s k y , H. u. Parmenides, Marb. 1912 Diss., erweitert in: Philos. Arb. her. v. Cohen u. Natorp VII 1, Gieß. 1912. Heraklits Sprache N o r d e n , Kunstprosa[1] 18 ff. — M. I. H u s u n g , Quaest. Aeschyleae (H. u. d. aischyl. Feuergott Prometheus), Gryphiae 1911 Diss. E. W e l l m a n n , Art. Herakleitos 10 bei Pauly-Wissowa-Kroll. A. H e r r , Beiträge z. Exegese der Fragm. des H. v. Eph., Eger 1912 Pr. N. C u p p i n i , Esposizione del sistema di Eraclito, Roma 1912. E. A r n d t, Zu H., Arch. f. Gesch. d. Philos. 26 (1913) 370. O. C r u s i u s , H. u. Pindar, Blätt. f. d. Gymn. (bayer.) 49 (1913) 227—231. B. D o n a t i, Il valore della guerra e la filos. di Eraclito, Genova 1913. P. L. C i c e r i , Le stelle soggette al giudizio universale (zu H. Fragm. 63), Atene e Roma 16, 310. C o n s t. R i t t e r , Kleinigkeiten usw. s. Thales. M. L o s a c c o , Eraclito e Zenone l'eleate, Pistoia 1914. O. L e u z e , Zu H. Fragm. 26 (Diels), Hermes 50 (1915) 604—625. G u i l. V o l l g r a f f , De duobus H. fragm., Mnem. N. S. 44 (1916) 423—427; 45 (1917) 166—180. A d. D y r o f f, Zu H., Berl. phil. Woch. 1917, 1211—1216. E. H o w a l d, H. u. seine antiken Beurteiler, Neue Jahrb. 41 (1918) 81—92. W. R a u s c h e n - b e r g e r , H. u. d. Eleaten, Arch. f. Gesch. d. Philosophie 32 (1919) 108—112. V. M a c c h i o r o , Eraclito, Bibl. d. cult. moderne No. 107, Bari 1922. W. W. J a e g e r, Nemes. v. Em. 109, 1 (H. von Pythag. beeinflußt, von den Neupythagoreern verehrt). A. W e i h e r , H. u. Empedokles, Kaiserslaut. 1916 Pr. K. B a p p , Aus Goethes griech. Gedankenwelt: Goethe u. H. (Das Erbe d. Alten 2. Reihe Heft 6), Lpz. 1921. H. G o m p e r z , Üb. d. Reihenfolge einiger Bruchstücke H., Hermes 58 (1923) 20—56. V. d e F a l c o , Ad Her. A 19 Diels[3], Riv. indo-grec.-ital. di filol. 7 (1923) 18. W. C a p e l l e , Heracliteum, Hermes 59 (1924) 121—123. Das 1. Fragm. des H., ebenda 190—203. Z e l l e r - N e s t l e I[6] 783 ff. — *Ps.-herakl. Briefe:* J. B e r n a y s, Die herakl. Briefe, Berl. 1869, berichtigt durch die Lit. über die Kynikerbriefe, s. zu § 68. Zu Ps.-Heracl. ep. 4 O. W e i n r e i c h , Arch. f. Religionswiss. 18 (1915) 18 ff. — Über Heraklits Freund *Hermodoros* s. E d. Z e l l e r , De Hermodoro Ephesio et de Hermodoro Platonis discipulo, Marb. a. L. 1859 Pr. F. M ü n z e r , Art. H. Nr. 3 bei Pauly-Wissowa-Kroll. — *Ps.-Hippokrates* π. διαίτης (über dessen Verhältnis zu Heraklit s. d. Text): P. W e y g o l d t , D. pseudo-hippokr. Schrift π. διαίτης, Jahrbb. f. Philol. 125 (1882) 161—175. J. I l b e r g , Studia Pseudippocratea, Lpz. 1883 Diss. O. F r e d r i c h (s. d. Text). D i e l s , Hippokr. Forschungen, Hermes 45 (1910) 125—150. 320; 46 (1911) 261—285. W. A. H e i d e l , Hippocratea I, Harv. Stud. in Class. Philol. 25 (1914) 139—203. Proben einer neuen Textesrezension von Hippokrates περὶ διαίτης gibt H. D i e l s , Hippokrat. Forsch., Hermes 45 (1910) 138 ff. [H. Gomperz (Her. Einheitsl.) s. Nachträge.]

Kratylos: F. D ü m m l e r , Akademika 129 ff. J. S t e n z e l , Art. Kr. bei Pauly-Wissowa-Kroll.

Zu § 13. Pythagoras und die Pythagoreer. A. B o e c k h , Disp. de Platonico systemate coelestium globorum et de vera indole astronomiae Philolaicae, Heidelb.

1810, auch mit Zusätzen u. Anh. in dessen Kl. Schr. III 266—342. Philolaos des Pythagoreers Lehren nebst den Bruchst. s. Werkes, Berl. 1819. H e i n r. R i t t e r , Gesch. d. pythag. Philos., Hamb. 1826. C h r. A u g. B r a n d i s , Über die Zahlenl. d. Pythagoreer u. Platoniker, Rh. Mus. 1828, 208 ff. 558 ff. A. B. K r i s c h e , De societatis a Pythagora in urbe Crotoniatarum conditae scopo politico commentatio, Gottingae 1830, vgl. dessen Forschungen I, 78—85. E d. Z e l l e r , Pythagoras und die Pythagorassage, in den Vorträgen u. Abh., Lpz. 1865, 30—50. Vgl. auch L. P r o w e , Über die Abhängigk. d. Kopernikus v. den Gedanken griech. Philosophen u. Astronomen, Thorn 1865, und die unten S. 45* zitierten Schriften von I d e l e r , B o e c k h und namentlich B o l l , von dem auch weitere S. 23* verzeichnete Arbeiten in Betracht kommen. A. H e i n z e , Die metaph. Grundll. der älteren Pythagoreer, Lpz. 1871 Diss. T h. H. M a r t i n , Hypothèse astronomique de P., Bull. di bibliografia e di storia delle scienze matem. e fisiche, publ. da B. Buoncompagni 5 (1872) 99—126. A. N a u c k , Sur les sentences morales de P., Bull. de l'acad. impér. des sciences de St. Pétersb., 18 (1873) 472—501, vgl. auch das Epimetrum in Naucks Ausg. der vita Pythag. des Iamblichos. A. E. C h a i g n e t , P. et la philos. Pythagoricienne, contenant les fragm. de Philolaus et d'Archytas, 2 vols., Par. 1873. C. H u i t , De priorum Pythagoreorum doctrina et scriptis disquisitio, Par. 1873. R. H i r z e l , Pythagoreisches in Platons Gorgias, in: Comment. in hon. Th. Mommsen (1877) 11—22. P. S o b c z y k , Das pythagor. System in seinen Grundgedanken entw., Lpz. 1878 Diss. G. F. U n g e r , Zur Gesch. der Pythagoreier, Sitz. Münch. Ak. 1883, 140—192. A. S c h m e k e l , De Ovidiana Pythagoreae doctrinae adumbratione, Greifsw. 1885 Diss. P. T a n n e r y , Sur le secret dans l'école de P., Arch. f. G. d. Ph. 1 (1888) 28—36. A. C h i a p p e l l i , Zu P. u. Anaximenes, s. oben S. 41*. H. S c h e n k l , Pythagoreersprüche in einer Wiener Hs., Wien. Stud. 8 (1886) 262—281, Original der früher im Hermes, Bd. 4, veröffentlichten syr. Übers. E. Z e l l e r , Über d. ältesten Zeugnisse der Gesch. des P., Sitz. Berl. Ak. 1889, 983—996 = Kl. Schr. I 458 ff. M. O f f n e r , Die pyth. L. v. Leeren, in: Abh. W. Christ gewidmet, Münch. 1891, 386—396. A. D ö r i n g , Wandll. in der pyth. L., Arch. f. G. d. Ph. 5 (1892) 503—531. G. M i l h a u d , Le concept du nombre chez les Pythagoriciens et les Éléates, Rev. de Mét. 1 (1893) 140—156. W. B a u e r , Der ältere Pythagoreismus, Bern 1897. W. A. H e i d e l , $\Pi\acute{\epsilon}\rho\alpha\varsigma$ and $"A\pi\epsilon\iota\rho\sigma\nu$ in the Pythagorean philos., Arch. f. G. d. Ph. 14 (1901) 384—399. C. H ö l k , De acusmatis sive symbolis Pythagoricis, Kiel 1899 Diss. W o l f g. S c h u l t z , P. u. Herakl., s. o. S. 42* unter Heraklit. J. M e w a l d t , s. zu § 52 unter Aristoxenos. K. A. D o w a l l , P. in: Papers of the British school at Rome, vol. 3. F r. B ö h m , De symbol. Pythagor., Berl. 1905 Diss. W. S c h u l t z , $\Pi\nu\vartheta\alpha\gamma\acute{o}\rho\alpha\varsigma$, Arch. f. Gesch. d. Philos. 21 (1908) 240—252. H. A. N a b e r , Das Theorem des P. wiederherg. in s. ursprüngl. Form u. betrachtet als Grundl. der ganzen pyth. Philos., Haarlem 1908. Vgl. auch O. L ö r c h e r , Korresp. f. d. höh. Schulen Württ. 17, 425. O. G i l b e r t , Aristoteles' Urteile über die pyth. Lehre, Arch. f. Gesch. d. Philosophie 22 (1909) 28—48; 145—165. W. S c h u l t z , Rätsel aus dem hellen. Kulturkreise, Lpz. 1909, behandelt I 112 ff. die pyth. Symbole. H. Z i t s c h e r , Philos. Unterss. üb. die Zahl, Borna-Lpz. 1910 Diss. v. Lpz., bespricht 9—29 die pyth. L. von der Zahl. K. L i n c k e , Plato, Paulus u. die Pyth., Philol. 70 (1911) 511—519. P. C o r s s e n , Die Sprengung des pyth. Bundes, Philol. 71 (1912) 332—352. Der Abaris des Heraklides Ponticus. Ein Beitr. zu d. Gesch. der Pythagoraslegende, Rh. Mus. 67 (1912) 20—47. D. Schrift d. Arztes Androkydes $\pi\epsilon\rho\grave{\iota}\ \Pi\nu\vartheta\alpha\gamma\rho\iota\varkappa\tilde{\omega}\nu\ \sigma\nu\mu\beta\acute{o}\lambda\omega\nu$, Rh. Museum 67 (1912) 240—263. A. D e l a t t e , Un $\acute{\iota}\epsilon\rho\grave{o}\varsigma\ \lambda\acute{o}\gamma\sigma\varsigma$ pythagoricien, Rev. de philol. 34 (1910) 175—198. La lettre de Lysis à Hipparque, ebd. 35 (1911) 255—275. Über den Ursprung babylon. Zahlensymbole in pyth. Beleuchtung handelt F. X. K u g l e r , Klio 11, 481—496. Zur pyth. Harmoniel. s P. M a a s , Hermes 48 (1913) 157 ff., zur pyth. Abgrenzung der Lebensstufen F. B o l l , Neue Jahrb. 31 (1913) 102 ff. — G. M ü h l e , Ein Beitr. z. L. von den pyth. Zahlen, Wollstein 1913 Pr. F r. B o e h m , Die Schr. d. Giglio Gregorio Giraldi über die Symbole des P., Berl. 1913 Pr. H. K e l l e r , Die Astronomie d. Pythagoreer, in: Das Weltall 12, 11. A. G i a n o l a , P. e le sue dottrine negli scrittori latini del primo sec. a. C., Roma 1911. 1912. G. P e s c e n t i , Pythagorica, Didaskaleion 1 (1912) 499—512. C. P a s c a l , Il bivio della vita e la Littera Pythagorae, Miscellanea Ceriani, Milano 1910, 57—67. E. C a p o r a l i ,

La natura secondo P., Todi 1914. D. F i m m e n , Die Entst. der Seelenwanderungsl.
d. P., Arch. f. Religionsw. 17 (1914) 513—523. A. D e l a t t e , Études sur l. littérat.
pythagor., Bibl. de l'École des haut. études, sc. philol. 217, Par. 1915. M. W e l l -
m a n n , Eine pyth. Urkunde d. 4. Jahrh. vor Chr., Hermes 54 (1919) 225—248
(Diog. Laërt. 8, 24 ff.). F r. C u m o n t , Rev. d. philol. 44 (1920) 229 ff. (pythagor.
Eschatologie). E r. F r a n k , Mathem. u. Mus. u. d. griech. Geist, Logos 9 (1920),
242 ff. („Pythagoras selbst hat mit d. wissenschaftl. Mathematik u. ihrer Entwicklung
kaum etwas zu tun gehabt"). Derselbe, Plato u. die sog. Pythagoreer, Halle (Saale)
1923. A. D e l a t t e , Essai sur la politique pythag. (Bibl. de la Fac. d. philos. et
lettr. d. l'Univ. de Liège, fasc. 29), Liège et Paris 1922. G. M é a u t i s , Recherches
sur le Pythagorisme, Rec. d. trav. publ. par la Fac. d. lettr. de Neuchatel, fasc. 9,
Neuch. 1922. Über die angeblich pyth. Briefformel ὑγιαίνειν s. F. Z i e m a n n ,
De epistular. Graec. formulis sollemn. quaest. sel. (Diss. philol. Hal. vol. 18, 4), Halis
1910 Diss., 293, über die Verhöhnung der Pythagoristen und besonders des Diodoros
von Aspendos in der Komödie G e f f c k e n , Kynika 54.

Zu den in § 13 berührten astron. LL. der Pythagoreer und Späterer vgl. außer
den bereits genannten Arbeiten: T h. B e r g k , Aristarch von Samos, in: Fünf
Abhandl. z. Gesch. d. griech. Ph. u. Astron., Lpz. 1883. L. I d e l e r , Über d. Verh.
d. Kopernikus z. Altertum, Wolfs u. Buttmanns Mus. f. d. Altertumswiss. 2 (1810)
393—454. A. B o e c k h , De Plat. syst. etc. (1810) 12 (Kl. Schr. III 273), Philolaos
122, Das kosm. System des Platon 122 ff. 142. S. R u g e , Der Chaldäer Seleukos,
Dresd. 1865. F. B o l l , Die Entwickl. d. astronom. Weltbildes im Zusammenh. mit
Relig. u. Philos., Kult. d. Gegenw. III 3, Lpz. 1913. Zu dem über die L. von der
Sphärenharmonie Bemerkten s. auch C. v. J a n, Philol. 52, 13—37. Pythagoreer und
Astrologie: F r. B o l l , Neue Jahrb. 21 (1908) 119. Sterngl. u. Sterndeutung[2]
(s. Register unter Pythag.). Ethische Wirkung der Musik vom pyth. Standp. betont
durch Damon: F. B u e c h e l e r , Rh. Mus. 40 (1885) 309. — B. E l b e r n , Die
pythag. Erziehungs- u. Lebensvorschriften im Verh. z. ägypt. Sitten u. Ideen, Fulda
1916, Bonner Diss. O. W i l l m a n n , Pythagoreische Erziehungsweisheit, hrsg.
v. W. Pohl, Freib. i. B. 1922. A. R o s t a g n i , Il verbo di Pitagora, Torino 1924.
Fortwirkung pythag. Zahlenspekulation: O. W e i n r e i c h , Triskaidekad. Stud.
(s. o. S. 23*) 95 ff. — Zur pythag. Elementenlehre E v a S a c h s (s. u. § 38 Lit. z.
platon. Timaios). — Zur äußeren Gesch. d. Pythagoreismus A. R o s t a g n i ,
P. e i Pitagorei in Timeo, Atti d. R. Accad. d. sc. di Torino 49 (1913/4) 373 ff. 554 ff.
U. K a h r s t e d t , Hermes 53 (1918) 180 ff.

Pseudepigraphe Pythagoras- u. Pythagoreerschriften: Unecht ist das dem P y t h a -
g o r a s zugeschriebene G o l d e n e G e d i c h t (in A. N a u c k s Ausg. v. Iamblichs Leben d. Pythagoras 204 ff. [mit Komment.], J. P o m t o w s Poet. lyr. Gr.
min. vol. 2) u. der Anthol. lyrica ed. E. D i e h l , Lips. 1923 (Bibl. Teubn.). S. auch
A. N a u c k , Sur les sentences morales de Pyth. (oben S. 44*). Nach Diog. 8, 6
hat P. drei Schriften verfaßt: παιδευτικόν, πολιτικόν, φυσικόν. S. dazu H. D i e l s ,
Ein gefälschtes Pythagorasbuch, A. f. G. d. Ph., 3 (1890) 451—472. Unecht sind ferner
die angeblichen Schriften des L u k a n e r s O k e l l o s (De rerum natura, ed.
A. F. W. R u d o l p h , Lips. 1801; ed. M u l l a c h , in: Aristot. de Melisso usw.,
Berol 1845, auch in den Fragmenta philosophorum graec. vol. I; dazu J o. d e
H e y d e n - Z i e l e w i c z , Proleg. in Pseudocelli de universi natura libellum
Bresl. philol. Abhandl. Bd. 8 H. 3, Bresl. 1901, K. P r a e c h t e r , Ein verkanntes
Fragment d. angebl. Pythagoreers Ok., Philol. 61 [1902] 266—270. M. M ü h l ,
Ok. u. d. ältere Plinius, Phil. Woch. 1922, 1150—1152), des L o k r e r s T i m a i o s
(dem ein noch erhaltenes Schriftchen περὶ ψυχᾶς κόσμω beigelegt wird, welches ein
spät verfaßter modifizierender Auszug aus dem platonischen Timaios ist, ed. J. J. d e
G e l d e r , Lugd. Bat. 1836, in Platonausgaben [so bei K. F. Hermann] angeschlossen
an den platon. Timaios; dazu W. A n t o n , De origine libelli inscr. περὶ ψυχᾶς
κόσμω καὶ φύσιος inscripti qui vulgo Timaeo Locro tribuitur quaestio I Erf. 1883,
II Naumb. 1891 [Neudr. d. Diss. d. Verf. (Berl. 1851) u. d. Progr. v. Essen 1869],
M. S t e p h a n i d e s , Platon u. Locros, Philol. Woch. 1922, 1246), und die meisten
philosophischen Fragmente des A r c h y t a s v o n T a r e n t (Titel der unechten
Schriften bei Diels, Vors. 35 B 9. Fragmente bei G. H a r t e n s t e i n , De A. Tar.
fragm. philos., Lips. 1833, Fr. S c h u l t e , Archytae qui ferebantur de notionibus
universalibus et de oppositis libellorum rell., Marb. Catt. 1906 Diss. J. N o l l e ,

Ps.-Archytae fragmenta, Tüb. 1914, Diss. v. Münster. Vgl. zu Ps.-Archytas und der
weiteren pseudepigraphen (neupythagoreischen) Lit. F. B e c k m a n n , De Pytha-
goreorum reliquiis, Berol. 1844 (Diss.) und 1850 (danach Zeller III 2⁴ 115, 3). Quaest.
Pythag. I—IV, Braunsberg 1852—1868 Lect.-Kat. K. P r a e c h t e r , Metopos,
Theages u. Archytas b. Stobäus Flor. I 64, 67 sq., Philol. 50, 49—57. Krantor u. Ps.-
Archytas, Arch. f. Gesch. d. Philos. 10 (1897) 186—190. F r. W i l h e l m , Die
Oeconomica der Neupythagoreer Bryson, Kallikratidas, Periktione, Phintys, Rh. Mus.
70 (1915) 161—223. K. P r a e c h t e r , Art. Kallikratidas 2 bei Pauly-Wissowa-Kroll.
 Philolaos : Die früher mitunter bezweifelte, seit Boeckhs Fragmentensammlung
(s.o. S. 43*/44*) aber fast allgemein für echt gehaltene Hauptschrift des Ph. hat, nachdem
Zeller u. a. einzelnes angefochten, V. R o s e , Comment. de Arist. libr. ord. et auctor.
2, das Ganze verworfen hatte, C. S c h a a r s c h m i d t , Die angebl. Schriftstellerei
d. Philol. u. d. Bruchst. der ihm zugeschr. BB., Bonn 1864, mit unzureichenden
Gründen als unecht zu erweisen unternommen und ihre Abf. in das letzte oder vor-
letzte Jahrh. v. Chr. gesetzt. (S. auch H e i d e l , Proceed. of the Amer. Ac. of Arts
and Scienc. 45, 4 p. 79. B u r n e t , Earl. Gr. phil.² 327 ff. [258 ff. d. Übers.].) Vgl.
dagegen Z e l l e r , Philos. d. Gr. I 1⁶ 369, 3 (bes. N e s t l e s Zusatz 374) und dens.,
Aristoteles u. Ph., Hermes 10 (1876) 178—192 = Kl. Schr. I 136—151, sowie die
Sichtung der Fragmente in D i e l s ' Vorsokr. — Aus der weiteren Lit. sei folgendes
genannt: J. B y w a t e r , On the Fragm. attrib. to Ph. the Pythagorean, Journ.
of Philol. 1, 21 ff. P. T a n n e r y , Sur un fragment de Ph., Arch. f. G. d. Ph.,
2 (1889) 379—386. H. D i e l s , Über die Exzerpte von Menons Iatrika, Hermes
28 (1893) 406—434. Über die philolaisch - platonische Planetenreihe handelt
F r. B o l l , Art. Hebdomas bei Pauly-Wissowa-Kroll. R. N e w b o l d , Ph., Arch.
f. Gesch. d. Philos. 19 (1906) 176—217. G. G u n d e r m a n n , Ph. über das
fünfte Element, Rh. Mus. 59 (1904) 145—148. P. T a n n e r y , A propos des fragm.
philolaïques sur la musique, Rev. de philol. 28 (1904) 233—249. W. A. H e i d e l ,
Notes on Ph., Amer. Journ. of Philol. 28 (1907) 77—81. W. N e s t l e , Philol. 67
(1908) 544 f. E v a S a c h s , Die fünf platon. Körper (s. o. S. 23*). U. v. W i l a -
m o w i t z - M o e l l e n d o r f f , Platon² II 86 ff. A. O l i v i e r i , Osservaz. sulla
dottrina di Fil., Riv. Indo-Greco-Ital. di filol. etc. 5 (1921) 29 ff. R. S c o o n , Philol.
frgm. 6, Class. Phil. 17, 353. E r. F r a n k , Plato u. die sog. Pythag. 134 ff. 207 ff.
263 ff. *Archytas :* E r. F r a n k , Plat. u. d. sog. Pythag. 124 ff. — *Alkmaion von Kro-
ton :* M. A. U n n a , De A.Crotoniata, in: Philol.-hist. Studien v. Chr. Petersen, Hamb.
1832, 41—87. R. H i r z e l , Zur Philosophie des A., Hermes 11 (1876) 240—246.
J. S a n d e r , A. v. Kr., Wittenb. 1893 Pr. (mit Samml. d. Fragmente). E. W e l l -
m a n n , Art. Alkmaion 6 bei Pauly-Wissowa. J. W a c h t l e r , De A. Cr., Lpz.
1896 (auch mit Samml. der Fragm.).— *Ekphantos :* P. T a n n e r y , Arch. f. G. d. Ph.
11 (1898) 263—269. Vgl. auch denselben, Sur Ecphante de Syracuse, Séance de l'associat. pour l'encourag. d. études grecques du 7 janvier 1897. E. W e l l m a n n , Art.
Ekphantos 3 bei Pauly-Wissowa. — *Hippodamos von Milet :* C. F. H e r m a n n ,
De H. Milesio, Marb. 1841 Ind. lect. K H i l d e n b r a n d , Gesch. u. Syst. d.
Rechts- u. Staatsphilos. I, 1860, 59 ff. H. H e n k e l , Zur Gesch. der griech. Staats-
wiss. II. Salzwedel 1866 Pr. W. O n c k e n , Staatsl. d. Aristoteles, Lpz. 1870, 210
bis 218. F a b r i c i u s , Art. H. 3 bei Pauly-Wissowa. P. B i s e , H. de Milet, Arch.
f. Gesch. d. Philos. 35 (1923) 13—42.
 Einfluß des Pythagoreismus auf die bildende Kunst (Kanon des P o l y k l e i t o s):
D i e l s , Archäol. Anz. 4, 10, Vors. c. 28, auf *die schöne Literatur:* M. B o c k , De
Aeschylo poëta orphico et orpheopythagoreo, Weidae Thuring. 1914, Diss. v. Jena.
 Vgl. zu den Pythagoreern besonders Z e l l e r I⁶ 361 ff. (mit den Zusätzen von
W. N e s t l e). [Howald (zu Philolaos) s. Nachträge.]

 Zu § 14. Die Eleaten überhaupt. Über die eleatischen Philosophen und ihre L.,
namentlich auch über die pseudoaristotelische Schrift De Melisso Xenophane Gorgia
handeln u. a.: C h r. A. B r a n d i s , Comm. Eleat. pars I, Xenophanis, Parmenidis
et Melissi doctrina e propriis philosophorum reliquiis exposita, Alton. 1813.
Th. B e r g k , Commentatio de Arist.libello de Xenophane, Zenone et Gorgia, Marb. 1843.
S. Ferrari, Gli Eleati, Roma 1892 (Mem. della Accad. dei Lincei). S. über die pseudoarist. Schr. bes. H. Diels, Doxogr. Gr., Prolegg. 108—113 und Abh. Berl. Ak. phil.-
hist. Kl. 1900 Nr. 1, Z e l l e r - N e s t l e I⁶, 617 ff. — O. G i l b e r t , Ionier und

Eleaten, Rh. Mus. 64 (1909) 185—201. J. D ö r f l e r , Die Eleaten u. d. Orphiker,
Freistadt in O.-Öst. 1911 Pr. Vgl. dazu Berl. philol. Woch. 1912, 1433 ff. S. auch
H. D i e l s , Philos. Aufs. Ed. Zeller gew., Leipz. 1887, 247. E. W e l l m a n n ,
Art. Eleatische Philosophie bei Pauly-Wissowa. W. R a u s c h e n b e r g e r , s.
unter Heraklit.

　　　Zu § 15. Xenophanes. F. K e r n , Üb. X. v. Kol., Stettin 1874 Pr.=Kl. Schr. II
109—128. Unters. üb. d. Quellen f. d. Phil. d. X., ebd. 1877. Eine Vorles. über X.,
Kl. Schr. II, Berl. 1898. G. T e i c h m ü l l e r , X., in: Studien z. Gesch. d. Begr.
591—623. G. F. U n g e r , Apollodor über X., Philol. 43 (1884) 209—210. J. F r e u -
d e n t h a l , Über die Theologie des X., Bresl. 1886. Zur L. des X., Arch. f. Gesch. d.
Ph. 1 (1888) 322—347 (Fr. wendet sich in scharfsinniger, aber doch nicht über-
zeugender Weise dagegen, daß Xenoph. einen reinen Monotheismus gelehrt habe).
A. C h i a p p e l l i , Sopra una opionione fisica di Senofane, Rendiconti della R. Accad.
dei Lincei, 1888, 89—95. E. Z e l l e r , ʽΗγεμονία u. δεσποτεία b. X., Arch. f. G.
d. Ph. 2 (1889) 1—5 = Kl. Schr. I 454—457. H. D i e l s , Über die Genfer Fragm. des
X. u. Hippon, Sitz. Berl. Ak. 1891, 575—583, s. auch Arch. f. G. d. Ph. 4 (1891) 625 f.
Über X., Arch. f. G. d. Ph., 10 (1897) 530—535. H. B e r g e r , Unters. über d. kosm.
System d. X., Ber. d. G. d. W., Lpz. 1894. O r v i e t o , Filos. di Senofane, Fir.
1899. A. D ö r i n g , X., Preuß. Jahrbb. 99 (1900) 282—299. M. L e v i , Senofane
e la sua filos., Torino 1904. G. V o g h e r a , Senofane e i cinici autori di Silloi?
Contributo alla storia della poesia sillografica, Studi ital. d. filol. class. 11 (1903) 1
bis 16. H. R i c h a r d s , X. ap. Arist. Rhet. 1377 a 20, Class. Rev. 16 (1902) 395.
A. L u d w i c h , Bemerkung. zu X., Mélanges Nicole, Genève 1905, 335—347.
K. P r a e c h t e r , Zu X., Philol. 64 (1905) 308—310. J a c o b s , De X. arte
metrica, Schneidemühl 1904 Pr. N e k t. M a v r o k o r d a t o s , Der Monotheismus d. X., Lpz. 1910 Diss. P. S h o r e y , Note on X. Fr. 18 D., Class. Philol. 6
(1911) 88. A. K u r f e s s , Varia (darin Xenophanea), Mnemos. 41 (1913) 111 ff.
W. N e s t l e , Philol. 67 (1908) 531 ff. D. E i n h o r n , X., Wien Lpz. 1917 (vgl.
dazu H. F. M ü l l e r , Berl. philol. Woch. 1917, 1545 ff.). Zeit- u. Streitfragen d.
modernen X.-Forschung, Arch. f. Gesch. d. Philos. 31 (1918) 212 ff. H. D i e l s ,
Lukrezstud. II (Sitz. Berl. Ak. 1920), 4—6 (X. Sonnenhypothese bei Lucr. 5, 660 ff.).
K. Ziegler, Die Persönlichkeit des X., in: Satura Viadrina altera, Bresl. 1921, 100
bis 115 (gegen Reinhardt, Parmenides). J. S i t z l e r (zu Frgm. 1, 19), Philol. Woch.
1921, 1053 (vgl. Diels' Übers. Vors. 11 B 1, 20). Z e l l e r - N e s t l e I⁶ 640 ff. Fragmente des X. auch bei B e r g k Poëtae lyrici, B e r g k - H i l l e r - C r u s i u s
Anthologia lyrica, W a c h s m u t h Sillographi Graeci, jetzt in D i e l s' Poëtae
philos. und Vorsokr., s. Textteil.

　　　Zu § 16. Parmenides. P. T a n n e r y , La physique de P., Rev. philos. 18
(1884) 264—292. Cl. B a e u m k e r , Die Einheit des Parmenideischen Seienden,
Jahrbb. f. Philol. 133 (1886) 541—561. O. K e r n , Zu P., Arch. f. G. d. Ph. 3 (1890)
173—176. A. D ö r i n g , Das Weltsystem des P., Ztschr. f. Ph. u. ph. Kr. 104 (1894)
161—177. Ein Wort pro domo in bezug auf H. Diels, Parmenides Lehrgedicht,
ebd. 111, 222—230. H. B e r g e r , D. Zonenl. des P., Ges. d. W., Lpz. 1895, 57—108.
J. B i d e z , Observations sur quelques fragments d'Empédocle et de P., Arch. f.
G. d. Ph. 9 (1896) 190—207, 298—309. H. D i e l s , Parmenidea, Hermes 35 (1900)
196—201. Zum Namen vgl. D i e l s , Hermes 37 (1902) 480 f. F r. S u s e m i h l ,
Zum zweiten Teil des P., Philol. 58 (1899) 205—214. A. P a t i n , P. im Kampfe
gegen Heraklit, Jahrbb. f. klass. Philol. Suppl. 25 (1899) 491 ff. U. v. W i l a m o -
w i t z - M o e l l e n d o r f f , Hermes 34 (1899) 203. H. K ö s t e r s , D. parmenid.
Sein im Verh. zur plat. Ideenl., Viersen 1901 Pr. E. d e M a r c h i , L'ontologia e la
fenomenologia di P. Eleate, Torino 1905. F. M e d i c u s , Zur Physik des P.,
Philos. Abh. f. M. Heinze 137—145. K. L i n c k e , Zu P. περὶ φύσεως, Philol. 65
(1906) 472 ff. O. G i l b e r t , Die δαίμων des P., Arch. f. Gesch. d. Philos. 20 (1907)
24—45. R. E l l i s , Some suggestions on Diels' Poët. philos. fragm. (Parm. Fragm.
16, 1. 2), Class. Rev. 16 (1902) 269 f. V i s v. S a n d e r s , Der Idealismus des P.,
Münch. 1910 Diss. H. M u t s c h m a n n , Über Parm. B 1 D. u. Emped. B 137,
3 D., vgl. Ztschr. f. d. Gymnasialw. 66 (1912) 800. A. R ü s t o w , P., Verhandl.
d. 52. Vers. dtsch. Philol. u. Schulm. zu Marb. (1913) 163—167. K. R e i n h a r d t ,

P. u. d. Gesch. d. griech. Philosophie, Bonn 1916. W. K r a n z , Über Aufbau u. Bedeutung des Parmen. Gedichtes, Sitz. Berl. Ak. 1916, 1158—1176. E. H o f f - m a n n , Untersuchungen zu P., Sokr. 4 (1916) 621 (Referat). P. u. Platon, Jahresber. d. Philol. Ver. zu Berl. 47, 137. Zum Weltbilde des P. E. P f e i f f e r , Stud. z. ant. Sterngl. (s. o. S. 24*) 117 ff. E r. F r a n k , Plat. u. d. sog. Pythag. 198 ff. Text-kritisch-exegetisch A. P l a t t , Miscell., Class. Quart. 5, 253 f. A. C o v o t t i , Riv. di filol. 36 (1908) 424—427. E m. L o e w , Zu Parm. I 31, 32, Philol. Woch. 1924, 300—302. Vgl. auch W. N e s t l e , Philol. 67 (1908) 537. E. L o e w und H. S l o n i m s k y s. unter Heraklit S. 43*. Z e l l e r - N e s t l e , I⁶ 679 ff.

Zu § 17. Zenon von Elea. E. W e l l m a n n , Zenos Beweise gegen die Be-wegung u. ihre Widerlegungen, Frankf. a. O. 1870 Pr. F. S c h n e i d e r , Z. aus Elea, Philol. 35 (1876) 602—642. E. R a a b , Die zenon. Beweise, Schweinf. 1880 Pr. C. D u n a n , Z. Eleatici argumenta, Nantes 1884, Thèse de Paris. P. T a n n e r y , Le concept scientif. du Continu, Zénon et G. Cantor, Rev. philos., Oct. 1885. Pour l'hist. de la Science Hell. (Par. 1887) 247—261. M. E v a n g e l i d i s , Erkl. des zenon. Fragm. bei Simpl. Phys. 141, 1 ff., in: Φιλοσοφικὰ μελετήματα, τεῦχος πρῶτον, ἐν Ἀθήν., 1886, 78—96. G. F r o n t e r a , Étude sur les arguments de Z. d'Élée contre le mouvement, Par. 1891. B. P e t r o n i e v i c s , Zenos Beweise gegen die Bewegung, Arch. f. Gesch. d. Philos. 20 (1907) 56—80. R. S a l i n g e r , Kants Antinomien u. Z. Beweise geg. d. Bewegung, Arch. f. Gesch. d. Philos. 19 (1906) 99—122. C. E. R u e l l e , L'argument d'Achille (Aristot. phys. 6, 9). Commentaire inédit de Théodore Métochite, Revue de philol. 31 (1907) 105—110. — Zu Z. viertem Beweise gegen die Bewegung R. K. G a y e , On Arist. Phys. Z 9, 239 b 33—240 a 18, Journ. of philol. 61, 95—117. Einige Abh. über Z. von G. N o ë l , V. B r o c h a r d , G. M i l h a u d , G. L e c h a l a s in d. Rev. de Métaph. et de Mor. 1 (1893) 107 bis 125; 209—215; 396—400; 400—404. V. B r o c h a r d , Les arguments de Z. d'Élée contre le mouvement, Séanc. et trav. de l'acad. d. sc. mor. et pol. 129 (1888) 555 bis 568 (Études etc. s. o. S. 7*. In dieser Sammlung auch der Aufs. Les prétendus sophismes de Z. d'Élée aus der Rev. de Métaph.). M. S c h n e i d e w i n , Von griech. Trugschlüssen, Sokr. 4 (1916) 193—196. J. H a r t , Von den griech. Trugschlüssen, ebd. 342—345. Z e l l e r - N e s t l e I⁶ 742 ff. L o s a c c o s. Heraklit S. 43*.

Zu § 18. Melissos. F. K e r n , Θεοφράστου περὶ Μελίσσου, Philol. 26 (1868) 271—289. Zur Würdigung des M. v. S., in: Festschr. des Stett. Stadtgymn. zur 35. Philologenvers., Stettin 1880, 1—24. O. A p e l t , M. bei Pseudo-Aristoteles, Jahrbb. f. kl. Philol. 1886, 729—766. A. P a b s t , De M. Samii fragmentis, Bonnae 1889 Diss. M. O f f n e r , Zur Beurteil. d. M., Arch. f. G. d. Ph. 3 (1890) 12—33. A. C h i a p p e l l i , Sui frammenti e sulle dottrine di M. d. S., Rendic. dell' Acc. dei Lincei, 1890, 377—413. A. C o v o t t i , M. Samii reliquiae, Studi ital. di filol. class. 6 (1898) 213—227. Vgl. zu Melissos auch W. N e s t l e , Philol. 67 (1908) 537 ff. Z e l l e r - N e s t l e I⁶ 765 ff.

Zu § 20. Empedokles. T h. B e r g k , Emp. fragmenta, in: Poët. lyr. Gr.; De prooemio Empedoclis, Berol. 1839. H. D i e l s , Studia Empedoclea, Hermes 15 (1880) 161—179. Gorgias u. E., Sitz. Berl. Ak. 1884, 343—368. Über ein Fragm. des E., ebd. 1897. Über die Gedichte des E., ebd. 1898, 396—415. G. F. U n g e r , Die Zeitverh. des Anaxagoras u. E., Philol. Suppl. 1883, 511—550. O. K e r n , E. u. d. Orphiker, Arch. f. Gesch. d. Ph. 1 (1888) 498—508, der vielfache Abhängig-keit des E. von der rhapsodischen Theogonie des Orpheus zu erweisen sucht. F r. K n a t z , Empedoclea, Schedae phil. H. Usener ... oblatae, Bonn 1891, 1—9. S. F e r r a r i , E., Riv. ital. di filos. 6 (1891) 165—190. La filos. di E., ebd. 6 (1891) 52—79, 250—283; Empedocle, Roma 1891. J. B i d e z , La biographie d'E., Recueil de travaux publiés par la fac. de philos. et lettres, 12. fascic., Gand 1894; Obser-vations sur quelques fragments d'E. et de Parménide, Arch. f. Gesch. d. Ph. 9 (1896) 190—207, 298—309. G. T h i e l e , Zu den vier Elementen des E., Hermes 32 (1897) 68—78. H. v. A r n i m , D. Weltperioden bei E., in: Festschr. Th. Gomperz dargebr., Wien 1902, 16—27. E. B o d r e r o , Il principio fondamentale del sistema di E., Roma 1905. R. E l l i s , Some suggestions on Diels' Poet. philos. fragm. (E. Fragm. 4. 9, 10, 11; Fragm. 17. 20, 21, 25; Fragm. 64), Class. Review 16 (1902) 269—270.

C. P a s c a l , L'imitazione di E. nelle Metamorfosi di Ovidio, Rendic. dell'
Accad. di archeol. lettere e belle arti, Napoli 1902. H. D i e l s , Symbola Empedoclea,
in: Mélanges Weil. Empedokles berührt W i l a m o w i t z , Hermes 37 (1902) 326.
W. N e s t l e , Der Dualismus d. E., Philol. 65 (1906) 545—557. Cl. E. M i l l e r d ,
On the interpretation of E., Chicago 1908 Diss. R o b. E i s l e r , Bildopfer bei
E., Arch. f. Religionswiss. 13 (1910) 625 (zu Vors. 21 B 128, 5). W. K r a n z , E.
u. die Atomistik, Hermes 47 (1912) 18—42. H. M u t s c h m a n n , Über Parmen.
B 1 D. u. Empedokles B 137, 3 D., nach dem Berichte in der Zeitschrift f. d. Gymnasialw.
66 (1912) 800. Emp. Fragments transl. into English verse by W. E. L e o n a r d ,
Chicago 1910. B. L. S a n g e r m a n o , E., frammenti de poemi — vita, Girgenti
1911. T h. S c h a r n a g l , Der Philosoph E. in seiner Eigenschaft als Dichter,
Komotau 1908. 1909. Vgl. auch W. N e s t l e , Philol. 67 (1908) 538 ff. E. B i g n o n e ,
Boll. di filol. class. 21 (1915) 156—161 (Emp. und Epikur). R. B. E n g l i s h ,
Empedoclean Psychology, Transact. and Proceed. of the Amer. Philol. Assoc. 45
(1914) S. XVI (Auszug). E. B i g n o n e , Empedocle. Studio critico. Traduz.
e commento delle testimonianze e dei frammenti (Il pensiero greco vol. 10), Torino
1916 (dazu R. P h i l i p p s o n , Philol. Woch. 1921, 937 ff.). D i e l s , Abh. Berl.
Ak. 1916 Nr. 7, 59 f. (Vorliebe f. Tier- u. Pflanzenwelt). F r. J o b s t , s. Lucrez.
E. W e l l m a n n , Artikel E. 3 bei Pauly-Wissowa. J. P i a t e k , Nietzsches
Empedokles-Fragmente, Stryj 1910 Pr. G. K a f k a , Zur Physik des E., Phil. 78
(1923) 202—229. K. R u p p r e c h t , Emp. frgm. 133, Philol. 79 (1923) 111.
F r. G r a b o w s k i , Emp. u. Leukipp-Demokrit mit bes. Berücksicht. d. Anaxagoras, Bresl. 1923. Diss.-Auszug. W e i h e r , s. o. S. 43*. Z e l l e r - N e s t l e I⁶
939 ff.

Empedokles in der neueren schönen Literatur: H ö l d e r l i n plante ein Drama:
Der Tod d. E., von dem große Bruchstücke vorhanden sind (W. W i l l i g e , Über
Höld. Emp., Sokr. 8 [1920], 241—267). T h. C u r t i , Das Fest des Empedokles, Ein
dramat. Gedicht, Zür. 1909 (vgl. die Besprechung von F. L o r t z i n g , Berl. philol.
Woch. 1911, 671 ff.).

Zu § 21. Anaxagoras, Archelaos und Metrodoros von Lampsakos. *Anaxagoras:*
G. F. U n g e r . Die Zeitverh. des A. u. Emped., s. oben S. 48*. P. T a n n e r y ,
La théorie de la matière d' A., Rev. philosoph. 1886, 255—271. H. K o t h e , Zu
A. v. Klaz., Jahrbb. f. kl. Philol. 133 (1886) 767—771. S. F i r m i a n i , Alcune
osservazioni su la razione tra il $vov\varsigma$ e la $\psi v\chi\acute{\eta}$ nella dottrina filos. di A., Riv. ital.
di filos. 4 (1889) 66—77. M. H e i n z e , Üb. d. $vov\varsigma$ d. A., Ber. d. Ges. d. Wiss.
phil.-hist. Kl., Lpz. 1890, 1—45. F. P o l l e , Ovidius und A., Jahrbb. f. klass.
Philol. 145 (1892) 53—59. E. A r l e t h , Die LL. des A. vom Geist u. der Seele,
Arch. f. Gesch. d. Ph. 8 (1895) 59—85; 190—205. E d. Z e l l e r , Zu A., ebd. 151 f.
= Kl. Schr. II 108. Derselbe (zu A. bei Simpl. Phys. 156, 13 ff. 164, 24), Arch. f.
Gesch. d. Philos. 5 (1892) 441 f. = Kl. Schr. II 33 f. E. D e n t l e r , Die Grund-
prinzipien der Philos. d. A., Münch. 1897 Diss. D. $vov\varsigma$ nach A., Philos. Jahrb.
11 (1898) Heft 1. 2. 3. J. G e f f c k e n , Die $\mathring{\alpha}\sigma\acute{\epsilon}\beta\epsilon\iota\alpha$ d. A., Hermes 42 (1907) 127
bis 133. M. M. P a t r i c k , The birth of the idea of spirit in Greek thought, Popul.
science monthly, Oct. 1906. L l o y d , The poetry of A. Metaphysics, Journ. of
Philos., Psychol. and scient. Methods 1907 Nr. 4. F. K r o h n , Der $vov\varsigma$ bei
A., Münster 1907 Pr. W o l f g. S c h u l t z , D. Text u. d. unmittelbare Um-
gebung von Fragm. 20 des A., Arch. f. Gesch. d. Philos. 24 (1911) 322—342. E. N e u -
s t a d t , Des A. Lehre v. Geist, Charlottenb. 1914 Pr. F. L ö w y - C l e v e , Die
Philos. d. A., Wien 1917 (vgl. dazu H. F. M ü l l e r , Berl. philol. Woch. 1917, 1513 ff.).
A. E. T a y l o r , On the Date of the Trial of A., Class. Quart. 11 (1917) 81—87.
W. C a p e l l e , Anaxagoras, Neue Jahrb. 43 (1919) 81—102, 169—198. K. K u i p e r ,
De mente Anaxagorea, Mnemos. 47 (1919) 124—137. H. D i e l s , Abh. Berl. Ak.
1916 Nr. 7, 58 f. (Tierpsychologie). Vgl. zu A. auch W. N e s t l e , Philol. 67 (1908)
543, zum Plagiat des A. an Leukippos H. D i e l s , Sitz. Berl. Ak. 1908, 710.
E. W e l l m a n n , Art. Anaxagoras 4 bei Pauly-Wissowa. — Zu *Archelaos* s.
E. W e l l m a n n, Art. Archelaos 36 bei Pauly-Wissowa. — *Metrodoros:* W. N e s t l e ,
Metrodors Mythendeutung, Philol. 66 (1907) 503. E. Z e l l e r , Kl. Schr. II 40
(Nachtr. z. Philos. d. Gr.). T h. G o m p e r z , Hellenika I 104.

Über die Sage von *Hermotimos aus Klazomenai* handeln: F. A. C a r u s, in Fülleborns Beiträgen zur Geschichte der Philos., Bd. 3, St. 9, 1798, wiederabgedruckt in Carus' nachgel. Werken, Bd. 4: Ideen zur Geschichte der Philosophie, Leipzig 1809, S. 330—392. I g n. D e n z i n g e r, De Hermot. Clazomenio comment., Leodii 1825. E. R o h d e, Psyche, II[7, 8] 94 f. E. W e l l m a n n, Art. H. 2 bei Pauly-Wissowa-Kroll. D i e l s s. Text.

Anaxagoras und die Anaxagoreer: Z e l l e r - N e s t l e I[6] 1195 ff.

Zu § 22. Die Atomiker: Leukippos und Demokritos.

Die Atomiker allgemein: W. A. H e i d e l, Antecedents of Greek Corpuscular Theories, Harv. stud. in Class. Philol. 22 (1911) III—172. Über das Erkenntnisproblem bei den antiken Atomisten handelt H. J. R a d e r m a c h e r, Philos. Jahrb. 24 (1911) 327—350. — V. F a z i o - A l m a y e r, Studi sull' atomismo greco, Palermo 1911. Vgl. auch H a m m e r J e n s e n und P. S c h a n z unter Demokrit. Z e l l e r - N e s t l e I[6] 1038 ff.

Leukippos: E. R o h d e, Über L. u. Demokrit, Verh. der 34. Philologenvers. in Trier, 1880 (Lpz. 1881). 64—89 = Kl. Schr. I 205—245, der daran zweifelt, daß überhaupt ein Philosoph L. gelebt habe. Dagegen H. D i e l s, Verh. der 35. Philologenvers. in Stettin, 96—109. Hierauf wieder E. R o h d e, Nochmals L. u. Demokrit, Jahrbb. f. Philol. u. Päd. 123 (1881) 741—748 = Kl. Schr. I 245—255. — D i e l s, L. u. Diogenes v. Apoll., Rh. Mus. 1887, 1—14. P. N a t o r p, Nochmals Diogenes u. L., Rh. Mus. 1887, 374—386. E. Z e l l e r, Zu L., Arch. f. Gesch. d. Phil. 15. (1902) 137—140 = Kl. Schr. II 185. S. auch Kl. Schr. II 36. P. B o k o w n e w, Die Leukippfrage, Dorpat 1911. K. P r a e c h t e r, Zur Leukipposfrage, Philol. Woch. 1921, 355—360. D i e l s, Vorsokr. Nachtr. z. 3. Aufl. Vorr. S. VI ff. G r a b o w s k i s. S. 49*. Beziehungen von Leukipp und Galilei behandelt H. D i e l s, Alte u. neue Kämpfe um d. Freiheit d. Wissenschaft, Sitz. Berl. Ak. 1908, 705 ff. (über Leukipp 709 f.). — *Demokritos:* E. J o h n s o n, Der Sensualismus des D. u. seiner Vorgänger, mit Bez. auf verwandte Ersch. der neueren Philos., Plauen 1868 Pr. F. L o r t z i n g, Über die ethischen Fragm. D., Berl. 1873 Pr. R. H i r z e l, D. Schrift π. εὐθυμίης, Hermes 14 (1879) 354—407. F r. K e r n, Über D. v. A. u. d. Anf. d. griech. Moralphilos., Ztschr. f. Phil. u. philos. Kr. 1880, Ergänzungsh. I—26. A. B r i e g e r, Die Urbewegung der Atome u. d. Weltentsteh. b. Leuk. u. D., Halle a. S. 1884 Pr. M. B e r t h e l o t, Des origines d'alchémie et des oeuvres attribuées à D. d'Abd., Journ. des Sav., 1884 Sept., 517—527. P. N a t o r p, D., in: Forschungen z. Gesch. des Erkenntnisprobl. im Altert. 164—208. Über D. γνησίη γνώμη, Arch. f. Gesch. d. Ph. 1 (1888) 348—356. H. C. L i e p m a n n, Die Mechanik der Leukipp.-Demokritischen Atome, Lpz. 1885 Diss. G. H a r t, Zur Seelen- u. Erkenntnisl. des D., Mülhausen i. E. 1886 Pr. W. K a h l, D. in Ciceros philos. Schr., Diedenhofen 1889 Pr. K. M o d r i t z k i, Die atom. Ph. des D. in ihrem Zusammenh. m. früheren philosophischen Systemen, Stettin 1891 Pr. V. B r o c h a r d, Protagoras et D., Arch. f. Gesch. d. Ph. 2 (1889) 368—378 (auch in dessen Études, s. oben S. 7*). G. A m m o n, Der Philos. D. als Stilist, Xenien der 41. Philologenvers. dargeb. v. histor.-philolog. Verein München, Münch. 1891, 3—11. P. S c h a n z, D. Atomistik u. die christl. Naturphilos., Theol. Quartalschr. 73 (1891) 412—454. H. D i e l s, Über D. Dämonenglauben, Arch. f. Gesch. d. Ph. 7 (1894) 154—157. P. N a t o r p, Die Ethika des D., Text u. Unters., Marb. 1893. L. L ö w e n h e i m, Der Einfluß D. auf Galilei, Arch. f. Gesch. d. Ph. 7 (1894) 230—268. K. V o r l ä n d e r, D. ethische Fragmente. Ins Deutsche übertr., Ztschr. f. Ph. u. ph. Kr. 107 (1896) 253—272. A. G o e d e c k e m e y e r, Epikurs Verhältnis zu D. in der Naturphilos., Straßb. 1897 Diss. E. O d e r, Ein angebl. Bruchst. D. über die Entdeckung unterirdischer Quellen, Philol. Suppl. 7 (1898) 231—384. A. D y r o f f, Demokritstudien, Münch. 1899. G i u s. Z u c c a n t e, Da D. ad Epicuro, Riv. di filos. etc. 3, 1900. A. B r i e g e r, D. atomist. Syst. durch Korrektur des anaxagoreischen entst., Hermes 36 (1901) 161—186. D. angebl. Leugnung der Sinneswahrh., ebd. 37 (1902) 56—83. Die Urbewegung der demokrit. Atome, Philol. 63. (1904) 584—596. F. S u s e m i h l, Aphorismen zu D., Philol. 60 (1901) 180—191. Über die Ethik D. handeln auch M. H e i n z e, Der Eudämonismus in d. griech. Ph., c. 4; R. H i r z e l, Unterss. zu Ciceros philos. Schriften I. R. B o b b a, Intorno

il caso e la fortuna in D., Atti d. R. Accad. di Torino 40, 381—408. S. S c h n e i d e r ,
Die Ethik des D. u. der Redner Antiphon, Eos 8, 54—64. W. F r o n m ü l l e r ,
D., seine Homerstudien u. Ansichten, Erl. 1901 Diss. M. W e l l m a n n , Pseudo-
democritea Vaticana, Sitz. Berl. Ak. philos.-hist. Kl. 1908, 625—630. J. F e r b e r ,
Über die wissensch. Bedeutung der Ethik D., Ztschr. f. Philos. u. philos. Krit. 132
(1908) 82—114. K. L i n c k e , Zu D. π. εὐθυμίης, Philol. 68 (1909) 573—575.
Über die älteste Atomenlehre handelt I. H a m m e r J e n s e n , Kopenh. 1908;
über D. u. Platon dieselbe, Arch. f. Gesch. d. Philos. 23 (1910) 92—105, 211—229.
E d. L u i g i D e S t e f a n i , Zu D. Fragmenten, Berl. phil. Woch. 1911, 286 (vgl.
jetzt Diels, Vors.³ 55 B 122a). K. R e i n h a r d t , Hekataios von Abdera u. D.,
Hermes 47 (1912) 492—513 (dazu E d. N o r d e n , Agnostos Theos 397 ff.,
W. W. J a e g e r , Nemesios 123 ff.). Über D. 'Υποθῆκαι handelt P. F r i e d l ä n d e r ,
Hermes 48 (1913) 603 ff. — J. H e e g , Pseudodemokritische Studien, Abh. Berl.
Ak. philos.-hist. Kl. 1913, Nr. 4. L. L ö w e n h e i m , Die Wissenschaft Demokrits
u. ihr Einfluß auf die moderne Naturwiss., hrsg. v. Leop. Löwenheim, Berl. 1914.
K. P r a e c h t e r , Eine Demokritspur bei Xenophon, Hermes 50 (1915) 144 bis
150. Über D. Stil E d. N o r d e n , Kunstprosa 22. Vgl. auch W. N e s t l e , Philol.
67 (1908) 545 ff., Z e l l e r , Arch. f. Gesch. d. Philos. 5 (1892) 169. 445 = Kl. Schr. II
5. 37. Briefroman: H. D i e l s , Hippokrat. Forsch. V: Eine neue Fassung d.
XIX. Hippokratesbriefes, Hermes 53 (1918) 57—87. — R. E i s l e r , Babylon.
Astrologenausdrücke bei D., Arch. f. Gesch. d. Philos. 31 (1918) 52—54. Zu D.
Wanderjahren ebd. 187 ff. U. v. W i l a m o w i t z - M., Hermes 54 (1919) 49. —
J. S t e n z e l , Platon u. D., Neue Jahrb. 45 (1920) 89—100. E r. F r a n k , Logos 9
(1920) 229, (Infinitesimalmethode; s. auch E. H o p p e oben S. 23*). H. L a u e ,
De D. fragmm. ethicis, Gött. 1921 Diss. R. P h i l i p p s o n , Dem. fr. 218 und 281 D.,
Phil. Woch. 1923, 623 f. R. R a u , Dem. fr. 124 D., Philol. Woch. 1923, 838 ff. Pseud-
epigraphe Georgika: M. W e l l m a n n , Die Georgika des D., Abh. Berl. Ak. phil.-
hist. Kl. Jahrg. 1921 Nr. 4. E. W e l l m a n n , Art. Demokritos 6 bei Pauly-
Wissowa. — G r a b o w s k i s. S. 49*. *Demokriteer:* Über *Diogenes von Smyrna, Ana-
xarchos von Abdera, Hekataios von Abdera, Apollodoros von Kyzikos, Diotimos von Tyros,
Bion von Abdera* und *Bolos von Mendes* Artt. bei Pauly-Wissowa (Diog. Nr. 43,
Anaxarch. Nr. 1, Hekat. Nr. 4, Apollod. Nr. 69, Diot. Nr. 21, Bion Nr. 11, Bolos
Nr. 3). Zu *Anaxarchos* s. T h. G o m p e r z , Hellenika II 268 f., zu *Hekataios* R e i n -
h a r d t oben unter Demokrit. Über *Nausiphanes* handelt S. S u d h a u s , Nausiphanes, Rh. Mus. 48 (1893) 321—341. Derselbe, Noch einmal Nausiphanes u. Aristot.
bei Philodem, in: Exkurse zu Philodem, Philol. 54 (1895) 80 ff. Über s. Einfl. auf
Ps.-Hippocr. de medico I. F. B e n s e l , Hipp. qu. fert. d. med. lib., Gissae 1922
Diss. Über *Diotimos* R. H i r z e l , Hermes 17 (1882) 326—328. Weitere Lit. s.
in den Artikeln bei Pauly-Wissowa.

Zu § 24. Die Sophistik überhaupt. J a h r e s b e r i c h t e s. oben S. 16* f.
Literaturzusammenstellung N e s t l e s bei Zeller I 2⁶, 1278, 1. Gesamtdarstellungen
bei Z e l l e r - N e s t l e , Philos. d. Griech. I 2⁶, 1278 ff. G o m p e r z , Griech. Denker I¹ 331 ff. J o ë l , Gesch. d. ant. Philos. I 639 ff. — Eine richtigere und günstigere Auffassung der Sophistik gegenüber dem verdammenden Urteile Früherer suchte nach dem
Vorgange Hegels, freilich nicht ohne die bei ihm häufige Übertreibung, in ausführlicher
Weise G r o t e , Hist. of Greece VIII 474—544 zu begründen. Weiteres: K. F. H e r -
m a n n , Gesch u Syst. der platon. Philos. 179 ff. u. 296 ff. Eine eingehende sine
ira et studio verfaßte Darstellung bei Z e l l e r - N e s t l e a. a. O. Vgl. auch G r o e n
v. P r i n s t e r e r , Prosopogr. Platon., s. expositio iudicii, quod Plato tulit de iis,
qui in scriptis ipsius aut loquentes inducuntur aut quavis de causa commemorantur,
Lugd. Bat. 1823. J. G e e l , Historia critica sophistarum, qui Socratis aetate Athenis
floruerunt, in: Nova acta litt. societ. Rheno-Trajectinae II, Utr. 1823. W. G. F.
R o s c h e r , De historicae doctrinae apud sophistas majores vestigiis, Gött. 1838.
J. F r e i , Beiträge z. Gesch. der griech. Sophistik, Rh. Mus. 7 (1850) 527—554 u. 8
(1853) 268—279. T h. G o m p e r z , Die griech. Sophisten, Deutsche Jahrbb.,
Bd. 7, Berl. 1863. N. W e c k l e i n , Die Sophisten u. die Sophistik nach den An-
gaben Platons, Würzb. 1866 Diss. M. S c h a n z , Beitr. zur vorsokrat. Philos. aus
Platon, 1. Heft: Die Sophisten, Gött. 1867. (Vgl. S u s e m i h l , N. Jahrbb. f.
Philol. 97 (1868), 513—528.) M u l l a c h , Fragm. ph. Gr. II S. LVIII ff.;

Sophistarum fragmenta, ebd. 130 ff. H. S i e b e c k , Das Problem des Wissens bei
Sokrates u. der Sophistik, Halle 1870 Pr. Vgl. desselben Unterss. zur Philos. der
Griechen², Freib. i. B. 1888, I: Über Sokrates' Verhältnis zur Sophistik. H. S i d g -
w i c k , The Sophists, Journ. of philology 4 (1872) 288—306; 5 (1873) 66—80.
G. O. F r i e d e l , De sophistarum studiis Homericis, in: Dissertat. philol. Halenses
I (1873) 130—188. A. C h i a p p e l l i , Per la storia della Sofistica greca, Arch. f.
Gesch. d. Ph. 3 (1890) I—21, 240—274. A. E s p i n a s , La philos de l'action au
V. siècle av. J. Chr., Arch. f. Gesch. d. Philos. 6 (1893) 491—508; 7 (1894) 193—223.
E. B o d r e r o , Il sorgere della sofistica nella vita e nel pensiero greco del V. se-
colo. Rassegna nazionale del 16. Luglio 1904. M. S a l o m o n , Der Begr. des
Naturrechts bei den Soph., Ztschr. d. Savignystift. f. Rechtsgesch. 32, 129—167.
W. W. J a e g e r , Das Ziel des Lebens in der griech. Ethik von der Sophistik bis
Aristoteles, Neue Jahrb. 31 (1913) 697—705. Über Namen und Begriff des Sophisten
s. auch D i e l s , Vors. c. 73 b. S. C. B r a n d s t ä t t e r , De notionum πολιτικός
et σοφιστής usu rhetorico, Lpz. Stud. Bd. 15. Über σοφιστής und φιλόσοφος
L. R a d e r m a c h e r , Rh. Mus. 52 (1897) 18 f. v. W i l a m o w i t z , Aus Kydathen
215. H. G o m p e r z , Sophistik und Rhetorik, das Bildungsideal des εὖ λέγειν in
s. Verh. z. Philos. des V. Jahrh., Lpz. Berl. 1912. Dagegen P. W e n d l a n d , Gött.
gel. Anz. 1913, 53 ff., M. P o h l e n z , Aus Platos Werdezeit 193 ff. Zur Sophistik
(bes. Gorgias) s. auch W. S ü ß , Ethos, Lpz. Berl. 1910. Zur Frage einer ionischen
Sophistik: E d. S c h w a r t z , Quaestiones Ionicae, 1891 Ind. lect., R. R e i t z e n -
s t e i n , Philol. 57 (1898) 45 ff., W. N e s t l e , Philol. 70 (1911) 242 ff. Zu vergleichen ist ferner W. N e s t l e , Bemerkungen zu den Vorsokratikern u. Sophisten,
Philol. 67 (1908), 531—581. Derselbe, Politik u. Aufklär. in Griechenland im Ausgang des 5. Jahrh. vor Chr., Neue Jahrb. 23 (1909) I—23. H. D i e l s , Die Anf.
der Philologie bei den Griech., Neue Jahrb. 25 (1910) I—25. A. B u s s e , Die Anf.
der Erziehungswiss., ebd. 26 (1910) 469 ff. C. P. G u n n i n g , De sophistis Graeciae
praeceptoribus, Amsterd. 1915 Diss. H. R a e d e r (Was ist ein Sophist?), Kort
Udsigt over det philologisk-historiske Samfunds Virksomhed, Okt. 1914—Okt. 1916,
Kopenh. 1918 (vgl. Berl. philol. Woch. 1918, 1082). H. v. A r n i m , Gerechtigk.
u. Nutzen in d. griech. Aufklärungsphil., Frankf. a. M. 1916, Univ.-Rede. v. W i l a -
m o w i t z , Platon I² 65 ff. S. auch d. Lit. zu den einzelnen Sophisten u. (über die
Einwirkungen der Sophistik) d. Lit. zu § 30 Anhang.

Zu § 25. Protagoras. Für Liter. vgl. außer d. Jahresberichten bes. Z e l l e r -
N e s t l e I 2⁶ 1296, 3. J. F r e i , Quaestiones Protagoreae, Bonn 1845. O. W e b e r ,
Quaestiones Protagoreae, Marb. 1850. J a k. B e r n a y s , Die Καταβάλλοντες
des Pr., Rh. Mus. 7 (1850) 464—468 = Ges. Abh. I 117—121. A. J. V i t r i n g a ,
De Protagorae vita et philos., Groningae 1853. F. B l a s s , Die att. Beredsamkeit,
I² 23—29. W. H a l b f a ß , Die Berichte des Plat. u. Aristot. über Pr., mit bes.
Berücks. s. Erkenntnisth. krit. unters., Jahrbb. f. klass. Philol., Suppl. 13 (1882)
151—211 (auch Diss. v. Straßb.). P. N a t o r p , Forschung. zur Gesch. des Erkennt-
nispr., s. ob. S. 21*. A. H a r p f , D. Ethik des Pr. u. deren zweifache Moralbegrün-
dung krit. unters., Heidelb. 1884. E. L a a s , Neue Untersuchungen über Prot.,
Vierteljahrsschr. f. wissensch. Ph., 1884, 479—497. F r. S a t t i g , D. protagor.
Sensualismus u. s. Um- u. Fortbild. durch die sokrat. Begriffsphilos., Ztschr. f. Philos.,
1885, 275—320; 1886, I—44, 230—259. V. B r o c h a r d , Pr. et Démocrite. Arch f.
Gesch. d. Ph. 2 (1889) 368—378 (auch in des Verf. Études, s. ob. S. 7*). P. S e l i g e r ,
Des Pr. Satz über das Maß aller Dinge, Jahrbb. f. Philol., 1889 401—413. Bezieh.
v. Antiphons Tetralogien zu Pr. berührt U. v. W i l a m o w i t z - M o e l l e n d o r f f ,
Comm. gramm. IV, Gött. 1890, 16 ff. T h. G o m p e r z , D. Apologie der Heilkunst,
eine griech. Sophistenrede des 5. vorchristl. Jahrh., bearb., übers. u. eingel., aus d.
Sitz. Akad. d. Wiss., philos.-hist. Kl. Bd. 120, Abh. 9, Wien 1890, 2. Aufl. Lpz. 1910.
Dagegen H. D i e l s , Hermes 48 (1913) 378 ff. S. dazu ferner J. I l b e r g , Berl.
philol. Woch. 1890, 1165 ff., E d. S c h w a r t z , Quaestiones Ionicae, Rost. 1891
Pr, P. N a t o r p , Pr. u. s. Doppelgänger, Philol. 50 (1891) 262—287, F r. L o r t -
z i n g , Berl. philol. Woch. 1912, 129 ff. H. R i c h a r d s (üb. Prot. bei Diog. Laert.
9, 51), Class. Rev. 16 (1902) 397. W. J e r u s a l e m , Zur Deut. des Homo-mensura-
Satzes, in: Eranos Vindobonensis (1893) 153—162. E. B o d r e r o , Le opere di
Pr., Riv. di filol. 1903, 558—595. Le partizioni del λόγος fatte da Pr. e il suo in-

segnamento retorico, Bollet. di filol. class. 10, 83—88. A. L e v i , Contributo ad un' interpretazione del pensiero di Protagora, Atti del R. istituto Veneto di scienze, lettere ed arti, tom. 65, part. 2, p. 597—625, Ven. 1906. J. J. J a g o d i n s k y , Der Sophist Pr. (russisch), Kasan 1906. I l l m a n n , Die Philos. d. Pr. nach der platon. Darst., I. Erkenntnistheorie, Friedland in Mecklenb. 1908 Pr. H. D i e l s , Hippokr. Forsch. (Bezz. v. de victu zu Protagoras), Sitz. Berl. Ak. 47 (1909) 18; s. auch D i e l s , Hippokrat. Forsch., zu § 26. R. E n g e l , Die „Wahrheit" des Protagoras, Iglau 1910 Pr. A. M e n z e l , Pr. als Gesetzgeber v. Thurii, Verh. Sächs. Ges. d. Wissensch., philol.-hist. Kl. 62 (1910) 189—229. Über d. Götterbruchstück d. Pr. handelt T h. G o m p e r z , Wien. Stud. 32, 4—6. Eine Besserung des Textes dieses Stückes bietet aus dem Ancoratus des Epiphanios v. W i l a m o w i t z , Sitz. Berl. Ak. 1911, XXXVIII. Eine neue Auff. des Homo-mensura-Satzes s. bei W. N e s t l e , Woch. f. klass. Philol. 1911, 1032. C. F r i c k , Die sozialhygienischen Bestimmungen in Platons Staat u. in der Lykurgischen Grundschrift in ihrem Verh. zu d. Antilogiai des Pr., Woch. f. klass. Philol. 1912, 808—814. A. B u s s e , Die Lebenszeit d. Pr.; Das erste Stasimon in d. Antigone (berührt Protagor.), nach d. Bericht in d. Zeitschr. f. d. Gymnasialw. 66 (1912) 801 f. F r. K r e i s , Die L. des Pr. u. ihre Darstellung in Pl. Theätet, Arch. f. Gesch. d. Philos. 35 (1923) 43—49. — H. G o m p e r z , Sophistik u. Rhetorik 126 ff. Vgl. ferner F. D ü m m l e r , Akademika, Kap. III, E. L a a s , Idealismus und Positivismus I, Berl. 1879. B. L a c h - m a n n , Pr., Nietzsche, Stirner, ein Beitrag zur Philos. des Individualismus u. Egoismus, Bibl. f. Philos., Bd. 9. E. B o d r e r o , Protagora, vol. 1, Bari 1914. v. W i l a - m o w i t z , Platon I[2] 78 ff. u. ö. S. auch W. N e s t l e , Philol. 67 (1908) 552 ff. u. oben S. 51*f., sowie die Lit. zu Platons Protagoras.

Zu § 26. Gorgias. H. E d. F o ß , De G. Leontino comment., Halae 1828. F r. S u s e m i h l , Über das Verhältn. des G. z. Empedokles, Jahrbb. f. klass. Ph. 73 (1856) 40—42. F r. K e r n , Krit. Bemerk. zum 3. Teil der pseudo-aristot. Schrift π. Ξεν., π. Ζήν., π. Γοργίου, Oldenburg 1869. F r. B l a s s , Die att. Bereds., I[2] 47—91. M. F r ä n k e l , Inschriften aus Olympia, Archäol. Zeitschr. 35 (1877) 43—47. H. D i e l s , G. u. Empedokles, Sitz. Berl. Ak. 1884, 343—368. O. A p e l t , G. b. Ps.-Aristot. u. b. Sextus Empiricus, Rh. Mus. 43 (1888) 203—219. A e m. S c h e e l , De Gorgianae disciplinae vestigiis, Rost. 1890 Diss. H. D i e l s , Hippokr. Forschungen, Hermes 45 (1910) 125—150, 320; 46 (1911) 261—285; 48 (1913) 378—407 (kommt in Betracht für den Zusammenh. v. de victu mit G. u. Protagoras). K. R e i c h , Der Einfl. der griech. Poesie auf G., d. Begründer der att. Kunstprosa, Münch. 1909 Diss. (auch als Progr. Ludwigsh. a. Rh. 1908 ersch.). Zu G. vgl. auch W. K r o l l , Rh. Mus. 66 (1911) 166 ff. U. v. W i l a m o w i t z - M o e l l e n d o r f f , De G. epitaphio ab Aristotele citato, Anh. zu Diels: Über das 3. B. d. aristot. Rhetor., Abh. Berl. Ak. aus d. J. 1886, Berl. 1887. G. T h i e l e , Ionisch-attische Studien, Hermes 36 (1901) 218 ff. (handelt 218—222 über G. Persönlichkeit, 223—245 über „Palamedes" u. „Helena" [jeder Zweifel an der Verfasserschaft des G. wird mit Recht ausgeschlossen], 245—253 über G. Dialektik. Die Echtheit von „Helena" und „Palamedes" verteidigt mit sehr guten Gründen auch H. G o m p e r z , Sophistik und Rhetorik 3 ff.). L. B i a n c h i , Sul frammento dell' Ἐπιτάφιος λόγος di Gorgia, Bologna 1912. S. zu G. auch W. N e s t l e , Philol. 67 (1908) 559 ff. C o n s t. R i t t e r , Philol. 73 (1914) 237—243. W. S ü ß , Ethos 17 ff. u. ö. E d. N o r d e n , Antike Kunstprosa 15 ff., 63 ff. E. W e l l m a n n , Art. G. 8 bei Pauly-Wissowa. H. G o m p e r z , Sophistik u. Rhetorik 1 ff. Z e l l e r - N e s t l e I 2[6], 1305 ff. v. W i l a m o w i t z , Platon I[2] 83 f. W. N e s t l e , Die Schr. des G. „Üb. d. Natur oder üb. d. Nichtseiende", Hermes 57 (1922) 551—562. M. P o h l e n z s. zu § 30 a. E.

Zu § 27. Hippias. F r. O s a n n , Der Sophist Hippias als Archäolog, Rh. Mus. 2 (1843) 495 ff. F. B l a s s , Die att. Bereds. I[2] 32—34. O. F r i e d e l , De H. studiis Homericis, in der Gratulationsschr. des hall. philol. Sem. für G. Bernhardy, Halle 1872, verarbeit. in des Verf. Dissert., s. zu § 24 S. 52*, vgl. auch S. 32*. F. D ü m m l e r , H. d. Eleer, Akademika, Anh. III. O. A p e l t , D. Sophist H. v. Elis. Beitrr. z. Gesch. d. griech. Philos., Nr. 8. P. L e j a , D. Sophist H., Sagan 1893 Pr. G i u s. V a t o - v a z , Del sofista Ippia eleo, Capodistria 1909 Pr. W. C r ö n e r t , Die Hibehrede über die Musik, Hermes 44 (1909) 503—521, hier 503 Anm. 1 die Lit. üb. die Frage.

S. auch W. N e s t l e , Philol. 67 (1908) 566 ff., W. Z i l l e s , H. aus Elis, Hermes 53 (1918) 45—56. E. W e l l m a n n u. B j ö r n b o , Art. Hippias 13 bei Pauly-Wissowa-Kroll. H. G o m p e r z , Sophistik u. Rhetorik 68 ff. Z e l l e r - N e s t l e I 2⁶ 1316 ff.

Zu § 28. Prodikos. F. G. W e l c k e r , Prod., der Vorgänger des Sokrates, Rh. Mus. 1 (1833) 1—39 und 533—643 (cf. 4 [1836] 355 f.), auch in Welckers Kl. Schr. II 393—541 (W. geht in seiner bestimmten Tendenz, dem Prod. große Bedeutung zuzuschreiben, nicht unparteiisch genug zu Werke). K r a e m e r , Die Allegorie des Prod. u. d. Traum des Lukianos, N. Jahrbb. f. Ph. u. Päd. 94 (1866) 439—443. F. B l a s s , Die att. Bereds. I² 29—32. M. H e i n z e , Über Prod. aus Keos, Bericht. der phil.-hist. Kl. d. Sächs. Ges. d. W. 1884, 315—335. K. J o ë l behandelt sehr ausführlich die ,,Prodikosfabel" in seinem Werke: Der echte und der xenophontische Sokrates II 1, 125—560 (vgl. auch J o ë l , Gesch. d. ant. Philos. I 686 ff.). F. R i e d l , D. Sophist. Prod. u. d. Wanderung s. ,,Herakles am Scheidewege" durch die röm. u. deutsche Lit., Laibach 1908 Pr. W o l f g. S c h u l t z , Herakles am Scheidewege, Philol. 68 (1909) 488—499. S. auch C. P a s c a l unter Pythagoras oben S. 44*. Über die in der späteren Rhetorschule geläufige Umformung der Prodikoserzählung H. R a b e , Rh. Mus. 64 (1909) 583,1. Zu ihrem Fortleben auch A. B r i n k m a n n , Rh. Mus. 66 (1911) 618 f. J. A l p e r s , Hercules in bivio, Gott. 1912 Diss. S. auch C. C l e m e n , Religionsgeschichtl. Erklär. des N. T. 37 f., A. B o n h ö f f e r , Epiktet u. das N. T. 89 f., sowie oben S. 34* f. (W a i t e s , S c h a - r o l d) über die Synkrisis u. W. N e s t l e , Philol. 67 (1908) 555. Über Nachwirkung der Erzählung von Herakles am Scheidewege bei Gregor von Nazianz T h. S i n k o , Studia Nazianzenica, Abh. Krak. Akad. phil. Kl. 41 (1906) 249—312. K. K a l b - f l e i s c h , Festschr. f. Th. Gomperz (Wien 1902) 94—96. A. v. K l e e m a n n , Platon u. Prod., Wiener Eranos 38—54. H. M u t s c h m a n n , Zu Isokrates XIII 12, Hermes 48 (1913) 304—308. H e r m. M a y e r , Prodikos v. Keos u. d. Anf. d. Synonymik bei den Griech., Rhetor. Studien hrsg. v. E. D r e r u p , 1. Heft, Paderborn 1913. L. R a d e r m a c h e r , Prodikos bei Aristophanes? Rh. Mus. 69 (1914) 87—94. H. G o m p e r z , Sophistik u. Rhetorik 90 ff. Z e l l e r - N e s t l e I 2⁶ 1311 ff.

Zu § 29. Anonymus Iamblichi. Dissoi logoi (Dialexeis.) F. B l a s s , Comm. de Antiph. sophista Iamblichi auctore, Kiliae 1889. K. T ö p f e r , D sogen. Fragm. d. Sophisten Antiphon bei Iamblichos, Arnau 1902 Pr., Gmunden 1912 Pr. Über den Zusammenhang mit dem an Homer *M* 322 ff. anknüpfenden Topos π. φιλοψυχίας B r i n k m a n n , Rh. Mus. 63 (1908) 621. Zum Anonym. Iambl. s. auch W. N e s t l e , Philol. 67 (1908) 575 ff. Vgl. ferner J o ë l , Der echte u. d. xenoph. Sokrates II 673 ff. u. Gesch. d. ant. Philos. 683 ff. St. S c h n e i d e r , Wien. Stud. 26 (1904) 14—32. K. B i t t e r a u f , Philol. 68 (1909) 500—522 ff., Blätter f. d. Gymnasialschulw. (bayer.) 46 (1910) 321 ff., Neue Jahrb. 28 (1911), 174. H. G o m p e r z , Sophistik u. Rhetorik 79 ff. v. W i l a m o w i t z , Platon I² 58, 1. Z e l l e r - N e s t l e I⁶ 1328 f. Über die Δισσοὶ λόγοι handeln: T h. B e r g k , Fünf Abh. z. Gesch. d. griech. Philos. u. Astron., Lpz. 1883, Abh. 3. C. T r i e b e r , Die διαλέξεις, Hermes 27 (1892) 210—248. E. W e b e r , Δισσοὶ λόγοι. Eine Ausg. d. sogen. Dialexeis, in: Philol. Beiträge C. Wachsmuth gew., Lpz. 1897, 34 ff. Über den Dialekt der sogen. Dialexeis u. Hss. des Sextus Empirikus, Philol. 57 (1898) 65 f,. 87 ff. Über die Herkunft der Δισσοὶ λόγοι s. jetzt D i e l s , Vorsokr. zu c. 83. Vgl. zu den Δισσοὶ λόγοι ferner U. v. W i l a m o w i t z - M o e l l e n d o r f f , Comm. gram. III (1889) 7 ff., Platon II² 431 f., W. N e s t l e , Philol. 67 (1908) 579 ff., M. S c h a n z , Hermes 19 (1884) 369—384. P. S h o r e y , Class. Philol. 3, 198, H. G o m p e r z , Sophistik u. Rhetorik 138 ff., M. P o h l e n z , Aus Platos Werdezeit 72 ff., 90 ff., K. J o ë l , Gesch. d. ant. Philos. 680, 3.

Zu § 30. Die späteren Sophisten. L. S p e n g e l , De *Polo* rhetore, in seiner Συναγωγὴ τεχνῶν, Stuttg. 1828 84—88; De *Thrasymacho* rhetore, ebd. 93—98. C. F. H e r m a n n , De Thrasymacho Chalc. sophista, Gott. 1848/49 Ind. lect. E. S c h w a r t z , Comm. de Thrasymacho Chalced., Rost. 1892. H. G o m p e r z , Rhetorik u. Sophistik 49 ff. S. auch R a d e r m a c h e r , Philol. 65 (1906) 150 ff.,

W. S c h m i d , Rh. Mus. 59 (1904) 512. 522. W. N e s t l e , Philol. 67 (1908) 559.
Über *Euthydemos* u. *Dionysodoros* s. die Ausg. des platon. Euthyd. v.W i n c k e l -
m a n n , S. XXIV ff. und E. W e l l m a n n , Art. Dionysodoros 16, N a t o r p ,
Art. Euthydemos 13 bei Pauly-Wissowa; hier auch weitere Lit. Über *Kallikles* s.
Platons Werke v. H i e r o n. M ü l l e r u. S t e i n h a r t , II 352 f. H. D r a h e i m ,
Wer ist Kallikles? Woch. f. klass. Philol 1911, 364—366. N i c. B a c h , *Critiae*
Atheniensis tyranni carminum aliorumque ingenii monumentorum quae supersunt,
Lips. 1827. L. S p e n g e l , De Critia, in: Συναγωγὴ τεχνῶν, Stuttg. 1828, 120 ff.
F. D ü m m l e r , Die Ἀθηναίων πολιτεία des Kr., Hermes 27 (1892) 260—286 = Kl.
Schr. II 417—442. Kritias berühren auch W. N e s t l e , Neue Jahrb. 11 (1903)
81 ff. 178 ff.; Philol. 67 (1908) 573 ff., E. N o r d e n , Agnostos Theos 370 ff.
A. v. B l u m e n t h a l , D. Tyrann Kr. als Dichter u. Schriftst., Stuttg. Berl.
Lpz. 1923. D i e h l , Art. Kritias 5 bei Pauly-Wissowa-Kroll. J. V a h l e n , Der So-
phist *Lykophron; Gorgias;* Der Rhetor *Polykrates*, Rh. Mus. 21 (1866) 143—148
= Ges. philol. Schr. I 156—161. Über Polykrates auch B l a s s , Att. Beredsamk. II²
365 ff. R. H i r z e l , s. unter Sokrates S. 57*. J. M e s k , Die Anklagerede des Pol.
gegen Sokrates, Wien. Stud. 32 (1910) 56—84. J. V a h l e n , Der Rhetor *Alkidamas,*
Wien. Sitz. 43 (1863) = Ges. philol. Schr. I 117—155. *Alkid. u. d. Agon zwischen
Homer u. Hesiod:* N i e t z s c h e , Der florent. Traktat über Homer u. Hesiod usw.,
Werke XVII, 3. Abt., I. Philol., Lpz. 1910. A. B u s s e , Der Agon zw. Homer u.
Hesiod, Rh. Mus. 64 (1909) 108—119. H. R a e d e r , Alkid. u. Platon als Gegner d.
Isokrates, Rh. Mus. 63 (1908) 495—511. Zum Odysseus des Alkidamas U. v. W i l a -
m o w i t z - M o e l l e n d o r f f , Hermes 35 (1900) 534 ff. Zu Alkidamas s. ferner
S u s e m i h l , Neue platon. Forschungen, Greifswald 1898, 14—23; G e r c k e ,
Rh. Mus. 54 (1899) 404 f.; S u s e m i h l , Rh. Mus. 55 (1900) 574—587. (In diesen
Abhh. auch weitere Lit.) H. A u e r , De Alc. declamatione quae inscr. Ὀδυσσεὺς
κατὰ Παλαμήδους προδοσίας, Münster 1913 Diss. A. G e r c k e , Die Replik des
Isokrates gegen Alk., Rh. Mus. 62 (1907) 170—202. F r. B l a s s , Att. Bereds. II²
345 ff. B r z o s k a , Artikel Alk. 4 bei Pauly-Wissowa. Über den Sophisten *Polyxenos*
Cl. B a e u m k e r , Rh. Mus. 34 (1879) 64—83. Über *Antiphon* S p e n g e l ,
Συναγωγὴ τεχνῶν 114 f. S a u p p e in den Oratores Attici bei dem Redner Antiphon.
Derselbe, De Antiphonte sophista, in den Ausgew. Schr., hrsg. v. C. Trieber, Berl.
1896. S. auch K. T ö p f e r oben S. 54* zu § 29. J. B e r n a y s , Rh. Mus. 9 (1854)
255 ff = Ges. Abh. I 87 f. F r. B l a s s , De Antiphonte sophista, Kiel 1889. E d g.
J a c o b y , De Antiph. sophistae Περὶ ὁμονοίας libro, Berl. 1908 Diss. G u i l. Alt -
w e g g , De Ant. qui dicitur sophista quaestionum particula I. De libro περὶ ὁμονοίας
scripto, Bas. 1908 Diss. S. S c h n e i d e r , Zu Ant. d. Redner u. Ant. d. Sophisten,
Eos 15 (1909) 54—62. Ant. als Begründer des Typus des Geizigen in der Lit.:
W. N e s t l e , Zur Gesch. des Geizigen, Korresp. f. d. höheren Schulen Württembergs 18
(1911) 422 ff. E. W e l l m a n n , Art. Antiphon 15 bei Pauly-Wissowa, jetzt er-
setzt durch den ausführlichen Art. von J. S t e n z e l , Suppl. IV 33 ff. H. D i e l s ,
Ein antikes System des Naturrechts, Internat. Monatsschr. f. Wissensch., Kunst
u. Technik 11 (1916) 81—102. H. v. A r n i m s. o. E. B i g n o n e , Ant. sofista
ed il problema della sofistica nella storia del pensiero greco, Nuov. riv. stor. 1917.
Sopra un nuovo papiro della Verità di Ant., Riv. d. filol. 1, 145 ff. 309 ff. K. F. W.
S c h m i d t , D. neuen Funde aus des Sophisten A. Schrift π. ἀληθείας, Human.
Gymn. 34 (1924) 11—14. Zum Texte der neuen Fragm. H. S c h ö n e , Rh. Mus. 73
(1920) 139 f. C. T h e a n d e r , Nord. Tidskr. f. Filol. 4 R. IX 1—4 H., 1 ff. Weitere
Lit. bei Diels, Vors. Nachtr. z. 3. Aufl. 2. Bd. S. XXXI (zu B 44). Vgl. zu A. auch
W. N e s t l e , Philol. 67 (1908) 571 ff. Über *Euenos* S p e n g e l , Συναγωγὴ τεχνῶν
92 f., B e r g k , Poët. Lyr. Gr.⁴ II 271 ff. W. N e s t l e , Philol. 67 (1908) 581.
F. B l a s s , Att. Bereds. I² 262. R e i t z e n s t e i n , Art. Euenos 7 bei Pauly-
Wissowa. — Zu nennen wäre im Zusammenhange der Sophistik noch W. S ü ß ,
Theramenes der Rhetor und Verwandtes, Rh. Mus. 46 (1911) 183—189. (S. zu
den in diesem Paragraphen genannten Sophisten auch Z e l l e r - N e s t l e I⁶
1321 ff.). — (Lit. über Diagoras bei Z e l l e r - N e s t l e I⁶ 1194, 2. S. ferner
B r. K e i l , Hermes 55 [1920] 63—67).

     **Anhang : Einwirkung der Philosophie auf weitere Kreise des sechsten und
fünften Jahrhunderts vor Chr. mit besonderer Berücksichtigung der Sophistik.**
Epicharm: L e o p. S c h m i d t , Quaestiones Epicharmeae, spec. I: De E. ratione

philosophandi, Bonnae 1846. J. Bernays, E. u. d. *αὐξανόμενος λόγος* Rh.
Mus. 8 (1853) 280 ff. = Ges. Abh. I 109 ff. Fragmente u. Testimonia bei Kaibel,
Comicor. Graecor. Fragm. I 1, Berl. 1899, 88—147. H. Diels, Vorsokrat. c. 13
(Nachtr. in d. 4. Aufl.). W. Crönert, Die Sprüche d. E., Hermes 47 (1912) 402
bis 413. L. Deubner, Kerkidas u. E., Hermes 47 (1912) 480. G. Kaibel,
Artikel Epicharmos 2 bei Pauly-Wissowa. *Aischylos:* s. Bock, o. S. 46*.
Sophokles: W. Nestle S. u. die Sophistik, Class. Philol. 5 (1910) 129—157.
Euripides (ὁ σκηνικὸς ἀναγορευθεὶς φιλόσοφος, Sext. Emp. math. 1, 288):
W. Nestle, Euripides, der Dichter der griech. Aufklärung, Stuttg. 1901 (s. da-
zu Th. Zielinski, Antike Humanität, Neue Jahrb. 9 (1902) 635—651).
Untersuchungen über die philosophischen Quellen des Euripides, Philol. Suppl. 8
(1902) 559—656. Vgl. denselben, Woch. f. klass. Phil. 1908, 595 ff. U. v. Wilamowitz-Moellendorff, Euripides' Herakles I 22 ff. (die Abschnitte
sind in die zweite Auflage nicht aufgenommen, aber wiederabgedr. in der
Einl. in die griech. Tragödie², 1910), geht namentlich auch darauf ein, welche
Philosophen E. kennt. Vgl. auch Valckenaer, Diatribe in Eurip. reliqu. 27 ff.
ed. Lips. A. Dieterich, Artikel Euripides bei Pauly-Wissowa = Kl. Schr.
363—408, wo auch weitere Lit. verzeichnet ist. P. Masqueray, Euripide et
ses idées, Par. 1908. J. Baumann, Neues zu Sokrates, Aristoteles, Euripides,
Lpz. 1912. F. Haussleiter, Über Fragen der Sittlichkeit bei Sophokles und
Euripides, Erl. 1908 Diss. Vgl. auch M. Pohlenz, Aus Platos Werdezeit 154 1.
Herodot: H. Diels, Hermes 22 (1887) 424. W. Nestle, H. Verh. z. Philos. u.
Sophistik, Schönthal 1906—1908 Pr. Wolf Aly, Volksmärchen, Sage u. Novelle
bei H. u. seinen Zeitgen., Gött. 1921 (s. dort d. Reg. unter „Sophistik"). *Thukydides:*
W. Nestle, Th. u. d. Sophistik, Neue Jahrb. 33 (1914) 649—685. Fr. Rittel-
meyer, Th. u. d. Sophistik, Borna-Lpz. 1915 Diss. v. Erl. W. Nestle, Politik
u. Aufklär. in Griechenland im Ausg. d. 5. Jahrh. v. Chr., Neue Jahrb. 23 (1909)
1—22. *Isokrates:* Th. Klett, D. Verh. d. I. z. Sophistik, Ulm 1880 Pr. R. v.
Scala, Zur philos. Bildung des I., Fleckeisens Jahrbb. 143 (1891) 445 ff.
W. Nestle, Spuren d. Sophistik b. I., Philol. 70 (1911) 1—51. R. v. Pöhlmann,
I. u. d. Problem d. Demokratie, Sitz. Münch. Ak., philos.-hist. Kl., 1913. H. Gom-
perz, I. u. d. Sokratik, Wien. Stud. 27 (1905) 163 ff. (hier 163 frühere Lit.); 28
(1906) 1 ff. M. Pohlenz, Aus Platos Werdezeit 215 ff. (Berücks. v. Platons
Idealstaat in Isokrates' Busiris). Vgl. (über E. ripides und Aristophanes) auch
Diels, Vors. 11 C, 51 C, 74 C. Über Aristophanes vgl. auch die Literatur zu
Sokrates und Platons Politeia, über Herodot, Thukydides u. Euripides E. Norden,
Kunstprosa (s. dort d. Register). Das Philosophische im *hippokratischen* Schriften-
korpus verzeichnet Diels, Vorsokr., s. d. Stellenregister unter Hippokrates; s. auch
Diels, Hippokr. Forsch., oben unter Protagoras und Gorgias. Axel Nelson,
Die hippokr. Schrift *Περὶ φυσῶν*, Uppsala 1909. Th. Gomperz, Philol. 70
(1911) 213 ff. = Hellenika II 324 ff. J. Hornyánszky, A görög felvilágo-
sodás tudománya, Hippokrates (Die Wiss. der griech. Aufkl. Hippokrates),
Budap. 1910, Akad. d. Wiss. (berührt nach dem Referat Berl. philol. Woch. 1912,
673 ff. die Bezieh. der Schriften des Corpus Hippocraticum zur Philos.). — Einen
bes. Abschn. widmet der Wirkung d. Sophistik (namentl. auf Euripides) W. Nestle
bei Zeller I 2⁶, 1439—1459 (hier auch Lit.). Zum Einfluß auf Aristophanes vgl.
auch M. Pohlenz, Nachr. Gött. Ges. d. Wiss. 1920, 142 ff.

Zu § 31. Sokrates. Alphabetisches Verzeichnis der So-
kratesliteratur im Anhange von *Π. Κ. Βιζουκίδης, Ἡ δίκη
τοῦ Σωκράτους*, Berl. 1918, auch separat u. vervollständigt
unter d. Titel: *Ἐπιστημονικαὶ πηγαὶ περὶ Σωκράτους*,
Lpz. 1921. L. Dissen, De philosophia morali in Xenophontis de S. comm.
tradita, Gött. 1812, wiederabgedr. in D.s Kl. Schr., ebd. 1839, 57—88 (Systematische Zusammenstellung der von X. mitgeteilten sokrat. Gedanken). F. Schleiermacher, Über den Wert des Sokrates als Philos., Abh. Berl. Ak. philos.
Kl. 1818, 50 ff. wiederabgedruckt in Schl. sämtlichen Werken III 2 (1838)
287—308 (Die Idee des Wissens der Kernpunkt der sokratischen Philos.).
P. W. Forchhammer, Die Athener u. S., die Gesetzlichen u. der Revolutionär,
Berl. 1837 (Unhaltbare extreme Ansicht zugunsten d. Verurteilung. Vgl. in eben

jener Streitfrage J. B e n d i x e n , Über den tieferen Schriftsinn des revolut. S.
u. der gesetzl. Athener, Husum 1838). C. F. H e r m a n n , De S. accusatoribus,
Gött. 1854. P h. G u i l. v a n H e u s d e , Characterismi principum philosophorum
veterum, S., Platonis, Aristotelis Amstelod. 1839. Über die Weltbürgerschaft des
Sokrates, über Xanthippe, über die Wolken des Aristophanes, in: Verslagen en Med.
der K. Akad. van W. IV, 3, 1859, s. die Referate Philologus 16 (1860) 383 f. 566 f.
E. v. L a s a u l x , Des S. Leben, L. u. Tod, nach den Zeugnissen der Alten dargestellt, Münch. 1857. E. A l b e r t i , S., ein Versuch über ihn nach den Quellen,
Gött. 1869. S. R i b b i n g , Üb. d. Verh. zw. d. xenoph. u. d. platon. Berr. über
die Persönl. u. die L. des S., zugleich eine Darst. der Hauptpp. der sokr. L., Upsala
1870. A. L a b r i o l a , La dottrina di S. secondo Senofonte, Platone, Aristotele,
Napoli 1871 (der erste, der zur Erklärung der sokr. L. soziale u. ökon. Verbh. mit
heranzog). A. F o u i l l é e , La philosophie de S., 2 vols., Par. 1874. T. W i l d a u e r ,
Die Psychol. des Willens bei S., Platon u. Aristoteles I: S. L. v. Willen, Innsb. 1877.
M. L e s s o n a , Le cause del processo di Socrate, Riv. di filol. 14 (1886) 465—522.
Über die Anklagen gegen Sokrates vgl. M. S c h a n z , Einl. zu Ausgew. Dialogen
Platos, 3, Apologia, Lpz. 1893, über die (rhetorische) Anklagerede des Polykrates
gegen Sokrates J o s. M e s k , s. o. S. 55*, R. H i r z e l , Rh. Mus. 42 (1887) 239 ff.,
vgl. auch C o b e t , Nov. lect., Lugd. Bat. 1858, 662 ff., K. S c h e n k l , Xenoph.
Stud., Wien 1875, 1 ff., A. G e r c k e , Einl. z. Ausg. d. platon. Gorgias v. Sauppe-
Gercke S. XLIII ff., T h. G o m p e r z , Griech. Denker II¹ 569. K. J o ë l , Der
echte u. d. xenophont. S., I., Berl. 1893, II. 1. u. 2. Hälfte, Berl. 1901. Derselbe.
Gesch. d. ant. Phil. I 730 ff. Der λόγος Σωκρατικός, Arch. f. Gesch. d. Philos. 9
(1896) 50—67. A. D ö r i n g , Die L. des S. als soziales Reformsystem. Neuer Vers.
zur Lösung des Problems der sokrat. Philos., Münch. 1895 (s. Text). E. P f l e i d e r e r ,
S., Plato u. ihre Schüler, Tüb. 1896. R. K r a l i k , S., nach den Überl. s. Schule
darg., Wien 1899. C. P i a t , Socrate, Par. 1900. Dtsch. unter d. Tit.: Sokrates.
Seine L. u. Bedeutung f. d. Geistesgesch. u. die christl. Philos., v. E. Prinz zu Öttingen-
Spielberg, Regensb. 1903. H u b. R ö c k , Der unverfälschte S., der Atheist u.
„Sophist" u. d. Wesen aller Philos. u. Rel., gemeinverständl. dargest., Innsbr. 1903.
R. P ö h l m a n n , S. u. sein Volk. Beitr. z. Gesch. d. Lehrfreiheit, Hist. Biblioth.
VIII, Münch. Lpz. 1899. G i u s. Z u c c a n t e , Socrate, Torino 1909.
　　H e i n r. M a i e r , S o k r a t e s , s e i n W e r k u n d s e i n e g e -
s c h i c h t l i c h e S t e l l u n g , Tüb. 1913 (s. Text). A. B u s s e , Sokrates (Die
großen Erzieher, hrsg. v. R. Lehmann, 7. Bd.), Berl. 1914 (s. Text). P. K. B i z u -
k i d e s , Ἡ δίκη τοῦ Σωκράτους, Berl. 1918. G. K a f k a , S., Platon u. d. sokrat.
Kreis (Gesch. d. Philos. in Einzeldarst. Bd. 7), Münch. 1921. E. D u p r é e l , La
légende socratique et les sources de Platon, Brux. 1922. H. G o m p e r z , Die sokrat.
Frage als geschichtl. Problem, Histor. Ztschr. 129 (3. Folge 33) 377—423. Die Anklage geg. S. in ihrer Bedeutung f. d. Sokratesforschung, Neue Jahrb. 53 (1924)
129—173. S. auch H. v. A r n i m unter Xenophon unt. S. 61*.
　　Von den zahlreichen k ü r z e r e n S c h r i f t e n u n d A b h a n d l u n g e n
über Sokrates seien hier noch folgende genannt: A. B o e c k h , De Socr. rerum phys.
studio, Berol. 1838 Ind. lect. = Kl. Schr. IV (1874) 430—436. H. K ö c h l y ,
S. u. sein Volk, Akadem. Vortr. und Reden, I, Zür. 1859, 219 ff. H. S i e b e c k
(s. oben zu § 24). M. G u g g e n h e i m , Die L. vom aprior. Wissen in ihrer Bedeut. für die Entw. der Ethik u. der Erkenntnistheorie in der sokrat.-platon. Philos.,
Berl. 1885. Zur Gesch. des Induktionsbegriffs, Ztschr. f. Völkerpsych. 17 (1887)
52—61. A. C h i a p p e l l i , Il naturalismo di Socrate e le prime nubi d'Aristofane,
Rendiconti della R. Accad. dei Lincei 1886, 284—302. Nuove ricerche sul naturalismo
di Socrate, Arch. f. Gesch. d. Philos. 4 (1891) 369—413. M. L e s s o n a , La morale
e il diritto in S., Roma 1886. C. R o b e r t , Beitr. z. griech. Festkal., die Festzeit
d. Delien, Hermes 21 (1886) 161 ff. R. P a s q u i n e l l i , La dottrina di S. nelle
sue relazioni alla morale ed alla politica, Roma 1887. P. N a t o r p , Über S., Philos.
Monatsh. 30 (1894) 337—370 (bezieht sich namentlich auf Joël, Der echte u. d. xenoph.
S. 1. Bd.). M. S c h a n z , S. als vermeintl. Dichter, ein Beitr. z. Erklär. des Phaidon,
Hermes 29 (1894) 597—603. K. L i n c k e , S. u. s. Apologeten, Ztschr. f. d. Gymnasial-
wesen 52 (1898) 417—441. A. G e r c k e , S. u. Platon, Neue Jahrb. 1 (1898) 585—594.
E. R o l f e s , Moderne Anklagen gegen den Charakter u. die Lebensansch. Sokrates',
Platos u. Aristoteles', Philos. Jahrb. 12 (1899) 1—18, 271—291. M. W e t z e l ,

Haben die Ankläger des S. wirklich behauptet, daß er neue Gottheiten einführe?
Braunsberg 1899 Pr. W. N e s t l e , Die Entw. der griech. Aufklär. bis auf S., Neue
Jahrb. 4 (1899) 177—203. F. B e y s c h l a g , Die Anklage des S., Krit. Untersuch.,
Neustadt a. d. H. 1899/1900 Pr. A d. H a r n a c k , S. u. d. alte Kirche, Gieß. 1901.
A d. M e n z e l , Unterss. z. S.-Prozesse, Sitz. Wiener Ak. 145, Jahrg. 1902, 2. Abh.
G. Z u c c a n t e , Intorno alle fonti della dottrina di Socrate, Pavia 1902. Intorno
al principio informatore e al metodo della filos. di Socrate (Riv. di filos. e scienze
affini, 1902), Bologna 1902. P. L a n d o r m y , Socrate, Par. 1900. G. M e l l i , S.,
Atene e Roma N. 49/50, 3—22. La morte di Socrate, ebd. 51, 69—76. G. Z u c-
c a n t e , La donna nella dottrina di Socrate, Rivista filosof., Pavia 1903. M. B a e g e,
S. in der geistigen Entwickl. Athens, Schweidn. 1904 Progr. H. N o h l , S. u. die
Ethik, Tüb. Leipz. 1904. K. P r a e c h t e r , Die Zeit der Hinrichtung d. S.,
Hermes 39 (1904) 473—476. L. A. R o s t a g n o , Ancora del naturalismo di S.,
Torino 1904. G. U p h u e s, S. u. Platon. Was wir von ihnen lernen können, Osterwieck
1904. Der geschichtl. S. kein Atheist u. kein Sophist, Pädag. Magaz. 324. Heft,
Langens. 1907. C a l ò , Socrate contro Callicle, Atene e Roma N. 78, 179—188.
A. R i v o i r o , La figura di S. in Aristofane, Classici e Neolatini 1, 3. G. Z u c-
c a n t e , Sul concetto del bene in Socrate a proposito del suo asserito utilitarismo,
Rivista filos. 7, 453 ff., 537 ff. A. A a l l , S. Gegner oder Anhänger der Sophistik?.
Phil. Abh. für M. Heinze 1—13. E d m. L a n g e , Sokrates, Gütersloh 1906
(Gymnasialbibl. H. 43). G. C h a n t i l l o n , Socrate, Paris 1907. R. v. P ö h l-
m a n n , Sokratische Studien, Sitz. Münch. Ak. philos.-philol. u. hist. Kl. 1906,
49—142 (auch in: v. P ö h l m a n n , Aus Altertum u. Gegenwart, Neue Folge,
Münch. 1911, 1—117). J. G e f f c k e n , S. u. das alte Christent., Heidelb. 1908.
F. L e t t i c h , Cenni sulla filos. di Socrate, Triest 1908. Über die Ethik des S. s.
auch M. H e i n z e , Der Eudämonism. in der griech. Philos. C. 6. A. L a s s o n ,
S. u. die Sophisten, Berl. 1909. R. R i c h t e r , S. u. die Sophisten in: E. v. A s t e r ,
Große Denker 75 ff. K. M e i s e r , Zu den Deklamationen des Libanios über S.,
Sitz. Münch. Ak. philos.-philol. u. hist. Kl. 1910. H. M a r k o w s k i , De Libanio
Socratis defensore, Bresl. philol. Abh. Heft 40, Bresl. 1910. W. N e s t l e , S. u.
Delphi, Korresp. f. d. höh. Schulen Württembergs 17, 81—91. J. C o h n . Sokrates,
in: Führende Denker, s. o. S. 3*. A. E. T a y l o r , Varia Socratica. First series,
Oxf. 1911 (zu des Verf. u. Burnets [Ausg. d. platon. Phaidon Oxf. 1911; Greek Philos. I;
The Socratic Doctrine of the Soul 1916] Hypothese von der Übereinstimmung des
platon. S. mit dem geschichtl. [s. Text] F. L o r t z i n g , Berl. philol. Woch. 1912,
1306 ff. u. H. R a e d e r , ebd. 1178 ff.). Derselbe, Varia Socratica once more, Class.
philol. 7, 85—89. P. S h o r e y , ebd. 89—91. G. C. F i e l d , Socrates and Plato;
a criticism of prof. E. A. Taylor's Varia Socr., Oxf. 1913. C h. P. P a r k e r , The
historical S. in the light of Prof. Burnet's Hypothesis, Harv. Stud. 27 (1916). A. M.
A d a m , S., „Quantum mutatus ab illo", Class Quart. 12, 121 ff. (gegen die Burnet-
Taylorsche Hypothese). H. R ö c k , Aristophanischer u. geschichtl. S., Arch. f.
Gesch. d. Philos. 25 (1912) 175—195, 251—274. J. B a u m a n n , Neues zu S.,
Aristoteles, Euripides, Lpz. 1912. C l. W e r n e r , La philos. de la valeur chez S.
et Platon. Bericht über den III. internat. Kongr. f. Philos. zu Heidelberg 207—213.
U. G a l l i , Tratti comici di Socrate, Atene e Roma 15, 70 ff. J. V ü r t h e i m ,
De Sophocl. Philoct. 388 (der Vers nach d. Verf. gegen Sokr. gerichtet), Mnemos. 38
(1910) 111. G u i l. O b e n s , Qua aetate S. et Socraticorum epistulae quae dicuntur
scriptae sint, Monast. Guestf. 1912 Diss. G. N a t a l i , S. nel giudizio dei padri
apologisti, Ascoli Piceno 1912. W. A l y , Anytos, der Ankläger des Sokrates, Neue
Jahrb. 31 (1913) 169—193. M e s k s. S. 55* zu § 30 unter Polykrates. W. v. G o ß l e r,
Die analytische u. synoptische Begriffsbildung bei S, Platon u. Aristoteles, Heidelb.
1913 Diss. A. S. F e r g u s o n , The impiety of Socrates, Class. Quart. 7 (1913)
157—175. P. B o k o w n e w , Sokrates' Philos. in der Darst. des Aristoteles, Arch.
f. Gesch. d. Philos. 27 (1914) 295 ff. V. B r o c h a r d , L'oeuvre de Socrate, in dessen
Études, s. oben S. 7*. G. A l l i e v o , Gli ultimi giorni di S., in: Rivista rosminiana,
Voghera 1914. W. W i n d e l b a n d , Über S., Präludien[5] I, Tüb. 1915, 55—87.
E. H o f f m a n n , Der aristophanische Sokr., Sokrates 4 (1916) 620 (Referat).
P. H e n s e l , Sokr., ebd. 5 (1917) 407. F r. V o g e l , Aus den Lehrjahren d. Sokr.,
ebd. 6 (1918) 10 ff. R u p p e r s b e r g , Der Tod des S. in juristischer Beurteilung,
Human. Gymn. 29 (1918) 20—22 (gegen Jos. Kohler im „Tag" 1917 Nr. 156); vgl

auch Kohler, Arch. f. Strafr. u. Strafproz. 63 (1917) 209 ff. u. im Vorwort z. Bizukides 'Η δίκη τοῦ Σωκράτους. H. R a e d e r , Das sokrat. Evangelium, Nord. Tidskr. f. Filol. 4. R. VII 1, 1 ff. J. S t e n z e l , Zur Logik des S., 95. Jahresber. d. Schles. Ges. f. vaterl. Kultur, Bresl. 1917. — W. N e s t l e , Fr. Nietzsche u. die griech. Philos., Neue Jahrb. 29 (1912) 563 ff. H. H a s s e , Das Probl. d. Sokr. b. Fr. Nietzsche, Lpz. 1918 (dazu W. N e s t l e , Berl. philol. Wochenschr. 1918, 1057 ff.). K. H i l d e b r a n d t , Nietzsches Wettkampf mit S. u. Platon, Dresd. 1922. J. A. S c o t t , Why Meletus demanded the Death Penalty for S., Class. Journ. 15, 436. R. M i l l e t , S. et la pensée moderne⁴, Par. 1920. T h. B i r t , S. der Athener, Lpz. 1918. C. S i e g e l , Platon u. S., Lpz. 1920. J. v a n D i j k , Socrates, Haarl. 1922. E. C a v a i g n a c , Témoignages de non-philosophes sur Socr., Musée Belge 27 (1923) 157 ff. E. H o r n e f f e r , s. Lit. zu Platons Apol.

Sokrates' Wesen und Entwicklungsgang (und Beziehung von Plat. Phaid. 95 e ff. auf diesen): B o e c k h im Sommerkat. der Berliner Univ. 1838 = Kl. Schr. IV (1874) 430—436. K r i s c h e , Forschungen I 210. S u s e m i h l , Philol. 20 (1863) 226 ff. U e b e r w e g , ebd. 21 (1864) 20 ff. V o l q u a r d s e n , Rhein. Mus. 19 (1864) 505—520. E d. S c h w a r t z , Sokrates u. Plato, in: Charakterköpfe aus der antiken Literatur (s. o. S. 36*). J. L. H e i b e r g , S. Entwickl. (Vortr., aus d. Dänischen übers.), Sokr. 1 (1913), 353. *Das sokratische Daimonion:* W. S a u e r , Das D. des S. und seine Deutungen, Heilbronn 1883 Pr. C. d u P r e l , D. Dämon des S., in: D. Mystik d. alt. Griechen Lpz. 1888, 121—170. A. W i l l i n g , De S. daemonio quae antiquis temporibus fuerint opiniones, Comm. philol. Jenens. vol. 8 fasc. 2 (Lpz. 1909), 125—183. F B o c k , Unterss. zu Plutarchs Schr. π. τοῦ Σωκράτους δαιμονίου, Münch. 1910 Diss. Zum sokr. Daimonion vgl. auch H. Mutschmann, Woch. f. klass. Philol. 1911, 166. H. O t t e r , De soliloquiis quae in litteris Graecorum et Romanorum occurrunt observationes, Marb. 1914 Diss. — Über S. angebl. Chariten s. C. R o b e r t , Hermes 50 (1915) 160. Mit S. Tätigkeit als Bildhauer befaßt sich A. B u s s e , Sokr. 7 (1919) 86—90 (gegen F. Vogel s. o. S. 58*). — Zu den falschen Sokr.-Briefen: O. S c h e r i n g , Symb. ad Socratis et Socraticorum epist. explicandas, Greifsw. 1917 Diss.

Vielfach berührt wird Sokrates in W i l a m o w i t z' Platon, besonders I² 93 ff. 155 ff.

Sokrates in der neueren schönen Literatur: P. G e r h a r d t , Sokrates, Dramat. Gespräch in einem Aufzug, Steglitz 1911 Pr. (nach dem platon. Kriton).

Zu § 32. Die Sokratiker überhaupt. Xenophon. Aischines. *Sokratiker im allgemeinen.* Jahresberichte s. o. S. 16* f., Z e l l e r , Philos. d. Gr. II 1⁴ 232 ff. G o m p e r z , Gr. Denker¹ II 96 ff. J o ë l , Gesch. d. ant. Philos. I 838 ff. F. D ü m m l e r , Akademika. Beitr. zur Literaturgesch. der sokrat. Schulen, Gieß. 1889 (Viele scharfsinnige, aber oft sehr gewagte Kombinationen). G. E p s t e i n , Studien z. Gesch. u. Krit. der Sokratik, Berl. 1901. A. C o s a t t i n i , Quid Socratici senserint de reconditarum interiorumque litterarum studiis inquiritur, Riv. di filol. 32 (1904) 303—319. K. F. H e r m a n n , Die philos. Stellung der älteren Sokratiker und ihrer Schulen, in dessen Ges. Abh., Gött. 1849, 227—255. A. R a u s c h, Über die eth. Wertschätzung der Eugeneia u. des Plutos bei den Sokrat. u. Peripat., Philos. Monatsh. 20 (1884) 449—491. H. G o m p e r z , Isokrates u. die Sokratik, Wien. Stud. 27 (1905) 163—207. 28 (1906) 1—42. H. D i t t m a r , Aischines von Sphettos, Studien z. Literaturgesch. d. Sokratiker (Philol. Unterss. 21. H.), Berl. 1912. G. K a f k a s. o. S. 57*

Xenophon: Jahresberichte (Bursian, Archiv f. Gesch. d. Philos. und Jahresb. d. Philol. Ver. z. Berlin) s. o. S. 16* f. Lit. verzeichnen auch T h a l h e i m u. R u e h l in der Teubnerschen Ausg. von X. kleinen Schriften (s. Text). Aus der ungemein reichen Xenophonliteratur können hier im allgemeinen nur diejenigen Erscheinungen berücksichtigt werden, die sich auf X. Verhältn. zur Philos. u. seine philos. oder doch wenigstens die Philos. berührenden Schrr. beziehen. Für die Arbeiten über X. Leben, die Überlieferung, Chronologie u. Sprache seiner Werke, seine historischen und technischen Schrr. muß auf die Jahresberichte und die oben S. 15* f. 36* f. verzeichneten bibliograph. und literaturgeschichtl. Hilfsmittel verwiesen werden.

A. B o e c k h , De simultate, quam Plato cum X. exercuisse fertur, Berl. 1811/12 = Ges. kl. Schr. IV 1—34. N i e b u h r , Kl. Schr. I 467 ff. F. D e l b r ü c k ,

Xen. Zur Rettung seiner durch B. G. Niebuhr gefährdeten Ehre dargest., Bonn 1829.
L. G. D i s s e n , De philos. morali in X. de Socrate comment. tradita commentatio,
Gott. 1812 (in des Verf. Kl. Schr. [Gött. 1839] 59—88). L. B r e i t e n b a c h ,
Quaestionum de X. Oeconomico partic., Halae 1837 Diss. Vgl. auch Abhh. wie die
von A. H u g , Philol. 7 (1852) 638—695, K. F. H e r m a n n , Philol. 8 (1853)
329 ff., G. F. R e t t i g , Bern 1864 Univ.-Pr. (über das gegenseitige Verh. des xen.
u. d. platon. Symp.), ferner A. H u g , Die Unechtheit der dem X. zugeschr. Apologie
des Sokrates, in: H. Köchly, Akad. Vortr. u. Reden, Zür. 1859, 430—439. H. H e n kel,
X. u. Isokrates, Salzwedel 1866 Pr. (vgl. S a u p p e in der Ztschr. f. Alt.-Wissensch.
2 [Darmstadt 1835] 404). A. N i c o l a i , X. Cyrop. u. s. Ans. vom Staate, Bernburg 1867 Pr. L. B r e i t e n b a c h , Wer ist der κατήγορος in X. Commentarien ?
Jahrbb. f. klass. Philol. 99 (1869) 801—815 (s. zu der Frage auch die oben S. 57*
genannten Arbeiten über d. Anklagerede d. Polykrates). A. C r o i s e t , X., son
caractère et son temps, Par. 1873. J. S i t z l e r , De Xenophonteo qui fertur Hierone,
Tauberbischofsheim 1874 Pr. (spricht die Schrift dem Xen. ab. Dagegen N i t s c h e ,
Burs. Jahresb. 1877 I, 25 ff.). K. S c h e n k l , Xenoph. Studien I (zu den Mem.),
II (zu Oikon., Symp. u. Apol.), Sitz. Wien. Ak. 80 (1875) 87—182; 83 (1876) 103
bis 178. A. K r o h n , Sokrates u. X., Halle 1874. O. I m m i s c h , X. üb. Theognis
u. d. Probl. des Adels, in: Commentat. philol. quibus O. Ribbeckio . . . congratu-
lantur discipp. (Lpz. 1888) 71—98. A. D ö r i n g , Die Disposition von X. Memo-
rabilien als Hilfsmittel positiver Kritik, Arch. f. Gesch. d. Ph. 4 (1891) 34—60. S.
ebd. 5 (1892) 61—68. D. Begriff der Dialektik in den Mem., ebd. 5 (1892) 185—197.
K. L i n c k e , De X. libris Socraticis, Jena 1890 Pr. F. D ü m m l e r , Platon,
Pausanias u. X. (die beiden Symposien), in: Akademika (s. oben S. 59*), Kap. III.
Die Vorsehungsl. der Mem. v. die Physik des Kratylos, ebd. Kap. VI. H. S c h a c h t,
De X. stud. rhetoricis, Berl. 1890 Diss. — Zur Frage der Echtheit des Kynegetikos,
für die auch die Beziehungen der Schr. zu Sophistik u. Philosophie in Betracht kommen,
G. K a i b e l , Hermes 25 (1890) 581—597, L. R a d e r m a c h e r , Rh. Mus. 51
(1896) 596—629; 52 (1897) 13—41, J. M e w a l d t , Hermes 46 (1911) 70—92,
G. K ö r t e , Hermes 53 (1918) 317. Zu den Berührungen mit der Philos. auch
M. P o h l e n z , Gött. gel. Anz. 1921, 24, 2. — E. R i c h t e r , X.-Studien, Jahrbb.
f. kl. Philol. Suppl. 19, 59—154 (die von X. berichteten Gespr. des Sokrates sind
Erfindungen X.). E. Z e l l e r (über X. Darst. d. sokrat. Philos.), Arch. f. Gesch.
d. Philos. 5 (1892) 446 ff. = Kl. Schr. II 38 f. T h. B i r t , De X. commentar. Socraticorum compositione, Marb. 1893 Pr. Zu Antisthenes u. X., Rhein. Mus. 51
(1896) 153 —157. G. V o g e l , Die Oekonomik des X. Eine Vorarb. zu einer Gesch.
der griech. Oekonomik, Erl. 1895 Diss. F. S c h u r r , X. quo consilio commentar.
Socraticorum prior. libris tribus adiecerit quartum et qua ratione ipsius libri quarti
argumentorum ordinem excogitaverit, Erl. 1897 Diss. U. v. W i l a m o w i t z -
M o e l l e n d o r f f , Die xen. Apologie, Hermes 32 (1897) 601—611. L. R a d e r -
m a c h e r (Berührung von X. Apol. mit dem Palamedes des Gorgias), Rh. Mus. 52
(1897) 24, 2; Philol. 65 (1906) 149. K. L i n c k e , X. Hieron u. Demetrios v. Phaleron,
Philol. 58 (1899) 224—251. X. persische Politie, Philol. 60 (1901) 541—571.
E. R o s e n b e r g , X. mem. 1 und 2 in ihren Bez. z. Gegenw., Neue Jahrb. 4 (1899)
94—104. M. H o d e r m a n n , X. Wirtschaftsl. unter dem Gesichtsp. sozialer
Tagesfragen betrachtet, Wernigerode 1899 Pr. G. S o r o f , Nomos u. Physis in
X. Anabasis, Hermes 34 (1899) 568 f. M. W e t z e l u. O. I m m i s c h , Die Apol.
des X., Neue Jahrb. 5 (1900) 389—415 (überzeugend für die Echtheit, auch auf
Grund sprachl. Unters.). F r. B e y s c h l a g , Die Apol. des X., Blätt. f. d. Gymnasialschulw. (bayr.) 37 (1901) 496 ff. O. F r i c k , X. quae fertur apol. Socratis num
genuina putanda sit, Halle 1903 Diss., vollst. Diss. philol. Hal. 19 (1909) 1 ff.
E. L a n g e , X. Sein Leben, seine Geistesart u. seine Werke, Gütersl. 1900 (Gymnasialbibl. 9. H.). F r. B e y s c h l a g , Ein literar. Rückzug X., Blätt. f. d. Gymn. (bayr.)
37 (1901) 49 ff. (betrifft X. Urteil über den Sokratesprozeß, anknüpfend an Kyrup. 3,
1, 38—40). A. C h a v a n o n , Étude sur les sources principales des Mém. de X.
(Bibl. de l'École des hautes études fasc. 140), Par. 1903. P h. K o l e s s a , Die
Kompos. v. X. Mem., Sambor 1904 (polnisch). E. K a l i n k a , Zu X. Leb. u. Schrr.,
Wien 1905. T h. T h a l h e i m , Zu X. Oikon., Hermes 42 (1907) 630—642. Zu X.
kleineren Schrr. (Hieron. Ages., Apol.), Hermes 43 (1908) 427—440. P. K l i m e k ,
Krit. Studien zu X. Mem., Bresl. 1907 Pr.; 2. Teil ebd. 1912 Pr. O. M. F e d d e r s e n ,

De X. Apol. Socr. et Isocratis Antidosi quaest. duae Socratis litem attinentes, Jena 1907 Diss. S h. O. D i c k e r m a n, De argumentis quibusdam apud X., Platonem, Aristotelem obviis e structura hominis et animalium petitis, Halis Sax. 1909 Diss. E. F r i e d e r i c i, Das persische Idealheer der Cyrop., Berl. 1909 Diss. H. W e i ß e n b o r n, De X. in comment. scribendis fide historica, Jena 1910 Diss. M. S i g a l l, De personis in X. Symp., Czernow. 1910 Pr. L. R o b i n, Les Mémor. de X. et notre connaissance de la philos. de Socrate, Année philosoph. 21 (1910) 1—47. G u i l. P r i n z, De X. Cyri institut., Gott. 1911 Diss. L. G a u t i e r, La langue de X., Genève 1911 Thèse. L. C a s t i g l i o n i, Studi Senof. II., Accad. d. Lincei vol. 21 (1912) fasc. 6. Studi Senof. V, ebd. 31 (1922). Studi Senof. IV, Riv. di filol. 48 (1920) 341 f. 475—495. W. G e m o l l, Zur Krit. u. Erkl. v. X. Kyrup., Liegn. 1912 Pr. C a r. W a t e r m a n n, De X. Hierone dialogo quaestiones, Monast. Guestf. 1914 Diss. K. P r a e c h t e r, s. Demokrit o. S. 51*. P. K l i m e k, Die Gespr. üb. d. Gotth. in X. Memor. auf ihre Echtheit unters., Bresl. 1918 (s. dazu W. N e s t l e, Woch. f. kl. Philol. 1920, 401 ff.). E r w. S c h a r r, X. Staats- u. Gesellschafts- ideal u. seine Zeit, Halle a. S. 1919 Diss. P. V r i j l a n d t, De apologia X. cum Platonica comparata, Lugd. Bat. 1919 (mit unzureichender Begründung f. Abhängigk. Pl.s von X.). W. G e m o l l, X. u. d. Völkerrecht, Philol. Woch. 1921, 236—239. H. v. A r n i m, X. Memorabilien u. Apologie d. Sokr., Kjobenhavn 1923 (Danske Videnskabernes Selskab, Hist.-filol. Meddel., VIII 1). Für Einzelbeiträge s. noch J. J e s s e n, Quaestiunculae crit. et exeg., Kiel 1901 Diss. (hier über Symp. 4, 31), H. R i c h a r d s, Class. Rev. 12 (1898) 193 ff. (Apol.); 16 (1902) 270 ff. (Mem.), 293 f. (Symp.); 18 (1904) 288 (Mem.), H. J a c k s o n, ebd. 260 (Mem.), H. R i c h a r d s, Notes on X. and others, London 1907, L. P a r m e n t i e r, Rev. d. l'instruct. publ. en Belg. 43 (1900) 244 (Symp.), K. L i n c k e, Philol. 59 (1900), 190 f., A. R o e m e r, Blätt. f. d. Gymn. 36 (1900) 142 f., 640 f. (Mem.), F r. R o s e n- s t i e l, Über einige fremdartige Zusätze in X. Schrr., Sondersh. 1908 Pr. (betrifft Kyr., Oikon. u. Mem.), K. L i n c k e (Mem. 1, 1, 17 —19), Philol. 69 (1910) 155 bis 157, P. K l i m e k (Mem. 3, 5), in: Beitr. zur Sprach- u. Völkerkunde, Festschr. f. Alfr. Hillebrandt, Halle a. S. 1913, 81—92, C. O. Z u r e t t i, Varia (darin zu Mem. 3, 11), Riv. di filol. class. 41 (1913) 1 ff., W. A. O l d f a t h e r (Mem. 4, 2, 10), Class. Philol. 6 (1911) 87, A. G. L a i r d (Oecon. 20, 16), Class. Rev. 26 (1912) 213 f., W. G e m o l l, Woch. f. klass. Philol. 1917, 964 (zum Oik.), W. B a n n i e r, Rh. Mus. 72 (1918) 227 (Mem. 2, 1, 30 ff.), A. W. P e r s s o n, Zur Textgesch. X., Lund 1915 Diss. (hier 16—51 über die X.-Papyri), K. L ö s c h h o r n, Kleine krit. Bem. zu X. Occon., Conv., Hiero, Ages., Apol. Socr. u. Mem., Berl. philol. Woch. 1919, 116—120. 475—480. — Für die Frage nach der Bedeutung X. als Quelle für die sokrat. L. kommen viele der zu § 31 angeführten Werke in Betracht, so namentlich die von J o ë l, D ö r i n g, M a i e r, B u s s e, P ö h l m a n n. Zur Erzählung von Herakles am Scheidewege s. J. A l p e r s, Hercules in bivio, Gott. 1912 Diss., cap. III: De X. Prodici imitatore; dazu auch o. S. 34* f. (Synkrisis) und 54* (Prodikos).

Nachwirkungen Xenophons: v. W i l a m o w i t z, Antigonos v. Karystos 110 Anm. 15. S c h m e k e l, Philos. d. mittl. Stoa 440. D y r o f f, Ethik d. alten Stoa 345—349. W e g e h a u p t, De Dione Chrysostomo X. sectatore, Gött. 1896 Diss. P r a e c h t e r, Hierokles d. Stoiker 55 ff. M. W e l l m a n n, Ein Xenophonzitat bei einem Arzte, Hermes 41 (1906) 632 ff. K. L i n c k e, X. u. die Stoa, Neue Jahrb. 17 (1906) 673—691. M. B a r o n e, Senofonte e gli Stoici, Atene e Roma Nr. 101, 145—151. W. S c h m i d, Rhein. Mus. 72 (1918) 243. W. G e m o l l, Hermes 53 (1918) 105—107 (X. bei Clemens Alex.). Derselbe, X. u. d. Sapientia Salomonis, Woch. f. klass. Philol. 1918, 573 f. (gegen die Annahme P. Heinischs, daß der Verf. der Sap. Sal. X. benutzt habe). A. W. P e r s s o n, Zur Textgeschichte X. (s. oben) 52—158 (über X.-Zitate bei Späteren). K. M ü n s c h e r, X. in d. griech.-röm. Lit., Philol. Suppl. 13 (1920) H. 2. J. D a h m e n, s. unten zu § 35 unter Antisthenes. S. auch die Schriften J o ë l s und D ö r i n g s ob. S. 57*. P. C e s a r e o, I due simposi in rapporta all' arte moderna, Palermo 1901. Vgl. zur Kyrupädie auch E d. S c h w a r t z, Fünf Vorträge über den griech. Roman (Berl. 1896) 46 ff. Die Lit. über d. Verh. d. xenoph. zum plat. Sympos., auch soweit sie die Priorität X. behauptet, s. unter Plat. Symp.

Aischines: Außer D i t t m a r in der oben S. 59* angeführten Arbeit und in seiner Dissertation, De Aspasia Aesch. Socratici dialogo, Freib. i. B. 1911, seien

genannt: K. F. H e r m a n n , De Aesch. Socratici reliquiis disp. acad., Gott. 1850.
W e l c k e r , Kl. Schr. I 417 ff. R. M e i s t e r , *Αἰσχίνης ὁ Σελλοῦ*, Jahrbb. f.
klass. Philol. 141 (1890) 673—678. P. N a t o r p , Über d. Dialog Aspasia, Philol.
52 (1892) 489 ff. K. M e i s e r , Ein Zitat aus dem „Alkibiades" des Sokratikers A.
bei Maximos Tyrios, Berl. philol. Woch. 1912, 703 f. N a t o r p , Artikel A. 14 bei
Pauly-Wissowa.
   Über den „*Schuster Simon*" handelt G. T e i c h m ü l l e r , Lit. Fehden II:
Die Schusterdialoge des S., 97—134, u. Übersetz. der Schusterdialoge 203—224.
G. S t a l l b a u m , De dialogis nuper Simoni Socratico adscriptis, Lips. 1841 Pr.
S. auch v. W i l a m o w i t z in dem zu § 34 angeführten Aufs. über Phaidon von Elis.

   Zu § 33. Eukleides von Megara und seine Schule. H e i n r. R i t t e r , Bemerkungen über die Philos. der Megarischen Schule, Rh. Mus. 2 (1828) 295 ff.
D. H e n n e , École de Mégare, Par. 1843. C. M a l l e t , Histoire de l'école de Mégare
et des écoles d'Élis et d'Éretrie, Par. 1845. G. H a r t e n s t e i n , Über die Be-
deutung der Megarischen Schule für die Gesch. d. metaph. Probleme, Verh. Sächs.
Ges. d. Wiss. 1848, 190 ff., auch in: Histor.-philos. Abhh., 127 ff. C. M. G i l l e s p i e ,
On the Megarians, Archiv f. Gesch. d. Philos. 24 (1911) 218—241. C. P r a n t l ,
Gesch. der Logik I 33 ff. Zu *Diodor* E. Z e l l e r , Über den κυριεύων des Megarikers
Diodorus, Sitz. Berl. Ak. 1882, 151—159 = Kl. Schr. I 252—262. O. A p e l t ,
Stilpon, Rh. Mus. 53 (1898) 621—625. Unter den Fangschlüssen ist der Ψευδόμενος
eingehend behandelt von A. R ü s t o w , Der Lügner; Theorie, Gesch. u. Auflös.,
Lpz. 1910, Erl. Diss. Über den Stilponschüler *Kleitarchos* (Diog. Laërt. 2, 113) s.
P. N a t o r p , Artikel Aristoteles 20 bei Pauly-Wissowa, F r. R e u ß , Rh. Mus.
57 (1902) 594; 63 (1908) 63 ff. Über das Verh. des Stoikers Persaios zu Stilpon
A. D y r o f f , Ethik d. alt. Stoa 349 f. S. über die einzelnen bei Zeller aufgezählten
Megariker die entsprechenden Artikel bei Pauly-Wissowa, über die letzten Megariker
auch F. S u s e m i h l , Gesch. der griech. Lit. in der Alex. I 15 ff.

   Zu § 34. Die elisch-eretrische Schule. L. P r e l l e r , *Phaedons* Lebensschicksale
u. Schrr., Rh. Mus. 4 (1846) 391—399, revidiert in Ersch und Grubers Enzykl., Sect.
III 21, 357 ff., jetzt auch in Prellers Kl. Schr., U. v. W i l a m o w i t z - M o e l l e n -
d o r f f , Phaidon v. Elis, Hermes 14 (1879) 187—193, 476—477. Zu *Menedemos*
vgl. auch v. W i l a m o w i t z , Antigonos von Karystos 86 ff., über *Ktesibios*, einen
Schüler des Menedemos, J a c o b y , Apollodors Chronik 372, über Menedemos u.
Pasiphon (wahrscheinlich Schüler des Menedemos) u. ihr Verh. z. Stoiker Persaios
D y r o f f , Ethik d. alt. Stoa 350, über Pasiphon auch S u s e m i h l , Gesch. d.
griech. Lit. in d. Alex. I 20 f. Über *Anchipylos* E. W e l l m a n n bei Pauly-Wissowa,
über *Asklepiades* N a t o r p ebd. (Asklepiades 33), v. W i l a m o w i t z , Antigon.
v. Karyst. 92 ff. Die elisch-eretrische Schule betrifft auch die zu § 33 genannte Arbeit
von M a l l e t . Über Ktesib. s. jetzt W. K r o l l , Art. K. 1 bei Pauly-Wiss.-Kr.

   Zu § 35. Die ältere kynische Schule. Manches für die Kenntnis des *Kynismus im allgemeinen* Förderliche bieten die folgenden Arbeiten, obwohl sie zum Teil
zunächst späteren Stadien in der Entwicklung der Sekte gewidmet sind: J. B e r -
n a y s , Lucian u. d. Kyniker, mit einer Übers. der Schr. Lucians üb. d. Lebensende
d. Peregrinus, Berl. 1879. J. V a h l e n , Ind. lect. Berol., Wintersem. 1882/83.
S. auch I. B r u n s , Lucians philos. Satiren, Rh. Mus. 43 (1888) 86—103, 161—196.
E d. N o r d e n , Zu den Briefen des Heraklit u. der Kyniker, in: Beitr. zur Gesch.
d. griech. Philos., 19. Suppl. d. Jahrbb. f. klass. Philol., 1892. W. C a p e l l e , De
Cynicorum epistolis, Gött. 1896 Diss., nach dem die Briefe von verschiedenen Verfassern herrühren, der Mehrzahl nach in dem 1. u. 2. Jahrh. n. Chr. verfaßt sind, und
zwar um die kynischen Ansichten zu verbreiten. E. W e b e r , De Dione Chrysostomo Cynicorum sectatore, Lpz. Stud. 1887 (geht auf zahlreiche Hauptgedanken
des Kynismus ein, für die er Belege aus der kyn. Lit. zusammenstellt). T h. G o m -
p e r z , Die Kyniker, in: Cosmopolis 1897 Sept. K. P r a e c h t e r , Zur kyn.
Polemik geg. d. Bräuche b. Totenbestatt. u. Totenklage, Philol. 57 (1898) 504—507.
K. J o ë l , D. Auffassung d. kyn. Sokratik, Arch. f. Gesch. d. Philos. 20 (1907)
1—24, 145—170. J. G e f f c k e n , Kynika u. Verwandtes, Heidelb. 1909. Hier
sind viele für den Kynismus charakteristische Punkte berührt, so 22 die Abneigung

gegen die Athletik (dazu R. H e i n z e , Anacharsis, Philol. 50 [1891] 458 ff. [zur
kynischen Verwertung des Anacharsis im allgem. s. o. S. 37*] u. die·v. Geffcken angeführten Arbeiten von N o r d e n [Jahrbb. f. Philol. 18, 299], W e n d l a n d ,
Philo u. d. kyn.-stoische Diatribe [s. u. § 58] 43 f.), 23 f. das Odysseusideal, 24 f. die
Preisgabe des Besitzes, 53 ff. die (besonders für den Kynismus in Betracht kommende)
Philosophentracht, die Angriffe darauf und die Verteidigung derselben. Über die
kynische Tracht handeln auch U. v. W i l a m o w i t z - M o e l l e n d o r f f , Ind.
lect. Gott. 1893/94, 16 und Fr. L e o , Hermes 41 (1906) 442 f. Die Urteile der Kyniker
über das Exil behandelt G i e s e c k e , s. oben S. 20*. S. auch Z e l l e r II 1⁴ 280 ff.,
G o m p e r z II 112 ff., J o ë l , Gesch. d. ant. Philos. 862—925, S u s e m i h l ,
Gesch. d. griech. Lit. in d. Alex. I 26 ff., H e l m , Art. Kynismus bei Pauly-Wissowa-
Kroll und die Lit. z. § 58 (kyn.-stoische Diatribe).

  Antisthenes: K. B a r l e n , A. u. Platon, 1. T., Neuwied 1881 Pr. K. U r b a n ,
Über die Erwähnungen d. Philos. des A. in d. platon. Schriften, Königsb. 1882 Pr.
F. D ü m m l e r , Antisthenica, Halis 1882, Bonner Diss. = Kl. Schr. I 10—78.
Zum Herakles d. A., Philol. 50 (1891) 288—296 = Kl. Schr. I 140—149. Vielfach
berührt wird A. auch in Dümmlers Akademika (s. dort d. Sachregister). R. M ü n z e l ,
A. fragmentum, Rh. Mus. 40 (1885) 148. F. S u s e m i h l , D. Idealstaat d. A.
u. die Dialoge Archelaos, Kyros u. Herakles, Jahrbb. f. kl. Philol., 135 (1887) 207—214.
P. H a g e n , Zu A., Philol. 50 (1891) 381—384. L. R a d e r m a c h e r , Der Aias u.
Odysseus des A., Rh. Mus. 47 (1892) 569—576. E. N o r d e n , Über einige Schr.
des A., Beiträge z. Gesch. d. griech. Philos., Jahrbb. f. kl. Philol., Suppl. 19 (1892)
368—385. J. D a h m e n , Quaestiones Xenophonteae et Antistheneae, Marb. 1898
Diss. S u s e m i h l , Die Aspasia des A., Philol. 59 (1900) 148—151, 469—471.
Am ausführlichsten handelt von A. u. seinen Schr. K. J o ë l , Der echte u. d. xenoph.
Sokrates (o. S. 57*), der eine Art Ehrenrettung des Kynismus u. seines Stifters gibt,
dabei aber den Einfluß d. A. viel zu hoch anschlägt (die Schätzung etwas modifiziert
in Joëls Gesch. d. ant. Philos. I 731, 3 [Schluß d. Anm.]). M. G u g g e n h e i m , A. in
Platons Politeia, Philol. 60 (1901) 149—154. H. J. L u l o f s , De A. studiis rhetoricis,
Amsterd. 1900. L. A. R o s t a g n o , Le idee pedagogiche nella filos. cinica e specialmente in A., parte I, Torino 1904. W. A l t w e g g , Zum Aias u. Odysseus d. A., in: Juvenes dum sumus, Basel 1907, 52—61. M. P o h l e n z , Antisthenicum, Hermes 42
(1907) 157—159. E. T h o m a s , Quaest. Dioneae, Lips. 1909 Diss., handelt in Kap. 1
(S. 6 ff.) de A. disciplina περὶ βασιλείας. G. R o d i e r , Note sur la Politique d'A.,
L'année philos. 22 (1911) 1—7. A. B a c h m a n n , Aiax et Ulixes declamationes
utrum iure tribuantur A. necne, Münst. i. W. 1911 Diss. C. M. G i l l e s p i e , The
Logic of A., Arch. f. Gesch. d. Philos. 26 (1913) 479 ff.; 27 (1914) 17 ff. K. H o l l , Die
schriftstell. Form d. griech. Heiligenlebens, Neue Jahrb. 29 (1912) 406 ff. (Bezieh.
zu A. u. der Popularphilos.). Über A. Stellung in der Gesch. der Rhetorik F. B l a ß ,
Attische Bereds. II² 332 ff.; über seine Rolle in der Protreptik P. H a r t l i c h , De
exhort. a Graec. Rom. script. hist. et ind. (s. oben S. 34*) 225 ff. N a t o r p , Art.
Antisthenes 10 bei Pauly-Wissowa, wo weitere Lit., insbesondere auch über die An-
spielungen Platons auf A., verzeichnet ist. — Vielfach wird A. berührt von W i l a m o -
w i t z , Platon², s. dort das Register (II² 437). — *Diogenes:* F. D ü m m l e r , Antisthenica 64—76 = Kl. Schr. I 67—78. Ch. L é v ê q u e , La vie socratique et
la vie cynique, Séances et trav. de l'Acad. d. sciences mor. et polit. 127 (1887) 199—221.
P. G a r d n e r , D. and Delphi, Class. Rev. 7 (1893) 437·—439. T h. G o m p e r z
Eine verschollene Schr. des Stoikers Cleanthes, „Der Staat", u. die sieben Tragödien
des Kyn. Diog., Ztschr. f. d. österr. Gymn. 29 (1878) 252—256. — Über d. pseudo-
diog. Briefe A. W e s t e r m a n n , De D. epistolis, in d. Verf. Comment. de epist.
scriptor. Graecis part. 4 (1852) Nr. 60. I. F. M a r c k s , Symb. crit. ad epistolo-
graphos Graecos, Bonn 1883 Diss. H. S c h a f s t ä d t , De D. epistolis, Gött. 1892
Diss. A. G e r c k e , Handschriftl. Ordnung der Diogenesbriefe, in des Verf. Seneca-
studien, Jahrbb. f. kl. Philol. Suppl. 22 (1896) 85 —86. E d. N o r d e n , Der 28. Br.
des D., in: Beiträge zur Gesch. der griech. Philos., Jahrbb. f. klass. Philol. Suppl. 19
(1892) 392—410. A. N a u c k , Anal. crit., Hermes 24 (1889) 447 ff. (zu epist. 35,
(3; 46). S. auch C a p e l l e , De Cyn. ep., oben zu § 35. Über Grußformeln in
D.-Briefen F. Z i e m a n n , De epist. Graec. form. sollemn. quaest. sel., Hal. Sax.
1910, 293—294. K. M e i s e r , Der 21. Diogenesbr., Blätt. f. d. Gymnasialschulw.
bayr.) 1905, 334 f. O. W e i n r e i c h , De D. quae fertur epist. 36, Arch. f. Religions-

wiss. 18 (1915) 8 ff. — H. D i e l s , Aus dem Leben des Kyn. D., Arch. f. Gesch. d.
Ph. 7 (1894) 313—316. F r. L e o , D. bei Plautus, Hermes 41 (1906) 441—446
(älteste Erwähnung des D. bei Plaut. Persa 120—126). K. W e s s e l y , Neues über
D. den Kyn. (aus Papyri), Festschr. für Th. Gomperz 67—74. A d. W i l h e l m ,
Parerga, im Wiener Eranos zur Grazer Vers. dtsch. Philol. u. Schulm., Wien 1909,
125—136. — Zur Diogeneslegende: U. v. W i l a m o w i t z - M o e l l e n d o r f f ,
Gött. Ind. lect. 1893/94. K. P r a e c h t e r , Hermes 37 (1902) 283 ff. G. A. G e r -
h a r d , Arch. f. Religionsw. 15 (1912) 388 ff.; 17 (1914) 335 f. Phoinix v. Kolophon
43 ff. — Zu den Apophthegmen des D. E. Z i e b a r t h , Aus der antiken Schule
(Bonn 1910) 17. W. C r ö n e r t , Kolotes u. Menedemos 171. A. P a c k m o h r ,
De D. Sinopensis apophthegmatis quaest. selectae, Monast. Guesf. 1913 Diss. —
Zu D. im allgemeinen: E d. S c h w a r t z , D. der Hund u. Krates der Kyniker in:
Charakterköpfe aus der antiken Literatur 2. Reihe 1—26. P. N a t o r p , Artikel
Diogenes 44 bei Pauly-Wissowa. — *Monimos:* U. v. W i l a m o w i t z - M o e l l e n -
d o r f f , Comment. gramm. II, Greifsw. 1880, 9. F r. S u s e m i h l , Gesch. der
griech. Lit. in der Alex. I 31. — *Onesikritos:* S u s e m i h l , Gesch. d. griech. Lit. in
d. Alex. I 534 ff., wo auch weitere Lit. angegeben ist. Die kynische Verwendung d.
Brahmanen betrifft J. M a k o w s k y , De collatione Alexandri Magni et Dindimi,
Bresl. 1919 Diss. S. auch F r. P f i s t e r , Die Brahmanen in d. Alexandersage,
Philol. Woch. 1921, 569—575, sowie W. H o f f m a n n u. L. E i c k e o. S. 32*
Stellen z. Kynisierung d. Brahmanen (Gymnosophisten) Berl. philol. Woch. 1896,
870 (Kynische Prägung der *Γυμνοί* in Äthiopien bei Philostr. Vit. Apoll.: vgl. Z e l l e r
III 2⁴ 169; 173, 10. R e i t z e n s t e i n , Hellen. Wundererz. 42 f. E d. M e y e r ,
Hermes 52 (1917) 394, 1). S. auch U. W i l c k e n , Sitz. Berl. Ak. 1923, 160 ff. —
Philiskos: S u s e m i h l , Gesch. d. griech. Lit. in d. Alex. I 26 ff. (hier auch weitere
Lit.). — *Krates:* P o s t u m u s , De Crat., Gron. 1823, auch E d. W e l l m a n n ,
in: Allgem. Enzyklop. 2. Ser. 39, S. 288 f. A. M e i n e k e , Krit. Bemerkk. (darin:
K. des Kynikers Schwanengesang), Philol. 12 (1857) 369. E. H i l l e r , Zu den
Fragm. d. Kyn. Kr., Jahrbb. f. Philol. 133 (1886) 249—252. T h. G o m p e r z
(zu Krat. fragm. 3 p. 810² Nauck), Sitz. Wien. Ak. 116 (1888) 48 f. = Hellenika I
141. Zu den unechten Briefen: A. W e s t e r m a n n , De Cr. epistolis, in des Verf.
Comment. de epist. script. Graec. part. 4 (1852) Nr. 52. A. N a u c k , Anal. crit.,
Hermes 24 (1889) 447 ff. (zu epist. 12 u. 27, 1). P. S h o r e y (zu epist. 19, p. 212 H.),
Class. Philol. 4, 323. A. O l i v i e r i , Le epistole del Pseudo - Cratete, Riv. di
filol. 27 (1899) 406—421. J. S t e n z e l , Art. Krates 6 bei Pauly-Wissowa-Kroll.
S. auch C a p e l l e , De Cyn. epist. oben S. 62* zu § 35, S u s e m i h l , Gesch. d.
griech. Lit. in der Alex. I 29 f., II 600. — *Hipparchia:* H. v. A r n i m , Art. Hipparchia 1
bei Pauly-Wissowa-Kroll. — *Metrokles:* S u s e m i h l , Gesch. d. griech. Lit.
in d. Alex. I 31.

Zu § 36. Die kyrenaische Schule. *Kyrenaiker im allgemeinen:*
A. W e n d t , De philos. Cyrenaica, Gott. 1841. H e n r. d e S t e i n , De philos.
Cyrenaica, part. I: De vita Aristippi, Gott. 1855. (Vgl. des Verf. Sieben BB. z.
Gesch. des Platonismus II, Gött. 1864, 60—64.) G. V. L y n g , Om den Kyre-
naiske Skole, navnlig Annikeris og Theodoros, Christiania 1868. Z e l l e r II 1⁴
336 ff. G o m p e r z II 170 ff. J o ë l , Gesch. d. ant. Philos. I 925 ff. S u s e -
m i h l , Gesch. d. griech. Lit. in d. Alex. I 12 ff. J. S t e n z e l , Art. Kyrenaiker bei Pauly-Wissowa-Kroll. Vgl. auch die Artikel über die einzelnen Kyrenaiker in dieser Realenzyklopädie, soweit bis jetzt erschienen. Dazu für *H e g e -
s i a s* D i e l s , Pessimismus 24, für *T h e o d o r o s* R. v. S c a l a , Rh. Mus. 45
(1890) 474—476.
Aristippos: J. F. T h r i g e , De A. philos. Cyrenaico aliisque Cyrenaicis,
in dessen: Res Cyrenensium, Kopenh. 1828. E. Z e l l e r , Zu A., Arch. f. Gesch.
d. Philos. 1 (1888) 172—177 = Kl. Schr. I 419—424. F. D ü m m l e r , Zu A. u.
zur Gesch. der Hedonik u. des Sensualismus, Akademika 166—188. P. N a t o r p ,
A. in Platons Theaitet, Arch. f. Gesch. d. Ph. 3 (1890) 347—362. S. K n o s p e ,
A. Erkenntnisth. im platon. Theaitet, Groß-Strehlitz 1902 Pr. H a r t l i c h , De
exhort. etc. (o. S. 63) 228 f.
Euhemeros: O. S i e r o k a , De E., Regimont. 1869 Diss. R. d e B l o c k ,
E., son livre et sa doctrine, Mons 1876. A. D u m é r i l , Év. et l'Évhémérisme,

Mém. de l'Ac. d. scienc., inscript. et bell.-lettr. d. Toulouse. 9. série, 5 (1893)
476—488. A. P a t i n , Apollonius Martyr, der Skoteinologe. Ein Beitr. zu
Heraklit u. E., Arch. f. Gesch. d. Ph. 12 (1899). 147—158. P. J. M. v a n G i l s ,
Quaest. Euhemereae, Amsterd. 1902. F. Z u c k e r , E. u. s. Ἱερὰ ἀναγραφή bei
den christl. Schriftstellern, Philol. 64 (1905) 465—472. Benutzung d. E. durch den
christl. Dichter Kommodian: J. R é v a y , Commodians Leben, Werke u. Zeitalter
(ungarisch), Budap. 1909 (nach Berl. phil. Woch. 1911, 1430). S. auch E. R o h d e ,
Der griech. Roman u. seine Vorläufer² 236 ff. und das Verzeichnis der E.-Lit. bei
Némethy (vgl. oben im Text) 89 ff. F. J a c o b y , Art. Euemeros bei Pauly-
Wissowa.

Zu § 37. Platon: Allgemeines. Platons Leben. J a h r e s b e r i c h t e u n d
V e r w a n d t e s ; A l l g e m e i n e s ü b e r p l a t o n i s c h e F o r s c h u n g :
W. S. T e u f f e l , Übersicht der platon. Literatur, Tüb. 1874. Berichte in
Bursians Jahresbericht u. im Archiv f. Gesch. d. Philos. s. o. S. 16* f., von E. H o f f -
m a n n (Lit. v. 1904 ff.) in den Jahresber. d. philol. Vereins zu Berlin 35 (1909) ff.
im Anh. d. Ztschr. f. d. Gymnasialw. 63 (1909) ff. H. R a e d e r , Platonforskningens
nuvaerende Standpunkt, Nord. Tidskrift f. Filol. 9, 125—137. O. I m m i s c h , Zum
gegenw. Stande der platon. Frage, Neue Jahrb. 3 (1899), 440—465, 549—561, 612 bis
628. P. W e n d l a n d , Die Aufgaben der platon. Forschung, Nachr. Ges. d. Wissenschaft. zu Gött. 1910, 96—114. P. N a t o r p , Zur platon. Frage, Dtsch. Lit.-Z.
1911, 1669—1677. W. N e s t l e , Ritters Platonforschungen, ebd. 1910, 3269—3276.

A l l g e m e i n e L i t e r a t u r ü b e r P l a t o n :
K. F. H e r m a n n , Gesch. u. System der platon. Philos., I. (allein erschienener)
Teil, Heidelb. 1839 (1—126: Pl. Lebensentw. u. Verh. z. Außenwelt; 127—340:
Pl. Vorgg. u. Zeitgenn. in ihrer Bedeutung f. seine L.; 341—713: Pl. schriftstell. Nach-
laß als Quelle seines Systems gesichtet u. geordnet). G. G r o t e , Pl. and the other
Companions of Socrates², Lond. 1885. H. v. S t e i n , Sieben BB. z. Gesch. des
Platonismus, 3 Teile, Gött. 1862—1875. A. E. C h a i g n e t , La vie et les écrits de
Pl., Par. 1871. C h. H u i t , La vie et l'oeuvre de Pl., 2 voll., Par. 1893. V a n
O o r d t , Pl. and his times, Oxf. 1895. E. P f l e i d e r e r , Sokrates, Pl. u. ihre
Schüler, Tüb. 1896. W. W i n d e l b a n d , Platon⁶ (Frommanns Klassiker der
Philosophie Bd. 9), Stuttg. 1921. D. G. R i t c h i e , Pl., Lond. 1902. W. P a t e r ,
Pl. and Platonism, Lond. 1893, dtsch. v. H. Hecht, Jena. Lpz. 1904. H. R a e d e r ,
Pl. philos. Entwicklung, Lpz. 1905 (sehr gute Einführung). A. R i e h l , Plato,
populärwissensch. Vortrag², Halle 1912. A. E. T a y l o r , Pl., London 1909.
K. P e l a n t , Pl., Prag 1909. C o n s t . R i t t e r , P l a t o n , s e i n L e b e n ,
s e i n e S c h r i f t e n , s e i n e L e h r e , 2 Bde., München 1910. 1923 (auf lang-
jährigen Untersuchungen insbesondere über die zeitliche Reihenfolge der Schriften,
dann aber auch über alle weiteren Hauptfragen platonischer Forschung beruhende
Gesamtdarstellung). J. C o h n , Platon, in: Führende Denker⁴ (Aus Natur u. Geisteswelt 176), Lpz. Berl. 1921. P. N a t o r p , Platon, in: E. v. Aster, Große Denker 91 ff.
M. W u n d t , Platons Leben u. Werk, Jena 1914. C. S i e g e l , Pl. u. Sokrates,
Lpz. 1920. G. K a f k a s. o. S. 57*. E. H o w a l d , Pl. Leben, Zür. 1923.
Das große Ereignis in der Platon-Lit. der letzten Jahre ist das Erscheinen von
W i l a m o w i t z Platon (I Leben u. Werke, II Beilagen u. Textkritik, ¹Berl.
1919, ²ebd. 1920). Man wird der Eigenart und dem Verdienste dieses Werkes am besten
gerecht, wenn man ihm die früher herrschende, aber auch jetzt noch nicht ausge-
storbene Platonbehandlung zur Folie gibt, die in Platon nichts sieht als fleischge-
wordene philosophische Dogmatik, ohne Berücksichtigung des Menschen, seiner
allgemeinen, fachwissenschaftlichen und künstlerischen Interessen und seiner Beziehungen zur Umwelt, die für das Dogmatische doch auch erst das volle Verständnis
eröffnen. Mit dieser Einseitigkeit hat nun freilich die philologische Forschung schon
längst gebrochen. Aber die Besonderheit des neuen Buches liegt in der vollen Konse-
quenz, mit der hier der Mensch Platon in den Mittelpunkt gerückt wird. Das Werk
ist durchaus biographisch orientiert, Schriften und Philosophie wachsen von Stufe
zu Stufe aus der persönlichen Entwicklung heraus, womit natürlich auch die übliche
Scheidung von „Leben", „Werken" und „Lehren" als gesonderten Teilen der Darstellung ausgeschlossen war. Was dem Buche aber seine hervorragende Stellung gibt,

ist die durch jahrzehntelange eindringende Beschäftigung mit Platon und der gleichzeitigen Literatur-, Kultur-, politischen und Personengeschichte gewonnene einzig-
artige Vertrautheit des Verfassers mit allen in Frage kommenden Momenten und
im Zusammenhange damit ein intimstes Einfühlen in Platons Werden und Wesen.
Daß dabei vieles subjektiv und bestreitbar bleibt, liegt schon in der Art des verfüg-
baren Materiales, das feststehende Ergebnisse über eine verhältnismäßig enge Grenze
hinaus nicht zuläßt. Am meisten veranlaßt zum Widerspruch die zu geringe Wertung
des philosophischen Gehaltes einiger Dialoge (so namentlich des Protagoras, bei dem
neben der Satire für theoretische Bedeutung nicht viel übrig bleibt), ein Ausschwingen
des Pendels nach der der einseitig dogmatischen Platonbetrachtung entgegengesetzten
Seite. — Der erste Band des Werkes wendet sich an einen weiteren Leserkreis, der
zweite bietet dem Fachmanne eine Fülle von Einzelausführungen, die vieles in neue
Beleuchtung rücken. Daß auch bei dem weiteren Kreise ein erhebliches Maß schon
erworbener Platonkenntnis vorausgesetzt wird, ist als Antrieb zu vertiefter Lektüre
der platonischen Schriften nur zu begrüßen, ein Antrieb, der durch die eingestreuten
wundervollen Übersetzungsproben noch verstärkt wird.

Zu den antiken Berichten über Platons Leben:
Zur Entwicklung der antiken Tradition ist durchweg zu vergleichen Leo, Die
griech.-röm. Biogr. nach ihrer literar. Form, Lpz. 1901. S. dort bes. den Abschnitt
54 ff. über die platon. Biogr. bei Diog. Laërt. Auch die übrige Lit. zu Diog. Laërt.
(Literaturverz. S. 14*) ist heranzuziehen. Zu den im Texte genannten Quellen s. noch
Ad. Busse, Zur Quellenkunde v. Pl. Leben, Rh. Mus. 49 (1894) 72 ff. L. Sko-
wronski, De auctoris Heerenii et Olympiodori Alexandrini scholiis cum universis
tum iis singulis quae ad vitam Pl. spectant, Vratisl. 1884 Diss. Weiteres zur Quellenfrage: W. Crönert, Kolot. u. Men. 138. E. Bickel, Diatr. in Senecae philos.
fragmenta 133 ff. E. Howald, Philol. 74 (1917) 126 ff. v. Wilamowitz,
Platon II² 1 ff. Th. Roeper, Lectiones Abulpharagianae alterae: De Honaini
ut fertur vita Platonis, Danzig 1867 Pr. Aug. Müller, Die griech. Philosophen
in d. arab. Überlieferung, Halle 1873, 6 ff. 39 ff. Über Diog. Laërt. 3, 28 handelt
C. Ritter, Platonica, Philol. 68 (1909) 332 ff. (Lit. zu den für Pl. Leben in Frage
kommenden platon. Briefen s. u. Lit. zu § 38). Zu der Lebensbeschr. des Olympiodor
K. Praechter, Byz. Ztschr. 12 (1903) 224—230; 15 (1906) 588—589. Zu den
antiken *Angaben über Pl. Namenswechsel* Fr. Bechtel, Spitznamen 4. Zur
Darstellung Pl. bei seinen Gegnern R. Fenk, Adversarii Pl. quomodo de indole ac
moribus eius iudicaverint, Jena 1913 Diss.

Zur Sage von Platons wunderbarer Geburt vgl. die von P. Wendland, Neue
Jahrb. 9 (1902) 5 erwähnte Lit., ferner E. Fehrle, Die kultische Keuschheit im
Altert., Naumb. a. S. 1908, Heidelberger Diss., 21 ff. (auch in den religionsgesch.
Vers. u. Vorarb. Bd. 6, Gieß. 1910, 3 ff.). P. Saintyves, Les vierges mères et
les naissances miraculeuses, Bibl. de critique religieuse, Par. 1908. E. Bickel,
s. o. Zur *Schilderung von Platons Äußerem* bei Diog. Laërt. 3, 28 C. Ritter, Platonica, Philol. 68 (1909) 334—336, zu den *Berichten über Platons Familienverhältnisse
und Tod* C. Ritter, ebd. 332—334.

Arbeiten über Platons Lebensumstände, Persönlichkeit, Familienverhältnisse, Verkehr, Schultätigkeit u. dgl.:
Ältere Lit. bei W. G. Tennemann, System d. plat. Philos. I S. XXVII.
Guil. Groen van Prinsterer, Platonica prosopographia sive expositio
iudicii quod Plato tulit de iis qui in scriptis ipsius aut loquentes inducuntur aut
quavis de causa commemorantur, Lugd. Bat. 1823. K. Steinhart, Platons
Leben, Lpz. 1873. A. Boeckh, Charakteristik Pl., aus Boeckhs Nachlaß hrsg.
v. M. Hoffmann, Ztschr. f. d. Gymnasialw. 58 (1904) 614—620. K. Joël, Zur
Erkenntnis d. geistigen Entw. u. d. schriftsteller. Motive Pl., Berl. 1887, Lpz. Diss.
A. Richter, Wahrh. u. Dicht. in Pl. Leben, Berl. 1887. L. Spengel, Isokr.
u. Pl., Abh. Münch. Ak. 7 (1855) 729—769. F. Dümmler, Pl. u. Isokrates,
Akademika Kap. IV. B. de Hagen, Num simultas intercesserit Isocrati cum
Pl., Lips. 1906 Diss. Vgl. zu dieser Frage H. Gomperz, Isokr. u. d. Sokratik,
Wien. Stud. 27 (1905) 163—207; 28 (1906) 1—42. Th. Gomperz, Die angebl.
platon. Schulbibliothek u. d. Testamente d. Philosophen (platon. Aufs. II), Sitz.

Wien. Ak. 141 (1899) 7. Abh., u. die übrigen S. 21* angeführten Arbeiten über die Testamente d. Philosophen. M. J e z i e n i c k i , Über die plat. Akademie, ihre Organisation und wissensch. Wirksamkeit, Eos 6 (1900) 140—162 (s. auch die S. 20* unter *F.* genannten Abhandlungen von W i l a m o w i t z und U s e n e r). E. H o - w a l d , Der alte Platon, in: Festgabe für Hugo Blümner, Zür. 1914, 272—286. K. H u b e r t , Leben u. Unterricht in d. Akademie, Sokrates 2 (1914) 256—263. E. H o w a l d , Die plat. Ak. u. d. moderne Universitas litterarum, Bern 1921.

Zusammenhang der platonischen Schriften mit der Lehrtätigkeit ihres Verfassers: E d. Z e l l e r , Hermes 11 (1876) 84—91 = Kl. Schr. I 152—160. L. v. S y b e l , Pl. Technik an Symp. u. Euthyd. nachgewiesen, Marb. a. L. 1889 Pr. Dagegen Z e l l e r , Arch. f. Gesch. d. Philos. 2 (1889) 690 ff. Vgl. auch v. Sybels S. 78* beim Symp. zu nennende Arbeit. v. W i l a m o w i t z , Platon 1^2 270 ff. (274: Der Menon Programm der Akademie). Zur *platonischen Prosopographie* G. P. O i k o - n o m o s , Ath. Mitt. 37, 226 (zu Plat. Lys. 204 e. 205 c). Die platon. Proso- pographie betrifft neben Groen van Prinsterer (s. o. S. 66*) auch J. B r u n s , Das liter. Porträt usw. 203 ff. *Beziehungen Pl. zu Zeitgenossen* berühren außer den oben genannten Arbeiten H. R a e d e r , Alkidamas u. Pl. als Gegner des Isokrates, Rh. Mus. 63 (1908) 495 bis 511, O. P r o b s t , Eine Episode aus des Demosthenes Schülerjahren, Neue Jahrb. 31 (1913) 307 ff. Über Pl. Verh. zu Anti- sthenes s. o. zu § 35 S. 63*. Unter den neueren Gesamtwerken über Pl. sind an Biographischem besonders reich die von R i t t e r und W i l a m o w i t z (s. o. S. 65*).

Historischer Roman: E. W e l p e r , Platon und seine Zeit; histor.-biograph. Lebensbild, Kassel 1866.

Zu § 38. **Platons Schriften.** A r b e i t e n z u r Ü b e r l i e f e r u n g u n d T e x t e s k o n s t i t u t i o n d e s C o r p u s P l a t o n i c u m :

Auf ägyptischen P a p y r i , die wahrsch. dem 3. Jahrhundert v. Chr. ent- stammen, sind Fragmente aus dem L a c h e s und dem P h a i d o n entdeckt u. veröffentlicht worden: The Flinders-Petri Papyri with transcriptions, commen- tary and index, by J o h n P. M a h a f f y , Dublin, P. I 1891, P. II 1893. Über Wert oder Unwert dieser Überreste, die mannigfach von unserer Überlieferung abweichen, gehen die Meinungen auseinander. Hier kommen folgende Arbeiten in Betracht: H. U s e n e r , Unser Platontext, Gött. gel. Anz. 1892, 25—50; 181 bis 215 = Kl. Schr. III 104—162 (der Text des Papyrus weit schlechter als der unserer besten Hss.). J. J. H a r t m a n , De emblematis in Platonis textu obviis, Lugd. Bat. 1898. T h. G o m p e r z , Die jüngst entdeckten Überreste einer den platon. Phaedon enthaltenden Papyrusrolle, Sitz. Wien. Ak. 125 (1892); dazu O. I m m i s c h , Berl. philol. Woch. 1892, Nr. 36, 48, 49. P. C o u v r e u r , Rev. de philol. 17 (1893) 14—27. L. C a m p b e l l , On the papyrus fragm. of the Phaedon, Class. Review 5 (1891) 363—365, 454—457. K. R e i n h a r d t , D. neuentdeckte Phaedonpap., Ber. d. freien dtsch. Hochstifts N. F. 10 (1894) 138—149. F. B l a s s , Zur ältesten Gesch. des platon. Textes, Ber. Sächs. Ges. d. W. 1898, 197—217, Nach- träge ebd. 1900, 161—164. Geringen Wert mißt dem Phaidonpapyrus auch B u r n e t in der Vorrede zu Bd. 1 seiner Platonausgabe bei. Anders E. K o r k i s c h , De papyri, qua Phaedonis Platonici partes quaedam continentur, fide et auctoritate (Diss. philol. Vindob. vol. 9 pars 1, 1—118), Wien Lpz. 1910. Andere Papyrusreste, zu Gorg., Rep., Ges., Laches und Phaidon, sind viel jünger u. nicht wichtig f. d. Textgesch. Näheres W. C r ö n e r t , Arch. f. Papyrusforschung 1, 115. 521 f.; 3, 294. 496. Besonders umfangreiche Stücke (Sympcs. 200 c ἂν ἔνδεια — 213 e μέμφηται, ὅτι und 217 b [Σώκ]ρατες bis zum Schluß des Sympos.) in: The Oxyrhyn- chus Papyri Part. 5, ed. by Grenfell and Hunt, Lond. 1908. Stücke aus Lysis 208 c und Euthyd. 301 c ebenda 6 (1908), verschiedene Papyri mit Stücken aus dem Phai- dros (Anfang bis 230 e; 238 c bis 240 d; 245 a bis 248 b, Partien von 250 u. 251) ebd. 7 (1910). Dazu M. C r o i s e t , Journ. d. savants 1910, 320 ff. H. A l l i n e , L'histoire et la critique du texte Platonicien et les papyrus d'Oxyrhynchus 1016 bis 1017 [die eben genannten des Phaidros], Rev. de philol. 34 (1910) 251 ff. Ver- zeichn. d. Papyri bei W. S c h u b a r t , Einf. in d. Papyruskunde, Berl. 1918, 483. Zur Papyrusüberlieferung jetzt auch v. W i l a m o w i t z , Platon^2 II 68. 362 f. 366.

Aus der weiteren sehr umfangreichen Überlieferung und Text betreffenden Literatur seien noch die folgenden Arbeiten erwähnt: M. S c h a n z, Ad Plat. et Censorinum, Gott. 1867, Würzb. Diss. Novae commentationes Platonicae, Würzb. 1871. Studien z. Gesch. des platon. Textes, Würzb. 1874. M. V e r m e h r e n, Pl. Stud., Lpz. 1870. A. J o r d a n, De codicum Platon. auctoritate, Jahrbb. f. klass. Philol., Suppl. 7 (1875) 607—640. O. A p e l t, Observationes criticae in Pl. dialogos, Weimar 1880 Pr. M. W o h l r a b, Über die neueste Behandlung des Platontextes, Jahrbb. f. klass. Philol. 113 (1876) 117—130; 123 (1881) 721 bis 731. Die Pl.-Hss. u. ihre gegenseit. Beziehungen, ebd. Suppl. 15 (1887) 641—728. U s e n e r, Unser Platontext (s. o. S. 67* zu § 38. Wichtig auch für die Gesch. der Platonüberlieferung im allgemeinen). J. K r a l, Über den Platonkodex d. Wien. Hofbibl., Wien. Stud. 14 (1893) 161—208. Codices Graeci et Latini photographice depicti III et IV: Plato. Codex Oxoniensis Clarkianus 39 phototypice editus. Praefatus est T h. G u i l. A l l e n. P. I. II, Leiden 1898 f. A. S c h ä f f e r, Quaest. Platonicae, Straßb. 1898 Diss. (geht auf die zu der hsl. Überlieferung in griech. Schriftstellern vielfach hinzutretenden Nebenüberlieferungen für den Text Platons ein). U. v. W i l a m o w i t z - M o e l l e n d o r f f, Hermes 35 (1900) 544 f. O. I m m i s c h, Philolog. Studien zu Plato, 2. Heft: De recensionis Platon. praesidiis atque rationibus, Lpz. 1903. Vgl. auch E. H. G i f f o r d, Class. Rev. 16 (1902) 16 f., J. B u r n e t (A neglected ms. of Plato) ebd. 98—101, (Arethas and the Cod. Clark.) ebd. 276, H. S t u a r t J o n e s (The „Ancient Vulgate“ of Plato and Vind. F.) ebd. 388—391, E. H. G i f f o r d ebd. 391—393, J. B u r n e t, ebd. 17 (1903) 12—14, R. H e n s e l, Vindiciae Platonicae, Berl. 1906 Diss. W. N o r v i n, Einige Bemerk. über die Platonüberlieferung, Nord. Tidskr. f. Filol. 1908, 129—151. — Zur indirekten Überlieferung: E. B i c k e l, De Ioannis Stobaei excerptis Platonicis de Phaedone, Bonn 1902 Diss.; vollständig Neue Jahrb. Supplem. 28 (1903) 409—501. E. D i e h l, Der Timaiostext des Proklos, Rh. Mus. 58, 246 bis 269. (Diehls Ausgabe des prokl. Timaioskommentars ist inzwischen erschienen. S. unter Proklos.) — H. R a b e, Die Pl.-Handschrift Ω, Rh. Mus. 63 (1908) 235 bis 238. Vgl. auch G. P a s q u a l i, Studi ital. di filol. class. 16 (1908) 447 ff. J. B u r n e t, Class. Quart. 8 (1914) 230 ff. Eingehender Abschnitt über d. platon. Textkritik (Ordnung der Schriften, Echtheitsfrage, Handschrr., Emendation, Sprache und Stil) bei v. W i l a m o w i t z, Platon II² 324—429. J. B u r n e t, Vindiciae Platonicae, Class. Quart. 8 (1914) 230 ff. 14 (1920) 132 ff.

A r b e i t e n z u r B e s c h ä f t i g u n g d e s A l t e r t u m s m i t P l a t o n s S c h r i f t e n :

Über die *Scholien* zu Pl. handeln: F r. G i e s i n g, De scholiis Plat. quaest. selectae, P. I: De Aeli Dionysi et Pausaniae Atticistarum in scholiis fragmentis, Lpz. 1883 Diss. A. S c h ä f e r s, Über ein Fragm. aus d. Kommentar des Porphyrius zu Pl. Timaios, 1. T., Sigmar., 1884 Pr. T h. M e t t a u e r, De scholiorum Pl. fontibus, Zür. 1880 Diss. L e o p. C o h n, Unterss. über die Quellen der Platoscholien, Jahrbb. für Philol., Supplem. 13 (1884). A. R e h m, Philol. Suppl. 15 (1922) 82 ff. A. G u d e m a n, Art. Scholien bei Pauly-Wissowa-Witte 687—692. Zu der bes. lebhaften *antiken Beschäftigung mit dem platon. Timaios* vgl. H. K r a u s e, Studia Neoplatonica, Lips. 1904 Diss., 46 ff. (De antiquis Timaei interpretibus). Einem verlorenen Kommentar gilt E. H i l l e r, De Adrasti Peripatetici in Plat. Timaeum commentario, Rh. Mus. 26 (1871) 582—589. Neuere Arbeiten über Poseidonios’ Timaioskommentar s. u. unter Poseidonios. H. H o l t o r f, Plutarchi Chaeronensis studia in Platone explicando posita, Greifsw. 1913 Diss. K. K a l b - f l e i s c h (Galen z. platon. Schrr., bes. der Politeia) in: Festschr. f. Gomperz, Wien 1902, 96 f. Mit *antiken Platonstudien* beschäftigt sich auch O. I m m i s c h, Philol. Studien zu Plato II, Lpz. 1903; ’Αττικοὶ ἐξηγηταί, Philol. 63 (1904) 31—40. Zur *antiken Bezeugung und Athetese platonischer Schriften* E d. Z e l l e r, Hermes 15 (1880) 547—553 = Kl. Schr. I 228—235 (jetzt berücksichtigt in Philos. d. Gr. II 1⁴). Zu dem Fragment eines antiken Auszuges aus den Nomoi Berl. Klassikertexte II 54 H. S c h ö n e, Rh. Mus. 73 (1920) 147. — Über den von einem Mittelplatoniker verfaßten anonym erhaltenen Theaitetkommentar und die neuplatonischen Kommentare zu verschiedenen Schriften s. unter dem mittleren Platonismus § 70 und Neuplatonismus §§ 80—84.

Arbeiten, die sich auf Erklärung, Echtheit, Reihenfolge und Abfassungszeit der platonischen Schriften im allgemeinen beziehen (vielfach greifen hier die unten S. 71* ff. zusammengestellten Arbeiten über Platons Sprachgebrauch ein): Ed. Zeller, Platon. Studien (über die Nomoi, den Menex. u. Hippias minor, den Parm. u. die Darst. d. platon. Philos. bei Aristoteles), Tüb. 1839. Fr. Susemihl, Die genet. Entwickl. der platon. Philos., 2 Teile, Lpz. 1855—1860. H. Bonitz, Platon. Studien, I. II, 1858—1860, 3. Aufl., Berl. 1886 (zu Gorg., Theait., Euthyd., Soph., Laches, Euthyphr., Charmid., Protagor., Phaidr., Phaidon. Bonitz legt den Gedankengang der einzelnen Dialoge dar, weist die Gliederung sorgsam nach und sucht durch diese Mittel die Absicht der Dialoge zu bestimmen). Fr. Ueberweg, Unterss. über die Echtheit u. Zeitfolge platon. Schr. u. über die Hauptmomente aus Pl. Leben, Wien 1861. Über den Gegens. zw. Genetikern u. Methodikern u. dessen Vermittlung, Ztschr. f. Philos. 57 (1870) 55—85. E. Alberti, Die Frage nach Geist und Ordnung der platon. Schriften, beleuchtet aus Aristoteles, Lpz. 1864. G. Grote, Platon usw.; s. o. zu § 37, S. 65*. K. Schaarschmidt, Die Samml. d. platon. Schrr. zur Scheidung der echten von den unechten unters., Bonn 1866. Gegen die Athetesen Ueberwegs und Schaarschmidts: K. Steinhart, Platonisches, Ztschr. f. Philos. 51 (1867), 224—266; 58 (1871), 32—102; 193—250. H. Siebeck, Zur Chronol. d. plat. Gespräche, in: Unterss. zur Philosophie der Griechen s. o. S. 36*. F. Tocco, Ricerche Platoniche, Catanzaro 1876 (beziehen sich auf Sophistes, Parmenides, Philebos, für deren platon. Ursprung der Verf. eintritt; auch soll Pl. in diesen Dialogen schon auf die aristot. Einww. gegen die Ideenl. Rücksicht nehmen). E. Zeller, Über den Zusammenh. der plat. u. aristot. Schriften mit der persönl. Lehrtätigkeit ihrer Verfasser, Hermes 11 (1876), 84—96 = Kl. Schr. 1 152—165. G. Teichmüller, D. plat. Frage, eine Streitschr. gegen Zeller, Gotha 1876. Über die Reihenfolge der plat. Dialoge, Dorpat (Lpz.) 1879. Literar. Fehden im vierten Jahrhundert v. Chr., 1. Bd. (Chronologie der plat. Dialoge der ersten Periode. Pl. antwortet in den Gesetzen auf die Angriffe des Arist.), Bresl. 1881, 2. Bd. (zu Pl. Schriften, Leben u. Lehre), Bresl. 1884. A. Krohn, Die platon. Frage, Sendschreiben an H. Prof. E. Zeller, Halle 1878. H. Bertram, Pl. Alkibiades I, Charmides, Protagoras, Naumb. 1881, Pr. v. Pforta. F. Poschenrieder, D. plat. Dialoge in ihrem Verh. zu den hippokrat. Schriften, Metten 1882 Pr. F. Tocco, Quistioni Platoniche, Filos. delle scuole Italiane 32 (1885) 247—272. W. Christ, Plat. Studien, Münch. Akad. Abh. 1886. Ch. Waddington, Mémoire sur l'authenticité des écrits de Pl., Mém. lu à l'Acad. d. sciences mor. et polit. en 1886, jetzt in des Verfassers Buch La philos. anc. et la critique historique, Par. 1904, 101—144. K. Joël, Zur Erkenntnis usw. s. oben S. 66*. S. auch dessen Werk: Der echte u. d. xenoph. Sokrates (oben S. 57*). Th. Gomperz, Plat. Aufsätze I, Zur Zeitfolge platon. Schrr., Sitz. Wien. Ak. 1887, 741 ff. E. Pfleiderer, Zur Lösung d. plat. Frage, Freib. i. B. 1888 (bezieht sich namentlich auf die Republik, in der drei Gruppen scharf voneinander gesondert werden). Derselbe, Sokrates u. Pl., Tüb. 1896. Const. Ritter, Unterss. über Pl., Stuttg. 1888 (gruppiert die Dialoge nach sprachlichen Indizien). P. Meyer, Quaestiones Plat., M.-Gladbach, 1889 Pr. F. Susemihl, Neue plat. Forschungen, Greifsw. 1898. H. Siebeck, Pl. als Kritiker aristot. Ansichten, Ztschr. f. Ph. u. ph. Kr. 107 (1896) 1—28; 161—176; 108 (1896) 1—18; 109—110. F. Dümmler, Chronol. Beiträge zu einigen plat. Dial. aus den Reden des Isokrates, Basel 1890, Pr. = Kl. Schr. I 79—139. F. Horn, Platonstudien, Wien 1893. Platonstudien, N. F.: Krat., Parm., Theait., Soph., Staatsm., Wien 1904. H. v. Arnim, Die Verwertbarkeit der sprachstatist. Methode zu chronol. Schlüssen, Ztschr. f. d. österr. Gymn. 51 (1900) 481—492. H. Schöne, Pl. unvollendete Tetralogien, Berlin 1900. N. Wecklein, Plat. Studien, Sitz. Münch. Ak., philos.-philol. u. histor. Kl. 1901. Const. Ritter, Platons Dialoge. Inhaltsdarstellungen 1. der Schrr. d. späteren Alters, Stuttg. 1903 (behandelt Parm., Soph., Politik., Phileb., Tim. u. Kritias); 2. der Schrr. des reifen Mannesalters, 1. Teil: Der Staat, Stuttg. 1909. (Sehr förderlich zur Einführung. Nützliche Register. S. auch des Verf. Arbeit zu den Gesetzen.) M. Hoffmann, Zur Erkl. plat. Dialoge, I. Lach. u. Charm.; Ztschr. f. d. Gymnasialw. 1903, 525—537; II. Euthyphr., ebd. 1904, 87—92; III. Die beiden Hippias, ebd. 279—288; IV. Gorgias, ebd. 1904, 478 bis 490; V. Menon, ebd. 609—614; VI. Phaidros; VII. Menexenos, ebd. 1905, 321—335.

I v o B r u n s , Attische Liebestheorien u. die zeitl. Folge des platon. Phaidros sowie
der beiden Symposien, Neue Jahrb. 5 (1900) 17 ff. F. B l a s s , Über die Zeitf. von
Pl. letzten Schrr., in: Apophoreton, Berl. 1903. H. R a e d e r , Pl. philos. Entw.,
Lpz. 1905 (behandelt die Hauptp. der platon. Frage u. geht auf Inhalt u. Reihenfolge
der einzelnen Dialoge ein; zur Einführung sehr geeignet). A. v. K l e e m a n n ,
Platon. Unterss. II, Arch. f. Gesch. d. Philos. 21 (1908) 50—75. G. L. R a d i c e ,
Studi Platonici, Arpino 1906. L. R a d e r m a c h e r berührt im Rh. Mus. 63 (1908)
531 ff. Stellen plat. Dialoge u. des ps.-platon. Axiochos im Zusammenh. der Mythen
von Strafen im Hades. S. A. N a b e r , Platonica, Mnemos. 36, 1 ff. 217. 448; 37,
1 ff. C o n s t. R i t t e r , Platonica, Philol. 67 (1908) 311—314; 68 (1909) 332—343
(zum 13. Brief d. plat. Briefsammlung, zur Schilderung des Äußern Pl. Diog. Laërt.
3, 28], zu den Platonporträts). H. R i c h a r d s , Platonica, in Class. Review, Class.
Quarterly und gesondert Lond. 1911. A. G o e d e c k e m e y e r , Die Reihenf.
d. plat. Schrr., Arch. f. Gesch. d. Philos. 22 (1909) 435—455. F r. T h. O l z s c h a ,
Pl. Jugendl. als Kriterium f. d. Chronologie s. Dialoge, Zwickau 1910 Pr. C o n s t.
R i t t e r , Neue Unterss. üb. Pl., Münch. 1910 (darin 1. Bemerkk. zum Sophistes;
2. Beiträge zur Erkl. des Politikos; 3. Bemerkk. zum Philebos: 4. Timaios cap. I;
5. Die Sprachstatistik in Anwendung auf Platon und Goethe; 6. *Εἶδος, ἰδέα* u. verwandte Wörter in den Schrr. Pl.; 7. Die dem Pl. u. Speusippos zugeschriebenen
Briefe). L. G a d e l l e , Quaest. Platonicae, Straßb. 1910 Diss. O. A p e l t , Platon.
Aufsätze, Lpz. Berl. 1912 (darin 1. Der überhimmlische Ort; 2. Wahrheit; 3. Dishar-
monien; 4. Über Pl. Humor; 5. Die Taktik des platon. Sokrates; 6. Das Prinzip
der plat. Ethik; 7. Die Lehre von der Lust; 8. Der Wert des Lebens; 9. Die Aufgabe
des Staatsmannes; 10. Pl. Straftheorie; 11. Die beiden Hippiasdialoge; 12. Pl. Sophistes in geschichtl. Beleuchtung).

H. v. A r n i m , Sprachl., Forschgn. z. Chronol. der plat. Dialoge, Sitz. Wien.
Ak. 169 (1912) 3. Abh. J. S t e n z e l , Über zwei Begriffe d. plat. Mystik, *ζῷον* und
κίνησις, Bresl. 1914 Pr. J. J. B e a r e , A new clue to the order of the Platonic
dialogues, Presentation volume to prof. Will. Ridgeway 1913. The Platonic canon,
Amer. journ. of philol. 35, Heft 3. M. P o h l e n z , Aus Pl. Werdezeit, Berl. 1913
(A. Die Entst. des platon. Dialoges u. die Frage nach s. histor. Treue. B. Pl. sokrat.
Periode [I. Die Apol., II. Laches, III. Charm., IV. Der kleine Hippias (dazu Anh.:
Die *Διασοὶ λόγοι*), V. Prot. (dazu Anh.: z. siebenten Brief), VI. Abschluß: kein plat.
Dialog ist vor Sokrates' Tod geschrieben. Unechtheit des großen Hippias]. C. Die
Krisis [VII. Gorgias, VIII. Menon (dazu Anh.: Sophistik u. Rhetorik nach Pl. Auff.)].
D. Die sozialpolit. Gedanken [IX. Die erste Ausg. des Staates. Pl. Stellung z. athen.
Demokratie. X. Kritik des perikleischen Ideals. Pl. u. Thukydides. XI. Kritik der
auswärt. Politik Athens. Menex.]. E. Die neue Weltansch. [Phaidon, Phaidros, Lysis
u. Symp. (dazu Exkurs: Pausanias' Erotikos. Pl. u. Xenoph. Symp.)]. F. Aus Pl.
Werdezeit. Vgl. jetzt Gött. gel. Anz. 1921, 1 ff., wo Pohlenz seine Annahmen in
einigen Punkten modifiziert. H. v. A r n i m , Pl. Jugenddialoge u. die Entstehungszeit des Phaidros, Lpz. Berl. 1914 (ergänzt des Verf. Sprachl. Forschungen z. Chronol.
d. plat. Dialoge [sieh oben] durch eine inhaltl. Unters., die zu den gleichen Ergebnissen führt. Besonders bemerkenswert: v. Arnim erkennt im P r o t a g o r a s
Pl. e r s t e n D i a l o g , r e c h n e t d e n L y s i s z u d e n J u g e n d d i a -
l o g e n und läßt ihn früher verfaßt sein als Charm., Euthyphr. u. Euthyd., die einander
in dieser Ordnung folgen. Das protreptische Gespräch des Euthyd. setzt nach v. A.
den Charm. fort, der seinerseits jünger ist als Prot., Laches u. Lysis. Der Euthyd. geht
dem Menon voraus. D a s e r s t e B. d e r P o l i t e i a i s t a l s s e l b s t ä n -
d i g e r D i a l o g über die Gerechtigkeit v o r d e m G o r g i a s v e r f a ß t
und zwischen Prot. u. Laches einerseits, Lysis anderseits anzusetzen. Der P h a i -
d r o s erhält seinen Platz z w i s c h e n P a r m e n i d e s u n d S o p h i s t e s .
Gegenüber der seit K. Fr. Hermann herrschenden Auffassung, daß sich durch Vergleichung des dogmatischen Standpunktes der verschiedenen Dialoge ein Bild der
philosophischen Entwicklung Pl.s gewinnen lasse, neigt v. A. der S c h l e i e r -
m a c h e r s c h e n A n n a h m e eines der Abfolge der Schriften zugrunde liegenden
methodisch-didaktischen Planes zu). — H. D. V e r d a m , De ordine quo Platonis
dialogi inter se succedunt, Mnemos. 44 (1916) 255—294. — In den Gesamtwerken über
Platon behandeln Echtheit und Ordnung der Schriften insbesondere R a e d e r
20 ff., R i t t e r I 197 ff., v. W i l a m o w i t z II² 324 ff.

Arbeiten über Platons Sprachgebrauch und Verwandtes (Sprachliches wird auch vielfach in den S. 69* ff. zusammengestellten Arbeiten, namentlich denen über die Reihenfolge der platon. Dialoge, berührt):
F. W. Engelhardt, De periodorum Platonicarum structura diss. I. II., Gedani 1853. 1864 Pr. G. Kopetsieh, De verbalibus in τός et τέος Platonicis diss., Lyck 1860 Pr. J. Riddel, Digest of Plat. idioms, in Riddels Ausg. d. plat. Apol., Oxf. 1867. L. Campbell, The Sophistes and Politicus of Pl. with . . . notes, Oxford 1867, Unterss. üb. sprachl. Indizien für die Zeitbest. plat. Dialoge, übers. von J. Golling, Ztschr. f. Philos. u. philos. Kr. 111; Golling, L. Campbell über Pl. Sprachgebr. in Sophistes u. Politicus, Ztschr. f. d. österr. Gymn. 1897; desgl. C.s wichtiger Aufsatz On Plato's use of language (Plat. Rep. ed. Jowett-Campbell t. 2 p. 165—340), übers. von Mekler, Ztschr. f. Ph. usw. 111, 222 ff. Die Forschungen Campbells, mit denen die Sprachstatistik im Dienste der Chronologie der platon. Schriften ihren Anfang nimmt, blieben in Deutschland lange unbekannt (s. jedoch O. Apelt, Berl. philol. Woch. 1889, 883), bis W. Lutoslawski nachdrücklich auf sie hinwies. Mehr als zehn Jahre nach Campbells Forschungen wurden ähnliche Unterss. in Deutschland ohne Kenntnis der englischen angestellt; s. unten besonders die Arbeiten von Dittenberger, Schanz, Ritter, Lutoslawski u. v. Arnim. Zur prinzipiellen Beurteilung der sprachstatist. Methode s. namentlich Ritter, Neue Jahrb. 11 (1903) 241 ff. 313 ff. = Neue Unterss. über Platon 183 ff., Philol. 73 (1914) 321—373 und Jahresb. üb. d. Fortschr. d. klass. Altertumsw. 187 (1921 I) 44 ff. M. Schanz, Über die Bifurkation der hypothetischen Periode nach Platon, Jahrbb. f. klass. Philol. 101 (1870), 225—245. A. Roeper, De dualis usu Plat., Gedani 1878, Bonner Diss. W. Dittenberger, Sprachl. Kriterien f. d. Chronol. der platon. Dialoge, Hermes 16 (1881) 321—345. R. Jecht, De usu particulae ἤδη in Pl. dialogis, Halle 1881 Diss. H. Hoefer, De particulis Pl. capita selecta, Bonn 1882 Diss. Ph. Weber, D. Absichtssatz bei Pl., Würzb. 1884. M. Schanz, Zur Entwickl. des plat. Stils, Hermes 21 (1886) 439—459. P. Droste, De adjectivorum in ειδής et in ώδης desinentium ap. Pl. usu, Marb. 1886 Diss. F. Kugler, De particulae τοί eiusque compositorum ap. Platonem usu, Trogen 1886 Diss. Const. Ritter, Unterss. über Pl., Stuttg. 1888. S. dagegen Frederking, Sprachl. Kriterien f. d. Chronol. d. platon. Dialoge, Jahrbb. f. klass. Philol. 125 (1882) 534—541; Zeller, Philos. d. Griech. II 1⁴ 512 ff. Sitz. Berl. Ak. 1887, 216 ff. = Kl. Schr. I 392 ff., Arch. f. Gesch. d. Philos. 2 (1889) 672 f. 677 ff.; 10 (1897) 592 ff.; 11 (1898) 1—12 = Kl. Schr. II 109—119, und gegen die hier erhobenen Einwände wieder Const. Ritter in den oben genannten Arbeiten, bes. Jahresber. 187 (1921 I) 72 ff. E. Walbe, Syntaxis Plat. spec., Bonn 1888 Diss. Th. Lina, De praepositionum usu Plat., Marb. 1889 Diss. Car. Baron, De Pl. dicendi genere, Par. 1891 Diss. I. ab Arnim, De Pl. dialogis quaest. chronologicae, Rostock 1896, Ind. lect. L. Campbell, On the place of the Parmenides in the order of the Plat. dialogues, Class. Rev. 10 (1896) 129—136, s. S. Mekler, L. Campbell üb. d. Stelle des Parm. in d. chronol. Reihe der platon. Dialoge, Ztschr. f. Ph. u. ph. Krit. 112, 17—34. W. Lutoslawski, Über die Echth., Reihenf. u. logische Theorien von Pl. drei ersten Tetralogien, Arch. f. Gesch. d. Phil. 9 (1896) 67—114, eine Selbstanzeige, in welcher der Verf. die Ergebnisse seines früher veröffentlichten Werkes: O pierwzych trzech tetralogiach dziet Platona, Cracov 1896, zusammenfaßt. Vorher schon war von ihm erschienen: O logice Platona, I u. II, Kraków 1891 u. Warszawa 1892. Hauptarbeit Lutoslawskis: The Origin and Growth of Pl.s Logic with an account of Pl. Style and of the Chronology of his writings, Lond. New York Bombay 1897. Neue Ausg. Lond. 1905. Auszug aus dem 3. Kap. (The style of Plato) dtsch. von P. Meyer, Ztschr. f. Phil. u. ph. Krit., 110, 171—217. Unter den Kritikern dieses Werkes (u. der Methode L.s) s. Raeder, Pl. philos. Entw. 34 ff., v. Arnim, Sprachl. Forsch. z. Chron. d. plat. Dial. 3 f. und bes. Ritter, Jahresber. 187 (1921 I) 113 ff. Vgl. auch P. Natorp, Über die Methode der Chronol. platon. Schrr. nach sprachl. Kriterien, Arch. f. Gesch. d. Philos. 11 (1898) 461—464. Unterss. über Pl. Phaidros u. Theaitet, Arch. f. Gesch. d. Philos. 12 (1899) 1—49, 159—186; 13 (1900) 1—22. O. Immisch, Zum gegenw. Stande der platon. Frage, s. o. S. 65* zu § 37. W. Janell, Quaestiones Plat., Rost. 1901 Diss. (genaue Unterss. namentlich über den Hiatus b. Pl.). P. Trense, De attributi eiusque collocationis usu Plat., Rost. 1901 Diss. H. L. Ebeling, Some statistics on the order of words in

Greek, Studies in honour of B. L. Gildersleeve, Baltimore 1902, 229—240 (betrifft die Wortfolge im platon. Prot.). J. E l m o r e , On the pronominal use of ὁ αὐτός in Pl., Class. Philol. 3, 184 ff.; dagegen P. S h o r e y , Varia, ebd. 198. C o n s t. R i t t e r , Die Sprachstatistik in Anwendung auf Pl. u. Goethe, Neue Jahrb. 11 (1903) 231—261, 313—325 (abgedr.: Neue Unterss. über Pl. 183—227). S. auch R i t t e r unter dem Phaidros und R i t t e r s Platon (o. S. 65*), Register u. d. W. Chronologisches. W. K a l u s c h a , Zur Chronol. der plat. Dialoge, Wien. Stud. 26 (1904) 190—204 (prüft den Rhythmus am Satzschlusse). A. N. J a n n a r i s , Pl. testimony to quantity and accent, Amer. journ. of philol. 23, 75—83 (über den Gebrauch von προσῳδία, ἁρμονία und μῆκος). G. O. B e r g , Metaphor and comparison in the dialogues of Pl., Berl. 1904 Diss. H. R. F a i r c l o u g h , A study of the forms of interrogative thought in Pl., Proceed. of the Amer. philolog. associat. 35 p. XCIV, Transact. and proc. of the Am. philol. ass. 40 (1909) p. XCIX f. G. G a r d i k a s , ʽΗ παρὰ Πλάτωνι τροπικὴ λέξις. ᾽Αϑηνᾶ 17 (1905) 65—149. G. V a i l a t i , The study of Platonic terminology, Mind. 1906, 473—485. G. N. H a t z i d a k i s , Antilegomena über die Orthographie Pl., ᾽Αϑηνᾶ 20 (1908) 61—101. K. G l e i s b e r g , De vocabulis tragicis quae apud Pl. inveniuntur, Berl. 1909, Bresl. Diss. C o n s t. R i t t e r , Εἶδος, ἰδέα u. verwandte Wörter in den Schrr. Pl. in: Neue Untersuchungen über Pl. 228—326. J. S o u i l h é , 1. La notion plat. d᾽intermédiaire; 2. Le terme δύναμις dans les dial. d. Pl. (bespr. Rev. philos. 46, 409). C. F. N e l z , De faciendi verborum usu Plat., Bonn 1911 Diss. v. W i l a m o w i t z , Platon II² 248 ff. (über εἶδος und εἴδη). F. J e f f r é , D. Begriff τέχνη bei Pl., Gütersloh 1922, Kieler Diss. (ungedr.). L u i s e R e i n h a r d , Die Anakoluthe bei Pl. (Philol. Unters. H. 25), Berlin 1920. G. H. B i l l i n g s , The Art of Transition in Pl., Chicago 1920 Diss. — Unter den hier eingreifenden sprachstatistisch-chronologischen Arbeiten sei noch besonders auf R i t t e r s und v. A r n i m s eindringende Forschungen (oben S. 69* ff.) hingewiesen. S. auch T h. G o m p e r z oben S. 69*. — Hierher gehören auch einige der oben S. 33* verzeichneten terminologischen Arbeiten; so bespricht H. D i e l s , Elementum 17 ff., den platon. Gebrauch von στοιχεῖον, R u d. S c h u l t z das Vorkommen des Wortes αἰδώς in den verschiedenen Perioden der platon. Schriftstellerei. Prinzipielles zur platon. wie zur philos. Terminologie überhaupt: J. S t e n z e l , s. o. S. 8*.

Außerdem sind hier noch zu nennen: v a n C l e e f , De attractionis in enuntiationibus relativis usu platonico, Bonn 1890 Diss. C. B a r o n (über περί), Rev. des étud. gr. 10 (1897) 264 ff. W. B e r d o l t , D. Folgesatz b. Pl. Mit histor.-grammatischer Einl., Erl. 1896 Diss. R e i t e r , De Pl. proprietate quadam dicendi, Braunsberg 1897 Pr. (über den Gebrauch von κινδυνεύειν bei Pl.). J. V a h l e n , Gramm. Bemerkk. zu Pl., Ztschr. f. d. österr. Gymn. 23 (1872) 499 ff. = Ges. philol. Abh. I 342—364. Observationes sermonis Graeci ad Pl. maximam partem spectantes, Berl. 1900 Ind. lect. — F. B l a s s glaubt R h y t h m e n , und zwar nicht an die Kola gebundene, bei Pl., so im Phaidros, entdeckt zu haben: Die Rhythmen d. att. Kunstprosa: Isokrates, Demosthenes, Pl., Lpz. 1901; Fortsetz. Hermes 36 (1902) 580 ff. u. in: Festschrift f. Gomperz 53 f. Über den Rhythmus bei Pl. handelt ferner A. W. d e G r o o t , A Handbook of antique Prose-Rhythm, Gron. 1918 (Berl. philol. Woch. 1920, 220 f. 223 f.), über Klauseln in d. Altersschrr. L. B i l l i g , Journ. of Philol. 35 (1920) 225—256. — Charakteristik von Pl. Sprache u. Stil bei v. W i l a - m o w i t z , Platon II² 412—429. L. M é r i d i e r , Le mot μέθοδος chez Pl., Rev. des études grecques 22 (1909) 234—240. A. D i è s , La transposition platon., Annales de l᾽Instit. supér. de philos. de Louvain 2 (1913). A. N o l t e , Sprachstat. Beispiele aus den früheren platon. Schrr. u. aus Ariosts Orlando furioso, Gött. 1914. H. K a l l e n - b e r g , ῞Οτι und ὡς bei Pl. als Hilfsmittel zur Bestimmung der Zeitf. s. Schrr., Rh. Mus. 68 (1913) 465—476. F. N o v o t n ý , ῞Οτι und ὡς in Pl. Briefen, Rh. Mus. 69 (1914) 742—744. Für Pl. kommt noch in Betracht C. M. G i l l e s p i e , The use of εἶδος and ἰδέα in Hippocrates, Class. Quart. 6 (1912) 179.

Lexika: J. J. W a g n e r , Wörterb. d. platon. Philos., Gött. 1799. C h r. G. L. G r o ß m a n n , Lexici Platonici specimen I (de voce ἀρετή), Altenburg 1828 Pr. F. M i t c h e l l , Index Graecitatis Platonicae; accedunt indices historici et geographici (2 Bde.), Oxonii 1832. F r. A s t , L e x i c o n P l a t o n i c u m s i v e v o c u m P l a t o n i c a r u m i n d e x (3 Bde.), Lips. 1835—1838 (ohne Eigennamen). Zweite (durch anast. Neudr. hergest.) Aufl. Berl. 1908 (unzulänglich, aber

vorläufig unentbehrlich). Wissenschaftlichen Anforderungen zu genügen, verspricht
das in der Ausarbeitung befindliche Lexicon Platonicum edited by L. C a m p b e l l
and J. B u r n e t (auch die Eigennamen enthaltend). Vgl. die Mitteilung Berl. philol.
Woch. 1909, 669 ff. Onomast. Plat. (Eigennamen) und Index scriptorum im Anh.
d. Hermannschen Ausg.

A r b e i t e n   ü b e r   P l a t o n s   M e t h o d e   u n d   D a r s t e l l u n g s -
f o r m. E i n z e l n e   F r a g e n   s e i n e r   S c h r i f t s t e l l e r e i. (Vieles hierher
Gehörige auch in den Gesamtwerken über Platon, besonders bei R i t t e r   und
v. W i l a m o w i t z.)

Methode und Darstellungsform: H. O l d e n b e r g , De Pl. arte dialectica,
Gött. 1873. F. L u k a s , D. Methode d. Einteilung bei Pl., Halle 1888. L. v. S y b e l ,
Pl. Technik, an Symp. u. Euthyd. nachgewiesen, Marb. a. L. 1889. M. A l t e n -
b u r g , Die Methode der Hypothesis bei Platon, Aristoteles u. Proklus, Marb. 1905
Diss. Zu Pl. Dialogkomposition s. H i r z e l o. S. 34*, I v o B r u n s (D. liter.
Portr. [o. S. 21*] 231 ff.), K i a u l e h n (o. S. 34*) und M. P o h l e n z , Aus Pl.
Werdezeit 1 ff., zu seiner polemischen Methode E. H ö t t e r m a n n , Ztschr. f. d.
Gymnasialw. 63, 81 ff.; 64, 65 ff., O. A p e l t , Die Taktik d. platon. Sokrates, in:
Platon. Aufsätze 96—108. A. D i è s , La transpos. Platon. s. o. J. S t e n z e l ,
Literar. Form. u. philos. Gehalt d. platon. Dialogs, Jahresber. d. Schles. Ges. f.
vaterl. Kultur 1916. W. S a u p e , Die Anfangsstadien d. griech. Kunstprosa in d.
Beurteil. Pl., Weida i. Thür. 1916, Lpz. Diss. — *Mythenbildung:* C. R. V o l q u a r d s e n ,
Pl. Theorie vom Mythus u. seine Mythen, Schleswig 1871 Pr. E. F o r s t e r ,
Die platon. Mythen, Rastatt 1873 Pr. P. G r e g o r i a d e s , *Π. τῶν μύθων παρὰ
Πλάτωνι*, Gött. 1879 Diss. L. C o u t u r a t , De Platon. mythis, Par. 1896. S. auch
J. A. S t e w a r t , The myths of Plato, oben Text § 38. V. B r o c h a r d , Les
mythes dans la philos. de Pl., in des Verf. Études (oben S. 7*). Zu den eschatologi-
schen Mythen s. auch A. D i e t e r i c h , Nekyia 113 ff., L. R a d e r m a c h e r ,
Das Jenseits im Mythos d. Hellenen 78 ff. — *Bilder, Vergleiche, Sprichwörter:* L i n g e n -
b e r g , Plat. Bilder u. Sprichwörter, Köln 1872 Pr. J. P. H u b e r , Zu den platon.
Gleichnissen, Passau 1879 Pr. E. G r ü n w a l d , Sprichwörter u. sprichwörtl.
Redensarten bei Pl., Berl. 1893 Pr. H. B e r t r a m , Die Bildersprache Pl., Naumb.
a. S. 1893. 1895 Pr. S. auch G. O. B e r g oben S. 72*. — *Platon und die Rhetorik:*
R. H i r z e l , Über das Rhetorische u. s. Bedeutung bei Pl., Lpz. 1871. J. V. N o v á k ,
Pl. u. die Rhetorik, Jahrbb. f. klass. Philol. Suppl. 13 (1883) 441—540. Vgl. auch
die Lit. üb. die Pl.s Verhältnis zur Rhetorik am meisten berührenden Dialoge, den
Gorgias (S. 76* f.) und den Phaidros (S. 81* f.), sowie zu Platons Kunstlehre unten
§ 42. S. auch oben S. 25* unter V. — *Platon und die Poesie:* F. T h i e r s c h , Über
die dramatische Natur der platon. Dialoge, Abh. Münch. Ak. 2, 1 (1837) 1—59.
K. F i s c h e r , Über die Dichterstellen bei Pl., Lemberg 1877 Pr. Th. H e i n e ,
De ratione quae Platoni cum poetis Graecorum intercedit qui ante eum floruerunt,
Bresl. 1880 Diss. A. M a i e r , Über das Dichterische bei Pl., Krems 1904 Pr.
L. D y e r , Plato as a playwright, Harv. studies in class. philol. 12 (1901) 165 ff. G u i l.
L a n g b e i n , De Pl. ratione poetas laudandi, Jenae 1911 Diss. S. auch die Lit.
zu § 42, Pl. Kunstlehre. *Zu Platons schriftstellerischem Ethos:* O. A p e l t , Über
Pl. Humor, Neue Jahrb. 19 (1907) 247 ff., wieder abgedr.: Platon. Aufss. 72—95.
W. E c k e r t , Dialektischer Scherz in den früheren Gesprächen Pl., Nürnb. 1907,
Pr. v. Schwabach u. Diss. v. Erl. 1911. — *Varia:* E. Z e l l e r , Über die Anachro-
nismen in den platon. Gesprächen, Abh. Berl. Akad. philos.-hist. Kl. 1873 79—99
= Kl. Schr. I 115—135. R. S c h l ä g l , Beiträge zu den Anachronismen bei Pl.,
Tetschen a. E. 1901 Pr. E d. S t e m p l i n g e r , Das Plagiat in der griech. Lit.,
Lpz. Berl. 1912, bespricht 25 ff. die antiken Nachrichten über Pl. angebliche Plagiate.
W. M o o g , Das Naturgefühl bei Pl., Arch. f. Gesch. d. Philos. 24 (1911) 167—194

A r b e i t e n   ü b e r   d i e   e i n z e l n e n   S c h r i f t e n   u n d   S c h r i f t e n -
g r u p p e n   P l a t o n s :

V o r b e m e r k u n g : Für alle Schriften sind außer den großen Werken
von E. Z e l l e r u. Th. G o m p e r z insbesondere einzusehen: H. R a e d e r ,
Pl. philos. Entwicklung, Lpz. 1905, C o n s t. R i t t e r , Platon, 2 Bde., Münch.
1910. 1923 und U. v. W i l a m o w i t z - M o e l l e n d o r f f , Platon², Berl. 1920.

Platons Jugenddialoge insgesamt: M. P o h l e n z , Aus Pl. Werdezeit, Berl. 1913
(s. o. S. 74*). H. v. A r n i m , Pl. Jugenddialoge u. d. Entstehungszeit des Phaidros,
Lpz. Berl. 1914 (s. o. S. 74*). M. H i e s t a n d , D. sokrat. Nichtwissen in Pl. ersten
Diall., eine Unters. üb. die Anfänge Pl., Zür. 1923.

Apologie: K. M e n d l , D. plat. Ap. d. wirkl. Verteidigungsr. d. Sokr.,
Kaaden 1891 Pr. E. V a i h i n g e r , Neutestamentl. Parallelen zu Pl. Ap. d. Sokr.,
Blaubeuren 1901 Pr. S c h a n z , in d. Einl. zur Ap. oben Text § 38. W. V o l l n -
h a l s , Über d. Verhältn. d. Rede des Isokrates *Π. ἀντιδόσεως* zu Pl. Ap. des S.,
Bamb. 1897 Pr. I. V a s o l d , Erlang. 1898 Diss. behandelt dasselbe Thema.
T h. G o m p e r z , Vortrag über d. Ap. in d. Verhandl. der 43. Philologenvers., Lpz.
1896. M. W e t z e l , Üb. d. Komposition, d. literar. Char. u. die Tend. der platon.
Ap., Gymnasium 14, 23 ff. H. St. S e d l m a y r , Pl. Verteidigungsr. d. Sokr.,
Wien 1899. J. T r a l k a , Die methodisch-rhetorische Analyse der platon. Schrift
u. d. Tit. Die Ap. d. Sokr., Stryj 1901 Pr. J. S t i g l m a y r , Das antike Tugend-
ideal in der plat. Ap. des Sokr., Stimmen aus Maria Laach 1902, Nr. 3. 4. K. L i n d e,
Ist die Ap. des Sokr. eine Dichtung Pl.s ? Ztschr. f. d. Gymnasialw. 1902, 493—498.
A. G e i ß l e r , Über die Idee der platon. Ap. des Sokr., Würzb. 1905 Diss. Der
Strafantrag in der platon. Ap. d. Sokr., Blätt. f. d. Gymn. (bayer.) 1906, 381—391.
Vgl. auch R. J. B o n n e r , The legal setting of Pl. Apology, Class. Philol. 3, 169.
J. E l m o r e , Note on the Episode of the Delphic Oracle in Pl. Ap., Transact.
and Proceed. of the Americ. philol. Assoc. 38 (1907) p. XXXIII. J. M. F r a e n k e l ,
De Socr. ap. Platonica, Sertum Nabericum, Lugd. Bat. 1908, 95—103. K. O r s -
z u l i k , Dispos. u. Gedankeng. v. Pl. Ap. u. Kriton, Teschen 1909 Pr. F. S c h ö n ,
Der Strafantrag in d. plat. Ap. d. Sokr., Waidhofen a. d. Th. 1909 Pr. S. L i n d e (zu
Apol. 22 a), Eranos (Act. philol. Suec.) 12 (1912) 170. A. L a u d i e n , Pl. Ap. d.
Sokr., Neue Jahrb. 34 (1914) 180—191. P. V r i j l a n d t s. o. S. 61*. J. M.
F r a e n k e l en P. G r o e n e b o o m , Pl. Verdedigingsr. van Sokr., Groningen.
E. H o r n e f f e r , Der junge Pl., I. Teil: Sokr. u. d. Ap.; mit einem Beitr.: Das
delph. Orak. als ethischer Preisrichter, v. R. H e r z o g , Gieß. 1922. Beiträge zu
Kritik und Erklärung einzelner Stellen: T h. G o m p e r z , Rh. Mus. 32 (1877)
478 = Hellen. II 232 (zu Ap. 37 b). A. d e B a m b e r g , Quaestion. crit. in Pl.
quae fertur Ap., Gotha 1899 Pr. (verwirft u. a. K. 18 und 32). H. T. J o h n s t o n e,
On Pl. Ap., Class. Rev. 16 (1902) 176 f. E. F r i t z e , Zu Pl. Ap. p. 26 D, Neue
philol. Rundschau 1903, 433—437. F r. B e y s c h l a g , Das 32. Kap. d. plat.
Ap., Philol. 62 (1903) 196—226 (gegen v. Bamberg). H. S c h i c k i n g e r , Zu
Pl. Ap. c. 26, Wien. Stud. 26, 340 f. F r. V o g e l , Zu Pl. Ap., Blätt. f. d. Gymn.
(bayer.) 1906, 391—398. G. A d a m , Zu Pl. ap. 39 B, Neue philol. Rundschau
1907, 505 f. P. S h o r e y , Varia, Class. Philol. 3, 198. A. S t e i n b e r g e r (zu
Ap. 38 b *ἴσως δ'ἂν δυναίμην κτλ.*), Blätt. f. d. Gymn. (bayer.) 45 (1909) 540—543.
S. L i n d e, Eranos 12, 175. J. B e r l a g e , Mnemos. N. S. 47, 158 (zu 39 b).
P. G r o e n e b o o m , Mnemos. N. S. 47, 282 ff. (zu 17 b, 22 a, 24 c, 25 b, 26 b,
26 d, 30 e, 35 c, 36 d). E. H o w a l d , Jahresb. d. Philol. Ver. z. Berl. 48, 23 (zu
23 d). Zum Verh. v. Isokrates' Rede *π. ἀντιδόσεως* zur plat. Apol. vgl. auch O. M.
F e d d e r s e n , De Xenoph. apol. etc., s. unter Xenophon S. 60*. H. K r u s e ,
Fremde Zusätze in Pl. Ap., Sokrates 3 (1915) Anh. (Jahresber.) 299—311.
W. S c h m i d , Zu Pl. Ap., Philol. 76 (1920) 226—228. R a e d e r , R i t t e r ,
P o h l e n z , v. W i l a m o w i t z s. o. S. 73* f.

Kriton: A. R a b e , Pl. Apologie u. Kr. logisch-rhetor. analysiert, I. II,
Berl. 1897—1898 Pr. H. G o m p e r z , Über die Abfassungsz. des platon. Kr.;
Ztschr. f. Ph. u. ph. Kr., 109, 176—179. F r. G r o h , Datovani Platonova Kritona,
Listy filologicke 1902, 371—373. J. T r a l k a , Methodisch-rhetor. Analyse von
Pl. Kr., Stryj 1906 (polnisch). L. P a r m e n t i e r , Sur le Cr. de Pl., in: Philo-
logie et Linguistique (Mélanges Havet), Par. 1909, 333. G. S a c h s e , Pl. Kr.,
Ztschr. f. d. Gymnas. 65 (1911) 257—265. F. L i l l g e , Ein rhetor. Schema in
Pl. Kr., Sokr. 4 (1916) 331—338. S. auch O r s z u l i k unter Apologie. Kritische
Beiträge: K. H u d e , Pl. Kr. 54 a, Nordisk Tidskrift for filol. 16, 128. J. B e r -
l a g e , Crito p. 44 a, Mnemos. N. S. 45 (1917) 338. F. L e v y , Sallust ad Caesarem
2, 13, Berl. philol. Woch. 1920, 1198—1200 (abhängig von Pl. Crit. 50 a ff.). R a e d e r ,
R i t t e r , P o h l e n z , v. W i l a m o w i t z s. o. S. 73* f.

Ion: J a n e l l im letzten Kapitel seiner Quaestiones Platonicae (für die Echtheit, die überhaupt neuerdings mehr anerkannt wird, so auch von Wilamowitz, der sie früher bestritt; sieh auch E d. M e y e r , Forschungen II 174). R. N e u h ö f e r , Platonuv Ion, Brünn 1908, Pr. d. tschech. G.; über den Inhalt dieser Abh. berichtet J. P a v l u , Ztschr. f. d. österr. Gymn. 60 (1909) 668 ff., der sich im Gegensatze zu Neuhöfer für die Unechtheit entscheidet. R a e d e r , P o h l e n z , v. W i l a m o w i t z s. o. S. 73* f.

Protagoras: A. W e s t e r m a y e r , Der Mythus in Pl. Prot., Nürnb. 1877 Pr. Der Protagoras des Plato, Erlang. 1882. H. v. K l e i s t , Die methodolog. Bedeutung des platon. Dialogs Prot., Philolog. 39 (1879) 1—32. F. R a m o r i n o , In Pl. Prot. explanationes, Turin 1880. E. J o y a u , Pl. Prot., s. Socratica de natura virtutis doctrina, Par. 1880. A. G r o ß m a n n , D. philos. Probleme in Pl. Prot., Neumark i. W.-Pr. 1883 Pr. W M ü n s c h e r , Gliederung des plat. Prot. usw., Jauer 1883 Pr. O. K a r l o w a , Zu Pl. Prot., Pleß 1896 Pr. I. B ö h m e , Zur Protagorasfrage, Hamb. 1897 Pr. C. S c h i r l i t z , Der Beweis f. d. Identität d. Tapferkeit u. d. Wissens in Pl. Prot., Stargard i. P. 1901 Pr. R. B i e s e , Zu Pl. Prot., Essen 1903 Pr. J. J a k o b , Studien zu Pl. Prot., Aschaffenb. 1904 Pr. H. J u r e n k a , Des Simonides Siegeslied auf Skopas in Pl. Prot., Ztschr. f. d. österr. Gymn. 1906, 865—875. D. M a s o n (zu Prot. 355 d), Class. Rev. 25 (1911) 164 f. J. L. S t o c k s , The argument of Pl. Protag. 351 b—356 c, Class. Quart. 7 (1913), 100—104. H. P e s t a l o z z i , Zur Auffassung v. Pl. Prot., Zür. 1913 Diss. Zum Mythos des Pr. s. auch S h. O w e n D i c k e r m a n , De argumentis etc. (s. unter Xenophon S. 61*) 85 ff. u. ö. (s. d. Register), W. N e s t l e , Woch. f. klass. Philol. 1910, 891, und E d. N o r d e n , Agnostos Theos 368 ff. — A. G e r c k e , Eine Niederlage des Sokrates, Neue Jahrb. 41 (1918) 145—191. B u s s e , Sokr. 5 (1917) 536. P. S h o r e y (zu Prot. 336 d ὡς ἐγῷμαι), Class. Philol. 15 (1920) 200. S. auch E b e ling oben unter Sprachgebrauch. R a e d e r , R i t t e r , P o h l e n z , v. A r n i m , v. W i l a m o w i t z s. o. S. 73* f.

Laches: A. H a u s e n b l a s , Zur Erkl. v. Pl. L., Ztschr. f. d. österr. Gymn. 36, 893—907. A. T. C h r i s t , Beitr. zur Krit. des plat L., Prag 1895 Pr. P. L a n d w e h r , Über die Echtheit des plat. Dialogs L. usw., Ravensburg 1895 Pr. E d. T u r n e r , Quaest. criticae in Pl. L., Halis Sax. 1904 (Diss. philol. Hal. vol. 16 pars 2, 89—141). S. T r u b e t z k o i , Zur Erkl. des L., Hermes 40 (1905) 636 bis 638. K. J o ë l , Zu Pl. L., Hermes 41 (1906) 310—318. Dazu W. D i t t e n b e r g e r , ebd. 473—475. K. J o ë l , Nochmals Pl. L., ebd. 42 (1907), 160. K. H o r n a (zu L. p. 187 e), Philol. 65 (1906) 156. A. K o r n i t z e r (L. c. 31 p. 201 a und c. 14 p. 189 a vgl. mit Sophokl. Ant. 726 ff.), Ztschr. f. d. österr. Gymn. 63 (1912) 594 (Definition d. ἀνδρεία), ebd. 66 (1915) 937 f. Für den L. kommt auch in Betracht A. v. K l e e m a n n , Pl. u. Prodikos, Wiener Eranos zur 50. Vers. dtsch. Philol. u. Schulm., Wien 1909, 38—54. S. auch B e r n d t unter d. Hippiasdiall. S. 77*. R. M e i s t e r , Thema u. Ergebn. d. plat. L., Wien. Stud. 42, 9 ff. 103 ff. R a e d e r , R i t t e r , P o h l e n z , v. A r n i m , v. W i l a m o w i t z s. o. S. 73* f.

Charmides: A. S a u e r , D. σωφροσύνη in Pl. Ch., Wien 1894 Pr. C. S c h i r l i t z , Der Begriff des Wissens vom Wissen in Pl. Ch., Jahrbb. f. klass. Philol. 155 (1897) 451—476, 513—537. A. G o l d b a c h e r , Zur Krit. u. Erklär. d. platon. Dial. Ch., Wien. Stud. 16 (1894) 1—7. J. K o h m , Die Beweisführung in Pl. Ch., Festschr. für Gomperz 37 ff. J. S t i e f e l , Gedankenentw. d. unter Pl. Namen erhaltenen Dial. Ch., Bayreuth 1908 Pr. H. M u t s c h m a n n , Zu Pl. Ch., Hermes 46 (1911) 473—478 (Abfassung 403 oder wenig später). H. R i c k , Der Dialog Ch., Arch. f. Gesch. d. Philos. 29 (1916) 211—234. S. auch B e r n d t unter den Hippiasdiall. S. 77*. Kritische Beiträge: v. W i l a m o w i t z , Comment., gramm. IV, Gott. 1890, 27 (zu Ch. 157 c). P. S h o r e y (zu 168 b), Class. Philol. 1907, 340. R a e d e r , R i t t e r , P o h l e n z , v. A r n i m , v. W i l a m o w i t z s. o. S. 73* f.

Politeia B. I: s. unter *Politeia* S. 79* ff.

Euthyphron: J. S u m a n , Beitrag zur Erklär. des plat. Dial. E., Ztschr. f. d. österr. Gymn. 45 (1894) 681—694. E. W a g n e r , Über Pl. E., z. Frage s. Echtheit u. zu s. Erkl., Festschr. f. Friedländer, Lpz. 1895, 438 ff. K. M e i s e r , Über Pl. E., Regensb. 1901 Pr. W. A. H e i d e l , On Pl. E., Proceed. of the Amer. philol. associat. 31, 163—181. A. v. K l e e m a n n , Die Stellung des E. im Corpus Platon.,

Wien 1908 Pr. E. H ö t t e r m a n n , Pl. Polemik im E. u. Kratylos, Ztschr. f. d.
Gymn. 64 (1910) 65 ff. S. auch U. v. W i l a m o w i t z - M o e l l e n d o r f f , Aus
Kydathen, 219 (über die Veranl. z. Abf. der Schr.). T h. G o m p e r z , Mél. Graux
50 = Hellen. II 267 f. (zu E. 3 a). J. B u r n e t , Class. Quart. 8 (1914), 230 ff.
R a e d e r , R i t t e r , v. A r n i m , v. W i l a m o w i t z s. o. S. 73* f.

Lysis: A. G o l d b a c h e r , Zur Erkl. u. Krit. des plat. Dial. L., Analecta
Graeciensia, Graz 1893, 123—140. A. W i r t h , Pl. Lysis nach 394 v. Chr. entst.,
Arch. f. Gesch. d. Ph. 9 (1896) 163—164. A. K o l á r , Novy pokus v datování Plato-
nova Lysida, Listy filol. 34 (1907), 177—202, 333—344, 418—425. W. E. J. K u i p e r ,
De L. dialogi origine tempore consilio, Zwolle 1909, Diss. von Amsterd. L. R o b i n ,
La théorie platon. de l'amour, Par. 1908. M. S c h u s t e r , Wien. Stud. 30 (1908)
341 (zu Lysis 205 c d). S. auch B e r n d t unter den Hippiasdiall. S. 77*.
M. P o h l e n z , Gött. gel. Anz. 1916, 252 ff. H. v. A r n i m , Rhein. Mus. 71 (1916)
364 ff. M. P o h l e n z , Nachr. d. Ges. d. Wiss. z. Gött. philol.-hist. Kl. 1917, 560 ff.
— H. M u t s c h m a n n , Zur Datierung d. platon. Lysis, Woch. f. klass. Philol.
1918, 428—431. R a e d e r , R i t t e r , P o h l e n z , v. A r n i m , v. W i l a m o -
w i t z s. o. S. 73* f.

Gorgias: R. H i r z e l , Pythagoreisches in Pl. G., in: Comment. in honorem
Theod. Mommsen, 1877, 11—22. P. N a t o r p , Über Grundabsicht und Entstehungszeit v. Pl. G., Arch. f. Gesch. d. Ph. 2 (1889) 394—413. C. S c h i r l i t z , Beiträge
z. Erkl. d. Platon-Dialoge G. u. Theaitet, Neustettin 1888 Pr. F. D ü m m l e r ,
Pl. G., Akademika Kap. V. S. S u d h a u s , Zur Zeitbestimm. d. Euthyd., G. u.
der Rep., Rh. Mus. 44 (1889) 52—64. E. F r i e d r i c h s , Pl. Lehre v. d. Lust im
G. u. Phileb., Halle 1890 Diss. C. S c h i r l i t z , Noch einmal die Gliederung d.
plat. Dial. G., Jahrbb. f. klass. Philol. 151 (1895) 343—362, 442—462. G. G l o g a u ,
Gedankengang von Pl. G., Arch. f. Gesch. d. Ph. 8 (1895) 153—189. S. S a b b a d i n i ,
Epoca del G. di Pl. Triest 1903 Pr. B. J. H. O v i n k , Wysgeerige en taalkundige
verklaring van Pl. G., Leiden 1909. G. C o h n , Pl. G. En kritisk redogörelse for
tankegangen, Kopenh. 1911. H. D r a h e i m , Wer ist Kallikles? Woch. f. klass.
Philol. 1911, 364—366. E l i s. T h i e l , Der eth. Gehalt des G., Bresl. 1911 Diss.
C. O s t i , De mytho in Pl. G., Capodistria 1911 Pr. J. D ö r f l e r , Die Orphik in
Pl. G., Wien. Stud. 33 (1911) 177—212. S. K r i e g b a u m , Der Urspr. d. v. Kallikles
in Pl. G. vertretenen Anschauungen (Stud. z. Philos. u. Relig. hrsg. v. Rem. Stölzle,
13. Heft), Paderb. 1913. S. auch W. S ü ß , Ethos, Lpz. Berl. 1910, 99 ff. und
die Einleitungen v. S t e n d e r u. G e r c k e in den im Text § 38 genannten Spezial-
ausgaben des Dialogs. Kritische Beiträge: K. F u h r , Rh. Mus. 57 (1902) 422 f.
A. K o r n i t z e r , Zeitschr. f. d. österr. Gymn. 61 (1910) 411 ff. (zu G. 465 b).
B. P e r r i n , Amer. Journ. of Archaeol. 15, 168 f. (zu G. 472 a). Zum eschatologischen
Mythos des G. oben S. 73* (*Mythenbildung*). P. W e n d l a n d , Das Gewand der
Eitelkeit, Hermes 51 (1916) 481 ff. H. M u t s c h m a n n , Die älteste Definition
d. Rhetorik, Hermes 53 (1918) 440 ff. (zu G. 453 a). W. K r a n z , Über Pl. G. 493 a ff.,
Sokr. 7 (1919) 338. F r. L e v y , Die Gestalt d. Kallikles in Pl. G., Sokr. 8 (1920)
301 ff. Pl. G. 460 c, Philol. Woch. 1921, 115—117. A. M e n z e l , Kallikles, Wien.
Lpz. 1922. R a e d e r , R i t t e r , P o h l e n z , v. W i l a m o w i t z s. o. S. 73* f.

Menon: A. G e r c k e , Die Hypothesis in Pl. M., Arch. f. Gesch. d. Ph. 2 (1889)
170—174. C. D e m m e , D. Hypothesis in Pl. M., Dresden 1888 Pr. F. D ü m m l e r ,
Akademika Kap. II, s. auch Anhang IV: Ein mathemat. Lehrsatz in Pl. M. u. d.
Elementenlehre des Timaios. P. T a n n e r y , L'hypothèse géométrique du M. de
Pl., Arch. f. Gesch. d. Ph. 2 (1889) 509—514. E. T h e i s s e n , Logischer Zusammenh.
in Pl. Dialog M., Emmerich 1894 Pr. K. L ü d d e c k e , Die Terminologie im M.
in ihrer Bedeutung für die Frage der Echth. u. der Abfassungsz. des Dialogs, Celle
1900 Pr. O. A p e l t , Die mathemat. Stelle im M., Festschr. f. Gomperz, 1902,
290—297. J. C. W i l s o n , On the geometrical problem in Pl. M. 86 E sqq., Journ.
of philol. 28 (1903) 222—240. A. v. K l e e m a n n , Platon. Unters. II: M., Arch.
f. Gesch. d. Phil. 21 (1908) 50—75. E. H ö t t e r m a n n , Pl. Polemik im M., Euthyd.
u. Menex., Ztschr. f. d. Gymn. 63 (1909) 81 ff. N a t o r p s Ansicht über das chronol.
Verh. des M. z. Gorgias s. in dessen oben zum Gorgias angeführter Arbeit. L. R a d e r -
m a c h e r (zu M. p. 91 c), Rh. Mus. 65 (1910) 472 ff. P. C o r s s e n , In Platonis
M. p. 85 c, Berl. philol. Woch. 1913, 1118. v. W i l a m o w i t z , Sitz. Berl. Ak.
1916, 1157. P. C a u e r , Pl. M. u. sein Verh. z. Protagoras u. Gorgias, Rh. Mus. 72

(1918) 284—306. E. M e t z g e r, Die mathem. Stelle in Pl. M., Sokr. 7 (1919) Anh. 10 ff. S. auch M. H o f f m a n n S. 69* und zu § 39 die Lit. über das Mathematische bei Pl. Über Menon, nach dem das Gespräch benannt ist. E. B r u h n, Χάριτες, Berl. 1911, 1—7. R a e d e r, R i t t e r, P o h l e n z, v. W i l a m o - w i t z s. o. S. 73* f.

Euthydem: K. F i s c h e r, Über die Person des Logographen in Pl. Euth., Lemb. 1880 Pr. S. S u d h a u s, s. bei dem Dialog Gorgias S. 76*. C h r. C r o n, Zu Pl. E., Sitz. Münch. Ak. philos.-philol. u. hist. Kl. 1891, 556—638. K. L ü d d e c k e, Die Fragen d. Echth. u. Abfassungsz. d. E., Celle 1897 Pr. T. S n e t i v y, Platonuv E., Pelhrimove 1902. U. v. W i l a m o w i t z - M o e l l e n d o r f f, Hermes 40 (1905) 146 (zu E. 286 b). S. auch H ö t t e r m a n n, S. 76* unter Menon. Unter dem Gesichtsp. der Protreptik bespricht den Euth. P. H a r t l i c h, De exhort. a Graec. Romanisque script. hist. 224 f. - - P. S h o r e y, Pl. Euth. 304 e, Class. Philol. 17, 261. R a e d e r, R i t t e r, P o h l e n z, v. W i l a m o w i t z s. o. S. 73* f.

Kleiner und großer Hippias: H. B a c k s, Zur Erklär. d. Dialoge H. minor u. H. maior, Burg 1891 Pr. E. H o r n e f f e r, De H. maiore qui fertur Platonis, Gott. 1895 Diss. F. W. R ö l l i g, Zum Dial. H. maior, Wien. Stud. 22 (1900) 18—24. J. K r a c i k, O pravosti Platonova dialogu H. maior, Mähr.-Ostrau 1900 Pr. O. A p e l t, Die beiden Dialoge H., Neue Jahrb. 19 (1907) 630—658, abgedr. in des Verf. Platon. Aufs. (Lpz. Berl. 1912) 203—237. R. B e r n d t, Der innere Zusammenh. der in den plat. Dialogen H. minor, Laches, Charmides und Lysis aufgewiesenen Probleme, Königsb. i. Pr. 1908, Pr. v. Lyck. O. K r a u s, Pl. H. minor; Vers. einer Erkl., Prag 1913. Zur Echtheitsfrage d. gr. H. W. Z i l l e s, Hermes 53 (1918) 50, 1 und D. T a r r a n t, Journ. of Philol. 35 (1920) 319—331. R a e d e r, R i t t e r, P o h l e n z, v. W i l a m o w i t z s. o. S. 73* f.

Kratylos: T h. B e n f e y, Abh. Gött. Ges. d. Wiss. phil.-hist. Kl. 12 (1864 bis 1866) 189—330, auch separat, Gött. 1866. K. L e h r s, Rh. Mus. 22 (1867) 436—440, wiederabg. bei Lehrs, Übers. d. Phaidros u. Gastm., Lpz. 1870, im Anh. K. U p h u e s, Die Definition des Satzes, nach den plat. Dial. Kr., Theaetet, Sophistes, Landsberg a. W. 1882. C h. C u c u e l, Quid sibi in dialogo qui Cr. inscribitur proposuerit P., Par. 1887. L'origine du langage dans le Cr. de Pl., Annales de la faculté des lettres de Bordeaux 1890, 4. F. D ü m m l e r, Akademika 129 ff. F r. S c h ä u b l i n, Über d. platon. Dial. Kr., Basel 1891 Diss. H. K i r c h - n e r, Die verschiedenen Auffassungen des plat. Dial. Kr., I—IV, Brieg 1892—1901 Pr. P. R o s e n s t o c k, Pl. Kr. u. die Sprachphilos. der Neuzeit, Strasburg W.-Pr. 1893 Pr. U l r. v. W i l a m o w i t z - M o e l l e n d o r f f, Hermes 40 (1905) 144 ff. (zu Kr. 412 b). H. J a c k s o n in: Praelections delivered before the Senate of the Univers. of Cambr. 1906. K. U r b a n e k, Die sprachphilos. u. sprachl. Bedeutung d. plat. Dial. Kr., Kruma (Böhmen) 1912 Pr. A. K i o c k, De Cr. Plat. indole ac fine, Vratisl. 1913 Diss. A d. S t e i n e r, Die Etymologien in Pl. Kr., Arch. f. Gesch. d. Philos. 29 (1916) 109—132. M. L e k y, Pl. als Sprachphilosoph. (Stud. z. Gesch. u. Kultur d. Altert. 10 Bd. 3. Heft), Paderb. 1919/20. R a e d e r, R i t t e r, v. W i l a m o w i t z s. o. S. 73*. S. auch F. M u l l e r, De veterum imprimis Romanorum studiis etymologicis I, Utrecht 1910 Diss., 15 ff., H ö t t e r - m a n n oben unter dem Euthyphron und J. S t e n z e l, Art. Kratylos bei Pauly-Wissowa-Kroll 1661 f.

Menexenos: T h. B e r n d t, De ironia Menexeni Platonici, Münster 1881 Diss. Bemerkk. zu Pl. M., Herford 1888 Pr. F r. R o c h, Die Tendenz des plat. M., Görz 1883 Pr. H. D i e l s, Über d. dritte B. d. arist. Rhetorik, Abh. Berl. Ak. 1886 (d. M. eine Satire auf d. übliche Rhetorik). O. P e r t h e s, D. plat. Schr. M. im Lichte der Erziehungsl. Pl., Bielefeld 1886 Pr. F. D ü m m l e r, Akademika Kap. II. P. W e n d l a n d, D. Tendenz des plat. M., Hermes 25 (1890) 171—195 (für die Echtheit. Der M. zwischen 387 u. 380 verfaßt. Isocr. Paneg. 53 gegen M. 244 e. Xen. mem. 3, 5, 8. 10. 12 weisen auf den M.). A d. T r e n d e l e n b u r g, Erläut. zu Pl. M., Berl. 1905 Pr. (für die Echtheit). Gegen die Echtheit E d. S c h w a r t z, Hermes 35 (1900) 124—126, I v o B r u n s, D. liter. Portr. 356—360 (vermag „vorläufig an seine Echtheit nicht zu glauben"). A. C r o i s e t, Sur le M. de Platon, in Mélanges Perrot, Par. 1903. P. S h o r e y (zu M. 238 d), Class. Philol. 5, 361. A. H a l l s t r ö m (zu M. 243 a), Eranos (Suec.) 12, 203. E. P f l u g m a c h e r, Locorum communium specimen, Greifsw. 1919 Diss. K. H u d e, Les oraisons

funèbres de Lysias et de Pl., Det Kgl. Danske Videnskabernes Selskab. Historisk-
filologiske Meddelelser, I 4, Kopenhag. 1917. Vgl. auch H. S c h n e i d e r , Unters.
über die Staatsbegräbnisse u. den Aufbau der öffentl. Leichenreden bei den Athenern
in der klass. Zeit, Berl. 1912, Berner Diss., und H ö t t e r m a n n oben S. 76* unter
Menon. R a e d e r , R i t t e r , P o h l e n z , v. W i l a m o w i t z s. o. S. 73*.
   Symposion: F. A. W o l f , in dessen Verm. Schriften 288—339. F. S u s e -
m i h l , Über die Kompos. des plat. Gastm., Philol. 6 (1851) 177 ff. (nebst nachträgl.
Bem. ebd. 8 1853] 153—159). M. K o c h , Die Rede des Sokrates in Pl. S. und das
Problem der Erotik, Berl. 1886. S. auch die Arbeiten über den platon. Eros im Lite-
raturverz. zu § 41. L. v. S y b e l , Pl. S., ein Programm der Akademie, Marb. 1888.
Pl. Technik an S. u. Euthydem nachgewiesen, ebd. 1889. De Pl. prooemiis academicis,
ebd. 1889. Pl. akadem. Schrr., Preuß. Jahrbb. 64 (1889) 696—716. J. Z a n n e t o s ,
Συμβολαὶ φιλοσοφιϰαὶ εἰς τὸ τοῦ Πλάτων. συμπ., Erl. 1888 Diss. C. S c h i r l i t z ,
Beiträge zur Erklär. der Rede des Sokr. in Pl. S., Neustettin 1890 Pr. Die Reihenfolge
der fünf ersten Reden in Pl. S., Jahrbb. f. klass. Philol. 147 (1893) 561—585, 641—665,
721—747. H. S a u p p e , Pl. S., in Sauppes Ausgew. Schrr., Berl. 1896. Das Verh.
des platon. Gastmahls zum xenophont. betreffen u. a.: A. B o e c k h , De simultate
quam Pl. cum Xenoph. exercuisse fertur, Berl. 1811 Ind. lect. = Kl. Schr., IV 1 ff.
(vgl. Boeckh in v. Raumers antiquar. Briefen, Lpz. 1851, 40 ff., Kl. Schr. VII 585 f.).
K. F. H e r m a n n , Num. Pl. an Xenoph. Conviv. suum prius scripserit, atque de
consil. horum libell., Marb. 1834 Ind. lect. Vermutung, daß Pl. Sympos. älter sei als
das Xen., gerechtfertigt, ebd. 1841 (cfr. Ind. lect. Götting. 1844. 1845). Zur Frage
über das Zeitverh. der beiden Symposien, Philol. 8 (1853) 329—333. A. J. F. H e n -
r i c h s e n , Dissertatio de consilio et arte convivii Xenoph. eiusque cum Platonico
necessitudine, Flenopoli 1840. Epistola critica ad Car. Fr. Hermannum de consilio
convivii Xenophontei eiusque cum Platonico necessitudine, Slesvici 1844. A. H u g
(für die Priorität des xen. Gastm.), Phil. 7 (1852) 638—695 und S. XXIII ff. seiner
Ausg. des Symp. G. F. R e t t i g (für die Priorität der xenoph. Schrift), Bern 1864 Pr.
(Krit. Studien u. Rechtfertigungen zu Pl. S., ebd. 1876; Knabenliebe u. Frauenl.
in Pl. S., Philol. 41 [1882] 414—444). V. P a l m e r , Zur Frage über das gegenseitige
Verh. der S. des Xenophon u. Pl., Baden (Österr.) 1878 Pr. J. J. H a r t m a n ,
Analecta Xenophontea, Leiden 1887, 214 ff. (für die Priorität Xenophons). F. D ü m m -
l e r , Akademika Kap. III (ebenso). A. G r a e f , Ist Pl. oder Xenophons S. das
frühere ? Aschaffenburg 1898 Pr. (für die frühere Abfassung des platonischen). I v o
B r u n s , Attische Liebestheorien u. d. zeitl. Folge d. platon. Phaidros sowie der
beiden S., Neue Jahrb. 5 (1900) 17 ff. (für die Priorität Pl.). T h. G o m p e r z ,
Griech. Denker II 543, Anm. zu 102 (ebenfalls für Pl.). G. F a h n b e r g , De Xeno-
phonte Pl. imitatore, Bergedorf bei Hamburg 1900 Pr. G. R u d b e r g , in Strena
philologica Upsaliensis [Festschr. f. Persson], Upsala 1922, 31—39 (Priorität Pl.).
Über die prinzipiellen Gesichtsp. für die Entsch. d. Prioritätsfrage s. auch M. P o h -
l e n z , Aus Pl. Werdezeit, 399 f. (für Pl.). In polnischer Sprache handelt über das
Verh. der beiden S. J. C e r m a k , Olmütz 1892. 1894 Pr. C. L ü d d e c k e , Über
Bezz. zw. Isokrates' Lobrede auf Helena u. Pl. S., Rh. Mus. 52 (1897) 628—632. —
B. L. G i l d e r s l e e v e , Studies in the S. of Pl., The John Hopkins Univ. Circul.
6, Nr. 55 (1887) 49 f. St. S i e d l e c k i , Die Unsterblichkeit der Seele in Pl. S.,
Eos 11 (1905) 115. A. v. K l e e m a n n , Das Probl. d. plat. S., Wien 1906 Pr.
L. S t e i n b e r g e r , Zur Krit. u. Exeg. v. Pl. S., Blätt. f. d. Gymnas. (bayer.) 42
(1906) 524—528. S. auch die unter dem Phaidros angeführte Arbeit von C r a i n.
P. C e s a r e o , I due simposi in rapporto all' arte moderna, Palermo 1901.
W. G i l b e r t , Der zweite Teil des Logos der Diotima in Pl. Gastmahl (c. 24—29,
p. 204 c—212 a), Philol. 68 (1909) 52—70. K. Z i e g l e r , Die Rede des Aristophanes
in Pl. S., Verh. d. 51. Vers. dtsch. Philol. u. Schulm. in Posen 1911, Lpz. 1912, 41—42
(darüber der Verf. auch in seiner Schrift Menschen- u. Weltenwerden [oben S. 24*]
u. Arch. f. Religionswiss. 10 [1907], 542; vgl. auch L. K l e e b e r g , Sokr. 7 [1919]
311). U l r. v. W i l a m o w i t z - M o e l l e n d o r f f , Über d. S. des Pl., Sitz.
Berl. Ak. 1912. 333. J. V a h l e n (zu S. 176 b), Hermes 43 (1908) 511 f. R. G. B u r y
(zu 219 c), Class. Rev. 22 (1908) 123. H. W e i l , Journ. d. sav. N. S. 1908, 308. U l r.
v. W i l a m o w i t z - M o e l l e n d o r f f (zu 202 c, 204 b, 208 c), Hermes 44 [1909]
457 f. P. C o r s s e n (zu 174 b), Berl. philol. Woch. 1913, 221 f.; (zu 200 d) ebd.
702 f. A. B r i n k m a n n (zu 195 a b), Rh. Mus. 73 (1920) 126 ff. E. P r e u n e r

(zu 173 d), Hermes 57 (1922) 105 f.   Sieh auch R o b i n unter dem Lysis.   V. B r o -
c h a r d , Sur le Banquet de Pl., in dessen Études, s. o. S. 7*.   R a e d e r , R i t t e r ,
P o h l e n z , v. W i l a m o w i t z s. o. S. 73* f.

Phaidon: S u s e m i h l .   Über Zweck u. Gliederung des Ph., Philol. 5 (1850)
385 ff. (Weitere Beiträge Susemihls: Philol. 6 [1851] 112 ff., Jahrbb. f. klass. Philol.
73 [1856] 236 ff.).   H. S c h m i d t , Gesammelte kl. Schr., Wittenb. 1874 (verschiedene Arbeiten zum Ph.).   A. C h i a p p e l l i , Panezio di Rodi e il suo giudizio
sulla autenticità del Fedone. La filos. delle scuole ital. 26 (1882) 223—242. Ancora
sopra Panezio di Rodi e il suo dubbio sulla autenticità del Fedone plat., ebenda 30
(1884) 337—357. G. L a m p a r t e r , Noch einmal zu Pl. Ph. 62 a, Stuttg. 1886 Pr.
A. S e e l i s c h , Die ethischen Partien im plat. Ph., Philos. Monatsh. 22 (1886)
321—352. J u l. B a u m a n n , Pl. Ph. philos. erklärt u. durch die späteren Beweise
f. d. Unsterblichk. ergänzt, Gotha 1889.   A. W i l d e r , A study of the Ph., Bibliotheca Platonica I 274—283. G. G l o g a u , Gedankengang von Pl. Ph., Arch. f.
Gesch. d. Ph. 7 (1894) 1—27. M. S c h a n z , Sokr. als vermeintl. Dichter; ein Beitr.
z. Erklär. d. Ph., Hermes 29 (1894) 597—603. A. E s p i n a s , Du sens du mot
φρουρά, Phaid. 62 b, Arch. f. Gesch. d. Ph. 8 (1895) 443—448. G. P ö l z l , Die
Beweise f. d. Unsterblichk. d. Seele in Pl. Ph., Marb. 1897 Pr.   O. B i l t z , Der
Ph. Pl. u. Mendelssohns, Erl. 1897 Diss. P. J. B. E g g e r , Pl. Ph. ästhetisch ge-
würdigt, I. Die Idee im Ph., Sarnen 1898 Pr.   W. W i n d e l b a n d , Zu Pl. Ph., in:
Straßb. Festschr. zur 46. Versamml. dtsch. Philol. u. Schulm., Straßb. 1901, 287—297.
C. B a e n s c h , Die Schilderung der Unterwelt in Pl. Ph., Arch. f. Gesch. d. Philos.
16 (1903) 189—203. G. S c h n e i d e r , Bemerkk. zur Komposition u. zum Inhalte
von Pl. Ph., Ztschr. f. d. österr. Gymn. 55 (1904) 392—402. J. K o p a c z , Pl. Ph.,
Eos 11 (1905) 19—29. E m. P r ü m , Der Ph. über Wesen und Bestimmung des
Menschen, Archiv f. Gesch. d. Philos. 21 (1908) 30—49. E. G o l d b e c k , Das
Weltbild in Pl. Ph., Neue Jahrb. 30 (1912) 165—179. P. F r i e d l ä n d e r , Das
Erdbild des Ph., Sitz. d. philol. Ver. zu Berlin 1914, Sokr. 2, 628 ff. Zum Mythos des
Ph. s. o. S. 73*. J. O r s i e r , Le Ph. de Plat. et le Socrate de Lamartine, Paris
1919. — Kritische Beiträge: *Γ. Α. Ζηκίδης, Διορθώσεις εἰς Πλάτωνος Φαίδωνα,*
Ἁρμονία 1901, 497—512. T. D. S e y m o u r , Note on Pl. Ph. 115 D, Class. Rev.
16 (1902) 202. K. L i n d e , Noch einmal Pl. Ph. 62 a, Gymnas. 1903, 265—272.
E. M e y e r und K. L i n d e , Zu Pl. Ph. 62 a, ebd. 665—667. W. J. G o o d r i c h ,
On Ph. 96 A—102 A and on the δεύτερος πλοῦς 99 D, Classic. Rev. 17 (1903) 381—384;
18 (1904) 5—11. K. G o m o l i n s k i , Zu Pl. Ph. 62 A, Gymn. 22 (1904) 193—202.
W. D ö r p f e l d , Über Verbrennung u. Bestattung der Toten (betrifft Pl. Ph. 115),
in: Mélanges Nicole, Genève 1905; vgl. dazu Woch. f. klass. Philol. 1905, 1213 ff.
K. L i n d e , Beiträge zur Erklär. u. Krit. des plat. Ph., Philol. 65 (1906) 397—409.
E d. P h i l i p p , Drei Textesstellen in Pl. Ph., Wien. Stud. 28 (1906) 103—110.
E. B i c k e l , De Ioann. Stobaei excerpt. Platon. de Ph., s. oben S. 78*. J. E. H a r r y ,
Pl. Ph. 66 B, Transact. and proceed. of the Amer. philol. assoc. 39 (1908) XXXIII;
Class. Rev. 23 (1909) 218—221. F. M. C o r n f o r d , Note on Pl. Ph. 105 a, Class.
Quarterly 3 (1909) 189—191. E. G r ü n w a l d , Ztschr. f. das Gymnasialw. 64
(1910) 257—263 (Simmias und Kebes im Ph.). M. V a l g i m i g l i , Pl. Ph. 115 a,
Bollet. di filol. class. 17 (1911) 135. Κ. Σ. Κόντος, Ἀθηνᾶ 21 (Misz. Nr. 118 zu Ph.
100 b). M. H o f f m a n n (zu Ph. c. 29), Sokr. 1, 715 ff. E. J. T a y l o r , Note
on Pl. Ph. 62 a, Class. Rev. 27 (1913) 193. Notes on two suspected passages in the
Ph. (72 d; 74 c), ebd. 28 (1914) 85. A. P l a t t , On two passages in the Ph. (84 b,
95 b), Class. Quart. 12, 105. — Vgl. die zu § 40 zitierten Abhh. und G u s t. S c h n e i -
d e r , Die Weltanschauung Pl., zu § 39. — R a e d e r , R i t t e r , P o h l e n z ,
v. W i l a m o w i t z s. o. S. 73* f.

Politeia: W. O n c k e n , D. Staatslehre d. Arist., Lpz. 1870, 105 ff. A. K r o h n ,
Der plat. Staat, Halle 1876 (1. Bd. von: Studien zur platon.-sokrat. Literatur. Kr.
legt das erhaltene Werk, wie es vor ihm schon K. Fr. Hermann getan hatte, in mehrere
zu verschiedenen Zeiten und in anderer als der überlieferten Reihenfolge entstandene
Partien auseinander. Weitere Lit. über die früher viel behandelte, jetzt gegen Krohn
erledigte Kompositionsfrage bei R a e d e r , Pl.s philos. Entw., 187 f.). R. K u n e r t ,
Quae inter Clitophontem dialogum et Pl. Rempublicam intercedat necessitudo,
Greifsw. 1881 Diss. A. C h i a p p e l l i , Le Ecclesiazuse di Aristofane e la republl.
di Pl., Rivista di filologia 11 (1883) 161—273. Ancora sui rapporti fra l'Ecclesiazuse

e la Repubblica Plat., Riv. di fil. 15 (1887) 343—352. (Ch. nimmt mit Teichmüller an, daß die aristophanische Komödie (Aufführung 391 oder 390 vor Chr.) gegen Platons Gesellschaftsprogramm gerichtet sei, das demnach durch Veröffentlichung zum mindesten eines Teiles der Politeia oder durch mündliche Verbreitung bekannt gewesen sein müßte; vgl. zu dieser Frage auch I v o   B r u n s , Frauenemanzipation in Athen, Kiel 1900, U. v. W i l a m o w i t z - M o e l l e n d o r f f , Hermes 35 [1900] 548 f.) Für Berücksichtigung eines ersten Entwurfs der Politeia durch Aristophanes tritt ein M. P o h l e n z , Aus Pl. Werdezeit 223 ff. (anders jetzt Gött. gel. Anz. 1921, 10). J. N u s s e r , Pl. Politeia, nach Inhalt und Form betrachtet, Amberg 1882. M. G u g g e n h e i m , Zur Komposit. d. pl. Rep. in ihrem Verh. zur Entwickl. d. plat. Ethik, Ztschr. für Völkerpsych. 15 (1884) 136—164. A. C h i a p p e l l i , Sopra i capitoli terzo, quinto e decimo della vita di Dione di Plutarco e i primi libri della Repubblica di Pl., Riv. di filol. 12 (1884) 156—180. F. D ü m m l e r , Prolegomena zu Pl. Staat u. d. platon. u. aristot. Staatslehre, Basel 1891 Pr. = Kl. Schr. I 150—228. R. K u n e r t , D. doppelte Rec. des platon. Staats, Spandau 1893 Pr. O. A p e l t , Zu Pl. Politeia, Jahrbb. f. Philol. 147 (1893) 555 f. H. D i e t z e l , D. Ekklesiaz. des Aristoph. u. d. plat. Pol., Ztschr. f. Lit. u. Gesch. d. Staatswiss. 1 (1893) 1—26, 373—400. B. J o w e t t u. L. C a m p b e l l in der Ausg. der Rep.: Essays by the late Prof. Jowett (nicht vollendet) and by Prof. L. Campbell, 1—340; Notes in Vol. III. S. dazu T h. G o m p e r z , Die Jowett-Campbellsche Ausg. des „Staates“ u. die platon. Chronologie, Ztschr. f. Ph. u. ph. Kr. 109. J. N u s s e r , Über das Verh. der platon. Politeia z. Politikos, Philol. 53 (1894) 13—37. P. N a t o r p , Pl. Staat u. die Idee der Sozialpädagogik, Arch. f. soziale Gesetzgebung u. Statistik 8 (1895) 140—171. F. D ü m m l e r , Zur Kompos. d. platon. Staates m. e. Exkurs über die Entwickl. der platon. Psychologie, Basel 1895 Pr. = Kl. Schr. I 229—270. J. H i r m e r , Entstehung u. Komp. d. platon. Politeia, Jahrbb. f. klass. Philol. Suppl. 23 (1897) 579—678 (auch als Münch. Diss. 1898 ersch.) (für die Einheit der Politeia). I o h. a b A r n i m , De reipubl. Pl. compositione ex Timaeo illustranda, Rostock 1898 Pr. R. L. N e t t l e s h i p , Lectures on the Rep. of Pl., ed. by G. R. Benson, 2. ed., Lond. 1901. K r o c k e n b e r g e r , Pl. Behandl. der Frauenfrage im Rahmen der Politeia, Ludwigsb. 1902 Pr. G. R. N i e l s e n , Om forholdet mellem Aristophanes' Ekklesiazusai og Pl. Stat, Nord. Tidskrift f. Filol. 9, 49—73. J. E. A d a m s o n , The theory of education in Pl. Rep., Lond. 1903. A. L o m b a r d , La poésie dans la Rép. et dans les Lois de Pl., Nancy 1903. W. B o y d , Introduction to Rep. of Pl., Lond. 1904. T h. S i n k o , Sententiae Platon. de philosophis regnantibus (Rep. 473 d) quae fuerint fata, Podgorze ad Cracoviam 1904 Pr. (vgl. auch K. P r a e c h t e r , Byz. Ztschr. 14 [1905] 482 ff.). K. J o ë l , Zur Entst. v. Pl. Staat, in: Festschr. zur 49. Vers. dtsch. Philol. u. Schulm. in Basel, Lpz. 1907. A. S o r r e n t i n o , Omero condannato da Pl. Osservazioni su alcuni luoghi della Rep., Napoli 1908. G. L ü d k e , Über d. Verh. v. Staat u. Erziehung in Pl. πολιτεία, Erl. 1908 Diss. C o n s t. R i t t e r , Pl. Staat, Darst. des Inhalts, Stuttg. 1909 (s. oben S. 69*). D ' A r c y W e n t w. T h o m p s o n , The game of Πόλις (zu p. 422 e), Glasgow 1911. C. F r i c k , Die sozialhygienischen Bestimm. in Pl. Staat u. in der lykurg. Grundschr. in ihrem Verh. zu den Antilogiai des Protagoras, Woch. f. klass. Philol. 1912, 808—814. F. M. C o r n f o r d , Psychology and social structure in the Rep. of Pl., Class. Quarterly 6 (1912) 246—265. G. E. B u r c k h a r d t , Individuum und Allgemeinheit in Pl. Politeia, Halle a. S. 1913 (Abhh. zur Philos. u. ihrer Gesch. hrsg. v. B. Erdmann). R. H a c k f o r t h , The modification of plan in Pl. Rep., Class. Quart. 7 (1913) 265 ff. B. v. H a g e n , Das Glücksproblem in Pl. „Staat“, Jena 1914 Pr. Die Beziehung zu Aristophanes' Ekklesiazusen bespricht jetzt auch C. R o b e r t , Hermes 57 (1922) 351 ff. J. H a a c k , De Reip. Plat. priore editione, Greifsw. 1917 Diss. H. A n d e r h u b , Pl. Politeia u. d. krit. Rechtsphilosophie, Ztschr. f. Rechtsphil. 3 (1921) 89—224. Kritik und Exegese einzelner Stellen: J. A d a m , On Pl. Rep. 10, 616 E, Class. Rev. 15 (1901) 391—393. E. W ü s t , Beiträge zur Textkrit. u. Exeg. der plat. Politeia, Münch. 1902 Diss. J. C. W i l s o n , Pl. Rep. 616 e, Class. Rev. 16 (1902) 292 f. T. D. S e y m o u r , On Pl. ship of fools, ebd. 385—388 (betrifft Plat. Polit. 6 p. 488). L. C a m p b e l l , On Pl. Republic p. 488, ebd. 17 (1903) 79 f. On the interpretation of Pl. Rep. 6 p. 503 C, ebd. 106 f. R. G. B u r y , Textual notes on Pl. Rep., ebd. 295 f. J. B u r n e t , Platonica I. The Rep., ebd. 18 (1904) 199—204. A. P r a n d t l , Analecta

critica ad Pl. de rep. libros, Münch. 1903 Diss. P. S h o r e y , Note on Pl. Rep.
566 E, Class. Rev. 19 (1905) 438 f. Note on Pl. Rep. 488 D, ebd. 20 (1906) 247 f.
H. W. G a r r o d , Two passages of the Rep., ebd. 209—212. J. H. W r i g h t ,
Pl. simile of the cave, Proceed. of the Amer. philol. associat. 35 p. XXII. The origin
of Pl. Cave, Harv. stud. in class. philol. 17 (1906) 131—142. C o n s t. R i t t e r ,
Platonica, Philol. 67 (1908) 311 ff. A. G e r c k e , Die Analyse als Grundlage d.
höheren Krit., Neue Jahrb. 7 (1901) 89 ff. (prinzipielle Verteidigung der Zerlegung
[gegen Gomperz] und Einzelbeiträge). H. D. N a y l o r , Varia (darin zu Staat 1,
331 a), Class. Rev. 23 (1909) 111. D. A. S l a t e r , ebd. 248 (zu 365 c). J. J. B e a r e ,
ebd. 250 (zu 440 b). A. P l a t t , ebd. 25 (1911), 13 (zu 614 b). G. B. H u s s e y ,
The word χρυσοχοεῖν in the Rep. of Pl. (450 b), Class. Quarterly 3 (1909) 192—194.
J. L. S t o c k s , The divided line of Pl. rep. VI (508 a ff.), ebd. 5 (1911) 73—88.
I. B y w a t e r , ῎Ατακτα II (darunter zu Pl. Πολιτεία 342 ff.), Journ. of philol. 31
(1910) 198—204. C. B o n n e r , Note on Pl. Rep. III 387 c, Class. Philol. 3 (1908)
446. P. S h o r e y , Hom. Il. 24, 367 and Pl. Rep. 492 c. ebenda 5 (1910) 220. The
meaning of κύκλος in Pl. Rep. 424 a, ebd. 505. E. G. S c h a u r o t h (zu 616 c),
Harv. stud. in class. philol. 22 (1911) 173. S. A. N a b e r , Platonica (zu Staat B.
3 u. 4), Mnemos. N. S. 36 (1908) 435—440. J. L. V. H a r t m a n , ebd. 42 (1914)
223. J. G. v a n P e s c h , Ad Pl. civit. 3, 392 c—398 b, Sertum Nabericum, Leiden
1908, 305 ff. J. C h r. V o l l g r a f f (zu 373 a), ebd. 425 f. P. C o r s s e n , De
Pl. Rei publ. p. 515 b et p. 516 c, Berl. phil. Woch. 1913, 286—288. Derselbe (zu
510 b), ebd. 446 f. A. S. F e r g u s o n , Marriage Regulations in the Rep. (zu Buch 5),
Class. Quarterly 10 (1916) 177 ff. H. H o l t e n - B e c h t o l s h e i m , (Zu Pl.
Staat), Nord. Tidskr. f. Filol. 4. R. VI 1, 21 ff. J. L. V. H a r t m a n , Ad Pl. Remp.,
Mnemos. N. S. 45 (1917) 383—416; 46 (1918) 38—52, 302—319. G(u i l.) V(o l l -
g r a f f), Ad Pl. de rep. p. 421 c, Mnem. 46 (1918) 171. A. S. F e r g u s o n , Class.
Quart. 13, 163; 14, 38 (zu 421 b); Class. Rev. 35, 17 (zu 412 a), 36, 113 (zu 421 a).
A. G. L a i r d , Pl. geometr. number and the comment of Proclus, Madison Wisconsin
1918 (zu Pol. 546 bc). E. H o f f m a n n , Das Höhlengleichnis, Sitz. d. Philol. Ver.
z. Berl. 1918, Sokr. 6, 11/12. A. B u s s e , Woch. f. klass. Philol. 1919, 211—214
(zu Pol. 380 d, 389 bc, 559 d). M. W a l l i e s , Philol. Woch. 1922, 41—47 (zu 30
Stellen). M. L i n f o r t h , Class. Philol. 17, 141 (zu 521 c). P. S h o r e y , Class.
Philol. 15, 300 (zu 565 a). S. auch S u d h a u s oben S. 76* zum Gorgias, D i e d e -
r i c h unten zum Politikos, u. d. Lit. über die platon. Staatslehre unten zu § 42. —
Vgl. ferner G u g g e n h e i m zu Antisthenes oben S. 63*, G r o a g unter dem
Phaidros, R a e d e r , R i t t e r , P o h l e n z , v. A r n i m (zum ersten Buche),
v. W i l a m o w i t z o. S. 73* f.

Phaidros: Literaturübersicht bei C o n s t. R i t t e r , Pl. Dial. Ph. übers.,
erläutert usw., Lpz. 1914, 24—28. L. S p e n g e l , Isokrates u. Plato, Abh. Münch.
Ak. 7 (1855) 762 f. Philol. 19 (1863) 593 ff. H. U s e n e r , Abfassungszeit des platon.
Ph., Rh. Mus. 35 (1880) 131—151 = Kl. Schr. III 55—74. F r. S u s e m i h l , Die
Abfassungsz. des pl. Ph., Jahrbb. f. klass. Philol. 121 (1880) 707—724, u. ebd. 123
(1881) 657—670; Neue platon. Forschungen I, Greifswald 1898, Index lect.
F. M u c h e , Der Dial. Ph. u. die platon. Frage, Posen 1885 Pr. J. B u r y , Questions
connected with Pl. Ph., Journ. of Philol. 15 (1886) 80—85. F. S u s e m i h l , De
Plat. Ph. et Isocratis contra sophistas oratione, Greifsw. 1887, Ind. lect. F r. L u k a s ,
D. große Mythos in Pl. Ph., Philos. Monatsh. 24 (1887) 292—315. P. S e l i g e r ,
Pl. Ph., Arch. f. Gesch. d. Ph. 4 (1891) 215—238. P. N a t o r p , Pl. Ph., Philol. 48
(1889) 428—449, 583—628. Unterss. zu Pl. Ph. u. Theaitet, Arch. f. Gesch. d. Ph. 12
(1889) 1—49, 159—186; 13 (1900) 1—22. Pl. Ph., Hermes 35 (1900) 385—436 (hält
den Ph. für jünger als die ganze sokrat. Periode Pl., älter aber als den Theaitet,
Kratylos, Phaidon, das Gastmahl, den Staat; Abfassungszeit etwa 390, auch später).
E. H o l z n e r , Pl. Ph. u. die Sophistenrede des Isokrates, Prager Studien a. d.
Gebiet der klass. Altertumsw. IV (1894). K. v. H o l z i n g e r , Über Zweck, Ver-
anlass. u. Datier. des plat. Ph., Festschr. f. Joh. Vahlen (1900) 667 ff. F r. C á d a ,
Datování Platonova Faidra (über die Datierung des platon. Phaidros), Listy filo-
logické 28 (1901), 173—193, 342—359, 401—439. J. V a h l e n , Über die Rede
des Lysias in Pl. Ph., Sitz. Berl. Ak. 1903, 788—816 = Ges. philol. Schr. II 675 ff.
O. I m m i s c h , Die ant. Angaben üb. die Entstehungsz. des platon. Ph., Ber.
Verh. d. Sächs. Ges. d. Wiss. philol.-hist. Kl. 1904, 213—251. P. C r a i n , De ratione

quae inter Pl. Ph. Symposiumque intercedat, Jena 1905 Diss. (Comm. philol. Jenens. vol. 7 fasc. 2 [Lips. 1906] 1—78). K. J o ë l , Pl. sokrat. Periode und der ,,Phaidros'', Philos. Abhh. f. M. Heinze 78—91. G. L u m b r o s o , Lett. al sign. prof. Wilcken, Arch. f. Papyrusk. 5, 24 ff. (Parallele zu Phaedr. 274 c bei dem Araber Hadj Khalifa). T h. G o m p e r z , Die hippokrat. Frage u. der Ausgangsp. ihrer Lösung, Philol. 70 (1911) 213—241 (berührt die Erwähnung des Hippokrates Ph. 270 c). E. H ö t t e r - m a n n , Die Polemik Pl. im Ph., Ztschr. f. d. Gymnasialw. 65 (1911) 385—410. H. A l l i n e , Rev. de philol. 35 (1911) 203 f. (Pl. Ph. 246 a b, 246 e—247 a bei Psellos). H. W e i n s t o c k , De Erotico Lysiaco (Pl. Ph. 231—234 c), Monast. Guestf. 1912 Diss. C a r. B a r w i c k , De Pl. Ph. temporibus in: Comment. philol. Jenenses vol. 10 fasc. 1, Lips. 1913. J. S t e n z e l , Über Pl. Lehre v. der Seele, z. Erkl. v. Phaedr. 245 c ff., Festschr. z. Jahrhundertfeier d. Univ. Breslau (Bresl. 1911) 85—92. V. P o t e m p a , D. Ph. in d. Entwickl. d. Ethik u. d. Reformgedanken Pl., Bresl. 1913 Diss. H. v. A r n i m , Zur Abfassungsz. von Pl. Ph., Ztschr. f. d. österr. Gymn. 64 (1913) 97—127. K. B a r w i c k , Zum Phaidrosproblem, ebd. 818—835. H. v. A r n i m (gegen Barwick), ebd. 835—850. G. Z u c c a n t e , Isocrate e Pl. a proposito d'un giudizio del ,,Fedro'', Rendic. d. R. istit. Lomb. di sc. e lett. ser. 2, 44, 533—549. Die Phaidrosstelle wird auch in der weiteren Literatur über das Verhältnis von Pl. zu Isokrates berührt (s. o. S. 56*. 59*. 66*. 81*). Den 'Ερωτικός d. Lysias im Ph. bespricht auch W. S ü ß , Ethos 11 f., die Stellung des Dialogs zur Rhetorik K. M r a s , Wien. Stud. 36 (1914) 295 ff. — C o n s t. R i t t e r , Die Abfassungsz. d. Ph., ein Schibboleth der Platonerklärung, Philol. 73 (1914) 321 bis 373. O. I m m i s c h , Neue Wege d. Platonforschung, Neue Jahrb. 35 (1915) 545—572 (vgl. dazu P o h l e n z , Gött. gel. Anz. 1916, 272 ff.). E. G r o a g , Zur Lehre v. Wesen d. Seele in Pl. Ph. u. im X. Buche d. Rep., Wien. Stud. 37 (1915) 189—222. G. W. B u t t e r w o r t h , Clement of Alexandria's Protrepticus and the Ph. of Pl., Class. Quart. 10 (1916) 193 f. A. S c h w i n d , Der Mythus in Pl. Ph., Blätt. f. d. bayer. Gymn. 53 (1917) 25—34. H. D. V e r d a m , Quo tempore Ph. Plat. scriptus sit, Mnem. N. S. 46 (1918) 383—402. R. F o e r s t e r , Pl. Ph. u. Apuleius, Philol. 75 (1919) 134—155. Zu Ph. 270 c im Vergleich mit Hippokrates Περὶ ἀρχ. ἰατρ. 20 H. S c h ö n e , Dtsch. mediz. Woch. 1910 Nr. 9. 10. H. D i e l s , Sitz. Berl. Ak. 1910, 1140 ff. W. C a p e l l e , Hermes 57 (1922) 247 ff. Zu Phaidr. 274 c u. Phileb. 18 b R o b. E i s l e r , Arch. f. Gesch. d. Phil. 34 (1922) 3—13. — Weitere kritisch-exegetische Beiträge: F. B l a s s , Krit. Bemerkungen zu Pl. Ph., Hermes 36 (1901) 580—596 (auf Grund der Rhythmik). L. P a r m e n t i e r , Pl. Ph. 257 D, Revue de l'instruct. publ. en Belgique 44, 257—259. L'adiectif ἐξάντης (Pl. Ph. 244 E), Revue de philol. 26 (1922) 354—359. H. R i c h a r d s , Class. Rev. 21 (1907) 197 ff. (über Ph. 244 C). J. C. V o l l g r a f f , Coniectanea in Plat. Ph., Mnemos. 37 (1909) 433—445. J. V a h l e n , Varia (darunter zu Pl. Ph. 236 a), Hermes 45 (1910) 301. H. G. V i l j o e n , Emend. in Pl. Ph., Class. Quart. 8 (1914) 7. F. P f i s t e r , Philol. Woch. 1922, 1195 ff. (zur Komposition). R a e d e r , R i t t e r , P o h l e n z , v. A r n i m , v. W i l a m o w i t z s. o. S. 73* f., P o h l e n z auch Gött. gel. Anz. 1921, 19 f.

Theaitetos: E. Z e l l e r , Über d. zeitgeschichtl. Bezz. des plat. Th., Sitz. Berl Ak. 1886, 631—647 = Kl. Schr. I 348—368. C o n s t. R i t t e r , Gedankeng. u. Grundansch. von Pl. Th., in: Unterss. über Pl., Stuttg. 1888. P. N a t o r p , Aristipp in Pl. Th., Arch. f. Gesch. d. Ph. 3 (1890) 347—362. E. R o h d e , Die Abfassungsz. des plat. Th., Jahrbb. f. klass. Philol. 123 (1881) 321 ff.; 124 (1882) 81 ff.; Philol. 49 (1890) 230 ff.; 50 (1891), 1 ff.; 51 (1892), 474 ff.; sämtliche Artikel abgedr. in Rohdes Kl. Schr. I 256—308. E. Z e l l e r , Die Abfassungsz. des plat. Th., Arch. f. Gesch. d. Ph. 4 (1891) 189—214 = Kl. Schr. I 473—498. Noch ein Wort über die Abfassungszeit des plat. Th., ebd. 5 (1892) 289—301 = Kl. Schr. II 20—32. H. R i c k , Neue Unterss. üb. den plat. Th., Mülheim a. Rh. 1891 Pr., Forts. Kempen a. Rh. 1896 Pr. W. B r i n k m a n n , Die Erkenntnistheorie in Pl. Theaitet, Bergedorf 1896 Pr. P. N a t o r p , Unterss. über Pl. Phaidros u. Th., Arch. f. Gesch. d. Ph. 12 (1899) 1—49, 159—186; 13 (1900) 1—22. Auf die Abfassungsz. d. Phaidros u. Th. geht: S u s e m i h l , Neue platon. Forschungen, 1. Stück, Greifsw. 1898 Univ.-Pr.; das 2. Stück, Rh. Mus. 53 (1898) 448—459, 526—540, auf das Verh. d. Th. zur Schr. des Protagoras. A. B r a n d s t ä t t e r , Das Wissen nach Pl. Dialog Th., Salzb. 1900 Pr. S. K n o s p e , Aristipps Erkenntnistheorie im plat.

Th., Großstrelitz 1902 Pr. A. C h i a p p e l l i , Über die Spuren einer doppelten
Redaktion des plat. Th., Arch. f. Gesch. d. Ph. 17 (1904) 320—333. K. S c h i r l i t z ,
Der Begriff der δόξα in Pl. Th., Tl. I, Stargard i. P. 1905 Pr. E. S t o e l z e l , Die
Behandl. d. Erkenntnisprobl. im plat. Th., Tl. I: Gedankeng. u. Anal. d. Behandl.
d. Probl. bis z. Ende der ersten Definition, Berl. 1908 Diss. Die Behandl. d. Erkenntnisprobl. bei Pl.; eine Analyse des plat. Th., Halle 1908. F. C. S. S c h i l l e r ,
Plato or Protagoras? Being a critic. examin. of the Protagoras speech in the Th.
with some remarks upon error, Lond. 1908. W. J. A l e x a n d e r , The aim and
results of Pl. Th., Studies in honour of B. L. Gildersleeve, Baltimore 1902, 169—180.
J. E b e r z , Die Tendenzen d. plat. Dialoge Th., Sophistes, Politikos, Arch. f. Gesch.
d. Philos. 22 (1909) 252—263, 456—492. J. G e y s e r , Das Verh. v. αἴσθησις u.
δόξα in dem Abschnitt 151 e—187 a von Pl. Th., in: Studien z. Gesch. d. Philos.,
Festg. zum 60. Geb. Cl. Baeumker gew., Münster i. W. 1913, 1—23. E v a S a c h s ,
Üb. d. Kompos. v. Pl. Th., Sokr. 5 (1917) 531 f. Zur Entstehung v. Pl. Th., ebd.
535 f. (Referate). D r a h e i m , Üb. d. Abfassungsz. v. Pl. Th., ebd. 534. — Exeget.-
krit. Einzelbeiträge: R. D. A r c h e r - H i n d , Pl. Th. 179 E—180 A, Journ. of
Philol. 28 (1903) 15. L. L a l o y , Notes sur le Th., Rev. de philol. 26 (1902) 158
bis 163. H. R i c h a r d s (zu 167 c), Class. Quarterly 2 (1908) 93. A. D i è s , Pla-
tonica (zu Th. p. 166 f.), Rev. de philol. 37 (1913) 62—69. J. H. A n d e r h u b ,
Zur Erkl. v. Pl. Th. p. 147 d, Woch. f. klass. Philol. 1918, 598 f. H. D. V e r d a m ,
Qua aetate Pl. Theaetetum dialogum scripserit, Mnemos. 47 (1919) 171—186.
E. H o f f m a n n , Die Herkunft d. Wachstafelbildes im Th., Jahresb. d. Philol. Ver.
z. Berl. (Sokr.) 47 (1921) 56. — S. auch S c h i r l i t z unter dem Dialog Gorgias.
F. K r e i s unter d. Sophisten Protag. o. S. 53*. R a e d e r , R i t t e r , v. W i l a -
m o w i t z o. S. 73*. — Über den Mathematiker Theaitetos, nach dem der Dialog
benannt ist, handelt E v a S a c h s , De Th. Atheniensi mathematico, 1914, Berliner
Diss.

Parmenides: Die ältere, größtenteils der Echtheitsfrage gewidmete Lit. kann
jetzt außer Betracht bleiben. Von jüngeren Arbeiten seien folgende verzeichnet:
O. A p e l t , Untersuch. üb. d. P. des Pl., Weimar 1879. W. R i b b e c k ,
Über Pl. P., Philos. Monatsh. 23 (1886) 1—35, der zu erweisen sucht, daß ein
Aristoteliker der Verf. des P. sei. C h. W a d d i n g t o n , Le P. de Pl.; mém.
lu à l'Acad. des scienc. mor. et polit. en 1888, abgedr. in des Verf. Buch: La
philos. ancienne et la crit. histor., Par. 1904, 145—175. F. T o c c o , Del P., del
Sofista e del Filebo, Studi ital. di filol. class. 2 (1894) 391—469, auch gesondert hrsg.
Firenze 1893. A. E. T a y l o r , On the interpretation of Pl. P., Mind N. s. 5 (1896)
297—326, 483—507; 6 (1897) 9—39. E. R a a b , Bemerkk. z. d. erst. T. d. P., Schweinf.
1899 Pr. J. E b e r z , Die Einkleidung des plat. P., Arch. f. Gesch. d. Ph. 27 (1904)
81—95. W. D i e t r i c h , Der plat. Dial. P. u. die Ideenl., Erl. 1910 Diss. A d.
D y r o f f , Zu Pl. P., Festg. f. M. v. Schanz, Würzb. 1912, 83—158. P. S c h m i t -
f r a n z , Die Gestalt d. plat. Ideenl. in d. Dialogen P. u. Sophistes, Philos. Jahrb.
d. Görresges. 26, 125—145. V. B r o c h a r d , La théorie platon. de la participation
d'après le P. et le Sophiste, in des Verf. Études etc. (oben S. 7*). M. S c h n e i d e -
w i n , Ein Versuch über die Rätsel d. plat. P., Neue Jahrb. 37 (1916) 379—401.
H. S c h ö n e , Rhein. Mus. 73 (1920) 145 ff. (textkr. [p. 127 c] u. stilist.). H. H ö f f -
d i n g , Bemerkk. üb. d. plat. Dial. P. (Bibl. f. Philos. 21. Bd.), Berl. 1921. A. D i è s ,
A propos du P., Bull. d. l'Association G. Budé 1 (1923) 37 ff. C o n s t. R i t t e r
(Inhaltsdarstellung) oben S. 69*. R a e d e r , R i t t e r , v. W i l a m o w i t z
s. o. S. 73*.

Sophistes: Ältere Lit. bei P. Deussen, De Pl. Sophista, Marb. 1869 Diss. Von
weiteren Arbeiten seien hier genannt: E. A p p e l , Zur Echtheitsfrage des Dial.
S., Arch. f. Gesch. d. Ph. 5 (1892) 55—60. O. A p e l t , Pl. S. u. die Ideenl., Jahrbb.
f. klass. Phil. 145 (1892) 529—540. Die Definition des *ON* in Pl. Soph., ebd. 151
(1895) 257—272. Pl. Soph. in geschichtl. Beleuchtung, Rhein. Mus. 50 (1895) 394—452,
abgedr. in d. Verf. Plat. Aufsätzen, Lpz. Berl. 1912, 238—290. C o n s t. R i t t e r ,
Bemerkk. zum S., Arch. f. Gesch. d. Ph. 10 (1897) 478—503; 11 (1898) 18—57 (wieder
abgedr. in des Verf. Neuen Unters. üb. Pl., Münch. 1910, 1—65) 159—186. P. H e n s e l ,
Zu Pl. S., Festschr. f. Gomperz 61—66. A. D i è s , La définition de l'être et la nature
des idées dans le S. de Pl., Par. 1909 (Coll. histor. des grands philosophes). L. R o u -
g i e r , La correspondance des genres du S., du Philèbe et du Timée, Arch. f. Gesch.

d. Philos. 27 (1914) 305 ff. *Kritisch-exegetisches:* H. J a c k s o n , On some passages
in Pl. S. (218 e, 225 a, 244 c), Journ. of philol. 32 (1913) 136. J. C o o k W i l s o n ,
Class. Quarterly 7 (1913) 52 f. (zu 244 c). S. auch E b e r z unter dem Theaitet
S. 83*, T o c c o unter dem Parmenides S. 83*. C o n s t . R i t t e r (Inhaltsdar-
stellung) oben S. 69*. R a e d e r , R i t t e r , v. W i l a m o w i t z s. o. S. 73*.
 Politikos: L. G. M y s k a , Über d. Verh. des v. Pl. im Pol. entwickelten Staats-
begriffes zu der Stellung desselben in der Politeia u. den Nomoi, Allenstein 1892 Pr.
B. D i e d e r i c h , Die Gedanken der plat. Dialoge P. u. Republik, Jahrbb. f. klass.
Philol. 151 (1895) 577—599, 680—694. C o n s t . R i t t e r , Pl. Pol., Beiträge z.
seiner Erkl., Ellwangen 1896 Pr., abgedr. in des Verf. Neuen Untersuch. über Pl.
66—94. W. J. G o o d r i c h , Pl. P. 269 e to 270 a, an allusion to Zoroastrianism,
Class. Rev. 20 (1906) 208 f. E. B i g n o n e , Pl. P. 266 b f., Boll. di filol. class. 18
(1911) 53—55. Die Stelle von der Friedfertigkeit der Tierwelt 271 d f. berührt
in weiterem Zusammenhange S. S u d h a u s , Rh. Mus. 56 (1901) 47 f. B. C. S t e -
p h a n i d e s , Die Stellung von Pl. P. zu seiner Politeia und den Nomoi, Heidelb.
1913, Diss. H. v. A r n i m . Ein altgriech. Königsideal, Frankf. a. M. 1916 Univ.-
Rede. K. P r a e c h t e r , Pl. P. 311 b c, Hermes 52 (1917) 155 f. Sieh auch
E b e r z unter dem Theaitet S. 83*, C o n s t . R i t t e r (Inhaltsdarstellung) oben
S. 69*. R a e d e r , R i t t e r , v. W i l a m o w i t z s. o. S. 73*.
 Philebos: A. C h i a p p e l l i , Del vero senso dell' *altía* nel Filebo Plat., La
filos. delle scuole Italiane 22 (1880) 197—223. W. H. T h o m p s o n , Introductory
remarks on the Ph., Journ. of Philol. 11 (1882) 1—22. K. R e i n h a r d t , Der
Ph. des Pl. u. des Aristot. nikomach. Eth., Bielefeld 1878 Pr. C. B. S p r u y t , Over
de beteekenis der woorden ἄπειρον en πέρας in Pl. Ph., Verslagen en Mededeelingen d.
K. Ak., Amsterd. 1885. C. H u i t , Études sur le Ph., Par. 1886. H. H o f f m a n n ,
Pl. Ph. erl. u. beurt., Offenburg 1888 Pr.; Der plat. Ph. über d. Ideenl., Arch. f. Gesch.
d. Ph. 4 (1891) 239—242. F. B ö l t e , Pl. Standp. im Ph., Bonner Studien R. Kekulé
gewidmet, Berl. 1890, 158—165. O. A p e l t , Die neueste Athetese des Ph., Arch.
f. Gesch. d. Ph. 9 (1896) 1—23 (gegen Horn, Platonstudien 359—408). F. H o r n ,
Zur Philebosfrage, Arch. f. Gesch. d. Ph. 9 (1896) 271—297. J. M. S c h u l h o f ,
Notes on the ontology of the Ph., Journ. of philol. 28 (1903) 1—14. O. A p e l t ,
Zu Pl. Ph., Rh. Mus. 55 (1900) 9—17. J. E b e r z , Über den Ph. des Pl., Würzb.
1902 Diss. A. D ö r i n g , Eudoxos v. Knidos, Speusippos u. der Dialog Ph., Viertelj.
f. wiss. Philos. 27 (1903) 113—129. G. R o d i e r , Remarques sur le Ph., Rev. des
étud. anciennes 1900, 281—303. C. R i t t e r , Bemerkk. z. Ph., Philol. 62 (1903)
489—540, abgedr. in d. Verf. Neuen Unters. üb. Pl. 95—173. K. H a r t h , Pl. Ph.,
Magdeb. 1908 Pr. *Kritisch-exegetische Einzelbeiträge:* J. V a h l e n (zu 25 d), Hermes
14 (1879) 202 ff. = Ges. philol. Schr. II 62 ff. R. D. A r c h e r - H i n d , Note on
Pl. Ph. 15 a b, Journ. of philol. 27 (1901) 229—231. R. G. B u r y , Pl. Ph. 15 A B,
Arch. f. Gesch. d. Philos. 21 (1908) 108 f. J. L a c h e l i e r , Note sur le Ph., Rev.
de Métaph. etc. 10 (1902) 218—224. D. M a s o n , Note on Pl. Ph. 31 c, Class. Quart.
3 (1909) 13 ff. C. W i l s o n , ebd. 125 f. (zu 31 c). P. S h o r e y , Class. Philol.
3, 343. S. auch F r i e d r i c h s beim Dial. Gorgias S. 76*, L. R o u g i e r beim
Sophistes S. 83*. C o n s t . R i t t e r (Inhaltsdarstellung) oben S. 69*. A. D i è s,
L'échelle des biens dans le Ph., Rev. de philol 47 (1923) 97 ff. R a e d e r , R i t t e r ,
v. W i l a m o w i t z s. o. S. 73*.
 Timaios: Th. H. M a r t i n , Études sur le Timée de Platon, 2 Bde., Par. 1841.
P. R a w a c k, De Pl. T. quaestiones crit. I, Berl. 1888 Diss., vollst. ebendort als Buch.
M. S a r t o r i u s , Ruht oder bewegt sich die Erde im T. ? Ztschr. f. Philos. u. philos.
Krit. 93 (1888) 1—25. T h . H ä b l e r , Über zwei Stellen in Pl. T. u. im Haupt-
werke von Coppernicus, Grimma 1898 Pr.; dazu Berl. philolog. Woch. 1911, 1176.
J. C. W i l s o n , On the interpretation of Pl. T., Lond. 1889. Derselbe (zu T. 37 c),
Journ. of Philol. 32 (1913) 123 f. 166. M. E. H i r s t (zu T. 37 c), Class. Philol. 8
(1913) 93. C. G i a m b e l l i , Sul passo interpolato di Pl. T. p. 42 B, Bollet. di filol.
class. 8, 131—135. C. R i t t e r , T. cap. I, Philol. 62 (1903) 410—418, abgedr. in
d. Verf. Neuen Untersuch. üb. Pl. 174—182. E. D i e h l , Der Timaiostext des
Proklos, Rh. Mus. 58 (1903) 246—269. J. E b e r z , Die Bestimmung der von Pl.
entworfenen Trilogie T., Kritias, Hermokrates, Philol. 69 (1910) 40—50. E. B i -
g n o n e , Il pensiero Platonico e il T., Atene e Roma N. 139/40, 215—244. E v a
S a c h s , Die fünf platon. Körper. Zur Gesch. d. Mathematik u. d. Elementenlehre

Pl. u. d. Pythagoreer (Philol. Unters. 24. Heft), Berl. 1917. E. H o w a l d , *Εἰκὼς λόγος*, Hermes 57 (1922) 63—79. K. B u r d a c h , Die Lehre d. plat. T. (40 B) von der kosmischen Stellung d. Erde u. d. Bedeutung v. *εἴλω, εἴλλω, εἰλέω* u. *ἴλλω*, Neue Jahrb. 48 (1922) 254—278. E r . F r a n k , Pl. u. d. Achsendrehung d. Erde, in: Pl. u. die sog. Pythag. 205 ff. Die Person d. Hermokrates im T. berühren H. S t e i n , Rh. Mus. 55 (1900) 564 und J. S t e u p ebenda 56 (1901) 460 f. L. R o u g i e r s. S. 83*. A r c h e r - H i n d (Kommentar) s. Text. C o n s t. R i t t e r (Inhaltsdarstellung) oben S. 69*. *Nachwirkungen des T.:* s. Grundr. II¹⁰ Register unter Platon. C l. B a e u m k e r , Der Platonismus im Mittelalter, Münch. 1916, Akad. Rede, 8 ff. E. P r e u s c h e n , Ztschr. f. d. neutest. Wiss. 18 (1917/18) 23 (Pl. Tim. 92 b und Koloss. 1, 15). L a c k e i t s. o. S. 30*. O. W e i n r e i c h , Aion in Eleusis, Arch. f. Religionswiss. 19 (1919) 174—190. A. K u r f e s s , Curae Constantinianae, Berl. 1920, Ztschr. f. d. neutest. Wiss. 19, 72 ff. Berücksichtig. in Konstantins Rede an d. Heil. Vers.). E. H i r s t , Pl. Tim. 37 c, Class. Philol. 18, 352. — Für den Timaios kommen noch insbesondere in Betracht die Arbeiten über Pl. Naturphilos. (zu § 40) u. sein Verhältn. zu Demokrit (zu § 39). R a e d e r , R i t t e r , v. W i l a m o w i t z s. o. S. 73*.

Kritias: O. K e r n , Zu der plat. Atlantissage, Arch. f. Gesch. d. Philos. 2 (1889) 175 ff. F. S a n d e r , Über die plat. Insel Atlantis, Bunzlau 1893 Pr., wiederh. in des Verf. Buche Deo patriae litteris, Ges. Vortr. u. Aufs. I, Bresl. 1894. G. D e m m , Ist die Atlantis in Pl. Kritias eine poetische Fiktion ? Straubing 1905 Pr. P h. N é g r i s , La question de l'Atlantis de Pl., Par. 1905. G. W ö r p e l , Hat Pl. Atlantis existiert ? Kieler Zeitung Nr. 23 371 (vgl. H e r m. S i n g e r , Frankf. Zeitung, 6. April 1913). F r. K l u g e , De Pl. Critia, Halis 1909 Diss. H. P h i l i p p , Zur Chronol. d. plat. Dial. Kritias, Berl. philol. Woch. 1913, 1119 f. K. T. F r o s t , The Cr. and Minoan Crete (zum Atlantismythos), Journ. of Hell. Stud. 33 (1913) 189 ff. T h. A r l d t , Die plat. Atlantis, Berl. philol. Woch. 1920, 183—192, 209—216. W. D. M a t t h e w , Pl. Atlantis in Palaeogeography, Proceed. of the Nation. Acad. of Scienc. of te Unit. Stat. of Amer. 6 (1920) 17 f. F r. N e t o l i t z k y , Das Festland vor d. Atlantisinsel Pl., Philol. Woch. 1921, 1221—1224. E r. F r a n k , Zu Pl. Kritias, in: Pl. u. die sog. Pythag. 217 f. S. auch E b e r z , S t e i n und S t e u p unter dem Dialog Timaios. G. R u d b e r g , Syrakusai och Atlantis, Eranos 1917. A. D e l a t t e , L'Atlantide de Pl., Le Musée Belge 26 (1922) 77 ff. C o n s t. R i t t e r (Inhaltsdarstellung) oben S. 69*. R a e d e r , R i t t e r (II 860 ff.), v. W i l a m o w i t z s. o. S. 73*.

Nomoi: I. B r u n s , De legum Plat. compositione quaest. selectae, Bonn 1877. Pl. Gesetze vor und nach ihrer Herausgabe durch Philippus von Opus, Weim. 1880. T h. B e r g k , Pl. Gesetze, in: Fünf Abh. z. Gesch. d. griech. Ph. u. Astron., Lpz. 1883. E. P r a e t o r i u s , De legg. Plat. a Philippo Opuntio retractatis, Bonn 1884 Diss. F r. B l a s s , Naturalismus und Materialismus in Griechenland zu Pl. Zeit, Kiel 1887 (die Gesetze für Dionys II. verfaßt u. z. Einführung bestimmt). J. T i e m a n n , Krit. Analyse von B. 1 u. 2 d. plat. Ges., Osnabr. 1888 Pr. (gegen B r u n s , der in den betreffenden BB. zwei unabhängig voneinander entstandene Entwürfe erkennt, die nicht in innere Übereinstimmung miteinander gebracht sind. Vgl. dazu E. Z e l l e r , Arch. f. Gesch. d. Ph. 2 [1889] 695 ff.). C o n s t. R i t t e r , Pl. Ges., Darst. des Inhalts, Lpz. 1896. Pl. Ges., Komm. zum griech. Text, Lpz. 1896 (genau und gründlich; sehr nützliche Register). M. K r i e g , D. Überarbeit. d. plat. Ges. durch Philipp von Opus, Heidelb. 1896 Diss. M. P a n t a z e s , *Τεκμήρια τοῦ νόθου τῶν Πλάτ. νόμων ἐκ τοῦ γ΄ βιβλίου καὶ ἐπανορθωτικὰ εἰς αὐτό*, Ἀθηνᾶ 13, 2—4, p. 143—213. J. R e n t z s c h , De *δίκη ψευδομαρτυριῶν* in iure Attico comparatis Pl. imprimis legum libris cum orationibus Atticis, Lips. 1901 Diss. T h. G o m p e r z , Platon. Aufsätze III. Die Komposition der „Gesetze“, Sitz. Wien. Ak. 1902. Fr. B l a s s , Über die Zeitf. v. Pl. letzten Schrr., in: Apophoreton, Festschr. d. Graeca Halensis zur 47. Philologenversamml., Berl. 1903, 52—66 (nimmt den vom Verf. in seiner Kieler Schr. geäußerten Gedanken wieder auf. — Die Nomoi sind nach Bl. nicht Pl. letztes Werk). C a r. R i c h t e r , De leg. Pl. libris I II III, Gryphiae 1912 Diss. J. O. E b e r z , Pl. Ges. u. die sizil. Reform, Arch. f. Gesch. d. Philos. 25 (1912) 162—174. O. A p e l t , Zu Pl. Ges., Jena 1907 Pr. A. H o f f m a n n , De Pl. in dispositione Leg. consilio, Greifsw. 1907 Diss. J. S c h u l t e , Quomodo Pl. in Leg. publ. Athen. instituta respexerit, Münst. 1907 Diss. F r. D ö r i n g ,

De leg. Plat. compositione, Lips. 1907 Diss. L. S c h r ö e r , Die allgem. strafrechtl. Grundsätze in Pl. Ges., Münst. 1910 Diss. K. L i n c k e , Die Anf. d. Kultur; ein Stück plat. Geschichtsphilos. (nach den Ges. B. 3 u. 4), Ztschr. f. d. Gymnasialw. 66 (1912) 718—725. J. F e r b e r , Der Lustbegriff in Pl. Ges., Neue Jahrb. 31 (1913) 338—349. V. B r o c h a r d , Les Lois de Pl. et la théorie des idées, in des Verf. Études usw. (oben S. 7*). P. S h o r e y , Pl. Laws and the unity of Pl. thought I. Class. Philol. 9 (1914) 345 ff. S. auch die zur Politeia angeführte Arbeit von L o m - b a r d . — G u i l . G o e t z , Legum Pl. de iure capitali praecepta cum iure Attico comparantur, Darmst. 1920, Gießen. Diss. — *Kritisch-exegetische Beiträge:* D. P e i - p e r s , Quaest. crit. de Pl. leg., Gott. 1863 Diss. K. H o r n a , Philol. 65 (1906) 156 f. (zu 794 a b). S. A r v a n i t o p u l l o s , ’Εφημ. ἀρχαιολ. 1909, 43 f. (zu 947 b—e). W. R. P a t o n , Notes on Pl. Laws I—VI, Class. Quart. 3 (1909) 111—113. v. W i l a m o w i t z , Lesefrüchte, Hermes 45 (1910) 398 ff. (zu 734 e ff.; berührt auch die allgemeine Frage der Komposition der Ges. 404 ff.; erklärt sich gegen die zeitliche Ansetzung des Kritias nach den Ges. 405 Anm. 1). F r . B o l l , Arch. f. Religionswiss. 13 (1910) 575 (zu 914 b). A. B u s s e , Woch. f. klass. Philol. 1919, 213 f. (zu 715 a). P. S h o r e y (zu 679 d), Class. Philol. 17, 86. G. D u r y , On some passages in Pl. Laws, Class. Rev. 35, 145. — R a e d e r , R i t t e r , v. W i - l a m o w i t z s. o. S. 73*.

Epinomis: s. unten S. 87*.

Die Lehrschrift Über das Gute: J. S t e n z e l , Zahl u. Gestalt bei Pl. u. Aristoteles, Lpz. Berl. 1924.

Z w e i f e l h a f t e s u n d U n e c h t e s .

Im allgemeinen s. W. A. H e i d e l , unten S. 89* unter: *Vermischte Beiträge*. R a e d e r , v. W i l a m o w i t z s. o. S. 73*.

A. I n d i e t h r a s y l l i s c h e n T e t r a l o g i e n a u f g e n o m m e n , a b e r

a) s c h o n v o n a n t i k e n K r i t i k e r n a n g e z w e i f e l t o d e r v e r w o r f e n[1]):

Kleinerer Alkibiades: B. A n d r e a t t a , De libro qui Alcib. secundi nomen in fronte gerit Platoni abiudicando disput., Trient 1870 Pr. E. B i c k e l , Ein Dialog aus d. Akademie des Arkesilaos, Arch. f. Gesch. d. Philos. 17 (1904) 460—479 (sucht mit im ganzen wenig einleuchtenden Gründen wahrscheinlich zu machen, daß der II. Alkibiades in der Schule des Arkesilaos entstanden sei und diesem Umstande die Aufnahme in das Korpus der Tetralogien zu verdanken habe. Die Annahme anti-kynischer Polemik, auf die B. Gewicht legt, scheint mir nur für den Abschnitt über ἄφρονες μαινόμενοι 139 d ff. nahe zu liegen.) Derselbe, Platon. Gebetsleben, ebenda 21 (1908) 535—554 (setzt 539 ff. die Verwerfung des Gebetes um Einzelgüter Alc. II 141 a ff.] zu hedonistischer Literatur in Beziehung). Über sprachliche Abweichungen des Dialogs von den sicher plat. Schriften R i t t e r , Unters. über Pl. 88, U s e n e r , Unser Platontext, Nachr. Ges. d. Wiss. zu Gött. 1892 48 f. = Kl. Schr. III 127 f. (der Verf. des Dialogs Nordgrieche). H. B r ü n n e c k e , De Alc. II qui fertur Plat., Gott. 1912 Diss. (handelt eingehend über Komposition, Quellen, Vorbilder u. Tendenz der Schrift, die vom Verf. bekämpften Gegner und das Verhältnis des Werkchens zu anderen echten und unechten [Theages, Alkib. I, Erasten] Schrr. des platon. Korpus; hält den Alkib. II für nach Begründung der aristotelischen Schule [335] vor dem Theages entstanden).

Hipparch: U. v. W i l a m o w i t z - M o e l l e n d o r f f , Aristot. und Athen. I 118 ff. schließt sich der allgemeinen Verwerfung des Werkes an, wendet sich aber gegen die Annahme unmittelbarer Beziehungen von Hipp. 229 b zu Aristot. civ. Athen. 16, 7. Dagegen erkennt J o s . P a v l u , Die pseudo-platon. Zwillings-dialoge Minos u. Hipparch, Wien 1910 Pr. (hier 1 ein kurzer Abriß der Gesch. des Problems) in der Hipparchstelle eine Polemik gegen Aristoteles (beachtenswert, scheint mir aber nicht so sicher, wie R a e d e r , Berl. philol. Woch. 1911, 1019, an-nimmt) und vermutet, daß die Schr. nicht lange nach 320 vor Chr. von einem An-

---

[1]) Die angebliche Verwerfung des Phaidon durch Panaitios und die Athetese der Politeia und der Nomoi durch Proklos bleiben hier unberücksichtigt.

hänger der Akademie verfaßt wurde. Einzelbeitrag: H. J a c k s o n , Class. Rev. 15 (1901) 375 (zu p. 230 a). E. A z z o l i n i , Ricerche sull' Ipparco attrib. a Plat., Modena 1915.

Erastai (Anterastai): G u i l. W e r n e r , De Anterastis dialogo Pseudoplat., Darmstadiae 1912, Gießen. Diss. (hier 1 ff. die frühere Lit.), kommt zu dem Ergebnis, daß der Dialog nach dem Tode des Xenokrates (315/4), aber vor der Wirksamkeit des Arkesilaos verfaßt wurde, und findet, daß die Schr. ihrer Tendenz nach gut in die Zeit Polemons passe. S. auch B r ü n n e c k e unter dem Kleineren Alkibiades.

Epinomis: Über die sprachliche Übereinstimmung mit sicher plat. Schrr. C. R i t t e r , Unters. über Pl. 91 f., über die sachliche Übereinstimmung M. K r i e g , Die Überarbeitung der platon. Gesetze (s. o. S. 85*) 14. Gleichwohl haben die wenig besagende antike Tradition über die Beziehungen des Philippos von Opus zu dem Werke und die ungenügend begründete Athetese des Proklos bei den meisten Neueren den Glauben an die Echtheit nicht aufkommen lassen. Ausnahmen machen Th. G o m p e r z , Griech. Denker II^1 563 f., H. R a e d e r , Pl.s philos. Entw. 413 ff., H. R e u t h e r , De Epinomide Platonica, Lips. 1907 Diss. Anders urteilt unter einem neuen Gesichtspunkt O. I m m i s c h , Philol. 72 (1913) 17. Gegen die Echtheit auch v. W i l a m o w i t z - M o e l l e n d o r f f , Kultur der Gegenwart, Teil 1 Abt. 8^3 129, Platon I^2 654. Daß der Verf. der Epinomis orientalische astronomische Theorien kannte, bemerkt F. C u m o n t , Neue Jahrb. 27 (1911) 4. Zu 974 e ff. (Erfinder der Künste) G e r h ä u ß e r , Protr. d. Poseid. 30 f. Eine eingehendere Behandlung der Epinomis und ihres Verhältnisses zu Philippos von Opus ist von W. J a e g e r zu erwarten; vgl. Abh. Berl. Ak. philos.-hist. Kl. 1914, XVIII f. S. vorläufig J a e g e r , Aristot. 146, 2; 152 f.; 155; 158 f.; 168; 315, 4; J. S t e n z e l , Zahl u. Gestalt b. Plat. u. Arist. 103, 4.

b) o h n e a n t i k e n V o r g a n g m i t b e a c h t e n s w e r t e n G r ü n - d e n [1]) v o n n e u e r e n K r i t i k e r n a n g e z w e i f e l t o d e r v e r w o r f e n:

Größerer Alkibiades: C. G. C o b e t , Platonica, ad Platonis qui fertur Alcibiad. pr., Mnemos. N. S. 2 (1874) 369—385. F. H u b a d , D. erste Alcibiad., Pettau 1876 Pr. B. A n d r e a t t a , Sull' autenticità dell' Alcibiade primo, Roveredo 1876 Pr. (letzterer für die Echtheit). R. H i r z e l , Aristoxenos u. Pl. erster Alkib., Rh. Mus. 45 (1891) 419—435. R. A d a m , Über die Echth. u. Abfassungsz. des platon. Alcib. I, Arch. f. Gesch. d. Philos. 14 (1901) 40—65 (für die Echtheit). J. P a v l u , Alcibiades prior quo iure vulgo tribuatur Platoni (Dissert. philol. Vindob. vol. 8 pars 1), Wien 1905. H. A r b s , De Alcibiade I qui fertur Platonis, Bonn 1906 Diss. J. J. H a r t m a n , De Platonis qui dicitur priore Alcibiade, Mnem. N. S. 44 (1916) 163—176. P. F r i e d l ä n d e r , Der Große A. ein Weg zu Platon, Bonn 1921 (tritt für Echtheit ein); 2. Teil 1923. L. H a v e t , Pl. Alc. 133 c, Rev. d. philol. 45 (1921) 87—89. W. J a e g e r , Aristoteles 169, 1. S. auch B r ü n n e c k e unter dem Kleineren Alkibiades.

Theages: U. v. W i l a m o w i t z - M o e l l e n d o r f f , Hermes 32 (1897) 103 Anm. 2, stimmt hinsichtlich der Unechtheit des Th. dem allgemeinen Urteil bei; nach seiner Ansicht ist die Schr. nicht vor 370 von einem Verf. geschrieben, der sich in lebendigem Kontakt mit der sokratischen Gemeinde befand (s. auch Platon^2 I 114, 1; 184, 2. II 325). W. J a n e l l , Über die Echth. u. Abfassungsz. des Th., Hermes 36 (1901) 427—439 (setzt den Dialog etwa 369—366 an und hält für den Verf. einen Sokratiker). J. P a v l u , Der pseudoplat. Th., Wien. Stud. 31 (1909) 13—37 (hält den Th. für eine harmlose, auf keinerlei Täuschung berechnete Arbeit eines Schülers, dem der erste Alkibiades [nach Pavlu wahrscheinlich 340/39 verfaßt] bereits fertig vorlag). S. auch B r ü n n e c k e unter dem Kleineren Alkibiades, H. G o m p e r z , Arch. f. Gesch. d. Phil. 19 (1906) 540 ff.

Kleitophon: R. K u n e r t , Quae inter Cl. dialogum et Platonis Rempublicam intercedat necessitudo, Greifsw. 1881 Diss. K. ebenso wie J o ë l u. D ü m m l e r , Zur Kompos. des platon. Staates (s. o. S. 80*) halten den Kl. für platonisch. Dagegen hält J o s. P a v l u , Der pseudoplat. Kl., Znaim 1909, Pr., für wahrscheinlich, daß die Schr. um die Wende des 4. und 3. Jahrh. vor Chr. in der aristot. Schule entstand. — H. B r ü n n e c k e , Kl. wider Sokrates, Arch. f. Gesch. d. Philos. 26 (1913) 449. —

---

[1]) Die Hyperkritik Schaarschmidts u. a. lasse ich außer Betracht.

Zur Kleitophonfrage s. auch die im Jahresber. üb. d. Fortschr. d. klass. Altertumswiss.
96 (1898 I), 43 f. besprochenen Arbeiten und v. A r n i m , Leben u. Werke des Dio
von Prusa, Berl. 1898, 256 ff., v. W i l a m o w i t z , Platon I² 490, 5. Über den Kl.
unter dem Gesichtsp. der Protreptik u. seine Berücksichtigung durch Spätere
P. H a r t l i c h , De exhortat. a Graec. Romanisque script. hist. 229 ff. 247. 278.
314. 331.

Minos: A. B o e c k h , Comment. in Pl. qui vulgo fertur M. eiusdemque libros
priores de legibus, Halae 1806.   J. P a v l u , Die pseudoplaton. Zwillingsdialoge M.
u. Hipparch, Wien 1910 Pr. (der Verf. des Minos identisch mit dem des Hipparch,
s. o. S. 86*).

Außer den genannten Dialogen werden der *Ion* und der *Größere Hippias* von
manchen für unecht gehalten (letzterer auch von Pohlenz u. v. Wilamowitz). Auch
über den *Menexenos* herrscht keine völlige Übereinstimmung. S. die Lit. oben S. 75*.
77* f.

Die Briefe: Neben älteren Untersuchungen kommen besonders in Betracht:
H. T h. K a r s t e n , De Platonis quae feruntur epistolis, praecipue tertia, septima,
octava, Traj. ad. Rhen. 1864, dessen Verwerfungsurteil H. S a u p p e beistimmt
in seiner Rez. in den Gött. Gel. Anz., 1866, 881—892. A. H e i n r i c h , Verwertung
des siebenten ps.-plat. Briefes als Quelle für Pl. sizilische Reisen, Cilli 1880 Pr.
H. R e i n h o l d , De Pl. epistulis, Quedlinb. 1886, sucht die Echtheit sämtlicher Briefe
zu erweisen, W. C h r i s t , Platon. Studien 25 ff., die des 13. Ebenso U n g e r , Philol.
50 (1891) 191 ff. U. v. W i l a m o w i t z - M o e l l e n d o r f f (gegen Echtheit
von epist. 13), Hermes 33 (1898) 496. Dagegen F r. B l a s s , Rh. Mus. 54 (1899)
36. H. A. S i l l , Unterss. über die pl. Briefe, I. T., Proleg., Halle 1901 Diss. (An-
fänge einer rein histor. Krit. der Briefe). S. auch E d. M e y e r , Gesch. des Altert.
V (1902) 500 ff.; dieser hält die Briefe im allgemeinen für echt, jedoch nicht ep. 12
[= Diog. Laert. 8, 80 f.], vgl. Meyer § 826 Anm. Plutarch benutzt nach Meyer § 987
Anm. die Briefe, nicht umgekehrt. R. A d a m , Über die Echtheit der plat. Br.,
Berl. 1906 Pr. M. O d a u , Quaestionum de septima et octava Pl. epist. capita duo,
Regiomonti 1906. H. R a e d e r , Über die Echth. der plat. Br., Rh. Mus. 61 (1906)
427—471, 511—542. F r. N o v o t n ý (Ein Beitrag zur Lösung der Frage über die
Echth. der plat. Br.), Listy filologické 33 (1906), 193—210; 336—347. I. B e r t h e a u ,
De Pl. epist. septima, Hal. 1907 (Dissert. philol. Hal. vol. 17 pars 2). Vgl. P. W e n d -
l a n d , Berl. philol. Woch. 27 (1907) 1014 ff. T h. B l u n k , De sept. ep. qu. f.
Plat. adnominationibus, Greifsw. 1906 Diss. R. A d a m , Über die plat. Br.,
Arch. f. Gesch. d. Philos. 23 (1910) 29—52 (gibt eine Liste der Entlehnungen aus
echten und unechten Schriften des plat. Korpus und verwertet den nach seiner Ansicht echten 7. u. d. unechten, aber zuverlässigen 13. Brief für die Chronologie einiger
plat. Dialoge). C. R i t t e r , Brief 7 u. 8, im Anh. zu des Verf. Komm. zu d. Gesetzen
(oben S. 85*) 367—378. Derselbe, Philol. 68 (1909) 332 ff. (über den 13. Brief).
Derselbe, Die dem Pl. und Speusippos zugeschriebenen Briefe, in: Neue Unterss. üb.
Pl., Münch. 1910, 327—424 (13 unecht, danach auch 2 und 6 zu verwerfen; alle drei
vielleicht von demselben Verf., dem auch 12 gehören könnte. 4 trägt keine Zeichen
der Unechtheit, ist aber vielleicht speusippisch, ebenso möglicherweise 5. Unecht 1
[ungeschickte Fälschung], 11, 14, wahrscheinlich auch 15—18, echt dagegen 3, 7 und 8
bis auf eine größere Interpolation 341 a b—345 c). Vgl. zu Ritters Ergebnissen auch
J. P a v l u , Berl. philol. Woch. 1911, 543 ff. A. B r i n k m a n n , Ein Brief Pl.
Rhein. Mus. 66 (1911) 226—230 (für die Echtheit des 6. Briefes). O. I m m i s c h , Der
erste plat. Brief, mit einer Einl. über den Zweck und einer Vermut. üb. die Entst.
der plat. Briefsamml., Philol. 72 (1913) 1—41 (Die Briefsammlung gilt nach Imm.
nicht historischem, sondern dogmatischem Zwecke: die Briefe sollen die Ges. 739 e
angekündigte *τρίτη πολιτεία* ersetzen. Nr. 1 ist nach Imm. ein Brief des Spartaners
Dexippos, umstilisiert durch den Historiker Timaios, aus dessen Werk ihn der
Sammler entnahm, wieder in der dogmatischen Absicht einer Ergänzung der plat.
Staatslehre. [Dagegen v. Wilamowitz, Platon II² 280, 1.] Die Sammlung muß also
nach Imm. etwa in der ersten Hälfte des 3. Jahrhunderts, zwischen Timaios und
Aristophanes von Byzanz, der sie in seine Trilogien aufnahm, entstanden sein.)
F. Z i e m a n n , De epistularum Graec. formulis sollemnibus quaest. select., Halis
Sax. 1910 (Diss. philol. Hal. vol. 18, 4) 290 f. (Die Grußformel der platon. Briefe als
Indiz ihrer Unechtheit.) Der Frage nach der Echtheit der plat. Br. im allgemeinen

gilt R. H a c k f o r t h , The authorship of the Plat. epistles, New York 1913.   Die Echtheit und Tendenz des 7. Briefes behandelt M. P o h l e n z , Aus Pl. Werdezeit 113—122, der für die plat. Verfasserschaft eintritt und auch die Ausscheidung von Teilen des Briefes als Interpolation bekämpft.   F r. J u r o s z e k , Comment. crit. de Pl. quae feruntur epist., Diss. philol. Vind. 11, pars 3, Vind. 1913; dazu R a e d e r , Berl. philol. Woch. 1915, 744 ff.   M. P i e p e r , Pl. 7. Brief, Sitz. d. Philol. Ver. zu Berl. 1914, Sokr. 2, 628 ff.   P. S h o r e y , Note on the sixth Plat. epistle, Class. Philol. 10 (1915) 87 ff.   P. C o r s s e n , Die Echth. d. plat. Briefe, Sokr. 7 (1919) 341 (Referat).   J. S t e n z e l , Üb. d. Aufbau d. Erkenntnis im 7. plat. Br., Sokr., Abt.: Jahresb. d. Philol. Ver. z. Berl. 47 (1921) 63—84.   W. A n d r e a e , Die philos. Probleme in den plat. Briefen, Philol. 78 (1922) 34—87 (hier 35, 3 Literatur). A. P o s t, Pl. epist. 7, 333 a, Class. Philol. 18, 180.   Über ὅτι und ὡς in Pl. Briefen handelt F. N o v o t n ý , Rh. Mus. 69 (1914) 742—744.   Krit. Beiträge zu ep. 2, p. 310 C von H. R i c h a r d s , Class. Rev. 16 (1902) 396; zu epist. 2, p. 313 A von J. B u r n e t, Rh. Mus. 62 (1907) 312 f.   S. zu d. Briefen auch T h e d i n g a , Hermes 54 (1919) 254 ff.   Über d. Briefsammlung v. W i l a m o w i t z , Platon II² 278—305; zur Textkritik ebd. 407—411.

B. N i c h t i n d i e t h r a s y l l i s c h e n T e t r a l o g i e n a u f g e n o m m e n , v o n d e r a l t e n u n d n e u e r e n K r i t i k v e r w o r f e n , f r a g l o s u n e c h t :

Einige dieser Schriften versuchte A. B o e c k h in der Ausg.: Simonis Socratici dialogi quatuor etc. (s. o. Text § 38) auf Grund der Angaben bei Diog. Laërt. 2, 122 einem Zeitgenossen des Sokrates, dem Schuster Simon (s. o. § 32 u. S. 62*) zuzuweisen.

Axiochos: H. F e d d e r s e n , Über den pseudoplat. Dial. A., Cuxhav. 1895 Pr.   O. I m m i s c h , Philol. Studien zu Pl. I, Lpz. 1896 (nach Imm. ist der A. die Schrift eines Akademikers gegen Epikur, aus den letzten Jahren des 4. Jahrhunderts). U. v. W i l a m o w i t z - M o e l l e n d o r f f , Gött. gel. Anz. 1895, 977 ff. A. B r i n k m a n n , Beiträge zur Krit. u. Erklär. des Dial. A., Rh. Mus. 51 (1896) 441—454. M a r t. M e i s t e r , De A. dialogo, Bresl. 1915 Diss. (Übersicht über die Gesch. der Axiochosfrage.   Der A. nach d. Verf. Meinung kurz vor Chr. Geburt verfaßt, abhängig von Poseidonios; vgl. dazu R. P h i l i p p s o n , Deutsche Lit.-Ztg. 1917, 376—380.)   J. C h e v a l i e r , Étude crit. du dial. ps.-platon. l'Ax., Par. 1915. F. C u m o n t , Acad. d. inscr. 13. Aug. 1920 (Journ. d. sav. 9—10 S. 238 f. [nach Philol. Woch. 1921, 255]: der Ax. im 3. Jahrh. verf.).

Eryxias: O. S c h r o h l , De E. qui fertur Pl., Gött. 1901 Diss.

Alkyon: A. B r i n k m a n n , Quaestionum de dialogis Pl. falso adscriptis spec., Bonn 1891 Diss.

Περὶ δικαίου und *Περὶ ἀρετῆς:* J. P a v l u , Die pseudoplaton. Gespräche über Gerechtigkeit und Tugend, Wien 1913 Pr.

Ὅροι: Zur Überlieferung H. M u t s c h m a n n , Vergessenes u. Übersehenes, Berl. philol. Woch. 1908, 1328.

Vermischte Beiträge zu den unechten Schriften: W. A. H e i d e l , Pseudo-Platonica, Diss. Univ. of Chicago, Baltimore 1896.   H. R i c h a r d s , Platonica IX, τὰ νοθευόμενα, Class. Quarterly 3 (1909) 15 (zu *Ὅροι, Περὶ δικαίου, Δημόδοκος, Σίσυφος, Ἐρυξίας, Ἀξίοχος*).

Über einen angeblichen *Philosophos* des Platon, den Chalcid. in Tim. c. 128 zitiert, s. A. D y r o f f , Blätter f. d. (bayr.) Gymnas. 32 (1896) 18—21.   Über die *Διαιρέσεις* s. M u t s c h m a n n zu § 45.

Eine besondere Stellung nehmen die *Epigramme* ein, die als Parerga nicht philosophischen Inhaltes keinen Platz in den Tetralogien zu beanspruchen hatten. Vgl. über sie die (ungenügende) Einleitung von F a v a in seiner im Texte genannten Ausgabe, der die Epigramme alle als unecht verwirft.   Mit größerem Rechte urteilt v. W i l a m o w i t z , daß sie z. T. für echt zu halten seien.   Auch auf den „wahrhaft goethischen" Charakter des 24. Epigramms hat v. Wilamowitz, der es Platon I² 456, 1 freilich in hellenistische Zeit verlegt, sehr mit Recht hingewiesen. (Aus Kydathen 222. Antigon. v. Karystos 48; s. auch Platon I² 457. 644.)   Weitere Lit. verzeichnet G. W ö r p e l in der Bespr. des Favaschen Buches, Woch. f. klass. Philol. 1902, 1225. Vgl. auch R. R e i t z e n s t e i n , Pl.

Epigramme, Nachr. Gött. Ges. d. Wiss. 1921, 53—61. G. K n a a c k , Berlin. philol. Woch. 1895, 1156.

Kritische und exegetische Beiträge *zu verschiedenen Schriften Platons* geben u. a.: K. L i e b h o l d , Jahrbb. f. klass. Philol. 1897 u. weitere Jahrgg., T h. G o m- p e r z in mehreren Abhh. der Sitz. phil.-histor. Klasse d. Wiener Ak. (s. dort die platon. Aufsätze und die Beiträge zur Kritik griechischer Schriftsteller [139 (1898) 9 ff.; 143 (1901) 14 ff. u. a.]), U. v. W i l a m o w i t z - M o e l l e n d o r f f , Hermes 40 (1905) 144—146, H e r w e r d e n , N a b e r u. a. in der Mnemos. (N. S. 34 [1906] 135—147, 317—330; 35 [1907] 118—126, 143—177 u. a.), R i c h a r d s , B u r n e t , B u r y , W a l k e r , W e b b u. a. in zahlreichen Artikeln der Classical Rev. (15 [1901] 25. 110. 295; 16 [1902] 10; 17 [1903] 14. 351; 18 [1904] 432; 19 [1905] 99. 296; 20 [1906] 6. 12. 212, Class. Quart. 3 [1909] 15 u. a.), 15 [1921] 1 ff., H. J a c k s o n , Journal of philol. 28 (1903) 186—194, K. H o r n a , Philol. 65 (1906) 156, J. N u s s e r , Blätter f. d. Gymnasialschulw. 1904, 341, G r a t s i a t e s , *Διορθωτικὰ καὶ ἑρμηνευτικά* (*εἰς Πλάτωνα*), *Ἀθηνᾶ* 18, 262, B i l l i a , Vétilles d'un lecteur de Platon, Arch. f. Gesch. d. Philos. 18 (1905) 253—264, V e t c h y , Zur Erklärung einiger platon. u. sophokl. Stellen, Wien 1906 Pr., C o n s t. R i t t e r , Platonica, Philol. 67 (1908) 311—314, I. B y w a t e r , *Ἄτακτα*, Journ. of philol. 31 (1910) 197—206, A. D i è s , Platonica (zu Theait. und Symp.), Rev. de philol. 37 (1913) 62—69. Zahlreiche Einzel- beiträge in V a h l e n s Opusc. acad. S. auch oben S. 69* ff. G. B. H u s s e y , Archeolog. notes on Pl., Amer. journ. of arch. 1900, 176 (zu Symp. 190 d, Politeia 450 b, Phaidros 264 c). W. N e s t l e (zu Protag. 340 d u. Phaidr. 230 a), Berl. philol. Woch. 1916, 415 f. L. R e i n h a r d , Observ. criticae in Pl., Berl. 1916 Diss. Vieles bei v. W i l a m o w i t z , Platon II² 347 ff. Für Weiteres s. die Jahresberichte.

Zu § 89. Platons Lehre I: A l l g e m e i n e s. D i a l e k t i k (M e t a p h y s i k , I d e e n l e h r e , Z a h l e n l e h r e , L o g i k u n d E r k e n n t n i s t h e o r i e , M e t h o d o l o g i e), S p r a c h p h i l o s o p h i e.

Allgemeines: Neben den Gesamtwerken über Gesch. d. Philos., insbesondere der griechischen, und der allgemeinen Platonliteratur (s. o. S. 65* ff.) kommen u. a. folgende Arbeiten in Betracht: A. F o u i l l é e , La philos. de Pl., exposit. hist. et crit. de la théorie des idées, Par. 1879, jetzt z. T. in 3., z. T. in 2. Bearbeit. vorliegend: t. I: Théorie des idées et de l'amour, Par. 1904; t. II: Esthétique, morale et religion plato- niciennes, Par. 1906; t. III: Histoire du Platonisme et de ses rapports avec le Christia- nisme, Par. 1909; t. IV: Essais de philos. platonicienne, Par. 1912. D a v. P e i p e r s , Ontologia Platonica, ad notionum terminorumque historiam symbola, Lpz. 1883. J o h. W o l f f , Die plat. Dialektik, ihr Wesen und ihr Wert für die menschl. Er- kenntnis I, Ztschr. f. Philos. u. philos. Kritik 64 (1874), 200—253 (zugleich Diss. v. Gött., Halle a. S. 1874); II ebd. 65 (1874), 12—34; 66 (1875), 69—85, 185—220. G. P. W e y g o l d t , Die plat. Philos. nach ihrem Wesen u. ihren Schicksalen für Höhergebildete aller Stände dargest., Lpz. 1885. G u s t. S c h n e i d e r , Die Weltansch. Pl. dargest. im Anschl. an den Dialog Phaidon, Berl. 1898. Pl. Philos. in ihren wesentl. Zügen durch ausgewählte Abschnitte aus seinen Schriften darg., Stuttg. o. J. P. S h o r e y , The unity of Pl. thought, University of Chicago de- cennial publications, 1. Ser., Vol. 6 (vgl. Class. Philol. 9 [1914] 345 ff.). H. G u y o t , Philosophes et philosophie d'après Pl., Rev. de philos. 4, 316 ff. H. W a s , Pl.s Wetten, Tijlers Theol. Tijdschr. 1 (1903). R. D. A r c h e r - H i n d , Some remarks on the later Platonism, Journ. of philol. 29 (1904) 266—272. J. A d a m , The vitality of Platonism and other essays, Cambridge 1911. — W. M. F r a n k l , Platonismus, Arch. f. Gesch. d. Philos. 23 (1910) 512 ff. Derselbe, Dialog: Pl. oder Über die ersten Dinge, z. Einf. in die Methode des Platonismus, Arch. f. Gesch. d. Philos. 30 (1917) 78—84. P. H ö f e r , Die Bedeut. der Philos. f. d. Leben nach Pl., Gött. 1870. R. W a h l e , Beiträge zur Erklär. plat. Lehren u. zur Würdig. des Aristoteles, Arch. f. Gesch. d. Philos. 14 (1901) 145—155. R a e d e r , R i t t e r , P o h l e n z , v. A r - n i m , v. W i l a m o w i t z s. o. S. 73* f.

Auf das *Ganze der platonischen Philosophie in ihrem Verhältnis zu Hellenentum, Judentum und Christentum* gehen: F. C h. B a u r , Das Christl. des Platonismus oder Sokrates u. Christus, Ztschr. f. Theol. 1837, Heft 3, 1—154, auch in: Drei Abh. zur Gesch. d. alten Ph. u. ihres Verh. zum Christent., hrsg. v. Zeller, Lpz. 1876. A. N e a n d e r , Wiss. Abhh., hrsg. v. J. L. Jacobi, Berl. 1851, 169 ff. I. D ö ll i n g e r , Heident. u. Judent., Regensb. 1857, 295 ff. R. E h l e r s , De vi ac potestate, quam philos. antiqua, imprimis Platonica et Stoica, in doctrina apologetarum saec. II. habuerit, Gott. 1859. K. K r o g h - T o n n i n g , Essays I, Pl. als Vorläufer des Christent., Kempten 1906. C o n s t. R i t t e r , Platon (o. S. 65*), Register u. d. W. Christentum. E. Z e l l e r , Pl. Mitteilungen über frühere u. gleichzeit. Philosophen, Arch. f. Gesch. d. Philos. 5 (1892) 165—184 = Kleine Schr. II 1—19. J. M e i s s n e r , Erläuterung und Würdigung des Urteils Pl. über die Sophistik, Solingen 1898 Pr. H e i n r. v. S t e i n , Sieben BB. z. Gesch. d. Platonism., Teil I—III, Gött. 1862—1875. S. A. B y k , Der Hellenism. u. der Platonism., Lpz. 1870. K. U r b a n , Pl. Verh. zur griech. Volksreligion, Görlitz 1871 Pr. F. M. C o r n f o r d , Pl. and Orpheus, Class. Rev. 17 (1903) 433—445. R. H. W o l t j e r , De Pl. praesocraticorum philosophorum existimatore et iudice, Leyden 1904. v. W i l a m o w i t z , Pl. u. d. Pythagoreer, in: Platon II² 82 ff. Er. F r a n k , Pl. u. d. sog. Pythagoreer, Halle (Saale) 1923. H o f f m a n n , Parmenides u. Pl., s. Parmen. P. N a t o r p , Demokrit-Spuren bei Pl., Arch. f. Gesch. d. Ph. 3 (1890) 515—531. I n g. H a m m e r J e n s e n , D. aeldste Atomlaere, Kopenh. 1908. Demokrit. u. Pl., Arch. f. Gesch. d. Ph. 23 (1910) 92 ff. 211 ff. H. H ö f f d i n g , (Pl. u. Demokritos), Nordisk Tidskr. for filol. 3. R. 18 S. 1 ff. H. R a e d e r (Pl. u. d. Atomenlehre), ebd. 8 ff. M. P o h l e n z , Pl. u. Demokrit, Hermes 53 (1918) 418 ff. J. S t e n z e l , Pl. u. Demokritos, Neue Jahrb. 45 (1920) 89—100. E v a S a c h s , s. S. 84*. E r. F r a n k , Pl. u. Demokr., in: Pl. u. d. sog. Pyth. 118 ff. C. R i t t e r , Platon II 336, 2. D i e l s , Vors., Nachtr. zu Bd. 2 S. VIII. v. W i l a m o w i t z , Platon I² 217 ff. (Pl. u. Euripides). H. D. V e r d a m , Quo ordine Isocratis Busiris, Adv. sophistas, Helena orationes inter se succedant et quid Pl. ad eas responderit, Mnem. N. S. 44 (1916) 373 ff. Über Pl. Verhältnis zu Isokrates s. auch W i l a m o w i t z , Platon II² 106 ff. M. M ü h l , Philol. Woch. 1921, 71 f. und oben S. 56*. 59*. 66*. 81* f. H. D. V e r d a m , Quid Pl. responderit ad Polycratis orationem in Socratem, Mnem. N. S. 45 (1917) 189—204. — Pl. u. Antisthenes s. S. 63*. — A. v. K l e e m a n n , Pl. u. Prodikos, Wiener Eranos zur 50. Vers. dtsch. Philol. u. Schulm., Wien 1909, 38—54. C h. W a d d i n g t o n , Pl. et Aristote, leur accord fondamental (extr. du Journ. des Débats du 6 déc. 1885), in: La philos. ancienne et la critique hist., Par. 1904, 250—259. H a n s M e y e r , Pl. u. d. arist. Ethik, Münch. 1919. M. M ü h l , Zu Pl. u. Dikaiarch, Philol. Woch. 1923, 430 f. I w. M ü l l e r , Galenus Platonis imitator, Act. semin. Erlang. 4 (1886) 260. E. H o r n e f f e r , Pl. gegen Sokrates, Lpz. 1904. A. D i è s , Le Socrate de Platon, Rev. des sciences philos. et théol. 7 (1913) 412—431. S i e g e l , K a f k a u n d D u p r é e l s. o. S. 57*. 59*.

Die Beziehungen der plat. Philosophie zu den Anschauungen von Vorgängern und Zeitgenossen Pl.s und zu denen Späterer behandeln ferner: H. S i e b e c k , Pl. als Kritiker aristotelischer Ansichten, Ztschr. f. Ph. u. ph. Krit. 107 (1896) 1—28, 161 bis 176; 108 (1896), 1—18, 109 f. V. C o s t a n z i , Una probabile concordanza tra Tucidide e Platone, Riv. d. filol. 32 (1904) 225—230. M. P o h l e n z , Aus Pl. Werdezeit 238 ff. (Pl. u. Thukyd.). M. P i e p e r , Pl. u. Thukyd., Sokr. 4 (1916) 617 (Referat). P. S h o r e y , Pl., Lucretius and Epicurus, Harvard studies in classic. philol. 12 (1901) 201 ff. Pl. Einfluß auf Poseidonios passim in d. Lit. über den letzteren (so W. W. J a e g e r , Nem. v. Em. 59. 70 u. ö., P. R a b b o w , Ant. Schrr. üb. Seelenheil u. Seelenleit. 19 f., 33 ff. G. R u d b e r g , Forsch. z. Poseidonios 27 f. u. ö.). T. H. B i l l i n g s s. Philon v. Alex. B. v. H a g e n , Eine Platonreminiszenz bei Plotin, Philol. 67 (1908) 475 ff. K. L i n c k e , Pl., Paulus u. die Pythagoreer, Philol. 70 (1911) 511—519. G. H. M a c u r d y , Traces of the influence of Pl. eschatolog. myths in parts of the Book of revelation and the Book of Enoch, Transact. and proc. of the Amer. philol. assoc. 41 (1910) 65—70. G. R u d b e r g , Einige Pl.-Parallelen z. neutest. Stellen, Neutest. Forsch., Sonderheft d. Theol. Stud. u. Kritiken 1922 H. 1/2, 179—184. A. F r i d r i c h s e n , Ackerbau u. Hausbau in formelhaften Wendungen in der Bibel u. bei Platon, ebd. 185 f. J. M. P f ä t t i s c h , Der Einfl. Pl. auf die Theologie Justins des Märtyrers (Forsch. z. christl. Lit. u. Dogmengesch. hrsg. von A. Ehrhard u. J. P. Kirsch X 1), Paderb. 1910. P. S h o r e y , Pl. and Minucius Felix, Class. Rev. 18 (1904) 302 f. J. P. W a l t z i n g , Pl., source directe de Minucius Felix, Musée Belge 8, 424—428. F l. C l a r k , Citations of Pl. in Clement of Alexandria, Proceed. of the Americ. philol. associat., vol. 33. A d. W a l l e r i u s , Platonismen hos Klemens af Alexandria, Comment. philol. in honor.

Joh. Paulson, Gotoburgi 1905. A. J a h n , S. Methodius Platonizans sive Platonismus SS. patrum ecclesiae Graecae S. Methodii exemplo illustratus, Halis Sax. 1865. A. K u r f e s s , Lactantius u. Pl., Philol. 78 (1923) 381—392. T h. L. S h e a r , The influence of Pl. on Saint Basil, Baltimore 1906, Diss. d. Johns Hopkins Univ. R. G o t t w a l d , De Gregorio Nazianzeno Platonico, Vratisl. 1906 Diss. C. G r o - n a u , De Basilio, Gregorio Nazianzeno Nyssenoque Platonis imitatoribus, Gott. 1908 Diss. Poseid. u. d. jüd. christl. Genesisex. passim. A. S t r a v o s k i a d e s , Achilleus Tatios ein Nachahmer d. Pl. usw., Erl. 1889 Diss. Dazu F. B o l l , Philol. 69 (1910) 174. H. M a r k o w s k i , De Libanio Socr. defensore, Bresl. 1910 Diss. (sprachl. Abhängigk. v. Pl.). E b. R i c h t s t e i g , Libanius qua ratione Platonis operibus usus sit, Liegn. 1918 Bresl. Diss. Das Pl.-Studium d. Rhetors Himerios, Jahresb. d. Schles. Ges. f. vaterl. Kultur 1918, 4. Abt. Himerios u. Pl., Byzant.- neugr. Jahrbb. 2 (1921) 1—32. G. M i d d l e t o n , Studies in the orat. of Lib. I: Imitations of class. writers, Aberdeen 1919. Pl. Einwirkung auf Themistios s. P o h l - s c h m i d t unter Themistios. St. S i k o r s k i , De Aenea Gazaeo (Bresl. philol. Abh. Bd. 9, H. 5), Bresl. 1909 (sprachl. u. sachl. Benutzung Pl.). F r i d. F e n n e r , De Basilio Seleuciensi quaest. selectae, Marp. Catt. 1912 Diss. (19 über Pl. Einwirkung auf ihn). A. J a h n , Dionysiaca, Sprachl. u. sachl. platon. Blütenlese aus Dionysios dem sog. Areopagiten, Altona. Lpz. 1889. Über Pl. Einw. auf die Entwickl. der Dä- monenl. vgl. außer H e i n z e , Xenokrates 89 ff. auch F. P f i s t e r , Philol. 69 (1910) 421 ff. L e o B a y e r , Isidors v. Pelusium klass. Bildung, Forsch. z. christl. Liter.- u. Dogmengesch. XIII 2, Paderb. 1915 (dazu K. F u h r , Berl. philol. Woch. 1916, 1168 ff.). Cl. B a e u m k e r , Der Platonismus im Mittelalter. Münch. 1916, Akad. Festrede (hier 35 Anm. 16 frühere Liter.). Mittelalterl. u. Renaissanceplatonis- mus, in: Beitr. z. Gesch. d. Renaissance u. Reformat., Jos. Schlecht gew., Münch. u. Freis. 1917. D. N e u m a r k , Gesch. d. jüd. Philos. d. Mittelalters 2. Bd. I. Teil, Berl. 1910 (240—473 über Pl. Einfl. auf diese Philos.). J. L. H e i b e r g , Theo- doricus Platonicus, Berl. philol. Woch. 1909, 93 f. (Th., ein Platoniker des 12. Jahrh., versuchte u. a. den biblischen Schöpfungsbericht mit dem plat. Timaios in Einklang zu bringen). L. G a u l , Alberts d. Gr. Verh. zu Pl., Straßb. 1913 Diss. (Beitr. z. Gesch. d. Philos. d. Mittelalt. Bd. 12 H. 1). L. K e l l e r , Die Akademien d. Platoniker im Altert., nebst Beiträgen z. Gesch. d. Platonismus in d. christl. Zeiten, Monatsh. der Comeniusges., Berl. 1899. J. D r ä s e k e , Zu Pl. u. Plethon, Arch. f. Gesch. d. Philos. 27 (1914) 288 ff. J. W. T a y l o r , Georg. Gem. Pletho's Criticism of Pl. and Aristotle, Diss. v. Chicago 1921. K. B u r d a c h , Platon. u. freirelig. Züge im „Acker- mann aus Böhmen", Abh. Berl. Ak. phil.-hist. Kl. 1922. J. H. H a n f o r d , A Platonic passage in Shakespeare's Troilus and Cressida, Stud. in Philol., Chapel Hill, Univ. of North Carolina XIII 2. P. D e u s s e n , Vedânta, Pl. u. Kant, Wien 1917. Fr. B o l l , Goethe und Pl. über d. Tragödie, Berl. philol. Woch. 1916, 1380 f. E. C a s s i r e r , Goethe u. Pl., Jahresber. d. Philol. Ver. z. Berlin 48, 1—22. E. G o t - h e i n , Pl. Staatsl. in der Renaissance, Sitz. Heidelb. Ak. phil.-hist. Kl. 1912. K u r t S c h r o e d e r , Platonismus in der engl. Renaissance vor und bei Thomas Eliot, Berl. 1920. T h. H ä b l e r s. oben S. 84*. E m. W o l f f , Francis Bacons Ver- hältn. z. Pl., Berl. 1908, Münch. Diss. Vgl. auch des Verf. Buch: Francis Bacon u. seine Quellen, I: B. u. d. griech. Philosophie, Berl. 1910 (Literarhist. Forsch. hrsg. von Schick u. v. Waldberg, 40. Heft). A. L. K y m , Pl. et Spinoza devant la science moderne in: Biblioth. univers. et Revue Suisse 47 (1873) 5—33. S. auch dessen Meta- phys. Unterss., Münch. 1875, 384—414. J. H a r d y (Über Pascal u. Pl.), Rev. de l'instr. publ. en Belg. 50 (1907) 8—15. C h. H u i t , Le Platonisme dans les temps modernes, Annales de philos. chrét. 1907. E. R e i c h , Pl. as an introduction to modern criticism of life, Lond. 1906. O. L i e b m a n n , Platonism. u. Darwinism. Philos. Monatsh. 9 (1873) 441—472, auch in dessen Buche: Zur Analysis d. Wirklich- keit[2], Straßb. 1880. L. Z u r l i n d e n , Gedanken Pl. in der dtsch. Romantik (Unter- such. z. neueren Sprach- u. Literaturgesch. hrsg. von Osk. F. Walzel, N. F.), Lpz. 1910. E l i s. R o t t e n , Goethes Urphänomen u. d. platon. Idee (Philos. Arbeiten hrsg. v. Cohen u. Natorp 8, 1), Gieß. 1913. v. W i l a m o w i t z , Platon, und C o n s t. R i t t e r , Platon, Register u. d. W. Goethe. G i u s F o l c h i e r i , Influenze platon. nella poesia del Pascoli, Cultura 1913, 641—654. F r. M ö s c h l e r , Pl. Erosl. u. Schopenhauers Willensphilos., Lpz. 1907 Diss. H. S c h w a r z , Über die Gottesvorstell. von Pl., Leibniz u. Fechner, Monatshh. der Comeniusges., 16. Jahrg.

O. W i c h m a n n , Pl. u. Kant, Berl. 1920. E. H o w a l d , Die plat. Ak. u. d. moderne Universitas litterarum, Bern 1921 (stellt beide in Gegensatz). Für eine Reihe älterer Arbeiten von C h. H u i t über Pl. und Aristophanes, Pl. und die Kirchenväter, Pl. im Mittelalter, in der Renaissance, im Frankreich des 19. Jahrh., muß auf Klussmanns Bibl. script. class. verwiesen werden. Über Pl. Verhältnis zu Kant s. auch unten. Nachwirkung einzelner Stellen: Phaedr. 230 b c: K i a u l e h n , De scaen. dial. apparatu (s. S. 34*) 237 (Nachahmungen innerhalb der Dialogliteratur). Theaet. 176 a b: s. Text § 1 g. E. Tim. 47 b: C. W e y m a n , Die Wissenschaft der Wissenschaften, in: Festgabe f. Frh. v. Hertling, Freib. i. Br. 1913, 376 f. — Ein auch nur annähernd vollständiges Verzeichnis der neueren Erscheinungen über Pl. Einwirkungen auf Spätere ist im Rahmen der vorliegenden Darstellung durch den gewaltigen Umfang dieser Literatur ausgeschlossen. S. auch in T. II—IV dieses Grundrisses die Register unter Plato, Platoniker. — Wiedererweckung des Platonismus in der Gegenwart als Ziel: E. H o r n e f f e r , Der Platonismus u. d. Gegenwart, Kassel 1920. H. B l ü h e r , Die Wiedergeburt d. platon. Akademie, Jena 1920. — Die Lit. über Pl. im modernen Unterrichte muß hier beiseite bleiben. Eine Ausnahme mache F. B o l l , Ein Pl.-Ferienkurs im Schwarzwald, Neue Jahrb. 46 (1920) 271—274, wegen des besonderen Reizes und der Vorbildlichkeit der hier beschriebenen Veranstaltung.

Abhandlungen über Pl.s *Ideenlehre* (außer älteren Arbeiten): E. Z e l l e r , Über die aristot. Darst. der platon. Philos., in dessen Plat. Studien, Tüb. 1839, 197 bis 300. H. C o h e n , Die plat. Ideenl., psychol. entw., Ztschr. f. Völkerpsych. u. Sprachwiss. 4 (1866) 403—464. Pl. Ideenl. u. d. Mathematik, Marb. 1879 Pr. G. S c h n e i d e r , Das materiale Prinzip der platon. Metaph., Gera 1872 Pr. Das Prinzip des Maßes in der plat. Philos., Gera 1878. Beide Abh. auch in des Verf. Buche: Die plat. Metaphysik, Lpz. 1884, 1—44, 126—172. V. B r o c h a r d , Le devenir dans la philos. de Pl., in des Verf. Études usw. (s. S. 7*). H. J a c k s o n , Pl.s later theory of ideas, Journ. of Philol. 10 (1882) 253—299; 11 (1882) 287—311; 13 (1884) 1—41, 242—272; 14 (1885) 173—230; 16 (1888) 280—305, dagegen E. Z e l l e r , Über die Unterscheidung einer doppelten Gestalt der Ideenl. in den plat. Schriften, Sitz. Berl. Ak. 1887, 197—220 = Kleine Schriften I 369—397. C. F u c h s , Die Idee bei Pl. u. Kant, Wiener-Neustadt 1887 Pr. A. B e c k m a n n , Num Pl. artefactorum ideas statuerit, Bonn 1889 Diss. F. D ü m m l e r , Der Streit d. Pl. u. Antisthenes über die Ideenl., Akademika Kap. 8. F r. S c h m i t t , D. Verschiedenh. der Ideenl. in Pl. Republ. u. Philebus, Gieß. 1891 Diss. D i c k i n s o n , Pl. later theory of the ideas, Journal of Philol. 29 (1904) 121—133. A. A u f f a h r t , Die plat. Ideenl., Berl. 1883. G u s t. S c h n e i d e r , Die plat. Metaphysik auf Grund der im Philebus gegebenen Prinzipien in ihren wesentl. Zügen dargest., Lpz. 1884. P. S h o r e y , De Pl. idearum doctrina atque mentis humanae notionibus commentatio, Münch. 1884. H. T i e t z e l , Die Idee d. Guten in Pl. Staat u. d. Gottesbegr., Wetzlar 1894 Pr. J. N a s s e n , Über den plat. Gottesbegr., Philos. Jahrb. 7 (1894) 144—154, 367—380; 8 (1895) 30—51. F. K l a s c h k a , Die Ideen Pl. nach den prakt. Ideen Herbarts, Mies 1897. 1898 Pr. R. R o l f e s , Neue Unterss. über die platon. Ideen, Philos. Jahrb. 13—15 (1900—1902). R. P. H a r d i e , Pl. earlier Theory of Ideas, Mind N. S. 5 (1896) 167—185. C h r. A n d r u t s o s , Τὸ κακὸν παρὰ Πλάτωνι. Τμ. ά. "Εννοια τοῦ κακοῦ, Athen 1896; Τμ β', 'Αρχὴ τοῦ κακοῦ, Konstant. 1897. R. W i l b r a n d t , Pl. Ideenl. in der Darst. u. Kritik d. Aristoteles, Berl. 1899. J. H o r o v i t z , Das platon. Νοητὸν ζῷον u. der philon. Κόσμος νοητός, Marb. 1900 Diss. (s. auch die erweiterte Arbeit: Horovitz, Unterss. usw., unten S. 96*). P. N a t o r p , Pl. Ideenl., eine Einführung in den Idealismus, Lpz. 1903; 2. Aufl., vermehrt um d. metakrit. Anh.: Logos, Psyche, Eros, Lpz. 1921. G. L o m b a r d o - R a d i c e , Osservazioni sullo svolgimento della dottrina delle idee in Platone, Firenze 1903. H. G o m p e r z , Pl. Ideenl., Arch. f. Gesch. d. Philos. 18 (1905) 441 ff. (gegen Natorp). E. H o h m a n n , Pl. ein Vorgänger Kants? Krit. Bemerkungen zu P. Natorp, Pl. Ideenl., eine Einf. in d. Ideal., Rössel 1906 Pr. A. G ö r - l a n d , Natorps Einf. in d. Ideal. durch Pl. Ideenl., Kantstud. Bd. 11, 240—247. G. F a l t e r , Pl. Ideenl., Arch. f. Gesch. d. Philos. 21 (1908), 357—372. J. A. S t e - w a r t , Pl. doctrine of ideas, Oxf. 1909. A. W. B e n n , The later ontology of Pl., Mind N. S. 11 (1902) 31—53. F. P. L o n g , Outlines from Pl., an introduction to Greek metaphysics, Oxf. 1905. E. G a n s , Psych. Untersuch. zu der von Arist. als plat. überlief. L. von den Idealzahlen aus dem Gesichtspunkte der plat. Dialektik u. Ästhetik, Wien 1901 Pr. L. R o b i n , La théorie platon. des idées et des nombres d'après Aristote, Par. 1908. C. R i t t e r , Pl. Ideenl. nach den späteren Schrr., Verh. der 49. Vers. dtsch. Philol. u. Schulm. in Basel 1907, Lpz. 1908, 51 f. M o r. H a r t m a n n Darstellung des Untersch. zwischen der plat. Idee u. der aristot. Entelechie, Hattingen (Ruhr) 1908 Pr. A. D i è s , La définition de l'être et la nature des idées dans le Sophiste de Platon, s. o. S. 83*. F. A. C a v a n a g h , The ethical end of Pl. theory of ideas, Oxf. 1909. G. G. B e r t a z z i , Storia genetica dell' idealismo Platonico e dei suoi significati. Vol. 3: Periodo postsocratico, fasc. 1, Rom und Mailand 1909 (die beiden ersten Bände nicht erschienen). K r i s t. B.-R. A a r s , Pl. Ideen als Einheiten: Transzendenz u. nicht Kritizismus, Arch. f. Gesch. d. Philos. 23 (1910) 518—531. S. M a r c k , Erkenntniskritik, Psychologie u. Metaphysik nach ihrem inneren Verh. in der Ausbild. der plat. Ideenl., Bresl. 1911 Diss. Die plat. Ideenl. in ihren Motiven, Münch. 1912. O. Apelt, Der überhimml. Ort, in: Plat. Aufss., Lpz. Berl. 1912, 1—30. P. N a t o r p , Über Pl. Ideenl. (Philos. Vorträge veröff. v. d. Kantges. Nr. 5), Berl. 1914. v. W i l a m o w i t z , Platon I² 342 ff. E. H o f f m a n n , Methexis u. Metaxy bei Pl., Sokr. 7 (1919), Jahresber. d. Philol. Ver. z. Berl. 45, 48—70. W. W e i n b e r g e r , Abstrakte Begriffe u. Pl. Ideenl., Philol. Woch. 1921, 71. Die plat. Metaphysik u. Erkenntnistheorie in den Dialogen von der Politeia an bespricht C o n s t. R i t t e r , Platon II 3 ff. Hier 287 ff.: Pl. Ideenl. vgl. mit modernen Theorien (319 über die Stellung des Verf. zu Natorp). A. L e v i , Il concetto del tempo nei suoi rapporti coi probl. d. divenire e d. essere nella filos. d. Pl., Torino, Milano etc. 1920 (im Mittelpunkt steht d. Ideenl.). Sulle interpretaz. immanentistiche della filos. di Pl., ebd. o. J. *Ideenlehre der platon. Spätzeit und aristot. Kritik:* J. S t e n z e l , Zahl u. Gestalt bei Pl. und Arist., Lpz. Berl. 1924. W. J a e g e r , Aristot., passim. Zu vergleichen ist auch die Literatur zu den für die Ideenlehre in Betracht kommenden platonischen Dialogen. S. auch H. K ö s t e r s , S. 47* zu § 16. Eine Diskussion über die zentrale oder nicht zentrale Bedeutung der platon. Ideenl. zwischen S e l c h a u und R a e d e r in Nord. Tidskr. f. filol. 1901. J. L i n d s a y , Pl. and Aristotle on the problem of efficient causation, Arch. f. Gesch. d. Philos. 19 (1906) 509—514.

Das *Mathematische* bei Platon betreffen u. a. folgende neueren Arbeiten (neben den allgemeinen Werken über Gesch. d. griech. Mathematik; vgl. o. S. 23*): C. B l a s s , De Pl. mathematico, Bonn 1861 Diss. B. R o t h l a u f , Die Mathem. zu Pl. Zeiten u. seine Beziehungen zu ihr, nach Pl. eigenen Werken u. d. Zeugnissen älterer Schriftsteller, Jena 1878 Diss. G. M i l h a u d , Les philosophes géomètres de la Grèce — Platon et ses prédécesseurs, Par. 1900. G. R o d i e r , Les mathématiques et la Dialectique dans le système de Platon, Arch. f. Gesch. d. Ph. 15 (1902) 470—490. Vgl. A. G ö r l a n d (unter der Literatur zu § 48), der ausführlich über Pl. math. Verdienste handelt. J. D u p u i s , Le nombre géométrique de Platon, Par. 1881. Le nombre géom. d. Pl., seconde interprét., Par. 1882. Le n. g. d. Pl., nouv. interpr., Annuaire de l'assoc. p. l'encour. d. ét. grecques 18 (1884) 218—255. L. n. g. d. Pl. (Mémoire définitif), in der Ausg. u. Übers. d. Theon v. Smyrna, Par. 1892, 363—400. Le nombre géométrique de Platon (Postscriptum), Rev. des Études grecques Nr. 65/66 (1902) 288—301 (Nachtrag zu dem früheren Aufsatze Le nombre géom. d. Pl., zu Plat. Rep. 8 p. 546 b c). J. A d a m , The arithmetical solution of Pl. number, Class. Review 16 (1902) 17—23. P. T a n n e r y , Y a-t-il un nombre géométrique de Pl., Revue des Études grecques Nr. 70 (1903) 173—179. J. C. W i l s o n , On the Platonist doctrine of the ἀσύμβλητοι ἀριθμοί, Class. Rev. 18 (1904) 247—260. Z i m m e r n , Math. Zahlen bei Pl. u. den Babyloniern, in: Die Wissenschaften, Beil. der Nationalztg. v. 8. Febr. 1907, Philol. u. Gesch. G. A l b e r t , D. plat. Zahl usw., Wien 1896. Der Sinn der plat. Zahl, Philol. 66 (1907) 153—156. Die plat. Zahl als Präzessionszahl (3600. 2592) u. ihre Konstruktion, Lpz. Wien 1907. F r. H u l t s c h , Die geometr. Zahl in Pl. 8. B. vom Staat, Ztschr. f. Math. u. Phys. 1882, Heft 2, 41—61; derselbe in Schölls u. Krolls Ausgaben v. Proklos in Remp. C. D e m m e . D. plat. Zahl, Journ. f. Math. u. Phys. 32 (1887) 81—99, 121—132. J. G o w , The nupt. number, Journ. of phil. 12 (1883) 91—102. J. A d a m , The nuptial number of Pl., Lond. 1891. R. E b e l i n g , Math. u. Philosophie bei Pl., Hann.-Münden 1909 Pr. H. V o g t , Die Entdeckungsgesch. d. Irrationalen nach Pl. u. anderen Quellen des 4. Jahrh., Bibl. math. 3. Folge 10. Bd. (1910) 97—155. E. D i t t r i c h ,

s. Orient. Bibliogr. 23/24 (1912—1915) 435. F. R ö c k , Die plat. Zahl u. d. altbabyl. Urspr. d. indischen Yuga-Systems, Ztschr. f. Assyriol. 24 (1910) 318 ff. G. K a f k a , Zu J. Adams Erkl. der platon. Zahl, Philol. 73 (1914) 109—121. E r . F r a n k , Pl. u. die sog. Pythagoreer, Halle (Saale) 1923. J. S t e n z e l , Zahl u. Gestalt bei Pl. u. Arist., s. o. S. 86*. Sieh auch C. H. W. J o h n s , Class. Rev. 21 (1907) 246 f., sowie die Lit. z. plat. Menon, z. Politeia und z. Timaios (bes. E v a S a c h s), v. W i l a m o w i t z , Platon I² 495 ff., R i t t e r , Plat. II 393 ff.

Logik und Erkenntnistheorie: A. S a u e r e s s i g , Über die Definitionsl. Pl., Oberehnheim 1884 Pr. C. B ö t t i c h e r , Eros u. Erkenntnis bei Pl., Berl. 1894 Pr. E. H a l é v y , Théorie Platonicienne des sciences, Par. 1896. C h r . A n - d r u t s o s , ʽΗ τοῦ Πλ. θεωρία τῆς γνώσεως καθ' ἑαυτὴν καὶ ἐν σχέσει πρὸς τοὺς πρὸ αὐτοῦ φιλοσοφήσαντας, ἐν ʼΑθήν. 1902. M. V. W i l l i a m s , Six essays on the Platonic theory of knowledge as expounded in the later dialogues and reviewed by Aristotle, Cambr. 1908. E. S t o e l z e l , Die Behandl. des Erkenntnisprobl. bei Pl., Halle a. S. 1908. S. auch Stoelzel unter dem Theaitet, oben S. 83*. N i c o l a i H a r t m a n n , Pl. Logik des Seins (Philos. Arbeiten hrsg. v. H. Cohen u. P. Natorp 3. Bd.), Gieß. 1909. W. L e w i n s o h n , Gegensatz u. Verneinung. Studien zu Pl. u. Aristoteles, Berl. 1910 Diss. N. T u r c h i , La dottrina del Logos in Pl., Roma 1910 (Riv. stor.-crit. delle scienze teolog.). K. B. R. A a r s , Die intel- lektuelle Anschauung im System Pl., Ztschr. f. Philos. u. philos. Krit. 143 (1911) 190—199. J. D o r n , Pl. Verdienste um die Logik u. Erkenntnistheorie mit Berücks. der LL. vorplaton. Philosophen, Ostrowo 1912 Pr., auch in: Festschr. d. höh. Lehr- anst. d. Prov. Posen zur 51. Versamml. dtsch. Philol. u. Schulm. A. L. C r e s p i , La figurazione mitica della dottr. gnoseolog. d. Pl., Lodi-Milano 1913. P. E. G o h l k e , Die Lehre von der Abstraktion bei Pl. u. Aristoteles, Halle a. S. 1914, Berl. Diss. A d . J a c o b u s , Pl. u. der Sensualismus, Berl. 1914, Erl. Diss. (Abh. z. Philos. u. ihrer Gesch. hrsg. v. Benno Erdmann XLIV). C. R i t t e r , Ein Kapitel aus d. plat. Logik: Die Wortbezeichnung, Woch. f. klass. Philos. 1916, 1187—1195. Pl.s Logik, Philol. 75 (1919) 1—67. 304—322. Ders., Plat. II 185 ff. F r . B a m l e r , Das Irrationale bei Pl., Gotha 1916, Diss. v. Erl. J. S t e n z e l , Studien z. Entwickl. d. plat. Dialektik von Sokrates zu Aristoteles. Arete u. Diairesis. Mit einem Anh.: Literar. Form u. philos. Gehalt d. plat. Dialogs, Bresl. 1917. P. T r u p p , Pl. quae disserat de inspiratione divina. Bonn 1920 Diss. M. W. B u n d y [Die Bedeut. der φαντασία in ihrer Entw. bei Pl.], Studies in Philology publ. by the Univ. of North Carolina vol. 19 n. 4 (1922) 362 ff. Arbeiten zur *Lehre von der ἀνάμνησις* s. unter der plat. Unsterblichkeitslehre. W. v. G o ß l e r s. unter Sokrates S. 58*. Die plat. Logik behandelt ferner L u t o s l a w s k i (o. S. 71*). Vgl. auch H. M a i e r , D. Syllogistik d. Aristot. II 2, 23 ff. — Über die Erkenntnistheorie in Pl. Schriften von der Politeia an C o n s t . R i t t e r , Platon II 3 ff.

Über die platonische *Sprachphilosophie* handeln außer den oben S. 25* angeführten allgemeinen Werken über die griechische Sprachphilosophie: F. M i c h e l i s , De enunciationis natura sive de vi quam in grammaticam habuit Plato, Bonnae 1849 Diss. J. D e u s c h l e , Die plat. Sprachphilos., Marb. 1852 Diss. u. Pr. Vgl. E d . A l b e r t i , Die Sprachphilosophie vor Platon, Philol. 11 (1856) 681—705, und die oben S. 77* erwähnten Schriften über den Kratylos.

Zu § 40. Platons Lehre II: T h e o l o g i e . N a t u r p h i l o s o p h i e . P s y c h o l o g i e .

Über die platonische *Gotteslehre* handeln (außer den Herausgebern und Kommen- tatoren des Timaios und den Historikern der griechischen Philosophie) unter an- dern: K. S t u m p f , Verh. des plat. Gottes zur Idee des Guten, Ztschr. f. Philos. u. philos. Krit. 54 (1869) 83—128, 198—261, auch als Gött. Diss. bes. erschienen. J. H e n n e s y , De deo Pl., Monast. 1872 Diss. B. P a n s c h , De deo Pl., Gött. 1876. Al. S p i e l m a n n , Pl. Pantheismus, Brixen 1877. Th. B o r e a s , Das weltbildende Prinzip in der plat. Philos., Lpz. 1899 Diss. J. N a s s e n , Über den plat. Gottesbegr., s. ob. S. 93*. P. B o v e t , Le dieu de Pl. d'après l'ordre chronol. des dialogues, Genève 1902 Thèse. Cl. P i a t , Dieu d'après Pl., Revue néo-scolastique 1905, 194. 306. E. B i c k e l , Platonisches Gebetsleben, Arch. f. Gesch. d. Philos. 21 (1908) 535—554. C. R i t t e r , Pl. Gedanken üb. Gott u. d. Verh. d. Welt u. d.

Menschen z. ihm, Arch. f. Religionswiss. 19 (1919) 233—272, 466—500. Ders., Plat. II 735 ff. Vgl. auch die oben zu § 39 angeführten Schriften zu Platons Ideenlehre.

Über Platons *Naturlehre* handeln die Herausgeber und Übersetzer des Timaios — wichtig bes. H. M a r t i n (s. Text § 38 unter d. Ausg. d. Tim.) und A r c h e r - H i n d (s. Text ebd.). Ferner sind hier zu nennen: A. B o e c k h , De Platonica corporis mundani fabrica conflati ex elementis geometrica ratione concinnatis, und: De Plat. system. coelestium globorum et de vera indole astronomiae Philolaicae, im 3. Bde. der Ges. Schrr. Boeckhs und in: Unterss. über das kosmische System des Pl. mit Bezug auf Gruppes „Kosmische Systeme der Griechen", Berl. 1852. F. S u s e - m i h l , Zur platon. Eschatologie u. Astronomie, Philol. 15 (1860) 417—434. G. G r o t e , Platons doctrine respecting the rotation of the Earth and Aristoteles' Comment. upon that doctrine, Lond. 1860, dtsch. v. J. Holzamer, Prag 1861 (dazu B o e c k h , Ges. Schr. III 294—320). H. S i e b e c k , Pl. L. v. d. Materie, in: Unterss. zur Philos. der Griechen[2] 49—106. H. H o e p p e , Untersuch. d. Frage, ob Pl. einen zeitl. Anfang der Welt angenommen hat, Ztschr. f. Philos. u. philos. Krit. 80 (1883) 52—74. J. B a s s f r e u n d , Über das zweite Prinzip des Sinnlichen oder d. Materie bei Pl., Lpz. 1886. M. S a r t o r i u s , Die Realität der Materie bei Pl., Philos. Monatsh. 22 (1886) 129—167. Ruht oder bewegt sich die Erde in Pl. Timaeus ?, Ztschr. f. Philos. u. phil. Krit. 93 (1888) 1—25. C l. B a e u m k e r , Die Ewigkeit der Welt bei Pl., Philos. Monatsh. 23 (1887) 513—529. B. R o t h l a u f , Die Physik Pl., Münch. 1887 u. 1888 Pr. J. A. K i l b , Pl. Lehre v. d. Materie, Marb. 1887 Diss. C. H e b l e r , Zu Pl. Timaeos 34 B f., Arch. f. Gesch. d. Ph. 3 (1890) 532—540. C. L i n d r o o s , Quaestiones Platonicae ad Metaphysicam et Physicam pertinentes, Helsingforsiae 1891, Lpz. Diss. A. B e n n , The idea of nature in Pl., Arch. f. Gesch. d. Ph. 9 (1896) 24—49. J. H o r o v i t z , Unterss. über Philons u. Pl. L. v. d. Weltschöpfung, Marb. 1900. S. namentlich C l. B a e u m k e r , D. Probl. d. Materie 110—209. F. T o c c o , Della materia in Pl., Stud. ital. di filol. class. 4 (1896) 1—5. J. R. L i c h t e n s t ä d t , Pl. LL. auf dem Gebiete der Natur- forschung u. der Heilkunde, Lpz. 1826. P. d e M é l y , Pl. et l'origine des minéraux, Rev. de philol. 25 (1901) 102—109. R. A. F r i t z s c h e , Der Magnet u. d. Atmung in antiken Theorien, Rh. Mus. 57 (1902) 363—391 (374 ff. über Platons Atmungs- theorie). D' A r c y W. T h o m p s o n , On Pl. theory of the planets rep. 10, 616 e, Class. Rev. 24 (1910) 138—142. P. F r i e d l ä n d e r , Die Anf. der Erdkugel- geographie [zu Pl. Phaidon u. Timaios], Jahrb. d. deutsch. archäol. Inst. 29, 98 ff. Über die philolaisch-platonische Planetenreihe s. B o l l , Art. Hebdomas bei Pauly- Wissowa-Kroll S. 2566 f. C o n s t. R i t t e r , Pl. Stellung z. d. Aufgaben d. Natur- wiss., Sitz. Heidelb. Ak. philos.-hist. Kl. 1919, 19. Abh. Ders., Plat. II 321 ff. L. R o b i n , Études sur la signific. et la place de la physique dans la philos. de Pl., Par. 1919. E r. F r a n k , Pl. u. die sog. Pythagor., Halle (Saale) 1923. — Zu den Beziehungen zwischen Pl. u. d. Medizin M. P o h l e n z , Hermes 53 (1918) 405 ff. E. H o f f - m a n n , Pl. u. d. Medizin, Sokr. 8 (1920) 301 f. W. C a p e l l e , Hermes 57 (1922) 247—265. E. H o f f m a n n bei Zeller, D. Philosophie d. Griech. II 1[5] 1070—1086. M a n v g l. f e r n e r d i e L i t. z u m p l a t. T i m a i o s oben S. 84* f. Anthro- pologisches u. Zoologisches bei Pl. berührt S h. O. D i c k e r m a n , s. o. S. 24*, Technisches D i e l s , Über Pl. Nachtuhr, Sitz Berl. Ak. 1915, 824 ff. Antike Technik[2] 198 ff.

Seelenlehre: A. B o e c k h , Über d. Bild. d. Weltseele im Timaeus, im 3. Bande der Ges. kl. Schr. 109—180. H. B o n i t z , Disput. Plat. II: de an. mund. elem., Dresden 1837. F. U e b e r w e g , Über die plat. Weltseele, Rh. Mus. 9 (1854) 37—84. F. S u s e m i h l , Plat. Forsch. III, Philol. Suppl. 2 (1861) 219—250. R. D. A r c h e r - H i n d , On some difficulties in the Plat. psychology, Journal of philology 10 (1881) 120—131. E. W. S i m s o n , D. Begr. der Seele bei Pl., Lpz. 1889. G. G e i l , Die L. v. d. $\mu\acute{\epsilon}\varrho\eta$ $\tau\tilde{\eta}\varsigma$ $\psi\nu\chi\tilde{\eta}\varsigma$, in: Comment. in hon. G. Studemund, Straßb. 1889, 29—46. P. B r a n d t , Zur Entw. d. plat. L. v. d. Seelenteilen, Münch.- Gladb. 1890 Pr. C h r. A. T h i l o , Über die Psychol. Pl., Ztschr. f. exakte Philos. 19 (1893) 22—37. R. S c h e w c z i k , Pl. L. v. d. Seele nach den Quellen dargestellt und beurteilt, 1. T., Wiener-Neustadt 1896 Pr. G. G r a s s i - B e r t a z z i , Cos- cienza ed incoscienza nella psicologia Plat., Catania 1904. M. H. W o o d , Pl. psycho- logy in its bearing on the development of will, Oxf. 1908. E. G r o a g , Pl. L. v. d. Seelenteilen I: Die Widersprüche in der plat. Seelenl. u. ihre Lösung, Wien. Stud. 35

(1903) 323 ff. A. L e i s s n e r , Die plat. L. v. d. Seelenteilen nach Entw., Wesen u. Stellung innerhalb der plat. Philos., Nördl. 1909. Münch. Diss. H. E i b l , Pl. Psychologie, Ztschr. f. Philos. u. philos. Krit. 139 (1910) 1—33. J. S t e n z e l , Über Pl. Lehre v. d. Seele, Festschr. des schles. Philologenvereins f. d. Univ. Bresl. 1911, 85—92. E. H o f f m a n n , Pl. L. v. d. Weltseele, Jahresber. des philol. Ver. zu Berlin, Sokr. 3 [1915] Anh. 187—211. v. W i l a m o w i t z , Platon II² 315—323 (die zweite Weltseele). K. E p p , Zur Erkenntnis d. ἄλογον in d. Seele bei Pl., Basel 1913 Diss. O. W i c h m a n n , Pl. L. v. Instinkt u. Genie, Berl. 1917 (Kantstudien, Erg.-Heft 40). H. B a r t h , Die Seele in d. Philos. Pl., Tüb. 1921 (dazu H. L e i s e - g a n g , Philol. Woch. 1921, 985—988). C o n s t. R i t t e r , Das Unbewußte u. Halbbewußte (Traum, Ahnungen, Verzückung, Begeisterung) bei Pl., Korrespond.-Bl. f. d. höh. Schulen Württ. 27, 209 ff. P. T r u p p , Pl. quae disserat de inspiratione divina, Bonn 1920 Diss. Über Pl. Psychologie in den Dialogen von der Politeia an C o n s t. R i t t e r , Plat. II 428 ff.

Unsterblichkeitslehre nebst den damit zusammenhängenden Lehren von der *Präexistenz und Wiedererinnerung:* C. F. H e r m a n n , De immortalitatis notione in Plat. Phaed., Marb. 1835 Ind. lect. De partibus animae immortalibus sec. Platonem, Gott. 1850 Ind. schol. F. S u s e m i h l , Zur plat. Eschatologie u. Astron., Philol. 15 (1860) 417—434. G. S c h r a m m , Beitr. zu einer genet. Entwickl. d. Unsterblich-keitsl. Pl., Würzb. 1883 Pr. K. N e u h a u s , Der in Pl. Phaidon geführte Beweis f. d. Unsterbl. d. S., Hamb. 1885 Pr. G. S t a n g e r , Die platon. ἀνάμνησις, Rudolfs-werth 1886 Pr. L. C a r r a u , Étude histor. et crit. sur les preuves du Phédon de P. en faveur de l'immortalité de l'âme humaine. Séances et trav. de l'Acad. d. sc. mor. et pol. 128 (1887) 50—120. O. K a l m u s , Pl. Vorstell. üb. d. Zust. der Seele nach dem Tode, Pyritz 1888 Pr. T h. I n g e n b l e e k , In welchem Zusammenhang steht Pl. L. v. d. ἀνάμνησις mit seiner Ideentheorie?, Sigmar. 1890. Pr. K. T h i e m a n n , Die plat. Eschatol. in ihrer genet. Entwickl., Berlin 1892 Pr. A. D ö r i n g , Die eschat. Mythen Pl., Arch. f. Gesch. d. Ph. 6 (1893) 475—480. E. R o l f e s , Die Unsterblichk. d. Seele nach der Beweisf. bei Pl. u. Arist., Philos. Jahrb. d. Görres-Gesellsch. 16, 18—29. R. K. G a y e , The Plat. conception of immortality and its connection with the theory of ideas, Lond. 1904. R. D. A r c h e r - H i n d , Metem-psychosis and variation of species in Pl., Journ. of philol. 31 (1910) 84—94. E r n s t M ü l l e r , Die Anamnesis. Ein Beitr. z. Platonismus, Arch. f. Gesch. d. Philos. 25 (1912) 196—225. J. D u c h o n , Die eschat. Vorstellungen bei Pl. (nach Woch. f. klass. Philol. 1909, 587. 644). Sieh auch die Literatur zum Phaidon o. S. 79* f. und vgl. A. D i e t e r i c h , Nekyia², Lpz. 1914. C o n s t. R i t t e r , Platon, Register u. dd. WW. Seele, Unsterblichkeit.

Zu § 41. Platons Lehre III: E t h i k . a) A l l g e m e i n e s . E t h i k d e s I n d i v i d u u m s .

Platons Ethik im allgemeinen: A. B. C o o k , The metaphysic. Basis of Pl. Eth., Cambr. 1895. R. H o l s t e n , Pl. Ethik in ihrem Verh. z. griech. Volksglauben, Stettin 1899 Pr. V. B r o c h a r d , La morale de Pl., in des Verf. Études usw. (s. S. 7*). F. S e i d e l , Intellektualismus u. Voluntarismus in der plat. Ethik, Lpz. 1910 Diss. O. A p e l t , D. Prinzip d. plat. Ethik, in: Plat. Aufsätze (Lpz. Berl. 1912) 109—120. K. I. Λ ο γ ο θ έ τ η ς , Ἡ ἠθικὴ φιλοσοφία τοῦ Πλάτωνος ἐν σχέσει πρὸς τοὺς προδρόμους καὶ τὴν ἐπὶ τὰ μετέπειτα ἠθικα φιλοσοφήματα ἐπίδρασιν αὐτῆς; ἐν Ἀθήναις 1913. G. H. P u t z n e r . Die eth. Systeme Pl. u. der Stoa in ihrem gegenseitigen Verh., Berl. 1913, Lpz. Diss. F r. S c h e u f f l e r , Die Ent-wickl. der eth. Anschauungen Pl. bis zum Gorgias, Jahresber. d. Philolog. Ver. z. Berl., Sokr. 3 (1915) Anh. 212—233. Über Pl. Ethik in den Dialogen von der Politeia an C o n s t. R i t t e r , Platon II 497 ff. H a n s M e y e r , Pl. u. d. aristotel. Ethik, Münch. 1919. F. A. C a v a n a g h sieh oben zu § 39 S. 94*.

Spezielle Probleme der platonischen Ethik, Güterlehre und Verwandtes: G. L ö w e , De bonorum apud Pl. gradibus, Berol. 1861, Diss. v. Halle. K. S t u m p f , s. ob. § 40, S. 95*. T h o m. M a g u i r e , Essays on the Plat. Ethics, Dublin 1870. P. H ö f e r , Die Bedeut. der Philosophie f. d. Leben nach Pl., Götting. 1870. G. S c h n e i d e r , Pl. Auffassung von der Bestimm. des Menschen, Gera 1883 Festschr. O. A p e l t , Der Wert d. Lebens nach Pl., in: Plat. Aufs. 147—167. C. P i a t , L'être et le bien d'après Pl., Arch. f. Gesch. d. Philos. 19 (1906) 486—494.

G u s t.   E n t z , Pessimismus u. Weltflucht bei Pl., Tüb. 1911. W. S e s e m a n n , Die Ethik Pl. u. das Probl. des Bösen, Philos. Abh. Herm. Cohen dargebr., Berl. 1912, 170—189. J. P e r k m a n n , Der Begriff des *Charakters* bei Pl. u. Aristoteles, Wien 1909. *Lust:* W. K ü s t e r , Pl. Ansicht vom Wesen u. Werte d. Lust, Berl. 1868 Pr. d. Sophien-G. A. G r ö g e r , Üb. d. Begr. u. d. Wesen der Lust b. Pl., Mährisch-Weißkirchen 1892 Pr. A. L a f o n t a i n e , Le plaisir d'après Platon et Aristote, Par. 1902 Thèse. J. F e r b e r , Pl. Polemik gegen die Lustl., Ztschr. f. Philos. u. philos. Kritik 148 (1912) 129—181. O. A p e l t , Die L. v. d. Lust, in: Platon. Aufsätze 121—146. Vgl. zu Pl. Güter- und Lustlehre insbes. auch die Lit. z. Philebos S. 84* f. *Eros:* H. H i l l e , Über die plat. L. v. Eros, Liegn. 1891 Pr. O. K i e f e r , Pl. Stellung zur Homosexualität, Jahrb. f. sex. Zwischenst. 1905, 109—127. L. R o b i n , La théorie platon. de l'amour, Par. 1908. S. auch B ö t - t i c h e r oben S. 95*. *Tugend:* B. F a h l a n d , Wie unterscheidet sich der platon. Tugendbegr. in den kl. Dialogen von dem in der Republik?, Greiffenb. 1883 Pr. K. N u s s b a u m e r , Darstell. d. gegenseit. Verh. d. platon. Haupttugenden u. Be- gründung derselben durch Pl. Psychol. u. Physiol., Görz 1884 Pr. W. A. H a m m o n d , On the notion of virtue in the dialogues of Pl. with particular reference to those of the first period and to the third and fourth books of the Republ., Lpz. 1891 Diss., und in Harv. stud. in class. philol. 3 (1892) 131—180. G. M i c h a e l i s , Die Entwicklungs- stufen in Pl. Tugendl., Barmen 1893 Pr. E. T h i e l , Über den Tugendbegr. Pl. in den Dialogen der ersten Periode mit bes. Berücks. von Protagoras u. Menon, Philos. Jahrb. d. Görresges. 23 (1910) 322—351. J. J. A m e n , Pl. de justitia doctrina, Berlin 1854 Pr. R. H i r z e l , Über den Untersch. der δικαιοσύνη u. d. σωφροσύνη in der platon. Rep., Hermes 8 (1874) 379—411. O s c. K n u t h , Quaest. de notione τῆς σωφροσύνης Platonica criticae, Halle 1874 Diss. E. M e i n k e , D. platon. und neutestamentl. Begr. der ὁσιότης, Theol. Stud. u. Krit. 57 (1884) 743—768. Über Platons L. v. d. *Lüge* handelt T h. K e l c h , Disqu. in Pl. de mendacio doctr. (de rep. II, III), Elbing 1820. Über den *Selbstmord* bei Pl. A. C h i a p p e l l i , Del suicidio nei dialoghi Plat., Reale Accad. dei Lincei, Roma 1885, 222—233. R. H i r z e l , Der Selbstmord (o. S. 26*) 134. 140 u. ö.

Zu § 42. Platons Lehre IV: E t h i k. b) E t h i k   d e s   G e m e i n w e s e n s. S t a a t s - u n d   G e s e l l s c h a f t s - ,   E r z i c h u n g s - u n d   K u n s t l e h r e. *Platons Staatslehre nach ihren geschichtlichen Elementen und ihrer geschicht- lichen Stellung:* K. F. H e r m a n n , Die histor. Elemente des plat. Staatsideals, Ges. Abh., Gött. 1849, 132—159. E d. Z e l l e r , Der plat. Staat in s. Bedeutung für die Folgezeit, in Zellers Vortr. u. Abh. gesch. Inh., Lpz. 1865, 62—81. S. L o m - m a t z s c h , Quomodo Pl. et Arist. relig. ac reip. principia coniunxerint, Berl. 1863 Diss. B. R o b i d o u , La rép. de Pl. comparée aux idées et aux états modernes, Par. 1869. W. O n c k e n , Die Staatsl. d. Aristot. 105 ff. E. B a r k e r , The political thought of Pl. and Aristotle, Lond. 1906. Greek Polit. Theory: Pl. and his Predecessors, Lond. 1918. *Platons Staatslehre im allgemeinen und ihre besonderen Probleme:* R. P ö h l - m a n n , Gesch. d. soz. Frage u. d. Sozialismus in d. ant. Welt (Münch. 1912) I 546 bis 559, II 10—311. C. N o h l e , Die Staatsl. Pl. in ihrer geschichtl. Entwickl., Jena 1880. P. M ä r k e l , Die leitenden Gedanken der in Pl. Politie entwickelten Staatsansicht, dargestellt u. mit besonderer Rücksicht auf den modernen Standp. be- urteilt, Halle 1881 Diss. M. H e i n z e , Über den bleibenden Wert platon.-aristot. Grundgedanken in der Staatsl., Wissenschaftl. Beil. d. Lpz. Ztg. 1885, Nr. 34 S. 197 bis 201. J o h. M ü l l e r , Pl. Staatsl. u. d. moderne Sozialismus, Sondershaus. 1886 Pr. E d. Z e l l e r , Über den Begriff der Tyrannis bei den Griechen, Sitz. Berl. Ak. 1887, 1137—1146 = Kl. Schr. I 398—409 (der ursprüngliche Begriff der Tyrannis ist der [rein staatsrechtliche] einer verfassungswidrigen Alleinherrschaft; Pl. setzt an seine Stelle den [moralischen] einer selbstsüchtigen u. gemeinschädl. Regierung). W. L u t o s l a w s k i , Erhalt. u. Unterg. der Staatsverfassungen nach Pl., Aristo- teles und Machiavelli, Bresl. 1888. S. B l a s c h k e , Der Zusammenh. der Familien- und Gütergemeinsch. des platon. Staates mit d. polit. u. philos. Syst. Pl., Berl. 1893 Pr. R. B o h n e , Wie gelangt Pl. zur Aufstell. seines Staatsideals, u. wie erklärt sich das Urteil über die Poesie in demselben?, Berl. 1893 Pr. A. F a i r b a n k s , The Stoical vein in Pl. Republic, Philos. Rev. 10 (1900). R. S c h ö b e r , Das Staatsideal

Pl., Elbing, 1901 Pr. M. G u g g e n h e i m , Studien z. Pl. Idealstaat. Kynismus u.
Platonismus, Neue Jahrb. 9 (1902) 521—539. J. W a s s m e r , Einheit, Gliederung
und Zweck des plat. Staates, Luzern 1906. F. W e b e r , Pl. Stellung zu den Barbaren,
Münch. 1904 Pr. C h. G. P a n t a z i d e s , *Tὰ περὶ γυναικὸς παρὰ Πλάτωνι φιλο-
σοφούμενα*, Freib. i. B. 1903 Diss. E. P l a t n e r , Über d. Prinzipien d. platon.
Kriminalgesetze, Ztschr. für die Altertumswiss. 1844, Nr. 85. 86. P. M a l u s a ,
La dottrina del bello in Pl., p. I., Ven. 1885. — C o n s t. R i t t e r , Die polit. Grund-
anschauungen Pl. dargest. im Anschl. an d. Politeia, Philol. 68 (1909) 229—259.
P. W e n d l a n d , Entwickl. u. Motive d. plat. Staatsl., Preuß. Jahrbb. 136 (1909)
193—220. F. M a r l e t t a , Il suum nella dottrina di Pl., nel diritto romano e nella
dottrina filos.-giuridica, Catania 1910. G. B. K l e i n , Pl. e il suo concetto politico
del mare, Estr. dell' Opinione geograph., Firenze 1910. O. A p e l t , Die Aufgabe des
Staatsmannes, in: Platon. Aufsätze 168—188. Straftheorie, ebd. 189—202. J. W. H e -
w i t t , The necessity of ritual purification after justifiable homicide, Transact. of
the Amer. philol. assoc. 41 (1911) 101—113 (berücks. bes. Pl.). M. H e i n z e , Die
Rassenfragen bei Pl., Monatsschr. f. Soziologie Febr. 1909. B. R. A a r s , Europas
første sociolog, Pl. Aristons son, Videnskapsselskapets skrifter II., Histor.-filos.
Kl., Christiania 1912 Nr. 3. A. M. K e n s i n g t o n , Pl. moral and political ideals,
New York 1913. L. R o b i n , Pl. et la science sociale, Rev. de métaph. et de mor.
21 (1913) 211—255. W. S c h i n k , Pl. u. d. Frauenbewegung, Sokr. 3 (1915) 432
bis 444. U. v. W i l a m o w i t z , Der griech. u. d. plat. Staatsgedanke. (Staat,
Recht u. Volk 3. Heft.), Berl. 1919. E. S a l i n , Pl. u. d. griech. Utopie, Münch.
Lpz. 1921. K. S t e r n b e r g , Moderne Gedanken üb. Staat u. Erziehung bei Pl.,
Berl. 1920 (Samml. Collignon Bd. 3). H. M e y e r , Pl. üb. Demokratie, Festschr. f.
Seb. Merkle, Düsseld. 1922. Über Pl. Staatsl. in den Dialogen von der Politeia an
C o n s t. R i t t e r , Platon II 554 ff. Über Pl. sozialpolitische Gedanken handelt
auch M. P o h l e n z , Aus Pl. Werdezeit, 207 ff., über d. Beziehungen d. platon.
Lehre zur realen Politik der Zeit W. J a e g e r , D. griech. Staatsethik im Zeitalter
des Pl., Berl. 1924, Univ.-Rede. S. auch die Liter. zu § 38 (Politeia S. 79* f., Politikos
S. 84*, Nomoi S. 85* f. u. oben S. 27*).

Platons Erziehungslehre: A. D r y g a s , Plat. Erziehungstheorie nach seinen
Schriften dargestellt, Schneidemühl 1880 Pr. P. T a n n e r y , L'éducation Platon.,
Rev. philos. 10 (1880) 517—530; 11 (1881) 283—299. A. D r e i n h ö f e r , Das
Erziehungsw. bei Pl., Marienwerder 1880 Pr. J o s. R i t t e r , Analyse u. Kritik
der von Pl. in seiner Schr. v. Staate aufgestellten Erziehungsl., Deutz 1881, G.-Pr.
von Brühl. H. K a n t e r , Pl. Ansch. über Gymnastik, Graudenz 1886 Pr. S. J.
L e n g s t e i n e r , Pl. als Erzieher, Kalksburg 1898 Pr. A. M a z a r a k i s , Die
platon. Pädagogik systematisch u. kritisch dargestellt, Zür. 1900. G. D e i l e , Ver-
gleichende Darst. d. platon. u. arist. Pädagogik I., Pädagog. Stud. N. F. 23, 229—238.
J. P o l a c h , Erziehungsideale bei Pl. u. Aristoteles, Brünn 1904 Pr. G. D a n t u ,
L'éducation d'après Pl., Par. 1907. W. S c h r o e d e r , Platon. Staatserz., Geeste-
münde 1907. J. E. A d a m s o n , The theory of education in Pl. Republic, Lond.
1903. G. L ü d k e , Über d. Verh. v. Staat u. Erz. in Pl. *Πολιτεία*, Erl. 1908 Diss.
R. S t ü b e , Pl. als politisch-pädagog. Denker, Arch. f. Gesch. d. Philos. 23 (1910)
53—88. K. H u e m e r , Pl. als Erzieher, Ztschr. f. d. österr. Gymn. 62 (1911) 289
bis 302. J e g e l , Pl. Stellung zu Erziehungsfragen, Arch. f. Gesch. d. Philos. 26
(1913) 405—430. R. R. R u s k , The Doctrines of the great Educators, Lond. New
York 1918. E. N o r d e n , Die ant. Kunstprosa II[3] Nachtr. 8 f. (Pl. Stellung z. d.
ἐγκύκλια μαθήματα. S. dazu auch M. G u g g e n h e i m o. S. 28*). O. S t ä h l i n ,
Grundfragen d. Erz. u. Bild. b. Pl. u. in d. Gegenw., Erlang. 1921 Rekt.-Rede (mit
bemerkenswerten Ausführ. üb. Rassen- u. Vererbungsprobl. u. Verwandtes. Hier
17 ff. auch weitere Lit.). Über Plat. Pädagogik (im Zusammenhange mit seiner Politik)
in den Dialogen von der Politeia an C o n s t. R i t t e r , Platon II 554 ff.

Platons Kunstlehre: E d. M ü l l e r , Gesch. der Theorie d. Kunst bei den Alten I,
Bresl. 1834, 27—129. A r n. R u g e , Die plat. Ästhetik, Halle 1832. W. A b e k e n ,
De *μιμήσεως* apud Pl. et Arist. notione, Gott. 1836. H. R a s s o w , Über die Beurt.
des homerischen Epos bei Pl. u. bei Aristoteles, Stettin 1850 Pr. T h. S t r ä t e r ,
Stud. z. Gesch. d. Ästhetik, Heft 1: Die Idee des Schönen bei Pl., Bonn 1861. J. R e -
b e r , Pl. u. die Poesie, Münch. 1864 Diss. M. R e m y , Pl. doctrina de artibus liberal.,
Hal. 1864 Diss. C. v o n J a n , Die Tonarten bei Pl., N. Jahrbb. f. Philol. u. Päd.

95 (1867) 815—826. B. H a u s h a l t e r , Pl. als Gegner d. Dichter, Rudolst. 1875 Pr. E. G r ü n w a l d , Die Dichter, insbesond. Homer, im plat. Staat, Berl. 1890 Pr. G. F i n s l e r , Pl. u. die arist. Poetik, Lpz. 1900. F. S t ä h l i n , D. Stellung der Poesie in der platon. Philos., Nördl. 1901, Erl. Diss. A. L o m b a r d , La poésie dans la Rép. et dans les Lois de Pl., Nancy 1903. W. C h. G r e e n e , Pl.s view of poetry, Harv. Stud. in Class. Philol. 29 (Cambr. 1918). F. K ö n i g s , Über Pl. Kunstanschauung, Saargemünd 1879, 1881 Pr. R. W e s t p h a l , Pl. Beziehungen zur Musik, Berl. philol. Woch. 1884, Nr. 17—22. F. M o n t a r g i s , De Platone musico, Par. 1886 Thesis. C. V a v r a , Pl. Urteil u. L. über die Redekunst (böhmisch), Brünn 1884. T h. R ü h l , Die Aufg. d. Beredsamkeit nach Pl., Erl. 1892 Diss. J. Z u r e k , Das Ideal des Redners bei Pl. u. Cicero, Kremsier 1904. S t. P ö t s c h , Pl. Bedeut. f. d. Redekunst u. Redekunstl., Mariaschein 1911 Pr. S. auch N o v á k oben S. 73*. W. S ü ß , Ethos 71 ff. M. P o h l e n z , Aus Pl. Werdezeit 193 ff. M. S a r t o r i u s , Pl. u. die Malerei, Arch. f. Gesch. d. Philos. 9 (1896) 123—148. W. B ö r n e r , Die Künstlerpsychol. im Altert.: Platon, Ztschr. f. Ästhetik u. allg. Kunstwissensch. 7, 92 ff. S. namentlich auch J. W a l t e r , Gesch. d. Ästh. im Altert. 168—476. Über Plat. Stellung zur Kunst (nach der Politeia und den zeitlich auf sie folgenden Dialogen) C o n s t. R i t t e r , Plat. II 797 ff.

Zu § 43. Die ältere Akademie. J a h r e s b e r i c h t e s. o. S. 16* f.

Zu den antiken Berichten über Leben und Lehre der älteren Akademiker: Über Herkunft und gegenseitiges Verhältnis der Berichte des Diog. Laert. und des Academ. ind. Hercul. s. v. W i l a m o w i t z - M o e l l e n d o r f f , Antigonos von Karystos (o. S. 13*) 45 ff.

Allgemeineres: Zur Organisation und rechtl. Stellung der Schule vgl. die oben S. 20* f. verzeichnete Lit. T h. G o m p e r z , Die Akademie u. ihr vermeintlicher Philomacedonismus, Wien. Stud. 4 (1882) 102—120. O. I m m i s c h , Die Akademie Pl. u. die modernen Akademien, N. Jahrbb. f. klass. Philol. 150 (1894) 421—442. E. H o w a l d o. S. 67*. Vielfach wird die Akademie in ihren äußeren Verhältnissen, ihrer Lehre und ihren einzelnen Vertretern berührt bei v. W i l a m o w i t z , Platon[2] (s. namentlich II 724 ff.) und besonders bei W. J a e g e r , Aristoteles, Berl. 1923.

Zu den einzelnen Vertretern der älteren Akademie:

Philippos von Opus: W. A. O l d f a t h e r , Lokrika, Tüb. 1908, Münch. Diss. = Philol. 67 (1908) 411 ff. (Anhang A über Phil. v. Op. u. Aristoteles; hier 452 Anm. 137 die neuere Lit. über ihn). Über die neuplat. Fälschung auf den Namen des Philippos s. auch M ü n s c h e r , Artikel Heliodoros 15 bei Pauly-Wissowa-Kroll 25 f. Eine gesch. Beleuchtung des Phil. v. Opus ist von W. J a e g e r zu erwarten; vgl. Abh. Berl. Ak. philos.-histor. Kl. 1914, XVIII f. u. o. S. 87*. **Speusippos:** F. R a v a i s s o n , Speusippi placita, Par. 1838. M. A. F i s c h e r , De Speus. vita, Rast. 1845. K r i s c h e , Forschungen I 247—258. Über seine Schrr. s. die Diss. v. P. L a n g , oben Text § 43. C o n s t. R i t t e r , Neue Unterss. über Platon 327 ff. (Briefe). Über die Angabe des Diog. Laërt. 4, 4, daß nach Plutarch Sp. an Phtheiriasis gelitten habe, s. A. G e r c k e , De quibusdam Laertii Diogenis auctoribus, Greifsw. 1899 Pr., 7. Vgl. auch A. D ö r i n g unter Platons Philebos oben S. 84*. v. W i l a m o w i t z , Platon[2], s. Register zu Bd. II. E r. F r a n k , Plato u. d. sog. Pythag. 239 ff. W. J a e g e r , Aristoteles 18. **Xenokrates:** R. H e i n z e , Xenokrates, Darstell. der L. u. Samml. der Fragmente, Lpz. 1892. H. J a c k s o n , On a detail in the ethical systems of X. and Polemo. Proc. of the Cambridge Philol. Soc., Michaelmas term 1893, 14 f. Eine christl. Parallele zu der X.-Legende bei Acro zu Horaz sat. 2, 3, 254, Diog. Laërt. 4, 7 bei P. W e n d l a n d , De fabellis antiquis earumque ad Christianos propagatione, Gott. 1911 Pr. S. auch P. M a a s , Berl. philol. Woch. 1911, 1157. Zu X. Dämonologie s. auch v. A r n i m unter Plutarch. — v. W i l a m o w i t z , Platon[2], s. Register zu Bd. II. W. J a e g e r , Aristoteles 112. **Herakleides Pontikos:** F r z. S c h m i d t , De H. Pont. et Dicaearchi Messenii dialogis deperditis, Vratisl. 1867 Diss. L e o p. C o h n , De H. P. etymologiarum scriptore antiquissimo, in: Commentat. philol. in hon. Reifferscheidii (1884) 84 ff. H e r m. S c h r a d e r , Heraclidea, Philol. 44 (1885) 236—261. F r. H u l t s c h , D. astronom. System des H. v. P., Jahrbb. f. klass. Philol. 153 (1896) 305—316. O. V o s s , De H. Pont. vita et scriptis, Rost. 1896 Diss. H. S t a i g m ü l l e r , Her. Pont. u. das heliokéntrische System, Arch. f. Gesch. d. Philos. 15 (1902) 141—165. Vgl. M ü l l e r , Fragm. hist. Gr. II 197 ff.; K r i s c h e , Forschungen I 324—336. W. A. H e i d e l , The ἄναρμοι ὄγκοι of H. and Asclepiades, Transact. of the Americ. philol. assoc. 40 (1910) 5—21. Zu H. Behandl. der Abarislegende A. D y r o f f , Philol. 59 (1900) 610 ff. (Abaris idealisiertes Bild des peripatetischen Philosophen, Gegenbild des kynisch geprägten Anacharsis). P. C o r s s e n , Rh. Mus. 67 (1912) 20—47. A. R e h m , ebd. 417 ff. Her. Stellung innerhalb der Entwickl. der geozentr. u. der heliozentr. Hypothese: F. B o l l , Die Entw. d. astron. Weltbildes (Kultur d. Gegenw. III 3) 35. — D a e b r i t z , Artikel H. 45 bei Pauly-Wissowa-Kroll. v. W i l a m o w i t z , Platon², s. Register zu Bd. II. E r. F r a n k , Plato u. d. sog. Pythag. 209 ff. W. J a e g e r , Aristoteles 99 f. — *Eudoxos:* L. I d e l e r , Abh. Berl. Ak. 1828 u. 1830. A. B o e c k h , Über d. vierjähr. Sonnenkreise der Alten, vorzügl. den eudoxischen, Berl. 1863. Vgl. G. C. L e w i s , Historical Survey of the ancient Astronomy, c. III, sect. 3, 146 ff. H. K ü n s s b e r g , Der Astronom, Mathematiker u. Geograph E. v. K. I u. II, Dinkelsbühl 1889/90. F r. S u s e m i h l , Die Lebenszeit des E. v. K., Rh. Mus. 53 (1898) 626—628. Eine unter dem Namen Eudoxios (gemeint ist jedenfalls der Astronom Eudoxos) überlieferte Dodekaëteris bespricht F r. B o l l , Catal. cod. astrol. Graec. VII (Brüssel 1908) 181 ff. S. auch A. D ö r i n g unter Platons Philebos oben S. 84*. H u l t s c h , Artikel Eudoxos 8 bei Pauly-Wissowa. G. M é a u t i s , E. de Cnide et l'Égypte, Rev. d. philol. 43 (1919) 21 ff. F r. G i s i n g e r , Die Erdbeschreib. des E. v. Knidos (Στοιχεῖα Heft 6), Lpz. Berl. 1921. v. W i l a m o w i t z , Platon², s. Register zu Bd. II. W. J a e g e r , Aristoteles, s. Register. *Hermodoros:* E d. Z e l l e r , De H. Ephesio et H. Platonis discipulo, Marb. 1859. W. Jaeger, Aristoteles 135. — N a t o r p , Artikel H. 5 bei Pauly-Wissowa-Kroll. — *Polemon:* R. F o e r s t e r , De P. physiogno-monicis, Kiel 1886 Pr. T h. G o m p e r z , Die herkulanische Biographie des P., Philosoph. Aufs., E. Zeller gewidmet, Lpz. 1887. — *Krates:* v. A r n i m , Art. Kr. 8 bei Pauly-Wissowa-Kroll. — *Krantor:* F. S c h n e i d e r , De Cr. Solensis philo-sophi Academicorum philosophiae addicti libro, qui περὶ πένθους inscribitur, com-mentatio, Ztschr. f. d. Altertumswiss. 1836, Nr. 104—105. M. H. E d. M e i e r , Über die Schr. des Kr. περὶ πένθους, Halle 1840. F r. K a y s e r , De Cr. Aca-demico, Heidelb. 1881 Diss., worin die Fragmente enthalten sind. K. P r a e c h t e r Kr. u. Ps.-Archytas, Arch. f. Gesch. d. Philos. 10 (1897) 186—196. K. K u i p e r , De Cr. fragmentis moralibus, Mnemos. N. S. 29 (1901) 341—362. Dazu G. W ö r p e l , Woch. f. klass. Philol. 1902, 284 ff. M. P o h l e n z , De Cr. libro περὶ πένθους in: De Ciceronis Tusc. disp., Gött. 1909 Pr. H. v. A r n i m , Art. Krantor bei Pauly-Wis-sowa-Kroll. S. auch die Lit. z. d. antiken Trostschrr. o. S. 34* und O. W e i n - r e i c h , Sitz. Heidelb. Ak. 1919, 16. Abh. S. 24 f. *Chion:* S. J. W a r r e n , Chion, Coberus et Cobetus, in Sertum Nabericum, Leiden 1908, 457—460. Über die unter Ch. Namen überlieferten unechten Briefe C a r. B u r k , De Ch. epistulis, Darmst. 1912, Gieß. Diss. J o. G o e r t z , De Ch. quae feruntur epistulis, Straßb. 1912 Diss. Weitere Lit. bei B u r k , C h r i s t - S c h m i d II 1⁶, 484 und N a t o r p , Artikel Ch. 2 bei Pauly-Wissowa. v. W i l a m o w i t z , Platon² I 705 f.

Daß *Hermias* von Atarneus in den Listen der Schüler Platons fehlt und (ent-gegen dem Zeugnis Strabons) Platon nicht gehört hat, bemerkt A. B r i n k m a n n , Rh. Mus. 66 (1911) 228 f. Über ihn und andere hier nicht genannte Akademiker (Erastos, Koriskos, Schule von Assos) s. Z e l l e r II 1⁴ 982 ff., N a t o r p , Artt. Erastos (Nr. 3), Hermias (Nr. 11) bei Pauly-Wissowa-Kroll, v. W i l a m o w i t z , Platon I² 706 f. und besonders W. W. J a e g e r , Stud. z. Entst. d. Metaph. d. Arist. 34, 2, Aristoteles 112 ff. *Sokrates d. Jüngere:* E. K a p p , Philol. 79, 226—233.

Zu § 44. Aristoteles. Allgemeines. Sein Leben und seine Entwicklung.

Jahresberichte sieh oben S. 16* f. Vgl. auch W. W. J a e g e r in: Geisteswissen-schaften 1913, 403—406.

Bibliographie: M o ï s e S c h w a b , Bibliographie d'Aristote, Par. 1896 (auto-graphiert; für ihre Zeit beinahe vollständig mit über 3700 Nummern). Vgl. ferner: S. J a n k e l e v i t c h , Proceed. of the Aristot. Society, New series vol. I 1900 bis 1901; Philos. Rev. 1902 205—215.

Zu den antiken Viten. In Betracht kommt die oben S. 13* verzeichnete Lit., insbesondere L e o , Die griech.-röm. Biogr. 52 ff. und die dort genannten früheren

Arbeiten. Vgl. auch A. B a u m s t a r k , A. bei d. Syrern vom V. bis VIII. Jahrh.,
Lpz. 1900 (hierin: Syrisch-arab. Biographien des A.). Ferner A. B u s s e , Die neu-
platon. Lebensbeschreibung des A., Hermes 28 (1893) 252—276. S. auch S. S u d -
h a u s , A. in d. Beurt. d. Epikur u. Philodem. Rh. Mus. 48 (1893) 552—564.
   Neuere Arbeiten über A. im allgemeinen, sein Leben und seine Entwicklung:
J. G. B u h l e , Vita Aristotelis per annos digesta, im I. Bande der Bipontina der
Werke des Aristoteles 80—104. A d. S t a h r , Aristotelia, T. I: Das Leben des
Aristoteles von Stagira, Halle 1830. B l a k e s l e y , Life of Aristotle, Cambridge
1839. G. H. L e w e s , Aristotle, a chapter from the history of science, Lond. 1864,
aus dem Engl. übers. von J. V. Carus, Lpz. 1865; Kap. 1.: Das Leben d. A. E. E s s e n ,
Ein Beitrag zur Lösung d. aristot. Frage, Berl. 1884. C h. W a d d i n g t o n , Quelques
points à éclaircir dans la vie d'A., in des Verf. Buch: La philos. ancienne et la
critique historique, Par. 1904 176—207. A. écrivain et moraliste, ebd. 208—249.
H. L'A r r o n g e , A. als Menschenkenner, Jena 1897 Diss. H. S i e b e c k ,
Aristoteles[3], Frommanns Klass. d. Philos., Bd. 8, Stuttg. 1910. R. E u c k e n ,
Eine Einführ. in A., Münch. Allg. Ztg. Beil. 1899 Nr. 140. P. A l f a r i c , Ar.,
Par. 1905. A. B o e c k h , Hermias von Atarneus, Abh. Berl. Ak. hist.-phil. Kl.
1833, 133—157, Kl. Schriften VI 185—210. T h. B e r g k , Rh. Mus. 37 (1882)
355 ff. F r. B r e n t a n o , Aristoteles, in: E. v. Aster, Große Denker, 153 ff. Ar.
u. seine Weltansch. Lpz. 1911. J. B a u m a n n , Neues zu Sokrates, Ar., Euripides,
Lpz. 1912. J. C. W i l s o n , Aristotelian studies, Reissue, Oxf. 1912. A d. D y r o f f ,
Über A. Entwickl., in: Festg. f. G. Frh. v. Hertling (s. oben S. 7*). G. K a f k a ,
Arist., München 1922. W. J a e g e r , A r i s t o t e l e s , G r u n d l e g u n g e i n e r
G e s c h. s e i n e r E n t w i c k l u n g , Berl. 1923 (H a u p t w e r k , z u m F o l -
g e n d e n d u r c h g e h e n d s z u v e r g l e i c h e n). S. auch die unten zu § 48
(unter Psychologie) angeführte Schrift von C h a i g n e t und v. W i l a m o w i t z -
M o e l l e n d o r f f , A. u. Athen, I 311 ff. A. G e r c k e , Art. A. 18 bei Pauly-
Wissowa.
   Über das Verhältnis des Aristoteles zu Alexander handeln insbesondere:
K. Z e l l , A. als Lehrer des Alex., in: Ferienschrr., Freiburg 1826. F. W. C. H e g e l ,
De A. et Alex. magno, Berl. 1837 Diss. P. C. E n g e l b r e c h t , Über die wich-
tigsten Lebensumstände des A. u. s. Verh. zu Alex. d. Gr., bes. in Bezieh. auf seine
Naturstudien, Eisleben 1845. R. G e i e r , Über Erzich. u. Unterr. Alex. d. Gr. I,
Halle 1848. Alex. u. A. in ihren gegens. Bez., Halle 1856. F. K o e p p , A. u.
Alex., Preuß. Jahrbb. 113, 83—100.

   Zu § 45. Aristoteles' Schriften. Sieh die S. 101* zitierte *Bibliographie d'Aristote.*
Jahresberichte oben S. 16* f.
   Z u r B e s c h ä f t i g u n g d e s A l t e r t u m s u n d M i t t e l a l t e r s
m i t d e n a r i s t o t e l i s c h e n S c h r i f t e n.
   Zu den antiken Schriftenverzeichnissen: A. B a u m s t a r k , A. bei den Syrern
I 53—104. E. H o w a l d , D. Schriftenverzeichnis des A. u. des Theophrast, Hermes
55 (1920) 204—221.
   Über die Bedeutung der *antiken Kommentare* und über den Wert der aka-
demischen Ausgaben derselben nach verschiedenen Seiten s. H. U s é n e r , Gött.
gel. Anz. 1892, 1001 ff. = Kl. Schr. III 193—214. K. P r a e c h t e r , Gött. gel.
Anz. 1903, 513 ff.; 1904, 374 ff.; 1906, 861 ff.; 1908, 209 ff.; Byz. Ztschr. 18 (1909)
516—538. F. S c h l e i e r m a c h e r , Über die griech. Scholien z. Nikom. Ethik
d. A., Abh. Berl. Ak. histor.-phil. Kl. a. d. J. 1816/17, 263 ff., abgedr. in Schl.s Sämtl.
W. III 2, 309—326. V. R o s e , Über d. griech. Komm. z. Ethik d. A., Hermes 5
(1871) 61—113. G. H e y l b u t , Scholien z. nikomach. Ethik, Rh. Mus. 41 (1886)
304—307. M. W a l l i e s , Die griech. Ausleger d. arist. Topik, Berl. 1891 Pr. S. auch
K o p p unten S. 103* und B r a n d i s unten S. 104* unter Cb zu den logischen
Schriften.
   E d. S a c h a u , Zu den *Aristoteles-Studien im Orient,* Genethliakon zum
Buttmannstage 1899, 50—64.
   Zur *Erklärung des scholastischen Aristoteles* ist von Wert das Werk des S i l v.
M a u r u s S. J., nach der römischen Ausgabe von 1668 jetzt neu hrsg.: Aristotelis
Opp. omnia (lateinisch) — brevi paraphrasi et litterae perpetuo inhaerente expositione
illustrata a. S. M. ed. Fr. Ehrle S. J., Par., Ratisb. 1885. 1886. A m. J o u r d a i n ,

Recherches crit. sur l'âge et l'origine des traductions latines d'A. et sur les commen-
taires grecs ou arabes employés par les docteurs scolastiques, Par. 1819 (2. éd. 1843),
dtsch. von Ad. Stahr, Halle 1831. M. G r a b m a n n , Forschungen üb. d. lat. A.-
Übersetzungen d. XIII. Jahrh., Münst. i. W. 1916 (Beitr. z. Gesch. d. Philos. d. Mittelalt. hrsg. v. Cl. Baeumker Bd. 17 H. 5 – 6). A. P e l z e r , Les versions latines des
ouvrages de morale conservés sous le nom d'Ar. en usage au XIII. siècle, Rev. néoscolast. d. philos., Louv. 1921. G. F u r l a n i , Le antiche versioni araba, latina
ed ebraica del De part. anim. di A., Riv. d. studi orientali 9, 237—257. Di alcuni
passi della Metaph. di A. presso Giacomo d'Edessa, Rend. d. Reale Acc. d. Lincei
30, 7—10. Uno scolio d'Eusebio d'Aless. alle Categ. d'A. in versione Siriaca, Riv.
trim. di studi filos. e relig. 3, 1. Sul trattato di Sergio di Rêsh 'aynâ circa le Categ.,
ebda 3, 2, 135—172. Sieh auch K. R o l f e s , Die Textauslegung des A. bei Thomas
v. A. u. den Neueren, Jahrb. f. Philos. u. spek. Th. 9, 1—33, sowie Teil II[19] dieses
Grundrisses (s. dort das Register unter Aristoteles).

　　A r b e i t e n N e u e r e r ü b e r v e r s c h i e d e n e d i e a r i s t o t e l i -
s c h e n S c h r i f t e n b e t r e f f e n d e F r a g e n :

　　A. *Reihen von Beiträgen eines und desselben Verfassers verschiedenen Inhaltes:*
　　C h. A. B r a n d i s , Üb. d. Schicksale der arist. BB. und einige Kriterien
ihrer Echtheit, Rh. Mus. 1 (1827) 236—254, 259—286 (vgl. dazu J. K o p p , Nachtrag
zur Unters. üb. d. Schicksale der arist. BB., ebd. 3 [1829] 93—106); Üb. die Reihenf.
der BB. der arist. Organons u. ihre griech. Ausleger, Abh. Berl. Ak. 1833; Üb. die
arist. Metaphysik, ebd. 1834; Über A. Rhetorik u. die griech. Ausleger derselben,
Philologus 4 (1849) 1 ff. A d. S t a h r , Aristotelia II: Die Schicksale der arist.
Schrr. usw., Lpz. 1832; A. bei den Römern, Lpz. 1834. L. S p e n g e l , Üb. A.
Poetik, Abh. Münch. Ak. 1837; Üb. das 7. Buch der Physik, ebd. 1841; Üb. d. Verh.
der drei unter dem Namen des A. erhaltenen ethischen Schrr., ebd. 1841 bis 1843;
Üb. d. Politik des A., ebd. 1849; Üb. die Reihenf. der naturwiss. Schrr. des A., ebd.
1849; Üb. die Rhetorik des A., ebd. 1851; Über $\varkappa \acute{\alpha} \vartheta \alpha \varrho \sigma \iota \varsigma$ $\tau \tilde{\omega} \nu$ $\pi \alpha \vartheta \eta \mu \acute{\alpha} \tau \omega \nu$ bei A.,
ebd. 1859; Aristotelische Studien: Nikom. Ethik, Eudem. Ethik, Große Ethik,
Politik und Oekonomik, Poetik, ebd. 1863—1868. Vgl. darüber B o n i t z , Ztschr.
f. d. österr. Gymn. 1866, 777—804. J. B e r n a y s , Ergänzung zu A. Poetik, Rh.
Mus. 8 (1853) 561—596. Grundzüge der verlorenen Abh. des A. über Wirkung der
Tragödie, Abh. der hist.-phil. Ges. zu Breslau 1 (1858), 133—202. Diese beiden Abh.
wieder abgedr. in: Zwei Abh. über die arist. Theorie des Drama, Berl. 1880. Oratio
de A. Athenis peregrinante et de libris eius politicis, in: Ges. Abh. I 165—178. Bernays' Abh. über die Dialoge des Aristoteles s. unten. H. B o n i t z , Aristot. Studien,
I—V, Wien 1862—1867. R. E u c k e n , De A. dicendi ratione I: Observationes de
particularum usu, Gott. 1866 Diss. Üb. d. Sprachgebr. d. A., Beobb. üb. d. Präposi-
tionen, Berl. 1868; Beiträge zum Verständnis d. A., N. Jahrbb. f. Philol. u. Pädag. 99
(1869) 243—252, 817—820. J. V a h l e n , Aristotelische Aufsätze, 1—3, Sitz. Wien. Ak.
71 (1872) 419—434; 72 (1872) 5—54; 75 (1873) 220—224; 77 (1874) 293—298. Diese
und eine Reihe anderer Arbeiten Vahlens zu A. jetzt abgedr. in Vahlens Ges. philol.
Schr. I, Lpz. Berl. 1911. Beiträge zu A. Poetik s. unten S. 109* zur Poetik. Vahlens
Aristotelesarbeiten sind zusammengestellt von H. S c h ö n e , Neudruck von Vahlens
Beiträgen zu Aristoteles' Poetik (s. u. ebd.) S. VII f. E. Z e l l e r , Üb. d. Zusammenh. der platon. u. arist. Schr. mit der persönl. Lehrtätigkeit ihrer Verf.,
Hermes 11 (1876) 84—96 = Kl. Schr. I 152—165. Zur Gesch. der platon. und aristot.
Schrr., Hermes 15 (1880) 547—556 = Kl. Schr. I 228—238. W. H e r t z , Ges.
Abh., hrsg. v. Fr. v. der Leyen, Stuttg. Berl. 1905 — großenteils Vorarbeiten zu einem
von Hertz geplanten Werke „Aristoteles im Mittelalter". Nicht aufgenommen ist
das Material zu der Sage von A. u. Phyllis, da hierüber inzwischen eine Monographie
von B o r g e l d , Aristoteles en Phyllis, Groningen 1902, erschienen war. E. S z a n t o,
Ausgew. Abh., hrsg. v. H. Swoboda, Tüb. 1906 (darin auch Aufsätze zu A. bes. z.
Politik u. z. $\Pi o \lambda \iota \tau \epsilon \acute{\iota} \alpha$ $'A \vartheta \eta \nu \alpha \acute{\iota} \omega \nu$).

　　Vollständigeres Verzeichnis der Aristotelesarbeiten von Buhle, Brandis, Stahr,
Spengel, Bernays, Eucken, Zeller in den oben S. 15* f. genannten Bibliographien
von Engelmann-Preuß und Klussmann. Hier auch Verzeichnisse der Arbeiten von
O. A p e l t , C l. B a e u m k e r , J. B a r t h é l e m y S a i n t - H i l a i r e ,
T h. B e r g k , F r. B r e n t a n o , A. B u s s e , I. B y w a t e r , H. D i e l s

Th. Gomperz, W. Oncken, K. Prantl, P. Tannery, G. Teichmüller, F. A. Trendelenburg, H. Siebeck, Fr. Susemihl, Fr. Ueberweg, H. Usener, U. v. Wilamowitz-Moellendorff u. a. Für Zeller s. auch das Schriftenverzeichnis in Zellers Kl. Schr. III 518 ff.

    B. Arbeiten über allgemeine Fragen der aristotelischen Schriftstellerei. Einteilung und Geschichte des aristotelischen Corpus. Sprache und Stil. Terminologie.

    Fr. N. Titze, De Ar. operum serie et distinctione, Lpz 1826. Val. Rose, De Arist. librorum ordine et auctoritate, Berol. 1854. H. Diels, Üb. d. exoterischen Reden d. A., Sitz. Berl. Ak. 1883, 477—494 (dagegen jetzt entscheidend W. Jaeger, Aristoteles (s. o. S. 102*) 259 ff.). R. Shute, On the history of the process by which the Arist. writings arrived at their present form, Oxf. 1888. R. Eucken, De A. dicendi ratione. s. o. S. 103*. G. Kaibel, Stil u. Text d. Ἀθην. πολιτ. d. A., Berl. 1893. Sehr Bemerkenswertes bietet die Besprechung dieses Buches durch H. Diels, Gött. gel. Anz. 1894, 293—307. M. Kappes, A.-Lexikon, Erkl. d. philos. termini technici d. A. in alphabet. Reihenfolge, Paderb. 1894. J. Freudenthal, Üb. den Begr. des Wortes φαντασία bei A., Gött. 1863. J. C. Wilson, On the use of ἀλλ'ἤ in A., Class. Quarterly 3 (1909) 121—124. P. van Braam, A. use of ἁμαρτία Class. Quart. 6 (1912) 266. R. Hirzel (zum Terminus ἐντελέχεια), Philol. 72 (1913) 43 Anm. 5. Über den hier behandelten Terminus abschließend H. Diels, Ztschr. f. vergl. Sprachforsch. 47 (1916) 200 ff. A. Smith, Τόδε τι in Ar., Class. Rev. 35, 19. J. L. Stocks, On the Aristotelian use of λόγος, Class. Quart. 8 (1914) 9 ff. S. dazu die S. 107* unter den Ethiken angeführten Bemerkungen von Wilson, Lord und Burnet. G. Rudberg, Peripatetica I (Sprachliches zu A.), Eranos (Acta philol. Suecana) 14, 21 ff. Ein treffliches Hilfsmittel für terminol. Forschungen bietet der Index Aristotelicus von H. Bonitz in der Aristoteles-Ausgabe der Berliner Akademie Bd. 5. S. auch die zu § 47 angeführten Arbeiten über τὸ τί ἦν εἶναι und andere Termini. — A. Schriften in ihren Beziehungen zu seiner mündl. Lehrtätigkeit: E. Zeller s. o. S. 103*, H. Jackson, Journ. of Philol. 35 (1920) 191—200, W. Jaeger, Aristoteles (passim). — In die Fragen der Komposition der Lehrschriften u. der Gesch. d. aristot. Corpus greifen überall ein W. Jaegers Stud. z. Entst. d. Metaph. des A., Berl. 1912, in die Fragen des aristot. Schrifttums überhaupt desselben Verf. Aristoteles, Berl. 1923.

    C. Arbeiten zu den einzelnen Schriften und Schriftgruppen.

    a) *Dialoge:* s. S. 110* „Fragmente".

    b) *Lehrschriften.*

    Logische Schriften: Ch. A. Brandis, Über die Reihenf. der BB. d. aristot. Organons s. o. F. Th. Waitz, De Ar. libri π. ἑρμηνείας cap. decimo, Marb. 1844 Hab.-Schr. Ad. Textor, De herm. Ar., Berl. 1870 Diss. Hnr. Maier, Die Echtheit der arist. Hermeneutik, Arch. f. Gesch. d. Ph. 13 (1900) 23—72. L. Haas, Zu den log. Formalprinzipien des A., Burghausen 1887 Pr. J. G. Vollgraff, Emendatur A. π. ἑρμην. c. 10 § 5, Mnemos. N. S. 30 (1902) 15. A. Gercke, Urspr. d. arist. Kategorien, Arch. f. Gesch. d. Philos. 4 (1891) 424—441. R. Witten, Die Kategorien des A., Arch. f. Gesch. d. Ph. 17 (1904) 52—59. Io. Pflug, De Ar. Topicorum libro quinto, Lpz. 1908 Diss. E. Dupréel, Ar. et le traité des Catégories, Arch. f. Gesch. d. Philos. 22 (1909) 230—251. G. E. Underhill, Aristotle, prior. anal. 2, 23, Class. Rev. 28 (1914) 33—35. Ch. H. Haskins, Mediaeval versions of the Posterior Analytics, Harvard studies vol. 25 (1914). M. Wallies, Zur Textgesch. d. ersten Analytik, Rhein. Mus. 72 (1917/8) 626—632. Textkritisches zu der arist. Topik u. den sophist. Widerleg., Philol. 78 (1923) 301—329. Furlani s. o. S. 103*. Vgl. auch die Lit. zu § 46.

    Metaphysik: H. Bonitz, Observ. criticae in Arist. libros metaphysicos. Berl. 1842. W. Christ, Studia in A. libr. metaph. collata, Berl. 1853. Krit. Beiträge z. Metaph. d. A., Sitz. Münch. Ak. philos.-philol. u. hist. Kl. 1885 406—423. E. Zeller, Üb. d. Benutz. d. arist. Metaph. in d. Schrr. d. älteren Peripatetiker, Abh. Berl. Ak. philos.-hist. Kl. 1877, 145—167 = Kl. Schr. I 191—214. P. Natorp, Thema u. Dispos. d. arist. Metaph., Philos. Monatsh. 24 (1888) 37—65, 540—574. K. Goebel, Bemerkk. zu A. Metaph., Soest 1889 Pr. J. Zahlfleisch, Die Metaph. d. A. das einheitl. Werk eines Autors, Philol. 55 (1896) 123—153. Einige Gesichtsp. für die Auff. u. Beurt. d. arist. Metaph., Arch. f. Gesch. d. Ph. 12 (1899) 434—492; 13

(1900) 502—540. O. A p e l t , Zur Metaph. des A., Beiträge usw. (s. oben S. 36*
unter *J)*, 217—252. H. J a c k s o n , On some passages in A. Metaph. *A*, Journal.
of philology 29 (1904) 139—144. A. G o e d e c k e m e y e r , Gedankeng. u. Anordn. d. arist. Metaph., Arch. f. Gesch. d. Philos. 20 (1907) 521—542; 21 (1908) 18—29.
W. A. H e i d e l , Zu A. Metaph., Hermes 43 (1908) 160—172. H. R i c h a r d s ,
Varia, Class. Rev. 21 (1907) 197 ff. (zu Arist. Metaph. *A* 2, 982 b 28). P. E u s e -
b i e t t i , Il problema metaf. secondo A. e l'interpretazione d'un passo della Metaf.
(*A* 10, 1075 b 17—24), Arch. f. Gesch. d. Philos. 22 (1909) 536 ff. M. L. a e G u b e r -.
n a t i s [zu Metaph. 981 a 12], Boll. di filol. class. 16 (1909) 160 f. C. S a u t e r ,
Avicennas Bearb. d. aristot. Metaph., Münch. 1912 Diss., als Buch Freib. i. B. 1912.
W. W. J a e g e r , Zu Aristot. Metaph. *Θ* 9, 1051 a 32 ff., Rh. Mus. 67 (1912) 304—305.
Studien z. Entstehungsgesch. d. Metaph. d. A., Berl. 1912 (I. Die Komposition der
Met., II. Die literar. Stellung u. Form der Met.). Hier S. 3 ff. Besprechung früherer
Arbeiten. Derselbe, Aristot., Berl. 1923, 171 ff. u. ö. (s. o. Text). P. S h o r e y [zu
Metaph. 1086 b 32—37], Class. Philol. 8 (1913) 90—92. J. C. W i l s o n [zu Metaph.
1048 a 30 ff.], Journ. of Philol. 32 (1913) 300. W. J a e g e r , Emendationen z. arist.
Metaph. *A—Δ*, Hermes 52 (1917) 481—519. Emend. z. arist. Metaphysik, Sitz. Berl.
Ak. 1923, 263—279. Zur hsl. Überl. K. K a l b f l e i s c h , Hermes 30 (1895) 631;
H. M u t s c h m a n n , Berl. philol. Woch. 1908, 1328. 1456. — Zu Metaph. *Z* 1036 b
24 ff. E. K a p p , Philol. 79, 228 ff. Vgl. K r i s c h e , Forsch. auf dem Gebiete
der alt. Philos. I 263—276, wie auch B o n i t z und S c h w e g l e r in ihren Kommentaren zur arist. Metaph. S. auch die Lit. zu § 47.

Naturphilosophische und naturwissenschaftliche Schriften: R. R u b r i c h i ,
Osserv. critiche al *περὶ οὐρανοῦ* di A., Rivista di storia antica e scienze affini, N. S.
9, 203—210, 385—392. J. Z a h l f l e i s c h , Zur Meteor. des A., Wien. Stud. 26
(1904) 43—61. C. P r a n t l , De A. librorum ad hist. animal. pert. ordine atque
dispos., Monachii 1843. Symbolae criticae in A. phys. auscult., Berol. 1843. H. T h i e l,
De zool. Ar. libr. ordine ac distrib., Bresl. 1855 Pr. B L a n g k a v e l , Scholien zu
A. Werk de part. anim., Berl. 1863 Pr. C h. T h u r o t , Obs. crit. sur le traité d'A.
de part. anim., Rev. arch. N. S. 16 (1867) 196—209, 233—242, 305—313; 17 (1868)
72—88; sur les Météorol., ebd. 20 (1869) 415—420; 21 (1870) 87—93, 249—255,
339—346, 396—407. M. H a y d u c k , Bemerkk. z. Phys. des A., Greifsw. 1871 Pr.
E. G o t t s c h l i c h , Zur Phys. des A., N. Jahrbb. f. Philol. 105 (1872) 618
bis 620. H. D i e l s , Zur Textgesch. der arist. Phys., Abh. Berl. Ak. aus d. Jahre
1882, Abh. 1. H. B o n i t z , Zur Erklär. einiger Stellen aus A. Schr. üb. die Seele,
Hermes 7 (1873) 416—436. W. S t r e h l k e , De comm. anonymo in Arist. de anima
libros conscripto, Berl. 1876 Diss. P. S h o r e y , A. de anima, Amer. journ. of philol.
22, 149—164. A. S t a p f e r , Studia in A. de anima libros collata, Landshut 1888,
Diss. v. Erl. Krit. Stud. zu A. Schr. v. d. Seele, Landshut 1890 Pr. J. F r e u d e n -
t h a l , Zu A. de mem. 2, 452 a 17 f., Arch. f. Gesch. d. Philos. 2 (1889) 5—12.
J. I. B e a r e , A. de anima *B* 8 419 b 22—25; de sensu 7, Hermathena 30, 73—76.
G. R o d i e r , Note sur un passage du De anima d'Aristote [*Γ* 2, 426 b 3], Rev.
d. études anc. 1901, 313—315. P. T a n n e r y , Sur la compos. de la Phys. d'A.,
Arch. f. Gesch. d. Ph. 7 (1894) 224—229; 9 (1896) 115—118 (für Ausscheidung
des 5. u. 6. Buchs als einer vielleicht früher abgefaßten besonderen Schrift);
gegen ihn G. R o d i e r ebd. 8 (1895) 454—460; 9 (1896) 185—189. B a r t h é l e m y
St. H i l a i r e , Mémoire sur le traité de la génér. d. anim. d'A., Séances de l'Acad.
des sciences mor. et pol. 1886. 1887. L. D i t t m e y e r , Die Unechth. des 9. Buches
der arist. Tiergesch., Blätter f. d. (bayer.) Gymn. 23 (1887) 16—29, 65—79, 145—162.
Unters. über einige Hss. u. lat. Überss. der arist. Tiergesch., Würzb. 1902 Pr. E. L. D e
S t e f a n i , Per l'Epitome A. de animal. di Aristofane di Bizanzio, Studi ital. di
filol. class. 12 (1904) 421—445. F. P o s c h e n r i e d e r , Die naturwiss. Schrr. des
A. in ihrem Verhältn. z. d. BB. der hippokrat. Samml., Bamb. 1887 Pr. E. H o f f -
m a n n , De A. Physic. libri septimi origine et auctor., pars I, Berl. 1905 Diss. (das
7. B. Rest eines größeren rein physikal. Werkes, das dem in den übrigen BB. erhaltenen naturphilos. Werke voranging u. f. Anfänger bestimmt war). Derselbe,
De Aristot. Physic. libri sept. duplici forma I.II, Charlottenb. 1908. 1909 Pr. C. B i t t e r -
a u f , Quaestiunc. criticae ad Ar. Parva Nat. pertinentes, Münch. 1900. P. W e n d -
l a n d , Die Textkonstitution der arist. Schr. *Περὶ αἰσϑήσεως καὶ αἰσϑητῶν*, Festschr.
f. Th. Gomperz, Wien 1902, 173—184. J. G. S m y l y , Ar. de mem. 452 a 17—26

Class. Rev. 20 (1906) 248—249. E. R i c h t e r , De A. problematis, Bonn 1885 Diss.
K. S t u m p f , Die pseudoarist. Probl. üb. Musik, Abh. Berl. Ak. 1896. G. T i s c h e r ,
Die arist. Musikprobl., Berl. 1902 Diss. C. É. R u e l l e , A. Probl. 19, 3, Rev. de
philol. 27 (1903) 272. Ar. Probl. 4, 13, 878 a 14—15, ebd. 33 (1909) 224. H. W e g e -
h a u p t , Zur Überlief. d. pseudoarist. Προβλ. ἀνέκδ. (Aristot. ed. Didot IV 291 ff.),
Philol. 75 (1919) 469—473. C. É. R u e l l e , Ar. Phys. 11 33; Rev. d. philol. 34
(1910) 172. R. K. G a y e , On A. Phys. Z 9 p. 239 b 33—240 a 18 (Zeno's fourth argument against motion), Journ. of philol. 31 (1910) 95—116. S h. O w. D i c k e r m a n ,
Transact of the Amer. philol. assoc. 42 (1912) 128 (berührt Phys. B 8, 199 a 22).
W. C a p e l l e , Das Prooem. der Meteorologie, Hermes 47 (1912) 514—535. F. H. F o -
b e s , A preliminary study of certain mss. of Ar. Meteor., Class. Rev. 27 (1913)
249 ff. Derselbe (zum Texte d. Met. u. mittelalt. Übers.), Class. Philol. 10 188 ff.
297 ff. W. W. J a e g e r , Die Schr. π. ζῴων κινήσεως, Hermes 48 (1913) 31 ff. —
G. R u d b e r g , Textstudien zur Tiergesch. des A., Uppsala Univers. årsskrift
1908 (Ergänzung dazu: G. R u d b e r g , Adnotationes in quosdam codices Moer-
bekenses, Eranos 12 [1912] 32 ff.). Kleinere Ar.-Fragen, I. Die Übersetz. des Michael
Scotus u. d. Paraphr. d. Albertus Magnus im 10. B. der Tiergesch., Eranos 8 (1908)
151—160; II. Die Tiergesch. des M. Scotus u. ihre mittelbare Quelle, ebd. 9 (1909)
92—128. III. Zu den Aderbeschreibungen d. Ar., ebd. 13 (1913) 51—71. Zum sog.
10. B. d. ar. Tiergesch., Uppsala Lpz. 1911. A. P l a t t (zu hist. an. 8, 28), Class.
Quart. 3 (1909) 241—243. H. W. G r e e n e , Μετεωρόθηρος (zu hist. an. 9, 36,
620 a 30), Class. Rev. 27 (1913) 194. H. R i c h a r d s , Ar. hist. an. 4, 8, 533 b 17,
Class. Rev. 27 (1913) 163. H. J a c k s o n (zu hist. anim. 4, 533 b 15), Journ. of
philol. 32 (1913) 302. P. S h o r e y , On Ar. de part. anim. 4, 10, 687 a 13, Class.
Philol. 4, 203. Derselbe (zu de anima 403 a 23 und 405 a 3), Class. Philol. 9, 191. 316.
A. P l a t t , On Ar. de anim. incessu, Journ. of philol. 32 (1913) 37—42. J. L. S t o c k s ,
Λόγος and μεσότης in the de anima of A., Journ. of philol. 33, 182 ff. K. E. B i t t e r -
a u f , Der Schlußteil der ar. Biologie, Beiträge z. Textgesch. u. Textkrit. d. Schr. de
gen. anim., Kempten 1913 Pr. Neue Textstud. z. Schlußteil d. ar. Biol., Kempten 1914
Pr. — E. N e u s t a d t , Ps.-Ar. περὶ πνεύματος c. 9 u. Athenaios v. Attalia, Hermes
44 (1909) 60—69. J. P a r t s c h , Des Ar. Buch Über das Steigen des Nil, Abh.
Sächs. Ges. d. Wiss. philol.-hist. Kl. 27, Nr. 16, 553—600, Lpz. 1910. P. B o l c h e r t ,
Liber Ar. de inund. Nili, Neue Jahrb. 27 (1911) 150—155. Vgl. auch W. C a p e l l e ,
Die Nilschwelle, ebd. 33 (1914) 317 ff. F. M a s c i , Su alcuni luoghi della Fisica
d'A., Atti d. R. Acc. di sc. mor. e pol., Napoli 1912. A. M a n s i o n , Introd. à la
Physique aristot., Louv-Par. 1913. I n g. H a m m e r - J e n s e n , Das sog. IV.
B. der Meteor. des A., Hermes 50 (1915) 113—136. Dazu W. J a e g e r , Aristot.
412 (hier 325, 1 über d. Abfassungszeit der Meteorologie). Reiche Literatur zur
Meteorologie bei G. H e l l m a n n , Beiträge z. Gesch. d. Meteorologie, 2 Bd. (Veröffentl. des K. preuß. Meteor. Instit. Nr. 296), Berl. 1917. F u r l a n i s. o. S. 103*.
M. W a l l i e s , Zur doppelten Rezension des 7. B. d. Ar. Physik, Rh. Mus. 70 (1915)
147—149. S. auch S p e n g e l o. S. 103* und die Liter. zu § 48.

De lineis insecabilibus: O. A p e l t , Die Widersacher der Mathematik im Altert.
in: Beitr. z. Gesch. der griech. Philos., Lpz. 1891, mit Übers. d. Schrift (271—286).
J. C. W i l s o n , On the geometrical problem in Plato's Meno 86 e sqq., with a note
on a passage in the treatise de lineis insecab. 970 a 5, Journ. of philol. 28 (1903) 222
bis 240. M. H a y d u c k , Jahrbb. f. klass. Philol. 1874, 161 ff.

De mirab. auscult.: H e r m. S c h r a d e r , Üb. d. Quellen der ps.-aristot.
Schrift Περὶ θαυμ. ἀκουσμ. Jahrbb. f. klass. Philol. 97 (1868) 217—232. K. P r a e c h -
t e r , Ps.-Aristot. π. θαυμ. ἀκουσμ. 39, Philol. 64 (1905) 386 f. Derselbe, Byz. Ztschr.
13 (1904) 2 ff. (Verhältnis zu Paulos Silentiarios). W. H e a d l a m , A marvelous
pool [Arist. Mirab. p. 38 Westerm.], Class. Rev. 19 (1905) 439. M. R a d i n , Zu den
pseudar. Mirab. auscultat., Berl. philol. Woch. 1913, 541. Vgl. auch C h. D u g a s ,
Bull. de corr. hellén. 34, 116—121; A. J. R e i n a c h , Rev. de philol. 35 (1911) 34;
H. O e h l e r , Paradoxogr. Florent. anon. opusc. de aquis mirab. Tub. 1914 Diss.
(s. dort die Stellen im Index 187); A. B r i n k m a n n , Ps.-Ar. θαυμ. ἀκουσμ. 137,
844 a 35 ff., Rh. Mus. 71 (1916) 159 f.; U. v. W i l a m o w i t z - M o e l l e n d o r f f ,
Hermes 54 (1919) 68 f. (zu c. 49).

Quaestiones mechanicae: F. T h. P o s e l g e r , Über A. mechan. Probleme, Abh.
Berl. Akad. 1829. Dieselbe Abh. mit einem Vorw. v. Mor. R ü h l m a n n , Hann. 1881.

Die Ethiken: F. S c h l e i e r m a c h e r , Üb. die eth. Werke des A., Sämtl.
Werk. III 3 (1835) 306—333. L. S p e n g e l , s. o. S. 103*. H. B o n i t z , Obs. crit.
in A. quae feruntur Magna Moralia et Eth. Eudemia, Berol. 1844. F. A. T r e n d e l e n -
b u r g , Über Stellen in der nikom. Ethik, Monatsber. Berl. Ak. 1850, auch in den
Hist. Beiträgen zur Philos. II (Berl. 1855). J. B e n d i x e n , Comm. de Ethic. Nic.
integritate, Ploenae 1854; Bemerkk. zum 7. Buch der nik. Ethik, Philol. 10 (1855)
199—210, 263—292. Übers. über die neueste, die arist. Ethik u. Politik betr. Lit.
ebd. 11 (1856) 351—378, 544—582; 14 (1859) 332—372; 16 (1860) 465—522; vgl. 13
(1858) 264—301. G. R a m s a u e r , Zur Charakteristik d. Magna Moralia, Oldenb.
1858 Pr.   L. S p e n g e l , Arist. Stud. I, Münch. 1863, 17 (z. Groß. Eth.).
F. A. T r e n d e l e n b u r g , Einige Belege f. die nacharist. Abfassungszeit der Magna
Moralia, in: Histor. Beitr. III 433 ff. F r . S u s e m i h l , Üb. die nik. Ethik des A.,
Verh. der 35.Vers. dtsch. Philol. u. Schulm. 1881. L. D i e d e r i c h s e n , In welchem
Verh. stehen das 5., 6. u. 7. B. der nik. Ethik zu den vorhergehenden u. die erste Beh.
der ἡδονή u. λύπη zur zweiten?, Flensb. 1877 Pr. J. C o o k W i l s o n , Arist. stu-
dies I. On the structure of the 7. book of the Nicom. Ethics Ch. 1—10, Oxf. 1879.
C h. S c h w a n e b a c h , Zur Frage nach der Überl. des 7. B. der nik. Ethik, Petersb.
1883, Pr. d. reform. Kirchensch. J. L. H e a t h , On the probable order of certain
parts of the Nic. Ethics, Journ. of philol. 1884, 41—55. E. A r l e t h , Über A. Ethik
I, 5, 1097 b 16 ff., Ztschr. f. Philos. u. philos. Krit. 90 (1887) 88—110. I. B y w a t e r ,
Contributions to the textual criticism of A. Nicom. Ethics, Oxf. 1892. J. S t e w a r t ,
Notes on the Nicomachean Ethics, 2 vols., Oxf. 1893. S. F e r r a r i , L'Etica a
Nicomaco in relazione alle dottrine greche anteriori ed al pensiero moderno, Atti
d. R. Acc. di Mantova 1887.   J. Z a h l f l e i s c h , Die in den drei unt. d. Namen
des A. uns erhaltenen Ethiken angewandte Methode, Jahrb. f. Philos. u. spek. Th. 10
(1896) 1—22, 149—174. P. v a n B r a a m , De tribus libris, qui sunt Ethicis Nic.
communes cum Ethicis Eud., Traj. ad Rh. 1901. O. A p e l t , Zur Eud. Ethik,
Jahrbb. f. klass. Philol. 149 (1894) 729—752. Zur eud. Ethik, Eisen. 1902 Pr.
H. J a c k s o n , On some passages in the seventh book of the Eud. Ethics attributed
to A., Cambr. 1900. J. C. W i l s o n , On Arist. Nic. Eth. 7, 14, 2 [1154 a 8 ff.] and
12, 2 [1152 b 33 ff.], Class. Rev. 16 (1902) 23—28. Nic. Eth. 5, 8, 7, 1135 b 19, ebd.
17 (1903) 384 f. H. R i c h a r d s , Arist. Eth. 8, 5, Class. Rev. 16 (1902) 396.
S t . S c h i n d e l e , Die aristot. Ethik, Philos.Jahrb. 15 (1902) 121 ff. 315 ff.;
16 (1903) 149 ff. 380 ff. J. B. B e a r e , The meaning of A. Nicom. Eth. 1095 a 2,
Hermathena 28, 40—43. R. G. B u r y , A. Eth. 1, 6, Class. Rev. 18 (1904) 17.
N. K a u f m a n n , Zur arist. Ethik, Philos. Jahrb. 17 (1904) 375 ff. C. M a r c h e s i ,
L'Etica Nicom. nella tradizione latina medievale, Messina 1904. L. H. G. G r e e n -
w o o d , Suggestions on the Nic. Ethics, Class. Rev. 19 (1905) 14—18. H. J a c k s o n,
On Nicom. Ethics 6, 1, 1139 a 3—6, Class. Rev. 19 (1905) 299—300. J. S. P h i l l i -
m o r e , A correction in A.Nic. Eth. 4, 1128 a 27, Class.Rev.20 (1906) 15. T. D. S e y -
m o u r (zu Eth. Nic. 1113 a), Class. Rev. 20 (1906) 338 f. C. E. R u e l l e , Un faux
aiguillage philologique à propos d'un passage d'A. (Eth. Nicom. 5, 8, 1132 b 31),
Rev. des ét. gr. 20 (1907) 171—175. P. V o n d e r M ü h l l , Zum 1. Buch der Nik.
Ethik, in: Juvenes dum sumus 88—90, Basel 1907. A. L a s s o n , Einige Bemerkk.
zur Nikom. Ethik, Ber. über den 3. intern. Kongreß f. Philos. zu Heidelb. (Heidelb.
1909) 214—226. J. M a c I n n e s (zu Eth. Nic. 4, 3, 15, 1123 b 31), Class. Rev.
24 (1910) 48. 228. J. C. W i l s o n (zur gleichen Stelle gegen Mac Innes), ebd. 24
(1910) 144; 25 (1911) 132—135. On the meaning of λόγος in certain passages in A.
Nic. Eth., ebd. 27 (1913) 113—117. W. J. G o o d r i c h (zu Eth. Nic. 4, 3, 15, 1123 b
31), ebd. 25 (1911) 197 f. A. R. L o r d , On the meaning of λόγος in certain passages
in A. Nic. eth., ebd. 28 (1914) 1 ff. Über die gleiche Frage J. B u r n e t ebd. 6 f.
P. S h o r e y , On A. Nic. eth. 7, 7, 1149 b 31 ff., Class. Philol. 8 (1913) 357. Note on
A. eth. 2, 3, 5, 1104 b 21, ebd. 477 f. A d . D y r o f f , Ein Tragikerfragm. (betrifft
Eth. Nic. I, 4 1096 a 16), Festg. f. Mart. v. Schanz, Würzb. 1912, 79—81. T. O. A c h e -
l i s , Arist. Eth. Nic. 1094 a 22, Berl. philol. Woch. 1914, 798. K. U h l e m a n n ,
Zu Arist. Eth. Nic. 3, 1, Hermes 49 (1914) 137—142. S. auch d. Lit.-Verz. in der
Susemihl-Apeltschen Ausg. (ed. III., Lips. 1912), p. XIX—XXIX. — P. V o n d e r
M ü h l l , De A. Eth. Eud. auctoritate, Gott. 1909 Diss. E. K a p p , Das Verh.
der eudem. z. nik. Ethik, Berl. 1912, Diss. von Freib. i. B. H. J a c k s o n (zur eudem.
Eth. *B* 8, 1225 a 14, *H* 13, 14, 1246 a 26—1248 b 7, Journ. of philol. 32 [1913 , 170.

302; (zu 1215 a 29, b 20, 1224 b 2); ebd. 33 (1914) 298. W. A s h b u r n e r , Studies in the Text of the Nicom Eth., Journ. of Hell. Stud. 36 (1916) 45 ff.; 37 (1917) 31 ff.; 38 (1918) 74 ff. J. E. K a l i t s u n a k i s , Zu Ar. Eth. Nic. 1101 a 35, Woch. f. kl. Philol. 1919, 261. C. M. M u l v a n y , On Eth. Nic. I c. 5, Class. Quart. 15 (1921) 85 ff. W. J a e g e r , Aristoteles (Berl. 1923) 237 ff. u. ö. (s. o. Text). Vgl. auch d. Lit. zu § 49. H. v. A r n i m s. Nachträge.

Politik: W. O n c k e n , Die Wiederbelebung der arist. Politik in der abend-länd. Lesewelt, in: Festschr. z. Begr. der 24. Philol.-Vers. zu Heidelb., Lpz. 1865, 1—18. F. S u s e m i h l , Über die Kompos. der Polit. d. A., Verh. der 30. Philol.-Vers. 1875, Lpz. 1876, 17—29. G. H e y l b u t , Zur Überlief. d. Pol. des A., Rh. Mus. 42 (1887) 102—110. F. S u s e m i h l , De Politicis A. quaestiones crit., Jahrbb. f. klass. Philol., Suppl. 15 (1886) 331—450. U. v. W i l a m o w i t z - M o e l l e n - d o r f f , Comment. gramm. IV., Gott. 1890, 27 (zu Polit. $\varDelta$ 1, 1289 a 1). P e t e r M e y e r , Des A. Politik u. die Ἀθηναίων πολιτεία, Bonn 1891. H. N i s s e n , D. Staatsschriften des A., Rh. Mus. 47 (1892) 161—206. Ἰω. Ἀργυριάδης, Διορθώσεις εἰς τὰ Ἀριστοτέλους Πολιτικά, Ath. 1893. J Z a h l f l e i s c h , Die ursprüngl. Ordn. der ar. Pol., Ztschr. f. d. österr. Gymn. 45 (1894) 385—405, 481—497. F. S u s e - m i h l , Zur Pol. des A., Jahrbb. f. klass. Philol. 149 (1894) 801—817. C o o k W i l - s o n , Zu Ar. Pol. I, 11, 1258 b 27—31, Arch. f. Gesch. d. Philos. 11 (1898) 246—262; 12 (1899) 50—54. T. D. S e y m o u r , Note on Ar. Politics 1338 a 24, Class. Rev. 17 (1903) 22 f. R. M. E. M e i s t e r , Eideshelfer im griech. Recht, Rh. Mus. 63 (1908) 573 ff. (berührt Polit. *B* 8, 1269 a 1). H. R a b e , Berl. philol. Woch. 1909, 4 f. (Benutz. von Arist. Politik bei Späteren). J. C. B o j a t z i d i s , ebd. 1910, 733—735 (zu Pol. 1290 b 22). *N. A. Β έ η ç* (Lesungen einer Hs. saec. XV. des Mete-oronklosters), Ἀθηνᾶ 23 (1911) 34—43. R. M e i s t e r , Zu Ar. Polit. 1288 a 13, Wien. Stud. 37 (1915) 368—371. J. M e s k , Die Buchfolge in d. arist. Politik, Wien. Stud. 38 (1916) 250—269. A d. B u s s e , Zu Ar. Politik, Woch. f. klass. Philol. 1916, 834—838. B a s. M i c h a e l , Zu Ar. (Pol. Θ 5, 1340 a 12 ff.; 7, 1342 a 7 ff.), Berl. philol. Woch. 1919, 926—931; 1920, 1050—1056, 1074—1080. H. O t t e , Zu Ar. Pol. Buch 8, Philol. Woch. 1921, 404—408. (Die Arbeiten Michaels und Ottes betreffen das Katharsisprobl.) Beiträge V a h l e n s s. jetzt in dessen Ges. philol. Schr. I, 177 ff. 288 ff. u. vgl. S c h ö n e s Zusammenstellung von Vahlens Aristo-telesarbeiten (oben S. 103*). S. auch das Literaturverzeichnis in der Ausgabe von I m m i s c h (Lpz. 1909), S. XXXVI—XXXIX. S p e n g e l , s. o. S. 103*. Ent-stehungsgesch. der Politik u. Anordnung ihrer Bücher: W. J a e g e r , Stud. z. Entst. d. Metaph. d. Arist. (s. dort d. Register). Aristoteles 271 ff. u. ö. (s. o. im Text). H. v. A r n i m , Zur Entstehungsgesch. d. aristot. Politik, Sitz. Wien. Ak. 200 (1924) 1. Abh. Vgl. ferner d. Lit. zu § 50.

Politien: Stellung in A. Entwicklung: W. J a e g e r , Arist. 277 f. 349 f. (s. o. Text). Πολιτεία Ἀθηναίων *insbesondere:* H. D i e l s , Philol. u. hist. Abh. Berl. Ak. 1885. Stil u. Text s. o. S. 104*. Ausführliche Analyse und geschichtl. Beleuchtung des Inhalts bei U. v. W i l a m o w i t z - M o e l l e n d o r f f , A. u. Athen, 2 Bde., Berl. 1893. Zusammenh. mit der politischen Schriftstellerei Athens: A. v. M e s s , Rh. Mus. 66 (1911) 356 ff. Im übrigen muß für diese in ihren Einzelheiten seit ihrer Wiederauffindung außerordentlich viel behandelte Schrift auf die Jahresberichte und die Literaturzusammenstellungen in den Ausgaben (so in der von Thalheim [Bibl. Teubn.] p. X ff.) verwiesen werden.

Zur Ὀπουντίων πολιτεία O l d f a t h e r S. 451 ff. der S. 100* unter Philippos von Opus genannten Arbeit.

Ökonomik: E. E g g e r , Question de propriété littéraire: Les Économiques d'Aristote et de Théophraste, Annales de la faculté des lettres de Bordeaux, T. I 4 (1879) 363—379. U. W i l c k e n , Zu den pseudoar. Oekonomika, Hermes 36 (1901) 187—200. Zum 3. (nach dem latein. Texte 2.) B. vgl. K. P r a e c h t e r , Hierokles d. Stoiker (Lpz. 1901) 131 ff. K. R i e z l e r , Das 2. B. der pseudoar. Ökon., Berl. 1906, Münch. Diss. P e t. S c h n e i d e r , Das 2. B. der pseudoarist. Ökon., Würzb. 1907 Diss., Bamb. 1907 Pr. R. B l o c h , Liber secundus yconomicorum Aristotilis, Arch. f. Gesch. d. Ph. 21 (1908) 333—351, 441—468. O. S c h l e g e l , Beiträge z. Unters. üb. d. Quellen u. die Glaubwürdigk. d. Beispielsamml. in den pseudoarist. Ökon., Berl. 1909 Diss. W. K r ä m e r , De A. qui fertur Oecon. libro primo, Lpz.

1910, Gieß. Diss. E. v. S t e r n , Zur Wertung d. ps.-arist. zweiten Ökonomik, Hermes 51 (1916) 422—440. R. R a c k h a m , Class. Rev. 36, 112 (textkritisch).

Rhetorik: Auf sie beziehen sich außer der schon S. 103* angeführten Abh. v. S p e n g e l u. a. noch: H. D i e l s , Üb. d. 3. B. der arist. Rhetorik, Abh. Berl. Ak. 1886. A. R o e m e r , Zur Rhetorik der A., Blätt. f. das Gymnasialschulw. 36 (1900) 209—220, s. auch denselben in der ausführl. Praefatio seiner 2. Ausg. der Rh. H. S c h ü t z , Krit. Bemerkk. z. A. Rhetorik, Jahrbb. f. Philol. 137 (1888) 681—695. H. S a u p p e , Bedeut. der Anführungen aus A. Rh. bei Dionysios v. Halikarnaß f. d. Kritik d. A., in Sauppes Ausgew. Schriften, Berl. 1896. U. v. W i l a m o w i t z - M o e l l e n d o r f f , Arist. rhet. 2, 6. p. 1384 b 13, Hermes 34 (1899) 617 f. Derselbe (zu Rhet. 1, 9, 1368 a 17), ebd. 35 (1900) 533 f. F. M a r x , A. Rhetorik, Ber. Ges. d. Wissensch. in Lpz. 1900, 241—328. H e i n r . S t e i n (zu Rhet. 3, 9, 1409 a 28), Rh. Mus. 56 (1901) 629. J. V a h l e n , Über einige Zitate in A. Rhet., Sitz. Berl. Ak. 1902, 166—194 = Ges. philol. Schr. II 619 ff. Weitere Beiträge Vahlens in dersen Ges. philol. Schr. I, Lpz. Berl. 1911 (vgl. auch die Übers. über Vahlens A.-Arbeiten bei S c h ö n e oben S. 103*). R. M. E. M e i s t e r , Eideshelfer im griech. Recht, Rh. Mus. 63 (1908) 560 f. (berührt Rhet. *A* 15, 1376 a 23 ff.). F. M. C o r n f o r d , Class Quart. 3 (1909) 281—284 (zu Rhet. *B* 24, 1401 a 12 ff.). H. P. B r e i t e n - b a c h , The De compositione of Dionysius of Halicarnassus considered with reference to the Rhetor. of A., Class. Philol. 6 (1911), 163 ff. A. K a n t e l h a r d t , De A. rhetoricis, Gott. 1911 Diss. A. K a p p e l m a c h e r (zu Rhet. *Γ* 9, 1409 b), Wien. Stud. 34 (1912) 67—73. H. R i c h a r d s , Notes on, the Rhetoric of A., Journ. of philol. 33, 172 ff. O. S c h i s s e l v. F l e s c h e n b e r g , *Αὔξησις* im 1. u. 2. B. d. arist. Rh., in: Aus der Werkstatt des Hörsaals, Innsbr. 1914, 87—119. S. auch P. W e n d l a n d , Anaximenes von Lampsakos, Berl. 1905, 32 ff. 35 ff. 60. 65 ff. W. S ü ß , Ethos 125 ff. P. M a a s , Zu Arist. Rhet. 1, 9, 1367 a 7, Sokr. 8 (1920) 20. K. B a r w i c k , Hermes 57 (1922) 11 ff. — O. A n g e r m a n n , De A. rhetorum auctore, Lipsiae 1904 Diss. P. T h i e l s c h e r , Ciceros Topik u. A., Philol. 66 (1908) 52—67. Nachwirkungen der arist. Rhetorik berührt H. R a b e , Aus Rhetorenhand-schriften, Rh. Mus. 64 (1909) 539 ff. S. auch d. Lit. zu § 50.

Rhetorik an Alexander: L. S p e n g e l , Die ʽΡητορικὴ πρὸς ᾽Αλέξανδρον ein Werk des Anaximenes, Ztschr. f. d. Altertumsw. 1840, Nr. 144. 145. Die Rhetorica (des Anaximenes) ad Alexandrum kein Machwerk der spätesten Zeit, Philol. 18 (1862) 604—646. H. U s e n e r , Quaestiones Anaximeneae, Kl. Schr. I 2 ff. A. I p f e l - k o f e r , Die Rhet. des Anaximenes unter den Werken d. A., Würzb. 1889, Diss. v. Erl. u. Würzb. Pr. F. S u s e m i h l , Gesch. d. griech. Lit. in d. Alex. II 451 ff. P. W e n d l a n d , Anaximenes (Berl. 1905) 26 ff. K. W i l k e , Zur Überl. der ʽΡητορικὴ πρὸς ᾽Αλέξανδρον, Hermes 46 (1911) 33—56. F r. E i s e m a n n , Anaxi-menea, Lpz. 1912 Diss. W. S ü ß , Ethos 107 ff. P. W e n d l a n d , Zu Anaximenes Rhetor., Hermes 51 (1916) 486—490.

Poetik: F. S u s e m i h l , eine Reihe von Studien zur ar. Poetik im Rh. Mus. und in den Jahrb. f. klass. Philol. (s. d. Verzeichnis bei Engelmann-Preuß und Kluss-mann). J. V a h l e n , Zur Krit. aristot. Schrr. (Poetik u. Rhetorik). A. Lehre v. der Rangf. der Teile der Tragödie; beide Abh. jetzt mit anderen Beiträgen Vahlens zur Poetik abgedr. in des Verf. Ges. philol. Schr. I, Lpz. Berl. 1911. Beiträge zu A. Poetik, Wien 1865—1867 (aus d. Sitz. d. Ak.). Neudruck besorgt v. Herm. Schöne, Lpz. Berl. 1914. Hier S. VII f. die weiteren Abh.Vahlens zur arist. Poetik. B. B ü c h - s e n s c h ü t z , Studien zu Arist. Poetik, Berl. 1881, Festschr. d. Friedr. Werd. Gymn. D. M a r g o l i o u t h , Analecta orientalia ad Poet. Arist., Lond. 1887. R. P. H a r d i e , The Poetics of A., Mind N. S. 4 (1895) 350—364. O. I m m i s c h , Kyklos bei A., Griech. Studien H. Lipsius dargebr., 1894, 108—119. Zur arist. Poetik, Philol. 55 (1896) 20—38 (ein Kapitel dem Text nach geprüft an einer Übers. d. arab. Textes der Poetik). T h. G o m p e r z , Zu A. Poetik, I. II. III, Sitz. Wien. Ak. 1888. 1896. J. V a h l e n , Hermeneut. Bemerkk. zu A. Poetik, Sitz. Berl. Ak. 1897, 626—643; 1898, 258—277 = Ges. philol. Schr. II 477 ff. (gegen Gomperz). T h. G o m - p e r z , Beiträge zur Krit. u. Erklär. griech. Schriftsteller, Sitz. Wien. Ak. 1898. M a r g o l i o u t h (zu Poet. 1455 a 34), Class. Rev. 15 (1901) 54. J. C. W i l s o n , On Arist. Poetics 8, p. 1451 a 22 ff., Class. Rev. 15 (1901) 148 f. A. E l t e r , De A. arte poetica, in: A. Elter et L. Radermacher, Analecta Graeca, Bonnae 1899 Pr., 28 ff. A. locum de poetica 19, 1456 a 33 ad 1456 b 8 explic. et emend. V. W r ó b e l ,

Leopoli 1900. J. T k a č , Über d. arab. Komm. des Averroes z. Poet. des A., Wien. Stud. 1902, 70—98. L. E. L o r d , Literary criticism of Euripides in the earlier scholia and the relation of this criticism to A. poetics and to Aristophanes, 1908 Diss. der Yale-Univ. B. P. K u r t z (zu Poet. 24), Transact. and proceed. of the Amer. philol. assoc. 39 (1908) p. LV. S. G a y e r , Wie verhalten sich die griech. Tragiker zu den Worten in der Poetik des A. 1455 b 15 ἐν μὲν οὖν τοῖς δράμασι τὰ ἐπεισόδια σύντομα?, Dillingen 1908 Pr. J. V a h l e n , Über eine Stelle in Aristot.' Poetik (1, 1447 a 28), Sitz. Berl. Ak. 1910, 951—959 = Ges. philol.Schr. II 841 ff. S t. H a u p t, Die zwei BB. des A. Περὶ ποιητικῆς τέχνης, Philol. 69 (1910) 252—263. S. H. B u t - c h e r (zu Arist. poet. c. 1), Class. Rev. 24 (1910) 165. W. H. F y f e , Seven passages in A. poetics, ebd. 233—235. A. D. C o p e und H a m. F y f e (zu 1458 b 9 ἰαμβο- ποιήσας), ebd. 25 (1911) 30. B. P e n n a c c h i e t t i , Osserv. sulla Poetica d'A., Catania 1911. W. R i d g e w a y , Three notes on the poet. of A., Class. Quart. 6 (1912) 235—245. P. v a n B r a a m , ebd. 266—272 (berührt Poet. 13, 1453 a 1c. 16). N. T e r z a g h i , De duobus A. de arte poet. locis, Boll. di filol. class. 18 (1912) 231—233. J. C. W i l s o n (zu 8, 1451 a 22 ff.; 1, 1447 b 13—16), Class. Rev. 27 (1913) 7—9. G. M. W i l l i s , A. poet. 20, ebd. 217 ff. D. S. M a r g o l i o u t h , Some notes on A. poetics, ebd. 220 ff. B. P e r r i n (zu den Arten der ἀναγνώρισις, Poet. 16, 1454 b 19 ff.), Amer. journ. of philol. 30, 371. O. I m m i s c h , Ad. A. poet. c. 18, Rh. Mus. 69 (1914) 744. A. G e r c k e , A. Poetik (seit Vahlens Bearbeitung), Dtsch. Lit.-Ztg. 1915, 797—805. P h. M a c M a h o n , On the second book of A. Poetics and the source of Theophrastus' definition of tragedy, Harv. Stud. in class. philol. 28 (1917). K r a n z , Üb. Ars poet. 1449 a 9 — b 9, Sokr. 6 (1918) 365. J. T k a t s c h , Die arab. Übers. d. Poet. d. Arist. u. die Grundlage d. Krit. d. griech. Textes, Anzeiger d. Wien. Ak. 56 (1919) 8. Okt. A. G u d e m a n , Die syr.-arab. Übers. d. arist. Poetik, Philol. 76 (1920) 239—265. Glossen in d. arist. Poetik, Philol. Woch. 1921, 185—191. E. H o w a l d , Die Poetik des A., Philol. 76 (1920) 215—222. Zu A. Poetik, Philol. Woch. 1921, 999—1008. S. auch die Lit. zu § 51.

De Melisso, Xenophane, Gorgia: S. Text § 14. A. K u r f e s s , Varia, Mnemos. 41 (1913) 111 ff. (zu 977 a 20).

Divisiones: Vorrede von M u t s c h m a n n s Ausg. P. B o u d r e a u x , Un nouveau manuscrit des Divisiones Aristoteleae, Rev. de philol. 33 (1909) 221—224. S. auch E. H a m b r u c h , Logische Regeln d. platon. Schule in d. ar. Topik, Berl. 1904 Pr.

c) *Fragmente. Verlorenes. Fälschungen (außer den oben bereits berücksichtigten):* E. H e i t z , Die verlorenen Schr. des A., Lpz. 1865. J. B e r n a y s , Die *Dialoge* des A. in ihrem Verh. zu s. übrigen Werken, Berl. 1863. R. H i r z e l , D. Dialog I 272 ff. W. J a e g e r , Arist. 23 ff. J. B e r n a y s , Aus dem aristotelischen Dialog *Eudemos*, Rh. Mus. 16 (1861) 236—246 = Ges. Abh. I 130—140. Aus A. Schr. περὶ φιλοσοφίας, ebd. 18 (1863) 148—149 = Ges. Abh. I 148—150. I n g r. B y w a t e r , A. dialogue „on philosophy", Journ. of philol. 7 (1877) 64—87. W. J a e g e r , Sokr. 8 (1920) 305 f. J. V a h l e n , Zum aristot. Dialog Eudemos, Rh. Mus. 22 (1867) 145 ff. = Ges. philol. Schr. I 295 ff. A. K a i l , De A. dialogis qui inscribuntur „de philosophia" et „Eudemus", Diss. philol. Vindob. vol. 11 pars 2, Vindob. 1913. W. J a e g e r , Aristot., bespricht den Eudemos 37 ff., die Schrift περὶ φιλοσ. 125 ff. Zum Ἐρωτικός T h. G o m p e r z , Wien. Stud. 2 (1880) 8 f. = Hellenika II 248 f. P. W. F o r c h h a m m e r , A. u. die *exoterischen Reden*, Kiel 1864. H. D i e l s , Üb. die exoter. Reden des Arist., Sitz. Berl. Ak. 1883 I, 477—494. W. J a e g e r , Aristot. 257 ff. I. B y w a t e r , On a lost dialogue of A., Journ. of philol. 2 (1869) 55—69 (A.' *Protreptikos* Quelle eines Abschnittes im Protreptikos des Iamblich u. benutzt in Boëth. de cons. philos.). H. U s e n e r , Vergessenes, II, Rh. Mus. 28 (1873) 392 ff. = Kl. Schr. III 11 ff., Anecd. Holderi 51 (A. Protreptikos verwertet von Cicero im Hortensius u. im 6. B. de republica, von Iamblich im Protr. u. Boëthius in s. Trostschr.). R. H i r z e l , Über d. Protr. des A., Hermes 10 (1876) 61—100. 256. H. D i e l s , Zu A. Protr. und Ciceros Hortensius, Arch. f. Gesch. d. Philos. 1 (1888) 477—497. S. zu der Frage auch die Lit. zu Boëthius (§ 84). Vom Protreptikos handeln ferner J. B e r n a y s , Die Dialoge des A. 116—122, P. H a r t l i c h , De exhort. a Graecis Romanisque script. hist. et indole, Lpz. Stud. 11 (1889) 236 ff., U. v. W i l a m o w i t z - M o e l l e n d o r f f , Arist. u. Athen I 327, W. J a e g e r , Aristot. 53 ff. O. S c h u m a n n , De A. quae feruntur fragmentis dialogi *de nobilitate*,

Magdeb. 1911, in: Festschr. z. 25 jähr. Best. d. Kön. Wilh. - Gymn. zu Magd.
Th. P r e g e r , Zum arist. *Peplos*, Abh. W. v. Christ dargebr., Münch. 1891, 53—62.
E. W e n d l i n g , De peplo Aristotelico, Straßb. 1891 Diss. (die Schrift aristotelisch
mit Ausn. d. Epigramme). W. B a n n i e r , Rh. Mus. 72 (1918) 234 (zu Arist. fr.
ed. Rose S. 402, Anthol. ed. Hiller-Crusius [4] S. 369). G. J a c h m a n n , De A.
Didascaliis, Gott. 1909 Diss. G. A m m e n d o l a , I *problemi Omerici* di A., Napoli
1907. W. A. O l d f a t h e r , Die Quellen d. ar. 'Οπουντίων πολιτεία, Philol. 67
(1908) 451—457. J. B e r n a y s , Grundz. d. verlorenen *Abh. des Aristoteles über die
Wirkung der Tragödie*, s. oben S. 103* f. Derselbe, Aristoteles' *Elegie an Eudemos*
[fr. 673 Rose ed. min.], Rh. Mus. 33 (1878) 232—237 = Ges. Abh. I 141 ff.   Dazu
Th. G o m p e r z , Wien. Stud. 2 (1880) 1 f. = Hellenika II 239 f. O. I m m i s c h ,
Ein Gedicht des Aristot., Philol. 65 (1906) 1—23 (2 die frühere Lit.). O. W e i n -
r e i c h , Ein Gedicht des A., Philol. 72 (1913) 546. W. J a e g e r , Arist.
106 ff. *Hymnos auf Hermias* ebd. 118 f. Zu den Angaben der A.-Erklärer üb. die
v. Artemon hrsg. u. mit einer Einl. vers. *Briefe* des A. vgl. H. R a b e , Rh. Mus.
64 (1909) 290 Anm. 1. Eine (unhaltbare) Vermutung über Bezz. d. Byzantiners
Arethas zu d. arist. Briefen äußert J. D r ä s e k e , Byz. Ztschr. 20 (1911) 141.
S. dazu A. B a u m s t a r k , Byz. Ztschr. 22 (1913) 60—62. A. H i l k a , Zur Alexandersage. Zur Textkritik von Alexanders Brief an A. üb. die Wunder Indiens, Bresl.
1909 Pr. J. B r i n k m a n n , Die apokryphen *Gesundheitsregeln des Arist. für
Alexander d. Gr.* in der Übers. d. Johann von Toledo, Lpz. 1914 Diss. R. F o e r s t e r ,
De A. quae feruntur *Secretis secretorum* comm., Kiel 1888 Pr. Zur Überl. der Schr.
derselbe, Zentralbl. f. Bibliotheksw. 6, 11 f. Vgl. dazu Rh. Mus. 55 (1900) 455.
G. K r i e s t e n , Üb. eine deutsche Übers. d. pseudo-aristot. „Secretum secretorum"
aus dem 13. Jahrh., Berl. 1907 Diss. Über die *Physiognomonika* R. F o e r s t e r ,
De A. quae feruntur Physiogn. indole ac condicione, Philol. Abhh. M. Hertz z. 70. Geb.
darg., Berl. 1888, 283—303 (s. auch die Proleg. d. Ausg. d. Script. physiogn.). E. T a u b e ,
A. de arte physiogn. ad Alexandrum scriptor, Gleiw. 1866 Pr. I g n. H e n r y -
c h o w s k i , Aristotelis, Polemonis, Adamantii doctrinae physiogn. in harmoniam
redactae et emendatae, Vratisl. 1868. N. K a u f m a n n , Die Physiognomik des
Arist., Luzern 1893 (mit unzureichenden Gründen für die Echtheit). J u l. R u s k a ,
Unterss. über das *Steinbuch* des A., Heidelb. 1911 Habil.-Schrift; als Buch Heidelb.
1912. M. W e l l m a n n , Ar. de lapidibus, Sitz. Berl. Ak. 1924, 79—82. Zu *Aristot.
fragm. 507* (Plut. quaest. Gr. 14) E. H e r k e n r a t h , Berl. philol. Woch. 1910,
1270. — Über nur aus Titeln und Fragmenten bekannte Schriften der letzen Periode
des Arist. W. J a e g e r , Arist. 347 ff. — H. D i e l s , Über d. *Exzerpte von Menons
Iatrika* in d. Lond. Pap. 137, Hermes 28 (1893) 407—434. M. W e l l m a n n , Der
Verf. d. Anonymus Londinensis, ebd. 57 (1922) 396—429.

Über die aus neuplatonischer Lit. ausgezogenen pseudoaristot. Schriften *Theologia* und *Liber de causis* s. Grundr. II[10] 369 f. B i d e z , Vie de Porphyre 62*.

Von weiteren Arbeiten, die sich auf Stellen bei A. beziehen, seien hier noch
erwähnt: H. R a s s o w , Zu A., Rh. Mus. 43 (1888) 583—596. E. Z e l l e r , Über die
richtige Auffassung einiger aristot. Zitate, Sitz. Berl. Ak. 1888, Nr. 51 = Kl. Schr. I
445—453. F. S u s e m i h l , Quaest. Aristotelearum critic. et exeget. part. II, III u. IV,
Greifsw. 1891. 1895. J. Z a h l f l e i s c h , Aristotelisches, Philol. 53 (1894) 38—45.
I. B y w a t e r , Aristotelia, Journ. of philol. 14 (1885) 40 ff.; 28 (1903) 241 ff.;
32 (1913) 107 ff. (bes. zu Metaph. u. Rhet.). H. R i c h a r d s , Varia, Class. Rev. 21
(1907) 197. A. K a p p e l m a c h e r , Die A.-Zitate des Pseudo-Demetr. π. ἑρμην.,
Wien. Stud. 24 (1902) 452—456. H. D i e l s , Aristotelica: 1. Ein neues und ein
altes Wort (μυρυχώτερον [Metaph. Λ 10 (dazu P r a e c h t e r , Hermes 42 [1907]
647)], παλάσσειν). 2. Ein falsches Experiment (Olymp. zur Meteor. p. 158, 27 Stüve)
Hermes 40 (1905) 301—316. G. A m m e n d o l a , Note critiche ad Aristotele, Napoli
1907. V e r n. G u i l. J a e g e r , Emendationum Aristotelearum specimen, Berol.
1911 Diss. H. J a c k s o n , Journ. of philol. 32 (1913) 302. J. C. W i l s o n , ebd.
137 ff. A. P l a t t , ebd. 274 ff. H. R i c h a r d s , Aristotelica, Lond. 1915. B a s.
M i c h a e l , Zu A., Woch. f. klass. Philol. 1916, 859—861; 1917, 702 f. (zu Stellen
d. Magn. Mor. u. d. Metaph.). M. W a l l i e s , Aristotelea, Berl. philol. Wochenschr.
1917, 1605—1607 (zu d. von Bas. Michael behandelten Stellen). J. A. S m i t h ,
Aristotelica, Class. Quart. 14 (1920) 16 ff. P. S h o r e y (zu 312 a 22. 1332 b 38),
Class. Philol. 18, 182 f.

Zu § 46. Aristoteles' Lehre I: Allgemeines. Einteilung der Philosophie. Logik.
Neuere Schriften über *die Methode, das gesamte System und die Bedeutung des Aristoteles* außer den allgemeinen ausführlichen Werken, namentlich denen von Z e l l e r und G o m p e r z : R. E u c k e n , Die Methode der aristotel. Forschung, Berl. 1872. Üb. d. Bedeut. der arist. Ph. f. d. Gegenwart, Berl. 1872. M. S c h n e i d , A. in der Scholastik, Eichstädt 1875. C h. W a d d i n g t o n , De l'autorité d'Aristote au moyen âge, Par. 1878. C. H e r m a n n , A. in s. Bedeut. f. d. Philos. d. Gegenw., Philos. Monatshefte 10 (1874) 241—248. Besondere Beziehungen des Arist. fassen ins Auge: K. Z e l l , Ansichten der Alten üb. d. gemischte Staatsverfassung. A. in seinem Verh. zur griech. Volksreligion, in: Ferienschriften N. F. 2. Hälfte[2], Heidelb. 1873, 291—392. A. B u l l i n g e r , Arist. u. Prof. Zeller in Berlin, Münch. 1881. E. B r e n t a n o , Aristophanes u. A., Frankfurt a. M. 1873 Pr. E d. Z e l l e r , A. u. Philolaos, Hermes 10 (1876) 178—192 = Kl. Schr. I 136—151. O. G i l b e r t , A. u. die Vorsokratiker, Philol. 68 (1909) 368—395. A. Urteil über die pythagor. L., Arch. f. Gesch. d. Philos. 22 (1909) 28—48, 145—165. P. N a t o r p , A. u. d. Eleaten, Philos. Monatshefte 26, 1—16, 147—169. Das Verh. der arist. Philos. zur platon. behandelt besonders, betont aber dabei die Abhängigkeit der ersteren von der letzteren zu stark G. T e i c h m ü l l e r in seinen Stud. z. Gesch. d. Begr., Berl. 1874, 226—543: Platon u. Ar. J. M. W a t s o n , Ar. criticisms of Plato, Oxf. 1909. C h. W e r n e r , Ar. et l'idéalisme Platonicien, Par. 1910. A. D e s c h a m p s , Séanc. et trav. de l'Acad. des scienc. mor. et pol. 1912, 538 ff. (zu Ar. Kritik d. platon. Kommunismus). Über das Verhältnis des A. zu Platon s. auch die zu § 47 verzeichneten Arbeiten über seine Stellung zur Ideenl. C. H u i t , Ar. a-t-il connu le „Sophiste"?, Rev. de philos. 4, 209 ff. A. E. T a y l o r , Ar. and his predecessors, Lond. 1907. A d. D y - r o f f , Über die Abhängigk. d. Ar. v. Demokritos, Philol. 63 (1904) 41—53. Aus der umfangreichen Lit. üb. Ar. Einwirkungen auf Spätere seien hier außer den oben verzeichneten Abhandlungen von E u c k e n , S c h n e i d , W a d d i n g t o n und H e r m a n n folgende Arbeiten genannt: A. B a u m s t a r k , A. bei den Syrern vom V.—VIII. Jahrh., Lpz. 1900. C. P a s c a l , Ar. e Lucrezio (Atti del Congr. intern. di scienze storiche, Roma 1903, vol. II seg. 1), Roma 1905. O. A n g e r m a n n , De Ar. rhetorum auctore, Lpz. 1904 Diss. O. A l b e r t s , Ar. Philos. in der türk. Lit. des 11. Jahrh., Halle a. S. 1899, neue Folge, ebd. 1900. J. M a r i é t a n , Le problème de la classification des sciences d'Ar. et St. Thomas, Par. 1902. C. P i a t , Aristote, Par. 1903; dtsch. v. E. Prinz zu Öttingen-Spielberg, Berl. 1907. M. G r a b - m a n n , Gesch. d. scholast. Methode I, Freib. i. B. 1909, hierin 92—116: Aristotelismus d. christl. griech. u. orient. Lit. T h. G. A. K a t e r , J. L. Vives u. seine Stell. zu A., Erl. 1908 Diss. A. G ö r l a n d , A. u. Kant bezügl. d. Idee d. theoret. Erkenntn., Gieß. 1909 (Philos. Arb. hrsg. v. Cohen u. Natorp II 2). E m. W o l f f , Francis Bacon u. s. Quellen I: Bacon u. d. griech. Philos., Berl. 1910, 161—238. S. H o r o - v i t z , Die Stellung d. A. bei d. Juden d. Mittelalt., Lpz. 1911. C h. S e n t r o u l , Kant u. A., ins Dtsch. übertr. von L. Heinrichs, Kempten Münch. 1911. P. P e t e r - s e n , Goethe u. Ar., Braunschw. 1914. I. G o l d z i h e r , Kultur d. Gegenwart Teil I Abt. V S. 72 ff. (Einfluß d. arist. Philos. auf die jüdische). P. P e t e r s e n , Die Philos. Fr. Ad. Trendelenburgs; ein Beitr. z. Gesch. d. Ar. im 19. Jahrh., Hamb. 1913. — F. M a u t h n e r , Aristoteles, ein unhistor. Essay, Berl. 1904 (nicht ernst zu nehmen). R. B u r c k h a r d t , Mauthners Aristoteles, Basel 1904. F r. B r e n - t a n o , A. u. seine Weltansch., Lpz. 1911. A. G o e d e c k e m e y e r , Die Gliede- rung der ar. Philos., Halle a. S. 1912. O. H a m e l i n , Le système d'A., publ. par. L. Robin, Paris 1920. E. R o l f e s , Die Philosophie des A., Lpz. 1923. Für die Entwicklung d. Philos. des A. grundlegend W. J a e g e r , Arist., Berl. 1923. L. R a d e r - m a c h e r , Ein Nachhall des A. in röm. Kaiserzeit. Wien Stud. 38 (1916) 72—80. A. S c h n e i d e r , Die abendländ. Spekulation des 12. Jahrh. in ihrem Verh. zur arist. u. jüd.-arab. Philos., Münst. i. W. 1915 (Beitr. z. Gesch. d. Philos. d. Mittelalt. hrsg. v. Cl. Baeumker Bd. 17 H. 4). P. P e t e r s e n , Gesch. d. ar. Philos. im prote- stant. Deutschl., Lpz. 1921. Im übrigen sind über A. Einfluß auf Mittelalter und Neuzeit Bd. 2—4 d. Grundr. zu vergleichen (s. dort die Register unter Aristoteles).
   Spezialschriften über Aristoteles' *Logik und Erkenntnistheorie:* A d. T r e n d e l e n - b u r g , Gesch. d. Kategorienl., Berl. 1846, 1—195, 209—217; Elementa logices Aristoteleae, Berol. 1836; ed. 9., 1892; dazu: Erläut., Berl. 1842, 3. Aufl. 1876. P h. G u m - p o s c h , Üb. d. Logik u. d. logischen Schr. d. A., Lpz. 1839. H. R a s s o w , Aristo-

telis de notionis definitione doctrina, Berol. 1843. K. P r a n t l, Üb. d. Entwickl. der arist. Logik aus der plat. Philos., Abh. Münch. Ak., phil.-hist. Kl., Bd. 7, Abt. 1 (1853) 129—211 (zu vergleichen sind die betreffenden Abschnitte in Prantls Gesch. der Logik). H. B o n i t z , Üb. d. Kategorien des A., Sitz. Wien. Ak. histor.-phil. Kl. 10 (1853) 591—645. C l. B a c u m k e r , Des Arist. L. v. dem äußeren u. inneren Sinnesvermögen, Lpz. 1877, Diss. v. Münster. J. N e u h ä u s e r , Arist. L. von dem sinnl. Erkenntnisvermögen u. s. Organen, Lpz. 1878. G. L. F o n s e g r i v e , Théorie du syllogisme catégorique d'après Aristote, Annales de la Fac. d. lettres d. Bordeaux 3 (1881) 395—410. G. B a u c h , Aristot. Studien, I: Der Urspr. d. arist. Kateg. II: Zur Charakteristik der arist. Schr. κατηγορίαι, Doberan 1884 Pr. M'L e o d I n n e s , On the universal and particular in A.'s theory of knowledge, Cambr. 1886. L. H a a s , Z. d. logisch. Formalprinzipien des A., Burghausen 1887 Pr. M. C o n s b r u c h , 'Επαγωγή u. Theorie der Induktion bei A., Arch. f. Gesch. d. Ph. 5 (1892) 302—321. P. L e u c k f e l d , Zur log. L. v. der Induktion. Geschichtl. Unterss. I: Aristoteles. Arch. f. Gesch. d. Ph. 8 (1895) 33 ff. O. A p e l t , D. Kategorienl. des A., Beiträge (s. oben S. 36*) 101—216. A. G e r c k e , Urspr. d. arist. Kategorien, Arch. f. Gesch. d. Ph. 4 (1891) 424—441. K. W o t k e , Üb. d. Quelle der Kategorienl. des A., in: Serta Harteliana, Wien 1896, 33—35. P. T a n n e r y , Sur un point de la méthode d'A., Arch. f. Gesch. d. Ph. 6 (1893) 460—474. G. C a l d i , Metodologia generale della interpretazione scientifica (la logica di A.), Torino-Palermo 1893. H e i n r. M a i e r , D. Syllogistik des Arist. 1. T.: Die logische L. d. Urteils, Tüb. 1896; 2. T.: Die log. Theorie d. Syllogismus u. die Entst. d. arist. Logik. 1. Hälfte: Formenl. u. Technik des Syllogismus; 2. Hälfte: Die Entst. der arist. Logik, ebd. 1900 (sehr gründliche und weit ausgeführte Unterss.). C h. W i l l e m s , Die obersten Seins- und Denkgesetze nach Ar. u. d. hl. Thomas v. Aquin, Philos. Jahrb. 15 (1902) 30—39, 150—160. W. A. H a m m o n d , A. über Imagination, Proceed. of the Americ. philol. associat. XXXII, p. XXX—XXXI (1901). E. T h o u v e r e z , La IVme figure du syllogisme, Arch. f. Gesch. d. Philos. 15 (1902) 49—110 (berührt mehrfach die arist. Syllogistik). R. W i t t e n , Die Kategorien des Arist., Arch. f. Gesch. d. Philos. 17 (1904) 52—59. M. C o n s b r u c h , Die Erkenntn. d. Prinzipien (ἀρχαί) bei A., in: Festschr. des Stadtgymn. zu Halle z. 47. Philologenvers., Halle 1903, 75—98. E. H a m b r u c h , Logische Regeln der platon. Schule in der arist. Topik, Berl. 1904 Pr. G. R a z z o l i , L'immaginazione nella teoria arist. della conoscenza, Milano 1903. P. C z a j a , Welche Bedeut. hat bei A. die sinnl. Wahrnehmung u. das innere Anschauungsbild f. d. Bildung des Begriffes, Philos. Jahrb. 17 (1904) 404—415; 18 (1905) 45—60. W. A n d r e s , Die Prinzipien des Wissens nach Aristoteles, Bresl. 1905 Diss. M. A l t e n b u r g , Die Methode der Hypothesis b. Platon, A. u. Proklus, Marb. 1905 Diss. I. H u s i k , Arist. on the law of contradiction and the basis of the syllogism, Mind N. S. 15 (1906) 215—222. H e i n r. M a i e r , Zur Syllogistik des A., Arch. f. Gesch. d. Philos. 20 (1907) 46—55. H. G o m p e r z , Zur Syllogistik des A., Arch. f. Gesch. d. Philos. 20 (1907) 171 f. L u k a s i e w i c z (über den Satz d. Widerspruchs bei A.), Bull. de l'Acad. des sciences de Cracovie 1908. M.-D. R o l a n d - G o s s e l i n , De l'induction chez A., Rev. d. sciences philos. et théol. 4 (1910) 39—48. W. L e w i n s o h n , Zur L. v. Urteil u. Verneinung bei A., Arch. f. Gesch. d. Philos. 24 (1911) 197—217. U. d e l l a S e t a , La dottrina del sillogismo in A. e le obbiezioni a cui fu fatta segno a cominciare dagli scettici antichi fino ai logici moderni, specialmente inglesi, Roma 1911. A. C a p p e l l a z z i , Le categorie di A. e la filos. classica, Crema 1911. P. E r c o l e , La logica aristotelica, la logica kantiana ed hegeliana etc., Mem. della R. Accad. delle scienze, Torino 1912. P. E. G o h l k e , Die L. v. d. Abstraktion bei Plato u. A., Halle a. S. 1914, Berl. Diss. — Verteidigung d. aristot. Kategorienl. geg. d. Angriffe Kants, Hegels u. J. S. Mills bei Th. Gomperz, Gr. Denker III 28 ff. J. G e y s e r , Die Erkenntnistheorie des A., Münst. i. W. 1917. E. K a p p , A. u. die Eristik, s. Verh. d. 53. Philol.-Vers., Lpz. 1922, 24 f. W. v. G o ß l e r s. unter Sokrates S. 58*. Zu A. Sprachphilosophie M u l l e r (oben S. 25* unter V) 34 ff.

Zu § 47. Aristoteles' Lehre II: Metaphysik oder erste Philosophie. (Zu berücksichtigen sind die oben S. 104* f. aufgeführten Arbeiten zur arist. „Metaphysik".) Als Einl. in die ar. Metaphysik zu erwähnen: J. B a r t h é l e m y S t. H i l a i r e , De la métaph., sa nature et ses droits dans ses rapports avec la religion et avec la science.

Pour servir d'introduction à la Métaph. d'Aristote, Par. 1879; übers. von E. P. Görgens, Berl. 1880. W. L u t h e , Begr. u. Aufg. der Metaphysik (σοφία) des A., Lpz. 1884, Pr. v. Düsseldorf. A. B u l l i n g e r , Ar. Metaph. in bezug auf Entstehungsweise, Text u. Gedanken, Münch. 1892. A. M o s s e s , Zur Vorgesch. der vier arist. Prinzipien bei Platon, Bern 1893 Diss. J. W a t s o n , The Metaphysic of Aristotle, Philos. Rev. 7 (1898) 23—42. C. S e n t r o u l , L'objet de la métaphysique selon Kant et selon A., Louvain 1905. F. R a v a i s s o n , Essai sur la métaphysique d'A., Par. 1913.

V e r h ä l t n i s   d e r   a r i s t o t e l i s c h e n   G r u n d l e h r e n   z u   d e n p l a t o n i s c h e n : M. C a r r i è r e , De Aristotele Platonis amico eiusque doctrinae iusto censore, Gott. 1837. T h. W a i t z , Platon u. A., Verh. d. 6. Philol.-Vers. in Cassel 1843, Cassel 1844, 75—78. E d. Z e l l e r , Platon. Studien, Tübingen 1837, 197—300: Die Darst. d. plat. Philos. bei A. A. S p i e l m a n n , Die aristot. Stellen vom τρίτος ἄνθρωπος, Brixen 1891. O. K l u g e , Darst. u. Beurteil. d. Einwendungen d. A. gegen die plat. Ideenl., Greifsw. 1905 Diss. S. auch oben S. 91*. 93* f., insbes. üb. d. Darst. der plat. Ideenl. bei Arist. N a t o r p und seine Gegner. L. R o b i n , La théorie platonicienne des idées et des nombres d'après Aristote, Par. 1908. J. S t e n z e l , Zahl u. Gestalt bei Platon und A., Lpz. Berl. 1924 (wichtig für die arist. Kritik der Ideenl. Platons). Vgl. auch W. J a e g e r , Arist., passim, über das Verhältn. d. Arist. zur platon. Metaphysik. — J. Z a h l f l e i s c h , Einige Gesichtsp. f. d. Auffass. u. Beurt. der arist. Metaph., Arch. f. Gesch. d. Ph. 12 (1899) 434—492; 13 (1900) 81—118, 502—540. W. T a t a r k i e w i c z , Die Disposition d. arist. Prinzipien, Marb. 1910 Diss. (Philos. Arb. hrsg. v. H. Cohen u. P. Natorp IV 2, Gieß. 1910). — *B e d e u t u n g   d e s   S e i e n d e n :* F r. B r e n t a n o , Von der mannigfachen Bedeutung des Seienden nach Arist., Freiburg i. Br. 1862. B. W e b e r , De οὐσίας ap. A. notione eiusque cognoscendae ratione, Bonnae 1887 Diss. H. D i m m l e r , A. Metaph. auf Grund der Usia-Lehre entwicklungsgeschichtl. dargest., Kempten 1904. — *B e g r i f f   d e s   E i n e n :* G. v. H e r t l i n g , De Aristotelis notione Unius comment., Freiburg 1864, Berl. Diss. — *F o r m   u n d M a t e r i e :* F. A. T r e n d e l e n b u r g , Tò ἑνὶ εἶναι, τὸ ἀγαθῷ εἶναι, τὸ τί ἦν εἶναι bei A., Rh. Mus. 2 (1828) 457 ff. (vgl. dessen Ausg. der Schr. de anima 192 ff. 471 ff.; Gesch. der Kategorienl. 34 ff.). S. auch S c h w e g l e r zur Metaph., Bd. 4, 369 f. P. N a t o r p , Platos Ideenl. 2. T h. G o m p e r z , Griech. Denker II 149. C. T h. A n t o n , De discrimine inter Arist. τί ἐστι et τί ἦν εἶναι, Görl. 1847 Pr. A. d e R o a l d e s , Les penseurs du jour et A., traité des êtres substantiels, Meaux 1868. G. v. H e r t l i n g , Materie u. Form u. d. Definition der Seele bei A., Bonn 1871. Üb. d. arist. Terminus ὅ π ο τ ε ὄ ν handelt A d. T o r s t r i k , Rh. Mus. 12 (1857) 161—178. G. T e i c h m ü l l e r , Arist. Forsch. III: Gesch. des Begriffs der Parusie, Halle 1873. E. N e u b a u e r , Der arist. Formbegriff, Heidelb. 1909 Diss. I s. H u s i k , A recent view of matter and form in A., Ber. üb. d. III. internat. Kongr. f. Philos., Heidelb. 1909, 227—232; Arch. f. Gesch. d. Philos. 23 (1910) 447—471. Matter and form in Ar., Berl. 1912. D. N e u m a r k , Materie u. Form bei A., Arch. f. Gesch. d. Philos. 24 (1911) 271 ff. 391 ff. Materie u. Form bei A., Berl. 1913 (Anh. zu des Verf. Gesch. der jüd. Philos. des Mittelalt.). Derselbe (gegen Husik), Arch. f. Gesch. d. Philos. 26 (1913) 195 ff. — *B e d e u t u n g   d e r ὕλη :* J. S c h e r l e r , Darst. u. Würdig. des Begriffs der Materie bei A., Potsd. 1873, Diss. v. Jena. J. R e i t z , Die arist. Materialursache, Philos. Jahrb. 7 (1895) 281—294. S. namentlich C l. B a e u m k e r , Probl. der Materie (oben S. 22*), 210—302. — *D a s   U n s t o f f l i c h e :* A. M a g e r , Der Begr. des Unstoffl. bei A., Arch. f. Gesch. d. Philos. 27 (1914) 385—400. — *E n t e l e c h i e :* R. H i r z e l , Üb. Entelechie u. Endelechie, Rh. Mus. 39 (1884) 169—208. B a u d i n , L'acte et la puissance dans A. (extrait de la rev. Thomiste), Par. 1900. F. C. S. S c h i l l e r , Sur la conception de l'ἐνέργεια ἀκινησίας, Bibl. du Congr. internat. de philos. tom. 4, Paris 1902. H. D i e l s s. o. S. 104* *N o t w e n d i g k e i t   u n d   Z u f a l l :* J. Z a h l f l e i s c h , Über die arist. Begriffe ὑπάρχειν, ἐνδέχεσθαι ὑπάρχειν und ἐξ ἀνάγκης ὑπάρχειν, Ried 1878 Pr. A. T o r s t r i k , Π. τύχης καὶ αὐτομάτου, Hermes 9 (1874) 425—470. G. M i l h a u d , Le hasard chez A. et chez Cournot, Rev. de métaph. et de mor. 1902, 667—687. W. A. H e i d e l , The Necessary and the Contingent in the Arist. System, Chicago 1896. J. C h e v a l i e r , La notion du Nécessaire chez A., Par. 1915. — *K a u s a l i t ä t   u n d Z w e c k :* Gust. S c h n e i d e r , De causa finali Aristotelea, Berol. 1865. K. A d r i a n ,

A. systema causarum ad motum circularem refertur, Münster 1886 Diss. Vgl. T r e n - d e l e n b u r g , Log. Unterss.² Lpz. 1862, II 65 f. J. L i n d s a y , Plato and A. on the problem of efficient causation, Arch. f. Gesch. d. Philos. 19 (1906) 509—514. L. R o b i n , Sur la conception aristotélicienne de la causalité, ebd. 23 (1910) 1—28, 184—210. — *R a u m   u n d   Z e i t .* A d. T o r s t r i k , Über des A. Abh. v. d. Zeit (Phys. *Δ* 10 ff.), Philol. 26 (1867) 446—523. E. G o t t s c h l i c h , Über Ein- heit und Verschiedenheit der Zeit bei Arist., Philos. Monatsh. 9 (1873) 285—290. K. S p e r l i n g , Über A. Ans. v. der psychol. Bedeut. d. Zeit, Marb. 1888 Diss. G. W u n d e r l e , Die L. des A. v. d. Zeit, Fulda 1908, Münch. Diss. H. B e r g s o n , Quid A. de loco senserit, Par. 1889 Thesis. — *G o t t e s l e h r e:* J u l. S i m o n , Études sur la théodicée de Platon et d'Aristote, Par. 1840. K r i s c h e , Forschungen I, 285—311. C. Z e l l , A. in seinem Verh. z. griech. Volksreligion (s. oben S. 112*). E. v. R e i n ö h l , Darstell. d. aristot. Gottesbegriffs, Vergleichung desselben mit d. platon. usw., in d. Verf. Kleineren philos. Schriften, Jena 1854. L. F. G o e t z , Der arist. Gottesbegr., in: Festgabe den alten Crucianern z. Einweihung d. neuen Schulgebäudes gew. usw., Dresd. 1866, 37—67; 2. Abschn., Dresd. 1870 Pr. Der aristot. Gottesbegr., mit Bezug auf die christl. Gottesidee, Lpz. 1871. K o n r. E l s e r , Die Lehre des Aristot. über das Wirken Gottes, Münster 1893. E. R o l f e s , Die aristot. Auffass. v. Verh. Gottes z. Welt u. z. Menschen, Berl. 1892. Die angebl. Mangelhaftigkeit der arist. Gottesl., Jahrb. f. Ph. u. spek. Theol. 11 (1897) 129—139, 333—351. G l o ß n e r , Die arist. Gottesl. in doppelter Beleuchtung, Jahrb. f. Ph. u. spek. Theol. 13 (1899) 274—301. G. W u n d e r l e , Zur L. des A. v. d. Ewigkeit Gottes, Festschr. für Cl. Baeumker, Münster i. W. 1913, 25—34. A. B o e h m , Die Gottesidee bei A., Straßb. 1915 Diss. Die Gottesidee bei A. auf ihren religiös. Cha- rakter unters., Köln 1915. — Entwicklung d. aristot. Metaph. u. Theol. u. ihr Ver- hältnis zu Platon: W. J a e g e r , Aristot. (passim).

Zu § 48. Aristoteles' Lehre III: Naturphilosophie (einschließlich der Psycho- logie): Inhalt der n a t u r w i s s. Schrr. des A.: G. H. L e w e s , Aristotle, a chapter from the history of science, Lond. 1864, dtsch v. J. Victor Carus, Lpz. 1865; vgl. den Bericht darüber von J. B. M e y e r in den Gött. gel. Anz. 1865, 1445—1474. A. M a n - s i o n , Introduction à la physique aristotélicienne, Louvain 1913. *Charakter der aristotelischen Physik überhaupt:* B a r t h é l e m y S t. H i l a i r e , in der Einl. zu s. Ausg. der Phys., Par. 1862. C h. L é v ê q u e , La physique d'Aristote et la science contemporaine, Par. 1863. C. P i a t , Le naturalisme Aristotélicien, Arch. f. Gesch. d. Philos. 16 (1903) 530—544. *Ewigkeit der Welt:* H. S i e b e c k , Ztschr. f. ex. Philos. 9 (1869) 1—33, 131—154 (auch in dessen Untersuch. z. Philos. d. Griech., Halle 1873, in der 2. Aufl. weggefallen). E. Z e l l e r , Über die L. des A. von der Ewigk. d. Welt, Abh. Berl. Ak. philos.-hist. Kl. 1878, 97—109, mit Zusätzen in: Vor- träge u. Abh., 3. Samml. 1—36. *Das Unendliche:* J. T h e o d o r , Der Unendlich- keitsbegr. bei Kant u. A., Bresl. 1876. R. S t ö l z l e , Üb. d. L. vom Unendl. bei A., Würzb. 1882. L. R e i c h e , Das Probl. d. Unendl. bei A., Breslau 1911 Diss. *Arten des Werdens und der Veränderung:* C. H ü t t i g , Züllichau 1874 Pr. *Leben und Beseelung des Universums* H. S i e b e c k , Ztschr. f. Phil., N. F. 60 (Halle 1872), 1—89. H. W e r n e k k e , Giordano Brunos Polemik gegen die ar. Kosmol., Dresd. 1871, Lpz. Diss. N. K a u f m a n n , Die teleolog. Naturphilos. bei A. u. ihre Be- deutung in der Gegenwart², Paderb. 1893. J. S c h m i t z , De φύσεως ap. Arist. notione eiusque ad animam ratione, Bonn 1884 Diss. J. Z a h l f l e i s c h , Zur Krit. d. Anschauungen des A. in bezug auf physikal. Wissen, Ztschr. f. Ph. u. ph. Kr. 100 (1892) 177—202. A. v. R ü p p l i n , *Die Zwecktätigkeit* der Natur nach Arist. Phys. 2, 8 u. 9, in: Natur u. Offenbarung 31 (1885) 99—106, 173—188, 221—228. A. G ö r l a n d , A. u. die *Arithmetik*, Marb. 1898 Diss.; A. u. die *Mathematik*, Marb. 1899. G. M i l h a u d , A. et les mathématiques, Arch. f. Gesch. d. Philos. 16 (1903) 367—392. J. L. H e i b e r g , Mathematisches zu A., in: Abh. zur Gesch. der mathe- matischen Wissenschaften 18. Heft (1904). P. S h o r e y , Ar. on Coming-to-be and Passing-away, Class. Philol. 17, 334 ff. H. J o a c h i m (mit gleichem Titel) ebd. 368. H a n s M e y e r , Der *Entwicklungsgedanke* bei A., Münch. 1909 Habil.-Schr. (auch als Buch Bonn 1909 erschienen). *Theorie vom πνεῦμα:* G. L. D u p r a t , Arch. f. Gesch. d. Philos. 12 (1899) 305—321. W. W. J a e g e r , Hermes 48 (1913) 43 ff. *Bedeutung von ὄγκος bei A.:* E. A r l e t h , Wien. Stud. 22 (1900) 11—17. — *Be-*

wegung: M. K a p p e s , Die ar. L. üb. Begriff u. Ursache d. *κίνησις*, Freib. i. B. 1887
Diss. *Mechanik:* R u e l l e , Étude sur un passage d'Aristote relatif à la mécanique,
Rev. archéolog. 14 (1857) 7—21. *Meteorologie:* J. L. I d e l e r , Meteorologia veterum
Gr. et Rom., Berlin 1832, und B. S u h l e , Bernburg 1864 Pr. O. G i l b e r t und
W. C a p e l l e s. oben S. 24*. Mehrfach berührt ist die Meteorologie auch in der
S. 24* genannten Abh. E. O d e r s. Über A. Stell. z. Astrometeorologie E r w. P f e i -
f e r , Stud. z. ant. Sterngl. 47. *Lehre vom Licht:* E. F. E b e r h a r d , Coburg 1836
Pr. und K. P r a n t l , A. üb. d. Farben, erläut. durch eine Übers. der Farbenl. der
Alten, Münch. 1849. J. Z i a j a , Die arist. Ansch. v. d. Wesen u. d. Beweg. d. Lichtes,
Bresl. 1896 Pr. S. auch H a a s oben S. 23*. *Gestirnkunde:* A. P l u z a n s k i ,
A. de natura astrorum opinio, Par. 1887. S. auch P f e i f f e r unter Meteorologie.
Geographie: G. S o r o f , De A. geographia capita duo, Halle 1886 Diss. P. B o l -
c h e r t , A. Erdkunde v. Asien u. Libyen (Quellen u. Forsch. z. alten Gesch. u.
Geogr., hrsg. v. W. Sieglin, Heft 15), Berl. 1908 (auch Diss. v. Straßb. 1908). E. G o l d -
b e c k , Die geozentrische L. des A. u. ihre Auflösung, Berl. 1911 Pr. F. A n g e l i t t i ,
La forma della terra secondo Aristotele nel trattato De caelo, Riv. di astron. e scienze
affin., Torino 1913. P. F r i e d l ä n d e r , Die Anf. der Erdkugelgeographie [betrifft
Platon u. A.], Jahrb. d. archäol. Instit. 29 (1914) 98 ff. H. B e r g e r s. oben S. 24*. —
B. S t e n z e l - M u g d a n , Philos. Motive im Weltbild des A., Neue Jahrb. 53 (1924) 1—15.
    Naturwissenschaften: T h. E. L o n e s , A. researches in natural science, Lond.
1912. Im besonderen: *Chemie:* J. L o r s c h e i d , A. Einfl. auf die Entw. d. Chemie,
Münst. 1872 Pr. H. H. J o a c h i m , A. conception of chemical combination, Journ.
of philol. 29 (1904) 72—86. *Botanik:* F. W i m m e r , Phytologiae Ar. fragm.,
Bresl. 1838. C. J e s s e n , Über des A. Pflanzenwerke, Rh. Mus. 14 (1859) 88—101.
Biologie: H. P h i l i b e r t , Le principe de la vie suivant A., Chaumont 1865. R o y e r ,
De vita secundum A., Dijon 1879, Thesis v. Paris. G. P o u c h e t , La biologie
aristot., Par. 1885. H. S t a d l e r , Biologie einst u. jetzt (eingehend über die Biologie
des A.), Blätt. f. d. Gymnasialschulw. 45 (1909) 409 ff. D'A r c y W. T h o m p s o n ,
On A. as a biologist, Lond. 1913. A. T h i e n e m a n n , A. u. die Abwasserbiologie,
in: Festschr. der Medizin.-naturw. Ges. in Münster zur 84. Vers. dtsch. Naturf. u.
Ärzte, Münst. i. W. 1912. *Zoologie:* A. F. A. W i e g m a n n , Observ. zoologicae
criticae in A. hist. anim., Berol. 1826. J. B. M e y e r , De principiis A. in distribut.
animalium adhibitis, Berol. 1854 Diss. A. Tierkunde, Berl. 1855. C. J. S u n d e v a l ,
Die Tierarten des A., Stockh. 1863. K. H a m m e r s c h m i d t , Die Ornithologie
des A., Speier 1897 Pr. A. als Zoologe, Blätter f. d. Gymnasialschulw. 35 (1899)
561—577. T h. W a t z e l , Die Zoologie des A., Reichenb. 1878, 79, 80 (drei Programme). L. H e c k , Die Hauptgruppen des Tiersystems bei A. u. s. Nachfolgern,
Lpz. 1885 Diss. N. P o l e k , Die Fischkunde des A. u. ihre Nachwirk. in der Lit., in:
Primitiae Czernovicienses, Czernow. 1909, 31—45. A. P l a t t , On the Indian dog
(zu A. de part. anim. 1, 3, 643 b 6), Class. Quart. 3 (1909) 241. A. S t e i e r , A. u.
Plinius, Stud. z. Gesch. d. Zool., Würzb. 1913 (S.-A. aus d. Zoolog. Annalen 5 [1913]
221—305). O. K ö r n e r , Das homer. Tiersystem u. s. Bedeut. f. d. zoolog. Syste-
matik des A., Wiesbaden 1917. J. K l e k , Die Bienenkunde d. Altert. I: Die Bienenk.
des A. u. seiner Zeit. Zool. Anmerkungen u. Übersichten v. L. A r m b r u s t e r ,
Arch. f. Bienenkunde 1 (1919) 6. Heft. P. H é r o u v i l l e , A propos d'A. naturaliste
(z. Beob. d. Bienen), Musée Belge 25 (1921) 145. A. H e r z o g , A. Anschh. üb. die
L. vom Winterschlaf, s. Mitt. z. Gesch. d. Mediz. 21, 20. H. B a l s s , Studien üb.
Ar. als vergleichenden Anatom, Archivio di Storia d. scienza 5 (1924) 5—11. W. R e e s e ,
Die griech. Nachrichten über Indien bis zum Feldzuge Alex. d. Gr., Lpz. 1914.
M. K. S t e p h a n i d i s , *Περὶ πέψεως κατ' Ἀριστοτέλην, Ἀθηνᾶ* 23 (1911) 68—72.
S h. O w. D i c k e r m a n , De argumentis quibusdam apud Xenophontem, Platonem,
Ar. obviis e structura hominis et animalium petitis, Halis Sax. 1909 Diss. G. R u d -
b e r g , (Kleinere Aristotelesfragen III: Zu den Aderbeschreibungen des A.), Eranos
(Acta philol. Suec.) 13, 51 ff. *Anthropologie:* A. W e s t p h a l , De anatomia A.,
imprimis num cadavera secuerit humana, Gryphiswaldae 1745. F e r c k e l , Cor
ultimum moriens [auf Ar. zurückgeführt], Mitteil. z. Gesch. d. Mediz. u. d. Naturwiss.
19 (1920) 305. L. M. P h i l i p p s o n , *Ὕλη ἀνθρωπίνη*, Berlin 1831. F. B o l l ,
Die Lebensalter, Neue Jahrb. 31 (1913) 89 ff., auch gesondert erschienen Lpz. Berl.
1913 (hier 98 ff. über die aristot. Theorie). — H a n s M e y e r , Das Vererbungsprobl.
bei Ar., Philol 75 (1919) 323—363.

Psychologie: C h. W a d d i n g t o n , La psychologie d'A., Par. 1848. W. B i e h l , Die aristot. Definit. der Seele, Verh. der Augsb. Philol. Vers. v. Jahre 1862, Lpz. 1863, 94—102. L e o n h. S c h n e i d e r , Die Unsterblichkeitsl. des Aristot., Passau 1867. H. S i e b e c k , Aristotelis et Herbarti doctrinae psychologicae quibus rebus inter se congruant Halle 1872 Diss. I s. B a u m a n n , Quae de anima eiusque partibus A. in libris Ethicorum Nic. proposuerit, Halle 1874 Diss. E. M a i l l e t , De voluntate ac libero arbitrio in moralib. A. opp., Par. 1877. I. A. B a r e l a s , ʻΟ ὁϱισμὸς τῆς ψυχῆς κατὰ τὰς Ἀϱιστοτελείους ἀϱχάς, Lpz. 1878 Diss. J. Z i a j a , Die ar. L. v. Gedächtnis u. v. d. Assoziation der Vorstellungen, Leobschütz 1879 Pr. B. R i t t e r , Die Grundprinzipien der arist. Seelenl., Jena 1880 Diss. J o h. S c h m i d t , Die psycholog. LL. des A. in seinen kleinen naturwissensch. Schrr., Prag 1881 Pr. J. Z a h l f l e i s c h , Anmerkk. z. Seelenl. des A. mit bes. Berücks. des Trendelenburgschen Kommentars, Ried 1881 Pr. J. D e m b o w s k i , Quaest. Aristotelicae duae, I: de κοινοῦ αἰσϑητηϱίου natura et notione, II: de natura et notione τοῦ ϑυμοῦ, quatenus est pars ὀϱέξεως, Regiom. 1881 Diss. K. E. G ü t h l i n g , Die L. d. A. v. d. Seelenteilen, Liegn. 1882 Pr. E. Z e l l e r , Über die L. d. A. von der Ewigkeit des Geistes, Sitz. Berl. Ak. 1882, 1033—1055 = Kl. Schr. I, 263—290. F r. B r e n t a n o , Über den Creatianismus des A., Sitz. Wien. Ak. 1882, I 95—126. Offener Brief an H. Prof. E. Zeller aus Anlaß s. Schr. über die L. des Arist. v. d. Ewigkeit des Geistes, Lpz. 1883. A. E. C h a i g n e t , Essai sur la psychol. d'A., contenant l'histoire de sa vie et de ses écrits, Par. 1883. F r. O. S c h i e b o l d t , De imaginatione disquisitio ex A. libris repetita, Lpz. 1882. H. H i l d e b r a n d , A. Stellung z. Determinismus u. Indetermin., Lpz. 1884 Diss. E. L e c o u l t r e , Essai sur la psychol. des actions humaines d'après les systèmes d'A. et de St. Thomas d'Aquin, Par. 1884 Thèse. V. K n a u e r , Grundlinien zur aristot.-thomistischen Psychol., Wien 1885. C. F. H e m a n , Zur Geschichte der L. v. der Freiheit des menschl. Willens. I: Des A. L. v. der Freih. d. menschl. Will., Lpz. 1887. A. E l f e r , A. doctrina de mente humana ex commentariorum Graec. sententiis eruta, pars prior Alexandri Aphrod. et Ioannis Grammatici Philoponi commentationes continens, Bonn 1887 Diss. F. S u s e m i h l , Zu A. Psychol., Philol. 46 (1887) 86. J o h. S c h m i d t, A. et Herbarti praecepta quae ad psychol. spectant inter se comparantur, Wien 1887 Pr. V. W r o b e l , A. de perturbationibus animi doctrina, Pr. von Sanok 1886, Lpz. 1887. W. G o o d w i n , Plato's and A. doctrines of the immortality of the soul, in: The Platonist 3 (1887) 606—610. A. B i a c h , A. L. von d. sinnl. Erkenntnis in ihrer Abhängigkeit v. Platon, Philos. Monatsh. 26 (1890) 270—287. H. P o p p e l r e u t e r , Zur Psychol. d. A., Theophrast, Straton, Lpz. 1891 Pr. E. R o l f e s , Der Beweis des A. f. die Unsterbl. der Seele, Jahrb. f. Ph. u. spek. Theol. 9 (1895) 181—200. Die vorgebliche Präexistenz des Geistes bei A., Philos. Jahrb. 8 (1895) 1—19, 284—300. Die substantiale Form u. der Begriff der Seele bei A., Paderb. 1896. P. M a r c h t , Des A. L. von der Tierseele I—IV, Metten 1897—1900 Prr. F. R e g e n e r , A. als Psychologe, Pädagog. Magazin Heft 161. J. M. F r a e n k e l , A. Zielkunde, Groningen 1919. S. auch J. F r e u d e n t h a l , Üb. d. Begr. d. Wortes φαντασία oben S. 104* unter b.

Lehre vom ν ο ῦ ς. F r. B r e n t a n o , Die Psychol. des A., insbes. s. L. v. νοῦς ποιητικός, nebst einer Beilage über das Wirken des arist. Gottes, Mainz 1867. A. B u l l i n g e r , A. Nus-Lehre, Dillingen 1882, Pr. d. k. Stud.-Anst. Zu A. Nusl., München 1884. Vgl. auch P r a n t l , Gesch. d. Log. I, 108 ff., und F. F. K a m p e , Die Erkenntnistheorie des Aristot., Lpz. 1870, 3—60. O. W e i ß e n f e l s , Quae partes ab Ar. τῷ νῷ tribuantur, Berl. 1870, Pr. d. Franz. Gymn. K. G. M i c h a e l i s, Zur arist. L. vom Nus, Neu-Strelitz 1888 Pr. R. B o b b a , La dottrina dell' Intelletto in A., Torino 1896. W. A. H a m m o n d , The significance of the creative reason in A. philos., Philos. rev. 11 (1902) 238—248. W. A n d r e s , Die L. des A. vom νοῦς, Groß-Strehlitz 1906. P. B o k o w n e w , Der νοῦς παϑητικός bei A., Archiv f. Gesch. d. Philos. 22 (1909) 493—510. F r. B r e n t a n o , A. L. v. Urspr. des menschl. Geistes, Lpz. 1911. H. K u r f e s s , Zur Gesch. d. Erkl. d. ar. L. v. sog. νοῦς ποιητικός u. παϑητικός, Tüb. 1911 Diss. B. K e l l e r m a n n, Das Nusproblem, Philos. Abh. Herm. Cohen z. 70. Geb. darg., Berl. 1912, 152—169. — Die Entwickl. d. Kosmologie, Naturphilos. u. Psychol. des Ar. wird vielfach berührt in J a e g e r s Aristoteles, Berl. 1923.

Zu § 49. Aristoteles' Lehre IV: Ethik. *Die aristotelische Ethik im allgemeinen:* G. H a r t e n s t e i n , Über den wiss. Wert der arist. Ethik, Ber. Verh. Sächs. Ges. d. Wiss. zu Lpz. philol.-hist. Kl. 1859, 49—107, wiederabg. in H.s Hist.-philos. Abh., Lpz. 1870. J. K l e i n , Das Empirische in der nik. Ethik des Arist., Brandenb. 1875, Pr. d. Ritterakad. P. R é e , *Τοῦ καλοῦ* notio in Aristotelis ethicis quid sibi velit, Halle 1875 Diss. F. M. Z a n o t t i , La filos. morale di A.; compendio con note², Torino 1883. A. H ä g e r s t r ö m , A. etisca Grundtankar och deras teoretisca Förutsättningar, Upsala 1893 Diss. L. F i l k u k a , Die metaphys. Grundlagen der Ethik des A., Wien 1895. E. A r l e t h , Die metaphys. Grundlagen der arist. Ethik, Prag 1903. M. G i l l e t , Du fondement intellectuel de la morale d'après A., Freiburg i. d. Schw. 1905 Diss. S t . S c h i n d e l e , Die arist. Ethik, Philos. Jahrb. 15 (1902) 121—139, 315—330; 16 (1903) 149—162, 380—395. J. M c. C u n n , The ethical doctrine of A., Intern. Journ. of Ethics 16, 288—311. T h. M a r s h a l l , A. theory of conduct, Lond. 1906. P. R. T r o j a n o , Ateologia teleologia ed umanismo nell' etica aristotelica, Riv. di filos. 1909, 35—44. M. W i t t m a n n , Die Ethik des A., Regensb. 1920. A. G o e d e c k e m e y e r , A. praktische Philosophie (Ethik u. Politik), Lpz. 1922.

Ethische Prinzipien u. Verwandtes: M a r j a n M a k a r e w i c z , Die Grundprobleme der Ethik bei Aristot., Lpz. 1914. H a n s M e y e r , Platon u. d. arist. Ethik, Münch. 1919. E. L e b e k , Das arist. Sittlichkeitsprinzip, Ungedr. Jenaer Diss. 1923 (Auszug). *Methode und Grundlagen* der aristot. Ethik: R. E u c k e n , Frankf. a. M. 1870 Pr. *Werttheorie* bei A. u. Thomas von Aquino: J. Ž m a v c , Arch. f. Gesch. d. Ph. 12 (1899) 407—433. *Beziehungen zwischen der Ethik und Politik:* J. M u n i e r , Mainz 1858 Pr. G. H. S c h ü t z , Potsd. 1860 Pr. *Das höchste Gut:* H. K r u h l , Bresl. 1832, 1838 Pr. A x e l N y b l ä u s , Lund 1863, W e n k e l , Die L. des A. über das höchste Gut oder die Glückseligkeit. Sondersh. 1864 Pr. *Eudämonie:* H. H a m p k e , De eudaemonia, Arist. moralis disciplinae principio, Brandenb. 1858, Berliner Diss. E. L a a s , *Εὐδαιμονίας* Ar. in ethicis principium quid velit et valeat, Berl. 1859 Diss. G. R i v a , Il concetto di A. sulla felicità terrestre secondo il lib. 1 e 10 dell' Etica Nic., Prato 1883. v a n d e r W y c k , Over het begrip der eudaimonia by A., Verslagen en Mededeelingen der koninkl. Akad., Amsterdam 1892. E. A r l e t h , *Βίος τέλειος* in der arist. Ethik, Arch. f. Gesch. d. Philos. 2 (1889) 13—21. S. H u b e r , Die Glückseligkeitsl. des A. u. des hl. Thomas v. Aqu., Freis. 1893, Diss. v. Münster. *Lust:* G. K a a s , Die L. des A. v. d. Lust, Graz 1878 Pr. S. v. M o n s t e r b e r g - M ü n c k e n a u , De concentu trium A. de voluptate commentat. (Eth. Nic. 7, 12—15; ebd. 10, 1—5; Rhet. 1, 11), Bresl. 1889 Pr. A. L a f o n t a i n e , Le plaisir d'après Platon et A., Par. 1902. *"Εξις:* C. B u t z k i , De *"Εξει* aristotelea, Halis 1881 Diss. *Tugend:* H. K r u h l , Lauban 1839 Pr. N i e l ä n d e r , Herford 1861 Pr. *Pflichten:* C. A. M a n n , Berol. 1867 Diss. *Μεσότης und ὀρθὸς λόγος:* G. G l o g a u , Hal. 1869 Diss. G. A. E x h a m , A. doctrine of the mean, Hermathena 30, 110—128. H. K a l c h r e u t e r , Die *μεσότης* bei u. vor A., Tüb. 1911 Diss. *Sinnlichkeit:* R o t h , Theol. Stud. u. Krit. 1 (1850) 225 ff. *Gerechtigkeit:* F r e y s c h m i d t , Die arist. L. v. d. Gerechtigk. u. das moderne Staatsrecht, Berl. 1867 Pr. M. W e t z e l , Die L. des A.v. d. distributiv. Gerechtigk. u. die Scholastik, Warb. 1881 Pr.; vgl. auch die Abhh. von H. H a m p k e , Philol. 16 (1860) 60—84 und F. H ä c k e r , Ztschr. f. d. Gymnasialwesen 16 (1862) 514—560 über das 5. B. der nikom. Ethik, das von der Gerechtigkeit handelt. *Praktische Klugheit:* L ü d k e , Stralsund 1862. *Μεγαλοπρέπεια u. μεγαλοψυχία:* J. C. W i l s o n , Class. Rev. 16 (1902) 203. *Einteilungs- u. Anordnungsprinzip der moralischen Tugendreihe in der nikom. Ethik:* F. H ä c k e r , Berl. 1863, Pr. d. Kölln. Real-Gymn. *Die dianoëtischen Tugenden:* L. E b e r l e i n , D. dianoët. Tugend. d. nik. Ethik nach ihrem Sinne u. ihrer Bedeut., Lpz. 1888 Diss. J. A r n s , Quam rationem A. inter virtutes ethicas et dianoëticas intercedere statuerit, Bonn 1893 Diss. W. L u t h e , Begriff u. Aufgabe d. Metaphysik (*σοφία*) d. Aristoteles, Lpz. 1884, Pr. v. Düsseldorf. *Zurechnung:* G. H ö p e l , De notionibus voluntarii (*ἑκούσιον*) ac consili (*προαίρεσις*) sec. Ar. eth. Nic. III, 1—7, Hal. 1887 Diss. E. J o y a u , La doctrine du libre arbitre chez Ar., Annales de la fac. des lettres de Bordeaux, 1887, 257—269, G. L. F o n s e g r i v e , Doctrine d'Aristote sur le libre arbitre, Bull. de la Fac. d. lettr. de Poitiers, année 1887, 17—25. J. A u m ü l l e r , Vergleich. d. drei arist. Ethiken hins. ihrer L. üb. d. Willensfreiheit, des 1. Teiles 1. u. 2. Abschnitt, Landshut 1899 Pr., Schluß 1900. K a s t i l , Zur L. v. d. Willensfreih. in d. Nikom. Ethik,

Prag 1901. R. L o e n i n g , Gesch. der strafrechtl. Zurechnungsl. i. Bd. Die Zurechnungsl. des A., Jena 1903. M. W i t t m a n n , A. u. d. Willensfreiheit, Philos.
Jahrb. 34 (1921) 5—30, 131—153. A. üb. d. Willensfreiheit, Fulda 1921. O. K r a u s ,
Die L. von Lob, Lohn, Tadel u. Strafe bei A., Halle a. S. 1905. *Freundschaft:*
E. K r a n t z , De amicitia ap. Arist Paris 1882 Thesis. R. E u c k e n , A. Ansch.
v. Freundsch. u. v. Lebensgütern, Berl. 1884 (Virch.-Holtz. Nr. 452). A. *Urteil über
d. Menschen*, Arch. f. Gesch. d. Ph. 3 (1890) 541—558. *Sklaverei:* S. L. S t e i n h e i m ,
Hamb. 1853. W. U h d e , Berl. 1856 Diss. *Ehe:* F. B o c k , Arist., Theophrastus,
Seneca de matrimonio, Lpz. 1898 Diss. (Leipz. Stud. 19 [1899] 1 ff.). E. B i c k e l ,
De A. apud Senecam et Hieronymum memoria, in: Diatr. in Senecae philosophi
fragmenta, Lips. 1915. *Κοινωνία:* F. v. T e s s e n - W e s i e r s k i , Jahrb.
f. Philos. u. spekul. Th. 9 (1895) 35—49. J. P e r k m a n n , Der Begriff des *Charakters*
bei Platon u. Arist., Wien 1909 Pr. M a x H e i n z e , *Ethische Werte* bei A., Abh.
Sächs. Ges. d. Wiss. philol.-hist. Kl. 27 (1909) Nr. 1. S. auch die Lit. zu den Ethiken
oben S. 107* f.

   Zu § 50. Aristoteles' Lehre V: Politik. *Verhältnis der aristotelischen Politik zur
platonischen. Kritik des Aristoteles an Platons Politik:* H. R a s s o w , Die Republik
d. Platon u. d. beste Staat des A., Weimar 1866 Pr. G. G o l d m a n n , De A. in
Plat. Politiam iudicio, Berl. 1868 Diss. A. E h r l i c h , De iudicio ab A. de rep. Pl.
facto, Hal. 1868 Diss. H. H e n k e l , Platons Ges. u. die Politik des A., Stendal 1869,
Pr. d. Gymn. zu Seehausen in d. Altmark. Wl. K a r a s i e w i c z , Die Kritik
der platon. Politik bei A., Neisse 1886 Pr. E. B o r n e m a n n , Ar. Urteil über Plat.
polit. Theorie, Philol. 79 (1923) 70—111 (hier 71 f. Lit.); 113—158; 234—357.
   Politische Prinzipien: F. G. S t a r k e , Das aristot. Staatsprinzip, Neu-Ruppin
1838 u. 1850 Pr. A d. H o l m , De ethicis Politicorum A. principiis, Berol. 1851 Diss.
Begriff der Politik: J. F i n d e i s e n , Berl. 1863 Diss. *Staat des Aristoteles:* W. O n -
c k e n , D. Staatsl. des A., 2 Bde., Lpz. 1870. 1875. A. C. B r a d l e y , D. Staatsl.
des A., übers. v. J. Imelmann, 2. Aufl., Berlin 1886. M. H e i n z e , Über den bleibenden Wert platon.-aristot. Grundgedanken in d. Staatsl., Wissensch. Beil. d. Lpz.
Ztg. 1885, Nr. 34, S. 197—201. *Einteilung der Verfassungsformen:* G. T e i c h m ü l l e r ,
Pr. der St. Annenschule in Petersburg, auch bes. abgedr., Petersb. Berl. 1859. *Staats-
formenlehre des Aristoteles und die moderne Staatswissenschaft:* J. S c h v a r c z , Lpz.
1884. Derselbe, Kritik der Staatsformen des A., mit Anhang: Die Anf. der pol. Lit.
bei den Griechen, Eisenach 1890, 2. (Titel-)Ausg. 1901. *Tyrannis:* H. O e r t e l ,
Kaisersl. 1890 Pr. E. Z e l l e r , Sitz. Berl. Ak. 1887, 1142 f. = Kl. Schr. I 404 f.
Quellen des Aristoteles in der Beschreibung des Tyrannen: J. E n d t , Wien. Stud. 24
(1902) 1—69. *Urteil über die Demokratie:* P. C a u e r , Jahrbb. f. Philol. 145 (1892)
581—593. *Staatswirtschaftliche Lehren des Aristoteles:* L u d w. S c h n e i d e r ,
Deutsch-Krone 1868 Pr., 2. T., Neu-Ruppin 1873 Pr. E. S z a n t o , Zur antik.
Wirtschaftsgesch., Serta Harteliana, Wien 1896, 113—116. C h. A. E l l w o o d ,
Ar. as a sociologist, Annal. of the Amer. Acad. of polit. and social science vol. 19, 2.
R. S c h n e t g e r , Die Anf. d. Quantitätstheorie, Halle a. S. 1908 Diss. 18 ff.
M. D e f o u r n y , Aristote, Théorie économique et politique sociale, Ann. d. l'Instit.
d. philos. Louvain. III 1914. J. Ž m a v c , Die Geldtheorie u. ihre Stell. innerh. d.
wirtschafts- u. staatswiss.. Ansch d. Ar., Schäffles Ztschr. f. d. ges. Staatswiss. 1902,
48—79. — O. W e i ß e n f e l s, Aristoteles' L. v. Staat (Gymnas.-Bibl. Heft 40),
Gütersloh 1906. E. Barker, The political thought of Plato and A., New York
London 1908. A. A b b a m o n d i , La politica in A. e Machiavelli, Rossano 1911.
J. K i n k e l , Die sozialökonomischen Grundlagen der Staats- u. Wirtschaftslehren
von A., Lpz. 1911. R. M e i s t e r , A. als ethischer Beurteiler d. Krieges, Neue
Jahrb. 36 (1915) 481—494. A. G o e d e c k e m e y e r , A. prakt. Philos. (Ethik u.
Politik), Lpz. 1922. Eine eingehende Erörterung der aristotelischen Politik bietet
W. L. N e w m a n im 1. Bde. seiner Ausgabe der Politika. S. auch K. Z e l l oben
S. 112* zu § 46, die Werke über Geschichte der Staats- und Wirtschaftslehre ob.
S. 6*. 27* und die Lit. zu den Politika ob. S. 108*.
   Erziehungslehre: W. B i e h l , Die Erziehungsl. des A., Innsbr. 1877 Pr.
A. Z a m a r i a s , Die Grundzüge der arist. Erziehungstheorie, Lpz. 1877 Diss.
H. S c h m i d t , Die Erziehungsmethode des A., Halle 1878 Diss. I. D a v i d s o n ,
A. and ancient educational ideals, Lond. 1892. E. P a s s a m o n t i , Le idee peda-

gogiche d'A., Riv. Ital. di Filos. 1891. A. D a n y s z, Die Erziehungsl. d. A., Eos 10 (1904) 42—56. J. P o l a c h, Erziehungsideale bei Platon u. Ar., Brünn 1904. O. W i l l m a n n, A. als Pädagog u. Didaktiker, Berl. 1909 (in der Samml.: Die großen Erzieher). M. D e f o u r n y, Arist. et l'éducation, Louvain 1919 (Ann. Inst. sup. philos. IV).

Über die *Rhetorik* des Aristoteles in ihrem Verh. zu Platons Gorgias handelt H. S. A n t o n, Rh. Mus. 14 (1859) 570—598, und in ihrem Verh. zu Platons Phaidros und Gorgias G. R. W i e c h m a n n, Platonis et Arist. de arte rhetorica doctrinae inter se comparatae, Berol. 1864 Diss. S. K a l i s c h e r, De A. Rhetoricis et Ethicis Nic., quo et cur inter se quum congruant tum differant, Halae 1868 Diss. O. K r a u s, Über eine altüberlieferte Mißdeutung der epideictischen Redegattung bei A., Halle 1905. Neue Studien zur arist. Rhetorik, insbesondere über das γένος ἐπιδεικτικόν, Halle 1907. S. dagegen P. W e n d l a n d, Dtsch. Literaturz. 1906, 537; 1907, 2654 ff.; vgl. zu der Polemik ferner G. A m m o n, Berl. philol. Woch. 1909, 65 ff. O. K r a u s, ebd. 1551 f. F. J. S c h w a a b, Üb. d. Bedeut. d. γέν. ἐπιδ. in d. aristot. Rhetorik, Würzb. 1923 Diss. R. C. S e a t o n, The Aristotelian enthymeme, Class. Rev. 28 (1914) 113 ff. Die aristotelische Rhetorik berührt auch W. S ü ß, Ethos, Lpz. Berl. 1910. S. auch die Lit. zur „Rhetorik" S. 109*.

Zu § 51. Aristoteles' Lehre VI: Kunstlehre. *Die aristotelische Lehre von der Poesie und der Kunst überhaupt:* L e s s i n g, Hamburg. Dramaturgie, Stück 37 ff., 46 ff., 74 ff. E d. M ü l l e r, Gesch. d. Theorie d. Kunst. b. d. Alten II 1—183, 346—395, 417. A. D ö r i n g, Die Kunstl. des A., Jena 1876 (hier die frühere Lit. üb. den Ausdruck κάθαρσις παθημάτων 263—306). C h r. B e l g e r, De Ar. etiam in arte poëtica componenda Platonis discipulo, Berl. 1872 Diss. A. O. P r i c k a r d, A. on the art of poetry, Lond. 1891. B. B r ä u n i n g, Über das Gebiet der aristotelischen Poetik, Festschr. d. Stadtgymn. zu Halle zur 47. Philologenvers., Halle a. S. 1903, 29—58. U. v. W i l a m o w i t z - M o e l l e n d o r f f, Einleit. in d. griech. Tragödie, Bresl. 1907, 48 f., 107 ff. G. G a l a t i M o s e l l a, La genesi e il carattere fondamentale della poetica di A., Palermo 1910. *Nachahmung:* E d. M ü l l e r, a. a. O. II 1—23 u. 346—361. W. A b e k e n, De μιμ. notione, Gött. 1836 Diss. *Die Poëtik im Verhältnis zu den neueren Dramatikern:* F. v. R a u m e r, Abh. Berl. Ak. a. d. J. 1828, Berl. 1831, auch Histor. Taschenbuch, Lpz. 1842, 136—247. G. Z i l l g e n z, A. u. das dtsch. Drama, Würzb. 1865. J. J a c o b, Über das Verh. der Hamburg. Dramaturgie zur Poetik des A., Colb. 1872 Pr. *Epische und tragische Dichtung:* T h. H e i n e, Studia Aristotelica I: Über die Arten der Tragödie, Kreuzburg 1887 Pr. P. W e i d e n b a c h, A. u. die Schicksalstragödie, Dresd. 1887 Pr. F r. H e i d e n h a i n, D. Arten d. Tr. b. Ar., Straßb. Westpr. 1887 Pr. E. J e r u s a l e m, Über die aristot. Einheiten im Drama, Lpz. 1885 Diss. J. M. S t a h l, De tragoediae primordiis et incrementis ab A. adumbratis, Münst. 1881 Ind. lect. T h. L i p p s, Der Streit über die Tragödie, Beitr. z. Ästhetik II, Hamb. Lpz. 1891. M. C a r r o l l, A. on the faults of poetry, or Poetics c. 25 in the light of Homeric scholia, Transact. of the Amer. philol. Assoc. 26 (1895) p. XXII—XXIV (auch Diss. d. John Hopkins Univ., Baltimore 1895). I. B y w a t e r, Milton and the Aristotelian definition of tragedy, Journ. of philol. 27 (1900) 267—275. V. W r ó b e l, Aristotelis de epopoeae et tragoediae generibus quae fuerit doctrina, Eos 17 (1911) 14—35. H. J. B r o w n e, A. Theory of Poetic Metre, Presentation volume to Prof. Will. Ridgeway, 1913. J. S e d l á č e k (zur aristotel. Definition der Tragödie) in: Festschr. für Prof. Jos. Král, Prag 1913, 58—76 (böhmisch). M. P. N i l s s o n, Der Urspr. der Tragödie, Neue Jahrb. 27 (1914) 609 ff. 673 ff. T h. G o m p e r z, Skylla in d. aristot. Poetik u. d. Kunstform d. Dithyrambos, Jahrbb. f. klass. Philol. 1886, 771 ff. = Hellenika I 85 ff. S. zur liter. Ästhetik des A. auch B u t c h e r s oben genannte Ausgabe der Poetik und A. R o e m e r, Philol. 65 (1906) 56 ff.

In der Frage der aristot. Lehre von der *Wirkung der Tragödie*, insbesondere von der *Katharsis*, machte Epoche die Abh. von J a k. B e r n a y s, Grundz. d. verlorenen Abh. d. A. über Wirkung d. Tragödie, Abh. hist.-philol. Ges. in Bresl. 1. Bd. 135—202, Bresl. 1857, ferner desselben Brief an L. Spengel üb. d. trag. Katharsis bei A., Rh. Mus. 14 (1859) 367—377 (diese beiden Arbeiten wiederabgedr. in: Zwei Abh. usw. [s. oben S. 103*]), und seine Bemerkk. Zur Katharsisfrage, ebd. 15 (1860) 606 f. Genannt seien ferner: A d. S t a h r, A. u. d. Wirk. d. Trag., Berl. 1859,

und in den Anm. zu s. Übers. der Poëtik, Stuttg. 1860. L. S p e n g e l , Üb. die
κάθαρσις τῶν παθημάτων, Abh. Münch. Ak. 9 (1859) 1—80; vgl. Rh. Mus. 15 (1860)
458—462. F. U e b e r w e g , Ztschr. f. Philos. u. philos. Krit. 36 (1860) 260—291
(vgl. desselben Abh.: Die L. des A. von dem Wesen u. der Wirkung der Kunst, ebd.
50 [1867] 16—39, und die Anm. zu Ueberwegs Übers. u. Ausg. d. Poëtik). F. S u s e -
m i h l , N. Jahrbb. f. Phil. 85 (1862) 395—425; 95 (1867) 221—236, 844—846, und
in s. Ausg. u. Übers. der Poëtik. H. B a u m g a r t , A., Lessing u. Goethe über das
ethische u. das ästhetische Prinzip der Tragödie, Lpz. 1877. H. S i e b e c k , Zur
Katharsisfrage, Jahrbb. f. Philol. 125 (1882) 225—337 (= Unterss. z. Philos. d. Griech.
163—180). C. M e i s e r , Ein Beitr. z. Lösung d. Katharsisfrage, Blätter für das
(bayr.) Gymnasialschulw. 23 (1887) 211—214. T h. G o m p e r z , Zu A. Poëtik,
Sitz. Wien. Ak. 116 (1888) 543—582; 135 (1896). A. D ö r i n g , D. aristot. Def. von
σύνδεσμος u. *ἄρθρον*, Poetik c. 20, Arch. f. Gesch. d. Philos. 3 (1890) 363—369.
H. B a u m g a r t , Zur L. des A. vom Wesen der Kunst u. der Dichtung, in: Festschrift f. L. Friedländer, Lpz. 1895, 1—66. W. P e s c h , Einige Bemerk. über das
Wesen u. die Arten der dramatischen Poesie, angeknüpft an die Poëtik des A., Trier
1895 u. 1896 Pr. H. L ä h r , Die Wirk. d. Tragödie nach A., Berl. 1896. E. A n h u t ,
Zum Verständn. der arist. Tragödiendefinition, Berent 1897 Pr. G. L e h n e r t ,
Zur arist. Katharsis, Rh. Mus. 55 (1900) 112—120. G. F i n s l e r , Platon u. die
arist. Poëtik, Lpz. 1900. N. F e s t a , Sulle più recenti interpretazioni della teoria
Aristotelica della catarsi nel dramma, Firenze 1901. La teoria della catarsi nella
tragedia, La Cultura 1, 4, 241—260. G. S c h ö n e r m a r c k , Die trag. Affekte bei
A., I. II., Liegn. 1901, 1902 Pr. C. H e b l e r , Über die aristot. Definition der Tragödie,
Arch. f. Gesch. d. Philos. 17 (1904) 1—27. F. K n o k e , Begr. d. Tragödie nach
A., Berl. 1906 (Pr. v. Osnabr. 1906). Über die Katharsis der Tragödie bei A., Osnabr.
1908 Pr. S t. H a u p t , Disposition d. arist. Theorie des Dramas u. Erkl. einiger
Hauptp. derselben, Znaim 1907. Die Lösung der Katharsisfrage, Znaim 1911. Wirkt
die Tragödie auf das Gemüt oder den Verstand oder die Moralität der Zuschauer?,
oder Der aus den Schr. des A. erbrachte wissenschaftl. Beweis für die intellektual.
Bedeutung von „Katharsis", Berl. 1915. W. S c h w a n , Über die Idee des Tragischen
u. die Katharsis des A., Philos. Wochenschr. u. Literaturz. 3, 3. J. B a r a n e k ,
Die *Κάθαρσις* bei A., in: Bemerkk. zu Stellen der Schullektüre, Gleiw. 1907. H. O t t e ,
Kennt A. die sogenannte tragische Katharsis?, Berl. 1912. (Dagegen H. F i s c h l ,
Kennt A. die sogenannte trag. Katharsis? Ztschr. f. d. österr. Gymn. 67 [1916] 504
bis 508.) Zur Katharsis-Frage, Woch. f. klass. Philol. 1912, 1074—1077 (mit Knokes
Erwiderung ebd. 1077—1078). Zur *κάθαρσις παθημάτων*, Ztschr. f. d. österr. Gymn.
68 (1917) 145 ff. *Κάθ. τ. παθ*, Sokr. 7 (1919), Jahresb. d. Philol. Ver. z. Berl. 99 ff.
N i c. T e r z a g h i , Sulla Katharsis di Aristot., Class. e Neolatini 8 (1912) 384—395.
G. R o s e n t h a l , Anmerkk. z. trag. Katharsis, Woch. f. klass. Philol. 1913, 246
bis 254, 272—280. K. M e d e r l e , Die arist. Affekte u. das Moment der Erhabenheit
im trag. Eindruck, Münch. 1913 Pr. A. W. B e n n , A. theory of trag. emotion,
Mind 23 (1914). Vgl. zur Katharsisfrage auch A. R o e m e r , Rh. Mus. 63 (1908)
361 ff. Fr. B o l l , Goethe u. d. tragische Katharsis, Berl. philol. Woch. 1916, 886
bis 888. J. M e s k , Wo hat A. d. Ausdruck Katharsis erklärt?, Wien. Stud. 39
(1917) 1 ff. A. H. R. F a i r c h i l d , A. Doctrine of Katharsis, Class. Journ. 12,
44 ff. A. D y r o f f , Üb. d. arist. Katharsis, Berl. philol. Wochenschr. 1918, 615
bis 624, 634—644. J. J. H a r t m a n , *Κάθ. τ. παθ*, Mnem. 46 (1918) 271—280.
P f a f f , Die *Κάθ*. auf Grund d. syr.-arab. Übers., Sokr. 6 (1918) 361 f. (Referat).
Die arist. Katharsisfrage berührt auch E. H o w a l d , Eine vorplaton. Kunsttheorie,
Hermes 54 (1919) 187—207. L. L u c a s , The reverse of A., Class. Rev. 37 (1923) 98.
L a n e C o o p e r , An Aristotelian Theory of Comedy with an Adaptation of the
Poetics and a Translation of the „Tractatus Coislinianus", New York 1922.—S. ferner
die Lit. zu *Περὶ ποιητικῆς* oben S. 109*, sowie M i c h a e l u. O t t e zur Politik
o. S. 108* und die Lit. zur Ästhetik Platons o. S. 99* f. E. T i è c h e , D. Dithyrambos in
d. arist. Kunstlehre, Bern 1916 (Neujahrsbl. d. Liter. Ges. in Bern auf d. Jahr 1917).

Andere Gebiete der aristotelischen Kunstlehre: M. C a r r o l l , A. Aesthetics of
Painting and Sculpture, Washington, publ. by the University 1905. H. A b e r t ,
Die L. v. Ethos in der griech. Musik, Lpz. 1899, 13 ff. A l. K a h l , Die Philos. d.
Musik nach A., Lpz. 1902 Diss. K. T ö p f e r , Die musikal. Katharsis bei A., Ztschr.
f. d. österr. Gymn. 62 (1911) 961—979, 1057—1072. — W. B ö r n e r , Die Künstler-

psychol. im Altert. (darin über A.), Ztschr. f. Ästhet. u. allgem. Kunstwiss. 7. Bd.
96 ff. — H a n s M e y e r , Natur u. Kunst bei A. (Stud. z. Gesch. u. Kult. d. Altert.
X 2), Paderb. 1919. — *Nachwirkung:* A. R o s t a g n i , Aristotele e Aristotelismo
nella storia dell' estetica antica, Firenze.

Einen *Rhetorik und Poetik* berührenden Gegenstand behandelt T h. F i t z
H u g h , A. Theory of Rhythm. Proc. of the Amer. philol. Assoc. vol. 44, 23—26.

Zu § 52. Die älteren Peripatetiker. *Jahresberichte* s. oben S. 16* f. Zum Peripatos der älteren Zeit im allgemeinen vgl. besonders Z e l l e r , Philos. d. Griech.
II 2³ und III 1⁴ und S u s e m i h l , Gesch. d. griech. Lit. in der Alex. in den die
Peripatetiker betreffenden Abschnitten. Zur Überlieferungsgesch. der Schule v. W i -
l a m o w i t z , Antigonos von Karystos (o. S. 13*) 78 ff., L e o , Griech.-röm. Biogr.
(o. S. 13*) 52. Hier 99 ff., 187 ff., 316 ff., 320 auch über die biogr. Tätigkeit der Peripatetiker. Vgl. A. H u g , Zu den Testamenten der griech. Philos., Zür. 1887, wo
außer den Testamenten Platons und Epikurs die des Aristoteles, Theophrast, Straton
und Lykon behandelt werden. S. auch die übrigen Arbeiten über griech. Philosophen-
testamente oben S. 21* und F r . K r a u s , Die Formeln des griech. Testaments,
Gießen 1915 Diss. 24 f. Persönliches B ü c h e l e r , Rh. Mus. 63 (1908) 190.
H. S t r a c h e , De eclogis Peripateticis [bei Stobaios] in d. Verf. Diss.: De Arii
Didymi in morali philos. auctoribus, Berl. 1909, 30 ff. E. Z e l l e r , Über die Benutzung der aristot. Metaphys. in den Schriften der älteren Peripatetiker, Abh. Berl.
Akad. 1877, 145—167 = Kl. Schr. I 191—214. F. D ü m m l e r , Zu den histor.
Arbeiten der ältesten Peripatetiker, Rh. Mus. 42 (1887) 179—197 = Kl. Schr. II
463—481. G. L. H e n d r i c k s o n , The Peripat. mean of style and the three
stylistic characters, Amer. journ. of philol. 25, 125—146. Zur peripatet. Rhetorik
s. W. K r o l l , Rh. Mus. 62 (1907) 86—101 (Dionys v. Hal. π. συνϑ. ὀνομ. von alt-
peripatetischen Quellen abhängig); 64 (1909) 50—56. Sternglaube P f e i f f e r
(oben S. 24*) 48 ff. W. W. J a e g e r , Das πνεῦμα im Lykeion, Hermes 48 (1913)
29—74. Den Einfluß des peripat. Interesses für das Charakteristische auf die epigram-
matische Dichtung berührt J. G e f f c k e n , Kynika, 1. Polemik Späterer gegen
die peripat. Metriopathie P. R a b b o w , Seelenheil. u. Seelenleit. (s. oben S. 25*),
84 ff. 163 ff. 181 ff. Die Stellung des ältesten Peripatos zu Aristoteles wird vielfach berührt bei J a e g e r , in den beiden Werken: Studien z. Entst. d. Metaph.
d. Arist., und: Aristoteles.

Theophrastos: H. U s e n e r , Analecta Theophrastea, Lips. 1858, Bonner Diss.
= Kl. Schriften I 50—87 (darin: I. De Theophrasti librorum tabula Laertiana.
II. Theophrasti de physicorum opinionibus reliquiae). Zu Th. metaphys. Bruchstück,
Rh. Mus. 16 (1861) 259—281 = Kl. Schr. I 91—111. Th. Bücher üb. die Gesetze,
Rh. Mus. 16 (1861) 470—472 = Kl. Schr. I 114—116 (in diesem Abdruck auch weitere
Lit. zu der Schrift). H. D i e l s , Theophrastea, 1883 Pr. Über Th. Phytologie
K. S p r e n g e l und E. M e y e r in ihren Darstellungen der Gesch. d. Botanik,
vgl. O. K i r c h n e r , De Th. Eresii libris phytologicis part. I, Vratisl. 1874 Diss.
und denselben, Die botan. Schrr. d. Th. v. Er., Jahrbb. f. klass. Philol. Suppl. 7
(1873—1875) 451—539; über seine Psychol. L. P h i l i p p s o n , in: *Ὕλη ἀνϑρω-
πίνη* II, Berl. 1831; über seine Gottesl. K r i s c h e , Forschungen I 339—349; über
seine Darst. menschl. Charaktere L e o p. S c h m i d t , Commentat. de εἰρωνος
notione ap. Aristonem et Theophrast., Marb. 1873, Ind. lect.; P. W e n d l a n d ,
Zu Th. Charakteren, Philol. 57 (1898) 103—122; O. I m m i s c h , Über Th. Charaktere, ebd. 193—212; F r z. R ü h l , Die Abfassungsz. von Th. Charakteren, Rh.
Mus. 53 (1898) 324—327. — J. B e r n a y s , Th. Schr. üb. Frömmigkeit, ein Beitr.
z. Religionsgesch., mit krit. u. erklär. Bemerkk. zu Porphyrios' Schr. über Enthalt-
samkeit, Berl. 1866. G. H e y l b u t , De Th. libris περὶ φιλίας, Bonn 1876 Diss.
E. Z e l l e r , Der Streit Th. gegen Zenon über die Ewigkeit der Welt, Hermes 11
(1876) 422—429 = Kl. Schr. I 166—174. Der pseudophilon. Bericht über Th., Hermes
15 (1880) 137—146 = Kl. Schr. I 215—225. Dazu H. v. A r n i m , Über die pseudophilon. Schr. π. ἀφϑαρσίας κόσμου, in: Quellenstudien zu Philo v. Al. Ders., Der angebl.
Streit des Zeno u. Th., Jahrbb. f. klass. Philol. 147 (1893) 449—467. E. N o r d e n ,
Über den Streit des Th. u. Zeno bei Ph. π. ἀφϑ. κ., in: Beitrr. z. Gesch. d. griech.
Philos., Jahrbb. f. klass. Philol. Suppl. 19 (1892) 440 ff. J. B ö h m e , De Theo-
phrasteis quae feruntur π. σημείων excerptis, Hamb. 1884, Hallische Diss.

G. H e y l b u t , Zur Ethik des Th. v. Eresos, Arch. f. Gesch. d. Philos. 1 (1888) 194—199; vgl. dazu auch A. G e r c k e , Ein angebl. Fragm. des Th., ebd. 357 f. T h. G o m p e r z , Über die Charaktere Th., Sitz. Wiener Ak. 117 (1888) (dazu O. R i b b e c k , Rh. Mus. 44 [1889] 305—307, 473—474. T h. G o m p e r z ebd. 472—473). F. D ü m m l e r , Ein stoischer Gegner Th., in dessen Akademika Anhang I. H. R a b e , De Th. libris π. λέξεως, Bonn 1890 Diss. Über diese Schr. auch H. L i e r s , Jahrbb. f. klass. Philol. 131 (1885) 578—589, W. S c h m i d , Rh. Mus. 49 (1894) 133 ff., L. R a d e r m a c h e r , ebd. 54 (1899) 374 ff. H. J o a c h i m , De Th. libris π. ζώιων, Bonn 1892 Diss. F. B o c k , Aristoteles, Th., Seneca de matrimonio, Lpz. 1898 Diss. (Lpz. Stud. 19 [1899] 1 ff.). P. W i r t z , De Th. Eresii libris phytologicis, Straßb. 1898 Diss. A. Z i n g e r l e , Zu Th., Ztschr.f. d. österr. Gymn. 54 (1903) 202. W. R o b e r t s , Eine unbekannte Theophrastausgabe, Athenaeum 4045. P. C r a i n d o r , Quelques passages des Caractères de Th., Rev. de l'instruct. publ. en Belgique 48, 163—168. H. B r e t z l , Botan. Forschungen des Alexanderzuges, Lpz. 1903 (sehr fördernd für das Verständnis der ἱστορίαι τῶν φυτῶν). S. K o u j e a s , ἀσκός-πέλεκυς (zu Th. char. 5), Hermes 41 (1906) 478—480. M. W e l l m a n n , Zu Th. περὶ ὕδατος, Hermes 35 (1900) 355 ff. (hier auch frühere Lit.). U. v. W i l a m o w i t z - M o e l l e n d o r f f (zu Th. Char. 30, 11), Hermes 37 (1902) 328. P. J a h n , Eine Prosaquelle Vergils u. ihre Umsetzung in Poesie durch den Dichter, Hermes 38 (1903) 244—264 (über Benutzung einer aus Th. Werk über die Pflanzen abgeleiteten Quelle durch den Dichter). L. R a d e r m a c h e r , Philol. 65 (1906) 152 (Verh. des Dionys v. Halikarnaß zu Th.). J. M. E d m o n d s , Contributions to a new text of the Characters of Th., Class. Quart. 2 (1908) 119—122, 166—169. L. H i n d e n l a n g , Sprachl. Unterss. zu Th. botan. Schrr., Straßb. 1909 Diss. (vollst. Diss. philol. Argent. Bd. 14). F. B e r s a n e t t i , Appunti critici e esegetici ai Caratteri di T., Riv. di filol. 37 (1909) 206—229. D. B a s s i , Il testo più antico dell' ᾿Αρέσκεια di T. in un papiro Ercolanese, ebd. 397—405. W. C a p e l l e , Zur Gesch. d. griech. Botanik, Philol. 69 (1910) 264—291. J. K a y s e r , Th. u. Eustathios περὶ ὑποκρίσεως, Philol. 69 (1910) 327—358. T h. O. A c h e l i s , Th. de pietate, Class. Quart. 5 (1911) 236 f. G u a l t h. G r o ß g e r g e , De Senecae et Th. libris de matrimonio, Regim. 1911 Diss. K. M e i s e r , Zu Th. Charakteren, Philol. 70 (1911) 445—448. J o. S t r o u x , De Th. virtutibus dicendi, Lips. 1912. R. N o l l , Zu Th. Char. IV, Berl. philol. Woch. 1914, 767 f. A. Z i n g e r l e , Kleine Beitr. zur Krit. u. Erklär. einiger griech. u. röm. Schriftst., Innsbr. Festgr. zur 50. Versamml. dtsch. Philol. und Schulm., Innsbr. 1909, 159—166 (darin Beitr. zu Th. Char. 4, 15). D. H. M ü l l e r , Die minäisch-griech. Inschr. von Delos, Anz. Wien. Ak. 46 (1909) I 6 ff. (zu Th. hist. plant. 9, 4, 2). A. J a r d é , Aineia ou Ainos, Rev. des ét. anc. 14, 277 f. (zu Th. hist. plant. 8, 4, 4 u. caus. plant. 4, 11, 4). O l. F e r r a r i , Un libro di Teofr. sul matrimonio, in: Studi crit. offerti a C. Pascal, Catania 1913. G. K a f k a , Zu Th. de sensu, Philol. 72 (1913) 65—82. M. S t e p h a n i d e s (zu π. ἀνέμων 58), Berl. philol. Woch. 1914, 1472. E. B i c k e l , De Th. [περὶ γάμου] apud Senecam et Hieronymum memoria, in: Diatribe in Senecae philosophi fragmenta, vol. I: Fragmenta de matrimonio, Lips. 1915. G. M. S t r a t t o n , Th. and the greek physiolog. psychol. before Aristotle, New York 1917. R. W a g n e r , „Der dumme Kerl" nach Th. Charakteren, Woch. f. klass. Philol. 1918, 85—94. R. P f e i f f e r , Zu Übersetzungen d. theophr. Charaktere, Bayer. Blätt. f. d. Gymn. 54 (1918) 122 ff. G. P a s q u a l i , Sui Caratteri di T., Rassegna ital. di lingue e letterature classiche 1 (1918) No. 1—3, Napoli 1919. O. R e g e n b o g e n , Unters. d. Komposition d. theophr. Buches der historia plantarum (noch ungedruckte Preisarb. d. Berl. Ak., s. Sitz. Berl. Ak. 1921, 530). M. M ü h l , Th. u. die Vorsokratiker, Arch. f. Gesch. d. Philos. 35 (1923) 62—66. O. N a v a r r e , Caractères d. Th., Bullet. de l'Assoc. G. Budé 1 (1923) 43 ff. — Über die Bedeutung des Th. f. d. doxogr. Lit. s. Diels, Doxogr. Graec. 102 ff. Vgl. auch oben S. 14*. — Zum theophrast. Schriftenverzeichnis s. E. H o w a l d o. S. 102*. — *Eudemos:* A. T h. F r i t z s c h e , De Eud. Rhodii philos. Peripat. vita et scriptis, in seiner Ausg. der Eud. Ethik, Regensb. 1851. E d. Z e l l e r , Arch. f. Gesch. d. Philos. 5 (1892) 442 f. = Kl. Schr. II 34 f. (zur Physik). M a r t i n i , Art. Eudemos 11 bei Pauly-Wissowa. — *Aristoxenos:* W. L. M a h n e , Diatribe de A. philos. Peripat., Amsterdam 1793. C h. - E m. R u e l l e , Étude sur A. et son école, Rev. arch. 14 (1858) 413—422, 528—555. H i r s c h , A. u. s. Grundzüge der Rhythmik, Thorn 1859 Pr. P. M a r q u a r d ,

De A. Tarentini elementis harmonicis, Bonn 1863 Diss. C. v. J a n , Die griech.
Musik, 1. Die Harmonik des A., 2. Die Exzerpte des A., Philol. 29 (1869) 300—318;
30 (1871) 398—419. B. B r i l l , A. rhythm. u. metr. Messungen, mit einem Vorwort
von K. Lehrs, Lpz. 1870. T h. R e i n a c h , A., Aristote et Théophraste, Festschr.
für Th. Gomperz,Wien 1902, 75—79. I o. M e w a l d t , De A. Pythagoricis sententiis et vita Pythagorica, Berl. 1904 Diss. L. L a l o y , A. de Tarente, disciple
d'Aristote, et la musique de l'antiquité, Par. 1904 Thèse. Lexique d'A. Par. 1904 Thèse.
G. d e l l a V a l l e , La teoria dell' anima-armonia di A. e l'epifenomenismo con-
temporaneo, Riv. filosof. 8, 210—231. C. F. A. W i l l i a m s , The A. theory of
musical rhythm, Cambr. 1911. H. A b e r t , Die L. v. Ethos in d. griech. Musik
17 ff. Vgl. auch G e r. S e y d e l , Symbolae ad doctrinae Graecorum harmonicae
historiam, Lips. 1907 Diss. A. v. M e s s , Rh. Mus. 71 (1916) 79 ff. (A. als Biograph).
A. B r i n k m a n n , Rh. Mus. 71 (1916) 288 (zu ῾Ρυϑμικὰ στοιχεῖα 276 Mor.). v. J a n ,
Artikel Aristoxenos 7 bei Pauly-Wissowa. — *Dikaiarchos:* Über ihn handeln außer
M. F u h r in s. Fragmentsamml.: A. B u t t m a n n , Berol. 1832. F. O s a n n ,
in: Beitr. z. griech. u. röm. Literaturgesch. II, Kassel 1839. A. F. N ä k e , in Opusc.
philol. I, Bonn 1842. F r. S c h m i d t , De Heraclidae Pontici et Dic. Messenii
dialogis deperditis, Bresl. 1867 Diss. A. F e r r i , Dicearco di Messenia, Rendiconti
dell' Acc. dei Lincei IV 7, 236—246. H e r m. K i r c h n e r , Dik. über Anziehung ?,
Philol. 79 (1923) 322. E. M a r t i n i , Art. Dikaiarchos 3 bei Pauly-Wissowa. —
Theodektes, trag. Dichter, Schüler und Freund des Aristoteles: C. E. T. M ä r c k e r ,
De Th. vita et scriptis, Breslau 1835 (vgl. W e l c k e r , Die gr. Tragödien, III
1070 ff.). C h r i s t - S c h m i d , Griech. Lit. I⁶ 394. 761. — *Klearchos:* J. B. V e r -
r a e r t , Gandavi 1828 Diss. M. W e b e r , De Clearchi Sol. vita et opp., Vratisl.
1880 Diss. — W. K r o l l , Art. Klearchos 11 bei Pauly-Wissowa-Kroll. *Phainias
aus Eresos:* A. V o i s i n , Gandavi 1824 Diss. J. F. E b e r t , in dessen Diss. Siculae,
Königsb. 1825, 76—90. A. B o e c k h in: Corp. inscr. Graec. II, Berl. 1843, S. 304 f.
C h r i s t - S c h m i d , Griech. Lit. II⁶ 80. — *Chamaileon:* E. K ö p k e , De Ch.
Heracleota, Berol. 1856. H a r t l i c h , De exhortat. usw. (oben S. 34* unter c),
273 f. E. W e n d l i n g , Artikel Chamaileon 1 bei Pauly-Wissowa. — *Demetrios
der Phalereer:* Über ihn existieren Abhandlungen v. H. D o h r n , Kiel 1825, T h. H e r-
w i g , Rinteln 1850, C h r. O s t e r m a n n , Hersfeld 1847 und Fulda 1857; vgl.
G r a u e r t , Hist. u. philol. Analekten I 310 ff., S u s e m i h l , Gesch. d. griech.
Lit. in d. Alex. I 135 ff., C h r i s t - S c h m i d , Griech. Lit. II⁶ 76 ff., E. M a r t i n i ,
Art. Demetrios 85 bei Pauly-Wissowa, wo auch weitere Lit. angegeben ist; zu S. 2839
s. jetzt A. B r i n k m a n n , Rh. Mus. 64 (1909) 310—317. — *Praxiphanes:* L. P r e l l e r ,
Disput. de Praxiphane Peripat. inter antiquissimos grammaticos nobili, Dorpat
1842 Pr., auch in des Verf. Ausgew. Aufs. a. d. Geb. d. klass. Altertumswiss. (1864)
94—112. S u s e m i h l , Gesch. d. griech. Lit. in d. Alex. I 144 ff. C h r i s t -
S c h m i d , Griech. Lit. II⁶ 80.

**Zu § 53. Die hellenistisch-römische Philosophie im allgemeinen. Ihre kultur-
geschichtlichen Beziehungen:** Z e l l e r , Philos. d. Gr. III 1⁴ 1—26. Rel. u. Philos.
bei den Römern, Vortr. u. Abh. 2. Samml. 93—135. P. T a n n e r y , Sur la période
finale de la philos. grecque, Rev. philos. 42 (1896) 266—287. A. S c h m e k e l , Die
hellen.-röm. Philos., in: E. v. Aster, Große Denker 209 ff. E. Z i n g g , La philos.
pendant la période de l'empire romain, Brünn 1907 Pr. D. G. S u n n e , Some
phases in the development of the subjective point of view during the post-Aristotelian
period, Chicago 1911. P. W e n d l a n d , Die hellen.-röm. Kultur s. oben S. 30*.
C h r i s t - S c h m i d , Gesch. d. griech. Liter. II⁶ 1 ff. M. P o h l e n z , Die hellenist.
Poesie u. d. Philos., in: Χάριτες, Berl. 1911, 76—112. — Gnomische Poesie d. hellenistischen Zeit: G. A. G e r h a r d , Phoinix v. Kolophon, Lpz. Berl. 1909, 228 ff. Derselbe, Sitz. Heidelb. Ak. 1912 Abh. 13. Wien. Stud. 38 (1916) 35 ff. — J. K a e r s t ,
Gesch. d. hellenist. Zeitalters II 1: Das Wesen des Hellenismus, Lpz. Berl. 1909;
darin 92—167: Die Philos. d. Hellenismus. O. S e e c k , Gesch. d. Unterg. d. antik.
Welt, Berl. 1895 ff. (z. T. in 2. u. 3. Aufl. erschienen). R. G l a s e r , Griech. Ethik
auf röm. Boden (1. die Epikureer; 2. die Stoiker), Bensheim 1914 Pr. P. C o r s s e n ,
Über Begr. u. Wes. d. Hellenism., Ztschr. f. d. neutestam. Wiss. 9 (1908) 81—95.
E. N e u s t a d t , Die religiös-philosoph. Bewegung des Hellenismus u. der Kaiserzeit, Lpz. 1914. B e r t a S c h l e s i n g e r , Über philos. Einflüsse bei den röm.

Dramendichtern der republikan. Zeit, Bonn 1910 Diss. H a n s M e y e r , Gesch.
d. Lehre v. d. Keimkräften von d. Stoa bis z. Ausg. d. Patristik, Bonn 1904. H. L e i s e -
g a n g , Der heil. Geist. Das Wesen u. Werden d. mystisch-intuitiven Erkenntnis
in d. Philos. u. Relig. d. Griech. I. Bd. I. Teil, Lpz. Berl. 1919. H. W. L i t c h f i e l d ,
National exempla virtutis in Roman literature, Harvard stud. in Class. Philol. vol. 25
(Verhältnis der Epikureer [Lucrez] zu Patriotismus und Kosmopolitismus u. ä.).
R. H i r z e l , Philosophie im Zeitalter d. Augustus, bei Gardthausen, Augustus u.
seine Zeit I 3, 1296—1317. L. F r i e d l a e n d e r , Darstell. aus der Sittengesch.
Roms, 9. Aufl. bes. v. G. W i s s o w a III 118, 327. J. G e f f c k e n , Der Ausgang
d. griech.-röm. Heident., Heidelb. 1920. Der Ausg. d. Antike, Berl. 1921. H e i n r.
H o f f m a n n , Die Antike in d. Gesch. d. Christent., Bern 1923 Rekt.-Rede. Über
d. Beziehungen z. Christentum s. auch o. S. 30* f. u. C. C l e m e n , Religionsgesch.
Bibliographie Abt. VI. — K. P r a e c h t e r , Die griech.-röm. Popularphil. u. d. Erziehung s. S. 28*.

   Zu § 54. Die Stoa im allgemeinen. Die alte Stoa: Die Philosophen der
alten Stoa.
Die Stoa im allgemeinen.
Jahresberichte s. oben S. 16* f. (nacharistot. Philos.). *Zu den antiken Berichten:*
T h. G o m p e r z , Besprechung des Papiro Ercolanese inedito usw. in der Jenaer
Liter. Zeit. 1875, 603—608. U. v. W i l a m o w i t z - M o e l l e n d o r f f , Antigonos v. Karystos (s. oben S. 13*) 103 ff. H. v. A r n i m in der Praefatio zur Fragmentsamml. A. B o n h ö f f e r , Dtsch. Lit.-Ztg. 1907, Nr. 22. H. S t r a c h e , De
Stoicorum moralis philos. compendio, in: De Arii Didymi in mor. philos. auctoribus,
Berl. 1909 Diss. 71 ff. *Zu den Schriften der Stoiker:* A. D y r o f f , Über die Anlage
der stoischen Bücherkataloge, Würzb. 1896 Pr. Dazu Nachtr. in: Ethik d. alt. Stoa
380.   H. M u t s c h m a n n , Hermes 46 (1911) 96 Anm. 1 (Anteil der Stoa
an den Literaturgatt.: Sammelwerk, Kompendium, Eisagoge). *Äußere Geschichte
und Lehrentwicklung der Schule im allgemeinen:* Neben Z e l l e r s großem Werke
(über den Stoizismus ist hier gehandelt III 1⁴ 27 ff. 572 ff. 706 ff.; III 2⁴ 254 ff.) ist
bes. wertvoll F r. S u s e m i h l , Gesch. d. griech. Lit. in d. Alex., Lpz. 1891, 1892,
I 48 ff. II 62 ff. 238 ff. (Das Hauptgewicht ruht hier auf dem Persönlichen u. Literarischen.) Ferner kommen in Betracht: J u s t. L i p s i u s , Manuductio ad Stoic.
philosophiam, Antv. 1604 u. ö. D a n. H e i n s i u s in seinen Orationes, Lugd. Bat.
1627. T h. G a t a k e r , De disciplina Stoica cum sectis aliis collata, vor seiner Ausg. des
Marc Aurel, Cantabrig. 1653, D. T i e d e m a n n , System der stoischen Philos.
3 Bde., Lpz. 1776. F. L e f e r r i è r e , Mémoire concernant l'influence du stoicisme
sur la doctrine des jurisconsultes romains, Par. 1860 (Weiteres über diesen Punkt bei
A. S c h m e k e l , Die Philos. d. mittl. Stoa [s. unten S. 149* zu § 65] 454 ff.).
G. P. W e y g o l d t , Die Philos. der Stoa nach ihrem Wesen u. ihren Schicks., Lpz.
1883 (populär). F. O g e r e a u , Essai sur le système philos. des Stoïciens, Par.
1885. J. d'A v e n e l , Le Stoicisme et les Stoiciens, Par. 1886. O. W e i ß e n f e l s ,
De Platonicae et Stoicae doctrinae affinitate, Berl. 1891 Pr. (namentlich Epiktet u.
der platon. Phaidon berücksichtigt). *Διάγραμμα Στωικῆς φιλοσοφίας ὑπὸ Θερειανοῦ*
I, *'Αρχαία Στοά, ἐν Τεργέστῃ* 1892. J. S t e r n , Homerstudien der Stoiker, Lörrach
1893 Pr. A. C h i a p p e l l i , I caratteri orientali dello Stoicismo, Atti d. R. Accad.
di Scienze morali etc. di Napoli vol. 26 (1895). Die Frage nach dem Urspr. des Stoiz.
u. seinem Verhältn. z. Orient besprechen auch C. H u i t , Séanc. et trav. de l'Acad.
d. sc. mor. et pol. 1899, 462—504, A. D y r o f f , Eth. d. alt. Stoa 316 ff., P. W e n d -
l a n d , Theol. Literaturz. 1896, Nr. 9, Berl. philol. Woch. 1897, 1384 f. A. R a u s c h ,
Die Stoa; ein Beitr. z. philos. Propäd., Neue Jahrb. f. d. klass. Altert. usw. u. f. Pädag.
12 (1903), 241—265. P. B a r t h , Die Stoa ³ u. ⁴ (Frommanns Klassiker d. Philos. hrsg.
v. R. Falckenberg, Bd. 16), Stuttg. 1922. Dort eingehend auch über Nachwirkungen
der Stoa. Vgl. hierzu auch unten Kynisch-stoische Diatribe (zu § 58 S. 131* f.); Nachwirkungen der mittl. Stoa (insbes. des Poseidonios, zu § 65); Stoa u. Christentum
(zu § 67). W. L. D a v i d s o n , The Stoic creed, Edinburgh 1907. A. C. P e a r s o n ,
Frustula Stoica, Journ. of Philol. 30 (1907) 211—222. E d w. B e v a n , Stoics
and Sceptics, Oxford 1913.
   R. H i r z e l , Unterss. zu Ciceros philos. Schrr., T. I—III, Lpz. 1877—1883,
liefert auch für die Stoa höchst wichtige Ergebnisse und geht insbesondere II 1—566

auf die Entwickl. der stoischen Philos. ein. Die drei Werke von A d. B o n h ö f f e r :
Epiktet u. die Stoa, Stuttg. 1890, Die Ethik des Stoikers Epiktet, Stuttg. 1894, und
Epiktet u. das Neue Testament, Gieß. 1911 (Religionsgesch. Versuche und Vorarbeiten Bd. 10) betreffen in erster Linie ein Mitglied der neueren Stoa, sind aber gleich-
wohl auch hier zu nennen, da sie auch für die Gesamtschule die Resultate tiefdringend-
ster Forschungen bieten und zum Besten gehören, was über die Lehre der stoischen
Schule jemals geschrieben worden ist. In dem zweiten Werke sind u. a. die Exkurse
des Anhangs von besonderem Werte (I. die stoischen Telosformeln; II. die stoische
Lehre vom Selbstmord; III. das καθῆκον und κατόρθωμα; IV. die stoische Lehre vom
Erwerb; V. der stoische Pantheismus).

Die alte Stoa: Die Philosophen der alten Stoa.

Allgemein: Z e l l e r u. S u s e m i h l s. o. S. 125*. H. R y n e r , Les premiers
Stoiciens (Suppl. aux Cahiers de l'Université popul.), Par. 1906. Zur antiken Überlieferung s. die Vorrede zu v. A r n i m s Fragmentsammlung, zur Anlage der Frag-
mentsammlung und dem Text der Fragmente A. B o n h ö f f e r , Woch. f. klass.
Philol. 1903, 1049 ff. 1108 f.; 1905, 238 ff., J. T o l k i e h n , Woch. f. klass. Philol.
1905, 1157—1160, O. A p e l t , Krit. Bemerkk. (u. a. zu den Stoikerfragmenten),
Jena 1906 Pr., W. S c h m i d , Philol. 69 (1910) 440—442, und die weiteren oben
S. 125* verzeichneten Arbeiten. Zur L. der Philosophen sind überall die zu §§ 55—57
anzuführenden Arbeiten, insbesondere zur Ethik A d. D y r o f f s Ethik der alten
Stoa zu vergleichen.

Zenon: Zur antiken Überlieferung U. v. W i l a m o w i t z - M o e l l e n d o r f f ,
Antig. v. Karystos (o. S. 13*) 103 ff. 340 ff. P. W e y g o l d t , Zeno v. Cittium und
seine L., Jena 1872 Diss. E d. W e l l m a n n , Die Philos. des Stoikers Z., Lpz. 1873
Diss., auch in: N. Jahrbb. f. Philol. 107 (1873) 433—490. Zur Philos. d. Stoikers Z.,
N. Jahrbb. f. Philol. 115 (1877) 800—808. C. W a c h s m u t h , Commentat. I et
II de Z. Citiensi et Cleanthe Assio, Gott. 1874. G. J. D i e h l , Zur Ethik des Stoikers
Z. v. K., Mainz 1877 Pr. K. T r o o s t , Zenonis de reb. physic. doctrinae fundam. ex
adiectis fragm. constit., Berl. 1891 (Berl. Stud. z. klass. Philol., 12. Bd.). E. R o h d e ,
Die Chronol. des Z. v. K., Rh. Mus. 33 (1878) 622—625 = Kl. Schr. I 189—193.
T h. G o m p e r z , Zur Chronol. des Z. u. Kleanthes, Rh. Mus. 34 (1879) 154—156.
F. S u s e m i h l , Z. v. K., Jahrbb. f. klass. Philol. 1882, 737—746. F. U n g e r ,
Die Zeiten des Z. v. Kition u. Antigonos Gonatas, Sitz. Münch. Ak. 1887, 101—169.
K. B r i n k e r , Das Geburtsj. des Stoikers Z. v. C. u. dessen Briefwechsel mit Anti-
gonus Gon., Schwerin 1888 Pr. F. S u s e m i h l , Das Geburtsj. des Z. v. K., Jahrbb.
f. klass. Philol. 1889, 745—751. T h. G o m p e r z , F. R ü h l u. A u g. M a y e r
z. Chronologie s. Text. H. P o p p e l r e u t e r , Die Erkenntnisl. Z. u. Kleanthes',
Koblenz 1891 Pr. R. P ö h l m a n n , Gesch. d. soz. Frage u. d. Sozialism. in d. antik.
Welt II (s. oben S. 27*) 340—348. O. C r u s i u s , Ζηνώνιον, Philol. 66 (1907) 599. —
Zu dem Apophthegma Stob. flor. 4, 107 H. R i c h a r d s , Class. Rev. 21 (1907) 199. —
Über Z. Gottesl. handelt K r i s c h e , Forschungen I 365—404. Über seinen Streit mit
Theophrast betreffs der Unvergänglichkeit der Welt s. bei Theophrast oben S. 122*.
Vgl. auch W. C r ö n e r t , Kolotes und Menedemos (s. Text § 59) 28 f. — *Ariston*
von Chios: N. S a a l , De Aristone Chio et Herillo Carthaginiensi Stoicis commentatio,
Coloniae 1852, nur P. I üb. Ar. erschienen. R. H e i n z e , A. v. Chios b. Plutarch u.
Horaz, Rh. Mus. 45 (1890) 497—523. O. H e n s e , A. b. Plutarch, ebd. 541—554.
A. G e r c k e , Arch. f. G. d. Ph. 5 (1892) 198—216. A. G i e s e c k e , Der Stoiker
A. v. Ch., Jahrbb. f. klass. Phil., 145 (1892) 206—210 (vgl. auch dessen S. 26*
zitierte Schrift). H. W e b e r , Zu A. v. Chios, Rh. Mus. 51 (1896) 630—632;
derselbe handelt in seiner Dissertat. De Senecae philos. dicendi ratione Bionea, Marp.
Catt. 1895, von dem Verhältnis des A. zu Bion. A. D y r o f f , Über A. v. Chios, Ethik
d. alt. Stoa (s. u. S. 130*), Exkurs III 356 ff. J. T o l k i e h n , A. v. Chios bei Marius
Victorinus, Woch. f. klass. Philol. 1905, 1157 ff. W. S c h m i d , Nachtr. z. d. Fragm.
Stoic. vet., Philol. 69 (1910) 440—442. A u g. M a y e r , Aristonstudien, Philol.
Suppl. 11 (1910) 483—610. K. P r a e c h t e r , Zu A. v. Ch., Hermes 48 (1913)
477—480. Über die Gottesl. des A. handelt K r i s c h e , Forschungen I 404—415,
über s. Stellung zur protreptischen Lit. P. H a r t l i c h , De exhort. a. Gr. R. script.
hist. 275 f., über seine Poetik C h r. J e n s e n in d. Ausg. v. Philodem, Über die
Gedichte B. 5, S. 128—145. — H. v. A r n i m , Art. Ariston 56 bei Pauly-Wissowa. —

Herillos: H. v. A r n i m , Art. Herillos bei Pauly-Wissowa-Kroll. — *Dionysios von Herakleia* (ὁ μεταθέμενος): H. v. A r n i m , Art. Dionysios 119 bei Pauly-Wissowa.— *Persaios:* K r i s c h e , Forschungen I 436—443. Über sein Verh. zu Stilpon, Menedemos und Pasiphon A d. D y r o f f , s. oben S. 62* zu §§ 33. 34. — *Kleanthes:* K r i s c h e , Forschungen I 415—436 T h. G o m p e r z , Eine verschollene Schr. d. Stoik. K., d. Staat u. d. sieben Tragödien d. Diogenes, Ztschr. f. d. österr. Gymn. 29 (1878) 252—256. Zur Chronol. auch E. R o h d e , Rh. Mus. 33. 622 = Kl. Schr. I 189; R ü h l u. M a y e r s. Text. U. v. W i l a m o w i t z - M o e l l e n d o r f f , Kl. u. Aristarch, Hermes 20 (1885) 631. Cleanth. hymn. in Jovem, in: Comment. gramm. III, Gött. 1889 Pr. K. P r a e c h t e r , Zu Kl. Fragm. 91 Pears., Arch. f. Gesch. d. Philos. 12 (1899) 303 f.; Philol. 67 (1908) 154—158. Dasselbe Fragment berührt A. B r i n k m a n n , Rh. Mus. 60 (1905) 630. Über Kl. Protreptikos H a r t l i c h , De exhort. etc. 277. Zum Hymnos J a m. A d a m , The vitality of Platonism and other essays, Cambr. 1911. S. auch P o p p e l r e u t e r unter Zenon. W. C r ö n e r t , Kolotes und Menedemos 47 f. B r i n k m a n n , Rh. Mus. 72 (1917/8) 639 f. v. W i l a m o w i t z , Hermes 54 (1919) 68. J. D. M e e r w a l d t , K. Gebet an Zeus u. d. Schicksal, Wien. Blätt. f. d. Freunde d. Antike 1 (1923), 139 ff. — H. v. A r n i m, Art. Kl. 2 bei Pauly-Wissowa-Kroll. — *Chrysippos:* Über die antik. Berichte H. v. A r n i m in der Vorrede zu der Samml. der Fragm. der alten Stoa (bemerkenswert das Überwiegen der chrysipp. Lehre in den späteren Berichten über Gemeinstoisches). F. N. G. B a g u e t , De Chrysippi vita, doctr. et reliquiis comm., Annales acad. Lov., Lovanii 1822 (die Fragmente sehr unvollständig). C h r. P e t e r s e n , Philosophiae Chrys. fundamenta, Altona Hamb. 1827. K r i s c h e , Forschungen I 443—481. T h. B e r g k , De Chr. libris περὶ ἀποφατικῶν, Cassel 1841, auch in: Kl. philol. Schriften 2 (1886) 110—146. A. G e r c k e , Chrysippea, Jahrbb. f. klass. Philol., Suppl. 14 (1885) 689—781 (d. Fragmente aus Chr. Schriften π. προνοίας u. π. εἱμαρμένης). Chr. A r o n i s , Χρύσιππος Γραμματικός, Jena 1885 Diss. H. v. A r n i m , Über einen stoisch. Papyrus d. herkulan. Bibl., Hermes 25 (1890) 473—495 (vgl. Stoic. vet. fragm. II, No. 131). M. P o h l e n z , De Posidonii libris περὶ παθῶν, Jahrbb. f. klass. Philol. Suppl. 24 (1898) 535—634 (Ausscheidung d. chrys. Eigentums). W. C r ö n e r t , Die λογικὰ ζητήματα des Chr. u. die übrigen Papyri logischen Inhalts aus der herkulan. Bibl., Hermes 36 (1901) 548—579. J. A d a m , On a fragment of Chr., Class. Rev. 16 (1902) 120. A. S c h l e m m , Hermes 38 (1903) 587—607 (Chr. bei Plutarch περὶ ἀοργησίας). M. P o h l e n z , Reste einer Schr. Chrysipps?, Berl. philol. Woch. 1904, 1502 f. B r. K e i l , Chrysippeum, Hermes 40 (1905) 155—158. M. P o h l e n z , Hermes 41 (1906) 321 ff. (Anteil Chr. am 3. u. 4. B. der cicer. Tusc.); 352—355 (Chr. θεραπευτικός eine besondere Schr.). O. H e n s e , Rh. Mus. 61 (1906) 17 f. (Chr. möglicherweise Quelle für Varros Satire π. ἐδεσμάτων). W. K r o l l , Rh. Mus. 62 (1907) 91 Anm. 2 (führt Dionys π. συνθ. ὀνομ. 5 auf Chr. ὑπὲρ τῆς συντάξεως τῶν τοῦ λόγου μορίων zurück [Arnim Stoic. vet. fr. III 204])。 P. M e l c h e r , Chr. L. v. d. Affekten, Hohensalza 1908 Pr. E. B r é h i e r , Chrys., Par. 1910. G.-L. D u p r a t , La doctrine stoic. du monde, du destin et de la providence d'après Chr., Arch. f. Gesch. d. Philos. 23 (1910) 472—511. P. S h o r e y , Class. Philol. 6, 477 (zu Fragm. 574 v. Arn.). A. D y r o f f , Eine Schr. d. Chr. als Vorlage der pseudoplutarch. Schr. üb. d. Kindererziehung, Ethik d. alten Stoa (s. u. S. 130*) 239 ff. E. S e e b a c h , Die L. v. d. bedingten Unsterblichkeit in ihrer Entst. u. geschichtl. Entwickl., Krefeld 1898, Gieß. Diss. (behandelt Chr. L. v. der auf den Weisen beschränkten Unsterbl.). Über Chr. Bedeutung f. d. Florilegienliteratur s. A. E l t e r , De gnomologiorum Graec. hist. atque origine, Bonn 1893 ff. Pr., über s. Stell. zur Protreptik H a r t l i c h , De exhort. usw. 277 ff. — H v. A r n i m , Artikel Chrysippos 14 bei Pauly-Wissowa. — Chrysippos' Schwestersohn *Aristokreon:* U. v. W i l a m o w i t z - M o e l l e n d o r f f , Hermes 24 (1889) 332; s. jetzt D i t t e n b e r g e r , Syll. inscr. Graec. I³ Nr. 474. 475 mit Anm. 4 zu 474. — *Diogenes aus Seleukeia (,,der Babylonier"):* Zur Chronologie F r. R ü h l , Rh. Mus. 62 (1907) 435. C. F. T h i e r r y , De Diog. Bab., Lovan. 1830. K r i s c h e , Forsch. I 482—491. A. D ö r i n g , Zwei bisher nicht genügend beachtete Beitr. z. Gesch. d. Güterl. aus Cicero de fin., Ztschr. f. Philos. u. philos. Krit. 128 (1906) 16—33. A d. B o n h ö f f e r , Die Telosformel des Stoikers D., Philol. 67 (1908) 582—605. Über seine Bedeutung für den Streit zwischen Philosophen- und Rhetorenschule v. A r n i m , Dio von Prusa 88. 90. Die Beziehungen des D. zur Rhetorik berühren auch L. R a d e r m a c h e r ,

Stud. z. Gesch. d. ant. Rhet. III, Rh. Mus. 54 (1899) 285 ff. (dazu v. Wilamowitz, Hermes 35 [1900] 44 Anm. 1), F r. S c h ö l l, Rh. Mus. 57 (1902) 312—314, L. R a - d e r m a c h e r ebenda 314, seine Stellung zur Musik H. A b e r t, Die L. v. Ethos 23, seinen u. des Panaitios Einfluß auf den Stil röm. Autoren F i s k e, The Plain Style in the Scipionic Circle, in: Classic. Studies in Honor of Ch. Forster Smith (Madison), angez. im Class. Journ. 15 (1920) 252. — H. v. A r n i m, Art. Diogenes 45 bei Pauly-Wissowa. — *Antipatros von Tarsos:* H. C o h n, A. v. T., Berl. 1905, Gieß. Diss. (hier auch die frühere Lit.). M. W e l l m a n n, Hermes 52 (1917) 133 ff. O. H e n s e, Zu A. v. T., Rh. Mus. 73 (1920) 290—305. H. v. A r n i m, Art. Antipatros 26 bei Pauly-Wissowa. — *Boëthos von Sidon:* J. F. D o b s o n, Boëthos of Sidon, Class. Quart. 8 (1914) 88 ff. H. v. A r n i m, Art. Boëthos 4 bei Pauly-Wissowa. — Für *Archedemos, Basileides, Eudromos* und *Krinis* sei auf Z e l l e r, S u s e - m i h l und die entsprechenden Artikel bei Pauly-Wissowa verwiesen. Für Krinis s. auch H. Usener, Kl. Schr. I 362. — Reste eines *Altstoikers (Zenon? Ariston?)* in Plutarch π. τύχης: F. D ü m m l e r, Akademika 211 ff. A. S c h l e m m, De font. Plut. comm. de aud. poët. et de fort., Gott. 1893 Diss., 85 ff. 100. A. E l t e r, De gnomol. Graec. hist. atque orig. part. II 97 ff. (S. auch D y r o f f, Eth. d. a. Stoa 326 Anm. 6, der an Poseidonios denkt.)

Stoisch Beeinflußte:

Aratos: E. S c h w a r t z, Dtsch. Lit.-Ztg. 1893, 745 f. F. S u s e m i h l, Jahrbb. f. kl. Philol. 147 (1893) 42 f.; 149 (1894) 93 ff. E. M a a ß, Gött. gel. Anz. 1893, 642. E. Z e l l e r, Arch. f. Gesch. d. Philos. 9 (1896) 382. G. P a s q u a l i, Das Proömium d. Arat., Χάριτες, Berl. 1911, 113—122. E. P f e i f f e r, Stud. z. ant. Sterngl. 51 f. G. Knaack, Art. Aratos 6 bei Pauly-Wissowa. — *Krates von Mallos:* C. Wachsm u t h, De Cratete Mallota, Lpz. 1860. E. M a a ß, De Cratete Mallota in: Aratea, Berl. 1892, 165—207. J. H e l c k, De Cratetis Mallotae studiis criticis quae ad Iliadem spectant, Lpz. 1905 Diss. De Cr. M. stud. crit. quae ad Odysseam spectant, Dresden 1913 Pr. A. B a l s a m o, Cratete di Mallo e la sua interpretazione di Omero, Riv. d. filol. 31 (1903) 193—219. H. S c h r a d e r, Ergänzz. und Bemerkk. zu d. Krates-Exzerpt des Scholion Genevense Φ 195, Hermes 43 (1908) 58 ff. C a r. R e i n - hardt, De Cr. M. in: De Graecorum theologia capita duo, Berol. 1910, 59—80. Über seine Bedeutung für die stoischen Bücherkataloge A. D y r o f f, Über die Anlage d. stoisch. Bücherkataloge, Würzb. 1896. C b r. J e n s e n, Zur Poëtik d. Kr. v. Pergamon, in des Verf. Ausg. v. Philodem Üb. d. Gedichte B. 5, S. 146—174. — W. K r o l l, Art. K. 16 bei Pauly-Wissowa-Kroll. — *Apollodoros von Athen:* R. M ü n - z e l, De A. περὶ θεῶν libris, Bonn 1883 Diss. E. H e f e r m e h l, Prolegomenon in scholia veterrima quae sunt de Iliadis libro Φ specimen. Studia in Apollodori περὶ θεῶν fragmenta Genevensia, Berl. 1905 Diss. F. Z u c k e r, Spuren von A. περὶ θεῶν bei christl. Schriftstellern der ersten fünf Jahrhunderte, Nürnberg 1904, Münch. Diss. C a r. R e i n h a r d t, De A. Atheniensis opere περὶ θεῶν iu: De Graec. theol. cap. duo, Berol. 1910, 81—121. B ö r t z l e r (Beziehungen des Porphyrios und der Vergil- scholien zu A.) s. unter Porphyrios. Über die uns unter anderem Gesichtspunkt interessierende Chronik des Apollodor s. o. S. 15. 13*. E d. S c h w a r t z, Art. Apollodoros 61 bei Pauly-Wissowa. — *Blossius:* M. R e n i e r i s, Περὶ Βλοσσίου καὶ Διοφάνους ἔρευναι καὶ εἰκασίαι, ἐν Λειψίᾳ 1873, auch ins Italien. übers. unter dem Titel: Tiberio Gracco e i suoi amici Blossio e Diofane, Venezia 1875. K l e b s, Art. Blossius 1 bei Pauly-Wissowa.

V o r b e m e r k u n g z u §§ 55—57: Z u v e r g l e i c h e n s i n d d i e A r - b e i t e n ü b e r d i e S t o a i m a l l g e m e i n e n u n d ü b e r d i e e i n z e l - n e n A l t s t o i k e r, i n s b e s o n d e r e ü b e r C h r y s i p p o s (z u § 54).

Zu § 55. Die alte Stoa: Das System, I: Einteilung der Philosophie. Logik (ein- schließlich Grammatik und Rhetorik): Von dem stoischen Begriff der πρόληψις handelt T. R o o r d a, Lugd. Bat. 1823 (abg. aus den Annales Acad. Lugdun. 1822—23), von der stoischen *Kategorienlehre* F. A. T r e n d e l e n b u r g, Gesch. der Kategorienl., Berl. 1846, 217—232; vgl. P r a n t l in s. Gesch. d. Logik, auch I. H. R i t t e r, De Stoic. doctr., praesertim de eorum logica, Bresl. 1849 Diss. V. B r o c h a r d, De assensione Stoici quid senserint, Nancy 1879. R. H i r z e l, De logica Stoicorum (commentatio ex satura philologa H. Sauppio oblata), Berl. 1880. V. B r o c h a r d,

Sur la logique des Stoiciens, Arch. f. Gesch. d. Philos. 5 (1892) 449—468.
H a m e l i n , Sur la logique des Stoiciens, Année philos. 12 (1902) 23. M. H e i n z e ,
Zur Erkenntnisl. d. Stoiker, Lpz. 1880 Univ.-Pr. W. L u t h e , D. Erkenntnisl. d.
Stoiker, Emmerich 1890 Pr. L. S t e i n , D. Erkenntnistheorie der Stoiker, s. unt.
zu § 56. F. L. G a n t e r , Das stoische System d. αἴσθησις; m. Rücks. auf die neueren
Forschh., Philol. 53 (1894) 465—504. *Grammatik:* R. S c h m i d t , Stoicorum
grammatica, Halle 1839, auch L e r s c h und S t e i n t h a l in ihren S. 25* zitierten
Schriften. R. R e i t z e n s t e i n , M. Terent. Varro u. Joh. Mauropus v. Euchaita,
Lpz. 1900, 24 ff. 75, 1. 78. 79. H. S c h r a d e r , Hermes 39 (1904) 589 ff. Zur
stoischen Etymologie F. M u l l e r , De veterum imprimis Romanorum stud. etymol.,
Utrecht 1910 Diss., 42 ff. *Rhetorik:* F. S t r i l l e r , De Stoicorum studiis rhetoricis,
Bresl. philol. Abh. Bd. 1 (1886). G. T h i e l e , Hermagoras, Straßb. 1893. L. R a d e r -
m a c h e r , Stud. z. Gesch. d. gɪiech. Rhet. I, Rh. Mus. 52 (1897) 412 ff. v. W i l a -
m o w i t z , Hermes 35 (1900) 44. R. R e i t z e n s t e i n , Scipio Aemilianus u. d.
stoische Rhetorik, Straßb. Festschr. z. 46. Philologenvers., Straßb. 1901. C h. N e w -
t o n S m i l e y , Latinitas and Ἑλληνισμός. The influence of the Stoic theory of
style as shown in the writings of Dionysius, Quintilian, Pliny the younger, Tacitus,
Fronto, Aulus Gellius and Sextus Empiricus, Diss. v. Madison (Wisconsin) 1906
(Bulletin of the Univers. of Wisconsin Nr. 143). Ulpian ὁ Κειτούκειτος, Amer. Journ.
of Philol. 29, 322 (Einfluß stoischer Stillehre bei Athenaios). R. H. T u k e y , The
Stoic use of λέξις and φράσις, Class. Philol. 6 (1911) 444—449. F. H. C o l s o n ,
The Analogist and Anomalist Controversy, Class. Quart. 13 (1919) 24 ff. (Dazu
Corrigenda ebd. 88). O. S c h i s s e l v. F l e s c h e n b e r g , Byzant.-neugriech.
Jahrbb. 3 (1922) 41 (zur stoisch. στάσις-Lehre). S. ferner oben S. 127* f. zu Diogenes
von Seleukeia.

    Zu § 56. Die alte Stoa: Das System, II: Physik: Über die *Theologie, Naturlehre
und Psychologie der Stoiker* handeln: J. L i p s i u s , Physiologia Stoicorum, Antv.
1610. J. T h o m a s i u s , De Stoic. mundi exustione, Lips. 1672. C h. M e i n e r s ,
Comm. de Stoic. sententia de animorum post mortem statu et factis, in dessen Verm.
philos. Schriften (Lpz. 1775—1776) II 205 ff. I. d e V i l l o i s o n , De theol. physica
Stoic. commentatio, in der Ausg. des Cornutus v. Frdr. Osann, Götting. 1844, XVII ff.
O. H e i n e , Stoic. de fato doctrina, Numburgi 1859, Comm. Portensis. C. W a c h s -
m u t h , Die Anss. der St. über Mantik und Dämonen, Berl. 1860. F. W i n t e r ,
Stoicor. pantheismus et principia doctr. ethicae quomodo sint inter se apta et conexa,
Wittenb. 1863 Pr. L. S t e i n , D. Psychologie der Stoa, 1. Bd.: Metaphysisch-
anthropol. Teil, Berl. 1886, 2. Bd.: D. Erkenntnistheorie d. St. Vorangeht: Umriß der
Gesch. d. griech. Erkenntnisth. b. auf Aristot., 1888; s. auch dens., Antike u. mittelalterl. Vorläufer des Occasionalismus, Arch. f. Gesch. d. Philos. 2 (1889) 198—207.
A. B o n h ö f f e r , Zur stoisch. Psychologie, Philol. 54 (1895) 403—429. A d. D y -
r o f f , Zur stoisch. Tierpsychol., Blätt. f. d. Gymnasialschulw. (bayr.) 33 (1897)
399—404; 34 (1898) 416—430 (I. Plutarchs Schr. über d. Tierverstand als Quelle f. d.
stoische Tierpsychol. II. Inhalt d. stoischen Tierpsychol.). H. S i e b e c k , Die
Umbild. d. peripatetisch. Naturphilos. in die d. Stoiker, Unterss. z. Philos. d. Gr.^{2},
Freib. i. Br. 1888. A. H ä b l e r , Zur Kosmogonie der St., Jahrbb. f. Philol. u. Päd.
147 (1893) 298—300. W. E. V o i g t , Gesch. d. Unsterblichkeitsidee in der St.,
Erl. 1901 Diss. E. B r é h i e r , La théorie des incorporels dans l'ancien Stoicisme,
Arch. f. Gesch. d. Philos. 22 (1909) 114—125. Über den st Logos handeln M. H e i n z e ,
Die L. v. Logos 79—172, A. A a l l , Gesch. d. Logosidee in d. griech. Philos. 98—167,
über die st. Theodizee P. B a r t h , Die st. Theodizee bei Philo, in: Philos. Abh.
M. Heinze zum 70. Geb. gew., Berl. 1906, 14—33 (ein Teil verkürzt in d. Verf. Buche
Die Stoa^2 62 ff.), W. C a p e l l e , Arch. f. Gesch. d. Philos. 20 (1907) 176 ff. S. auch
P. W e n d l a n d , Philos. Schr. über die Vorsehung 71 ff., K. P r a e c h t e r ,
Hierokles der Stoiker 16 ff. W. G u n d e l , Die Aufnahme u. Deutung von Ananke
und Heimarmene bei den St., in: Beiträge zur Entwicklungsgesch. der Begriffe Ananke
und Heimarmene, Gieß. 1914 Hab.-Schr., 61 ff. S. auch v. A r n i m zu § 57 und
H a n s M e y e r zu § 53. K. Z i e g l e r und S. O p p e n h e i m , o. S. 24*. —
Stoa und Sternglaube: P f e i f f e r s. o. S. 24*. Stoische Ausführungen üb. d.
menschl. u. tierischen Organism. und die stoische Tierpsych. berührt S h. O. D i c k e r -
m a n in den S. 24* f. unter III und IV genannten Arbeiten, die Tierpsychologie auch

M. W e l l m a n n , Hermes 52 (1917) 130 ff. u. H. D i e l s , Abh. Berl. Ak. Jahrg. 1915
phil.-hist. Kl. Nr. 7, 60 ff., ein Motiv der st. Physik in einer bildl. Darst. A. K n a u t h ,
Das Kind *Φύσις* auf d. Reliefbild d. Archelaos v. Priene, Blätter f. d. Gymnasialschulw. (bayer.) 47, 107 ff. Zur st. L. von den Affekten s. die S. 25* unter IV und
S. 26* genannten Arbeiten von R i n g e l t a u b e , R a b b o w u. a. und die Lit.
zu § 57.

Zu § 57. Die alte Stoa: Das System, III: Ethik: Ethica secundum Stoicos com-
posita per D. B a r l a a m u m (hrsg. v. Henr. Canisius in Lect. antiqu. tom 6 [1604]
u. in Biblioth. script. eccles. Leid. tom. 26 [1675]). C. S c i o p p i u s , Elementa
Stoicae philosophiac moralis, Mogunt. 1606. M. H e i n z e , St. de affectibus doctrina,
Berol. 1861 Diss.   St. ethica ad origines suas relata, Naumb. 1862, Pr. von Schul-
pforta. F. W i n t e r , St. pantheismus et principia doctrinae ethicae quomodo sint
inter se apta et conexa, Wittenb. 1863 Pr. D. R i c h t e r , Die Überlief. der st.
Definitionen üb. die Affekte, Halle 1873 Pr. E. H a n n o t , Essai sur la morale st.
et ses conséquences au point de vue de la civilisation, Brux. 1880. W. T. J a c k s o n ,
Seneca and Kant, or an exposition of st. and rationalistic ethics, Dayton 1881.
R.T h a m i n , Un problème moral dans l'antiquité, étude sur la casuistique St., Par. 1884.
O. A p e l t , Die st. Definitionen d. Affekte u. Poseidonios, Jahrbb. f. klass. Philol. 1885,
513—550 (auch in des Verf. „Beiträgen" s. S. 36*). X. K r e u t t n e r , Die stoischen
Def. d. Affekte b. Suidas, Philol. 46 (1888) 755—757. C. G a w a n k a , De summo bono
quae fuerit Stoic. sententia, Osterode 1889 Pr. A. H a a k e , Die Gesellschaftsl.
der St., Berl. 1887. Üb. d. sozialen Weltstaat des Stifters d. Stoa s. P ö h l m a n n ,
Gesch. d. soz. Frage usw., s. o. S. 27*, über d. st. Auff. d. Monarchie J. K a e r s t ,
Stud. z. Entw. u. theor. Begründ. d. Monarchie im Altert., Münch. Lpz. 1898, 63—78;
Gesch. d. hellen. Zeitalt. II 1 314 ff. J. K a r g l , Die L. d. Stoiker v. Staat, Erl. 1913
Diss. A d. D y r o f f , Die Ethik der alten Stoa, Berl. 1897 (Hauptwerk). Ders.,
Zur Ethik der alt. Stoa, 1. Zur Einteilung der st. Ethik, Arch. f. Gesch. d. Philos. 11
(1898) 491—504. Zur Ethik der St., 2. Zur Vorgesch., Arch. f. Gesch. d. Philos. 12
(1899) 55—67. A. F a i r b a n k s , The stoical vein in Plato's republic, Philos. Rev.
1901. H. v. A r n i m , Die stoische L. v. Fatum u. Willensfreiheit, Wissenschaftl.
Beil. zu den Jahresber. d. philos. Ges. an d. Univ. z. Wien (1904—1907). A n s. F r e y ,
Das Probl. d. Menschenliebe (*φιλανθρωπία*) in d. älteren Stoa, Heiligenst. (Eichsfeld)
1908, Pr. v. Münnerstadt. W. K u t s c h b a c h , Das Verh. d. st. Ethik z. Ethik
Platons, Halle a. S. 1912, Lpz. Diss. G. B o h n e n b l u s t , Die Entst. des st.
Moralprinzips, Arch. f. Gesch. d. Philos. 27 (1914) 171—187. J. H e i n e m a n n ,
Die Lebensansch. d. alt. Stoa, in: Poseid. metaph. Schrr. I, 1—13. Ungemein fördernd für
die Beurteilung der st. Ethik sind die Arbeiten von A d. B o n h ö f f e r , s. oben
S. 126*. Zur st. L. vom Selbstmord vgl. R. H i r z e l , Der Selbstmord, Arch. f.
Religionswiss. 11, 75—206, zur Eroslehre A u g. M a y e r , Philol. Suppl. 11 (1910)
563 ff., zum Ehetopos K. P r a e c h t e r , Hierokles d. Stoiker, Lpz. 1901, 121 ff.,
sowie die S. 123* zu Theophrast angeführten Arbeiten von F. B o c k , W. G r o ß -
g e r g e u. E. B i c k e l , zur Pädagogik A. D y r o f f , Ethik der alten Stoa 239 ff.,
W. S c h i c k , Favorin *περὶ παίδων τροφῆς* u. die antike Erziehungsl., Lpz. 1911,
Freiburg. Diss., zur ethischen Musiktheorie H. A b e r t , Die L. vom Ethos in der
griech. Musik, Lpz. 1899, 22 ff. — F. R ö s i g e r , Lessings Heldenideal u. d. Stoizismus, Neue Jahrb. 19 (1907) 347—355. — Zur L. v. d. Behandl. der Affekte s. die
S. 25* unter IV und S. 26* angeführten Arbeiten von R i n g e l t a u b e ,
R a b b o w u.a.. Über das Verhältn. d. stoisch. Ethik zur platonischen G. H. P u t z -
n e r , s. zu § 41 S. 97*.
    L i t e r a t u r   z u r   m i t t l e r e n   S t o a   s. u. § 65.

**Zu § 58. Die kynische Schule im ersten Abschnitt der hellenistisch-römischen
Periode (Kynismus II. Teil, Fortsetzung zu § 35).**
    Über die Reihe der Kyniker von *Bion bis Meleagros* (mit Ausschluß des Kerkidas)
s. außer Z e l l e r , Phil. d. Gr. II 1⁴ 342. 286 f., auch F r. S u s e m i h l , Gesch.
der griech. Lit. in der Alex. I 32—47. R. H i r z e l , Dialog I 374 ff. 367 ff. 380 ff.
385 ff. — *Bion:* J. M. H o o g v l i e t , De vita, doctr. et scriptis Bionis, Leiden 1821.
O. H e n s e in den Prolegomena zu Teles (s. unter Teles); Bion b. Philon, Rh. Mus.
47 (1892) 219—240. R. H e i n z e , De Horatio B. imitatore, Bonn 1889 Diss.

H. W e b e r , De Senecae philosophi dicendi genere Bioneo, Marb. 1895 Diss.
H. L u c a s , Die Herkunft B. u. Horazens, Philol. 58 (1899) 622—624. P. W e n d -
l a n d , Philol. 57 (1898) 118. 122 (Beziehungen zu Theophrasts „Charakteren").
H. v. A r n i m , Art. Bion 10 bei Pauly-Wissowa. — *Teles:* O. H e n s e in den Prolegomena seiner Ausgabe. U. v. W i l a m o w i t z - M o e l l e n d o r f f , Der
kynische Prediger T., 3. Exkurs zu Antigonos v. Karystos 292—319. Dagegen
G. S ü p f l e , Zur Gesch. d. kyn. Sekte, Arch. f. Gesch. d. Philos. 4 (1891) 414—423
(verfehlt). H. d e M u e l l e r , De T. elocutione, Frib. Brisig. 1891 Diss. W. C r ö -
n e r t , Eine Telesstelle, Rh. Mus. 62 (1907) 620—625. Kolot. u. Mened. 37 ff. —
Menippos: F r. L e y , De vita scriptisque Menippi Cynici et de satiris M. Terentii
Varronis, Colon. 1843. F. V. F r i t z s c h e , M. u. Horaz, Güstrow 1871 Festschr.
M. u. Horaz, Philol. 32 (1873) 744—748. E. W i l d e n o w , De M. Cynico, Halle
1881 Diss. G. K n a a c k , M. u. Varro, Hermes 18 (1883) 148—150. H. A r n d t ,
Horatius sitne imitatus M., Harb. 1884 Pr. E. R o w e , Quaeritur quo iure Horatius
in saturis M. imitatus esse dicatur, Halle 1888 Diss. C. W a c h s m u t h , Sillogr.
Graec. rel. (Lips. 1885) 78—84. S. auch A. D i e t e r i c h , Nekyia 142 f. J. G e f f -
c k e n , Kynika 3 ff. Studien z. Gesch. d. griech. Satire, s. o. S. 35*. W. K n a u e r ,
De Luciano Menippeo, Halle 1904 Diss. O. H e n s e , Eine Menippea des Varro,
Rh. Mus. 61 (1906) 1—18. Zu Lucian u. M., in: Festschr. f. Th. Gomperz, Wien 1902,
185—196. R. H e l m , Lucian u. M., Lpz. Berl. 1906. Vgl. auch zu § 64 S. 142* f.
unter Varro die Literatur zu dessen Satiren, sowie C h r i s t - S c h m i d , Gesch. d.
griech. Lit. II⁶ 88 ff. Zum Stil der Menippea O. I m m i s c h , Neue Jahrb. 47
(1921) 418. 420 f. Zur menippischen Nekyia W. C r ö n e r t , Kol. u. Mened. 1 f.
Zu den Nachwirkungen des M. A. D y r o f f , Neue Jahrb. 51 (1923) 230 ff. — *Ker-*
kidas: A. M e i n e k e , K., der Dichter u. Gesetzgeber v. Megalopolis, Abh. Berl.
Akad. 1832, 91—97 (auch Anal. Alexandr. [1843], Epimetr. 12, 385—394). Miscellanea (hierin: Ein Fragm. d. K. aus Megalopolis b. Greg. Naz. de virt. 595), Jahrbb.
f. klass. Philol. 87 (1863) 387 (über dasselbe Fragment Mor. Haupt, Varia, Hermes 5
[1871] 182—183; vgl. auch Geffcken u. Deubner unten). An Meinekes Epimetr.
knüpft an A. N a u c k , Krit. Bemerkungen, Bull. de l'ac. d. scienc. de St. Petersb.
12 (1868) 520—523. J. B e r n a y s , Lucian u. die Kyniker 25. 92 f. G. K a i b e l
zu Athen. 8, 347 d e. J. S i t z l e r , Zu d. griech. Iambographen, Jahrbb. f. klass.
Philol. 125 (1882) 155 ff. (darin zu Kerkidas 7). G. S ü p f l e , Zur Gesch. d. kyn.
Sekte I, Arch. f. Gesch. d. Philos. 4 (1891) 414—423, Kap. III: Ist Cercidas aus
Megalopolis ein Cyniker? (verkehrt, vgl. Burs. Jahresb. 96 [1898 I], 18 Nr. 55).
W. H e a d l a m , Var. coniect. II, Journ. of philol 21 (1893) 75 ff. (darin zu Stob.
flor. 4, 42 [Kerkidas]). F r. L e o , Zum Kyniker K., Hermes 41 (1906) 444. G u i l.
C r ö n e r t , Cercidae fragmentum, Rh. Mus. 62 (1907) 311 f. J. G e f f c k e n ,
Kynika 19. G. A. G e r h a r d , Phoinix von Kolophon, 205—210 (mit ausführlicher
Lit.-Angabe). M. C r o i s e t , K. de Mégalopolis, Journ. d. sav. 11, 481—493.
M. L e n c h a n t i n d e G u b e r n a t i s , De Horatio C. imitatore, Boll. di filol.
class. 19 (1912) 52—56. A. M a y e r , Zu K. Fr. 5, Berl. philol. Woch. 1911, 1421 f.
H. v. A r n i m , Zu den Gedichten des K., Wien. Stud. 34 (1912) 1—27. L. R a d e r -
m a c h e r , Mythica (darin zu K. λεβητοχάρων [Fragment 6 B]), ebd. 28—36.
L. D e u b n e r , K. u. Epicharm, Hermes 47 (1912) 480. F. R ü h l , Zu K., Rh. Mus.
67 (1912) 167 ff. A. P l a t t , Cerc. fragm. 2, 11. 12 (ὠλεσίκαρπος), Class. Quart. 6
1912) 43. J. H. P o w e l l , Cercidas, Class. Rev. 27 (1913) 264. G. A. G e r h a r d ,
Cercidaea, Wien. Stud. 37 (1915) 1—26. U. v. W i l a m o w i t z - M., K., Sitz. Berl.
Ak. 1918, 1138. O. I m m i s c h , Zu K., Berl. philol. Woch. 1919, 598—600.
L. D e u b n e r , K. bei Gregor v. Nazianz, Hermes 54 (1919) 438—441. G. A. G e r -
h a r d und W. K r o l l , Art. K. 2 bei Pauly-Wissowa-Kroll. — *Menedemos:* W. C r ö -
n e r t , Kolotes und Menedemos (s. Text § 59). — *Meleagros:* C. W a c h s m u t h ,
Sillogr. Graec. rel. 84 f. H. O u v r é , M. de Gad., Par. 1894 Thèse. K. R a d i n g e r ,
M. v. Gad., Innsbr. 1895.

Kynisch-stoische Diatribe: Unsere Kenntnis der kynisch-stoischen Diatribe
nach ihren inhaltlichen Motiven, literarischen Ausdrucksformen, ihrer Verbreitung und
Fernwirkung ist in den letzten Jahrzehnten aus der eingehenden Beschäftigung mit
einer ganzen Reihe von Schriftstellern erwachsen. Es muß daher auf die Literatur über
die Kyniker dieser und der folgenden Perioden, über die Stoiker namentlich der
Kaiserzeit (Seneca, Musonios, Epiktet, Hierokles) und die stoisch oder kynisch be-

einflußten Autoren verwiesen werden. Hier stelle ich einige Arbeiten zusammen, die sich teils mit der Entwicklung der kynisch-stoischen Diatribe in ihrem Gesamtverlaufe, teils mit ihren wesentlichen Motiven und stilistischen Eigentümlichkeiten im ganzen oder im einzelnen befassen: P. W e n d l a n d , Die philos. Propaganda u. die Diatribe, in: Die hellenistisch-römische Kultur² ³ (Tüb. 1912) 75 ff. Philo u. d. kynisch-stoische Diatribe, in: P. Wendland u. O. Kern, Beiträge z. Gesch. d. griech. Philos. u. Rel., Berl. 1895. J. G e f f c k e n , Kynika u. Verwandtes, Heidelb. 1909 (Die beiden letztgenannten Arbeiten sehr ergebnisreich für die sachl. Topoi u. d. Stil der Diatribe). G. A. G e r h a r d , Phoinix von Kolophon, Lpz. Berl. 1909 (fleißige Sammlung). R. B u l t m a n n , Der Stil der paulin. Predigt u. die kynisch-stoische Diatribe (Forschh. z. Relig. u. Lit. d. Alt. u. Neuen Testam., hrsg. v. W. Bousset u. H. Gunkel, Heft 13), Gött. 1910 (handelt zunächst vom Stil d. Diatribe). E. N o r - d e n , D. ant. Kunstpr. I 129 f. H. v. A r n i m , Leben u. Werke d. Dio von Prusa, Berl.1898 (wichtig f. Anlage, Vortragsweise u. literarische Verarbeitung d. kyn. Predigt u. daraus zu erklärende Besonderheiten d. Überlieferung). H. W e b e r , De Senecae philosophi dicendi genere Bioneo, Marp. Catt. 1895 (gibt in Kap. II eine Übers. üb. d. Eigentümlichk. d. Diatribenstils). R. S c h u e t z e , Juvenalis ethicus, Gryphiae 1905 Diss., 89 ff. (Stil d. Diatribe). W. S c h m i d , Woch. f.klass. Philol. 1901, 602. K. P r a e c h t e r , Hierokl. d. Stoik., Lpz. 1901, 95. E. W e n k e b a c h , Hermes 43 (1908) 84 f. 99. O. H a l b a u e r , De diatribis Epicteti, Lpz. 1911 Diss. (abweichend von d. gewöhnl. Ansicht üb. Wesen u. Begriff d. Diatribe). Th. S i n k o [Über d. sogen. kynisch-stoische Diatribe], Eos 21 (1916) 21—63 (polnisch; Referat Woch. f. klass. Philol. 1917, 791—793). Für den Inhalt kommen auch mehrere der oben S. 26* f. angeführten Arbeiten über popular-philos. Topoi in der antiken Lit. sowie die oben S. 62* f. für den Kynismus im allgemeinen verzeichneten Abhh. in Betracht. S. auch O. R i b b e c k , Kolax (Lpz. 1883) 103—105, A. S c h l e m m , Hermes 38 (1903) 587 ff. u. (für Diatribenmotive) J. M a k o w s k y , De collatione Alex. Magni et Dindimi, Bresl. 1919 Diss.

Über den *hedonischen Kynismus* orientieren O. H e n s e , Rh. Mus. 47 (1892) 239 f.; 61 (1906) 13 Anm. 1. Derselbe in: Festschrift f. Th. Gomperz, Wien 1902, 192. Proleg. zu Teles² XLIII f. G. A. G e r h a r d , Phoinix von Kolophon (s. o.), 41 ff. 175 f. S. auch die Arbeiten zur Diogeneslegende oben S. 63* und F. D ü m m l e r , Akademika 172 f. 208. 282.

Einflüsse der kynisch-stoischen Diatribe außerhalb des Kreises der kynischen und stoischen Philosophen:

a) *Philosophen:* s. besonders die Liter. zu *Varro, Philon, Plutarch, Galen, Maximos von Tyros, Julian.*

b) *Außerhalb der philosophischen Schulen Stehende* (es kann hier nur einiges Wichtigere verzeichnet werden): *Hellenistische Poesie:* J. G e f f c k e n , Leonidas v. Tarent, Jahrbb. f. klass. Philol. Suppl. 23 (1896) 1—164 (s. dazu aber M. P o h l e n z, Χάριτες [s. u.] 81, und B. H a n s e n , De Leonida Tarentino, Lpz. 1914 Diss.). Kynika u. Verwandtes (s. oben S. 62*) I 1: Diatriben in der hellenist. Dichtung. G. A. G e r - h a r d , Phoinix von Kolophon (dazu O. H e n s e , Berl. philol. Woch. 1910, 1065 f., P. V a l l e t t e , Phénix de Colophon et la poésie cynique, Rev. de philol. 37 [1913] 162—182, D. S e r r u y s , ebd. 183—190). M. P o h l e n z , Die hellenist. Poesie u. die Philos., in: Χάριτες, Berl. 1911, 76—112. L. E s c h e r , De Sotadis Maronitae reliquiis, Darmst. 1913, Gieß. Diss. Ders., Berl. philol. Woch. 1914, 860 f. (zu Sotades auch G e r h a r d , Phoinix v. Kol. 244). *Lucilius:* L. D e u b n e r , Hermes 45 (1910) 313. *Horaz:* L. D e u b n e r s. zu § 76. *Tibull:* F. J a c o b y , Rh. Mus. 64 (1909) 623 ff. *Manilius:* E d w. M ü l l e r , Philol. 62 (1903) 85. *Phaedrus:* G. T h i e l e , Phaedrusstudien, Hermes 41 (1906) 562—592. Für mittelbare Einflüsse in späterer Zeit vgl. auch desselben Verf. Werk: D. lat. Äsop des Romulus u. die Prosafassungen d. Phädrus, Heidelb. 1910. *Martial:* K. P r i n z , Martial u. die griech. Epigrammatik I, Wien 1911. *Juvenal:* R. S c h u e t z e , Juvenalis ethicus, so oben. *Lukian:* s. zu § 76. *Neutestamentliche Schriften:* W e n d l a n d , Hellen.-röm. Kultur, s. o. A d. B o n h ö f f e r , Epiktet u. d. Neue Testament, Gieß. 1911. R. B u l t m a n n , s. oben. G e f f c k e n , Kynika (s. o. S. 62*) I 2: Jakobus 3, 1—11. E. L e h m a n n u. A. F r i d r i c h s e n , Neutest. Forschungen, S.-H. d. Theol. Stud. u. Krit. 1922, H. 1/2, 55—95 (zu 1. Kor. 13). *Patristische Literatur im allgemeinen:* W e n d l a n d , Hell.-röm. Kult. 92. *Klemens v. Alex.:* W e n d l a n d s. Lit. zu Musonios (zu § 67).

Tertullian: G e f f c k e n , Kynika 80 ff. *Basileios:* B ü t t n e r u. D i r k i n g
s. o. S. 30*. 31*. *Gregor v. Nazianz:* J. R. A s m u s , Greg. v. Naz. u. sein Verh. z.
Kynismus, Theol. Stud. u. Krit. 67 (1894) 314—339. G e f f c k e n a. a. O. 18 ff.
Johannes Chrysostomos: G e f f c k e n a. a. O. 37 f. Vgl. auch A. N a e g e l e , Byz.
Ztschr. 13 (1904) 106 f. *Asterios v. Amaуea:* A d. B r e t z , Studien u. Texte zu Ast.
v. Am. (Texte u. Unters. z. Gesch. d. altchristl. Liter. 3. Reihe 10. Bd. 1. Heft), Lpz.
1914, 46 ff. 93 ff. u. ö. *Sibyllinische Orakel:* G e f f c k e n a. a. O. 39 ff. *Grabinschriften:*
B r. L i e r , Philol. 62 (1903) 450 ff. *Diatribe und christliche Predigt:* U. v. W i l a m o -
w i t z - M o e l l e n d o r f f , Antig. v. Karyst. 313 ff. P. W e n d l a n d , Hellen.-
röm. Kult.[2. 3] 92 ff.

**Zu § 59. Die epikureische Schule. Die einzelnen Vertreter der Schule im ersten
Abschnitt der hellenistisch-römischen Periode.** Gesamtdarstellungen von Z e l l e r
III 1[4] 373 ff., S u s e m i h l , Gesch. d. griech Lit. in d. Alex. (für die in die alexandrin.
Zeit fallenden Epikureer) I 87 ff. II 257 ff. *Vgl. durchweg § 59 Text.*

*Epikur (Leben, Persönlichkeit, Schriften und Lehre. Arbeiten, in denen über
die Philosophie Epikurs und der Epikureer ohne wesentliche Beziehung auf Person
oder Schriften des Schulgründers gehandelt wird, s. zu §§ 60—62):* P. G a s s e n d i ,
Exercitationum paradoxicarum adv. Aristoteleos liber l., Gratianopol. 1624. II. Hag.
Com. 1659; De vita, moribus et doctrina Epic., Lugd. 1647; Animadv. in Diog. L. X.,
Lugd. Bat. 1649; Syntagma philosophiae Epic., Hag. Com. 1655. L. P r e l l e r ,
Über E. und seine Philos., Philol. 14 (1859) 69—90 (= Ausgw. Aufs. aus d. Geb. d.
klass. Altertumsw. [1864] 330—349). G. T r e z z a , Epic. et l'Epicureismo[2], Milano
1885. G. K e r n , Bemerk. zum 10. B. des Diog. Laert., Prenzlau 1878 Pr.
P. v. G i z y c k i , Über d. Leb. u. d. Moralphilos. des E., Halle 1879 Diss. P. H o f f -
m a n n , Sur les διαπορίαι d'Épic., Rev. de l'instruction publ. en Belgique 28, 73—79.
J. K r e i b i g , E., s. Persönlichk. u. s. LL., Wien 1886. U. v. W i l a m o w i t z -
M o e l l e n d o r f f , Comm. gramm. III, Gött. 1889, 13 ff. P. C a s s e l , E. d.
Philos. verteid. u. erkl., Berl. 1892. E. T h o m a s , E. bei Seneca, ep. 16, 7—9,
Arch. f. Gesch. d. Phil. 4 (1891) 560—567. E. Anklänge b. Seneca, De tranqu,
an. 9,2 usw., ebd. 568—570. O. W e i ß e n f e l s , De Seneca Epicureo, Berl.
1886 Pr. S. S u d h a u s , Aristoteles in d. Beurt. d. E. u. Philodem, Rh. Mus. 48
(1893) 561 ff. Eine Szene aus E. Gastmahl, Philol. 54 (1895) 85—88. A. D ö r i n g ,
E. philos. Entwickl., Ztschr. f. Philos. u. philos. Krit. 119, 1—10. K. P r a e c h t e r ,
Zur epikurischen Spruchsamml., Philol. 56 (1897) 551 f. W. A. H e i d e l , Epicurea,
Amer. journ. of philol. 23 (1902) 185—194; dazu W. C r ö n e r t , Rh. Mus. 61 (1906)
417. M. R e n a u l t , Épicure, Par. 1903. P. L i n d e , De E. vocabulis ab optima
Atthide alienis, Bresl. 1906 Diss. (Bresl. philol. Abh. IX 3); dazu W. C r ö n e r t ,
Rh. Mus. 61 (1906) 415. — W. C r ö n e r t , Kolot. u. Mened. (s. dort das Register
unter Epikur). O. T e s c a r i , Nota Epicurea: ἀναπλήρωσις, Bollett. di filol. class.
13, 74—76. Nota Epicurea: ἀντικοπή, ebd. 14 (1907) 11—16. Postilla Epicurea,
ebd. 15, 155—157. Ἀντ αναπλήρωσις e ἰσονομία in E., Riv. di filol. 39 (1911) 481
bis 503. Clinamen, Boll. d. filol. class. 28, 11—13. E. B i g n o n e , Sulla discussa
autenticità della raccolta delle *Κύριαι δόξαι* di E., Rendic. d. Istituto Lombard. di
sc. e lett., Ser. 2 vol. 41 (1908) 792—819 (zu der Frage s. auch unten). E. J o y a u ,
Épicure, Par. 1910. J. H. L e o p o l d , Uit den tuin van Epicurus[2], Rotterd. o. J.
Ad gnomolog. Epicur. Vatican., Mnemos N. S. 38 (1910) 65—68. S. S u d h a u s ,
E. als Beichtvater, Arch. f. Religionswiss. 14, 647 f. E. B i g n o n e , Epicurea (Pap.
Herc. ined. 168 col. 1; Schol. in Epic. epist. ad Her. 42 f. = Usener Epic. S. 7, 17 ff.),
Atti d. Accad. d. sc. di Torino 1912, 670—690. Derselbe, Boll. di filol. class. 21 (1915)
156—161 (Empedokles u. E.). G u a l t h. A r n d t , Emendationes Epicureae,
Berlin 1913 Diss. H. M u t s c h m a n n , Seneca u. E., Hermes 50 (1915) 321—356.
I. H. L e o p o l d , Ad. E., Mnemos. 43 (1915) 268—285. W. N e s t l e , Bemerkk.
zu E., Berl. philol. Woch. 1917, 1089—1094. K. P r a e c h t e r (zu Us. Epic. S. 367,
10 ff.), Hermes 56 (1921) 107. D. H i c k s (zu Us. Epic. S. 18, 3 ff.), Class. Rev. 37,
108. S. insbesondere die grundlegende Einleitung zu U s e n e r s Epicurea (Text
§ 59), sowie Einleitung u. Kommentar v. B i g n o n e (ebd.). H i r z e l , Dialog I
363 f. N o r d e n , Ant. Kunstpr. 123 ff. H a r t l i c h , De exhort. usw. 281 f.
v. A r n i m , Leben u. Werke des Dio von Prusa 73 ff. L. R a d e r m a c h e r ,
Rh. Mus. 54 (1899) 364 ff. E. H a u l e r , Wien. Stud. 27 (1905) 95—105 (E. auf d.

römischen Bühne). D i e l s , Elementum 10 ff. (zu Ps.-Epikurs Brief an Pythokles).
v. A r n i m , Art. Epikuros bei Pauly-Wissowa. Die Frage der $K\acute{\upsilon}\varrho\iota\alpha\iota$ $\delta\acute{o}\xi\alpha\iota$ behandeln
neuerdings außer Bignone (s. o.) auch P. V o n d e r M ü h l l , Üb. E. $K\acute{\upsilon}\varrho\iota\alpha\iota$ $\delta\acute{o}\xi\alpha\iota$ u.
Demokrit, in: Festg. f. Ad. Kaegi, Frauenfeld 1919, 172—178, u. in der Praef. s.
Ausgabe, R. P h i l i p p s o n , Berl. philol. Woch. 1920, 1023—1032; 1923, 1094 f.,
H. D i e l s , Deutsche Lit.-Ztg. 1920, 661, die Frage nach der Echtheit des Lehr-
briefes an Pythokles zuletzt V o n d e r M ü h l l in der Ausg. d. Briefe und P h i l i p p-
s o n , Philol. Woch. 1923, 1094. — Über die Briefe der *unmittelbaren Schüler E.s*,
Metrodoros, Polyainos und Hermarchos und das aus diesen Briefen abgeleitete Gnomo-
logion handelt H. U s e n e r , Epicurea LIV ff., Epikurische Spruchsammlung (Wien.
Stud. 10, 175 ff.; 11, 170; 12, 1 ff.). Zu den Briefen E. und seiner Schüler auch
H. M u t s c h m a n n , o. S. 133*. — *Metrodoros:* E. T h o m a s , Über Bruchstücke
griech. Philos. bei d. Philos. L. Ann. Seneca: das Brieffragm. des M. v. Lamps. b. Sen.
ep. 99, 25, Arch. f. Gesch. d. Phil. 4 (1891) 70—73. S. P e l l i n i , Problema di Metro-
doro, Classici e Neolatini 1, 1. S. S u d h a u s , Eine erhaltene Abh. des Metrodor,
Hermes 41 (1906) 45—58. $M\eta\tau\varrho\acute{o}\delta\omega\varrho\varsigma$ $\pi\varepsilon\varrho\grave{\iota}$ $\pi\lambda o\acute{\upsilon}\tau o\upsilon$, Hermes 42 (1907) 645—647.
S. auch die Arbeiten von D ü n i n g und K ö r t e im Texte. — *Polyainos:* s. Text. —
Hermarchos: W. C r ö n e r t , Rh. Mus. 56 (1901) 619. Kolotes u. Menedemos 109.
H. v. A r n i m , Art. Hermarchos 1 bei Pauly-Wissowa-Kroll. H. D i e l s , Abh.
Berl. Ak. Jahrg. 1916 phil.-hist. Kl. Nr. 6, 48 ff. K. K r o h n , s. Text. — *Kolotes:*
W. C r ö n e r t , K. u. Menedemos, s. Text. — H. v. A r n i m , Art. Kolotes 1 bei
Pauly-Wissowa-Kroll. — *Karneïskos:* H. v. A r n i m , Art. K. bei Pauly-Wissowa-
Kroll. — *Idomeneus:* J a c o b y , Art. Idomeneus 5 bei Pauly-Wissowa-Kroll. —
Polystratos: R. P h i l i p p s o n , P. Schr. über die grundlose Verachtung der Volks-
meinung, Neue Jahrb. 23 (1909) 487—509. H. D i e l s , Abh. Berl. Ak. Jahrg. 1915
phil.-hist.Kl. Nr. 7, 63 ff. — *Epikureer in Syrien, Basileides aus Tyros, Philonides
aus Laodikeia, Lysias aus Tarsos, Zenon aus Sidon, Philodemos aus Gadara:*
W. C r ö e n r t , Die Epikureer in Syrien, Jahreshefte d. österr. archäol. Inst. 10, 145. —
Philonides: H. U s e n e r , Philonides, Rh. Mus. 56 (1901) 145—148 = Kl. Schr. III
188—191. W. C r ö n e r t , Kol. u. Men. 88. 181 f. S. auch Dikaiomata herausg. v.
d. Graeca Halensis, Berl. 1913, 188 f. — *Apollodoros* $\acute{o}$ $K\eta\pi o\tau\acute{\upsilon}\varrho\alpha\nu\nu o\varsigma$: H. D i e l s ,
Sitz. Berl. Ak. 1897, 1063 (gelehrte Richtung d. A.). W. C r ö n e r t , Kolot. u.
Mened., s. dort d. Reg. u. d. W. H. v. A r n i m , Artikel Apollodoros 65 bei Pauly-
Wissowa. H. D i e l s , Abh. Berl. Ak. Jahrg. 1916 phil.-hist. Kl. Nr. 6, 32. — *Zenon
v. Sidon:* W. C r ö n e r t , Kol. u. Men. 175 f. S. auch R. H i r z e l , Unterss. z.
Ciceros phil. Schrr. I 27 ff., D i e l s , Doxogr. Graeci 126 f., P. S c h w e n k e , Jahrbb.
f. klass. Philol. 119 (1879) 49 ff. — *Antiphanes:* H. D i e l s , Abh. Berl. Ak. Jahrg.
1916 philol.-hist. Kl. Nr. 6, 46 ff. — *Nikasikrates:* H. D i e l s , Abh. Berl. Ak. Jahrg.
1916 phil.-hist. Kl. Nr. 6, 73 f. S. auch R. P h i l i p p s o n Text § 59 (Antike Nachr.).
— *Phaidros:* Ph. gemeinsame Quelle d. parallelen Darstellungen bei Philodem $\pi\varepsilon\varrho\grave{\iota}$
$\varepsilon\grave{\upsilon}\sigma\varepsilon\beta\varepsilon\acute{\iota}\alpha\varsigma$ und Cic. de nat. deor. I: H. D i e l s , Doxogr. Graeci 126, Sitz. Berl. Ak.
1893, 116. L. G u r l i t t , Ciceroniana: D. Epikureer Ph. als Quelle in Ciceros
philos. Schrr., Philol. 57 (1898) 398—403. — *Demetrios Lakon:* H. v. A r n i m, Art.
Demetrios 89 bei Pauly-Wissowa. H. D i e l s , Abh. Berl. Ak. Jahrg. 1916 Nr. 6,
32. 55 f. Sitz. Berl. Ak. 1920, 17. Für Weiteres s. Text. — *Siron:* s. Text. — *Philodemos:* (durchweg sind die im Texte verzeichneten Ausgaben u. Abhandlungen zu
vergleichen): Persönliches (politische Stellung): H. D i e l s , Abh. Berl. Ak. Jahrg.
1915 Nr. 7, 100; Jahrg. 1916 Nr. 6, 34. R. P h i l i p p s o n , Hermes 53 (1918) 382 f. —
C. C i c h o r i u s , Röm. Stud., Lpz. Berl. 1922, 295. 298. D. C o m p a r e t t i ,
La bibliothèque de Ph., Mélanges Chatelain, Paris 1910. — A. K ö r t e , Augusteer
bei Ph., Rh. Mus. 45 (1890), 172—177; dazu W. C r ö n e r t , Kol. u. Men. 127.
S. S u d h a u s , Nausiphanes, Rh. Mus. 48 (1893) 321—341. Aristoteles in d. Beurteilung des Epikur u. Ph., ebd. 552—564. Exkurse z. Ph., Philol. 54 (1895) 80—92. —
F r. B a h n s c h , Des Epikureers Ph. Schrift $\Pi\varepsilon\varrho\grave{\iota}$ $\sigma\eta\mu\varepsilon\acute{\iota}\omega\nu$ $\varkappa\alpha\grave{\iota}$ $\sigma\eta\mu\varepsilon\iota\acute{\omega}\sigma\varepsilon\omega\nu$;
eine Darleg. ihres Gedankengeh., Lyck 1879. R. P h i l i p p s o n , De Ph. libro
qui est $\pi\varepsilon\varrho\grave{\iota}$ $\sigma\eta\mu\varepsilon\acute{\iota}\omega\nu$ $\varkappa\alpha\grave{\iota}$ $\sigma\eta\mu\varepsilon\iota\acute{\omega}\sigma\varepsilon\omega\nu$ et Epicureorum doctrina logica, Berl. 1881
Diss. H. M. L a s t , The Date of Ph. de signis, Class. Quart. 16 (1922) 177—184;
dagegen P h i l i p p s o n , Philol. Woch. 1923, 97—102. $\Pi\varepsilon\varrho\grave{\iota}$ $\vartheta\varepsilon\tilde{\omega}\nu$ I: nach den ver-
schiedensten Seiten ertragreich D i e l s ' Erläuterungen zu seiner Ausgabe, sowie
P h i l i p p s o n s Aufsätze im Hermes; s. Text. — J. D i e t z e , Die mythol.

Quellen für Ph. Schr. περὶ εὐσεβείας, Jahrbb. f. klass. Philol. 153 (1896) 218—226.
Zu περὶ εὐσεβείας s. auch D i e l s oben unter Phaidros und unten S. 146*
unter Cicero de nat. deor. Über einige mit Ph. περὶ εὐσεβείας inhaltlich verwandte
Bruchstücke der Vol. Herc. als Belege für die epikureische Polemik gegen die mythol.
Tradition G. L i p p o l d , Philol. 68 (1909) 152 ff. A. S c h o b e r , Ein Homer-
zitat bei Ph. π. εὐσ., Rh. Mus. 70 (1916) 638 f. Ph. π. εὐσ. berührt auch O. H ö f e r ,
Mythologisch-Epigraphisches, Dresd. 1910 Pr. — S. S u d h a u s , Rh. Mus. 64
(1909) 475 f. (zu π. τοῦ καϑ᾽ Ὅμηρον ἀγ. βασ. 10, 27; 25, 16. 17). — T h. G o m -
p e r z , Ph. u. die aristotel. Poetik, Wiener Eranos z. 50. Vers. dtsch. Philol. u.
Schulm., Wien 1909, 1—7 (in π. ποιημάτων Bekämpfung einiger Sätze d. aristot.
Poetik). — H. v. A r n i m , De Aristonis Peripatetici apud Ph. vestigiis, Rost. 1900 Pr.
Darüber auch A. M a y e r , Philol. Suppl. 11 (1910) 522 ff., C h r. J e n s e n ,
Hermes 46 (1911) 393—406. — Zu π. μουσικῆς s. H. A b e r t , Die L. v. Ethos
in d. griech. Musik 27 ff. — Fr. W i l h e l m , Rh. Mus. 61 (1906) 93 (z. Epigramm
Anthol. Palat. 11, 44). — C. B u r e s c h , Consol. a Graecis Romanisque script. hist.
crit. 142 ff. (de Ph. περὶ ϑανάτου libro). — Zum Inhalte u. d. Quellenbeziehungen
von π. ὀργῆς H. R i n g e l t a u b e , Quaest. ad vet. philosoph. de affect. doctr.
pertin., Gött. 1913 Diss., 38 ff. P. R a b b o w , Ant. Schr. üb. Seelenheil. u. Seelenl.,
s. dort d. Register. T. F r a n k , Class. Philol. 15 (1920) 103 ff. (Einfluß auf Vergil
u. andere Römer). — Zu den Quellenbeziehungen des Index Academ. u. des Index
Stoic. s. U. v. W i l a m o w i t z - M o e l l e n d o r f f , Antig. v. Karyst. 61 ff. 123 ff.
— Beziehungen zur Rhetorik, Grammatisches: U. v. W i l a m o w i t z - M o e l l e n -
d o r f f , Hermes 35 (1900) 30. 43. 2. P. W e n d l a n d , Hermes 39 (1904) 503, 3.
R. R e i t z e n s t e i n , Festschr. z. 46. Vers. dtsch. Philol. u. Schulm., hrsg. v. d.
philos. Fak. d. Kais.-Wilh.-Univ., Straßb. 1901, 145 f. H. S c h r a d e r , Hermes 39
(1904) 591. W. K r o l l , Rh. Mus. 62 (1907) 89, 2. W. C r ö n e r t , Philol. 61 (1902)
168 f. 185 ff. G. S t r a t h m a n n , De hiatus fuga quam invenimus apud Ph.
Epicureum, Viersen 1892 Pr. (dazu C r ö n e r t , Hermes 38 [1903] 389). A. G l a t z e l ,
De optativi apud Ph. . . . usu, Trebnitz 1913, Bresl. Diss. Vieles hierher Gehörige bei
W. C r ö n e r t , Memoria Graeca Herculanensis, Lips. 1903. A. R o s t a g n i ,
Filodemo contro l'estetica classica, Riv. d. filol. 1, 401 ff.

  Lucretius: Jahresberichte s. oben S. 16* f. A. J. R e i s a c k e r , Quaestt.
Lucr., Bonn 1847 u. Köln 1855. H. U s e n e r , Rh. Mus. 22 (1867) 444 ff. = Kl. Schr.
II 156 ff. (über Lucrez' Geburtsjahr und Marcus [nicht Quintus] Cicero als Redaktor
und Herausgeber des Gedichtes). C. M a r t h a , Le poème de L., morale, religion,
science⁷, avec un appendice sur Lucrèce et Cicéron, Par. 1909. L. et Cicéron, in d.
Verf. Mélanges d. littér. ancienne, Par. 1896, 157—177. A. B ä s t l e i n , Quid L.
debuerit Empedocli Agrigentino, Schleusing. 1875 Pr. A. W e i n g ä r t n e r ,
De Horatio L. imitatore, Halis 1876 Diss. R. W ö h l e r , Einfluß des L. auf die
Dichter d. august. Zeit, I (Vergil), Greifsw. 1876 Pr. J. W o l t j e r , L. philosophia cum fontibus comparata . . . . inquiritur, quatenus Epicuri philos. tradiderit
L., Gron. 1877. J. V a h l e n , Über d. Proömium des L., Monatsberr. Berl. Ak.
1877, 479—499 = Ges. philol. Schr. II 12 ff. A e m. K r a e t s c h , De abundanti
dicendi genere Lucr., Berl. 1881 Diss. P. R u s c h , De Posidonio L. Cari auctore in
carm. de rer. nat. VI., Greifsw. 1882 Diss. J. M a s s o n , The atomic theory of L.
contrasted with modern doctrines of atoms and evolution, Lond. 1884. M. E i c h n e r ,
Annotationes ad L. Epicuri interpretis de animae natura doctrinam, Berl. 1884 Diss.
I. B r u n s , Lucrezstudien, Frbg. i. Br. 1884. F r. S u s e m i h l , De carminis
Lucret. prooemio etc., Greifsw. 1884 Pr. Neue Bemerkk. z. 1. B. des L., Philol. 44
(1885) 61—87. Zum Proömium des L., ebd. 745—749. H. N e t t l e s h i p , Cicero's
opinion of L., Journ. of philol. 13 (1885) 85. F r. D i e b i t s c h , Die Sittenl. des L.,
Ostrowo 1886 Pr. P. R u s c h , L. u. d. Isonomie, Jahrbb. f. klass. Philol., 133 (1886)
770—780. F. M a r x , De aetate L., Rh. Mus. 43 (1888) 136—141. O. W e i ß e n -
f e l s , L. u. Epikur, Analyse d. Lehrged. de r. n. u. Darstell. der darin ver-
herrlichten Welt- und Naturansch., sowie der auf dieselbe gegründeten Sittenl.,
Neues Lausitz. Magaz. 65 (1889) 1—149. T h. T o h t e , Lucr. I v. 483—598, e. Beitr.
zur Krit. u. Erklär. des Dicht. L., Wilhelmshav. 1889 Pr. H. P u l l i g , Ennio
quid debuerit L., I, Lpz. 1889 Diss. L. B ü c h n e r , Ein antiker Freidenker, Dtsch.
Revue 1889. H. T h. K a r s t e n , Locus Tullianus de poemate Lucr. ad Quint.
fratr. 2, 9, 3, Mnemos. 17 (1889) 387. F r. M a r x , Das Urteil d. M. Cicero üb. L.,
Berl. philol. Woch. 11 (1891) 834 f. F. S i e m e r i n g , Die Behandl. d. Mythen u. d.

Götterglaub. b. L., Tilsit 1891 Pr. S. B r a n d t , Lactantius u. L., Jahrbb. f. klass.
Philol. 143 (1891) 225—259. H. F r e r i c h s , Quaestiones Lucret., Oldenb. 1892 Pr.
K. H a c h e z , L. als Dichter, Eutin 1892 Pr. H. F e u s t e l l , De comparationibus
Lucr., Halle 1893 Diss. S. v. R a u m e r , Die Metapher b. L., Erlang. 1893 Pr.
R. R e i t z e n s t e i n , Drei Vermutungen zur Gesch. der röm. Liter., III: L. u.
Cicero, in: Festschr. Theod. Mommsen z. 50 jähr. Doktorjub. überr., Marb. 1893
(auch separat). G. C a s t e l l a n i , Qua ratione traditum sit M. Tullium Ciceronem
L. carminis emendatorem fuisse, Venetiis 1894. C. G i u s s a n i , I quattro elementi
nella polemica Lucr. (zu 1, 803—829), Rend. d. R. istit. lomb. ser. 2, vol. 28, 1132
bis 1140. Il suicidio di L., Palermo 1895. J. v a n L e e u w e n , Ciceronis de L.
iudicium, Mnem. 23 (1895) 301. R o b. F r i t z s c h e , Zur Biogr. des L., Jahrbb.
f. klass. Ph. 153 (1896) 555—559. G. G i r i , Ancora del suicidio di L., Palermo 1896.
W. A. M e r r i l l , L. and Cicero, Class. Rev. 10 (1896) 19. J. V a h l e n , Ennius
und L., Sitz. Berl. Ak. 1896, 717 ff. = Ges. philol. Schr. II 464 ff. H. S c h r ö d e r ,
L. u. Thukydides, Straßb. 1898 Pr. F. M a r x , Der Dichter L., N. Jahrbb. 2 (1899)
532—548. G. G i r i , Due questioni Lucr., Riv. di filol. 29 (1901) 30—44. Il giudizio
dei due Ciceroni sul poëma di L., ebd. 36 (1908) 440—449. R. A. F r i t z s c h e ,
Der Magnet u. d. Atmung in antik. Theorien (Lucr. 6, 906—1089 L.), Rh. Mus. 57
(1902) 363—391. C. P a s c a l , La declinazione atomica in Epicuro e L., Riv. di
filol. 30 (1902) 235 ff. G. L. H e n d r i c k s o n , Cicero's judgement of L., Amer.
journ. of philol. 22, 438—439. J. v a n d e r V a l k , De L. carmine a poeta perfecto
atque absoluto, Kampen 1902. W. M. L i n d s a y , Rh. Mus. 57 (1902) 196 (L. Quelle d.
Nonius Marcellus). A. C o u n s o n , L. en France. L'Anti-Lucrèce, Musée Belge 6,
403—422. C. C u r c i o , De conversionibus Lucr., Catania 1903 (s. auch Atti del
congr. internaz. di scienze stor. 1903). C. P a s c a l , Stud. crit. sul poema di L.,
Roma-Milano 1903. L. e Cipriano, Riv. di filol. 31 (1903) 555—557. Aristotele e L.,
s. S. 112*. J. T o l k i e h n , L. u. Memmius, Woch. f. klass. Philol. 1904, 362—366.
A d. D y r o f f , Zur Quellenfrage bei L. (V. Gesang), Bonn 1904 Progr. M. L e h -
n e r d t , L. in d. Renaissance, in: Festschr. z. Feier des 600 jähr. Jubil. d. Kneiphöf.
Gymn. z. Königsberg, Königsb. 1904. A d. D y r o f f , Das 5. Buch des L., Ztschr. f.
d. Gymnas. 59 (1905) 184 f. W. A. M e r r i l l , Notes on the influence of L. on
.Vitruvius, Proceed. of the Amer. philol. associat. XXXV, S. XVI—XXI. C. P a s c a l ,
L. e l'età che fu sua, Atene e Roma, N. 81/82, 279—293. Carmi perduti di L. ? Riv. di
filol. 34 (1906) 257—268. Figure e caratteri: L., Palermo 1908. W. A. M e r r i l l ,
On the influence of L. on Horace, University of California public., Classical philol.,
.Berkeley 1905. Cicero's knowledge of L. poem. ebd. (vol. 3 no. 2 p. 35—42) 1909.
.Studies in the text of L., ebd. (vol. 2 no. 6 p. 93—150) 1911. The archetype of L.,
ebd. (vol. 2 no. 10 p. 227—235) 1913. Corruption in the manuscripts of L., ebd.
(vol. 2 no. 11 p. 237—253) 1914. Proposed emendations of L., ebd. 1915. R. W r e s c h ·
n i o k , De Cicerone Lucretioque Ennii imitatoribus, Bresl. 1907 Diss. P. E. S o n n e n -
b u r g , De L. prooemiis, Rh. Mus. 62 (1907) 33—45. F. J o b s t , Über das Verhältnis zwischen L. u. Empedokles, Erlang. 1907, Münch. Diss. J. T o l k i e h n ,
Hieronymus' Angaben üb. d. Wahnsinn u. Selbstmord des L., Woch. f. klass. Philol.
1907, 1356—1358. A. B a l s a m o , Sul poema di L., Riv. di filol. 35 (1907) 500—505.
H. T h u m e , D. Quellen d. L. f. sein Lehrged. de rer. nat., I. Teil, Reichenberg
1907 Pr. L. W o l l , De poetis Latinis L. imitatoribus, Freib. i. B. 1907 Diss. E. C o c -
c h i a , Un giudicio di Cicerone intorno a L., Miscell. dedic. al prof. Salinas, Roma
o. J. (früher Palermo 1907). J. M e w a l d t , Eine Dublette in B. IV d. L., Hermes 43
(1908) 286—295. A d. B r i e g e r , Die Unfertigkeit des lukrez. Gedichtes, Philol. 67
(1908) 279—303. J. M a s s o n , L., Epicurean and poet, Lond. 1909. K. H a r t -
m a n n , Das Verh. d. Lucr. Car. z. Musik, Philol. 68 (1909) 529—536. K. C. R e i l e y,
Studies in the philosoph. terminology of L. and Cicero, New York 1909. I v o N o r -
r e r i , Studi Lucr., I. Sulla dottrina dei sensi in L., Firenze 1909. E. v. F i l e k ,
Die geograph. Anschauungen des T. Lucr. Car., Wien 1910 Pr. W. A. H e i d e l ,
Die Bekehrung im klass. Altertum, mit besonderer Berücks. des L., Ztschr. f. Religions-
psych. 3 (1910) Heft 11, 1—26. H. L a c k e n b a c h e r , Zur Komposition v. Buch 1
d. L., Wien. Stud. 32 (1910) 208—212. Zur Disposition u. Quellenfrage v. Lucr. 4,
1—521, ebd. 213 ff. C a r. L a n d i , Quaest. doxographicae et paradoxographicae ad
L. et Ovidium praecipue spectantes I II, Atti e mem. d. R. Acc. di sc., lett. ed arti in
Padova 22, 209—231 (dazu W. C a p e l l e , Berl. philol. Woch. 1913, 1288—1294);
26, 61—87. E. C o c c h i a , L'epicureismo di Gaio Memmio l'amico di L.; contributo

ermeneut. al proemio di L. etc., Atti d. R. Accad. di arch., lett. e b. arti di Napoli, N. S. 2 (1910) 177—200. J. S. R e i d, Lucretiana, Harv. stud. in class. philol. 22 (1911) 1—53 (Textkritisches, Parallelen aus der späteren Lit., sachl. u. sprachl. Erläut. zu B. 1 u. 2). Ders., Class. Rev. 25 (1911) 202 f. (zu Lucr. 5, 311 f.). G. S a n t a y - a n a, Three philosophical poets, L., Dante and Goethe, Harv. stud. in comparat. liter. I. H. R ö s c h, Manilius und L., Kiel 1911 Diss. G. G i r i, Questioncelle Lucr., Boll. di filol. class. 17 (1911) 182—186 (Anrede an Memmius; Sinn von sperata voluptas suavis amicitiae 1, 140 f.). 206 f. (tutemet 1, 102). Intorno al proemio del primo libro di L., Riv. di filol. 40 (1912) 87—112. J. M u s s e h l, De Lucr. libri primi condicione ac retractatione, Tempelhof b. Berl. 1912, Greifsw. Diss. C. P a s c a l, Un accenno a credenze orfiche in L., Riv. di filol. class. 40 (1912) 444 (zu L. 3, 912—918). J. T o l - k i e h n, L. u. Carm. epigr. lat. 1061, Woch. f. klass. Philol. 1912, 1245 f. M. E. H i r s t, The gates of Virgil's underworld, a reminiscence of L., Class. Rev. 26 (1912) 82. U. M o - r i c c a, Questioni lucr., Class. e neolat. 8 (1912) 62—74. Sulla composizione del libro I. di L., Riv. di filol. 41 (1913) 106—120. L. V o l k m a n n, L., d. Jünger Epikurs, Gütersl. 1913 (Gymnasialbibl. Heft 55). H. W. L i t c h f i e l d, Harv. stud. in class. philol. 24 (1913) 147—159 (Ciceros Urteile über d. Gedicht des L.). E. B i - g n o n e, Per la fortuna di L. e dell' epicureismo nel medio evo, Riv. di filol. 41 (1913 230—262. L. e Erodoto, Boll. di filol. class. 16, 57—60 (L. 2, 37 ff. Herod. 7, 44). F. C l a f l i n, Class. journ. 6, 305 (Lucr. 5, 207; Verg. Aen. 2, 599 f., Georg. 1, 198; 2, 411). K. H o s i u s, Z. ital. Überl. d. L., Rh. Mus. 69 (1914) 109—122. H. A. S t r o n g, Cicero and L., Class. Rev. 28 (1914) 142. Ad. K o e n i g, L. de simu- lacris et de visu doctrina cum fontibus comparata, Gryphiae 1914 Diss. H. B a c h - m a n n, Zur Arbeitsweise des L., Sokr. 3 (1915) 27—34. F. M ü n z e r, Rh. Mus. 69 (1914) 629 (Cicero und Lucr.). P. J. M a j g u r, Die Poesie des L. (russisch), Moskau 1914. W. A. M e r r i l l, Cicero's judgment of L., Class. Philol. 10 (1915) 217. Zur Terminologie und Quellenfrage H. D i e l s, Elementum 5 ff.; zur Quellen- frage W. C a p e l l e, Berl. philol. Woch. 1913, 1294. J. V i s c. M o r l e y, Recol- lections, 1917 (darin 118—130 über L.; abgedr. Classical Weekly 14, 33 ff.). H. D i e l s, Lukrezstudien I—V, Sitz. Berl. Ak. 1918, 912—939; 1920, 2—18; 1921, 237—244; 1922, 46—59. J. M u s s e h l, Über eine Aporie in d. Lehre v. d. Aggregatzuständen bei L. (II 444—477), Hermes 53 (1918) 197 ff. F. C u m o n t, L. et le symbolisme pythagor. des enfers, Rev. d. philol. 44 (1920) 229—240 (zu L. 3, 978—1023). S l a u g h - t e r, L. the Poet. of Science, in: Class. Stud. in Honor of Ch. Forster Smith, Madison Wisconsin 1919. C. K (n a p p), Analys. of L. de rer. nat. I—III, Class. Weekly 13, 1 ff. 9 ff. 17 ff. 25 ff. C. H. H e r f o r d, The Poetry of L., Lond. New York 1919. Eine Reihe grammat. Arbeiten zu L. von C. J. H i d é n bespricht E. Orth, Philol. Woch. 1922, 249 f. (dazu noch C. J. Hidén, De vocabulis singularibus L. I, Helsingf. 1921). A. P l a t t, A metrical point in L., Class. Quart. 12, 106. E. G r e e n l a w, Studies in Philol. 17 (1920) 439—464 (Einfluß des L. auf Edm. Spenser). R. R e i t z e n - s t e i n, Das erste Proöm. d. L., Nachr. d. Gött. Ges. d. Wiss. 1920, 83 ff. F. J a - c o b y, Das Proöm. d. L., Hermes 56 (1921) 1—65 (mit Überblick über die bisherige Behandlung d. Proöm.-Frage). K. B a r w i c k, Üb. d. Proömien d. L., Hermes 58 (1923) 147—174. J. M a s s o n, The Religion of L., Class. Rev. 37, 149 ff. C h. Knapp [L. als Lehrer], Studies in Philology publ. by the Univ. of North Carolina vol. 19 n. 4 p. 404 ff. Vgl. auch Einleit. u. Komm. in den Ausgaben von Lachmann, Munro, Merrill, Heinze, s. Text. Beiträge zumeist zu Kritik und Exegese einzelner Stellen lieferten ferner u. a.: R. E l l i s (zu 3, 493; 6, 508, 765), Journ. of philol. 28 (1903) 18 f. C. P a s c a l (z. 1. B.), Riv. d. filol. 30 (1902) 545—557; 31 (1903) 1—20; (zu 3, 869), Bibl. d. scuole ital. 1904; (zu 3, 843—846), Riv. d. filol. 32 (1904) 589—600. G. W ö r - p e l (zu 3, 43 ff.), Woch. f. klass. Philol. 1902, 365 f.; (zu 3, 189—195), Berl. philol. Woch. 1902, 1340 f. E. S t a m p i n i (zu 3, 79 ff. 359 ff. 490 ff.), Riv. di filol. 30 (1902) 315—339. W. A. M e r r i l l (zu 5, 1442), Class. Rev. 16 (1902) 169; 22 (1908) 49; Proceed. of the Am. philol. assoc. vol. XXXV, p. LXII; Berl. philol. Woch. 1906, 253 (zu 5, 1308), Amer. journ. of philol. 1907, 66—76 (zu 5, 1006). G. G i r i (zu Stellen des 5. B.), Riv. d. filol. 30 (1902) 209—234. F r. H a r d e r (zu 1, 878), Woch. f. klass. Philol. 1902, 166 f. J. P. P o s t g a t e (zu 5, 380 ff. 1009 ff.; 6, 80 ff.), Class. Rev. 17 (1903) 30—32; Class. Philol. 10, 26 ff. G. B i r d w o o d (zu 3, 544), Athen. 3937, 466. A. C a r t a u l t (zu 1, 566 ff.; 2, 573 f.; 3, 585 ff.), Rev. de phil. 29 (1905) 33—35. C h. N. C o l e (zu 5, 34 ff.), Class. Rev. 19 (1905) 205 f. J. v a n W a g e - n i n g e n (zu 2, 679—681), Mnem. N. S. 34 (1906) 147 f. G. D. H a d z s i t s (The

Lucr. invoc. of Venus), Class. Philol. 2 (1907) 187—193. O. P r o b s t (zu 4, 990),
Arch. f. latein. Lexikogr. u. Gramm. 1907, 212. E. B i g n o n e , Riv. d. filol. 35
(1907) 95—112; 38 (1910) 402 ff.; 41 (1913) 121 f. (zu 2, 801 ff.). N. H. (Parallele
zu L. 4, 588 [Anthol. 4, 12]), Class. Rev. 21 (1907) 234. G. A̓ m m o n (zu 3, 84),
Blätt. f. d. Gymnasialschulw. 43 (1907) 662. E. W. F a y , Classic. Philol. 2 (1907)
461 f. W. T. L (e n d r u m), Class. Rev. 22 (1908) 261 f. (zu 1 599 ff. 749 ff.); dazu
C. B., ebd. 23 (1909) 62 f. H. W. G a r r o d , Journ. of philol. 31 (1908) 57 ff. O. T e s -
ç a r i , Boll. d. filol. class. 15 (1908) 108 ff. (zu 4, 181 ff. 242 ff.). C. B r a k m a n ,
Rev. d. l'instr. publ. en Belg. 52 (1909) 18 ff. (zu 6, 1213 ff.). L. B u t l e r , Class.
Rev. 23 (1909) 253 (zu 5, 1010). A. E. H o u s m a n , Class. Quart. 3 (1909) 63 ff.
(zu 3, 717). C. B a i l e y , Class. Rev. 24 (1910) 120 (zu 2, 907—913). L. H a v e t ,
Rev. d. philol. 35 (1911) 306 (zu 6, 1132). G. W. M o o n e y , Class. Rev. 25 (1911)
73 (zu 5, 312). A. C. C l a r k , ebd. 74 (zu 3, 687 ff.). H. W i l l i a m s o n , Class.
Quart. 5 (1911) 179 f. (zu 5, 737 ff.). W. R. H a r d i e , ebd. 104 ff. (zu 2, 241 ; 5, 43);
Journ. of philol. 33, 102 (zu 5, 1009 f.). P. S h o r e y , Class. Philol. 7 (1912) 353 ff.
(zu 3, 59 ff.). F. M. F o s t e r , Class. journ. 5, 171 (zu 2, 160). S. v a n d e r V a l k ,
Class. Rev. 26 (1912) 123 (zu 3, 691 ff.). A. J. R i c h a r d s , ebd. 27 (1913) 54 (zu 5,
1010). A. P l a t t , Class. Quart. 7 (1913) 282 (zu 4, 1223 ff.). J. W. B e c k , Mnem.
41 (1913) 207 (zu 5, 200 ff.). E. S t a m p i n i , Lucretiana II, Riv. di filol. 43 (1915)
263 ff. W. B a n n i e r , Rh. Mus. 72 (1918) 234 ff. (zu 5, 28 ff.). W. A. M e r r i l l ,
Class. Quarterly 13, 173. Zahlreiche Beiträge v. W. A. M e r r i l l in Univ. of California
Public. in Class. Philol. vol. 1—3, bespr. v. H. Diels, Deutsche Lit.-Ztg. 1921, 462
(s. auch oben S. 136* f.). W. A. M e r r i l l , L. and Cicero's verse, Univ. of California
Publ. in Class. Philol. vol. 5. n. 9, 143—154, Berkeley 1921. The Lucr. Hexameter,
ebd. n. 12/13, 253—334, Berkeley 1922/23. B. S e d g w i c k , L. and Cicero's verse,
Class. Rev. vol. 37. T h. B i r t , L.-Lesungen u. der L.-Archetyp, Berl. philol.
Woch. 1919, 708—720. 982. C. K (n a p p) , Class. Weekly 14, 73. 168 (zu 1, 1—28).
J. E. B a r s s , ebd. 120 (zu 1, 1—28). R. L. D u n b a b i n , Class. Quart. 11, 135
(zu 1, 469. 966 f.). E. O r t h , Philol. Woch. 1921, 668—670 (zu 5, 1160; 6, 242).
K. P r a e c h t e r , Hermes 56 (1921) 108—112 (zu 5, 165—180). J. S h a c k l e ,
Notes on L., Class. Rev. 35, 156; 36, 115 (zu 4, 961). E. B i g n o n e (zu 1, 44—49),
Riv. d. fil. 47 (1919) 423. P. S h o r e y , Class. Philol. 17, 360 (zu 1, 80), C. B a i l e y ,
Class. Quart. 15 (1921) 18 ff. (zu versch. Stell.). M. F u r n e s s , Class. Rev. 37, 20
(ebenso). W. M o o n e y (zu 5, 1009 f.), ebd. 21. A. E r n o u t , Rev. d. philol. 47,
152 ff. A. K r o k i e w i c z , in Charisteria f. Morawski, Krakau 1922, 211 ff. —
Vgl. auch E. N o r d e n , Agnostos Theos (Register), W. W. J a e g e r , Nemes. v. Em.
125, 2 (zu d. kulturgesch. Abschn. in B. 5; s. auch d. oben S. 28* angeführte Lit.).
F. B o l l . Sitz. Heidelb. Ak. 1918 9. Abh. 30 (zu B. 6).

Asklepiades von Bithynien: G. M. R a y n a u d , De A. Bithyno medico ac
philosopho, Par. 1862 Thesis. K. L a s s w i t z , Die Erneuerung der Atomistik
durch Dan. Sennert (s. über diesen Grundriß III ¹² 133) und sein Zusammenhang
mit A. v. Bith., Vierteljahrsschr. f. wissensch. Philos. 3 (1879) 408—434. H. v. V i l a s ,
Der Arzt u. Philos. A. von Bith., Wien 1893. R. A. F r i t z s c h e , Rh. Mus. 57
(1902) 372 ff. (hier 372 Anm. 15 frühere Lit.). W. A. H e i d e l , The ἄναρμοι ὄγκοι
of Heraclides and A., Transact. of the Amer. Philol. Assoc. 40 (1910) 5—21. M. W e l l-
m a n n , A. aus Bith. von einem herrschenden Vorurteil befreit, Neue Jahrb. 21
(1908) 684—704. S. auch M. W e l l m a n n , A. Cornelius Celsus (Philol. Unters.
Heft 23), Berl. 1913, 64 (A. und seine Schule), sowie denselben, Hermes 24 (1889)
534 f. und Art. A. 39 bei Pauly-Wissowa. — *L. Saufeius:* F. M ü n z e r , Ein römi-
scher Epikureer, Rh. Mus. 69 (1914) 625—629. — *Velleius:* F. P r é c h a c , Quel
fut le maître de philosophie de Trébatius, Rev. de philol. 37 (1913) 121—131. —
Epikureer des Augusteerkreises: A. K ö r t e , Augusteer bei Philodem, Rh.
Mus. 45 (1890) 172—177. W. C r ö n e r t , Kolot. und Mened. 127. F r. L e o ,
Hermes 37 (1902) 49.

      V o r b e m e r k u n g z u §§ 60—62: Z u b e r ü c k s i c h t i g e n i s t a u c h
d i e L i t e r a t u r ü b e r d i e e i n z e l n e n V e r t r e t e r d e s E p i k u -
r e i s m u s (zu § 59), b e s o n d e r s ü b e r E p i k u r , P h i l o d e m u n d
L u c r e z .

Zu § 60. Das epikureische System, I: Allgemeines. Kanonik (Logik, Erkenntnistheorie, Sprachphilosophie).

Allgemeines: Gesamtdarstellung bei Z e l l e r III 1[4] 390 ff. R. H i r z e l, Differenzen in d. epikur. Schule, in: Unterss. zu Ciceros philos. Schrr. I 98—190. A. C o n t i e G. R o s s i, Esame della filos. Epicurea nelle sue fonti e nella sua storia, Firenze 1878.   H. P a c h n t c k e, De philos. Epicuri, Halle 1882 Diss. A. S t a h l, Mensch u. Welt. Epikur u. d. Stoa, Wesel 1909 Pr. — *Epikureische Einwirkungen:* H. U r i, Cicero u. d. epik. Philos., Münch. 1914 Diss. — C. P a s c a l, La dottrina Epicurea nel egloga VI. di Vergilio, Atti d. R. accad. d. sc. di Torino 37 (1901/02) 168—177.   P. K o h l e r, E. u. d. Stoa bei Horaz, Freib. i. B. 1911 Diss. — F. S k u t s c h,   Gallus u. Vergil (Lpz. 1906).   F r. L e o, Hermes 37 (1902) 49. B. L i e r, Philol. 63 (1904) 59, 9.   M. P o h l e n z, Hermes 40 (1905) 275—300 u. a. C. P a s c a l, Epicurei e Mistici², Catania 1914.   W. S c h i n k, Kant u. Epikur, Arch. f. Gesch. d. Philos. 27 (1914) 257 ff.   Kant u. die griech. Naturphilosophen, ebd. 401 ff.   W. A d a m s,   The philos. of Epic., The Hibbert Journ. 20, 88 ff. S. auch § 62 a. E. und Grundriß II. III. IV (Register unter Epikur, Epikureer, Epikureismus).

Kanonik: C. G i a m b e l l i, La πρόληψις epicurea e la gnoseologia conforme ad essa (presso Cic. de nat. deor. I, 16—17, 43—44; 19, 49), Riv. di filol. 22 (1894) 348—385 (ohne philol. Grundlage; unbrauchbar).   Über die L. der epikur. Schule v. dem *analogischen und induktiven Schließen* handeln T h. G o m p e r z in seinen herkul. Stud. und B a h n s c h (s. o. § 59, S. 134* unter Philodemos), über die *Erkenntnislehre* Th. T o h t e, Epikurs Kriterien der Wahrheit, Clausthal 1874 Pr., P. N a t o r p (Erfahrungsl. d. Epikureer) in: Forschungen z. Gesch. d. Erkenntnisprobl. im Altertum 209—255,   P. - F. T h o m a s,   De E. canonica, Par. 1889 (verfehlt), F. M e r b a c h, De E. Canonica, Weida 1909, Lpz. Diss., W. A. H e i d e l, Note on Merbach's De E. Can., Berl. philol. Woch. 1911, 1046, F r. S a n d - g a t h e, Die Wahrheit der Kriterien E., Bonn 1909 Diss.   S. auch R. H i r z e l, Unters. z. Ciceros philos. Schrr. I 110 ff., S. S u d h a u s, Rh. Mus. 48 (1893) 341. Wichtig für d. epikur. Logik u. Erkenntnistheorie bes. R. P h i l i p p s o n, De Philodemi libro qui est π. σημείων καὶ σημειώσεων et Epicureor. doctr. logica, Berl. 1881 Diss., und Hermes 51 (1916) 568 ff.   C. G i u s s a n i, La questione del linguaggio secondo Platone e secondo E., Milano 1896.   F r. B i l l i c s i c h, E. Sprachphilos., Landskron i. B. 1912 Pr.   C. A. R. S a n b o r n, Harv. stud. 20, 165 (Epik. L. von d. Entst. d. Sprache bei Vitruv 2, 1, 1 [schreibt S. 32, 17 Rose² profundebant naturaliter]).   K. R e i n h a r d t, Hermes 47 (1912) 501 f.   Über epik. Etymologie F. M u l l e r (oben S. 25*) 67 f.

Zu § 61. Das epikureische System, II: Physik (Metaphysik, Theologie, Kosmologie, Naturphilosophie, Psychologie).   A. B r i e g e r, De atomorum Epicurearum motu principali, in: Philol. Abh. Mart. Hertz zum 70. Geb. darg., Bresl. 1888, 215 bis 228.   Vgl. auch F. A. L a n g e in seiner Gesch. des Mater. und in seinen N. Beitr. zur Gesch. des Mat., Winterthur 1867.   P. v. G i z y c k i, Einleit. Bemerkk. zu einer Unters. über d. Wert d. Naturphilos. d. Epikur, Berl. 1884 Pr.   M. S c h n e i d e w i n, Ein zusammenfassender Rückblick usw., s. Cicero.   C. G i u s s a n i, Cinetica epicurea (Lucr. 2, 125—141), Rend. d. R. Istit. Lomb. di sc. e lett., 2. serie 27 (1894) 433—450 = Studi Lucrez. (in des Verf. Lucrezausg. I 97—124).   A. G o e d e c k e m e y e r, Epikurs Verh. zu Demokrit in der Naturphilos., Straßb. 1897 Diss.   G. Z u c c a n t c, Da Democrito ad E. ovvero perché l'atomismo fu per più di un secolo messo in disparte come dottrina filos., Rendic. d. R. Istit. Lomb. di sc. e lett. ser. 2a vol. 33 fasc. 18/19 (Riv. di filos. 3 [1900]).   A. B r i e g e r, E. Lehre v. Raum, v. Leeren u. v. All u. die lucrez. Beweise f. d. Unendlichkeit d. Alls, d. Raumes u. d. Stoffs, Philol. 60 (1901) 510—540.   C. P a s c a l, La declinazione atomica in E. e Lucrezio, Riv. di filol. 30 (1902) 235 ff.   J. M a s s o n, Theories concerning E. theology and metaphysics, Class. Rev. 16 (1902) 453—459.   C. K r ü c k e, Unklarheiten im Begriff d. Natur bei E., Gött. 1906 Diss.   H. v. A r n i m, E. Lehre v. Minimum, Wien 1907. E. B i g n o n e, Delle ὁμοιότητες nella filosofia di E., Boll. di filol. class. 17 (1911) 135—138.   Derselbe, Boll. di filol. class. 21 (1915) 156—161 (Empedokles u. E.). E. P f e i f f e r, Stud. z. antik. Sterngl. 61 f. 76 f. (Stellung z. Sterngl., Meteorologie).   T e s c a r i s. o. S. 133*. — *Götterlehre:* G. F. S c h o e m a n n, Schediasma de E. theologia, Greifsw. 1864 Ind. schol. = Opusc. acad. IV 336—359.   W. S c o t t,

The physical constitution of the E. god s, Journ. of Philol. 12 (1883) 212—247.
C. P a s c a l , La venerazione degli dei in E., Riv. di filol. 34 (1906) 241—256.
G. D. H a d z s i t s , Significance of worship and prayer among the Epicureans,
Transact. and proc. of the Amer. philol. assoc. 39 (1908) 73—88. Förderlich besonders
D i e l s' Erläut. z. s. Ausg. v. Philod. περὶ ϑεῶν 1. u. 3. B. (s. Text zu Philodem) und
R. P h i l i p p s o n , Zur epikureischen Götterlehre, Hermes 51 (1916) 568—608;
53 (1918), 358—395. S. auch A. K o c h a l s k y , Zur epik. Theol., in: Satura Viadrina
altera, Bresl. 1921, 27—30. A. M a n z o n i , Perchè gli Dei di Epic. hanno il loro
Olimpo negli intermundia, Boll. di filol. class. 27, 186—189. — *Lehre von der Seele
(Sterblichkeit der Seele u. a.):* J. R e i s a c k e r , Der Todesgedanke b. d. Griechen,
eine histor. Entw., mit besonderer Rücks. auf E. u. d. röm. Dichter Lucrez, Trier
1862 Pr. A. B r i e g e r , E. Lehre von der Seele, Halle a. S. 1893 Pr. M. G u y a u ,
La théorie d'Ép. sur la mort et ses rapports avec les doctrines contemporaines, Séances
et trav. de l'Acad. d. sc. mor. et pol. 111, N. s. 11 (1879) 350—377. C. G i u s s a n i ,
Psicologia Epic.; al libro III di Lucr. vv. 136—146, Rend. d. R. Istit. Lomb. di sc.
e lett., 2. serie 26 (1893) 227—239 = Studi lucrez. in des Verf. Lucrezausg. I 183
bis 217. S. auch R. H e i n z e , Einl. u. Komment. z. 3. B. d. Lucrez (s. Text unter
Lucrez). Tierpsychologie: D i e l s , Abh. Berl. Ak. Jahrg. 1915 phil.-hist. Kl. Nr. 7,
58 ff.

**Zu § 62. Das epikureische System, III: Ethik (Individualethik, Politik, Rechts-
philosophie).** M. G u y a u , La morale d'É. et ses rapports avec les doctrines contemporaines , Par. 1886. P. v. G i z y c k i , s. oben S. 133*. J. W a t s o n , E., in des
Verf. Hedonistic theories from Aristippus to Spencer, Glasg. Lond. New York 1895.
A. F a l c h i , Il pensiero giuridico d'E., Sassari 1902. V. B r o c h a r d , La théorie
du plaisir d'après É., Journ. d. sav. 1904, 156 ff. 205 ff. 284 ff. La morale d'É. Compte
rendu de l'Acad. des sc. mor. et polit. 1905, 635—649 (beide Abh. auch in: B r o c h a r d ,
Études usw. [s. oben S. 7*]). E. B i g n o n e , Il concetto della vita intima nella
filos. di Epicuro, Atene e Roma 11, 305—326. S. auch E. Bignone unter Cicero.
R. P h i l i p p s o n , Die Rechtsphilos. d. Epikureer, Arch. f. Gesch. d. Philos. 23
(1910) 289—337, 433—446. Über das Verh. d. epik. Ethik zur demokr. P. N a t o r p ,
Die Ethika des Demokritos 127—141. — A. H a a s , Über den Einfluß der epik.
Staats- und Rechtsphilos. auf d. Philos. d. 16. u. 17. Jahrh., Berl. 1896 Diss.

Zu § 63. Die skeptische Schule. Allgemeines. Die ältere Skepsis.
Allgemeines: Z e l l e r , Philos. d. Griech. III 1⁴ 494 ff. S u s e m i h l ,
Gesch. d. griech. Liter. in der Alex. I 107 ff. J. R. T h o r b e c k e , Quid inter
academicos et scepticos interfuerit, Lugd. Bat. 1821. N o r m a n M a c c o l l , The
Greek Sceptics from Pyrrho to Sextus, Lond. Cambr. 1869. P. L. H a a s , De philosophorum sceptic. successionibus eorumque usque ad Sext. Empir. scriptis, Würzb.
1875 Diss. R. H i r z e l , Unterss. zu Ciceros philos. Schriften, 3. T., I. Die verschiedenen Formen d. Skeptizismus. 1. Urspr. d. Skepsis. a) Urspr. d. pyrrhon.
Skepsis. b) Urspr. d. akad. Skepsis. 2. Die weitere Entwickl. d. Skepsis. a) Die Entw.
d. pyrrhon. Skepsis. b) Die Entwickl. d. akad. Skepsis. P. N a t o r p , Die Erfahrungsl. d. Skeptiker u. ihr Urspr., in: Forschh. z. Gesch. d. Erkenntnisprobl.
127—163. Neue Schriften z. Skepsis des Altert., Philos. Monatsh. 26 (1890) 61—75.
E. P a p p e n h e i m , Die Tropen d. griech. Skeptiker, Berl. 1885 Pr. S. S e p p ,
Pyrrhon. Studien. I. Die philosoph. Richtung des Cornelius Celsus. II. Unterss.
auf d. Gebiete der Skepsis, Freising 1893. K. P r a e c h t e r , Skeptisches bei
Lukian, Philol. 51 (1892) 284—293 (vgl. auch Arch. f. Gesch. d. Philos. 11 [1898]
505 ff.). R. R i c h t e r , Die erkenntnistheoretischen Voraussetzungen d. griech.
Skeptizism., Philos. Studien 20 (1902) 246—299. M. P o h l e n z , Das Lebensziel
der Skeptiker, Hermes 39 (1904) 15—29. R. R i c h t e r , Der Skeptizismus in der
Philos. I (behandelt d. griech. Skeptizism.), Lpz. 1904. A. G o e d e c k e m e y e r ,
Die Gesch. d. griech. Skeptizism., Lpz. 1905. F. C o n r a d , Die Quellen d. älteren
pyrrhon. Skepsis, Danzig 1913, Königsb. Diss. E. B e v a n , Stoics and Sceptics,
Oxf. 1913. H. K r ü g e r , Aus d. Gedankenwelt d. antik. Skepsis, Ungedr. Rost.
Diss. 1923 (Auszug).
Pyrron: D. Z i m m e r m a n n , Darstell. der pyrrh. Philos., Erl. 1841. Über
Urspr. u. Bedeut. der pyrrhon. Philos. ebd. 1843. C h. W a d d i n g t o n , Pyrrhon
et le Pyrrhonisme, abgedr. in des Verf. Buch La philos. anc. et la crit. hist. (Par.

1904) 260—340. P. N a t o r p , Urspr. d. pyrrhon. Skepsis in: Forschh. z. Gesch. d. Erkenntnisprobl. im Alt. 286—290; Entwickl. d. pyrrhon. Skepsis, ebd. 291—302. V. B r o c h a r d , P. et le scepticisme primitif, Rev. philos. 19 (1885) 517—532. Les sceptiques grecs, Par. 1887. E. P a p p e n h e i m , Der Sitz der Schule der pyrrhon. Skeptiker, Arch. f. Gesch. d. Philos. 1 (1888) 37—52. F r. P i c a v e t , Un document important pour l'histoire du Pyrrhonisme, Séances et travaux de l'Acad. d. sc. mor. et pol. 130 (1888) 885—891. Explication d'une inscription importante pour l'histoire du Pyrrhonisme, Rev. de philol. 12 (1888) 185 f. G i u s. C a l d i , Lo scetticismo critico della scuola Pirroniana, Udine 1896. — *Pyrronischer Verein:* U. v. W i l a m o w i t z - M., Antig. v. Kar., s. S. 13*) 290 f. — *Timon:* Über ihn s. die im Texte § 63 angeführten Fragmentsammlungen von L a n g h e i n r i c h , W a c h s m u t h und D i e l s (die antiken Belege für Gattung u. Namen der Sillen bei D i e l s Poët. philos. 181 f.); ferner A. L u d w i c h , De quibusdam Timonis Phliasii fragmentis, Königsb. 1903 Univ.-Schr. G. V o g h e r a , T. di Fliunte e la poesia Sillografica, Padova 1904. Postille critiche ad alcuni frammenti dei Silloi di T., Riv. d. storia antica N. S. 10, 92—99. H. R i c h a r d s (zu T. bei Diog. Laërt. 3, 7 [fragm. 30 Diels]), Classic. Rev. 21 (1907) 197—199.

Zu § 64. Die mittlere und neuere Akademie.

Gesamtdarstellungen und Allgemeines: Z e l l e r , Philos. d. Gr. III 1⁴ 507—546, 609—632, 671—699. S u s e m i h l , Gesch. d. griech. Liter. in der Alex. I 122 ff. 127 ff.; II 279 ff. Vgl. auch die entsprechenden Partien in H i r z e l s Dialog. — C h. H u i t , Philos. des Académiciens, Arcésilas, Carnéade, Philon et Antiochus, L'instruct. publ. 11 (1882) 238—240; 256—258. V. B r o c h a r d , Les sceptiques grecs (Paris 1887) II: La nouvelle Académie. L. C r e d a r o , Lo scetticismo degli accademici, 2 voll., Milano 1889, 1893. T h. G o m p e r z , Eine Schülerliste der neuer. Ak., Festschr. f. O. Benndorf, 1898, 256 ff. R. H i r z e l , Urspr. d. akad. Skepsis, in: Unterss. z. Ciceros philos. Schrr., III, 22—39, u. Entwickl. der akad. Sk., ebd. 149—250. C h. W a d d i n g t o n , Le scepticisme après Pyrrhon. La nouvelle académie. Énésidème et les nouveaux Pyrrhoniens, in des Verf. Buche La philos. anc. et la critique histor. 356—379. G. P a l e i k a t , Die Quellen d. akad. Skepsis (Abh. z. Gesch. d. Skeptiz., hrsg. v. A. Goedeckemeyer, Heft 2), Lpz. 1916, Königsb. Diss.

Arkesilaos: R. B r o d e r s e n , De A. philosopho academico, Alton. 1821. A. G e f f e r s , De A., Gött. 1841 Pr. C h. H u i t , Polémique d'A. contre les Stoiciens, L'instruct. publ. 14 (1885) 414—416, 430—432, 448—450. E. B i c k e l , Ein Dialog aus d. Ak. d. A., Arch. f. Gesch. d. Philos. 17 (1904) 460—479. — Über die Stell. des A. u. des Karneades in dem Kampfe zw. Philos. u. Sophistik H. v. A r n i m , Leben und Werke des Dio v. Prusa 84. 88. H. v. A r n i m , Art. A. 19 bei Pauly-Wissowa. — *Arkesilaos' nächste Nachfolger:* A. G e f f e r s , De A. successoribus, Gött. 1845 Pr. *Lakydes:* R. H i r z e l , Hermes 18 (1883) 1—16. H. U s e n e r , Epicurea LXVIII f. F r. Č á d a , Der Akademiker Lakydes, Festschr. f. Jos. Král, Prag 1913, 94—106 (böhmisch). W. C a p e l l e , Art. Lak. bei Pauly-Wissowa-Kroll. *Die Schule zwischen Lakydes und Karneades:* U. v. W i l a m o w i t z - M o e l l e n - d o r f f , Hermes 45 (1910) 406—414. *Arkesilaos' Schüler Arideikes:* F. H i l l e r v. G ä r t r i n g e n , Bull. de corresp. hellén. 36 (1912) 230 ff. Hermes 54 (1919) 106 f. — *Karneades:* J. E. G. R o u l e z , Commentatio de C. Cyrenaeo philos., Annal. Gandav. 1824—1825. C. G o u r a u d , De C. Academici vita et placitis, Par. 1848 Thèse. C. M a r t h a , Le philos. C. à Rome, Rev. d. deux mondes 48 (1878) 71—104, wiederabgedr. in d. Verf. Études morales sur l'antiquité, Par. 1883. F. P i c a v e t , Le phénoménisme et le probabilisme dans l'école platon., Carnéade, Rev. philos. de la France et de l'étranger 23 (1887) 378—399, 498—513. A. D ö r i n g , Doxographisches zur L. v. τέλος, I. Die Carneadea divisio, Ztschr. f. Philos. u. philos. Krit., N. F. 101 (1893) 165—203. H. D o e g e , De C. apud Antiochum vestigiis, Exk. in des Verf. Dissert.: Quae ratio intercedat inter Panaetium et Antiochum Ascalonitam in morali philosophia, Halis Sax. 1896. C. V i c k , Quaestiones Carneadeae, Rost. 1901 Diss. (über d. Leben u. d. Schule des K.). K. Kritik der Theologie bei Cicero u. Sextus Emp. Hermes 37 (1902) 228—248. B. D e t m a r , K. u. Hume, ihre Wahrscheinlichkeitstheorie, Berl. 1910 Diss. H. M u t s c h m a n n , Die Stufen d. Wahrscheinlichk. bei K., Rh. Mus. 66 (1911) 190—198. Zur Bekämpfung d. Dogmatismus durch K. vgl. H. U s e n e r , Epicurea LXVI ff., u. besonders A. S c h m e k e l ,

Philos. d. mittl. Stoa (s. dort die Stellen im Namenverz.). Zur Sage von der Ver-
finsterung der Sonne oder des Mondes bei K. Tode H. U s e n e r , Rh. Mus. 55 (1900)
286 f. = Kl. Schr. IV 307 f. Zu seiner Gesandtschaftsreise M. di M a r t i n o F u s c o ,
Μουσεῖον, Riv. di Antichità 1 (1923) 189 ff. S. auch H. v. A r n i m unter Arkesilaos
und Art. K. 1 bei Pauly-Wissowa-Kroll. J. H e i n e m a n n , K. Kritik d. idealist.
Ethik, in: Poseid. metaph. Schrr. I 14 ff. — *Kleitomachos;* A. S c h m e k e l , Philos.
d. mittl. Stoa (s. d. die Stellen im Namenverz.). Mehrfach greift ein die Literatur zu
Ciceros philos. Schrr. (de nat. deor., de div.). H. v. A r n i m , Art. K. 1 bei Pauly-
Wissowa-Kroll. — *Charmadas:* H. v. A r n i m , Art. Ch. 1 bei Pauly-Wissowa.
S. auch W. K r o l l oben im Texte. — *Philon von Larisa:* C. J. G r y s a r , Die
Akademiker Ph. u. Antichus, Köln 1849 Pr. C. F. H e r m a n n , Disputatio
de Ph. Larissaeo, Gott. 1851. Disput. altera, ebd. 1855; K r i s c h e , in: Gött. Stud. 2
(1845) 126—200. P. H a r t l i c h , De exhort. a Graecis Romanisque script. hist.
300 ff. Philon sucht als Quelle von Cicero de orat. zu erweisen H. v. A r n i m , Leben
u. Werke des Dio v. Prusa 97—111. Dagegen W. K r o l l , s. Antiochos. S. auch
S c h m e k e l , Philos. d. mittl. Stoa 385 ff., R. B ü t t n e r , Porcius Licinus u. d.
literarische Kreis des Q. Lutatius Catulus, Lpz. 1893, 144—159, und die Lit. z. Cicero
Academ. — *Antiochos von Askalon:* G r y s a r s. Philon. C. C h a p p u i s ,
De A. Asc. vita et scriptis, Par. 1854. R. H o y e r , De A. Ascalon., Bonn. 1883 Diss.
H. D o e g e , Quae ratio intercedat inter Panaetium et A. etc., s. oben unter Karneades.
W. K r o l l , Studien über Ciceros Schr. De oratore, Rh. Mus. 58 (1903) 552—597
(erweist A. als Quelle der cicer. Schr.). H. S t r a c h e , De Arii Didymi in morali
philos. auctoribus, Berl. 1909 Diss. (A. bei Areios Didymos u. Albinos; s. dazu P o h l e n z ,
Berl. philol. Woch. 1911, 1497 ff.). Derselbe, Der Eklektiz. des A. v. Ask. (Philol.
Unters. 26. H.), Berl. 1921. P. R a b b o w , Ant. Schrr. über Seelenheil. u. Seelenleit.
142 ff. M. P o h l e n z , Gött. gel. Anz. 1916, 533. Vgl. auch S c h m e k e l ,
Philos. d. mittl. Stoa 385 ff., H. v. A r n i m, Art. A. 62 bei Pauly-Wissowa, die Lit. z.
Cicero (de leg., Acad., de fin., Tusc. disp., de nat. deor., de fato) und J. H e i n e -
m a n n , Poseid. metaph. Schrr. I 43 ff. — *Varro:* L. H. K r a h n e r , Comment. de
M. Varrone ex Marciani Capellae satura supplendo, cap. 1: De V. philos., Friedland
1846. F r. B ü c h e l e r , (Arbeiten zu den varron. Satiren), Kl. Schr. I 169—198.
508. 534—580. 612—613. J. V a h l e n , Ztschr. f. d. österr. Gymn. 12 (1861) = Ges.
philol. Schr. I 528 f.; Rh. Mus. 18(1863) 319 = Ges. philol. Schr. I 528. H. K e t t n e r ,
Varron. Studien, Halle 1865. P. G l a e s s e r , De Varron. doctrinae apud Plutarchum
vestigiis, Lpz. 1881 Diss. V. H e n r y , De sermonis humani origine et natura M.
Terentius V. quid senserit, Par. 1883 Thesis = Mém. d. la Soc. d. sc. de l'agric. et
d. arts de Lille, ser. 4, 12, 1—94. G. K n a a c k , Menipp u. V., Hermes 18 (1883)
148—150. U. v. W i l a m o w i t z - M o e l l e n d o r f f , V., Cato de educ. lib. ap.
Macrob. 3, 6, 5, in: Coniectanea, Gott. 1884 Ind. schol. aest. E r d m. S c h w a r z ,
De M. Terentii V. apud sanctos patres vestigiis cap. duo, Jahrbb. f. klass.
Philol. Suppl. 16 (1888) 405—499 (V. bei Tertullian u. Augustin). F. L e o , V. u.
die Satire, Hermes 24 (1889) 67—84 (Bezz. V. zu Menippos). E. N o r d e n , In V.
saturas Menippeas observ. selectae, Jahrbb. f. klass. Philol. Suppl. 18 (1892) 265—352
(vgl. u. a. den Abschn. üb. die kynisch-stoische Opposition gegen die Athletik 298 ff.).
Varroniana II, Rh. Mus. 48 (1893) 529 ff. (Abhängigkeit v. Poseidonios, vgl. 541 ff.).
Die varron. Satura Prometheus, ein Kap. aus d. L. v. d. *πρόνοια*, Beitr. z. Gesch. d.
griech. Ph., Jahrbb. f. kl. Philol. Suppl. 19 (1893) 428—439. E. W e n d l i n g , Zu
Posidon. u.V., Hermes 28 (1893) 335—353 (Abhängigkeit v. Poseidonios). A. G e r c k e ,
V. Satire Andabatae, Hermes 28 (1893) 135—138. A. D ö r i n g , Doxographisches
zur L. v. *τέλος*: II 6: Varro, Ztschr. f. Philos. u. philos. Krit. N. F. 101 (1893) 165 ff.
R. A g a h d , Quaestiones Varr., in der Einl. z. seiner Ausg. der Bücher 1. 14. 15. 16
der Antiqu. rer. div., Jahrbb. f. klass. Philol. Supplem. 24 (1898) 1—220, 367—381
(Poseidonios Quelle V.). E. O d e r , Ein angebl. Bruchst. Demokrits über die Ent-
deck. unterird. Quellen, Philol. Suppl. 7 (1898) 231—384 (vgl. hier 310. 363. V. Brücke
zw. Poseidonios einer-, Plinius u. Vitruv andererseits). R. R e i t z e n s t e i n , M.
Terentius V. u. Johannes Mauropus von Euchaita. Eine Studie zur Gesch. d. Sprachwiss., Lpz. 1901. W. M. L i n d s a y , Rh. Mus. 57 (1902) 197 (Menipp. Satiren V.
Quelle des Nonius Marcellus). H. P e t e r , Rh. Mus. 57 (1902) 235 ff. (V. Verhältn.
z. Pythagoreismus). O. H e n s e , Eine Menippea des V., Rh. Mus. 61 (1906) 1—18.
O. H e m p e l , De V. rerum rusticarum auctoribus quaest. selectae, Lpz. 1908 Diss.
(berührt u. a. V. Verh. zu Archelaos, Xenophon, Aristoteles, Theophrast). L. S o n t -

h e i m e r , Vitruvius u. seine Zeit, Tüb. 1908 Diss. W. P o p p e , Vitruvs Quellen im
2. B. de archit., Kiel 1909 Diss. (zu den beiden letztgenannten Arbeiten, die sich auch
mit dem Verb. Vitruvs zu V. beschäftigen, s. H. D e g e r i n g , Berl. philol. Woch.
1912, 581 ff.). G. Z o t t o l i , Boll. di filol. class. 16 (1910) 185 f. (zur Ταφὴ Μενίππου
p. 222 Riese). F r. P f i s t e r , Philol. 69 (1910) 423, 1 (vier Arten der Divination
zusammenhängend mit den vier Elementen nach V.). W. B. A n d e r s o n , Class.
Quart. 5 (1911) 181 (Sat. Menipp.). K. P r a e c h t e r , Eine Stelle V. z. Zahlentheorie, Hermes 46 (1911) 407—413. A. G i a n o l a , Pitagora e le sue dottrine negli
scrittori lat. del primo sec. a. C.: 1. Framm. d. dottr. d. Pit. desunti dalle opere di M.
Ter. V., Estr. d'Ultra 1911. K. M r a s , V. menippeische Satiren u. d. Philos., Neue
Jahrb. 33 (1914) 390—420. Vgl. auch H. D i e l s , Doxogr. Gr. (s. dort d. Index unter
Varro), A. S c h m e k e l , Philos. d. mittl. Stoa (s. dort das Namenverzeichnis),
R. H i r z e l , Der Dialog (I 436 ff. V. menippische Satiren. Für Weiteres s. das
Register des Werkes). J. G e f f c k e n , Kynika (s. dort d. Register), und in der
oben S. 35* genannten Abh. V. etymolog. Theorie: M u l l e r , De veter. impr.
Roman. stud. etymol. 115 ff. V. Zahlenl. bespricht auch G. B o r g h o r s t , De
Anatolii fontibus, Berl. 1905 Diss. 45—55. R. R e e h , De V. et Suetonio quaestiones
Ausonianae, Halle a. S. 1916 Diss. — Die unter V. Namen gehenden Sentenzen be-
handeln P. G e r m a n n , Die sog. Sententiae V., Paderb. 1910 (Stud. z. Gesch. u.
Kult. d. Altert. III 6) und C. W e y m a n , Rh. Mus. 70 (1915) 154 (Sentenz 45
augustinisch-scholastisch). K. F r i e s s. zu § 84 Favonius Eulogius. — E. N o r d e n ,
V. über den Gott der Juden, in d. Festgabe f. A. v. Harnack (Tüb. 1921) 298—301. —
Persönliches C. C i c h o r i u s , Röm. Stud., Lpz. Berl. 1922, 207—226.

Cicero: Jahresberichte s. oben S. 16* f.

*Allgemeines: Ciceros Stellung zu Philosophen und Philosophenschulen. Sein
philosophisches Bekenntnis. Cicero als Berichterstatter über philosophische Systeme
und als Förderer philosophischer Studien in Rom. Seine philosophischen Schriften
und ihre Quellen im allgemeinen. Terminologisches und Stilistisches. Ciceros rhetorische Lehren in ihrer Beziehung zur Philosophie. Nachwirkung seiner philosophischen
Schriftstellerei im allgemeinen bei Späteren (Nachwirkung der einzelnen Schriften s.
unter diesen):*

F r. G e d i k e s Zusammenstellung der auf die Gesch. der Philos. bezüglichen
Stellen des Cicero, Berl. 1782, 1801, 1814 ist noch mehr für die Charakteristik der
ciceronischen Auffassung als für die Gesch. d. älteren Philos. selbst wertvoll. Von
allgemeineren Arbeiten sind u. a. noch zu erwähnen H. R i t t e r s ausführliche
Darst. d. Philos. d. Cicero in seiner Gesch. d. Philos. IV 106—176, sowie der Cicero
gewidmete Abschnitt bei Z e l l e r III 1⁴ 672—692, ferner: L e g e a y , M. Tullius
Cicero philosophiae historicus, Lugd. Bat. 1846. K. H a r t f e l d e r , De Cic. Epi-
cureae doctrinae interprete, Heidelb. 1875 Diss. F. G l o ë l , Über Cic. Studium des
Platon, Magdeb. 1876 Pr. R. H i r z e l , Unterss. z. C. philos. Schrr., Lpz. 1877—1883
(über die Teile des Werkes s. unten bei De nat. deor., De fin., De off., Acad. priora,
Tusc. disp.). Derselbe, Der Dialog, Lpz. 1895, I 457 ff. G. B e h n c k e , De C.
Epicureorum philosophiae existimatore et iudice, Berl. 1879 Pr. P. E w a l d , Der
Einfl. d. stoisch-ciceron. Moral auf die Darst. der Ethik b. Ambrosius, Lpz. 1881 Diss.
E. H a v e t , Pourquoi C. a professé la philos. académ., Séances et trav. de l'Acad.
d. sc. mor. et polit. 121 (1884) 660—671. C. T h i a u c o u r t , Essai sur les traités
philos. de C. et leurs sources grecques, Par. 1885. F r. S a l t z m a n n , Über C.
Kenntn. der platon. Schrr. Nebst einer Unters. üb. d. Quellen des 1. B. der Tuscul.,
Cleve 1885. 1886 Pr. W. K a h l , Demokritstudien I: Demokrit in C. philos. Schrr.,
Diedenhofen 1889 Pr. C. G i a m b e l l i , Appunti sulle fonti delle opere filos. di
C., Riv. d. filol. 16 1888) 430—444, 552—563; 17 (1889) 116—134, 222—246.
O. W e i ß e n f e l s , Einleit. in d. Schriftstellerei C. u. in d. alte Philos., Lpz. 1891.
S. S e p p , Änesidem bei C., in d. Verf. Pyrrhon. Studien, Freis. 1893. G. S t o e r -
l i n g , Quaest. Ciceronianae ad religionem spectantes, Jena 1894 Diss. J. M a s s o n ,
C. on the Epicurean gods, Class. Rev. 16 (1902) 277—281. C. T h i a u c o u r t ,
Les traités de philos. religieuse et les opuscules philos. de C., Par. 1902 (Universitäts-
schrift v. Nancy). B. B a r t h e l , Über die Benutzung d. philos. Schrr. C. durch
Lactanz I, Strehlen 1903 Pr. C. T h i a u c o u r t , Les premiers apologistes chrét.
à Rome et les traités philos. de C., Rev. d. cours et conférences, Par. 1904 (s. auch
Rev. de l'instr. publ. en Belg. 53 [1910] 2—18). W. K r o l l , C. u. d. Rhetorik,
Neue Jahrb. 11 (1903) 681—689 (von Wichtigkeit auch für Ciceros Verh. zu griech.

Philosophen [Antiochos von Ask. Quelle Ciceros]). Fr. Cauer, C. politisches
Denken, Berl. 1903 (darin über C. philos. Ideal). A. Degert, Les idées morales de
C., Par. 1907. L. Laurand, De C. studiis rhetoricis, Par. 1907 Thèse. C. Atzert,
De C. interprete Graecorum, Gott. 1908 Diss. K. C. Reiley, Studies in the philo-
sophic. terminology of Lucr. and C., New York 1909. C. Morawski, De meta-
phoris Tullianis observationes, Eos 16 (1910) 1—5. Th. Zieliński, C. im Wandel
d. Jahrhunderte³, Lpz. Berl. 1912. H. Ranft, Quaestiones philos. ad orationes
C. pertinentes, Lpz. 1912 Diss. Fr. Feßler, Benutzung d. philos. Schrr. C. durch
Lactanz, Lpz. Berl. 1913. C. Cimegotto, Frammenti di dottrine cosmoantropiche
degli antichi scrittori nelle opere di M. Tull. C., Roma 1913. Rob. Fischer,
De usu vocabulorum apud C. et Senecam Graecae philosophiae interpretes, Freib. i. B.
1914 Diss. H. Uri, C. u. d. epikureische Philos., Borna-Lpz. 1914, Münch. Diss.
(s. dazu R. Philippson, Berl. philol. Woch. 1916, 103 ff.). W. Schink, C.
als Philosoph, Neue Jahrb. 34 (1914) 513—522. L. Gurlitt, Über Quellen zu
C. philos. Schriften (zu epist. ad Att. 12, 6, 2; 13, 39, 2), Philol. 73 (1914) 419—425.
R. Reitzenstein (s. unten zu Panaitios § 65 u. dazu v. Wilamowitz,
Platon I² 583, 1). T. Petersson, Cicero. A biography, Berkeley 1920 (betont
d. patriot. Zweck von C. philos. Schriftstellerei). M. di Martino Fusco, Il
suicidio nelle dottrine di C., Μουσεῖον, Riv. di Antich. 1 (1923) 95 ff. — Für die
Frage nach den Quellen von C. philos. Schrr. ist, abgesehen von den monographischen
Arbeiten über einzelne Schriften, außer Hirzels oben S. 143* genanntem Werke be-
sonders A. Schmekel, Die Philos. d. mittl. Stoa, Berl. 1892, zu berücksichtigen
(eingehende Unterss. zu de offic., de leg. I, de rep. I—III, Tusc. I, de fato). Über
Ciceros Verfahren bei Abfass. seiner philos. Schrr. s. auch H. Usener, Epicurea
LXV ff., über sein Verh. zur Placita-Literatur Diels, Dox. Gr. 119 ff. 202 f.
211 f., über seine Beziehungen zu Poseidonios' Protreptikos Gerhäußer, s.
unter Poseidonios. Bedenken gegen grundsätzliche Auffassungen der meisten neueren
Forscher äußert A. Lörcher, Jahresb. über d. Fortschr. d. kl. Altertumswiss.
162 (1913 II) 2 ff; 200 (1924 II) 71 ff. Als Hilfsmittel für die Erforschung der philos.
Terminologie Ciceros ist von großem Werte H. Merguet, Lexikon zu den philos.
Schriften C. mit Angabe sämtl. Stellen, 3 Bde., Jena 1887—1894. — Die Lit. über
Ciceros Beziehungen zu Lucrez (Usener, Martha, Nettleship, Karsten, Marx, Reitzen-
stein, Castellani, Leeuwen, Giri, Hendrickson, Merrill, Cocchia, Litchfield, Strong,
Münzer) s. S. 135* ff. unter Lucrez. Mehrfach greift in cicer. Fragen ein die Lit. zu
Phaidros, Philodemos (S. 134* f.), Kleitomachos, Philon v. Larisa, Antiochos v.
Askalon (S. 142* f.), Panaitios, Poseidonios (S. 150* ff.).

 Die einzelnen philosophischen Schriften:
 De republica: K. S. Zachariae, Staatswiss. Betrachtungen üb. C. wieder-
gefundenes Werk v. Staate, Heidelb. 1823. H. Usener, Rh. Mus. 28 (1873)
397 ff. = Kl. Schr. III 16 ff. (Abhängigkeit C. im Somn. Scip. von Aristot. Protrept.,
von dem ein Reflex auch de rep. 1, 17, 26—29 vorhanden ist); dazu K. Fries,
Rh. Mus. 55 (1900) 22. P. Corssen, De Posidonio Rhod. M. Tullii Cic. in libro I.
Tusc. disp. et in Somn. Scip. auctore, Bonn 1878 Diss. R. J. Schubert, Quos
C. in libro I. et II. de republ. auctores secutus esse videatur, Lips. 1883, Würzb.
Diss. C. Wachsmuth, Zu C. Schr. de rep., Lpz. Stud. z. klass. Philol. 11 (1889)
197—206. L. Ziehen, Ad C. de rep. libri 2. § 18., in: Schedae philol. H. Usener
a sodal. semin. reg. Bonn. obl., Bonnae 1891, 138—144. S. Brandt, Ad C. de
rep. libros adnotationes, Heidelb. 1896, Festschr. z. 350 jähr. Jubelf. d. Gymn.
H. Usener, Rh. Mus. 56 (1901) 312 f. = Kl. Schr. II 317 f. A. Beltrami,
Il Sogno di Scip. di M. Tullio C. e le sue imitazioni nella letteratura italiana, Comm.
del Ateneo di Brescia 1901. C. Pascal, Di una fonte greca del Somn. Scip. di C.,
Rend. d. Acc. d. arch., lett. e belle arti di Napoli 1902. W. Volkmann, Die
Harmonie d. Sphären in C. Traum d. Sc., 85. Jahresber. d. Schles. Gesellsch. f. vaterl.
Kultur, 4. Abt., Bresl. 1908. A. W. van Buren, in: Supplem. papers of the
Amer. school of class. studies in Rome, vol. 2, New York Lond. 1908. (Umschrift d.
Palimpsestes von Cic. d. rep.); dazu Th. Stangl, Woch. f. klass. Philol. 1908, 1201 ff.
F. Boll, Philol. 69 (1910) 170 ff. (zu Somn. Scip. § 17; Cic. Quelle d. Firmicus
Maternus). N. Terzaghi, Boll. di filol. class. 18 (1911) 55—58 (zu de rep. 4, 11).
Giov. Galbiati, Inquiritur in M. Tullii C. libror. qui manserunt De rep. et
De leg. fontes, Classici e Neolatini 1911, 203—210, 275—338. De M. Tullii C. in libris
de rep. et de leg. fontibus, Augustae Praetoriae 1913. (Über eine neuere Arbeit

dess. Verf. s. Plasberg, Dtsche Lit.-Ztg. 1922, 956 ff.) H. S k a s s i s , Quo tempore
scripti et editi fuerint libri de rep., Athenis 1915. K. Z i e g l e r , Zu C. de republ.,
Hermes 51 (1916) 261 ff. M. B o a s , Das sich auf Sardanapalus beziehende Fragm.
v. C. de rep., Berl. philol. Woch. 1920, 931—935. E. H a u l e r , Krit. u. erkl.
Bemerkk. z. Cic. Somn. Scip., Wiener Stud. 42 (1920/21) 90 ff. 182 ff. Für d. Somn.
Scip. kommt auch die unten zu § 69 anzuführende Lit. über Poseidonios' Einfluß
auf die religiösen Ansch. der hellenist. Welt in Betracht (G e r h ä u ß e r , Protr.
d. Pos. 56). S. auch P. C o r s s e n S. 146* unter den Tusculanen, A. S c h m e k e l
ob. S. 144*, R e i t z e n s t e i n zu Panaitios, unten § 65, W i l a m o w i t z ,
Platon I² 582 f. II² 432 f., E d. M e y e r , Cäsars Monarchie u. d. Prinzip. d. Pomp.
177 f., R. H e i n z e , C. „Staat" als polit. Tendenzschr., Hermes 59 (1924) 73—94.
    De legibus: J. N. M a d v i g , De emendandis C. libris de leg. disp., in des
Verf. Opusc. acad., Havniae 1887, 504—532. E m a n. H o f f m a n n , Zu C. de
leg., Jahrbb. f. klass. Philol. 153 (1896) 421—426. A. G u d e m a n , Zur Chronologie v. C. de leg., Berl. philol. Woch. 12 (1892) 930—932. F r. B o e s c h , De Aelio
et Posidonio C. in libro de leg. secundo auctoribus, in d. Verf. Diss. De XII tabul.
lege a Graecis petita, Gött. 1893. R. R e i t z e n s t e i n , Die Abfassungszeit d.
1. B. Cic. de leg., in: Drei Vermut. z. Gesch. d. röm. Lit. (aus: Festschr. Theod.
Mommsen z. 50 jähr. Doktorjub. überr.), Marb. 1893. J. V a h l e n , Ztschr. f. d.
österr. Gymn. 11 (1860) 1 ff.; 12 (1861) 2 ff.; 19 (1868) 104; Rh. Mus. 21 (1866) 158
(diese der Krit. u. Erklär. einzelner Stellen gewidmeten Arbeiten auch in des Verf.
Ges. philol. Schriften I 530—566). Derselbe, Hermes 35 (1900) 135 ff. G. L a z i ć,
De C. libror. de leg. tempore et libri 1. compositione, Karlowitz 1900/01 Pr. De
compositione 2. et 3. C. libror. de leg., ebd. 1903/04 Pr. Über die Entst. v. C. Schr.
de leg., Wien 1912. T h. B ö g e l , Inhalt u. Zerlegung d. 2. B. v. Cic. de leg., Kreuzburg 1907 Pr. Zum 2. u. 3. B. v. C. Schr. de leg. in Χάριτες, Berl. 1911, 297—321.
A. L a u d i e n , Die Komposition u. Quelle v. C. 1. B. d. Gesetze, Hermes 46 (1911)
108—143. S. E i t r e m , Nord. tidskr. f. filol. 4. R. III 55 (zu 2, 24). A. E. H o u s -
m a n , Journ. of philol. 32 (1913) 261 ff. E. O r t h , C. de leg. 1, 3, 10, Philol.
Woch. 1922, 287 f. A. S c h m e k e l , Philos. d. mittl. Stoa 47 ff. H. v. A r n i m ,
Stoic. vet. fragm. I S. XIX f. S. auch G a l b i a t i unter De republ. und R e i t z e n -
s t e i n zu Panaitios, unten § 65.
    Paradoxa: J. O g ó r e k , Quae ratio sit C. Paradoxis Stoic. cum Horatii
stoicismo satiris epistulisque eius contento I, Lemberg 1901 Pr., II ebd. 1902 Pr.
P. G r o e b e , Die Abfassungsz. des Brutus u. der P. Cic., Hermes 55 (1920) 105
bis 107.
    Academica: A. B. K r i s c h e , C. Academica, Gött. Stud. (1845) 126 ff. C. J.
H. E n g s t r a n d t , De libris C. Acad., Upsala 1860. H. D i e l s , De Thec-
phrasti Opinionum apud C. vestigiis [Acad. prior. 2, 37, 118] in: Doxogr. Gr. 119 ff.
R. H i r z e l , Unterss. z. C. philos. Schr. III: Acad. priora, Lpz. 1883. C. T h i a u -
c o u r t , Les Académiques de C. et le Contra Academicos de Saint Augustin, in:
Mélanges Boissier, Par. 1903. L. D e l a r u e l l e , Rev. de philol. 36 (1912) 299
(Textkrit.). A. L ö r c h e r , Das Fremde u. das Eigene in C. BB. de finibus bo-
norum et malorum u. den Academica, Halle a. S. 1911.
    De finibus bonorum et malorum: R. H i r z e l , Unterss. z. C. philos. Schr. II:
De finibus, Lpz. 1882. R. H o y e r , De Antiocho Ascal. (s. oben S. 142*) 1 ff.
C. G i a m b e l l i , Gli studi Aristotelici e la dottrina d'Antioco nel de fin., Riv.
di filol. 19 (1891) 242—276, 397—426; 20 (1892) 282—299, 465—488; auch separat
Turin 1892. Dazu P. W e n d l a n d , Berl. philolog. Woch. 1893, 1383. M. S c h n e i d e -
w i n , Studien z. C. philos. Schrr. Ein zusammenfass. u. textkrit. Rückblick auf C.
Beurt. d. epikur. Ethik in seinem 2. B. de fin., Hameln 1893 Pr. A. H e f t e r ,
Hauseritne Seneca in dial. secundo e C. de fin. tertio et Tuscul. disp. quinto libro
quaeritur, St. Paul 1902 Pr. J. K l a u s s e n , De C. et Torquato Epicureo, in:
Beitr. z. klass. Philol. Alfr. Schöne dargebr., Kiel 1903 (über d. Verh. v. Cic. de fin.
1,29—71 und 2, 18—118 zu der griech. Vorlage). G. R o d i e r , Rev. de philol. 31
(1907) 202. H. B i g n o n e , Qua fide quibusque fontibus instructus moralem Epicuri
philos. interpretatus sit Cicero in primo de fin. libro, Riv. d. filol. 37 (1909) 54—84.
Dagegen R. P h i l i p p s o n , Zu C. 1. B. de fin., Rh. Mus. 66 (1911) 231—236.
A. L ö r c h e r s. Academica. J. M a c I n n e s , Class. Quart. 5 (1911) 98 ff. (zu
2, 17, 56). A. G a n d i g l i o , Atene e Roma 14, 346 (zu 4, 26, 72). A. E. H o u s -
m a n s. De legibus. H. v. A r n i m , Stoic. vet. fragm. I S. XXVIII f. H. S t r a c h e ,

De Arii Didymi in morali philos. auct., Berl. 1909 Diss. 79 f. (Poseidonisches im 3. Buche). A. G o l d b a c h e r (zu 1, 4. 17. 25. 50), Wien. Stud. 42, 134—138.

Tusculanae disputationes: P. C o r s s e n , De Posidonio Rhodio M. Tullii Ciceronis in libro I. Tusc. disp. et in Somn. Scip. auctore, Bonn 1878 Diss. C. Quelle f. d. 1. B. d. Tusc., Rh. Mus. 36 (1881) 506—523. H. D i e l s , Doxogr. Gr. 202 f. Zu Cic. Tusc. 1, 19. 43, Rh. Mus. 34 (1879) 487—491. R. H i r z e l , Unterss. z. C. philos. Schr. III: .... Tusc. disp., Lpz. 1883. P. H. P o p p e l r e u t e r , Quae ratio intercedat inter Posidonii περὶ παθῶν πραγματείας et Tusc. disp. C., Bonn 1883 Diss. F r. S a l t z m a n n s. o. S. 143*. L. R e i n h a r d t , Nachlese z. Frage nach den Quellen C. im 1. B. der Tusc., Jahrbb. f. klass. Philol. 153 (1896) 473—485. R. R u b r i c h i , Riv. d. filol. 33 (1905) 568—576. E. M e y e r , Gymnasium 1906, 435—438. H. D e i t e r , Philol. 65 (1906) 319 (zu 1, 25, 60; 5, 11, 33; 5, 21, 61). P. H. D a m s t é , Mnemos. N. S. 34 (1906) 58. M. P o h l e n z , Das 3. u. 4 B. d. Tusc., Hermes 41 (1906) 321—355. Das 2. B. d. Tusc., ebd. 44 (1909).23—41. De C. Tusc. disp., Gött. 1909 Pr. Die Personenbezeichn. in C. Tusc., Hermes 46 (1911) 627—629. A. C. C l a r k , A Bodleian fragm. of Cic. Tusc. quaest., Mélanges Chatelain, Par. 1910, 169—173. S. L i n d e , Ad Platonem et C., Eranos (Act. philol. Suec.) 12 (1912) 175 ff. (zu Tusc. 3, 66). J. E. G r a n r u d , Class. journ. 7 (1911/12) 212 f. (zu 2, 27. 56). P. C o r s s e n , In C. Tusc. 2, 60 et De rep. 1, 9, Berl. philol. Woch. 1914, 29 f. R. P h i l i p p s o n , Berl. philol. Woch. 1917, 503 (Tusc. disp. 3, 34, 81. 83; 5, 32, 89 ff.); 1919, 846 (Benutzung volkstüml. Trostschrr.). S. auch C a r . B u r e s c h , Consol. a Graecis Romanisque script. hist. crit. 95 ff. A. S c h m e k e l , Philos. d. mittl. Stoa 132 ff. H. v. A r n i m , Stoic. vet. fragm. I S. XX ff. P. R a b - b o w , Antike Schriften über Seelenheil. u. Seelenleit. I, Lpz. 142 ff. (zu B. 3 u. 4). W. G e r h ä u ß e r , Protr. d. Poseid. 54. O. W e i n r e i c h , Cic. Gebet an d. Philosophie, Arch. f. Relig. 21 (1922) 504—506 (zu Tusc. 5, 2, 5 f.). M. J o n e s , Posidonius and Cic. Tusc. disp. 1, 17—81, Class. Philol. 18, 202 ff. K. R e i n h a r d t , Poseidonios 471 f. A. H e f t e r s. zu De finibus.

De natura deorum: R. H i r z e l , Unterss. z. C. philos. Schr. I: De nat. deor., Lpz. 1877. P. S c h w e n k e , Über C. Quellen in d. BB. de nat. deor., Jahrbb. f. klass. Philol. 119 (1879) 49—66, 129—142. Zu C. de nat. deor., ebd. 125 (1882) 613—633. W. W i e g a n d , Ährenlese der Krit. u. Erklär. d. drei BB. C. de nat. deor., nebst einem Nachwort üb. dessen Verdienste um die Philos. überh., Ztschr. f. Philos. u. philos. Krit. N. F. 79 (1881) 211—226. A. G o e t h e (zum Texte), Jahrbb. f. klass. Philol. 129 (1884) 30—34; 133 (1886) 137—138; 137 (1888) 481—482. L. R e i n h a r d t , Die Quellen v. C. Schr. de deor. nat., Bresl. 1888 (Bresl. philol. Abh. 3, 2). O. D i e c k h o f f , De C. libr. de nat. deor. recensendis, Gott. 1895. R. H o y e r , Quellenstudien z. C. BB. de nat. deor., de div., de fato, Rh. Mus. 53 (1898) 37—65. F. K o t e k , Anklänge an C. de nat. deor. bei Minucius Felix u. Ter- tullian, Wien 1901 Pr. C. V i c k , Karneades' Kritik d. Theologie bei C. u. Sext. Emp., Hermes 37 (1902) 228—248. A. G i a n o l a , De compositione et fontibus C. libror. qui sunt de nat. deor., Bologna 1904. F r. S t a b i l e , In M. Tullii C. de nat. deor. 1 c. 1—3, Neapel 1904. M. L. E a r l e , Proceed. of the Amer. philol. assoc. 34, 35 (zu de nat. deor. I). H. D e i t e r , Philol. 65 (1906) 318 f. (zu 2, 53, 132; 2, 57, 143). P. C r o p p , De auctoribus, quos secutus C. in libris de nat. deor. Academi- corum novorum theologiam reddidit, Gött. 1909 Diss., Bergedorf b. Hamb. 1909 Pr. J. E. B. M a y o r , Class. Rev. 24 (1910) 145 (zu 2, 69). J. v a n W a g e - n i n g e n , Mnem. 39 (1911) 135—140 (zu 1, 25. 26. 80). L. D e l a r u e l l e , Rev. d. philol. 36 (1912) 299—308. E. K a g a r o w (Quelle u. Komposition v. C. Dialog d. nat. deor., russisch), Russ. Zeitschr. Hermes 1912, 309—312. K. P r a e c h t e r , Hermes 48 (1913) 315—318 (zu 2, 33, 83). J. A. K l e i s t , Class. journ. 8, 81 ff. (zu 1, 1). T h. B i r t , Krit. Bemerkk. z. Cic. de deor. nat. Buch 1, Berl. philol. Woch. 1918, 545—552; 569—576. S. auch Einleit. u. Komm. d. Ausg. von J. B. M a y o r , ferner zu B. 1 H. D i e l s , Doxogr. Gr. 121 ff., Sitz. Berl. Ak. 1893, 116, zu B. 2 H. U s e n e r , Epicurea LXVII f., H. v. A r n i m , Stoic. vet. fragm. I S. XXX., P. W e n d l a n d , Posidonius' Werk Περὶ θεῶν, Arch. f. Gesch. d. Philos. 1 (1888) 200—210, Philos. Schr. üb. d. Vorsehung, Berl. 1892, 84 Anm. 1, H. D i e l s , Elementum, Lpz. 1899, 2 ff. 12, S h. O. D i c k e r m a n , Some Stock Illustr. (oben S. 25* unter IV) 127, W. W. J a e g e r , Nemes. v. Em. 127 ff. (zu 2, 133 ff.), Aristo- teles 145 ff. (zu 2, 42 ff.), K. R e i n h a r d t , Poseidonios 208 ff. — Zum Titel d. Schr. J. T o l k i e h n , Philol. Woch. 1922, 477—479.

Cato maior de senectute: G u s t. S c h n e i d e r , Das Platonische in §§ 77 u. 78 v. C. Cato mai., Ztschr. f. d. Gymnasialw. 33 (1879) 689—707. T h. M a u r e r , Die Abfassungsz. v. C. Cato mai., Jahrbb. f. klass. Philol. 129 (1884) 386—390. K. M e i ß n e r , Zu C. Cato mai., ,Jahrbb. f. klass. Philol. 131 (1885) 209—220. B. D a h l , Zur Handschriftenkunde u. Krit. des ciceron. Cato mai., Forhandlinger i videnskabsselskabet i Christiania Aar 1885. 1886. A. O t t o , Die Interpolationen in C. Cato mai., Philol. Abh. M. Hertz z. 70. Geb. darg., Berl. 1888, 94—104. A. G e r c k e , Die Hss. v. C. Cato mai., in d. Verf. Seneca-Studien, Jahrbb. f. klass. Philol. Suppl. 22 (1896) 50—53. L. H a v e t , Acad. d. inscr. 1901. 1902 (textkrit.). Derselbe, Les lignes transposées du Cato Maior, Journ. d. sav. 1902, 370—382; 401—412. M. L. E a r l e , Ad C. Cat. Mai., Rev. d. philol. 28 (1904) 123 f. A. A u ß e r e r , De clausulis Minucianis et de Ciceronianis quae quidem inveniuntur in lib. de sen., Innsbr. 1906 (Commentat. Aenipont. I). K. A l l e n , The date of C. Cato mai. de sen., Am. journ. of philol. 28 (1907) 297—300. G. R. T h r o o p , A new ms. of C. de sen., Class. Philol. 3 (1908) 285—302. Derselbe (zu §§ 10. 37), ebd. 6 (1911) 483. E. S t e t t n e r , Cato mai., eine polit. Tendenzschr., Ztschr. f. d. österr. Gymn. 61 (1910) 684—698, 865—877. M. E. H i r s t , Class. Rev. 24 (1910) 50 (zu 16, 56). J. S c h r ö t e r , De Cat. mai., Weidae Thuring. 1911, Lpz. Diss. C a r. S i m b e c k , De C. Cat. mai., in Simbecks Ausg. des Cato maior. H. K r o e g e r , De C. in Cat. mai. auctoribus, Rost. 1912 Diss. S. auch S h. O. D i c k e r m a n , Some Stock Illustr. (oben S. 25* unter IV), 126 f. (Quelle von §§ 52 f.). F r. W i l h e l m , Die Schr. d. Juncus περὶ γήρως u. ihr Verhältn. z. C. Cato mai., Bresl. 1911 Pr. R. P h i l i p p s o n , Berl. philol. Woch. 1912, 873; 1917, 502.

De divinatione: J. V a h l e n , Rh. Mus. 27 (1872) 186 = Ges. philol. Schr. I 573 f. (zu 1, 19, 36; 2, 28, 62). T h. S c h i c h e , De fontibus libr. C. qui sunt de div., Jena 1875 Diss. F. Z ö c h b a u e r , Zu C. BB. de div., Hernals 1877. 1878 Pr. K. H a r t f e l d e r , Die Quellen von C. 2 BB. De div., Freib. i. B. 1878 Pr. V. T h o r e s e n , In Cic. de divin. libr. comm. crit., Nord. tidskr. for filol., 3. raekke 2 (1893—1894) 24—43. R. H o y e r s. zu De nat. deor. R. D u r a n d , La date du De div., in: Mélanges Boissier, Par. 1903. D. H e e r i n g a , Quaestion. ad C. de div. libros duos pertinentes, Groning. 1906 Diss. Noch einmal de div., Philol. 68 (1909) 560—568. H. D e i t e r , Philol. 65 (1906) 319 (zu 1, 43, 95). G u i l. S a n d e r , Quaestion. de C. libris quos scripsit de div., Gott. 1908 Diss. F r. B o l l , Philol. 69 (1910) 167 ff. (zu 1, 121). L. D e l a r u e l l e , Études crit. sur le texte du De div., Rev. de philol. 35 (1911) 231—253. H. S k a s s i s , Observ, crit. in quosdam locos primi libri qui est de div., Athen 1915. W. S a n d e r , Bemerkk z. C. de div., Philol. 75 (1919) 384—394. S. auch S c h m e k e l , Philos. d. mittl. Stoa 176, H. v. A r n i m , Stoic. vet. fragm. I S. XXX, E. N o r d e n , Vergils Aeneis Buch VI² 41 f. und: Festschr. f. Harnack (Tüb. 1921) 298, R. P h i l i p p s o n , Philol. Woch. 1922, 102 ff. A. F a l c o n e r , Class. Philol. 18, 310 ff. (zur Abfassungszeit).

De fato: G. F o n s e g r i v e , Les traités de fato, Annales d. la Faculté des lettr. d. Bordeaux, 7. année, N. s. 2 (1885) 311—320. A. G e r c k e (Abhängigk. v. Antiochos v. Ask.), Jahrbb. f. klass. Philol. Suppl. 14 (1885) 693. M. M e i n e c k e , De fontibus, quos C. in libello de fato secutus esse videatur, Marienwerder 1887 Pr. W. S t ü v e , Ad C. de fato libr. observ. variae, Kiel 1895 Diss. R. H o y e r , s. zu De nat. deor. A. S c h m e k e l , Philos. d. mittl. Stoa 155—184. A. L ö r c h e r , De compositione et fonte libri C. qui est de fato, Halis Sax. 1907 Diss. (Diss. philol. Hal. 17, 4). S. auch M. P o h l e n z , Berl. philol. Woch. 1910, 327—329. H. S k a s s i s , Adnot. crit. ad Cic. libr. qui de fato inscr., Athen 1915.

Timaeus: C. F. H e r m a n n , De interpretatione Tim. dialogi a C. relicta, Gött. 1842 Pr. F r. H o c h d a n z , Quaestion. crit. in Tim. C. e Platone transcr., Nordhaus. 1880 Pr. C. F r i e s , Unters. z. C. Tim., Rh. Mus. 54 (1899) 555—592; 55 (1900) 18—54. Zu C. Tim., Woch. f. klass. Philol. 1901, 246—252. Zum cic. Timaeusfragm., ebd. 1903, 1075—1077. A. E n g e l b r e c h t , Zu C. Übers. aus d. platon. Tim., Wien. Stud. 34 (1912) 216—226. C. A t z e r t , De C. interprete Graecorum, Gött. 1908 Diss., Kap. 2: De Tim.

Laelius: K. F. W. M ü l l e r , Zu C. L., Ztschr. f. d. Gymnasialw. 33 (1879) 14—24; 34 (1880) 612—617. K. M e i ß n e r , Zu C. L. Jahrbb. f. klass. Philol. 135 (1887) 545—557. C. M a r c h e s i , Giorn. storico della letter. lat. vol. 43 (zur Überlieferungsgesch.). W. F o x , Neue philol. Rundschau 1904, 289—293 (z. hsl. Überl.). M. H o p p e , De M. Tullii C. L. fontibus, Vratisl. 1912 Diss. S. S a b -

b a d i n i , De Socratica philos. a C. in L. adhibita dissert., Tergesti 1912. J. B l u m,
De compositione numerosa dialogi C. de amicitia, Innsbr. 1913 (Comment. Aenipont.).
Vgl. auch R. F r. B r a x a t o r , Quid in conscribendo C. L. valuerint Aristotelis
Ethicon Nicomacheorum de amicitia libri, Halle 1871 Diss., G. H e y l b u t , De
Theophrasti libris περὶ φιλίας, Bonn 1876 Diss., G. B o h n e n b l u s t , Beiträge
z. Topos περὶ φιλίας, Berl. 1905, Berner Diss., M. P o h l e n z , Berl. philol. Woch.
1906, 1391 f.; 1913, 1351 ff., F. S c h e u e r p f l u g , Quaest. Laelianae, Weidae
Thuring. 1914, Jenaer Diss.
 De officiis: R. H i r z e l , Unterss. zu C.s philos. Schr. II: ... De officiis,
Lpz. 1882. P. K l o h e , De C. libr. de off. fontibus, Greifsw. 1889 Diss. L. R e i n -
h a r d t , Unterss. üb. C. Off. (mit einer Einl. üb. d. Mangel an Idealismus b. d.
Römern), Öls 1893 Pr. R. T h a m i n , Saint Ambroise et la morale chrét. au IV. siècle.
Étude comparée des traités „Des devoirs“ de C. et de saint Ambroise, Paris 1895,
Thèse de Lyon. R. H o y e r , Die Urschr. v. Cic. de officiis I—III, Kreuzn. 1898 Pr.
A. G n e s o t t o , Atti e memor. d. R. Accad. d. sc., lett. ed arti in Padova N. S.
vol. 18, 3; vol. 20, 3. 4; vol. 25, 3; vol. 27, 1 (zur Überl.). Derselbe, Contributo alla
critica del testo del De off. di C. (libr. I), Padova 1902. Il cod. Crespanese del De off.
di C., Padua 1912. Il testo del De off. di C. nel cod. di Troyes 552, Padua 1912 (zu
dieser Hs. auch M a r c h e s i , Boll. di filol. class. 20, 134—136). A. G r u m m e ,
Disposition d. 1. B. d. Schr. C. üb. d. Pflichten, Gera 1904 Pr. R. M o l l w e i d e ,
Wien. Stud. 27 (1905) 35—61; 28 (1906) 263—282; 29 (1907) 116—129. C h. K n a p p,
Amer. journ. of philol. 1907, 59—65 (zu 1, 7. 8). H. J u n g b l u t , Die Arbeitsweise
C. im 1. B. üb. d. Pflicht., Frankf. a. M. 1907 Pr. C. u. Panaetius im 2. B. üb. d.
Pflicht., ebd. 1910 Pr. N. V i a n e l l o , Boll. di filol. class. 14 (1908) 200 f. (zu 1,
22, 75). A. W. V e r r a l l , Class. Rev. 23 (1909) 36—40 (zu 3, 11, 48). C. A t z e r t ,
Handschriftl. z. C. de off., Rh. Mus. 68 (1913) 419. De C. libror. de off. quibusdam
codic. I. De cod. Harl. 2716, Osnabr. 1914 Pr. S. V a s s i s , ’Ἀθηνᾶ 16, 230 (zu
1, 22). C h. K n a p p , Amer. journ. of philol. 31, 66 (zu 2, 10). R. P h i l i p p s o n ,
Berl. philol. Woch. 1917, 127 f. (zu 1, 83). A. S c h m e k e l , Philos. der mittl.
Stoa 18—46. A. G o l d b a c h e r , Zur Kritik v. Cic. Schr. de off., Sitz. Wien. Ak.
1921. 1922. K. R e i n h a r d t , Poseidonios 4, 1. Vgl. auch G. S i e f e r t , Plutarchs Schr. περὶ εὐθυμίας, Naumb. a. S. 1908 Pr. v. Pforta, 43 ff.
 Consolatio: K. S c h e n k l , Zu C. Cons., Wien. Stud. 16 (1894) 38—46. P. C o r s s -
s e n , Rh. Mus. 36 (1881) 520 ff. (C. abhängig v. Poseidonios). H i r z e l , Unterss.
zu C. philos. Schr. III 353 (Krantor Quelle; s. auch S c h m e k e l , Philos. d. mittl.
Stoa 150 ff.). K. B u r e s c h , Consolationum a Græcis Romanisque script. hist.
crit., 47 ff. 97 ff. S c h m e k e l a. a. O. 152 f. J a c. v a n W a g e n i n g e n ,
De C. libro cons., Groning. 1916 (dazu R. P h i l i p p s o n , Berl. philol. Woch.
1917, 496 ff.). C a r. K u n s t , De S. Hieronymi studiis Ciceron. (Diss. philol. Vind.
vol. 12 pars 2, 111—219), Wien-Lpz. 1918. S. auch P o h l e n z zu den Tusc. disput.
(S. 146*). — Über die in der Renaissancezeit auf C. Namen gefälschte Consolatio
handeln R. E l l i s , On the ps.-cicer. Cons., Class. Rev. 7 (1893) 197, E. T. S a g e ,
The ps.-cicer. Cons., Chicago 1910, Diss. d. Rockfeller-Univ.
 Hortensius: I. B y w a t e r , On a lost dialogue of Aristotle, Journ. of philol.
2 (1869) 55—69. H. U s e n e r , Rh. Mus. 28 (1873) 395 ff. = Kl. Schr. III 13 ff.
R. H i r z e l , Üb. d. Protrept. d. Aristoteles, Hermes 10 (1876) 61—100. 256.
H. D i e l s , Zu Aristoteles’ Protrept. u. Cic. Hortensius, Arch. f. Gesch. d. Philos. 1
(1888) 477—497. O. P l a s b e r g , De M. Tullii Cic. Hort. dial., Berl. 1892 Diss. Dazu
H. U s e n e r , Gött. gel. Anz. 1892, 377—389 = Kl. Schr. II 353—365. T h. S t a n g l ,
Zu C. Dial. H., Jahrbb. f. klass. Philol. 147 (1892) 224. P. H a r t l i c h , De exhort. a
Graecis Romanisque script. hist. 240 ff. 291 ff. W. G e r h ä u ß e r , D. Protrept. d.
Poseid. 61 u. ö. R. D i e n e l , Zu Cic. Hort., Wien 1912, 1913, 1914 Pr. C. Hort. u.
S. Augustins De beata vita, Wien 1914 Pr. — Verh. v. Augustin contra Acad. zu C.
Hort.: D. O h l m a n n , De S. Aug. dial. in Cass. scriptis, Straßb. 1897 Diss. P. D r e w -
n i c k , De Aug. contra Acad. libris III, Bresl. 1913 Diss. (dazu R. P h i l i p p s o n ,
Berl. philol. Woch. 1915, 1366 ff.). — T h. S t a n g l , Berl. philol. Woch. 1915, 392. —
S. auch E. B a d s t ü b n e r , Beitr. z. Erkl. u. Krit. d. philos. Schr. Senecas,
Hamb. 1901 Pr., 10.
 De gloria: F r. S c h n e i d e r , Meletemata in C. de gloria libros, Ztschr. f.
Altertumswiss. 1839 Nr. 28 f. F r. O s a n n , Beitr. z. griech. u. röm. Literaturg. II,
Cassel. Lpz. 1839, 30—34.

De virtutibus: H. K n o e l l i n g e r , Berl. philol. Woch. 1905, 942. De C. de
virt. libro, Gieß. 1908 Diss., vollständ. in d. Ausg. d. Fragmente. R. S a b b a d i n i ,
Il trattato „de virtutibus" di C., Atene e Roma 12, 2—6.

Oeconomicus: K. S c h e n k l , Sitz. Wien. Akad. 83 (1876) 105. K. F r i e s ,
Rh. Mus. 55 (1900) 51 ff. (Art der Wiedergabe der Fragm. durch Columella). V. L u n d-
s t r ö m , C. Übers. v. Xenophons Cik. (schwedisch), Eranos (Act. philol. Suec.)
12 (1912) 1—31. C a r . V i r c k , C. qua ratione Xenophontis Oec. latine verterit,
Weim. 1914 Berl. Diss.

Protagoras: J. A. C. v a n H e u s d e , M. Tull. C. φιλοπλάτων, Trai. ad Rhen.
1836, 92. 274. R. P h i l i p p s o n , Ciceroniana... II: Die Protagorasübers.,
Jahrbb. f. klass. Philol. 133 (1886) 423—425.

Laudatio Catonis (Verherrlichung d. stoischen Tugendideals ?): F r. S c h n e i d e r ,
De C. Catone minore, Ztschr. f. d. Altertumswiss. 1837 Nr. 140 f. C. G ö t t l i n g ,
De C. laud. Cat. et de Caesaris Anticatonibus, Opusc. acad., Lpz. 1869, 153—166.
A. D y r o f f , Zu d. Anticatouen d. Cäsar, Rh. Mus. 50 (1895) 481—484. Cäsars
Anticato u. C. Cato, Rh. Mus. 63 (1908) 587—604.

Die rhetorischen Schriften in ihren Beziehungen zur Philosophie: M. W a l l i e s ,
De fontibus Topic. Ciceronis, Berl. 1878, Hallische Diss. R. P h i l i p p s o n ,
Ciceroniana I: De inventione, Jahrbb. f. klass. Philol. 133 (1886) 417—423. P. T h i e l-
s c h e r , C. Topik u. Aristoteles, Philol. 67 (1908) 52—67. H. v. A r n i m , Leben
u. Werke des Dio v. Prusa, Berl. 1898, 97—111 (sucht Philon von Larisa als Quelle
von C. de oratore zu erweisen). W. K r o l l , Studien über C. Schr. de oratore, Rh.
Mus. 58 (1903) 552—597 (verficht gegen v. Arnim mit Glück die Ansicht, daß Antiochos
von Askalon C. Vorbild sei). Derselbe, C. u. die Rhetorik, Neue Jahrb. 11 (1903)
681—689. P. S t e r n k o p f , De M. Tullii C. Partitionibus oratoriis, Münst. 1914
Diss. (C. folgt Antiochos v. Askalon). R. P h i l i p p s o n , Berl. philol. Woch.
1918, 630 f. (de invent.). C h r. J e n s e n , Abh. Berl. Ak. Jahrg. 1918 phil.-hist.
Kl. Nr. 14 (Berl. 1919) 46 f. (de part. orat.). W. G e r h ä u ß e r , Der Protrept. d.
Poseid. (de invent., de orat. B. 1; s. dort 72 d. Stellenregister). M. P o h l e n z ,
Berl. philol. Woch. 1913, 3 f.

Beiträge je zu mehreren philosophischen Schriften (soweit nicht schon unter
den einzelnen Schriften erwähnt): J. V a h l e n , Ges. philol. Schriften I 565—573.
A. B r i e g e r , Beitr. z. Krit. einiger philos. Schrr. C., Posen 1873 Pr. A. W e i d n e r ,
Zur Krit. der rhetor. u. philos. Schriften C., Philol. 38 (1879) 63—90. Adversaria
Tulliana, Dortmund 1885 Pr. W. F r i e d r i c h , Zu C. philos. Schrr., Jahrbb. f.
klass. Philol. 127 (1883) 421—434. H. G i l b e r t , Zu C. de off. u. de leg., ebd. 129
(1884) 773—775. F r. J. D r e c h s l e r , Textkrit. Vorschl. zu C., Ztschr. f. d.
österr. Gymn. 37 (1886) 721—726. H. D e i t e r , Krit. Bem. z. C. philos. Schrr.,
Philol. 46 (1888) 174—177; 57 (1898) 346—348; 65 (1906) 318—319. H. A n z ,
Krit. Bem. z. C. Cato maior, Paradoxa, Somnium, in: Festschr. z. Feier d. 350 jähr.
Best. d. Gymn. Quedlinb. 1890. E m. S p a n o g h e , Emend. Tullianae, Lugd.
Bat. 1890. A. W e r t h , De C. et Senecae locis aliquot, in: Schedae philol. H. Usener
a sodal. semin. reg. Bonn. obl., Bonnae 1891, 35—46. J. C. G. B o o t , Coniectanea
Tulliana, Mnemos. 23 (1895) 199—220. J. V a h l e n (zu philos. Schrr. C.), Berol.
1899 Ind. lect. hib. S. auch W. M. L i n d s a y , Rh. Mus. 57 (1902) 197 ff. (philos.
Schrr. C. als Quellen d. Nonius Marcellus).

Zu § 65. Die mittlere Stoa (Stoische Schule II. Teil, Fortsetzung zu §§ 54—57).
Jahresberichte s. o. S. 16* f. *(nacharistotelische Philosophie).*

Die mittlere Stoa im allgemeinen: Hauptwerk: A. S c h m e k e l , Die Philosophie der mittleren Stoa in ihrem geschichtl. Zusammenhange, Berl. 1892. Äußere
Geschichte und System der mittleren Stoa sowie ihr Zusammenhang mit Vergangen-
heit und Folgezeit sind hier in gründlicher und ergebnisreicher Weise behandelt,
auch ihr Einfluß auf die allgemeine Kultur, auf Dichtung, Recht und Fachwissen-
schaften ins Licht gesetzt. Die eingehende Quellenanalyse bietet insbesondere für
Ciceros philosophische Schriften und ihre Beziehungen zur Mittelstoa wichtige Resultate. Den Anregungen dieses verdienstlichen Werkes ist die seitdem durch zahlreiche Einzelforschungen gewonnene Kenntnis der Mittelstoa und ihrer Nachwirkungen
zu einem guten Teile zu verdanken. Neben Schmekel und Z e l l e r , Philos. d. Gr.
III 1⁴ 572 ff. sind überall S u s e m i h l , Gesch. d. griech. Liter. in der Alex. II
62 ff. und C i c h o r i u s , Rh. Mus. 63 (1908) 197—223 heranzuziehen. Zur Tugend-

und Pflichtenl. der Mittelstoa L. R a d e r m a c h e r , Rh. Mus. 60 (1905) 549 ff.,
zur Erkenntnisl. F. L a m m e r t , Hermes 57 (1922) 171—188. Über den in dieser
Periode einsetzenden Einfluß des Stoizismus auf die Römer handeln Z e l l e r III 1⁴
550 ff. und Vortr. u. Abh. 2. Samml. 93—135, S c h m e k e l 439 ff. (hier 454 ff.
über die vielbesprochene Frage nach dem Einfl. des Stoiz. auf das röm. Recht),
E. V. A r n o l d , Roman Stoicism, Cambr. 1911 (dazu W. C a p e l l e , Berl. philol.
Woch. 1913, 395—403). S. auch W e n d l a n d , Hellen.-röm. Kult. ².³ 57 ff. 137 ff.,
sowie die Lit. zu Panaitios, insbes. R e i t z e n s t e i n und W i s s o w a. Beziehungen zwischen Stoiz. u. ägypt. Spekulation: R. R e i t z e n s t e i n , Zwei
religionsgeschichtl. Fragen II. Schöpfungsmythen u. Logosl., Straßb. 1901. S. auch
die Lit. zu Poseidonios. F. L a m m e r t , Eine neue Quelle f. d. Philosophie d. mittl.
Stoa, Wien. Stud. 42 (1921) 34—46.

Panaitios: F. G. v a n L y n d e n , Disput. historico-critica de P. Rhodio
philos. Stoico, Lugd. Bat. 1802. E. Z e l l e r , Beitr. z. Kenntn. des Stoikers P.,
in: Comment. in honor. Theod. Mommsen, 1877, 402—410 = Kl. Schr. I 179—190.
A. C h i a p p e l l i , P. di Rodi e il suo giudizio sulla autenticità del Fedone,
in: Filosofia delle scuole italiane 26 (1882) 223—242. Ancora sopra P. e il
suo dubbio etc., ebd. 30 (1884) 337—357. R. R e i t z e n s t e i n , Drei Vermut.
z. Gesch. d. röm. Lit., Marb. 1893. H. D o e g e , Quae ratio intercedat inter
P. et Antiochum Ascalonitam in morali philos., Halle 1896 Diss. R. R e i t z e n -
s t e i n , Werden u. Wesen d. Humanität im Altert., Straßb. 1907 (dazu J. K a e r s t ,
Gesch. d. hellenist. Zeitalters II 1, 372 ff.). M. P o h l e n z , Das 2. B. d. Tuskul.,
Hermes 44 (1909) 23—40. G. W i s s o w a , Relig. u. Kult. d. Römer², Münch. 1912,
69. Über P. Einfl. auf Polybios sind R. v. S c a l a , Die Stud. des Polybios, Stuttg.
1890, 250 ff. und S u s e m i h l II 81. 96 ff. zu vergl. — Einfluß auf Antiochos v. Ask.
H. S t r a c h e , s. unter Antiochos. P. bei Geminos c. 17: E r w. P f e i f f e r ,
Stud. z. ant. Sterngl. 59 ff. — S. auch F i s k e , zu Diogenes v. Seleuk. (oben S. 128*),
v. M e s s zu Poseidonios (unter *Plutarch*) u. die Lit. zu Cicero (de rep., de leg.,
Tusc. disp., de divin., Lael., de off.), sowie J. R. B ä u m e l , Blätt. f. d. bayer. Gymn.
44 (1908) 43—52, E d. M e y e r , Sitz. Berl. Ak. 1916, 1081, R. R e i t z e n s t e i n ,
Die Idee des Prinzipats bei Cicero u. Augustus, Nachr. Gött. Ges. d. Wissensch.
philol.-hist. Kl. Jahrg. 1917, 399—436, 481—498 (berührt Pan., Polyb. u. Cic. polit.
Schriften), R. L a q u e u r , Hermes 56 (1921) 151, J. H e i n e m a n n , Die Lebens-
ansch. des P., in: Poseid. metaphys. Schrr. I 26 ff. (ebd. 18 ff. gegen wesentliche
Abhängigkeit des Polybios von P.). — Über den Schüler des P. *Q. Aelius Tubero* als
Verf. eines astron.-meteorol. Werkes handelt O. C u n z , in: *Στρωματεῖς*, Grazer
Festg. z. 50. Vers. dtsch. Philol. u. Schulm., Graz 1909, 49—57. S. auch K l e b s ,
Art. Aelius 155 bei Pauly-Wissowa.

Hekaton: Z e l l e r III 1⁴ 590. S c h m e k e l 14 f. 290—296. S u s e m i h l
II 240—242. J. H e i n e m a n n , Pos. metaph. Schrr. I 40 ff. H. v. A r n i m ,
Art. H. 1 bei Pauly-Wissowa-Kroll. — *Dionysios:* Z e l l e r III 1⁴ 590. S c h m e k e l
16 f. 298—303. Susemihl II 244. 711 f. H. v. A r n i m , Art. D. 122 bei Pauly-
Wissowa. H. D i e l s , Abh. Berl. Ak. Jahrg. 1915 phil.hist. Kl. Nr. 7 S. 55 ff.
61. — *Mnesarchos:* Z e l l e r III 1⁴ 591. S c h m e k e l 16. 296 f. S u s e m i h l
II 238 f.

Poseidonios: P. R̆u s c h, De Pos. Lucreti Cari auctore in carmine de rer. nat. VI.,
Greifsw. 1882 Diss. O. A p e l t , Die stoischen Definit. der Affekte u. P., Jahrbb.
f. kl. Philol. 131 (1885) 513—550, aufgen. in: Beiträge usw., s. oben S. 36*. P. W e n d -
l a n d , P. Werk περὶ θεῶν, Arch. f. Gesch. d. Philos. I (1888) 200—210. Sieh auch
P. H a r t l i c h , De exhortationum a Graecis Romanisque script. historia et indole,
Lpzig. Stud. 11 (1889) 282 ff. E. S c h w a r t z , Hermes 32 (1897) 561 (P. Historio-
graphie im Zusammenh. mit seiner ganzen geistigen Richtung). M. P o h l e n z ,
De P. libris π. παθῶν, Jahrbb. f. kl. Philol., Suppl. 24 (1898) 535—634. E. M a r t i n i ,
Quaestiones Posidonianae, Lpz. 1895, Diss = Lpz. Stud. 17, 341—401. Lucubr.
Posidon. spec. I, in: Philol.-histor. Beitr. C. Wachsmuth z. 60. Geb. überr., Lpz. 1897,
155—160; spec. II, Rh. Mus. 52 (1897) 348—376. F. S c h ü h l e i n , Studien zu
P. Rhod., Freising 1886. 1891 Pr. Unterss. üb. des P. Schr. περὶ Ὠκεανοῦ Freis. 1900.
1901 Pr., Erl. 1902 Diss. H. D i e l s , Elementum, Lpz. 1899, 10 f. (Berossos' Theorie
der Mondphasen u. verwandte LL. in P. Meteorologie benutzt; vgl. dazu jedoch
F r. B o l l , in: Aufsätze zur Kultur- und Sprachgesch., vornehmlich des Orients
Ernst Kuhn zum 70. Geb. 7. II. 1916 gew. 235). H. R i c h a r d s , P. ap. Athen'

234 A, Class. Rev. 16 (1902) 396. M. A r n o l d , Quaestion. Posidonianae (Specim. I),
Lips. 1903. E d. S c h w a r t z , Zu Clem. *Τίς ὁ σῳζ. πλούσ.*, Hermes 38 (1903)
75—100 (das Zenonische bei Athen. 6 p. 233 b f. durch P. vermittelt). Derselbe,
Polybios u. P. in: Charakterköpfe aus d. antik. Lit. R. R e i t z e n s t e i n , Neue
Jahrb. 13 (1904) 180 (nimmt Einwirk. griechisch-ägypt. Apokalypsen auf P. an).
W. C a p e l l e , Der Physiker Arrian u P., Hermes 40 (1905) 614—635 (dazu v. W i -
l a m o w i t z , Der Physiker Arrian, Hermes 41 [1906] 157 f.). G. A l t m a n n ,
De P. Timaei Platonis commentatore, Berl. 1906, Kieler Diss. (Zu P. Timaioskommen-
tar vgl. auch R o s c h e r , Philol. 67 [1908] 158—160, J. H e i n e m a n n , P. metaph.
Schrr. I 203 ff. u. ö., sowie die unten anzuführende Lit. üb. P. Nachwirk. bei Späteren).
Die Existenz d. Kommentars bestreitet K. Reinhardt, Poseidonios (s. unten) 17.
416 f. H. S t e i n m e t z , De ventorum descriptionibus apud Graecos Romanosque,
Gött. 1907 Diss. (darin Kap. 6 De P.). W. G e r h ä u ß e r , Der Protreptikos des
P., Münch. 1912, Heidelb. Diss. (zu dem hier vermuteten Einflusse des Demokrit
auf P. vgl. M. P o h l e n z , Berl. philol. Woch. 1913, 4 f.; s. auch unten W. W.
J a e g e r). W. H. R o s c h e r , Über Alter, Urspr. u. Bed. d. hippokr. Schr. v. d.
Siebenzahl, Abh. Sächs. Ges. d. Wiss. philol.-hist. Kl. 1911 (118 ff.), Die hippokr.
Schr. v. d. Siebenz., Paderb. 1913 (vermutet Abhängigkeit des P. von der Schr.
π. ἐβδομάδων). P. R a b b o w , Antike Schrr. üb. Seelenheil. u. Seelenleit. I
(P. Affektenl. u. Psychotherapie). H. R i n g e l t a u b e , Quaest. ad veter. philo-
sophor. de affect. doctrin. pertinentes 2 ff. M. P o h l e n z , Gött. gel. Anz. 1916,
533 ff. Derselbe P. Affektenlehre u. Psychologie, Nachr. Ges. Wiss. Gött. phil.-hist.
Kl. 1921, 163—194. O. V i e d e b a n t t , Eratosthenes, Hipparchos, P., Klio 14
(1914) 207—256. P., Marinos, Ptolemaios, ebd. 16 (1919) 94—108 (z. Gesch. d.
Erdmessungsprobl.). P. geogr. Anschauungen: K. M ü l l e n h o f f , Deutsche
Altertumskunde I², Berl. 1890 (s. dort d. Register). H. B e r g e r , Gesch. d. wissensch.
Erdk. d. Griech.², Lpz. 1903, 550 ff. W. C a p e l l e , Die griech. Erdk. u. P., Neue
Jahrb. 45 (1920) 305—324. Ethnographie: K. T r ü d i n g e r u. A. S c h r o e d e r
(oben S. 24*); s. auch E. N o r d e n u. G. W i s s o w a unten (Einfluß d. P. auf
Tacitus). Geschichtsschreibung: K. R e i n h a r d t , Poseid. 18 ff. W i l a m o -
w i t z , Sitz. Berl. Ak. 1923, 47 f. P. meteorol. Theorien: O. G i l b e r t , Die meteor.
Theorien d. griech. Altert., Lpz. 1907 (s. dort das Register unter P.). W. C a p e l l e
in den S. 24* genannten Abh. P. Stell. z. Sternglauben: E r w. P f e i f f e r ,
Stud. z. ant. Sterngl. 63 ff. 77 ff. P. Dämonenlehre: R. H e i n z e , Xenokrates
(oben S. 100*). 98 ff. M. P o h l e n z , Vom Zorne Gottes 135 f. (Gegen Heinze
H. v. A r n i m , Plut. üb. Dämonen u. Mantik, Verh. d. Akad. Amsterd. 1921).
Naturvorgänge unter d. Gesichtsp. d. Theodizee: W. C a p e l l e , Arch. f. Gesch. d.
Philos. 20 (1907), 180 ff. Mantik: K. R e i n h a r d t , Pos. 422 ff. R. P h i l i p p s o n ,
Philol. Woch. 1922, 102 ff. Ästhetik: W. K r o l l , P. Ästhet., Sokr. 6 (1918) 96—98.
H. M u t s c h m a n n , P. Ästhet. ebd. 318 f. — G. R u d b e r g , Forsch. z. P.,
Upps. Lpz. 1918. F. C u m o n t , Un mythe pythagoricien chez P. et Philon, Rev. d.
philol. 43 (1919) 78 ff. K. R e i n h a r d t , Poseidonios, Münch. 1921. J. H e i n e -
m a n n , P. metaphys. Schriften I, Bresl. 1921. P. üb. d. Entwickl. d. jüd. Relig.,
Monatsschr. f. Gesch. u. Wiss. d. Judent. 63 (1919) 113—121. J. F. D o b s o n ,
The Posidonius Myth, Class. Quart. 12, 179 ff. Vgl. auch d. Urteil I m m i s c h s ,
Agatharch. 42, 1. — Zur Gesch. d. Familie des P.: A. G e r c k e , War der Schwieger-
sohn des P. ein Schüler Aristarchs ?, Rh. Mus. 62 (1907) 116—122; hier auch Chronologisches zu P. (anders F r. R ü h l , Rh. Mus. 62 [1907] 432 f.). Beeinflussung des P.
durch die vorangehende Entw. d. Philos. (Demokr., Plat., Aristot.): W. J a e g e r
in den beiden Werken: Nemesios v. Emesa (Berl. 1914) und: Aristoteles (Berl. 1923).
— Empedokles u. P.: D i e l s , Abh. Berl. Ak. Jahrg. 1916 phil.-hist. Kl. Nr. 6,
23. Agatharchides u. P.: O. I m m i s c h , Agatharchidea 42, 1. Karneades u. P.:
D i e l s , a. a. O. 21. Zum Einfluß Platons auch R a b b o w , Ant. Schr. üb. Seelenheil.
u. Seelenleit. (s. dort Regist. unter Platon). Auf die Lit. über P. Geschichtswerk,
soweit sie nicht seine Philosophie berührt, kann hier nicht eingegangen werden.

   Sehr lebhaft und ertragreich war die Forschung, die in den letzten Jahrzehnten
dem *Einfluß des Poseidonios auf die griechisch-römische Philosophie und die Fach-
wissenschaften* gewidmet wurde. Ein lückenloses Verzeichnis der hierher gehörigen
Literatur würde die dieser Darstellung gezogenen Grenzen überschreiten. Das
Wichtigere stelle ich, soweit tunlich nach der zeitlichen Folge der antiken Schriftsteller, hier zusammen, betone aber ausdrücklich, daß es sich keineswegs immer um

gesicherte Ergebnisse, bisweilen sogar um sehr angreifbare Aufstellungen handelt.
Voraus bemerkt sei, daß die zu den einzelnen Schriftstellern verzeichneten Arbeiten
großenteils zugleich auch die innerhalb des nämlichen Gebietes (Astronomie, Meteorologie, Paradoxographie usw.) benachbarten Autoren berühren. Ü b e r a l l i s t
a u c h h i e r S c h m e k e l , D i e P h i l o s o p h i e d e r m i t t l e r e n S t o a ,
h e r a n z u z i e h e n . D i e u n m i t t e l b a r e u n d m i t t e l b a r e E i n -
w i r k u n g v o n P. P r o t r e p t i k o s a u f z a h l r e i c h e S c h r i f t s t e l -
l e r , d i e i m f o l g e n d e n n u r z. T. g e n a n n t w e r d e n k ö n n e n , b e -
h a n d e l t W. G e r h ä u ß e r , D. P r o t r. d. P. (s. oben S. 151*). Vieles hierher
Gehörige berührt auch E. N o r d e n , Agnostos Theos (s. dort d. Register 403 unter
Pos.) u. German. Urgesch. in Tacitus' Germania, sowie G. R u d b e r g , Forsch. z.
Pos. — Sammlung poseid. Motive mit Belegen u. Lit.-Nachweisen bei F r. W i l h e l m ,
Philol. 75 (1919) 367 ff. Viele Parallelen auch bei K. G r o n a u , P. u. d. jüd.-
christl. Genesisexeg. Leipz. Berl. 1914. Besonders ergebnisreich f. die Nachwirkung
d. Pos. (Neuplatonismus!) W. W. J a e g e r , Nemes. v. Emesa, Berl. 1914.

 *E i n f l u ß d e s P o s e i d o n i o s a u f d i e a n t i k e B e r i c h t e r s t a t t u n g ü b e r p h i l o -
s o p h i s c h e L e h r e n* (Vetusta placita, Areios Didymos usw.) s. oben § 4 unter B c.
und S. 15*. D i e l s , Doxogr. Gr. 77. 100. 224, Elementum 11. W. C a p e l l e s. Arrian
(u. S. 155*). P. W e n d l a n d , Arch. f. Gesch. d. Philos. 1 (1888) 201 ff. H. v. A r n i m ,
Einleit. z. Stoic. vet. fragm. XLIV f. H. S t r a c h e , De Arii Didymi in mor.
philos. auctorib., Berl. 1909 Diss., 80. 98. Vgl. auch *Cicero* unten S. 153*.

 A s k l e p i o d o t o s : D i e l s , Dox. Gr. 19. E. O d e r , Philol. Suppl. 7
(1898) 290. 302. K. K. M ü l l e r , Art. A. 10 bei Pauly-Wissowa. A. B r e n n e c k e
5 ff. der unter *Seneca* (S. 160*) zu verzeichnenden Dissert. Dort ist auch die frühere
Lit. angegeben. — *H e r o n v o n A l e x a n d r e i a :* Cl. G a n n e a u , H.
d'Alexandrie et P. le Stoicien, Rev. crit. 1899, 501 f. K. T i t t e l , Art. H. 5 bei
Pauly-Wissowa-Kroll (998. 1059). — *G e m i n o s :* D i e l s , Dox. Gr. 19. K. M a n i -
t i u s im Anh. seiner Ausg.: G. elementa astronomiae, Lipsiae 1898, wo auch die
frühere Lit. zu finden ist. K. T i t t e l , Art. G. 1 bei Pauly-Wissowa-Kroll.
E r w. P f e i f f e r , Studien z. ant. Sterngl. 54 ff. S. auch M a l c h i n unter *Manilius*
(S. 154*), M a r t i n i unter *Kleomedes* (S. 155*). Gegen poseid. Einfluß K. R e i n -
h a r d t , Poseid. 178. — *A n o n y m II. z u A r a t* (E. M a a ß , Comm. in
Arat. reliquiae 102 ff.): außer den Nachweisen von E. M a a ß s. W. C a p e l l e
unter *Arrian* (S. 155*). — *N i g i d i u s F i g u l u s :* J. G e f f c k e n , Hermes 49
(1914) 327 ff. — *P s. - E p i k u r , B r i e f a n P y t h o k l e s :* D i e l s , Elementum 10 f. — *L u c r e z :* P. R u s c h , De Pos. Lucreti Cari auctore in carm. de
nat. rer. VI., Greifsw. 1882 Diss. D i e l s , Elementum 10 f., Lukrezstudien, Sitz.
Berl. Ak. 1920, 6 (Anm.). 9; 1921, 242 ff. W. W. J a e g e r , Nem. v. Em. 125, 2.
F. C u m o n t , L. et le symbol. pythag., Rev. d. philol. 44 (1920) 229 ff. (zu L. 3,
978—1023). — *S a l l u s t :* E. W e n d l i n g , Zu P. u. Varro, Hermes 28 (1893)
345. E. S c h w a r t z , Hermes 32 (1897) 561. 565. C a r. W a g n e r , De S. pro-
oemiorum fontibus, Lips. 1910 Diss., 13 ff. (berührt auch das Verhältn. v. Cicero,
Seneca, Manilius, Firmicus Maternus zu P. Protreptikos). G e r h ä u ß e r , Der
Protrept. d. P. (s. dort das Stellenregister unter Sallustius). G u i l. T h e i s s e n ,
De S., Livii, Taciti digressionibus, Berl. 1912 Diss. J. M o r r , Die Entst. d. Einleit.
von Sall. Bell. Cat. u. Bell. Jug., Troppau 1914 Pr. W. W. J a e g e r , Nem. v. Em.
130 f. S. auch W e n d l i n g unter *Varro*. — *V a r r o :* E. N o r d e n , Varroniana II,
Rh. Mus. 48 (1893) 529 ff. (Varros Marius de fortuna u. d. entspr. Stellen bei Livius
[Valerius Maximus], Diodor u. Plutarch v. P. abhängig). E. W e n d l i n g , Zu P. und
V., Hermes 28 (1893) 335 bis 353 (Das Ined. Vatic. [v. Arnim, Hermes 27 (1892) 118 ff.],
sowie die Parallelen bei Sallust, Strabon, Diodor u. Athenaios hängen von P. ab; V.
scheint Vermittler zwischen P. und Sallust zu sein). R. A g a h d , Quaest. Varronianae
in des Verf. Ausg.: M. Terenti V. antiquit. rer. div. libri I, XIV, XV, XVI, Jahrbb. f.
klass. Philol. Suppl. 24 (1898) 1—220, 367—381. E. O d e r , Philol. Suppl. 7 (1898)
304 ff. 363 (V. ist in der Hydrologie die Brücke zwischen P. einer-, Plinius u. Vitruv
andererseits). G. W i s s o w a , Relig. u. Kultus d. Römer 69 (Anschluß V. an P.
in der Religionsphilos.). G. K a i b e l , Antike Windrosen, Hermes 20 (1885)
579—624, nimmt Benutzung V. durch P. an. Dagegen mit Recht E. O d e r , Philol.
Suppl. 7 (1898) 363, W. C a p e l l e , Neue Jahrb. 15 (1905) 16. — Vermittlung
poseid. Zahlenl. durch V. an Spätere (Gellius, Macrobius, Martianus Capella, Censo-
rinus, Augustinus, Favonius Eulogius u. a.): S c h m e k e l , Phil. d. mittl. Stoa 409 ff.

Fries u. Praechter, s. zu § 84 unter Favonius Eulogius. S. auch die Lit. zu Varro unter § 64. — *Caesar:* W. Scheel, Philol. 57 (1898) 583 ff. G. Wissowa, Arch. f. Religionsw. 19 (1916) 13 f. — *Cicero:* Hier muß auf die Lit. zu C. (S. 143* ff.), insbes. z. dessen Schrr. De rep. (Somn. Scip.), De fin. bon. et mal. (s. dort Strache), Tusc. disp., De nat. deor., De div., De fato, Timaeus, De off. (das dritte Buch kommt in Frage), Consol. (Corssen), Hortens. u. De inv. (s. *rhetorische Schriften*, S. 149*) verwiesen werden. — *Andronikos von Rhodos:* F. Littig, A. v. Rhod. II. III., Erl. 1894. 1895 Pr. H. Ringeltaube, Quaest. ad vet. philos. de aff. doctr. pert. 27 ff. — *Diodor:* E. Norden und E. Wendling s. unter *Varro*. G. Busolt, Diod. Verhältn. z. Stoiz., Jahrbb. f. klass. Philol. 139 (1889) 297—315. W. Capelle, Berl. philol. Woch. 1908, 668—672 (zu Diod. 32, 12, 1). — *Dionys v. Halikarnass:* E. Wendling in d. unter *Varro* angef. Aufs. 351 f. Christ-Schmid, Gesch. d. griech. Lit. II[6] 467. — *Strabon:* R. Zimmermann, P. u. Strab., Hermes 23 (1888) 103—130. E. Maaß, Aratea (Phil. Unters. 12. Heft), 192 ff. E. Wendling s. oben unter Varro. E. Oder, Philol. Suppl. 7 (1898) 319 f. R. Reitzenstein, Zwei relig. Frag. 77, 2; 102. G. D. Ohling, Quaest. Posidonianae ex Str. conlectae, Gott. 1908 Diss. F. Strenger, Str.s Erdkunde v. Libyen (Quell. u. Forsch. z. alten Gesch. u. Geogr. hrsg. v. W. Sieglin, Heft 28), Berl. 1913 (dazu W. Capelle, Berl. philol. Woch. 1917, 289 ff., 321 ff.). R. Munz, Quellenkr. Unters. z. Str.s Geogr. mit bes. Rücks. auf d. poseid. Sprachtheorie, Bas. 1918 Diss. Über d. wissensch. Durchführung d. biolog. Klimatheorie bei Pos. u. ein daran anschließendes Fragm. bei Strabo C 695 f., Berl. philol. Woch. 1920, 282—288. Über ein posidon. Fragm. bei Str. [176], Glott. 11 (1921) 85—94. E. Norden in d. Festgabe für v. Harnack (Tübingen 1921) 292—298. K. Reinhardt, Pos. 59 ff. — *Vergil:* Schmekel a. a. O. 450 f. W. Volkmann, Die Nekyia im 6. B. d. Aneide V.s, Jahresber. d. Schles. Ges. f. vaterl. Kultur, Bresl. 1903. E. Norden, P. Vergilius Maro Aeneis Buch VI[2], Lpz. Berl. 1916; s. Register I b unter Stoa (dagegen J. F. Dobson, s. S. 151*). J. Geffcken, Hermes 49 (1914) 321 ff. (dagegen J. Kroll, ebd. 50 [1915] 137 ff.). Erw. Pfeiffer, Stud. z. ant. Sterngl. 66 ff. J. Heinemann, Pos. metaph. Schrr. I 101, 1. K. Kerényi, Ascensio Aeneae, Egyetemes Philol. Közlöni 47, 22 ff. — *Horaz:* Schmekel a. a. O. 453. W. Kroll, Wien. Stud. 37 (1915) 227 f. 229. 230. — *Ovid:* Schmekel a. a. O. 288 Anm. 4. 451 f. Geffcken, Hermes 49 (1914) 328 f. — *Grattius:* Edw. Müller, Philol. 62 (1903) 68 f. P. J. Enk in d. Ausg. d. Cyneg., Zutphen 1918. — *Livius und von ihm Abhängige:* E. Norden, Rh. Mus. 48 (1893) 543. Germ. Urgesch.[2] 148. — *Cornificius* (Macrob. Sat. 1, 23, 2. 7, Comm. in Somn. Scip. 2, 10, 10 ff.): K. Reinhardt, De Graec. theol. cap. duo 70, 1. — *Ps.-Platon, Axiochos:* Mart. Meister s. oben S. 89*. — *Cornelius Labeo:* B. Boehm, De Corn. Lab. aetate, Königsb. 1913 Diss. W. Bousset, Arch. f. Religionswiss. 18 (1915) 139 Anm. 1; s. aber oben Text § 84. — *Vitruv:* G. Kaibel, Hermes 20 (1885) 613 ff. M. Thiel, Quellenkritisches z. V., Jahrbb. f. klass. Philol. 155 (1897) 366—368. Quibus auctoribus V. quae de mirabilibus aquis refert debeat, in: Philol.-hist. Beiträge C. Wachsmuth z. 60. Geb. überr. 92—106. E. Oder, s. unter Varro. A. Rainfurt, Zur Quellenkritik v. Galens Protreptikos, Freib. i. Br. 1905, 54 f. C. Watzinger, Vitruvstudien, Rh. Mus. 64 (1909) 202 ff. K. Reinhardt, Poseid. 79 ff. 402 ff. — *Pompeius Trogus:* S. Sudhaus, Aetna 70. — *Weisheit Salomos:* J. Heinemann, Pos. metaph. Schrr. I 136 ff. — *Viertes Makkabäerbuch:* J. Heinemann, Pos. metaph. Schrr. I 154 ff. — *Philon v. Alexandreia:* H. Diels, Doxogr. Gr. 107. P. Wendland, Ph. Schr. üb. d. Vorsehung, Berl. 1892. Derselbe, Philol. 57 (1898) 267. Math. Apelt, De rationibus quibusdam quae Philoni Alex. cum P. intercedunt, Lipsiae 1907 Diss. v. Jena (Comm. philol. Jenens. vol. 8 fasc. 1, 89—141). J. Geffcken, Hermes 49 (1914) 333 ff. E. Norden, Agnost. Th. 21, 1; 27. 348. K. Gronau, P. u. die jüd.-christl. Genes. 2. 119 u. ö. W. Jaeger, Nem. 48 f. 110 ff. u. ö. J. Heinemann, P. metaph. Schrr. I 130 ff. — *Herakleitos der Stoiker:* K. Reinhardt, De Graec. theol. cap. duo 5 ff. — *Verfasser von Περὶ ὕψους:* Christ-Schmid, Gesch. d. griech. Lit. II[6] 465. 477. 662. Dort auch weitere Liter.; gegen Mutschmann W. Kroll, Sokr. 6 (1918) 96 ff. Eingehend G. Rudberg, Forsch. zu P. 131 ff. 144 ff. S. auch E. Norden, Agnost. Theos. 104 f. W. Jaeger, Nemes. 23 ff. — *Manilius:*

H. D i e l s , Rh. Mus. 34, 487 ff. F r. M a l c h i n , De auctoribus quibusdam qui
P. libros meteorol. adhibuerunt, Rost. 1893 Diss. Derselbe, Rh. Mus. 53 (1898)
493—495. F r. B o l l , Stud. über Claud. Ptolem. (s. unten zu Ptolemaios) 218 ff.
E d w i n M ü l l e r , De P. Manilii auctore spec. I, Lips. 1901 Diss. Zur Charakterist.
des M., Philol. 62 (1903) 64 ff. S. auch den Kommentar in der Ausg. des Manilius
v. T h. B r e i t e r , Lpz. 1908, und A. K r a e m e r , Burs. Jahresber. 139 (1908)
234 ff. W a g n e r oben S. 152* unter *Sallust.* — *S e n e c a :* H. D i e l s , Doxogr. Gr.
225 f. S. S u d h a u s , Aetna (s. dort das Register unter Seneca). E. O d e r ,
Philol. Suppl. 7 (1898) 283—299. E. B a d s t ü b n e r , Beitr. z. Erkl. u. Krit.
d. philos. Schrr. S., Hamb. 1901 Pr. W. C a p e l l e , Zu S. Nat. quaest., Berl. philol.
Woch. 1908, 668—672. Derselbe, s. Arrian (S. 155*). R. H a r t m a n n , De S.
Nat. quaest. libro septimo, Münst. 1911 Diss. A. B r e n n e c k e , Animadv. ad
fontes nat. quaest. S., Gryphiae 1913 Diss. Zu Epist. 90 G e r h ä u ß e r , Protrept.
d. Pos. 16 ff. (hier auch frühere Lit.). P. R a b b o w s. oben S. 151* unter Poseidonios.
Mittelbar durch P. beeinflußt ist eine Anzahl von Sen. Nat. quaest. abhängiger
Autoren; s. A. G e r c k e , Seneca-Studien, Jahrbb. f. klass. Philol. Suppl. 22 (1896)
90—110. A. R e h m , Das 7. B. der Nat. quaest. des Sen. u. d. Kometentheorie
des Pos., Sitz. Münch. Ak. 1921, I. J. H e i n e m a n n , Pos. metaph. Schrr. I 159 ff.
(Benutzung in S. Briefen). K. R e i n h a r d t , Pos. 136 ff. 320 ff. 392 ff. u. ö. —
K o r n u t o s : C. R e i n h a r d t , De Graec. theol. cap. duo, Berl. 1910, 119 f. —
L u c a n : H. D i e l s , Seneca u. L., Abh. Berl. Ak. 1885. J. B a e u m e r , De
P., Megasthene, Apollodoro L. auctoribus, Münst. 1902 Diss. P. P i n t e r , L. in
tradendis reb. geogr. quibus usus sit auctoribus, Münst. 1902 Diss. Dazu J. P a r t s c h ,
Berl. philol. Woch. 1903, 808—812. W. K r o l l , Wien. Stud. 37 (1915) 227.
— *A e t n a - G e d i c h t :* Aetna erklärt v. S. S u d h a u s , Lpz. 1898 (s. dort
das Register unter Posidonius). — *M u s o n i o s :* O. H e n s e in d. Praef.
seiner Fragmentsamml. XX. — *P l i n i u s (d e r ä l t e r e):* E. M a r t i n i s. unter
Kleomedes S. 155*. E. O d e r s. oben unter *Varro* S. 152*, W. C a p e l l e unter
Seneca (oben) und *Arrian* (S. 155*). H. D i e l s , Abh. Berl. Ak. Jahrg. 1916
phil.-hist. Kl. Nr. 6 S. 20. E. H o f f m a n n , Zwei quellenkr. Beobacht., Jahresb.
d. Philol. Ver. z. Berl. (Sokr.) 47 (1921) 56 ff. M. M ü h l , Philol. Woch. 1922,
1150 ff. E. B i c k e l , Philol. 79 (1924) 358 ff. — *A n t o n i o s D i o g e n e s :*
E r w. R o h d e , Gr. Rom. 284, 2. — *J u n k o s :* R. H i r z e l , Der Dialog II
253. — *S i l i u s I t a l i c u s :* M. F o r s t n e r , Sil. It. und P., Bayer. Blätt.
f. d. Gymn. 54 (1918) 79 ff. — *D i o n v o n P r u s a (C h r y s o s t o m o s):*
P. W e n d l a n d , Arch. f. Gesch. d. Philos. I (1888) 208 f. K. P r a e c h t e r ,
Berl. philol. Woch. 1894, 710 f.; Hermes 37 (1902) 289 f. R. H i r z e l , Der Dialog II,
92, 2. H. B i n d e r , Dio Chr. u. P., Borna-Lpz. 1905, Tüb. Diss. W. S c h m i d ,
Philol. 65 (1906) 564. F r. W i l h e l m , Philol. 75 (1919) 367 ff. — *P l u t a r c h :*
De anim. procr: G. A l t m a n n , De Pos. Tim. Plat. comm. 9 ff. De fac. in orbe
lun.: R. H e i n z e , Xenokr. 123 ff. K. P r a e c h t e r , Hierokl. d. Stoik. 109 ff.
E. N o r d e n , Komm. z. Verg. Än. VI² 24 f. H. S c h r a d e r , Hermes 43
(1908) 62 f. R. K u n z e , Rh. Mus. 64 (1909) 635 f. M. A d l e r , Quibus ex fontibus
Pl. libell. De fac. in orbe lun. hauserit I, Diss. philol. Vindob. 10. Bd. 2. Heft (1910)
87—180. K. G r o n a u , P. u. d. jüd.-christl. Genesisexegese 266 ff. — De def. orac.:
W. H. R o s c h e r , Philol. 67 (1908) 159, 3. J. G e f f c k e n , Hermes 49 (1914)
337, 1. — De coh. ira: P. R a b b o w (s. oben S. 151* unter Poseidonios) 56 ff. Vgl.
auch E. N o r d e n S. 152* unter *Varro.* — De genio Socr.: R. H e i n z e , Xenokr.
102 ff. (Dagegen H. v. A r n i m , Plutarch über Dämonen u. Mantik, Amsterd.
1921 [Verhand. d. K. Ak. v. Wetensch. Afd. Letterk.]). K. R e i n h a r d t , Pos.
464 ff. — De virt. mor.: H. R i n g e l t a u b e , Quaest. ad vet. philos. d. aff. doctr.
pert. 15 ff., P. R a b b o w , Ant. Schrr. üb. Seelenh. u. Seelenl. 52, 1, J. H e i n e -
m a n n , P. metaph. Schrr. I 100. — Biographien: v. M e s s , s. zu § 70 unter
Plutarch. E. N o r d e n , Germ. Urg.² 675. — *P s. - P l u t a r c h , V i t a H o m e r i :*
K. R e i n h a r d t , De Graec. theol. cap. duo 5 ff. J. H e i n e m a n n , P. met.
Schrr. I 100. — *T a c i t u s :* S c h m e k e l a. a. O. 452 f. Tac. Germ. erkl. v.
A. G u d e m a n , Berl. 1916. G. W i s s o w a , Gött. gel. Anz. 1916, 658. E. N o r -
d e n , Die germ. Urgesch. in T. Germ., Lpz. Berl. 1920, 2. Abdr. mit Ergänz. 1922.
G. W i s s o w a , Neue Jahrb. 47 (1921) 19 f. (Abweichend K. T r ü d i n g e r ,
Stud. z. Gesch. d. griech.-röm. Ethnogr., Lpz. 1918, Bas. Diss.) — *S o r a n o s :*
W. J a e g e r , Nemes. 95 f. — *P s. - A r i s t o t. d e m u n d o :* W. C a p e l l e ,

Die Schr. v. d. Welt, Neue Jahrb. 15 (1905) 529—568 (auch gesondert als Festschr.
d. klass.-philol. Ges. zu Hamburg zur 48. Philologenvers.). Hier 533, 4 die frühere
Lit. S. auch C a p e l l e unter *Arrian*. J. H e i n e m a n n , Pos. met. Schrr. I
126 ff. — *D i o n y s i o s d. P e r i e g e t:* K n a a c k , Art. Dionysios 94 bei Pauly-
Wissowa 920 ff. — *A r r i a n d e r P h y s i k e r* (identisch mit d. Epiktetschüler):
W. C a p e l l e und v. W i l a m o w i t z s. oben S. 151* unter *Poseidonios.*
A. B r i n k m a n n (ergänzt v. H. H e r t e r), Rh. Mus. 73 (1924) 373—401. —
A d r a s t o s: B. W. S w i t a l s k i (s. unten S. 199* unter *Chalcidius*)
58 ff. Zur Verzweigung der auf P. zurückgehenden Zahlenspekulation vgl.
auch B o r g h o r s t (s. zu § 85 unter Anatolios), K. F r i e s , Rh. Mus. 58
(1903) 115 ff., G. A l t m a n n , De Pos. Timaei Plat. comm. 19 ff.,
K. P r a e c h t e r , Hermes 46 (1911) 407 ff. — *P t o l e m a i o s:* F. B o l l ,
Studien üb. Claudius Pt., Jahrbb. f. klass. Philol. Suppl. 21 (1894) 51—244. F. L a m -
m e r t s. z. § 71 (Klaud. Ptolemaios). — *L u k i a n (?) Περὶ τῆς ἀστρολογίης:*
F. B o l l , Jahrbb. f. klass. Philol. Suppl. 21 (1894) 151 ff. — *K l e o m e d e s:* F. B o l l ,
Stud. üb. Cl. Ptol. 133 f. E. M a r t i n i , Quaest. Posid. und Lucubr. Posid., A r -
n o l d , Quaest. Posid. s. S. 151* unter *Poseidonios.* M. A d l e r s. oben unter
Plutarch. B o e r i c k e unten (zu § 67) unter Kleomedes. K. R e i n h a r d t ,
Pos. 183 ff. — *N i k o m a c h o s:* G. A l t m a n n , De Pos. Tim. Plat. comm. 51 ff. —
A l b i n o s: B. W. S w i t a l s k i (s. zu § 84 unter *Chalcidius*) 97 ff. — *A p u l e i u s:*
A. R a t h k e , De A. quem scripsit de deo Socratis libello, Berl. 1911 Diss. (Ab-
hängigkeit vermittelt durch einen Platoniker). — *M a r c u s A u r e l i u s:* M. D i -
b e l i u s , Neue Jahrb. 35 (1915) 224 ff. — *M a x i m o s v o n T y r o s:* R. H e i n z e
Xenokrates 99 ff. W. C a p e l l e , Arch. f. Gesch. d. Philos. 20 (1907) 184, 47.
H. M u t s c h m a n n , Sokr. 5 (1917) 189. 191. 194,1. 195. 196,1. J. H e i n e -
m a n n , Pos. met. Schrr. I 99 f. 128 ff. — *S e x t o s E m p.:* P. W e n d l a n d ,
Arch. f. Gesch. d. Philos. 1 (1888) 205 ff. W. C a p e l l e , Hermes 48 (1913) 327 ff.
S c h m e k e l 406 ff. G. A l t m a n n , De P. Tim. Plat. comm. 9 ff. J. H e i n e -
m a n n 203 ff. — *G a l e n o s:* M. P o h l e n z s. oben S. 150* unter *Poseidonios.*
A. R a i n f u r t , Zur Quellenkrit. v. G. Protreptikos, Freib. i. B. 1905. P. R a b -
b o w , Ant. Schrr. üb. Seelenh. u. Seelenleit. 40 ff. W. J a e g e r , Nem. v. Em.
71. 80 ff. u. ö. K. R e i n h a r d t , Pos. 263 ff. — *A i l i o s A r i s t e i d e s:* O. W e i n -
r e i c h , Neue Jahrb. 33 (1914) 605. — *S o g. A r i s t e i d e s t e c h n e:* W. S c h m i d ,
Rh. Mus. 72 (1918) 249. — *A t h e n a i o s:* s. E. W e n d l i n g S. 152* unter *Varro.*
R i c h a r d s und E d . S c h w a r t z oben S. 150* f. — *A c h i l l e u s (A r a t -
k o m m e n t a t o r):* H. D i e l s , Doxogr. Gr. 19 (Vermittler Diodor von Alex.).
E. M a a ß , Aratea 21 ff. S. auch die oben S. 154* f. erwähnten Arbeiten von
M a l c h i n u n d M a r t i n i . *D i o g e n e s L a ë r t i o s p r o o e m. 1 (m i t t e l -
b a r):* W. C a p e l l e , Berl. philol. Woch. 1913, 397 Anm. 5; J. G e f f c k e n ,
Hermes 49 (1914) 346 f. — *K l e m e n s v. A l e x.:* P. W e n d l a n d , Arch. f. Gesch.
d. Philos. 1 (1888) 203 f. — *T e r t u l l i a n:* E. B a d s t ü b n e r (s. S. 154* unter
Seneca) 3 (durch Vermittlung des Soran, Diels Doxogr. Gr. 207). E. N o r d e n ,
Vergils Aeneis B. VI² 41 ff. — *P o r p h y r i o s:* K. G r o n a u , Berl. philol. Woch.
1915, 143. J. B i d e z , Vie de P. 23. 24. 28. 51. H. D i e l s , Abh. Berl. Ak. Jahrg.
1916 Nr. 6, 20. — *A n a t o l i o s:* G. B o r g h o r s t , De A. fontibus, Berl. Diss.
1905, 55 ff. — *C h a l c i d i u s:* B. W. S w i t a l s k i , Des Ch. Kommentar zu Platos
Timaeus 109 ff.; vgl. auch 86 ff. G. A l t m a n n , De Pos. Tim. Pl. comm. 31 ff.
G r o n a u , Pos. u. d. jüd.-christl. Gen. (s. dort d. Register). — *I a m b l i c h o s:*
W. G e r h ä u ß e r , Protrept. d. P. (s. dort d. Register). W. J a e g e r , Nem. v. Em.
117. — *F i r m i c u s M a t e r n u s:* F. B o l l , Stud. über Cl. Ptol. 146 ff. 182, 3.
Artikel Firmicus bei Pauly-Wissowa 2368. — *A t h a n a s i o s (a d v. g e n t e s):*
W. J a e g e r , Nem. 113, 1. — *B a s i l e i o s u n d G r e g o r v. N y s s a:*
K. G r o n a u , P. eine Quelle für Basilius Hexahemeros, Braunschw. 1912 Pr.
P. u. d. jüd.-christl. Genesisexegese, Lpz. Berl. 1914. Ders., Berl. philol. Woch. 1915,
131 ff. Das Theodizeeproblem, s. o. S. 31*. W. J a e g e r , Nem. v. Em. 113. —
P s e u d o k l e m e n t. R e k o g n i t.: W. H e i n t z e , Der Clemensroman u. s.
griech. Quellen, Texte u. Unterss. 40, 2 Leipz. 1914. K. G r o n a u , P. u. d. jüd.-
christl. Gen. 12, 2; 17, 1; 27, 3; 98 u. ö. — *M a c r o b i u s:* W. J a e g e r , Nemesios
v. Emesa 94 f. 135. M. S c h e d l e r (s. zu § 84) 23. 101 u. ö. G. A l t m a n n ,
De Pos. Tim. Plat. comm. 51 ff. — *V e g e t i u s:* M. T h i e l , Jahrbb. f. klass. Philol.
155 (1897) 367, 2. — *N e m e s i o s:* W. W. J a e g e r , N. von Emesa, Quellenforsch.

z. Neuplatonism. u. seinen Anfäng. bei P., Berl. 1914 (wichtig auch für die Rekonstruktion der Weltansch. des P. selbst und die Erkenntnis ihres gesamten Fortwirkens im späteren Altertum). H. A. Ko c h, Quellenunters. z. N. v. Em., Berl. 1921. — *H i e r o k l e s d. N e u p l.:* G. A l t m a n n, De P. Tim. Pl. comm. 28 ff. — *I o a n n e s L y d o s:* W. C a p e l l e, Hermes 40 (1905) 621 ff. — *B o ë t h i u s:* E. B a d s t ü b n e r (s. o. S. 154*) 14 f. — *H e r m e t i s c h e S c h r i f t e n (Hermes trismegistos):* s. die Lit. zu § 69. — *P r i s k i a n o s L y d o s:* K. G r o n a u, P. u. d. jüd.-christl. Gen. 11 u. ö. — *Z u c k u n g s l i t e r a t u r (Melampus):* H. D i e l s, Abh. Berl. Ak. Jahrg. 1907 phil.-hist. Kl. 10. — *J o h. K a t r a r i o s* Ἕρμιππος ἢ περὶ ἀστρολογίας: K r o l l, Art. Hermippos 9 bei Pauly-Wissowa-Kroll 855 f. (über die Abfassungszeit s. jetzt auch F. B o l l, Eine arabisch-byzant. Quelle des Dialogs H., Sitz Heidelb. Ak. philos.-histor. Kl. 1912. K. R e i n h a r d t, Poseid. 366 ff. — *„P y t h a g o r a s v i t a" b e i P h o t. B i b l. c o d. 249:* W. J a e g e r, Nemes. 114, 1; 135. K. R e i n h a r d t, Pos. 83, 1. Umgekehrtes Verhältnis (Poseid. der Abhängige) nach I m m i s c h, Agatharchidea 10. 42, 1. Dagegen s. ob. Text § 69. — Poseidonios und Neupythagoreismus S c h m e k e l 403 ff.

Poseidonios' Einfluß auf die *religiösen Anschauungen* der hellenistisch-heidnischen und christlichen Welt beleuchten besonders die S. 29* ff. verzeichneten Arbeiten B o l l s, C u m o n t s, D i e t e r i c h s, N o r d e n s, R e i t z e n s t e i n s und W e n d l a n d s (über seine Eschatologie s. insbesondere R. H e i n z e, Xenokrates 126, D i e t e r i c h, Mithrasliturgie 57 ff. 202, N o r d e n s. S. 153* unter Vergil, B a d s t ü b n e r s. S. 154* unter Seneca, M a t h. A p e l t s. S. 153* unter Philon), K. G r o n a u [s. S. 155* unter Basileios; bei Gronau 259, 2 über die Belegstellen], G e r h ä u ß e r, Protr. 55 ff.), M. D i b e l i u s S. 155* unter Marc. Aur., und allgemein W. K r o l l, Die religionsgesch. Bedeut. des P., Neue Jahrb. 39 (1917) 145—157. K. R e i n h a r d t, Pos. 208 ff. 422., seine untereinander eng zusammenhängenden Nachwirkungen auf den Gebieten der *Kosmologie, Astronomie, Klimatologie, Geographie, Meteorologie, Hydrologie, Seismologie, Vulkankunde, Paradoxographie und Anthropologie,* namentlich die zu Geminos und den folgenden Autoren angeführten Abhandl. von B o l l, C a p e l l e (s. auch dessen Abhandl. zur Meteorologie und zur Erdkunde oben S. 24*), M a l c h i n, M a n i t i u s, M a r t i n i, O d e r, S u d h a u s, J a e g e r, G r o n a u, R e i n h a r d t (zur Paradoxographie vgl. auch H. Ö h l e r, Paradoxographi Florentini anonymi opusc. de aquis mirabil., Tüb. [1914] Diss. [s. dort die Stellen im Register unter Posidonius]). Das Fortleben der Ansicht des Poseidonios über die *Anfänge der menschlichen Kultur* (goldenes Zeitalter, die Philosophen Begründer der Civilisation) besprechen E. N o r d e n Beitr. z. Gesch. d. griech. Philos., Jahrbb. f. klass. Philol. Suppl. 19 (1893) 425 ff., F. B o l l, Stud. üb. Cl. Ptol. (s. oben S. 155* unter Ptolemaios) 221 ff., R. H i r z e l, Ἄγραφος νόμος, Abh. Sächs. Ges. d. Wiss. philol.-hist. Kl. 20 (1900) 86 f. (hier und bei Norden Überblick über das Fortleben bei den Römern), H. B i n d e r, Dio Chrys. u. Pos. (s. oben S. 154*) 27 ff., W. G e r h ä u ß e r, Der Protrept. d. P. (s. oben S. 151* 16 ff.), W. J a e g e r, Nem. 123 ff., G. R u d b e r g, Forsch. 51 ff., J. H e i n e m a n n, P. met. Schrr. 88 ff., K. R e i n h a r d t, Pos. 392 ff. Für *Ethnologisches* s. besonders die Arbeiten zu Tacitus o. S. 154* und A. S c h r o e d e r, o. S. 24*).

Eine nach den vielverzweigten Einzelforschungen dringend notwendige Gesamtdarstellung der philosophischen und fachwissenschaftlichen Lehren des Poseidonios und ihrer Nachwirkungen ist von W. C a p e l l e zu erwarten [1]).

A s k l e p i o d o t o s: S. oben S. 152*. Zum Texte der Taktik W. A. O l d f a t h e r, Amer. Journ. of Philol 41, 128 f. — *G e m i n o s:* s. oben S. 152*. — *I a s o n:* A. G e r c k e, Rh. Mus. 62 (1907) 116 ff. F. J a c o b y, Art. Iason 11 bei Pauly-Wissowa-Kroll.

---

[1]) K. Reinhardts Poseidonios (Münch. 1921) bezweckt nicht eine allseitige und wohl verifizierbare Darstellung der bis jetzt erzielten Forschungsergebnisse (an genauen Zitaten ist Mangel, ausreichende Materialübersichten und jegliche Indices fehlen, neuere Literatur ist im einzelnen nur gelegentlich berücksichtigt), sondern will die „innere Form" des poseidonischen Denkens als Seele seines Systems und als Kriterium für das ihm Zuzuweisende herausarbeiten. Das Verfahren, das gerade für Poseidonios bei der Dürftigkeit unseres Besitzes an unmittelbaren Äußerungen des Philosophen besonderen Schwierigkeiten begegnet, ist mit starker Gewaltsamkeit und willkürlicher Konstruktion durchgeführt und liefert zwar ein künstlerisch abgerundetes Bild des Denkers, bedeutet aber hinsichtlich der Zuverlässigkeit der

Zu § 66. Die Peripatetiker im ersten Abschnitt der hellenistisch-römischen Periode (Peripatetische Schule II. Teil, Fortsetzung zu § 52).

Für *sämtliche Peripatetiker dieser Reihe* ist außer Z e l l e r , Philos. d. Gr. II 2³ 897 ff. S u s e m i h l , Gesch. der griech. Lit. in d. Alex. zu vergleichen. *Straton von Lampsakos:* G. Pio d i e r , La physique de Str. de L., Par. 189¹ Thèse. H. P o p p e l r e u t e r , Zur Psychol. des Aristot., Theophr., Str., Lpz. 1891 Pr. H. D i e l s , Über das physik. Syst. d. Str., Sitz. Berl. Ak. 1893, 101—127. 1 n g. H a m m e r - J e n s e n , Das sog. IV. Buch der Meteorologie des Aristoteles, s. oben S. 106*. — Über Stratons Schüler *Aristarchos von Samos* s. H u l t s c h , Art. A. 25 bei Pauly-Wissowa, wo auch die frühere Lit. zu finden ist. F. B o l l , Die Entw. d. astron. Weltbildes (oben S. 23*). T h. H e a t h , A. of Samos the ancient Copernicus, Oxf. 1913; dazu W. A. H e i d e l , Amer. journ. of philol. 35 (1914) 446 ff. — *Lykon:* U. v. W i l a m o w i t z - M o e l l e n d o r f f , Antigonos von Karyst. 78 ff. 197. 286. W. C a p e l l e , Art. Lykon 4 bei Pauly-Wissowa-Kroll. — *Hieronymos v. Rhodos:* F. H i l l e r v. G a e r t r i n g e n , Arideikes u. H. v. Rh., Bull. de corr. hellén. 36 (1912) 230—239. Ders., Hermes 54 (1919) 106. D a e b r i t z , Art. Hieronymos 12 bei Pauly-Wissowa-Kroll. — *Ariston c. Keos:* F. R i t s c h l , Rh. Mus. 1 (1842) 193 ff., auch Opusc. I (1866) 551 ff. K r i s c h e , Forsch. I 405 ff. H. v. A r n i m , De A. Peripat. apud Philodemum vestigiis, Rost. 1900. Pr. C h r. J e n s e n , A. v. K. bei Philodem, Hermes 46 (1911) 393—406. Über die verschiedenen Peripatetiker des Namens Arist. A. G e r c k e , bei Pauly-Wissowa Art. Ariston 52—55. A u g. M a y e r , Aristonstudien, Philol. Suppl. 11 (1910) 483—610. H. M u t s c h - m a n n , Eine peripat. Quelle Lukians, Rh. Mus. 70 (1915) 551—567. H a r t l i c h , Exhort. (s. oben S. 34*) 274 ff. — *Kritolaos:* F. O l i v i e r , De Cr. Peripatetico, Berl. 1895 Diss. L. R a d e r m a c h e r , Cr. u. d. Rhetorik, in: Philod. vol. rhet. ed. S. Sudhaus, Suppl., Lpz. 1895, IX ff. (mit einleit. Bemerkk. v. S. S u d h a u s). H. v. A r n i m , Leben u. Werke d. Dio v. Prusa 90. Derselbe, Art. K. 3 bei Pauly. Wissowa-Kroll. — *Hermippos:* A. L o z y n s k i (s. Text). M ü l l e r , Fragm. hist. Graec. III 35 ff. H e i b g e s , Art. H. 6 bei Pauly-Wissowa-Kroll. Weiteres oben S. 13*. — *Sotion:* P a n z e r b i e t e r , Jahns Jahrbb. Suppl. 5 (1837) 211 ff. Sieh Text § 4. — *Satyros* S. oben S. 13*. C r ö n e r t , Rh. Mus. 57 (1902) 295. L e o , Hermes 49 (1914) 152. H. R i c h a r d s , Class. Rev. 27 (1913) 47 f. K. K u i p e r , Mnemos. 41 (1913) 233—242. K. F l. S m i t h , Amer. journ. of philol. 34 (1913) 62 ff. G u d e m a n , Art. S. 16 bei Pauly-Wissowa-Witte. — *Agatharchides:* E. A. W a g n e r , A. u. d. mittl. Peripatos, Annaberg 1901 Pr. E d. S c h w a r t z , Art. A. 3 bei Pauly-Wissowa. O. I m m i s c h , Agatharchidea, Sitz. Heidelb. Ak. phil.- hist. Kl. 1919, 7. Abh.; hier 12 weitere Lit. (Phot. Bibl. cod. 249 stammt schwerlich, wie I. annimmt, aus A., scheint vielmehr Produkt eines späteren, auch Widersprechen- des [so die beiden Richtungen des Neupythagoreismus 439a 3 f. 19 ff.] vereinigenden Eklektizismus.) *Herakleides Lembos* u. *Antisthenes von Rhodos:* s. o. S. 14* und Text § 4. S c h w a r t z , Art. Ant. 9 bei Pauly-Wissowa. — *Demetrios von Byzanz:* M a r t i n i , Art. D. 87 bei Pauly-Wissowa. U. v. W i l a m o w i t z - M o e l l e n d o r f f , Hermes 44 (1909) 451. C h r. J e n s e n , Abh. Berl. Ak. Jahrg. 1918 phil.-hist. Kl. Nr. 14 S. 9 Anm. 3.

Zu § 67. Die spätere Stoa (Stoische Schule III. Teil, Fortsetzung zu § 65.) *Jahres- berichte* s. oben S. 16* f. (*nacharistotelische Philosophie*).

Die spätere Stoa im allgemeinen: Z e l l e r , III 1⁴ 606 ff. 711 ff., III 2⁴. 254 ff. Zu den dort in den Anmerk. aufgeführten einzelnen Männern s. auch die betreffen- den Artikel bei Pauly-Wissowa. C. M a r t h a , Les moralistes sous l'empire Romain, philosophes et poètes⁶, Par. 1894. H. S c h i l l e r , Die stoische Opposition unter Nero, Wertheim 1867. 1868 Pr. G. G e n t i l e , Studio sullo stoicismo romano del I. s. d. C. Parte I. Vecchi 1904. E. V. A r n o l d , Roman Stoicism . . . . with

---

Resultate nichts weniger als einen Fortschritt gegenüber der vom Verfasser wieder und wieder verfemten bisherigen Forschungsmethode, soweit diese mit Umsicht und ohne Übereilung gehandhabt worden ist. Gleichwohl ist das Buch durch die im Prinzip be- achtenswerte verinnerlichende Zielsetzung und das in ihren Dienst gestellte sehr reiche Maß an Scharfsinn und Sachkunde von Wert und kann auf die weitere Arbeit an Pos. anregend wirken.

special reference to its developm. within the Roman empire, Cambr. 1911 (s. dazu
W. C a p e l l e , Berl. philol. Woch. 1913, 395 ff.). E. B r é h i e r , La cosmologie
stoic. à la fin du paganisme, Rev. de l'hist. des relig. 64, 1—20.

Athenodoros Kordylion: S u s e m i h l , Gesch. d. griech. Lit. in d. Alex. II
246. H. v. A r n i m , Art. A. 18 bei Pauly-Wissowa. — *Antipatros v. Tyros:* S u s e -
m i h l , Gesch. der griech. Lit. in d. Alex. II 247. H. C o h n , Antipater von Tarsos,
Berl. 1905, Gieß. Diss. Exkurs (87 ff.): A. v. Tyros. H. v. A r n i m , Art. A. 27
bei Pauly-Wissowa. — *Apollonios v. Tyros:* S u s e m i h l , Gesch. der griech. Lit.
in d. Alex.II 247. H. v.A r n i m , Art. A. 94 bei Pauly-Wissowa. — *Cato:* G. N a t a l i ,
Catone Uticensi e lo Stoicismo rom., Pisa 1910. S. ferner über das stoische Catoideal
B u s c h und D y r o f f oben S. 32*. *Ps.-Cato:* s. S t e c h e r t S. 162*. A. B a r -
r i e r a , Sull' autore e sul titolo dei Disticha Cat., Riv. d'Italia 14 (1911) 909—925.
S. auch M. B o a s , Berl. philol. Woch. 1919, 232, 3; 232 ff. u. die dort verzeichneten
früheren Arbeiten von Boas. — *Athenodoros des Sandon Sohn:* O. H e n s e , Seneca
u. A., Freib. i. B. 1893 Pr. C o n r. H e n s e , Ein Fragment des A. von Tarsos,
Rh. Mus. 62 (1907) 313—315. F r. R ü h l , Rh. Mus. 62 (1907) 424 (zur Chronologie). K. P r a e c h t e r , Zum Topos περὶ σπουδῆς καὶ παιδιᾶς, Hermes 47
(1912) 471—476. C. C i c h o r i u s , Röm. Stud., Berl. 1922, 279 ff. H. v. A r n i m ,
Art. A. 19 bei Pauly-Wissowa. — *Areios Didymos:* s. o. S. 15* und v. A r n i m ,
Art. Areios 12 bei Pauly-Wissowa. — *Theon:* G. R e i c h e l , Quaestiones progym-
nasmaticae, Lpz. 1909 Diss. (Identität des Rhetors mit dem Stoiker); hier 20 ff.
Kap. 3: De Th. vita et scriptis. C h r i s t - S c h m i d , Gesch. d. gr. Lit. II⁶ 460 f.
— *Germanicus:* E. M a a ß , Hermes 31 (1896) 419. Über G. Aratea s. T e u f f e l -
K r o l l - S k u t s c h , Gesch. d. röm. Lit. § 275. W. K r o l l , Art. Julius Nr. 138
bei Pauly-Wissowa 458 ff. — *Strabon:* G. F r i t z , De Str. Stoic. disciplinae addicto,
Münst. 1906 Diss. S. ferner oben S. 153*. — *Herakleitos:* F r. O e l m a n n , Proleg.
zu d. im Texte genannten Bonner Ausgabe. T h. G o m p e r z , Wien. Studien 2
(1880) 5 f. = Hellenika II 245 f. R. M ü n z e l , De Apollodori περὶ θεῶν libris,
Bonn. 1883 Diss., cap. I: De H. Derselbe, Animadv. in H. allegorias Hom., Rh.
Mus. 40 (1885) 632—636. A. P l a t t , Class. Rev. 23 (1909) 190 (zu Alleg. Hom. 35).
C a r. R e i n h a r d t , De Graec. theol. cap. duo, Berl. 1910, 5 ff. K. M e i s e r ,
Zu H.Homer. Alleg.,Sitz. Münch. Ak. philos.-philol. u. hist.Kl. 1911. H.R i c h a r d s ,
Class. Quart. 5 (1911) 262 f. A. B r i n k m a n n , Rh. Mus. 67 (1912) 614 ff. R e i n -
h a r d t , Art. H. 12 bei Pauly-Wissowa-Kroll. — *Attalos:* H. v. A r n i m , Art.
A. 21 bei Pauly-Wissowa. — *Chairemon:* E. Z e l l e r , Die Hieroglyphiker Ch. u.
Horapollon, Hermes 11 (1876) 430—433 = Kl. Schr. I 175—178. P. W e n d l a n d ,
Jahrbb. f. klass. Philol. Suppl. 22 (1896) 754 ff. Vielfach wird Ch. berührt von
R. R e i t z e n s t e i n in seinen oben S. 29* genannten religionsgeschichtl. Schr.
(s. dort die Register). J. B i d e z , Vie de Porphyre 153 (Ch. Quelle des P.).
E. S c h w a r t z , Art. Ch. 7 bei Pauly-Wissowa.

Seneca: Aus der sehr umfangreichen Literatur seien folgende Arbeiten angeführt: W. A l l e r s , De L. A. S. librorum de ira fontibus, Gött. 1881 Diss.
O. R o s s b a c h , Disquisitionum de S. filii scriptis criticarum capita duo, Vratisl.
1882 Diss. De S. philos. libr. recens. et emend. (Bresl. philol. Abh. II 3), Bresl.
1888. C. A. B r o l é n , De philos. Senecae, Upsala 1886 (Upsala univers.
årsskr.; filos., språkvet. och histor. vetensk.). G e o. M ü l l e r , De L. A. S.
quaestionibus natural., Bonn. 1880 Diss.; dagegen Fr. S c h u l t e s s , Annaeana
studia, Hamb. 1888 Gratulationsschr. G. G u n d e r m a n n , Die Buchfolge in
S. Nat. quaest., Jahrbb. f. klass. Philol. 141 (1890) 351—360. W. A l l e r s,
Noch einmal die Buchf. in S. nat. quaest., Jahrbb. f. klass. Philol. 145 (1892) 621
bis 632. A l b. R e h m , Anlage u. Buchf. v. S. Nat. quaest., Philol. 66 (1907) 374
bis 395. S. auch A. G e r c k e in der Praefatio s. Ausg. d. Nat. quaest. VII ff.
J. M e u e r , Die Buchf. in S. Nat. quaest., Rumburg 1911 Pr. O. W e i s s e n f e l s ,
De S. Epicureo, Berl. 1886 Pr. A. F i e g l , De S. paedagogo, Bozen 1886 Pr.; vgl.
zu diesem Thema auch K. P r a e c h t e r , Die griech.-röm. Popularphilos. u. die
Erziehung, Bruchsal 1884 Pr. W. R i b b e c k , L. A. S. d. Philosoph u. s. Verh.
zu Epikur, Plato u. d. Christent., Hannov. 1887. R. P f e n n i g , De libror. quos
scripsit S. de ira compositione et origine, Greifsw. 1887 Diss. E. T h o m a s , Üb.
Bruchst. griech. Philosophie bei d. Philos. L. A. S., Arch. f. Gesch. d. Philos. 4 (1891)
557—573. F r. S c h i n n e r e r , Über S. Schr. an Marcia, Hof 1889 Pr. K. I l g e n ,
Animadv. ad L. A. S. scripta, Jena 1889 Pr. O. H e n s e , S. u. Athenodorus, Freib.

1893 Pr. J. A. H e i k e l , S. Charakter u. politische Tätigk. aus seinen Schr. beleuchtet (Acta soc. scient. fennicae 16 [Helsingfors 1888] 1—25), Berl. 1886. L. L é v y -
B r u h l , Quid de Deo S. senserit, Par. 1884 Thèse. C. C o r s i , Lo Stoicismo
romano considerato particolarmente in S., Prato 1884. M. Z i m m e r m a n n ,
De Tacito S. philosophi imitatore, Bresl. philol. Abh. 5 Heft 1. P. H o c h a r t ,
Études sur la vie de S., Par. 1885. H. D i e l s , S. u. Lucan, Abh. Berl. Akad. Jahrg.
1885. C. H o s i u s , Lucan u. S., Jahrbb. f. klass. Philol. 145 (1892) 337—356.
H. H i l g e n f e l d , L. A. S. epist. moral. quo ordine et quo tempore sint scriptae
collectae editae, Jahrbb. f. klass. Philol. Suppl. 17 (1890) 599—684. J. M ü l l e r ,
Über die Originalit. der Nat. qu. S. in: Festgr. aus Innsbr. an die Philol.-Vers. in
Wien, Innsbr. 1893, 1—20. L. D o r i s o n , Quid de clementia senserit L. A. S.,
Cadomi 1892, Thesis v. Paris. F r z . B e c k e r , Die sittl. Grundanschh. S.; ein
Beitr. z. Würdig. d. stoisch. Ethik, Köln 1893 Pr. A. N e h r i n g , Über die Originalit.
v. S. Nat. quaest., Jahrbb. f. klass. Philol. 147 (1893) 718—720. K. W ü n s c h ,
Über die Nat. Quaest. d. Philos S., Prag-Altstadt 1894 Pr. W. C a p e l l e , Zu S.
Nat. quaest., Berl. philol. Woch. 1908, 668—672. Vgl. O. R o s s b a c h , Berl. philol.
Woch. 1908, 799 f. O. H e n s e , Zu S. de tranqu. an., Rh. Mus. 49 (1894) 174 f.
H. W e b e r , De S. philos. dicendi genere Bioneo, Marburg 1895 Diss. A. G e r c k e ,
S.-Studien, Jahrbb. f. klass. Philol., Suppl. 22 (1896) 1—333. Studia Annaeana,
Greifsw. 1900 Pr. F r . S c h a r r e n b r o i c h , Erlaubtheit des Selbstmordes,
dargest. nach d. LL. des Philos. S., Rheinbach 1897. J. D a r t i g u e - P e y r o u ,
Quae sit apud S. consolationum disciplina vis ratioque, Par. 1897 Thèse. V. C a r l i e r ,
Minucius Félix et S., Musée belge 1 (1897) 258—293. F. B o c k , Aristoteles Theo-
phrastus S. de matrimonio, Lpz. Stud. 19 (1898) 1—70 (s. auch unten S. 160* Groß-
gerge). L. F r i e d l ä n d e r , Der Philos. S., Sybels histor. Ztschr. 49 (1900) 193
bis 249. E. S p i e , De philos. Annaeanae gradibus mutationibusque, Halle 1900
Diss. S. R u b i n , Die Ethik S. in ihrem Verh. z. älteren u. mittl. Stoa, Bern 1901
Diss. E. B a d s t ü b n e r , Beiträge z. Erkl. u. Krit. der philos. Schrr. S., Hamb.
1901 Pr. A. H e f t e r , Hauseritne S. in dialogo secundo e Ciceronis de fin. tertio
et Tuscul. disput. quinto libro quaer., St. Paul 1902 Pr. J. B r e u e r , S. Anss. v.
d. Verfass. d. Staates, Arch. f. Gesch. d. Philos. 16 (1903) 515—529. F. X. B u r g e r ,
Über d. Verhältn. d. Minucius Felix z. d. Philos. S., Münch. 1904 Diss. A. N o t t o l a ,
La prosa di S. filos., Bergamo 1904. L. C a n t a r e l l i , Un prefetto di Egitto
zio di S., Mitteil. des k. dtsch. archäol. Instit., röm. Abt. 19, 15—22. O. B i n d e r ,
Die Abfassungsz. v. S. Briefen, Tüb. 1905 Diss. F. v. H a g e n , Zur Metaphysik
d. Philos. L. A. S., Erl. 1905 Diss. E. B i c k e l , Zu S. Schr. üb. d. Freundsch.,
Rh. Mus. 60 (1905) 190—201. Die Fremdwörter bei d. Philos. S., Arch. f. lat. Lexikogr.
u. Gramm. 14 (1906) 189—209. De Merobaude imitatore S., Rh. Mus. 60 (1905)
317. F. I. M e r c h a n t , S. the philosopher and his theory of style, Amer. journ.
of philol. 26 (1905) 44—59. O. H e y , Zu S. Dialogen, Blätter f. d. Gymnasialschulw. 41 (1905) 496—498. M. A d l e r , S. Schr. De clementia u. d. Fragment
d. Bischofs Hildebert, Wien. Stud. 27 (1905) 242—250. W. I s l e i b , De S. dial.
undecimo qui est ad Polybium de consol., Marp. Catt. 1906 Diss. J. E. B. M a y o r ,
Corruption of the text of S., Journ. of philol. 30 (1907) 208—210. C. P a s c a l (über
die Proverbia S. in cod. Ambros. o. 60 sup.), Riv. di filol. 36 (1908) 63—69. Seneca,
Catania 1906. L'epitafio di S., Atene e Roma N. 97/98, 22—35. La religione di S.
e il pensiero epicureo, Rendiconti d. R. istit. Lomb. ser. 2 vol. 39. E. R o l l a n d ,
De l'influence de Sénèque le père et des rhéteurs sur S. le philos., Gand 1906. C a r .
P r e i s e n d a n z , De L. A. S. rhetoris apud philos. filium auctoritate, Philol. 67
(1908) 68—112; hier 68 auch frühere Lit. üb. d. liter. Bezz. zw. S. Vater u. Sohn.
D. S t e y n s , Étude sur les métaphores et les comparaisons dans les oeuvres en
prose de S. le philos., Gand 1907. E. B i c k e l , De epitaphio S., Rh. Mus. 63 (1908)
392—405 (das bei Riese Anthol. Lat. carm. 667 erhaltene Epitaphium entstammt
späterer christl. Zeit). F. M e w i s , De S. philos. stud. litterar., Könisgb. 1908
Diss. F. R a m o r i n o , Il carattere morale di S., Atene e Roma N. 100, 115—121.
H. S c h e n d e l , Quibus auctoribus Romanis L. A. S. in rebus patriis usus sit,
Greifsw. 1908 Diss. I. H. L e o p o l d , in: Sertum Nabericum, Leiden 1908, 234 f.
(medizinische Kenntnisse des S.). R. W a l t z , Vie de S., Par. 1909. H. d e l a
V i l l e d e M i r m o n t , La date du voyage de S. en Égypte, Rev. de philol. 33
(1909) 163—178. G u i l . F r i e d r i c h , De S. libro qui inscribitur de const. sap.,
Darmst. 1909, Gieß. Diss. (dazu Woch. f. klass. Philol. 1911, 1098 ff.). C h. B u r n i e r ,

La morale de S. et le néo-stoicisme, Lausanne 1909 Diss. P. S c h ä f e r , De philos. Annaeanae in S. tragoediis vestigiis, Jenae 1909 Diss. W. C a p e l l e , S. u. die Humanität, Monatshefte d. Comeniusges. 18 (1909) 37—41. C. B r a k m a n , Ammianea et Annaeana, Leiden 1909. Annaeana nova, Leiden 1910. R. R e n n e r , S. u. d. Jugend, Blätt. f. das Gymnasialschulw. (bayr.) 46 (1910) 333 ff. G u s t. F r i e d - r i c h , Zu S. u. Martial, Hermes 45 (1910) 583—594 (Beeinfluss. M.s durch S.). A. B o u r g e r y , Sur la prose métrique de S. le philos., Rev. de philol. 34 (1910) 167—172. A e m. H e r f u r t h , De S. epigrammatis quae feruntur, pars I., Jenae 1910 Diss. P. S t e p h a n i e , Zur Frage der Echth. des Dialogs S. Ad Polyb. de cons., Wien. Stud. 32 (1910) 89—96. G. H. M ü l l e r , Animadv. ad L. Annaei S. epistulas quae sunt de oratione spectantes, Weida 1910, Lpz. Diss. G u a l t h. G r o ß g e r g e , De S. et Theophrasti libris de matrimonio, Königsb. 1911 Diss. A. C a s t i g l i o n i , Electa Annaeana, Tiferni 1911. R u d. H a r t m a n n , De S. Nat. quaest. libro sept., Münst. 1911 Diss. J. M a r i n e s c u , Die stoischen Elemente in der Pädagogik S., Münch. 1911 Diss. A. B o u r g e r y , Les lettres à Lucilius sont-elles de vraies lettres? Rev. de philol. 35 (1911) 40—55. H. B e r n - h a r d t , L. A. S., ein moderner Mensch, in: Hum. Gymn. u. modernes Kultur- leben, Erfurt 1911. T h. B i r t , S., Preuß. Jahrbb. 144 (1911) 282—307. Was hat S. mit seinen Tragödien gewollt?, Neue Jahrbb. 27 (1911) 336—364. S. Trostschr. an Polyb. u. Bittschr. an Messalina, ebd. 596—601. C. M a r c h e s i , Il dubbio sull' anima immortale in due luoghi di S., Riv. d'Ital. 13 (1911) 177—183. R. P i c h o n , Les travaux récents sur la chronol. des oeuvres de S., Journ. des sav. 1912, 212—225. Les sources de Lucain, Par. 1912 (S. Vermittler des Stoizismus an L.). H. W. M ü l l e r , De L. A. S. librorum de ira compos., Lpz. 1912 Diss. Für diese Schr. ist auch die oben S. 26* verzeichnete L i t. ü b e r d e n T o p o s d e i r a heranzuziehen. A. E l i a s , De notione vocis clementiae apud philos. veteres et de fontib. S. libr. de clem., Königsb. 1912 Diss. J. M e s k , S. Apocol. u. Hercules furens, Philol. 71 (1912) 361—375. R. R e i c h , Quid e S. philos. eiusque patris scriptis de luxuria illius aetatis colligi queat et quid de his rebus censuerit philosophus, Lundenburg (Mähren) 1912 Pr. A. S i e g m u n d , De S. consolationibus, Böhm. Leipa 1912. 1913. 1914 Pr. D o m. B a s s i , S. a Lucilio, Studî e saggî, Firenze 1912. S. morale, ebd. 1914. M. S o n n t a g , L. A. S. de beneficiis libri explanantur, Lpz. 1913 Diss. A. B r e n n e c k e , Animadv. ad fontes natur. quaest. S., Greifsw. 1913 Diss. J. H e m s i n g , De S. nat. quaest. libro primo, Münst. 1913 Diss. G a ë t. d'A m i c o , Sull' autenticità del De remed. fortuit. di L. A. S., in: Studî crit. off. a C. Pascal, Catan. 1913. V. U s s a n i , S., Atene e Roma 16, N. 169 f., 1 ff. 84 ff. Sul Ludus de morte Claudii, Riv. di filol. 41 (1913) 74—80. R. M. G u m m e r e , The modern note in S. letters, Class. Philol. 10, 139 ff. F r. S t r e i c h , De exemplis atque comparationibus quae exstant apud S., Lucanum etc., Bresl. 1913 Diss. F r. S t e i n e r , Der „moderne" Stil des Philos. S., Rosenheim 1913 Pr. W. L. F r i e d r i c h , Zu Cass. Dio 61, 10 u. S. de const. 9, 2; ein Beitr. z. Erklär. d. polit. Schrr. des Philos. S., Darmst. 1913 Pr. Zu S. Nat. quaest. IV praef. 7 u. 8, Berl. philol. Woch. 1914, 1213—1216. Burrus u. S., Reichsverweser unter Nero, ebd. 1342—1344. Die Ab- fassungsz. v. S. Werk de benef., ebd. 1406—1408. Die Abfassungsz. v. S. Werk üb. d. Wohltaten (besonders auf Grund von 1, 9 f. erörtert), ebd. 1501—1503, 1533 bis 1536; (auf Grund von 2, 7 f. erörtert) 1629—1632. W. K a i s e r , Beitrr. z. Erläut. v. S. Trostschr. an Marcia, Berl. 1914 Pr., auch als Buch, Berl. 1914. H. S t e i n e r , Theodizee bei S., Erl. 1914 Diss. H. M u t s c h m a n n , S. u. Epikur, Hermes 50 (1915) 321—356. J. G. B e r i n g e r , Moderne u. antike Willensbildung; ein Beitr. z. Vergl. heutiger Willenspädagogik mit jener S., Freis. 1915 Pr. T h o m a s , Stil- kritisches zum Philos. S., Sitz. philol. Ver. zu Berl., Sokr. 1 (1913) 715 ff. R o b. F i s c h e r , De usu vocab. etc., s. unter Cicero, S. 144*. E. B i c k e l , Diatribe in S. philosophi fragmenta, vol. I: Fragmenta de matrimonio, Lips. 1915. E. H o - w a l d , Die Weltansch. S., Neue Jahrb. 35 (1915) 353 ff. T. O. A c h e l i s , Aus einer alten Ausg. v. S. de moribus, Rh. Mus. 71 (1916) 155—159. J. J. H a r t m a n , De ludo de morte Claudii, Mnem. N. S. 44 (1916) 295—314. J. v a n W a g e n i n g e n , S. et Iuvenalis, Mnem. N. S. 45 (1917) 417—429. H. D e s s a u , Über d. Abfas- sungsz. einig. Schrr. S., Hermes 53 (1918) 188 ff. J. v a n W a g e n i n g e n , S. leven en moraal, Gron. 1917. T h. B i r t , S., in: Aus d. Leben d. Antike², Lpz. 1919, 165—188. S m i l e y , S. and the Stoic Theory of Literary Style, in: Class. Stud. in Hon. of Ch. Forster Smith, Madison Wiscons. 1920. G. S t a u b e r , De

L. A. S. philosopho epigrammatum auctore, Münch. 1920, Würzb. Diss. F. H o l -
l a n d , S., Lond. 1920. E. B i c k e l , Der Schluß d. Apokolokyntosis, Philol. 77
(1921) 219—227. R. M. G u m m e r e , S. the philosopher and his modern message,
Boston 1922. H o w i n d s. S. 35*. P. F a i d e r , Études sur S., Gand 1921.
E. V e t t e r , S. über Sklavenbehandl., Wiener Blätt. f. Freunde d. Antike 1 (1922)
112 ff. A. B o u r g e r y , S. prosateur, Par. 1922. K. M ü n s c h e r , S. Werke.
Unterss. z. Abfassungszeit u. Echtheit. Philol. Suppl. 16 (1922) H. 1. E. E.
B u r r i s s , Vergil and S., Class. Weekly 15 (1921—22) 216. E. S p r i n g , The
Problem of Evil in S., ebd. 16 (1922—23) 51. E. A l b e r t i n i , La composition
dans les ouvrages philos. de S., Paris 1923. — *Senecas Verhältnis zum
Christentum und sein angeblicher Briefwechsel mit Paulus:* F. C h r. B a u r ,
S. u. Paulus, das Verhältn. d. Stoizismus z. Christent. nach den Schr. S., in: Drei
Abh. zur Gesch. der alten Philos., hrsg. von Zeller, Lpz. 1875. E. W e s t e r b u r g ,
Der Urspr. der Sage, daß S. Christ gewesen sei, Berl. 1881. J. K r e y h e r , S. u.
seine Bezz. z. Urchristent., Berl. 1887. M i c h. B a u m g a r t e n , L. A. S. u. das
Christent. in der tiefgesunkenen antik. Weltzeit, Rost. 1895 (kritiklos u. ohne
geschichtl. Verständnis). A. C o d a r a , S. filosofo e S. Paolo, Riv. ital. di filos. 12
(1898). T i s s o t , St. Paul et S., Le chrétien évang. 35, 7. C. P a s c a l , La falsa
corrispondenza tra S. e Paolo, Riv. di filol. 35 (1907) 33—42 mit dem Zusatz ebd.
93—94. H. B ö h l i g , Das Gewissen bei S. u. Paulus, Theol. Stud. u. Kritik. 87
(1914) 1—24. K. D e i s s n e r , Paulus u. S., Beitr. z. Förd. christl. Theologie, 21. Bd.
2. H., Gütersl. 1917. B. A. B e t z i n g e r , S. u. d. Urchristent., Ztschr. f. neutest.
Wiss. 18 (1917/18) 201. H. K o c h , S. u. d. Urchristent., Woch. f. klass. Philol.
1919, 500 f. — *Zur Überlieferungsgeschichte:* J. B u c k , S. de ben. u. de clem. in
der Überl., Tüb. 1908 Diss. A. M a č e k , De S. epistularum cod. Graeciensi, Cilli
1909 Pr.; vgl. auch Festschr. der 50. Philologen-Vers. darg. von Mittelsch. der Kronländer Steiermark usw., Graz 1909, 162 ff. G u i l. K i e k e b u s c h , De Pin-
ciani in S. philos. de benef. et de clem. libros castigationibus, Greifsw. 1912 Diss.
J. M a r o u z e a u , Ce que valent les manuscrits des Dialogi de S., Rev. de philol.
37 (1913) 47—52. H. W a g e n v o o r t , De cod. S. Angelico (Ms. Lat. 1356),
Mnem. 41 (1913) 153 ff. A. B e l t r a m i , Un nuovo codice delle epist. mor. di S.,
Riv. di filol. class. 41 (1913) 549 ff.; 42 (1914) 1 ff. Il cod. Quiriniano delle epist.
mor. di S., ebd. 455 ff. O. H e n s e , Eine Senecahandschr. d. Quiriniana in Brescia,
Berl. philol. Woch. 1914, 125—127, 604—608, 635—639. C. C i p o l l a , Il cod.
Quirin. d. epist. mor. di S., Riv. di filol. 42 (1914) 93 ff. H i e r. G e i s t , De L. A. S.
Nat. quaest. codicibus, Bambergae 1914, Erl. Diss. P. O l t r a m a r e , Le cod.
Genevensis d. Quest. nat. d. S., Rev. d. philol. 45 (1921) 5—44. Im übrigen s. z.
Überlieferung Teuffel-Kroll-Skutsch, Gesch. d. röm. Liter.[6] II § 289, 2 ff. *Kleinere
Beiträge zumeist textkrit. Inhaltes* lieferten u. a.: R. E l l i s , Journ. of philol. 28
(1903) 19—23 (zu de provid. und ad Marc.). U. v. W i l a m o w i t z - M o e l l e n -
d o r f f , Hermes 37 (1902) 307 (de clem. 1, 8). W. C. K. C a p e l , Mnemos. N. S. 31
(1903) 33—46. T h. S t a n g l (de provid.), Philol. 64 (1905) 310 ff. L. R a d e r -
m a c h e r , Rh. Mus. 60 (1905) 250—253 (epist. 89, 22). Wien. Stud. 32 (1910)
205 f. F. L e o , Hermes 40 (1905) 608 ff. L. V a l m a g g i (de benef. 1, 3, 5), Bollet.
di filol. class. 12, 160. C. P a s c a l , Glosse giuridiche ai Dialoghi di Seneca, ebd.
13, 13—16. Sull' uso della parola „caro“ in S., ebd. 83 f. L ö f s t e d t (epist.),
Eranos 7, 108. A. J. K r o n e n b e r g (epist. 14—122), Class. Quarterly 1 (1907)
205 ff., (de benef. u. de clem.), 284—289, (dialogi), ebd. 2 (1908) 34—40. W. C. S u m -
m e r s (epist.), ebd. 22—30, 170—174; 3 (1909) 40—43, 180—188. A. E n g e l -
b r e c h t (ein vermeintl. Zeugn. des S. über des Livius philos. Schrr.), Wien. Stud.
26 (1604) 62—66. J. T o l k i e h n (epist. 107, 10 f.), Woch. f. klass. Philol. 1905,
555 ff. C h. P. P a r k e r , Harv. stud. 17 (1906) 149 ff. (ep. 41). Σ. Βάσης (Quaest.
nat.), Ἐπιστημονικὴ ἐπετηρίς 5—6 (1907—1909). E. A. S o n n e n s c h e i n ,
Class. Rev. 22 (1908) 216 f.; 23 (1909) 11 f. (epist. 31, 11). R. E l l i s , Journ. of
philol. 31 (1908) 44 ff. (Apocol.). S. R o s s i , Riv. di filol. 36 (1908) 531 f. J. v a n
W a g e n i n g e n , in: Sertum Nabericum, Leiden 1908, 445 ff., Mnemos. 39 (1911)
137 ff. (epist. 2, 2; 4, 3; 15, 4). R. P i c h o n , Rev. d. philol. 34 (1910) 122 f. (de
otio 4, 2; 5, 5); Acad. d. inscript. 30. Juni 1911 (de vit beat.). A. B o u r g e r y ,
Rev. de philol. 37 (1913) 95—109 (dialogi u. a.). C. B r a k m a n , Hermes 45 (1910)
37 (nat. quaest.). Mnemos. 42 (1914) 389 (10. Dialog). Rev. de l'instr. publ. en Belgique
52, 18 ff. (Apocol.). Museum 26, 11—12 (ad Marc.). R. W a l t z , Rev. d. philol. 38

(1910) 98. J. E. B. M a y o r , Class. Rev. 24 (1910) 84 (de benef. 6, 3, 1). H. L e b è g u e ,
Rev. d. philol. 36 (1912) 297 f. O. R o s s b a c h , Berl. philol. Woch. 1913, 1309 ff.
(Apocol.). T. G. T u c k e r , Class. Quart. 7 (1913) 54 ff. (epist.). P. R a s i ,
Berl. philol. Woch. 1913, 1661 f. W. G e m o l l , Hermes 49 (1914) 621—623 (epist.).
C. W e y m a n , Arch. f. lat. Lexikogr. 15 (1908) 574 (de tranqu. an. 4, 5). Rh. Mus.
70 (1915) 152 (de prov. 3, 12). H. L. W i l s o n , Amer. journ. of philol. 32 (1911)
168 f. A. C a p u t i , Atene e Roma 14, 182 ff. (epist. 101, 10). C. S c h i a v i ,
ebd. 286 ff. W. G e m o l l , Zu S. Epist. morales, Hermes 49 (1914) 621—623.
K. B u s c h e , Krit. Beiträge z. S. Nat. quaest., Rh. Mus. 70 (1915) 568—583.
F. M u l l e r J. fil., Ad S. natur. quaest. observ., Mnem. N. S. 45 (1917) 319—337.
H. W a g e n v o o r t H. fil., Quaest. Annaeanae, Mnem. N. S. 44 (1916) 149—162;
46 (1918) 216—224. K. B u s c h e , Zu S. BB. de benef. u. de clem., Rh. Mus. 72
(1917/18) 464—472. Zu S. Briefen an Luc., Sokr. 7 (1919) Jahresber. 42 ff. Philol.
Woch. 1922, 860—864. Zu S. Dialogen, Philol. 78 (1923) 414—421. J. B e r l a g e ,
Ad S. epist. 27, Mnem. N. S. 46 (1918), 327 f. J. J. H., Ad S. de vit. beat. (c. 24),
ebd. 47 (1919) 331. P. B o e s c h , Zu S. ep. 55, 7, Berl. philol. Woch. 1920, 524.
A. C a s t i g l i o n i , Studia Annaeana, Athen, 8, 4 (Pavia 1920); 9, 3 (ebd. 1921).
Studi Anneani, Riv. d. filol. 49 (1921) 435—455. Stud. Ann. III, Studi ital. di filol.
class. N. S. 2. 3 (1921) 209—262. L u d w . S c h m i d t , Zu den Dial. des S., Philol.
Woch. 1921, 92 f. R. L. D u m b a b i n , Notes on S. Epist. mor., Class. Quart. 11,
179. P. B e c k e r (ad Marc.), Philol. Woch. 1922, 548—551. F. W a l t e r , Zu den
Dial. S., Philol. 78 (1923) 180—183. Zu ad Pol. de cons. 11, 1. ebd. 414. M. G a l d i
(zu den Nat. quaest.), Μουσεῖον 1 (1923) 118 ff. F. A g e n o , In S. Dialogos et
Consol., Riv. indo-greco-ital. di Filol. etc. 6 (1922) 23 ff. P. F a i d e r (De ira 1, 1, 4),
Musée Belge 27 (1923) 131. — Vgl. zu Seneca auch: R. H i r z e l , Der Dialog II
24 ff. C. M a r t h a , La morale pratique dans les lettres de S., in des Verf. Werk
Les moralistes sous l'empire romain, und denselben, Sénèque, in seinen Mélanges
de litt. anc., Par. 1896, 215—252. L. F r i e d l a e n d e r , Darst. aus d. Sittengesch.
Roms, 9. Aufl. bes. v. W i s s o w a (s. dort d. Register unter S. d. jüng.). C a r . B u -
r e s c h , Consolation. a Graecis Romanisque script. historia crit. (Lpz. Stud. 9 [1886]),
108—120 (üb. S. Trostschrr. u. -briefe). P. H a r t l i c h , De exhortat. a Graecis
Romanisque scriptarum hist. et indole (Lpz. Stud. 11 [1889]), 305—308 (über S.
Exhortationes). A. G i e s e c k e , De philosophor. veter. quae ad exilium spectant
sent. 100 (zu ad Helviam matr.). E. B i c k e l , Die Schr. des Martinus von Bracara
Formula vitae honestae, Rh. Mus. 60 (1905) 505—551 (der dem S. zugeschriebene
Traktat de quattuor virtut. gehört Martin von Bracara, der S. uns verlorene Schr. de
officiis benutzte. Martin de ira gibt uns ein neues Fragment v. S. de ira). A. G e r c k e ,
Jahrbb. f. klass. Philol. Suppl. 22 (1896) 90—110 (antike Schriftsteller, für die sich
Bekanntschaft mit S. Natur. quaest. nachweisen läßt). C. W e y m a n , Novatian
u. S. über den Frühtrunk, Philol. 52 (1893) 728—730. Senecasprüche in Verbindung
mit anderem Material enthalten die sog. Disticha Catonis; darüber E. S t e c h e r t ,
De Catonis quae dicuntur distichis, Greifsw. 1912 Diss. — E d. S t e m p l i n g e r ,
Martin Opitz u. der Philos. S., Neue Jahrb. 15 (1905) 334—344. — H. G e i s t ,
Blätt. f. d. Gymnasialschulw. 52 (1916) 177 ff. (Baco). — O. R o s s b a c h , Art.
Annaeus 17 bei Pauly-Wissowa. S. auch die Literaturverzeichn. in d. Ausgg. von
H e r m e s , H o s i u s , G e r c k e und H e n s e [2] und die Jahresberichte (oben
S. 16* f.), sowie o. S. 154* (Poseidonios).

    Kornutos: M a r t i n i , De L. Annaeo Cornuto, Lugd. Bat. 1825. R. M ü n z e l ,
De Apollodori περὶ θεῶν libris, Bonn 1883 Diss., cap. III: De Corn. R. R e p p e , De L.
A. C., Lips. 1906 Diss. Vgl. auch O. J a h n in der Vorr. z. seiner Ausg. des Persius.
W. K r o l l , Adversaria Graeca, Philol. 53 (1894) 422. W. W e i n b e r g e r , Ad
C., Wien. Stud. 14 (1892) 222—226. A. L u d w i c h , Krit. Miszellen (darin Nr. 23
zu C. theol. c. 16 p. 25, 2 L.), Königsb. 1901 Pr. C a r . R e i n h a r d t , De Graec.
theol. cap. duo, Berl. 1910 (s. dort das Register). C. M a r c h e s i , Gli scoliasti di
Persio, Riv. di filol. class. 39 (1911) 564 ff.; 40 (1912) 1 ff. 193 ff. O. I m m i s c h ,
Arch. f. Religionswiss. 14 (1911) 454, 2 (zu C. 35 p. 75, 12 L.). B r . S c h m i d t ,
De C. theol. Graecae compendio capita duo (Diss. philol. Hal. vol. 21 pars 1), Halle
a. S. 1912 (hier S. VII ff. Liter.). Über seine rhetorischen Schriften J. G r a e v e n ,
C. artis rhetoricae epitome, Berl. 1891, Praef. p. XXVIII. — H. v. A r n i m , Art.
Annaeus 5 bei Pauly-Wissowa. — *Persius:* V. P a p a , Lo stoicismo in P., Torino
1882. A. B u c c i a r e l l i , Utrum Aulus P. doctrinae Stoicae sit sectator idem et

interpres, Romae 1888. M. E. H o u c k , De ratione Stoica in P. satiris conspicua,
Deventer 1894, Leidener Diss. L. S i m i o n i , Alcune questioni relative ad A. P.
Fl., Verona-Padova 1895 (darin II: P. seguace dello stoicismo). C h. B u r n i e r ,
Le rôle des satires de P. dans le développement du néostoïcisme, La Chaux-de-Fonds
1909 Pr. S. auch: C o n s t. M a r t h a , Un poëte stoïcien, P., in: Les moralistes
sous l'empire Romain. F. V i l l e n e u v e , Essai sur P., Paris 1918. A. C a r t a u l t ,
La satire 1 de Perse, Rev. de philol. 45 (1921) 66—74. — *Lucanus:* H. D i e l s , Seneca
u. L., Abh. Berl. Akad. Jahrg. 1885. M. S o u r i a u , De deorum ministeriis in
Pharsalia, Par. 1885 Thèse; dazu J. G i r a r d , Du rôle des dieux dans la Pharsale,
Journ. des sav. 1888, 192—207, 315—330. F r. O e t t l , L. philos. Weltansch.,
Brixen 1888 Pr. J. E n g l. M i l l a r d , L. sententia de deis et fato, Trai. ad Rhenum
1891 Diss.; dazu K. H o s i u s , Berl. philol. Woch. 1892, 209. R o b. F r i t z s c h e ,
Quaestiones Lucaneae, Gothae 1892, Jenaer Diss. (darin: De L. doctrina. De Nigidio
Figulo L. auctore et de rebus sublimibus in Pharsalia). K. H o s i u s , L. u. Seneca,
Jahrbb. f. klass. Philol. 145 (1892) 337—356. L. u. seine Quellen, Rh. Mus. 48 (1893)
380—397. R. P i c h o n , Les sources de L., Par. 1912. F. M a r x , Art. Annaeus 9
bei Pauly-Wissowa. F r. S t r e i c h , s. Seneca S. 160*. — *Musonios:* G. H e y l -
b u t , Zu M. u. Sotion, Rh. Mus. 39 (1884) 310—312. F r. B ü c h e l e r , Mus.
Ruf. apud Julian. Caes. 2, p. 608, 18 Hertl., Rhein. Mus. 41 (1886) 1 ff. P. W e n d -
l a n d , Quaest. Musonianae. De M. Stoico Clementis Alex. aliorumque auctore,
Berl. 1886 (Benutz. des M. bei Klem. Alex. im Paidagogos; s. dazu O. H e n s e , Praef.
s. Ausg. d. M. VI ff.). C. R e i n a c h , Sur un témoignage de Suidas relatif à Mus. R.,
Par. 1886 (extrait des Comptes rendus de l'Acad. des inscr.). P. W e n d l a n d ,
Philo u. d. kynisch-stoische Diatribe (Anh. M. u. Clemens Alexandr.), in: P. Wendland u. O. Kern, Beitrr. z. Gesch. d. griech. Philos. u. Relig., Berl. 1895 (dazu Berl.
philol. Woch. 1906, 198). C h. P. P a r k e r , M. the Etruscan, Harvard studies in
class. phil. 7 (1896) 123 ff. (s. dagegen O. H e n s e , Praef. seiner Ausg. XVIII f.).
T. P f l i e g e r , M. b. Stobaeus, Tauberbischofsh. 1897 Pr. C. S c h m i c h , De arte
rhetorica in M. diatribis conspicua, Friburgi Brisig. 1902 Diss. J. E. B. M a j o r ,
M. and Simplicius, Class. Rev. 17 (1903) 23 ff. Über die Überlief. d. Gespr. des M.
(Lukiosfrage), sein Leben u. seine Schüler handelt in trefflicher Weise O H e n s e
in der Praefatio s. Ausg. Über die verschiedenen philosophischen Träger des Namens
Lukios jetzt W. C a p e l l e , Art. Luk. 1—5 bei P.-W.-Kr. Zum Stil des M. vgl.
E. N o r d e n , Antike Kunstprosa I 391 Anm. 1. Analyse der dem Topos περὶ φυγῆς
gewidmeten Erörterungen bei G i e s e c k e , De philos. vet. quae ad exil. spect.
sentent. 32 ff. (vgl. auch 100). Krit. u. exeg. Beiträge von H. v a n H e r w e r d e n ,
Mnem. 27 (1899) 398, F (r a n z) B (ü c h e l e r), Rh. Mus. 53 (1898) 166 f.,
A. J. K r o n e n b e r g , Class. Rev. 20 (1906) 394 f., K. P r a e c h t e r , Berl.
philol. Woch. 1913, 28 f. Über die pseudomusonischen Briefe A. W e s t e r m a n n ,
De M. epistolis, in des Verf. Comm. de epist. scriptor. Graec. 6 (1854) Nr. 105.
 Epiktetos: J. S t u h r m a n n , De vocabulis notionum philosoph. in E. libris,
Neustadt 1885, Jenaer Diss. H. S c h e n k l , Die epikt. Fragm., eine Unters. z.
Überlieferungsgesch. d. griech. Florilegien, Wien 1887. R. M ü c k e , Zu Arrians u.
E. Sprachgebrauch, Nordhausen 1887, Pr. v. Ilfeld. R. A s m u s , Quaestiones
Epicteteae (betrifft die Fragmente), Freiburg i. Br. 1888. A. B o n h ö f f e r , E.
u. die Stoa, Unterss. z. stoischen Philosophie, Stuttg. 1890. Die Ethik des Stoikers
E. Anhang: Exkurse über einige wichtige Punkte der stoischen Ethik (sieh oben
S. 126*), Stuttg. 1894 (enthält auch die Indices zu: E. u. die Stoa). F. L. G a n t e r ,
Das stoische System der αἴσθησις mit Rücks. auf d. neueren Forschh., Philol. 53
(1894) 465—504 (knüpft an Bonhöffers „E. u. die Stoa" an). Dagegen A. B o n -
h ö f f e r , Zur stoischen Psychol., Philol. 54 (1895) 403—429. C. H i l t y , Glück,
Lpz. 1891 u. ö. (betont an der Hand des Encheiridions, das er übersetzt, den Wert,
den E. für die praktische ethische Erziehung auch in der Gegenwart besitzt). T. Z a h n ,
Der Stoiker E. u. s. Verhältn. z. Christent., Erl. 1894, Prorektoratsrede, 2. Aufl. 1895
(macht den gänzlich mißglückten Versuch, zu erweisen, daß E. durch die christl.
Lehre beeinflußt sei). K. V o r l ä n d e r , Christl. Gedanken eines heidn. Philos.,
Preuß. Jahrb. 89 (1897) 193—222. I. B r u n s , De schola E., Kiel 1897 Festschr.
E. Z e l l e r , Über eine Berühr. des jüng. Cynismus mit d. Christent., Sitz. Berl. Ak.
1893, 129—132 = Kl. Schr. II 41—45. T h. C o l a r d e a u , Étude sur É., Par. 1903.
R. R e n n e r , Zu E. Diatriben: I. Epiktet u. s. Ideale. II. De Epicteteorum titulis,
Münch. 1904 Diss. Das Kind, ein Gleichnismittel bei E., Festschr. z. 25 jähr. Stif-

tungsf. d. histor.-philol. Ver. d. Univ. Münch., Münch. 1905, 54 ff. K. H a r t m a n n,
Arrian u. E., Neue Jahrb. 15 (1905) 248—275. K. K u i p e r , E. en de christelijke
moraal, Versl. en mededeel. der Kon. Akad. van Wetenschappen, Letterkunde,
4. Reeks, Deel 7, Amsterd. 1906 (vertritt im wesentl. Zahns Ansicht; dagegen B o n -
h ö f f e r , E. und das Neue Testament [s. unten] 44 ff.). L. W e b e r , La morale
d'É. et les besoins présents de l'enseignement moral, Rev. de métaph. et de morale
1905 ff. (s. zum Gegenstande oben Hilty). P. M e l c h e r , De sermone E., quibus
rebus ab Attica regula discedat (Dissertat. philol. Halens. vol. 17 pars 1). O. H a l -
b a u e r , De diatribis E., Lips. 1911 Diss. W. S c h e r e r , Das Gleichnis, ein
Bildungsmittel bei E., Bayer. Blätt. f. d. Gymn. 53 (1917) 204 ff. S. auch die Praefatio
zu S c h e n k l s Ausg., R. H i r z e l , Dialog II 245 ff., C. M a r t h a , La vertu
stoïque, É., in des Verf. Buche Les moralistes sous l'empire Romain, P. H a r t l i c h ,
De exhort. a Gr. Romanisque script. hist. et ind. 308 ff., H. v. A r n i m , Art. Epiktet
bei Pauly-Wissowa. Epiktets *Verhältnis zum Christentum* behandeln außer den angeführten Arbeiten u. a.: G. A. v a n d e n B e r g h v a n E y s i n g a , E. en het
Nieuwe Testament, Museum, Maanblad voor Philologie en Geschiedenis 14 (1907)
439—441. F. M ö r t h , in: Festschr. der 50. Vers. dtsch. Philol. u. Schulm. dargebr.
v. den Mittelsch. der Kronländer Steiermark usw., Graz 1909, 182 ff. (zum Verbot
des Schwörens, Epict. ench. 33, 5). In gründlichster Weise untersucht das Verhältnis
E. und des Stoizismus überhaupt zum Neuen Testament und bietet eine vorurteilslose
Bewertung der stoischen und der christl. Moral und Religion A d. B o n h ö f f e r ,
E. u. das Neue Testament (Religionsgesch. Versuche u. Vorarbeiten 10. Bd.), Gieß.
1911, wo auch frühere Lit. angeführt u. berücksichtigt ist. Im Gegensatz zu Bonhöffers Buche behandelt die Frage aus einseitig christl.-theolog. Standpunkte R. B u l t -
m a n n , Das relig. Moment in der eth. Unterweis. des E. u. das N. T., Ztschr. f. d.
neutestam. Wissensch. u. d. Kunde d. Urchrist. 13 (1912) 97—110, 177—191, treffend
zurückgewiesen von B o n h ö f f e r , E. u. d. N. T., ebd. 281—292. Über den gleichen
Gegenstand handelt M. J. L a g r a n g e , La philos. religeuse d'É. et le christianisme,
Rev. biblique internat., Nouv. sér., 9. année, tom. 9 (Par. 1912) 5—21, 192—212.
D. S. S h a r p , E. and the New Test., Lond. 1914. O. S c h m i t z , Der Freiheits-
gedanke bei E. u. das Freiheitszeugnis d. Paulus, Neutest. Forsch., hrsg. v. O. Schmitz,
H. 1, Gütersloh 1923. Vgl. auch P. W e n d l a n d , Hellen.-röm. Kult.[2] u.[3] 95. 356, 4;
357, 1. Kleinere Beiträge lieferten: R i c h a r d s , Class. Rev. 19 (1905) 106—108.
P r a e c h t e r , Byz. Ztschr. 14 (1905) 271; Philol. 64 (1905) 387 f. A. J. K r o n e n -
b e r g , Class. Rev. 20 (1906) 15—19, 104—109; Class. Quart. 3 (1909) 195—202,
258—265; 5 (1911) 91 f.; Berl. philol. Woch. 1910, 1623; Mnem. N. S. 38 (1910)
156—166. K. M e i s e r , Hermes 44 (1909) 159; 45 (1910) 160. P. C o r s s e n ,
Berl. philol. Woch. 1910, 832. Zu der von Meiser und Corssen behandelten Stelle
Epict. diss. 4, 7, 6 s. B o n h ö f f e r , E. u. das N. T. 44, 1. H. R i c h a r d s , Platonica, Lond. 1911 (hier auch Bemerkungen zu E.). S. E i t r e m , Varia, Nord.
Tidskr. for Filol. 4 R. VI 2, 81. W. A. O l d f a t h e r , R. Bentley's Critic. notes on
Arrian's Disc. of E., Transact. of the Amer. Philol. Ass. 52 (1921) 41—52. Nach-
wirkungen des E.: C h r i s t - S c h m i d , Griech. Lit. II[6] 359, u. die Testimonia in
Schenkls Ausgabe.

   Arrianos: E. B o l l a , A. di Nicomedia, Torino e Palermo 1890 (Kap. II:
A. discepolo d'Epitteto, Kap. X: Scritti filos. di A.). K. H a r t m a n n , A. u. Epiktet,
Neue Jahrbb. 15 (1905) 248—275. Zu den Schr. u. Fragm. des Flavius A., Berl. philol.
Woch. 1910, 603 ff. A. B r i n k m a n n (ergänzt v. H. Herter), Die Meteorol. des A., Rh.
Mus. 73 (1924) 373—401. Im übrigen s. E. S c h w a r t z , Art. Flavius A. (9) bei Pauly-
Wissowa, C h r i s t - S c h m i d , Gesch. d. griech. Lit. II[6] 746 ff. S. auch die Epi-
ktetliteratur, in der vielfach der Herausgeber der epiktetischen Gespräche berührt
wird.—*Hierokles:* K. P r a e c h t e r , Hierokles der Stoiker, Lpz. 1901. N. F e s t a ,
Un filos. redivivo, Jerocle, Atene e Roma N. 96, 354—367. G. P a s q u a l i , Mar-
ginalia, Studi ital. di filol. class. 16 (1908) 441—446. M. W e l l m a n n , Hermes 52
(1917) 130 ff. S h. O. D i c k e r m a n , De argum. usw. (o. S. 24*), 66. K. G r o n a u ,
D. Theodizeeprobl. usw. (o. S. 31*), 36. 73. H. v. A r n i m , Art. H. 17 bei Pauly-
Wissowa-Kroll.— *Kleomedes:* H. Z i e g l e r , De vita et scriptis Cl., Meißen 1878, Lpz.
Diss. A. B o e r i c k e , Quaestiones Cleomedeae, Pegau 1905, Lpz. Diss. A. R e h m ,
Art. Kl. 3 bei Pauly-Wissowa-Kroll. S. auch die Lit. zu Poseidonios S. 155*.

   Marcus Aurelius: H. D o e r g e n s , Antoninianae cum L. Annaei Senecae
philosophia ethica contentio et comparatio, Bonn 1856 Diss., vollst. Lpz. 1857.

E d. Z e l l e r , M. A. A., in Zellers Vortr. u. Abh., Lpz. 1865, 82—107. E. R e n a n ,
M. A. et la fin du monde antique-, Par. 1882. A. N a u c k , De M. A. commentariis,
in: Mélanges gr.-rom. 5 (1884/88) 1—21. H. J. P o l a k , In M. Antonini commen-
tarios analecta critica, Hermes 21 (1886) 321—356. E. d e S u c k a u bei H. Taine,
Stud. z. Kritik u. Gesch., übers. v. P. Kühn u. A. Aall, Par. Lpz. Münch. 1898, 402 ff.
(über M. A. Charakter u. d. Grundzüge s. Ethik). J. D a r t i g u e - P e y r o u ,
M. A. dans ses rapports avec le christianisme, Par. 1897 Thèse. J. L i n d s a y ,
The ethical philos. of M. A., Arch. f. Gesch. d. Philos. 16 (1903) 252—258. G. G. F u s c i ,
La filos. di Antonino in rapporto con la filos. di Seneca, Musonio e di Epitteto, Modica
1904. R. M ü l l e r , Antoninus Philosophus ein Protektor der Christen? Eine Einf.
in d. Selbstgespr. M. A., Teschen 1904 Pr. H. S t i c h , M. A., d. Philos. auf d. röm.
Kaiserthrone, Gütersloh 1904 (Gymnasialbibl. Heft 38). R. E l l i s , Correspondence
of Fronto and M. A., Oxf. 1904. B. G a b b a , Un parallelo storico (M. A. e Gregorio
Magno), Rendiconti d. R. Istituto Lombardo di scienze e lettere, N. S. 37, 9. A. D y -
r o f f , Arch. f. Gesch. d. Philos. 17 (1904) 146 f. (Senecas und M. A. Stell. z. Materialismus). L. A l s t o n , Stoic and christian in the second century. A comparison of
the ethical teaching of M. A. with that of contemporary and antecedent christianity,
Lond. 1906. H o f f m a n n , Les luttes morales d'un empereur romain, Bull. de
la Soc. pour le progr. d. ét. philol. et histor., Brux. 1908, 44—52. C. C. B u s h n e l l ,
A classification according to the subject-matter of the comparisons and illustrations
in the Meditations of M. A. A., Referat: Transact. and Proceed. of the Amer. philol.
assoc. 39 (1908), Proceed. S. XIX. I. H. L e o p o l d , De vocabulis medicis ap.
M. A. obviis, Sertum Nabericum, Leiden 1908, 233—235. F. W. B u s s e l l , M. A.
and the later Stoics, Edinb. 1910. H. S c h e n k l , Zum 1. B. der Selbstbetr. des
Kaisers M. A., Wien. Stud. 34 (1912) 82—96. P. M a a s , Das Epigramm auf M. $El\varsigma$
$\dot{\epsilon}\alpha\upsilon\tau\dot{o}\nu$, Hermes 48 (1913) 295—299. G. B r e i t h a u p t , De M. A. A. commentariis quaest. selectae, Gott. 1913 Diss. H. E b e r l e i n , Kaiser M. A. u. d. Christen,
Bresl. 1914 Diss. C. R. H a i n e s , The composition and chronology of the Thoughts
of M. A., Journ. of philol. 33, 278 ff. R. S c h e k i r a , De imperat. M. A. A. libror. $\tau\dot{\alpha}$
$\epsilon\dot{\iota}\varsigma\,\dot{\epsilon}\alpha\upsilon\tau\dot{o}\nu$ sermone quaest. philos. et gramm., Gryphiae 1919 Diss. A. I. T r a n n o y ,
Hypothèses critiques sur les Pensées de M. A., Rev. d. philol. 43 (1919) 86—92.
E. F r i e d r i c h , Die pädagog. Bedeut. d. Selbstbetr. d. M. A. A., Jena 1918 Diss.
Zu den Nachwirkungen des M. A. A d. D y r o f f , Neue Jahrb. 51 (1923) 230 ff.
Kleinere Beiträge insbesondere zur Geschichte der Überlieferung und zur Textkritik:
H. S c h e n k l (Zur hsl. Überl. von M. A. $El\varsigma\,\dot{\epsilon}\alpha\upsilon\tau\dot{o}\nu$), Eranos Vindob. (Wien 1893)
163—167. A. S o n n y (Zur Überlieferungsgesch. v. M. A. $El\varsigma\,\dot{\epsilon}\alpha\upsilon\tau\dot{o}\nu$), Philol. 54
(1895) 181—183. W. W y s e (zu M. A. 4, 33), Class. Rev. 7 (1893) 21. H. J. P o l a k
in: Sylloge comm. quam v. cl. Const. Conto obtul. philol. Bat., Leiden 1893. G. H.
R e n d a l l , Journ. of philol. 23 (1895) 116—160. A. E l t e r , De gnom. Graec.
hist. atque orig. III 109 f. (Benutz. eines Gnomol. durch M. A.). C. D e n i g ,
Mitt. aus dem griech. Miscellancodex 2773 d. Großh. Hofbibl. zu Darmstadt, Mainz
1899 Pr. I. H. L e o p o l d , Mnemos. N. S. 31 (1903) 341—364; (zu 9, 42) ebd. 33
1905) 154—156; 35 (1907) 63—82; Berl. philol. Woch. 1910, 893 (zu cod. Vat.
1950); 1914, 1567 f. (Konj. u. Not. in cod. 403 Bibl. Publ. Lat. Lugd. Bat.). P. H o f f -
m a n n , Rev. de l'instruct. publ. en Belgique 47, 11—23. H. R i c h a r d s , Class.
Rev. 19 (1905) 18—26. A. J. K r o n e n b e r g , ebd. 301—303; Class. Quart. 3
(1909) 110. K. F. W. S c h m i d t , Hermes 42 (1907) 595—607. K. M e i s e r ,
Hermes 43 (1908) 643 (zu 10, 15). P. F o u r n i e r , Rev. d. ét. anc. 13 (1911) 313—316
(zu 7, 31). H. R i c h a r d s , Platonica, Lond. 1911 (auch Bemerkungen zu M. A.).
P. C o r s s e n , Berl. philol. Woch. 1911, 1390 (zu 2, 1); 1912, 734 (zu 3, 6; 3, 11; 4, 3).
W. W e y l a n d , ebd. 1914, 1180—1184. R. G. B u r y , Class. Rev. 32 (1918) 147 ff.
— Vgl. auch C. M a r t h a , L'examen de conscience d'un empereur romain; M. A.,
in des Verf. Buche Les moralistes sous l'empire romain. R. H i r z e l , Der Dialog II
262 ff. G. M i s c h , s. oben S. 35*. M. D i b e l i u s s. oben S. 155*. H. v. A r n i m ,
Art. Annius 94 bei Pauly-Wissowa.

    Kebes: K. K. M ü l l e r , De arte crit. Ceb. tab. adhibenda, Würzb. 1877 Diss.
Derselbe, Philol. Anz. 9 (1878) 269 f., Ztschr. f. d. österr. Gymn. 30 (1879) 241—252,
Philol. Rundschau 4 (1884) 1417—1424 (neuere Lit. üb. K.). K. P r a e c h t e r ,
Cebetis tabula quanam aetate conscripta esse videatur, Marb. 1885 Diss. Abweichend
S u s e m i h l , Gesch. d. griech. Lit. in der Alex. I 23 ff., II 657 f., und H i r z e l ,
Der Dialog II 255 ff. Dagegen P r a e c h t e r , Burs. Jahresber. 96 (1898 I) 46.

Vgl. auch W. C a p e l l e , De Cynic. epistulis, Gott. 1896 Diss., 32. K. J o ë l , Der echte u. d. xenophont. Sokrates II 322 ff. J. A l p e r s , Hercules in bivio, Gott. 1912, und die sonstige Lit. zu Synkrisis u. Prodikosfabel, oben S. 34* f; s. auch O. K e r n , Dtsch. Literaturz. 1909, 1888. Einzelbeiträge: H. v a n H (e r w e r d e n), Ad Cebet. Tab., Mnem. 22 (1894) 263. L. R a d e r m a c h e r , Rh. Mus. 55 (1900) 149. J. v a n W a g e n i n g e n , Festschr. f. Herwerden (Utrecht 1902). C. T a y l o r , Hermas and C., Journ. of philol. 28 (1903) 24—38. Derselbe (nach hinterlassenen Papieren von J. M. C o t t e r i l l) , Plutarch, Ceb. and Hermas, ebd. 31 (1910) 14—41. A. B r i n k m a n n , Rh. Mus. 66 (1911) 621 f. O. W e i n r e i c h , Sitz. Heidelb. Ak. 1919, 16. Abh. 13. 19. H. v. A r n i m , Art. Kebes 2 bei Pauly-Wissowa-Kroll. M. B o a s , De Nederlandsche Cebes-Lit., Tijdschr. voor Boek- en Bibliotheekswezen, 2. reeks 7 (1918). De illustratie der Tab. Ceb., Het Boek, 's-Gravenhage.

Stoische Einflüsse auf Männer der Kaiserzeit, die uns in der erhaltenen Literatur nicht in erster Linie als Philosophen entgegentreten, behandeln u. a. E. K o r n e m a n n , Jahrbb. f. klass. Philol. Suppl. 22 (1896) 615—620 (bringt den Fatalismus in der Geschichtsschreibung des *C. Asinius Pollio* mit dem Stoiz. in Verbindung). H. G u m m e r u s , De *Columella* philosopho. Öfversigt af Finska Vetenskaps-Societetens Förhandlingar 52 (1909/10), Helsingf. 1910. *Autor περὶ ὕψους*: H. M u t s c h m a n n , Tendenz, Aufbau u. Quellen d. Schrift v. Erhab., Berl. 1913 (zusammenfassend 113); s. auch o. S. 153*. Über den *älteren Plinius* s. die Lit. bei Teuffel-Kroll-Skutsch II[6] 293 und vgl. oben unter Poseidonios S. 154*. H. R a u b e n h e i m e r , Quintilianus quae debere videatur Stoicis popularibusque qui dicuntur philosophis, Würzb. 1911 Diss. C. W u n d e r e r , *Tacitus* nach seiner Biogr. d. Agricola, Blätter f. d. Gymn. (bayer.) 33 (1897) 209—225 (212 über Stoisches). S. auch A. G u d e m a n , Chrysippos and Varro as sources of the Dialogus of Tacitus, John Hopkins University circulars vol. 12, No. 102, Jan. 1893, 25 und in d. Ausg. d. tacit. Dial. Lpz. 1914 (vgl. auch o. S. 154*), sowie M. Z i m m e r m a n n o. S. 159*. F. A r n a l d i , Le idee polit., mor. e relig. di Tac., Roma 1921. R. S c h u e t z e , *Iuvenalis* ethicus, Gryphiae 1905 Diss. S. auch E. B i c k e l , Rh. Mus. 67 (1912) 145. *Soran:* W. S c h i c k , Favorin *περὶ παίδων τροφῆς* 12 ff. G. R e i c h a r d t , De *Artemidoro* Daldiano librorum onirocrit. auctore, Comment. Jenens. vol. 5 (1894). Über *Ailian* s. C h r i s t - S c h m i d II[6] 787, über *Avien* F. M a r x , Art. Avienus bei Pauly-Wissowa. R. v. S c a l a , Doxogr. u. stoische Reste bei *Ammianus Marcellinus,* in: Festg. f. Büdinger, Innsbr. 1898. F r a n c. M ü l l e r , De *Claudio Rutilio Namatiano* Stoico, Soltiquellae 1882 Pr. (der Beweis für den Stoiz. des Rut. Namat. ist nicht gelungen; vgl. jetzt auch W. R e t t i c h , Welt- u. Lebensansch. d. spätröm. Dichters Rut. Claud. Nam., Zür. 1918 Diss.). Lit. über d. Einfluß des Stoiz. auf die *Homererklärer* bei C h r i s t - S c h m i d I[6] 85 ff. II[6] 869, 9. S. besonders G. L e h n e r t , De scholiis ad Hom. rhetoricis, Lpz. 1896 Diss., 99 ff., H. S c h r a d e r , Hermes 37 (1902) 571 ff. (über den stoisch beeinflußten Rhetor Telephos von Pergamon), und die Lit. über die pseudoplut. Vita Homeri unten zu § 70 (Plutarch). Stoischen Einfluß erkennt nach dem Vorgange von J. F. M a r c k s in den unter dem Namen des Platonikers Chion erhaltenen Briefen K. B u r k , De Chionis epistulis, Darmst. 1912, Gieß. Diss., 41 ff. (s. oben S. 101*). Stoisches enthalten ferner die sog. Sententiae Varronis, s. P. G e r m a n n oben S. 143*. Stoisch ist jedenfalls letzten Endes auch der Allegorismus der Homerdeuterin Demo, ob unmittelbar oder durch neuplaton. Vermittlung, ist strittig; s. unten zu § 77. S. auch A. S c h m e k e l , Die Philos. der mittl. Stoa 439 ff. (verfolgt die Einwirkungen der Mittelstoa auch in der Kaiserzeit und berücksichtigt u. a. Horaz, Vergil, Ovid und Tacitus). A. G e r c k e , Stoiz. im Platonism., Rh. Mus. 41 (1886) 287—291. Vgl. auch oben kynisch-stoische Diatribe (S. 131* ff.), Poseidonios (S. 152* ff.) und Seneca (S. 162*). Über Vergil, Horaz und Ovid s. unten zu § 76. Stoische Einflüsse auf spätere Zeit s. Grundr. II. III, Reg. unter Stoa, Stoiker.

Der Stoizismus in seiner Stellung zu Judentum und Christentum: R. E h l e r s , De vi ac potestate quam philos. antiqua, imprimis Platonica et Stoica, in doctrina apologetarum saec. II habuerit, Gott. 1859. E. W a d s t e i n , Über den Einfl. des Stoiz. auf d. älteste christl. Lehrbild., Theol. Stud. u. Krit. 53 (1880) 587—665. A. C h o l l e t , La morale stoic. en face de la morale chrét., Par. 1899. H. U s e n e r , Rh. Mus. 55 (1900) 293 = Kl. Schr. IV 313 (Stoa und Monarchianismus). A. M e d v e d , De philos. Stoica eiusque relatione ad Christianismum, Marb. 1901 Pr. E. S c h w a r t z , Hermes 38 (1903) 90 ff. (Klemens v. Alex. u. die Stoa). P. F e i n e , Stoiz. u. Christent., Theol. Literaturbl. 26 (1905) 65—69, 73—80, 89—92, 97—102.

J. L e i p o l d t , Christent. u. Stoiz., Ztschr. f. Kirchengesch. 27 (1906) 129—165.
E. U l r i c h , Die Bedeut. d. stoisch. Philos. f. d. ältere christl. Lehrbildung, Karls-
bad 1914 Pr. B e r g m a n n , Die stoische Philos. u. d. jüd. Frömmigkeit, in: Judaica,
Festschr. z. H. Cohens 70. Geb., Berl. 1912, 145—166. Vgl. auch oben S. 30* f.,
S. 132* f. (kynisch-stoische Diatribe), S. 155* f. (Poseidonios), S. 161* (Seneca),
S. 163* (Musonios), S. 163* f. (Epiktet), S. 165* f. (Marc Aurel), unten S. 181* ff.
(Philon). Gute Orientierung besonders bei B o n h ö f f e r , Epiktet und das Neue
Testament, oben S. 164*, und W e n d l a n d , Die hellen.-röm. Kultur in ihren
Bezz. zu Judent. u. Christent., oben S. 30*.

Zu § 68. Die Kyniker im zweiten Abschnitt der hellenistisch-römischen Periode (Kynismus III. Teil, Fortsetzung zu § 58).

Allgemein: Jahresberichte s. oben S. 16* f.　Z e l l e r III 1⁴ 793 ff.
A. C a s p a r i , De Cynicis qui fuerunt aetate imperator. Romanor., Chemnitz 1896 Pr.
E d. N o r d e n , Jahrbb. f. klass. Philol. Suppl. 19 (1893) 393 f. 404 ff. E d. Z e l -
l e r , Über eine Berühr. des jüng. Cynism. m. d. Christent., Sitz. Berl. Ak. 1893,
129—132 = Kl. Schr. II 41—45.

Kynikerbriefe: S. d. Lit. zu Diogenes u. Krates, o. S. 63* f.　Über den 4., 7. u.
9. pseudoheraklit. und den 28. Diogenesbrief E. N o r d e n , Jahrbb. f. klass. Philol.
Suppl. 19 (1892) 386 ff. 395 ff. (dazu Jahresb. über die Fortschritte der klass. Altertumsw. 96 [1898 I] 47), P. W e n d l a n d , Philo u. d. kyn.-stoische Diatr. 39,
O. S t ä h l i n bei Christ-Schmid II 1⁶ 624, E. N o r d e n , Agnost. Th. 31. 389,
J. H e i n e m a n n , Poseid. metaph. Schrr. I 124 f. — Zu den Briefen des kyni-
sierten Anacharsis o. S. 37*. — *Demetrios:* H. v. A r n i m , Artikel Demetrios
91 bei Pauly-Wissowa.

Dion Chrysostomos: E. W e b e r , De D. Chr. Cynicorum sectatore, Lpz. Stud.
10 (1887) 79—268. P. H a g e n , Quaest. Dioneae, Kiel 1887 Diss. U. v. W i l a m o -
w i t z- M., Comm. gramm. III, Gött. 1889, 10 ff. J. S t i c h , Ad D. Chr. orationes,
Blätt. f. d. Gymnasialschulw. (bayr.) 26 (1890) 400—404. H. v. A r n i m , Entst.
u. Anordnung d. Schriftensamml. Dios v. Prusa, Hermes 26 (1891) 366—407. Leben u.
Werke des D. v. Pr., mit einer Einl.: Sophistik, Rhetorik, Philos. in ihrem Kampf
um die Jugendbildung, Berl. 1898. I v o B r u n s , De D. Chr. et Aristotele, Kiel
1892 Pr. K. P r a e c h t e r , D. Chr. als Quelle Julians, Arch. f. Gesch. d. Philos. 5
(1892) 42—51. C h r. E h e m a n n , Die 12. Rede des D. Chr., Kaiserslaut. 1895 Pr.
W. C l a u s e n , De D. Chr. Bithynicis quae vocantur orationibus quaestiones,
Kiel 1895 Diss. J. R. A s m u s , Julian u. D. Chr., Tauberbischofsheim 1895 Pr.
J. W e g e h a u p t , De D. Chr. Xenophontis sectatore, Gött. 1896 Diss. C. H a h n ,
De D. Chr. orationibus, quae inscribuntur Diogenes, Homburgi in monte Tauno 1896,
Gött. Diss. A. S o n n y , Ad D. Chr. analecta, Kioviae 1896. J. R. A s m u s ,
Synesius u. D. Chr., Byz. Ztschr. 9 (1900) 85—151. P. F i s c h e r , De D. Chr.
orationis tertiae compositione et fontibus, Bonn. 1901 Diss. K. P r a e c h t e r ,
Zur Frage nach der Komposition der 6. Rede des D. Chr., Hermes 37 (1902) 283—291.
H. B i n d e r , D. Chr. u. Posidonius, Quellenunterss. z. Theol. des D. v. Prusa, Borna-
Lpz. 1905, Tüb. Diss. L. P a r m e n t i e r , D. Chr. 12 § 43, Rev. de l'instr. publ. en
Belgique 45, 387 f. G. L u m b r o s o , Sull' orazione di D. Cris. πϱ. ᾿Αλεξανδϱεῖς,
Festschr. f. Otto Hirschfeld 108—112. F. H e e g e , Die 43. u. 48. Rede des D. v.
Prusa, Blaubeuren 1905 Pr. K. P r a e c h t e r , Zu or. 15, 12, Philol. 63 (1904)
155 f., zu or. 12, 59 ebd. 64 (1905) 389 f. E. W e n k e b a c h , Beiträge z. Text u.
Stil der Schriften D. v. Prusa, Hermes 43 (1908) 77—103. Ders., Philol. 66 (1907)
231 ff. H. v a n H e r w e r d e n , Ad. D. Prus., in: Sertum Nabericum, Leiden 1908,
139—142. E. T h o m a s , Quaest. Dioneae, Lips. 1909 Diss. (behand. d. Verhältn.
des D. z. Antisthenes). M. V a l g i m i g l i , La critica letteraria di D. Cr. (Contrib.
alla storia della crit. lett. in Grecia I), Bologna 1913. La oraz. 58 (᾿Αχιλλεύς) di D.
Crisost., Boll. di filol. class. 18 (1912) 207—210. La oraz. 53 (Πεϱὶ ῾Ομήϱου) di D. Cr.,
in: Classici e Neolatini 7, 191 ff. 387 ff. La critica omerica presso Dione Crisost.,
Studi Falletti, Bologna 1916 (nach Berl. philol. Woch. 1918, 1187). K. M e i s e r ,
Über den Charidemos des D. v. Prusa, Sitz. Münch. Ak. 1912, 3. Abh. J. S c h a r o l d ,
D. Chr. u. Themistius, Burghausen 1912 Pr. J. M o r r , D. Lobr. d. j. Plinius u. d.
Königsr. d. D. v. Prusa, Troppau 1915 Pr. F. W i l h e l m , Zu D. Chr. or. 30 (Charid.),
Philol. 75 (1918) 364—383. J. M e s k , Zur 11. Rede des D. v. Pr., Wien. Stud. 42,
114 ff. W. S c h m i d , Art. Dion 18 bei Pauly-Wissowa. Neuere Lit. über Dions

rhetorische Schriften in den Jahresberichten von W. S c h m i d , Jahresb. üb. d. Fortschr. d. klass. Altertumsw. 108 (1901) 212 ff.; 129 (1906) 220 ff. (über die Erscheinungen von 1894—1904) und K. M ü n s c h e r , ebenda 149 (1910) 1 ff. (über die Erscheinungen von 1905—1909), 170 (1915) 45 ff. (über die Erscheinungen von 1910—1915). P. G e i g e n m ü l l e r , Harmonien u. Dissonanzen bei Dio, Plutarch u.Favorin, Neue Jahrb. 51 (1923) 209—229. Zur Synkrisis von Βασιλεία und Τυραννίς in der 1. Rede sind auch G. B o h n e n b l u s t , Beiträge z. Topos περὶ φιλίας, Bern 1905 Diss., 17 ff., und J o. A l p e r s , Hercules in bivio, Gott. 1912 Diss., 39 ff., sowie die sonstige Lit. über die antike Synkrisis (S. 34* f. 54*. 165* f. [Kebes]), zu Dions schriftstell. Tätigkeit überhaupt R. H i r z e l , Der Dialog II 75 ff., 84 ff. u. ö. zu vergleichen. S. auch oben unter Poseidonios (S. 154*).

Oinomaos: T h. S a a r m a n n , De O. Gadareno, Lips. 1887, Tüb. Diss. Adnotatt. ad O. Cynici fragmenta, Dortm. 1889 Pr. O. C r u s i u s , Die Κυνὸς αὐτοφωνία des O., Rh. Mus. 44 (1889) 309—312. I v o B r u n s , Lucian u. O., Rh. Mus. 44 (1889) 374—396 (auch in des Verf. Vortr. u. Aufs. 252—280). P. V a l l e t t e , De O. Cynico, Par. 1908 Thèse. Einzelbeiträge von O. G u e n t h e r , H. L e w y , H. U s e n e r , U. v. W i l a m o w i t z - M o e l l e n d o r f f s. in Klussmanns Bibl. script. class. Vgl. auch J. G e f f c k e n , Studien z. Gesch. der griech. Satire (s. oben S. 35*). — *Demonax:* E. Z i e g e l e r , Zu Lukian, Jahrbb. f. klass. Philol. 123 (1881) 327—335, K. F u n k , Unterss. üb. d. Lukianische Vita Demonactis, Philol. Suppl. 10 (1907) 559—674. A. E l t e r , Γνωμικὰ ὁμοιώματα des Sokrates, Plutarch, Demophilos, Demonax, Aristonymos u. a., Bonn 1900 Univ.-Pr. (hier 44 ff. über ein Gnomol. Δημώνακτος). H. v. A r n i m , Art. D. 1 bei Pauly-Wissowa. S. auch Lukian unten zu § 76. — *Peregrinos:* E. Z e l l e r , Alexander (von Abonuteichos) u. P., ein Betrüger u. ein Schwärmer, Dtsch. Rundschau Jan. 1877, 62—83, auch in: Vortr. u. Abh. II (1877) 154—188. J. B e r n a y s , Lucian u. die Kyniker, Berl. 1879. J. V a h l e n , Luciani de Cynicis iudicium. Lucianus de P. morte, Berol. 1882 Pr. = Opusc. acad. I (Lips. 1907) 181—197. M. C r o i s e t , Un ascète païen au siècle des Antonins, P. Protée, Acad. d. sc. et lettr. de Montpellier, sect. d. lettr. 6 (1880) 455—491. D. V ö l t e r , Die apostol. Väter neu untersucht, II 2: Polykarp und Ignatius und die ihnen zugeschriebenen Briefe, Leiden 1910, ist der Ansicht, daß P. Prot. um 150 die dem Ignatius zugeschriebenen sechs kleinasiat. Briefe verfaßt habe. S. darüber E. P r e u s c h e n , Berl. philol. Woch. 1911, 462, C h r i s t - S t ä h l i n II⁶ 1227, 1. — D. P l o o i j en J. C. K o o p m a n n , De dood van Per. (Ausg. d. lukian. Schrift mit Einl. u. Anmerkk.), Utr. 1915.

Zu § 69. Die Neupythagoreer. Die hermetische Literatur. Die chaldäischen Orakel. Jahresberichte s. o. S. 16* f. (nacharist. Philosophie).

Gesamtdarstellung bei Z e l l e r III 2⁴ 92 ff. Über die Richtungen des Neupythagoreismus und ihre Entstehung A. S c h m e k e l , Philos. d. mittl. Stoa 403 bis 439; dazu J. H e i n e m a n n , Poseid. metaph. Schrr. I 206 f. — T h. G ä r t n e r , Neopythagoreorum de beata vita et virtute doctrina eiusque fontes, Lpz. 1877 Diss. H. J ü l g , Stud. zur neupyth. Philos., Baden in Österr. 1891. 1892 Pr.; unter dem Titel: Neupythagor. Studien, Wien 1892. F. C u m o n t , A propos de Properce 3, 18, 31 et de Pythagore, Rev. d. philol. 44 (1920) 75—78. V. d e F a l c o , L'aritmologia pitag. nei commenti ad Esiodo, Riv. indo-grec.-ital. 7 (1923) 25—54, 139—141. E. B i c k e l , Neupyth. Kosmologie bei d. Römern, Philol. 79 (1924) 355—369. Inlocalitas. Zur neupyth. Metaph., in: Imm. Kant, Lpz. o. J.

Über die unter *altpythagoreischen Namen* auftretende Lit. dieser Richtung s. oben S. 45* f.

Nigidius Figulus: M. H e r t z , De P. N. F. studiis atque operibus, Berl. 1845. F. B ü c h e l e r , Zu N. F., Rh. Mus. 13 (1858) 177—188 = Kl. Schr. I 108—117. J. K l e i n , Quaest. Nigidianae, Bonn 1861 Diss. H. R ö h r i g , De P. N. F. capita 2, Coburg 1887, Lpz. Diss. A. S w o b o d a , Quaest. Nigidianae, Diss. Vind. 2 (1890) 1—63, auch in des Verf. Ausg. der Fragm., s. Text. K. F r i e s , Rh. Mus. 55 (1900) 30 ff. 38 ff. D. D e t l e f s e n , Hermes 36 (1901) 18 (Verh. des Plinius in den zool. BB. zu N. F.). A. G i a n o l a , P. N. F. astrologo e mago, Roma 1905. N. F. als Vermittler etruskisch-astrologischer Aufstellungen an Martianus Capella: C. T h u l i n , Die Götter des Martianus Capella u. d. Bronzeleber v. Piacenza, Religionsgesch. Vers. u. Vorarb. 3. Bd. 1. Heft, Gieß. 1906. S. auch R. R e i t z e n s t e i n , Hellenist.

Mysterienrcl. 12. 90. B. B o e h m , De Cornelii Labeonis aetate, Königsb. 1913 Diss.,
30. J. G e f f c k e n , Hermes 49 (1914) 327 ff. F. B o l l , Sphaera, Lpz. 1903
349 ff. R o b. F r i t z s c h e s. unter Lucanus S. 163*. — *Apollonios von Tyana:*
F. C h r. B a u r , A. u. Christus, Tüb. Ztschr. f. Th. 1832, auch in: Drei Abhandl. z.
Gesch. der alten Philos. u. ihrcs Vcrh. z. Christent. v. F. Chr. Baur, ncu hrsg. v.
Ed. Zeller, Leipz. 1876. A. W e l l a u e r , A. v. T., Jahns Archiv 10 (1844) 418—467.
I w. M ü l l e r , Zur Ap.-Lit., Ztschr. f. luth. Theol. u. K., hrsg. v. Dclitzsch u.
Guericke 24 (1865) 412—423. 592. J. J e s s c n , A. v. T. u. sein Biogr. Philostr.,
Hamb. 1885 Pr. J. G u i r a u d , La vie d'A. dc T., Montauban 1886. D. M. T r e d -
w e l l , A sketch of the life of A. of T., New York 1886. J. G ö t t s c h i n g , A. v.
T., Lpz.-Reudnitz 1889, Lpz. Diss. J. M i l l e r , Dic Bezz. der Vita Apollonii d.
Philostratos zur Pythagorassage, Philol. 51 (1892) 137—145; Zur Frage nach der
Persönlichkeit des A. v. T., cbd. 581—584. R. G. S. M e a d , A. of T., the philo-
sopher-reformer of the first centuiy A. D., Lond. 1901 (ins Franz. übers. Par. 1906).
E. S t r a z z e r i , A. di T. e la cronologia dci suoi viaggi (con una tavola cronologica),
Terranova 1901. T. W h i t t a k e r , A. of T., other essays, Lond. 1906. M. W u n d t ,
A. v. T., Prophetie u. Mythenbildung, Ztschr. f. wiss. Theol. 49, N. F. 14 (1906)
309—366. R. M e y e r - K r ä m e r , A. v. T., Monatsh. d. Comenius-Ges. 15 (1906)
1—41. F. W. G r. C a m p b e l l , A. of T., a study of his life and timcs, Lond. 1908.
J. H e m p e l , Unterss. z. Überlicf. von A. v. T. (Beitr. z. Rcligionswiss. hrsg. v. d.
religionsw. Ges. in Stockholm H. 4), Stockh. o. J. Derselbe, Ztschr. f Kirchengesch. 40
(1922) 130 f. S. auch E. R o h d e , Griech. Roman² 467 ff. (Berühr. d. Romanschrift-
stellers Heliodor mit A. v. T.). Rh. Mus. 26 (1871) 567 ff. = Kl. Schr. II 116 ff. E. N o r -
d e n , Agnostos Theos 45 ff. 337 ff. E d. M e y e r , A. v. T. u. Philostratos, Hermes
52 (1917) 371—424. J. M i l l e r , Artikel A. 98 bei Pauly-Wissowa. — S. auch die Lit.
zu Philostratos. — *Moderatos;* Fr. B ü c h e l e r , Rh. Mus. 37 (1882) 335 f. — *Niko-*
machos: Persönliches: F r. B ü c h e l e r , Rh. Mus. 63 (1908) 192. — F r. H u l t s c h ,
Zur Lit. des N. v. Gerasa, Jahrbb. f. klass. Philol. 97 (1868) 762—770. P. T a n n e r y ,
Miscellanées, Rev. dc philol. 13 (1889) 66 ff. (darin zu N. introd. arithm. 1, 1 [p. 2,
15—19 Hoche]). V. d e F a l c o , Sui trattati aritmologici di N. ed Anatolio, Riv.
indo-greco-italica 6 (1922) 51—60. Über die verlorenen Theologumena s. die Vermutung von P. T a n n e r y , bei J. L. Heiberg, Anatolius sur les dix premiers nombres
(s. Text unter Anatolios). — *Philostratos;* T h. B e r g k, Fünf Abh. z. Gesch. d. griecb.
Philos. u. Astron., Lpz. 1883. J. F e r t i g , De Philostratis sophistis, Bamb. 1894,
Würz. Diss. E d. S c h w a r t z , Fünf Vortr. über d. griech. Roman, Berl. 1896,
126 ff. (dazu E r w. R o h d e , Lit. Centralbl. 1897, 301 = Kl. Schr. II 6). L. Z i e h e n ,
Rh. Mus. 57 (1902) 498—505 (zu vit. Ap. 138, 4 ff. Kays.). K. M ü n s c h e r , Die
Philostrate, Philol. Suppl. 10 (1907) 469—557. J. M i l l e r , Die Damispapiere
in Ph. Apolloniosbiogr., Philol. 66 (1907) 511 ff. I. B y w a t e r , Atakta II, Journ.
of Philol. 31 (1910) 198 (zu vit. Ap. 6, 11). H. R i c h a r d s , Class. Quart. 3 (1909)
104 ff. A. P l a t t , Miscell., Class. Quart. 5 (1911) 253 f. (darin zu vit. Ap.).
H. O. d e J o n g , in: Sertum Nabericum (Leiden 1908) 185 ff. (vit. soph.). R. R e i t z e n -
s t e i n , Hellen. Wundererz. 41 ff. K. H o l l , Die schriftst. Form des griech.
Heiligenlebens, Neue Jahrb. 29 (1912) 406—427. D. G h e z z i , Stud. sulla vita
di Apollonio Tianeo di F., Ascoli Piceno 1912. E. N o r d e n , Agnostos Theos
35 ff. T h. P l ü s s , Ἀγνώστῳ ϑεῷ, Woch. f. kl. Philol. 1913, 553—558; 1914,
852—861 (hier 853, 1 weitere Lít.). A. v. T. auf dem Nil u. der unbek. Gott zu Athen,
Festg. f. H. Blümmer, Zür. 1914, 36—48. T h. B i r t , Rh. Mus. 69 (1914) 342,ff. F. B o l l,
Aus der Offenb. Joh. 141, 4. O. W e i n r e i c h , De dis ignotis, Arch. f. Religionsw.
18 (1915) 2 ff. Neue Jahrb. 45 (1920) 185 f. H. L i e t z m a n n , Rh. Mus. 71 (1916)
280 f. A d. H a r n a c k , Texte u. Unters. z. Gesch. d. altchristl. Liter. 3 R. IX 1,
1 ff. P. C o r s s e n , Zeitschr. f. neutest. Wissensch. 14 (1913) 309 ff. E d. M e y e r ,
Hermes 52 (1917) 400. W. S c h m i d , Woch. f. klass. Philol. 1918, 256 ff. W. B a n -
n i e r , Rh. Mus. 72 (1918) 231 ff. H. R o m m e l , Die naturwiss.-paradoxo-
graphischen Exkurse bei Ph. usw., Stuttg. 1923. S. auch die Berichte von W. S c h m i d
und K. M ü n s c h e r , Jahresber. über die Fortschr. der klass. Altertumsw. 108
(1901) 260 ff., 129 (1906) 256 ff., 149 (1911) 105 ff., 170 (1915) 121 ff. und
oben die Lit. zu Apollonios von Tyana. — *Numenios:* F. T h e d i n g a , in der
Einl. der oben im Textteil verz. Fragmentsamml. Dazu H. U s e n e r , Jenaer
Literaturztg. 1875, 775—777 = Kl. Schr. I 366—372. C l. B a e u m k e r , Eine
angebl. Schr. u. ein angebl. Fragm. des N., Hermes 22 (1887) 156—158. S. S e p p ,

Pyrrhon. Stud., Freising 1893, Abschn. VI: Der Neupyth. N. u. der Neuplatoniker Theodosius als Hauptquellen des Diog. Laërt. in seiner Gesch. der Skepsis. C. E. R u e l l e, Le philos. N. et son prétendu traité de la matière, Rev. de phil. 20 (1896) 36 f. F r. T h e d i n g a, Plotin oder N., Hermes 52 (1917) 592—612; 54 (1919) 249—278; 57 (1922) 189—218. K. S. G u t h r i e, N. of Apamea, Luzac 1917. Über das Verhältn. des Nemesios z. N. s. B. D o m a ń s k i, Die L. des Nemesius über das Wesen der Seele, Münst. i. W. 1897 Diss., und: Die Psychol. d. Nemesius Münst. 1900. S. auch R. R e i t z e n s t e i n, Poimandres 305, E. N o r d e n, Agnostos Theos 72 f. 109, F. C u m o n t, Rev. d. philol. 44 (1920) 231 (N. π. ἀφθαρσ. ψυχῆς als Quelle d. Macrobius). — *Kronios;* J. B e r n a y s, Luc. u. d. Kyniker 3 f. 88. W. K r o l l, Rh. Mus. 71 (1916) 352 f. K. P r a e c h t e r, Art. K. 3 bei Pauly-Wissowa-Kroll. — *Pythagoras:* A. B r i n k m a n n, Ein Denkmal des Neupythagoreismus, Rh. Mus. 66 (1911) 616—625. S. auch die Lit. z. Synkrisis o. S. 34* f. — *Hermes trismegistos:* R. P i e t s c h m a n n, H. T. nach ägypt., griech. u. orient. Überlieferungen, Lpz. 1875. H. H a u p t, Zu den Kyraniden des H. T., Philol. 48 (1889) 371—374. W. K r o l l, Hermetica, Philol. 51 (1892) 230 (s. auch dessen Adversaria Graeca, Philol. 53 [1894] 416 ff.). K. W e s s e l y, H. T., in: Mitteilungen aus d. Samml. der Papyrus Erzherz. Rainer, Wien 1892, 133 f. R. R e i t z e n s t e i n, Zwei religionsgesch. Fragen, Straßb. 1901, 93 ff. Poimandres, Lpz. 1904. T h. Z i e l i n s k i, H. u. die Hermetik, Archiv f. Religionsw. 8 (1905) 321—372; 9 (1906) 25—60. G. B a r d y, Le Pasteur d'Hermas et les livres hermétiques, Rev. bibl. internat. N. S. 8, 391—407. M. W e l l m a n n, Eine spätorphische Schrift medizin. Inhalts („Herm. Trism." περὶ βοτανῶν χυλώσεως), Sitz. Berl. Ak. 19. Okt. 1911. C l. B a e u m k e r, Das pseudo-herm. B. d. vierundzwanzig Meister (Lib. XXIV philosophorum), in: Abh. aus d. Geb. d. Philos. u. ihrer Gesch., Festg. f. G. Freih. v. Hertling, Freib. i. Br. 1913, 17—40. Mehrere Hermetica beleuchtet F. B o l l, Aus der Offenb. Joh. (s. dort das Register); Ztschr. f. d. neutest. Wissensch. u. d. Kunde d. Urchristent. 17 (1916) 141 (zu den Kyraniden). F. C u m o n t, Rev. d. philol. 42 (1918) 63 ff. (Catal. astr. Graec. VIII 4 [1922] 116 ff.). P. C a r o l i d i s, Anubis, Hermes, Michael; ein Beitr. z. Gesch. des religiös-philos. Synkretismus im griech. Orient, Straßb. 1913. J o s. K r o l l, Die Lehren des H. T., Münst. i. Westf. 1913 Diss., vollständig in: Beitr. zur Gesch. d. Philos. d. Mittelalt. Bd. 12, Heft 2—4, Münst. 1913 (s. dazu W. B o u s s e t, Gött. gel. Anz. 1914, 697—755). C. F. G. H e i n r i c i, Die H.-Mystik u. das N. T.; hrsg. von E. v. Dobschütz, Lpz. 1918 (Arb. z. Religionsgesch. d. Urchristent. 1. Bd. 1. H.); dazu R. R e i t z e n s t e i n, Gött. gel. Anz. 1918, 241—274. Zur Kore Kosmu K. R e i n h a r d t, Poseidonios 379 ff. und W. B o u s s e t, Art. Kore Kosmu bei Pauly-Wissowa-Kroll. W. K r o l l, Art. H. T. bei Pauly-Wissowa-Kroll. P. B o y l o n, Thoth the Hermes of Egypt, Oxf. 1922. Auch sonst hat sich die philosophie- und religionsgeschichtl. Forschung der letzten Zeit lebhaft mit den hermet. Schr. beschäftigt: s. die weiteren oben S. 29* angeführten Schr. R e i t z e n - s t e i n s und die ebendort verzeichneten Arbeiten A. D i e t e r i c h s. Vgl. auch J. B e r n a y s unter Apuleius S. 174*. — *Chaldäische Orakel:* W. K r o l l s. Text. — *Sextos-Florilegium:* G i l d e m e i s t e r und E l t e r im Vorwort ihrer oben im Text genannten Ausgaben. Z e l l e r III 1⁴ 701 Anm. 4, wo auch die frühere Lit. berücksichtigt ist. Fortleben der Sextossprüche in der christl. Welt: A. H a r - n a c k, Gesch. der altchristl. Liter. I 765 ff. II 2, 192. P. W e n d l a n d, Theol. Literaturz. 1893, 492 ff. O. B a r d e n h e w e r, Gesch. d. altkirchl. Lit. II 581, III 97. S. auch § 72. — *Sekundos:* J. B a c h m a n n, Die Philos. d. Neupythagoreers S., Berl. 1888. Latein. S.-Hss., Philol. 46 (1888) 385—400. H. S a u p p e, Griech. Papyrus. Zu Diodorus, dem Philos. S. u. anderen, in des Verf. Ausgew. Schr., Berl. 1896, 307—312. — *Weitere neupythagoreische Spruchliteratur* berühren A. E l t e r s Abhh. De Gnomol. Graec. hist. et origine, Bonn 1893—1897 Pr., und Gnomica homoiomata, Bonn 1900 ff. Pr. (s. hier besonders 38). — *Neupythagoreisch Beeinflußte: Vergil:* s. zu § 76 Vergil. *Ovid:* zu § 76 Ovid. *Lukian:* zu § 76 Lukian, Ἀληθῆ διηγήματα. — *Columella:* F r. B ü c h e l e r, Rh. Mus. 37 (1882) 335 (dagegen H. G u m m e r u s, De C. philosopho, Helsingf. 1910 [Öfversigt af Finska Vetenskaps-Societetens Förhandlingar, Bd. 52]). — *Neupythagoreisch beeinflußte Unterhaltungsliteratur:* R. R e i t z e n s t e i n, Hellenist. Wundererz. 32 f. u. ö. F. B o l l, Philol. 66 (1907) 1 ff.; Aus d. Offenb. Joh. 145 f. (zu S. 104); Ztschr. f. d. neutest. Wiss. u. d. Kunde d. Urchristentums 17 (1916) 145 f. *Heliodor:*

E. R o h d e , Griech. Rom.² 467 ff. (s. oben S. 169*). — Beziehungen des *Πίναξ*
Κέβητος z. Neupyth. s. o. S. 165* (Hirzel, Brinkmann).
      Der Neupythagoreismus in Beziehung zu Religion und Kultus der Antike: O.W e i n -
r e i c h , Sitz. Heidelb. Ak. phil.-hist. Kl. 1919, 16. Abh. §§ 25. 58. 63. 85. Neue
Jahrb. 47 (1921) 132 f. 147 f. J. G e f f c k e n , Der Ausg. d. griech.-röm. Heident.,
Heidelb. 1920. F r. C u m o n t , Rev. archéol. 8 (1918) 52 ff. G. M é a u t i s ,
Philol. Woch. 1922, 646 f. — *Neupythagoreer und Mönchstum:* R. R e i t z e n -
s t e i n , Hist. Monach. u. Hist. Laus. (Forsch. z. Relig. u. Lit. d. Alten u. Neuen
Test., N. F. Heft 7, Gött. 1916), 94 f. 97 ff. 105 ff.

   Zu § 70. Der mittlere Platonismus. Über den Charakter dieser Phase des
Platonismus im allgemeinen orientieren Z e l l e r III 1⁴ 632 ff. 831 ff., III 2⁴ 175 ff.,
F r e u d e n t h a l (s. u. Albinos), H o b e i n (s. u. Maximos von Tyros), D i e l s
(s. u. Anonym. Kommentar zu Platons Theaitet), P r a e c h t e r (s. ebd.). Über
die einzelnen Männer s. Z e l l e r a. a. O. und die betreffenden Art. bei Pauly-
Wissowa-Kroll.
      Derkylides: W. C h r i s t , Thrasylos und D., in des Verf. Platon. Studien,
Abhandl. Münch. Ak., philos.-philol. Kl. 17 (1886) 451 ff. S u s e m i h l , Gesch.
der griech. Lit. in der Alex. II 292. K r o l l , Art. D. 2 bei Pauly-Wissowa. —
Eudoros: G. R ö p e r , Philol. 7 (1852) 534 f. H. D i e l s , Doxogr. Gr. (s. dort
das Register). F. S u s e m i h l , Gesch. der griech. Lit. in der Alex. II 293 f.
P. H a r t l i c h , De exhort. a Graecis Romanisque script. hist. 303—305. A. G o e -
d e c k e m e y e r , Gesch. des griech. Skept. 201—205. E. M a r t i n i , Art. E. 10
bei Pauly-Wissowa. — *Thrasyllos:* T h. H. M a r t i n , Theonis Astron. 69 f. K. F.
H e r m a n n , De Th. grammatico et mathematico, Gott. 1852 Pr. F r. S u s e -
m i h l , Über Th., Philol. 54 (1895) 567—574. H. U s e n e r , Unser Platontext
Gött. Nachr. 1892, 25—50, 181—215 (bes. 209 ff.) = Kl. Schr. III 104—162 (bes.
157 ff.). Ein altes Lehrgebäude der Philologie, Sitz. Münch. Ak., 1892, 582—648
= Kl. Schr. II 265—314. D i e l s , Didymos' Komm. zu Demosth., Berl. 1904,
XXI. S t. P a w l i c k i , De Th. operum Platonis editore, in: Analecta Graeco-
latina (Festschr. z. Wiener Philologenvers.), Cracoviae 1893, 60—68. C. C i c h o r i u s ,
Röm. Stud., Lpz. Berl. 1922, 390—398. W. C h r i s t s. unter Derkylides.
      Plutarchos: Jahresberichte s. oben S. 16* f. R. V o l k m a n n , Leben, Schriften u.
Philos. des Pl., 2 Teile, Berl. 1869; neue Ausg. ebd. 1872. O. C r u s i u s , Ein Lehrgedicht des Pl., Rh. Mus. 39 (1884) 581—606. P. W e n d l a n d , Quaest. Muson., Berl.
1886, 54 ff. (Muson. u. Pl.). K. G i e s e n , De Pl. contra Stoicos disputat. (Comm.
philol. Monast. Guestf.), Monast. 1889. E. D a s s a r i t i s , Psychol. u. Pädagog.
des Pl., Gotha 1889, Diss. v. Erl. R. S c h m e r t o s c h , De Pl. sententiarum
quae ad divinationem spectant origine. Accedit epimetrum de Pl. qui fertur *π. εἱμαρ-*
μένης libello, Lpz. 1889 Diss. R. H e i n z e , Ariston v. Chios bei Pl. u. Horaz,
Rh. Mus. 45 (1890) 497—523. O. H e n s e , Ariston bei Pl., ebd. 541—554. B. B a e -
d o r f , De Pl. quae fertur vita Homeri (Comm. philol. Monast. Guestf.), Sieg-
burg 1891. E. L a s s e l , De fortunae in Pl. moralibus notione, Marb. 1891 Diss.
C. O. Z u r e t t i , Stud. di filol. gr. II: Sull' *El πρεσβυτέρῳ πολιτευτέον* di Pl.
e la sua fonte, Riv. di filol. e d'istruz. class. 19 (1891) 341—378. A. S c h l e m m ,
De font. Pl. comment. de aud. poet. et de fortuna, Gött. 1893 Diss. G u i l. N a c h -
s t ä d t , De Pl. declamationibus quae sunt de Alex. fortuna (Berl. Beitr. zur klass.
Philol. II), Berl. 1895. G. S i e f e r t , De aliquot Pl. scriptorum moralium compo-
sitione atque indole, Lips. 1896 Diss. v. Jena (Comm. philol. Jenenses 6 fasc. 1).
M. P o h l e n z , Über Pl. Schr. *περὶ ἀοργησίας*, Hermes 31 (1896) 321—338.
A. D y r o f f , Die Tierpsychol. des Pl. v. Ch., Würzb. 1897 Pr. Eine Schr. d. Chrysippos als Vorlage der pseudoplut. Schr. über die Kindererziehung, in: Ethik der alten
Stoa (Berl. 1897) 239 ff. H. S c h r a d e r , De Pl. Chaeronensis *Ὁμηρικαῖς μελέταις*
et de eiusdem quae fertur Vita Homeri, Gothae 1899 (vgl. auch des Verf. Abh.:
Telephos d. Pergamener *περὶ τῆς καθ' Ὅμηρον ῥητορικῆς*, Hermes 37 [1902] 530
bis 581). G. W ö r p e l , De Pl. consol. ad Apoll. quaest., Berl. apud. C. Salewski
1899. Über diese Schrift auch K. K u i p e r s. oben S. 101*. Gegen diesen G. W ö r p e l ,
Woch. f. klass. Philol. 1902, 285 f. W. C h r i s t , Pl. Dial. v. Daimonion d. Sokr.,
Sitz. Münch. Ak. philos.-philol. u. hist. Kl. 1901, 59—110. U. v. W i l a m o w i t z -
M o e l l e n d o r f f , Hermes 37 (1902) 326 (zu Pl. schriftstell. Methode). C. H u b e r t ,
De Pl. Amatorio, Kirchhainii Lusat. 1903, Berl. Diss. A. S c h l e m m , Über die

Quellen der Plut. Schr. *περὶ ἀοργησίας*, Hermes 38 (1903) 587—607. E i s e l e , Zur Dämonologie Pl. v. Chär., Arch. f. Gesch. d. Philos. 17 (1904) 28—51. K. H. E. d e J o n g , Pl. en het antieke Christendom, S.-A. aus: Theol. Tijdschr. o. J. O. A p e l t , Zu Pl. u. Platon, Jena 1905 Pr. M. P o h l e n z , Pl. Schr. *περὶ εὐθυμίας*, Hermes 40 (1905) 275—300. J. S e i d e l , Vestigia diatribae qualia inveniuntur in aliquot Pl. scriptis moralibus, Vrastisl. 1906 Diss. O. K o l f h a u s , Pl. de communibus notitiis librum genuinum esse demonstratur, Marb. 1907 Diss. P. F r i s c h , De compositione libri Pl. qui inscribitur *Περὶ ῎Ισιδος καὶ ᾿Οσίριδος*, Lpz. 1907, Gött. Diss. W. H. S. J o n e s , Quintilian, Pl. [*περὶ παίδων ἀγωγῆς*] and the early humanists, Class. Rev. 21 (1907) 33—43. G. S i e f e r t , Pl. Schr. *περὶ εὐθυμίας*, Naumb. a. S. 1908, Pr. v. Pforta (dagegen M. P o h l e n z , Hermes 44 [1909] 39, 1). R. J e u c k e n s , Pl. v. Chäron. u. die Rhetorik (Diss. philol. Argentor. sel. vol. 12 fasc. 4), Straßb. 1908. G. V ö l s i n g , Pl. quid de pulchritudinis vi ac natura senserit, Marb. 1908 Diss. W. S c h e r e r , Der Gottesbegriff Pl. v. Chär. im Lichte der christl. Weltansch., Regensb. 1908 Pr. A. D a n y s z , Zur Pädagogik des Pseudo-Pl., Eos 14 (1908) 188—204. J. F a v r e , La morale de Pl., Par. 1909. T h. S i n k o , Plutarchea, Eos 15 (1909) 113—122 (Unechtheit der pythagorisierenden Schrr. de esu carn., de soll. anim., Gryll., praec. sanit., sept. sap. conv.). G. M a i r , Pytheas' Tanais u. die Insel des Kronos in Pl. Schr. „Das Gesicht im Monde", Marb. a. D. 1909 Pr. P. D. S c o t t - M o n c r i e f f , De Iside et Osiride, Journ. of Hell. Studies 29 (1909) 79—90. M. A d l e r , Quibus ex fontibus Pl. libellum De fac. in orbe lun. hauserit (Diss. philol. Vind. vol. 10 pars 2), Wien Lpz. 1910 (dazu M. P o h l e n z , Berl. philol. Woch. 1912, 648 ff.). F. B o c k , Unterss. z. Pl. Schr. *Περὶ τοῦ Σωκράτους δαιμονίου*, Münch. 1910 Diss. E. K e s s l e r , Pl. Leben d. Lykurgos (Quellen u. Forsch. zur alten Gesch. u. Geographie hrsg. v. W. Sieglin, Heft 23), Berl. 1910 (berührt ebenso wie die Bespr. dieser Schr. durch C. F r i c k , Woch. f. klass. Philol. 1912, 281 ff. 317 ff., auch die philos. Quellen der Vita). W. A b e r n e t t y , De Pl. qui fertur de superstitione libello, Königsb. 1911 Diss. (Pl. abhängig von der kyn. Diatribe). K. M i t t e l h a u s , De Pl. praeceptis gerendae reipublicae, Berl. 1911 Diss. K. H u b e r t , Zur Entst. der Tischgespräche Pl., in *Χάριτες*, Berl. 1911, 170—187. H. W e g e h a u p t , Pl. *Πότερον ὕδωρ ἢ πῦρ χρησιμώτερον*, ebd. 146—169. J. S c h r ö t e r , Pl. Stell. z. Skepsis (Abh. z. Gesch. d. Skeptiz. hrsg. v. Goedeckemeyer, Heft 1), Lpz. 1911. R. H i r z e l , Pl. (Das Erbe der Alten, H. 4), Lpz. 1912 (vortreffliche Darst. von Pl. Leben, Charakter, politischer Stellung, Wirksamkeit u. Schriftstellerei; sehr eingehende Behandl. seiner Nachwirkungen bis in die neueste Zeit). C. K a h l e , De Pl. ratione dialogorum componendorum, Gott. 1912 Diss. H. H o l t o r f , Pl. Chaer. studia in Platone explicando posita, Stralesundiae 1913, Greifsw. Diss. L. P a r m e n t i e r , Recherches su le traité d'Isis et d'Osiris de Pl., Mémoires publ. par la classe d. lettr. et d. scienc. mor. et polit. et l. cl. d. beaux-arts de l'Acad. de Belg., 2. série 11, Brux. 1913. C a r. B r o k a t e , De aliquot Pl. libellis, Gott. 1913 Diss. (betrifft De adul. et am., De amic. mult., De fratr. am., De ut. ex in. cap., De prof. in virt., De rat. aud. und die Bezz. zw. De adul. et am. und einigen Parallelbiographien). T h. S t a n g l , Zu Pl. Gastmahl, Berl. philol. Woch. 1913, 447· Nochmals zu Pl. Gastmahlgesprächen, ebd. 671. A. v. M e s s , Verh. d. 52. Philol.-Vers. in Marb. 1913, Lpz. 1914, 161 (D. ethische Charakter d. Biographien beeinflußt durch Panaitios u. Poseidonios). F. G l a e s e r , De Ps.-Pl. libro *περὶ παίδων ἀγωγῆς*, Dissert. philol. Vindob. vol. 12, 1 (1918) 1—107. J. J. H a r t m a n , De avondzon des heidendoms. Het leven en werken van den wijze van Chaeronea', Leiden 1915. De Pl. scriptore et philos., Lugd. Bat. 1916 (dazu M. P o h l e n z , Gött. gel. Anz. 1918, 321—343). G. H e i n , Quaest. Plut. Quo ordine Pl. nonnulla scripta moralia composuerit agitur, Berl. 1916 Diss. E r. K l o s t e r m a n n , Späte Vergeltung. Aus d. Gesch. d. Theodizee. Schriften d. Wissensch. Ges. Straßb. Heft 26, 1—45, Straßb. 1916 (zu De ser. num. vind.). R. M. J o n e s , The Platonism of Pl., Chicago 1916 Diss. M. S c h u s t e r , Unters. z. Pl. Dial. De soll. anim. mit bes. Berücks. d. Lehrtät. Pl., Augsb. 1917, Münch. Diss. J. H. W. S t r i j d , Animadv. in Pl. libr. de Is. et Osir. et de *El* apud Delph., Utr. 1912 Diss. Ad Pl. de ser. num. vind., Mnem. N. S. 45 (1917) 227. 229 f. A. L u d w i c h , Pl. über Homer, Rh. Mus. 72 (1917/18) 537—593. U. v. W i l a m o w i t z - M . , Hermes 54 (1919) 71 f. H. v. A r n i m , Pl. über Dämonen u. Mantik, Verh. d. K. Ak. van Wetensch. te Amsterdam, Afd. Letterk. 1921. O. G e i g e n m ü l l e r , Pl. Stellung z. Rel.

u. Philos. s. Zeit, Neue Jahrb. 47 (1921) 251—270. Harmonien u. Dissonanzen usw. s. S. 168* (Dion). Von überlieferungsgesch., krit. u. exeget. Arbeiten sind ferner u. a. zu nennen: H. D e m o u l i n, La tradition manuscrite du Banquet des sept sages de Pl., Musée belge 8, 274—288. Note sur les manuscrits des Moralia de Pl., ebd. 17, 65. V i c t. H a h n, De Pl. Moralium codicibus quaest. selectae, 1905, Krakauer Diss. H. W e g e h a u p t, Beitrr. z. Textgesch. d. Moralia Pl., Philol. 64 (1905) 391—413. Plutarchstudien in italien. Bibliotheken, Cuxhaven 1906 Pr. Die Entst. des Corp. Planudeum v. Pl. Moralia, Sitz. Berl. Ak. 1909, 1030—1046. Der Florentiner Plutarchpalimpsest, Abh. Berl. Ak. philos.-hist. Kl. 1914 Nr. 2. K. Z i e g l e r (über den dem Katalog der plutarch. Schrr. vorangehenden Brief des Lamprias), Rh. Mus. 63 (1908) 239—244. G. B e h r, Die hsl. Grundl. der im Corpus der plut. Moralia überl. Schr. *Π. παίδων ἀγωγῆς*, Freising 1911, Würzb. Diss. M. A d l e r (Pl. Mor. 398 b. 921 b. 925 f. 942 a. 957 c. 958 d), Wien. Stud. 31 (1909) 305 ff. Zwei Beitr. z. plut. Dialog De fac. in orbe lunae, Nikolsb. 1910 Pr. O. A p e l t, Philol. 62 (1903) 276—291. Krit. Bemerkk., Jena 1906 Pr. E. B r u h n, Genethl. Gott., Halle a. S. 1888, 1—7. F r. B ü c h e l e r (Quaest. conv. 8, 6, ed. Teubn. IV 331), Rh. Mus. 56 (1901) 321 f. I. B y w a t e r, *Ἄτακτα* II, Journ. of Philol. 31 (1910) 197—206. L. C a s t i g l i o n i, Misc. Plut., Studi Ital. d. filol. cl. 20 (1913) 112—144. I. M o n t e s i, Saggio di studi Plutarchei, ebd. 12—54 (De liberis educ., De poët. aud.). W. D i t t e n b e r g e r (An virt. doc. poss. 3, 440 b). Hermes 38 (1903) 313 f. J. J. H a r t m a n, Mnem. 35 (1907) 385. 439 (De tranqu. an. 1); 36 (1908) 125 (Praec. ger. reip. 823 b). 186 (Stoic. rep. 1084 e). 210 (De cap. ex in. ut. 90 f.). 215 f. (De lib. ed., De prof. in virt., Praec. ger. reip.); 37 (1909) 65. 76. 111. 112 (Mor. 10 a. 8 a. 803 c. 816 a. 824 c). 161. 201. 229 f. (De adul. et am.). 236 (Mor. 8 f. 13 a. 24 e. 33 c. 34 e). 272. 309. 321. 340 (Mor. 71 d. 63 d. 68 b. 816 e. 38e. 68 d. 72 b). 445. 448 (Mor. 42 a. 43 e); 38 (1910) 50 ff. (Mor. 74 a. 820 d). 126 (Mor. 77 f.); 40 (1912) 237 (De lib. educ.). 329 (De poët. aud.). 400 (De adul. et am., De prof. in virt. u. a.); 41 (1912) 64 ff. 209 ff. 333. 341 (De glor. Ath. u. a.); 42 (1913) 1 ff. 119 (De coh. ira u. a.). 273. 424 ff. (De garr.). W. A. H e i d e l, Class. Philol. 6 (1911) 86 (zu Ps.-Pl. Strom. 2). H. v a n H e r w e r d e n, Mnem. 37 (1909) 202—223, K. H u b e r t, Ztschr. f. d. Gymnasialw. 66 (1912) 800 (zu d. Symposiaka). C. H u d e, Nord. tidskr. for filol. 19, 108. W. C a p e l l e, Philol. 69 (1910) 264 ff. (zu d. Quaest. symp.). R. M. J o n e s, Class. Philol. 7 (1912) 76 (zu Quaest. conv. 720 c.). A. W i l - l i n g (zu De genio 579 f. bis 580 c; 581 b—d), Comm. philol. Jenenses vol. 8 fasc. 2, Lips. 1909, 175 ff. R. K u n z e, Rh. Mus. 64 (1909) 635 (zu De fac. in orbe lun. 932 c). H. L ä m m e r h i r t, Genethl. Gott., Halle a. S. 1888, 172 f. B a s. M i c h a e l, Woch. f. klass. Philol. 1914, 54 f., Berl. philol. Woch. 1914, 541—543. Zu Pl. Moralia (vol. III Bernard.), ebd. 1917, 282—288, 313—315. C. P a s c a l, Riv. di filol. 37 (1909) 382—384 (De lat. viv. 7, 1130 c). W. R. P a t o n, Class. Rev. 27 (1913) 131 (De adul. et am. 68 b, Coni. praec. 141 b). A. P l a t t, Miscellanea, Class. Quart. 5 (1911) 253—257. K. P r a e c h t e r, Hermes 47 (1912) 159 f. (De coh. ira 1). L. R a d e r m a c h e r, Rh. Mus. 63 (1908) 533 (Conv. sept. sap. 160 b im Zusammenh. der Mythen von Hadesstrafen). T h. R e i n a c h, Hermes 45 (1910) 150 (De rect. rat. aud. 46 b). K. F r. W. S c h m i d t, Berl. philol. Woch. 1909, 413 f. (De gen. Socr. 596 d), Woch. f. klass. Philol. 1911, 932 (De Alex. fort. 1, 328 f., De def. orac. 414 d). H. S c h u l t z, Hermes 46 (1911) 632 (Aqua an ignis ut. 957 f.). H. S t e i n, Rh. Mus. 56 (1901) 629 (De exil. 13). C. T a y l o r (nach J. M. Cotterill), Pl., Cebes and Hermas, Journ. of Philol. 31 (1910) 14 ff. T. G. T u c k e r, Class. Quarterly 3 (1909) 99—103. M. V a l g i m i g l i, Boll. di filol. class. 17 (1910) 12 f. U. v. W i - l a m o w i t z - M o e l l e n d o r f f, Comment. gramm. III, Gött. 1889, 23 f. 25 (de fort. 3), Hermes 25 (1890) 196—227 (Conv. sept. sap.); 29 (1894) 152 (De coh. ira), Gött. gel. Anz. 1896, 330 (De cupid. divit.), Hermes 33 (1898) 532 f. (Consol. ad Apoll.); 37 (1902) 324 (De superst. 10). 326 (Cum princip. philos. 777 c). 327 (De exil. 10); 40 (1905) 128 (De *EI* Delph. 394 b). 149 ff. (De prof. in virt. 7). 152 f. (Erotic.). 161—165 (An vitios. ad infel. suff., Animine an corp. affect. sint pei.). 165—170 (De carn. esu). W. F. W., Class. Rev. 25 (1911) 166 f. (De fac. in orb. lun.). H. B l ü m - n e r, Hermes 51 (1916) 415 ff. M. A d l e r, Zu Pl. de facie 940 c, Wien. Stud. 42, 163. P. S h o r e y, Class. Philol. 18, 264 (De comm. not. 1059). S. zu Pl. auch H. v. S t e i n, Gesch. des Platonismus II 260—281, und R. H i r z e l, D. Dialog (s. dort das Register). Zu *Περὶ τύχης* vgl. auch die oben S. 128* angef. Arbb. v. D ü m m l e r, S c h l e m m, E l t e r und D y r o f f, zu *Πῶς δεῖ τὸν νέον*

ποιημάτων ἀκούειν E l t e r , De Gnomol. Graec. hist. atque orig. part. 1, 34 ff., zu
Περὶ φυγῆς u. verwandten Ausführ. in Περὶ εὐθυμίας A. G i e s e c k e, De philosoph.
vet. quae ad exil. spect. sent. 32 ff. 56 ff. (hier 107 ff. auch über Πῶς δεῖ τὸν νέον κτλ.
111 ff. über Πότερον τὰ τῆς ψυχῆς κτλ.), zu Περὶ τοῦ ΕΙ τοῦ ἐν Δελφοῖς. W. H. R o -
s c h e r , Philol. 59 (1900) 21 ff., O. L a g e r c r a n t z , Hermes 36 (1901) 411—421,
W. H. R o s c h e r ebd. 470—489. Die ins Gebiet der protrept. Lit. gehörenden
plut. Schr. bespricht H a r t l i c h , De exhort. etc. 311 ff., Pseudo-Plutarch π. παίδων
ἀγωγῆς außer demselben (315 f.) und F. G l a e s e r (s. o. S. 172*) A. S i z o o,
De Pl. qui fertur d. liberis educ. libello, Amsterd. 1918, Diss. d. fr. ref. Univ., (für
Echtheit), sowie F. B o c k , Philol. Woch. 1922, 66—71 (hier auch weitere Lit. über d.
Frage berücks.), die Trostschriften C. B u r e s c h , Consol. a Graec. Romanisque
script. hist. crit. 64 ff., R. P h i l i p p s o n , Berl. philol. Woch. 1917, 497 ff. Die
Abhandl. De facie berühren außer den oben Angeführten auch R. H e i n z e , Xenokrates 123 (auch andere Werke Pl. kommen hier mehrfach in Betracht; s. das Register), K. P r a e c h t e r , Hierokles d. Stoiker 109 ff., E. N o r d e n , Komm. zu
Verg. Aen. B. 6 ², 23 f., K. G r o n a u , Poseidonios und die jüd.-christl. Genesisexegese 266 ff., H. v. A r n i m, Pl. üb. Dämonen u. Mantik (s. o. S. 172* u.). Plut. περὶ
ἀοργησίας analysiert P. R a b b o w , Ant. Schriften üb. Seelenheil. u. Seelenleit.
56 ff. Über dieselbe Schr. H. R i n g e l t a u b e , Quaest. ad vet. philos. de affect.
doctr. pert. 63 ff., der 14 ff. auch den Traktat περὶ τῆς ἠθικῆς ἀρετῆς behandelt.
Zur pseudoplut. Vita Homeri vgl. auch C a r . R e i n h a r d t , De Graec. theol.
capita duo, Berl. 1910, 3 ff. (hier 3 f. Gesch. des Problems u. frühere Lit.), zu De
soll. anim. S h. O. D i c k e r m a n , Transact. of the Amer. Philol. Assoc. 42 (1912)
125 (hier Anm. 2 frühere Lit.; zu Pl. Tierpsychol. s. auch H. H o b e i n , De Maximo
Tyrio quaest. philol. sel. 70 ff.). Zur Quellenfrage für De defect. orac. W. H. R o s c h e r,
Philol. 67 (1908) 158 ff. Zum Amatorius C. C i c h o r i u s , Röm. Stud., Lpz. Berl.
1922, 406—411. Über Pl. Verhältn. z. Ariston v. Chios u. Ariston v. Keos A u g.
M a y e r , Philol. Suppl. 11 (1910) 486. 488 ff., zu Theophrast ebd. 495 ff. Zu Ps.-
Plut. π. εἱμαρμένης sieh G e r c k e , Rh. Mus. 41 (1886) 266 ff. — *Nachwirkungen
Plutarchs:* H i r z e l , Pl. 74—206, wo auch die Einzelliteratur zu finden ist.

T h e o n v. S m y r n a : P. T a n n e r y , Sur Th. de Smyrne, Rev. de philol. 18
(1894) 145—152. Sur un passage de Th. de Smyrne, Rev. de philol. 19 (1895) 67
bis 69 (zu S. 99, 13—88 Hiller). G. B o r g h o r s t , De Anatolii fontibus, Berl.
1905 Diss. 11 ff. In Cod. Esc. Y 1, 13 erhaltene Kapitel über Musik verzeichnet
C h. É m. R u e l l e , Rapp. s. une mission litt. et philol. en Espagne, in: Archives
d. missions scientif. et litt., 3. série, tom. 2 (1875) 497—627 § 6. Zur Überl. s. auch
H. M u t s c h m a n n , Vergessenes und Übersehenes, Berl. philol. Woch. 1908,
1328. — *Gaios:* T h. S i n k o s. unter Albinos. K. P r a e c h t e r , Zum Platoniker
G.: I. Die Platonvorlesung des G. II. G. und die stoische οἰκείωσις, Hermes 51
(1916) 510—529. Art. Gaios Platoniker bei Pauly-Wissowa-Kroll, Suppl. III 535 ff.
— *Albinos:* E. A l b e r t i , Üb. des A. Isagoge, Rh. Mus. 13 (1858) 76—110.
J. F r e u d e n t h a l , Hellenistische Studien, H. 3: Der Platoniker A. u. der falsche
Alkinoos, Berl. 1879. T h. S i n k o , De Apulei et A. doctrinae Platonicae adum-
bratione, Dissert. philol. classis Acad. litter. Cracov. 41 (1905) 129—178 (dazu
K. P r a e c h t e r , s. unter Gaios). H. D i e l s in der Einl. der Ausg. des anonymen
Kommentars zu Platons Theaitet (s. unten) XXVI ff. K. P r a e c h t e r , Hermes
51 (1916) 511 ff. Verhältn. zu Areios Didymos: H. D i e l s , Doxogr. Gr. 76 f.
H. S t r a c h e , De Arii Didymi in morali philos. auctoribus 84—100. Emendationen
z. Albinostexte ebd. 121 ff. P. S h o r e y , Notes on the text of Alcinous' Εἰσαγωγή,
Class. Philol. 3 (1908) 97—98. — *Apuleius:* P r a n t l , Gesch. der Logik I 578 bis
591. A l. G o l d b a c h e r , Zur Krit. u. Erklär. v. L. A. de dogmate Plat., Sitz.
Wien. Ak. phil.-hist. Kl. 66 (1871) 159—192. Zur Krit. v. A. de mundo u. üb. d.
Verhältn. dieser Schr. zur pseudo-arist. π. κόσμου, Ztschr. f. d. österr. Gymn. 24
(1873) 670—716. J. B e r n a y s , Über den unter den Werken des A. stehenden
hermet. Dial. Asklepios, Monatsber. Berl. Ak. 1871, 500—519 = Ges. Abh. I 327 ff.
E. R o h d e , Zu A., Rh. Mus. 40 (1885) 66—95 = Kl. Schr. II 43—74 (zur Chrono-
logie d. Leb. u. d. Werke des A.). C. W e y m a n , Studien zu A. u. seinen Nach-
ahmern, Sitz. Münch. Ak. philos.-philol. u. hist. Kl. 1893, 321—392 (berührt auch
Stellen der philos. Schrr.). W. K r o l l , Apuleiana, Rh. Mus. 53 (1898) 575—584.
F. G a t s c h a , Quaest. Apuleian. capita tria, Diss. philol. Vindob. 6, Wien 1898.
P. T h o m a s , Remarques crit. s. les oeuvres philos. d'A., Bruxelles 1898. 1900.

1905. Weitere überlieferungsgesch. u. textkr. Arbeiten desselben Gelehrten sieh in dessen Ausg. d. philos. Schrr. des A. (1908), wo XV f. auch sonstige seit der Goldbacherschen Ausg. (1876) erschienene Lit. zusammengest. ist. M. K a w c z y ń s k i , A. orator. u. philos. Schrr. (Referat im Anz. d. Ak. d. Wiss. in Krakau 1899, 497 bis 502). R. H e l m , De prooemio Ap. quae est de deo Socratis orationis, Philol. 59 (1900) 598—604. M. M a r t i n i , Osservazioni al trattato Ap. de deo Socratis, Conferenza letta nel collegio Flores in Valetta (Malta), Firenze. R. N o v á k , Quaest. Apuleianac (Sprachgebrauch, Textkritik), České museum filologické 10 (1904). Derselbe, Wien. Stud. 33 (1911) 101—136. T h. S i n k o , De A. et Albini doctrinae Platon. adumbratione, s. unter Albinos. M. L e k y , De syntaxi Ap., Münst. 1908 Diss. F r. H a n k e , De A. libri qui inscribitur περὶ ἑρμηνείας auctore, Bresl. 1909 Diss. A. R a t h k e , De A. quem scripsit de deo Socratis libello, Berl. 1911 Diss. S. B r a u n (De deo Socr.), Egyetemes Philologiai Közlöny 35, 138 ff.; (Ps.-A., Asclepius), ebd. 36, 240 ff. J. v. G e i s a u , De A. syntaxi poetica et Graecanica, Monast. Guestf. 1912 Diss. (s. dort d. Einleit.). F r. N o r d e n , A. von Madaura u. d. röm. Privatrecht, Lpz. Berl. 1912. Weitere Beitr. lieferten u. a. C h. J u s t i c e , Rev. de l'instr. publ. en Belg. 42 (1899) 263 (zu De Plat. et eius dogm. p. 70, 9 ff. Goldb.); A. K r o n e n b e r g , Arch. f. lat. Lexikogr. u. Gramm. 14, 210 (zu De deo Socr. c.7); C. B r a k m a n , Mnem. 34, 345; 35, 83; 36, 29 u. a. J. H. S c h m a l z , Berl. philol. Woch. 1908, 1133 f. E r d m a n n , Rev. de l'instr. publ. en Belg. 53 (1910) 381 f. R. E l l i s , Hermathena 36, 144. W. A. B a e h r e n s , Rh. Mus. 67 (1912) 112—134, 264—275. T h. S i n k o , Eos 18 (1912) 137—167. L. C. P u r s e r , Hermathena 37, 248—263; 38, 51—61. A. K l o t z , Berl. philol. Woch. 1912, 1203—1206. C. M o r e l l i , Studi ital. di filol. class. 20 (1913) 161 ff. K. P r a e c h t e r , Hermes 51 (1916), 517 ff. F. W a l t e r , Philol. Woch. 1921, 23 f. R i c h. F o e r s t e r s. o. S. 82*. Vgl. auch E d. N o r d e n , Ant. Kunstpr. II 603 f. S c h w a b e , Art. A. 9 bei Pauly-Wissowa. — *Kalvisios (Kalvenos?) Tauros;* B é z i e r s , Le philos. T., Havre 1868. Cl. B a e u m k e r , Zum Platoniker T., Jahrbb. f. klass. Philol. 135 (1887) 388. H. K r a u s e , Studia Neoplat., Lips. 1904 Diss., 49 f. K. P r a e c h t e r , Hermes 57 (1922) 482 f. — *Favorinus (Phaborinos):* I. L. M a r r e s , De F. Arelatensis vita studiis scriptis, Utr. 1853. J. F r e u d e n t h a l , Zu Ph. u. d. mittelalterl. Florilegienlit., Rh. Mus. 35 (1880) 408—430, 639—640. Über seine Bedeut. f. Diogenes Laërtios s. die Lit. über dessen Quellen oben S. 14* (vgl. Text § 4 S. 22 f.). T. C o l a r d e a u , De F. Arelatensis studiis et scriptis, Grenoble 1903 Thèse. J. G a b r i e l s s o n , Über F. u. s. Παντοδαπὴ ἱστορία, Upsala 1906. Über d. Quellen d. Clemens Alexandr., I II, Upsala Lpz. 1906. 1909. Dazu O. S t ä h l i n , Berl. philol. Woch. 1908, 387 ff.; 1911, 603 ff. W. S c h i c k , F. περὶ παίδων τροφῆς u. die ant. Erziehungsl., Freib. i. Br. 1911 Diss., als Buch Lpz. 1912. S. auch A. G o e d e c k e m e y e r , Gesch. d. griech. Skeptizismus 248 ff. R. H i r z e l , Dialog II 119 ff. E. N o r d e n , Ant. Kunstpr. 376 f. 422 ff. 919 f. W. S c h m i d , Art. F. bei Pauly-Wissowa. B. S a u e r , F. als Gewährsmann in Kunstdingen, Rh. Mus. 72 (1917/18) 527—536. G e i g e n m ü l l e r , Harmonien u. Dissonanzen usw., s. o. S. 168* (Dion). Vgl. ferner die Berichte von W. S c h m i d , Jahresber. über die Fortschr. d. klass. Altertumsw. 129 (1907) 235 f., K. M ü n s c h e r , ebd. 149 (1911) 23—28; 170 (1915) 54—58. — *Herôdes Attikos:* S. bes. W. S c h m i d , H. περὶ πολιτείας, Rh. Mus. 59 (1904) 512—524, wo auch H. Stell. zur Philos. besprochen ist. Im übrigen vgl. M ü n s c h e r , Art. H. 13 bei Pauly-Wissowa-Kroll (hier auch die frühere Lit.). W. S c h m i d , Jahresber. über die Fortschr. d. klass. Altertumswiss. 129 (1907) 237. K. M ü n s c h e r , ebd. 149 (1911) 38—42; 170 (1915) 64—66. — *Nigrinos;* S. unten zu § 76 die Lit. üb. Lukians nach N. benannte Schr. — *Nikôstratos:* K. P r a e c h t e r , N. der Platoniker, Hermes 57 (1922) 481 bis 517. W. C a p e l l e , Art. Lukios 1 bei Pauly-Wissowa-Kroll. — *Attikos:* Z e l l e r III 1⁴ 837 ff. III 2⁴ 229. F r e u d e n t h a l , Art. A. 18 bei Pauly-Wissowa. P r a e c h t e r , Hermes 48 (1913) 480, 2; 57 (1922) 494 f. — *Harpokration:* Z e l l e r III 1⁴ 833 Anm., III 2⁴ 242, v. A r n i m , Art. H. 2 bei Pauly-Wissowa-Kroll. — *Celsus (Kelsos):* F. A. P h i l i p p i , De C., adversarii Christianorum, philosophandi genere, Berl. 1836. C. W. J. B i n d e m a n n , Über C. u. s. Schr. geg. d. Christen, Ztschr. f. d. hist. Theol. 12 (1842) 2. H., 58—146. v. E n g e l h a r d t , C. oder die älteste Kritik bibl. Gesch. u. christl. LL. v. Standp. d. Heid., Dorpater Ztschr. f. Th. u. K. 11 (1869) 287—344. T h. K e i m , s. oben Text. E. Z e l l e r , Vortr. u. Abh., 2. Samml. (1877) 202 ff. G. L o e s c h e , Haben die späteren neuplaton.

Polemiker geg. d. Christent. das Werk des C. benutzt? Ztschr. f. wissensch. Theol. 27
(1883) 257—302. F r. X. F u n k , Die Zeit des „Wahren Wortes" v. C., Theol.
Quartalschr. 68 (1886) 302—315 (s. auch des Verf. Kirchengesch. Abh. u. Unter-
such. II, Paderb. 1899, 152—161). O. H e i n e , Über C. ἀληϑὴς λόγος, in: Philolog.
Abh. M. Hertz dargebr., Berl. 1888, 197—214. P. K o e t s c h a u , Die Gliederung
des ἀληϑὴς λόγος des C., Jahrbb. f. protest. Theol. 18 (1892) 604—632. F r i e d r.
M. M ü l l e r , Die Wahre Geschichte des C., Dtsch. Rundsch. 84 (1895) 79—97
J. F. S. M u t h , Der Kampf des heidn. Philos. C. geg. das Christent., Mainz 1899.
K u r t S c h m i d t , De C. libro qui inscrib. ’Αληϑὴς λόγ. quaest. ad philosophiam
pertinentes, Ungedr. Diss., Auszug: Jahrbuch d. philos. Fak. in Gött. 1922, 69—74.
Von christl.-theolog. Standp. O. B a r d e n h e w e r , Gesch. d. altkirchl. Lit.
I¹ (1902) 159 f. H. J o r d a n , Gesch. d. altchristl. Lit. (1911) 226, sowie die
Dogmen- und Kirchengeschichten. — K. J. N e u m a n n , Art. C. 20 bei Pauly-
Wissowa. — *Maximos v. Tyros:* H. H o b e i n , De M. T. quaest. philol. selectae,
Jena 1895, Gött. Diss. (hier 6 ff. de vita et scriptis M., 32 ff. de fontibus M.). K. D ü r r ,
Sprachl. Unterss. z. d. Dialexeis d. M. v. T., Lpz. 1899 (aus dem 8. Suppl. d. Philol.,
mit kurzer Einl. über Leben u. literar. Charakt. des M.). K. M e i s e r , Studien
z. M. T., Sitz. Münch. Ak. philos.-philol. u. hist. Kl. 1909, 6. Abh.; dazu T h. G o m -
p e r z , Wien. Stud. 31 (1910) 181—189 = Hellenika II 313—323. H. H o b e i n ,
Zweck u. Bedeut. der ersten Rede des M. T., in: Χάριτες, Berl. 1911 188—219.
H. M u t s c h m a n n , Die Überlieferungsgesch. des M. T., Rh. Mus. 68 (1913)
560—583. Das erste Auftreten des M. von T. in Rom, Sokr. 5 (1917) 185—197.
F r. S c h u l t e , De M. T. codicibus, Gött. 1915 Diss. Sein Verhältn. z. Dion Chrysostomos u. anderen Vertretern der Synkrisis (Prodikos, Xenophon, Themistios u. a.;
s. Lit. oben S. 34* f.) berühren G u i l. C a p e l l e , De Cynic. epist., Gott. 1896
Diss., 48, G. B o h n e n b l u s t , Beitrr. z. Topos περὶ φιλίας, Berl. 1905, Berner
Diss., 16 f., J o. A l p e r s , Hercules in bivio, Gott. 1912 Diss., 40 ff. Krit. u. exeg.
Beitr. boten außer den Genannten K. K o n t o s , Σύμμικτα κριτικά, Bull. de corr.
hellén. 2 (1878) 229 ff. (or. 9, 7), U. v. W i l a m o w i t z - M o e l l e n d o r f f ,
Coniectanea, Gott. 1884 Pr. (or. 7, 1), E d. S c h w a r t z , Observ. prof. et sacr.,
Rost. 1888 Pr. (p. 168 R.), L. R a d e r m a c h e r , Varia, Rh. Mus. 50 (1895) 475
bis 478 (or. 1 p. 3 R.), K. M e i s e r , Berl. philol. Woch. 1912, 573. S. auch R. H e i n z e ,
Xenokr. 98 ff. K. F u n k , Philol. Suppl. 10 (1907) 626 Anm. Vgl. ferner M ü n s c h e r ,
Jahresb. über d. Fortschr. d. klass. Altertumswissensch. 170 (1915) 111—114. —
Hierax: K. P r a e c h t e r , H. der Platoniker, Hermes 41 (1906) 593—618. Art.
H. 9 bei Pauly-Wissowa-Kroll. — *Junkos:* R. H i r z e l , Dialog II 252 f. J. A. A.
F a l t i n , Die J.-Fragm. bei Stobaeus, Freib. i. B. 1910 Diss. F r. W i l h e l m ,
Die Schr. des J. περὶ γήρως u. ihr Verh. z. Ciceros Cato maior, Bresl. 1911 Pr. S.
auch O. H e n s e , Teletis reliquiae² LXXXIX 1. Textkrit. Beitrr. Henses u. Früherer
s. in Henses Apparat zu Stobaios. K. P r a e c h t e r , Hermes 50 (1915) 626—629.
M. W a l l i e s , Berl. philol. Woch. 1916, 702—704. — *Anonymer Theaitetkommentar:* D i e l s , Einl. z. Ausg. K. P r a e c h t e r , Gött. gel. Anz. 1909, 530—547;
Hermes 51 (1916) 518. 520 ff. H. S c h ö n e , Rh. Mus. 73 (1920) 147 f. — *Papyrus Berolinensis N. 8:* K. P r a e c h t e r , Hermes 42 (1907) 150 —153.— *Severus
(Seberos):* Z e l l e r III I⁴ 836. 841 f. K. P r a e c h t e r , Art. Sev. Platoniker
bei Pauly-Wissowa-Witte. — *Die Quelle des Diogenes Laërtios für die platonische Lehre:* F r e u d e n t h a l s. unter Albinos. A. G e r c k e , De quibusdam
Diogenis Laertii auctoribus, Greifsw. 1899 Pr., 69 ff. — *Eklektischer Platoniker
bei Ps.-Plut. de fato. Chalcidius, Nemesios:* s. Text.

**Zu § 71. Die Peripatetiker im zweiten Abschnitt der hellenistisch-römischen
Periode (Peripatetische Schule III. Teil, Fortsetzung zu § 66).** Jahresberichte
S. 16* f.
        Gesamtdarstellung bei Z e l l e r , Philos. d. Gr. III I⁴ 641—671, 804—831.
Im einzelnen vgl. zu den dort angeführten Philosophen die betreffenden Artikel
bei Pauly-Wissowa-Kroll.
        Andronikos: F. L i t t i g , A. v. Rhodos, I. T. (Das Leben des A. u. seine
Anordn. d. aristot. Schrr.), Münch. 1890 Pr.; II. T. (Die schriftstell. Tätigk. des A.),
Erl. 1894 Pr.; III. T. (Die philos. Ansch. d. A.), ebd. 1895 Pr. B r. R ö s e n e r ,
Bemerkk. üb. die dem A. v. Rh. mit Unrecht zugewiesenen Schr., Schweidnitz 1890
bis 1893 Pr. F. S u s e m i h l , Die Lebenszeit d. A. v. Rh.; Jahrbb. f. klass. Philol.

151 (1895) 225—234. A. G e r c k e , Art. A. 25 bei Pauly-Wissowa. S c h u c h a r d t und K r e u t t n e r s. Text. — *Kratippos:* K. R e i n h a r d t , Poseidonios 434 ff. H. v. A r n i m , Art. Kr. 3 bei Pauly-Wissowa-Kroll. — *Nikolaus v. Damaskos:* C. T r i e b e r , Quaest. Laconicae, pars I: De N. D. Laconicis, Gött. 1866 Diss. Über seine Stell. z. Philos. Z e l l e r , Philos. d. Gr. III 1⁴, 651. E. R e i m a n n , Quo ex fonte fluxerit N. D. παραδόξων ἐθῶν συναγωγή, Philol. 54 (1895) 654—709. U. H ö f e r , Rh. Mus. 59 (1904) 547. Die Lit. über seine geschichtl. Werke muß hier unberücksichtigt bleiben. — *Alexander v. Aigai:* M a r t i n , s. S. 179* unter Alex. v. Aphrodisias. — *Ptolemaios Chennos:* U. v. W i l a m o w i t z - M o e l l e n - d o r f f , Antigonos von Karystos 27, 2. A. B a u m s t a r k , Aristoteles bei den Syrern 13 f. A. C h a t z i s , Der Philosoph u. Grammatiker Pt. Ch., I. Teil: Einl. u. Text (Stud. z. Gesch. u. Kult. d. Altert. 7. Bd., 2. H.), Paderb. 1914. O. W e i n - r e i c h , Hermes 57 (1922) 479 f. — *Die Schrift περὶ κόσμου:* F r. B ü c h e l e r , Der Verf. d. Schr. περὶ κόσμου, Rh. Mus. 37 (1882) 294. J. B e r n a y s , Über die fälschl. d. Aristoteles beigel. Schr. Περὶ κόσμου, Ges. Abhandl. II 278—282 (mit Nachwort von H. Usener). E. Z e l l e r , Über den Urspr. d. Schr. v. d. Welt, Sitz. Berl. Ak. 1885, 399—415 = Kl. Schr. I 328—347. Derselbe, Philos. d. Griech. III 1⁴ 653 ff. S. auch M. H e i n z e , Lehre v. Logos 174 ff. W. C a p e l l e , Die Schr. v. d. Welt, ein Beitr. z. Gesch. d. griech. Popularphilos., Neue Jahrb. 15 (1905) 529 bis 568. Hier 532 ist auch die frühere Lit. über die Frage nach d. Verf. u. d. Adres- saten der Schr. besprochen. J. M o r r , Der Verf. der Schrift περὶ κόσμου, Wien 1910 Pr. W. L. L o r i m e r , The Text Tradition of Ps.-Arist. „De mundo". Together with an Appendix containing the Text of te Medieval Latin Versions, Oxf. 1924. — Vielfach berührt wird die Schrift in der Lit. über Poseidonios (o. S. 154* f. u. ö.). — *Aspasios:* H. R i c h a r d s , Varia, Class. Rev. 21 (1907) 197—199 (zu Asp. in Eth. Nic. 4, 14). A. G e r c k e , Art. A. 2 bei Pauly-Wissowa. — *Adrastos:* Verh. zu Theon v. Smyrna u. Chalcidius: T h. H. M a r t i n , Theonis Smyrnaei liber de astronomia, Par. 1849, 74 ff. E. H i l l e r , De A. Peripatetici in Plat. Tim. comment., Rh. Mus. 26 (1871) 582—589. B. W. S w i t a l s k i , Des Chalcidius Kommentar zu Plat. Tim. (Beitr. z. Gesch. d. Philos. d. Mittelalters Bd. 3 Heft 6), Münst. 1902, 58 ff. G. B o r g - h o r s t , De Anatolii fontibus, Berl. 1905 Diss., 29 ff. Verh. zu Varro: K. P r a e c h t e r , Eine Stelle Varros zur Zahlentheorie, Hermes 46 (1911) 407—413. A. G e r c k e , Art. A. 7 bei Pauly-Wissowa. — *Herminos:* H e n r. S c h m i d t , De H. Peri- patetico, Marp. Catt. 1907 Diss. H. v. A r n i m , Art. H. 2 bei Pauly-Wissowa- Kroll. — *Klaudios Ptolemaios:* F. B o l l , Stud. üb. Cl. Pt.; ein Beitr. z. Gesch. der griech. Philos. u. Astrologie, Jahrbb. f. klass. Philol. Suppl. 21 (1894) 51—244. A. B r i n k m a n n , Rh. Mus. 67 (1912) 619 ff.; 68 (1913) 157 (Überlief. u. Textes- konstituierung v. Περὶ κριτηρίου καὶ ἡγεμονικοῦ). L. S c h ö n b e r g e r , Stud. z. 1. B. d. Harmonik d. Cl. Pt., Metten 1914 Pr. F. L a m m e r t , Ptol. περὶ κριτηρίου καὶ ἡγεμονικ̣ν und d. Stoa, Wien. Stud. 39 (1917) 249—258; 41 (1919) 113—121; 42 (1920) 34—46. Zu Pt. (I. Poseidonios u. Pt., II. Pt. u. d. Sprachwissensch.), Berl. philol. Woch. 1919, 332—336. Hermes 57 (1922) 171—188. F. B o l l , Das Epigramm d. Claud. Pt., Jahresb. d. Philol. Ver. z. Berl., Sokr. 47 (1921) 2 ff. Im übrigen s. C h r i s t - S c h m i d , Gesch. d. griech. Lit. II⁶ 896 ff. — *Galenos:* K. S p r e n g e l , Beitr. zur Gesch. der Medizin, I 117—195. C h. D a r e m b e r g , Essai sur G. considéré comme philos., im Anh. s. Ausg. d. Fragmente d. Timaios- kommentars (s. Text). E. C h a u v e t , La psychol. de G., I, Caen 1860; II, ebd. 1867. La théologie de G. Caen 1873. G., deux chapitres de la morale pratique chez les anciens, Caen 1874. La logique de G., Séanc. et trav. de l'Ac. d. sc. mor. et pol. 117 (N. S. 17 [1882]) 430—451, 580—609; auch in des Verf. Buche La philos. d. médecins grecs, Par. 1886. La médecine grecque et ses rapports à la philos., Rev. phil. 16 (1883) 233—263. O. C r u s i u s , Ein Lehrgedicht des Plutarch (Echtheit v. G. Pro- treptikos. — G. u. Plutarch), Rh. Mus. 39 (1884) 581—606. Über den Protreptikos auch H a r t l i c h , De exhort. usw. 316—326 u. K a i b e l in seiner Ausg. sowie R a i n - f u r t (s. unten). L. O. B r ö c k e r , Die Methoden G. in der literar. Kritik, Rh. Mus. 40 (1885) 415—438. J. I l b e r g , Über die Schriftst. des Kl. G. I, Rh. Mus. 44 (1889) 207—239; IV, ebd. 52 (1897) 591—623 (diese beiden Teile wichtig f. G. philos. Schrift- stellerei). I. M ü l l e r , G. Platonis imitator, Acta seminarii Erlang. 4 (1886) 260. Über G. Werk v. wissenschaftl. Beweis, Abh. Münch. Ak. phil. Kl. 20 II (1895) 403—478. Über die dem G. zugeschriebene Abh. π. τῆς ἀρίστης αἱρέσεως, Sitz. Münch. Ak. 1898 I, 53—162. J o. P e t e r s e n , In G. de plac. Hippocr. et Plat. libros quaest.

crit., Gott. 1888 Diss. M. P o h l e n z , Quemadmodum G. Posidonium in libris.
de plac. Hipp. et Plat. secutus sit, Lpz. 1898 Diss. (erschien auch in den Jahrbb.
f. klass. Philol. Suppl. 24 (1898) 535—634 unter dem Tit.: De Posidonii libris περὶ
παθῶν). K. K a l b f l e i s c h , In Gal. de plac. Hipp. et Plat. libros observ. crit.,
Berl. 1892 Diss. Über G. Einl. in d. Logik, Jahrbb. f. klass. Philol. Suppl. 23 (1897)
679—708. Derselbe (zu Gal.), in: Festschr. f. Th. Gomperz, Wien 1902, 96—98.
„Claudius" G., Berl. philol. Woch. 1902, 413. H. S c h ö n e , Eine Streitschr. G.
geg. d. empir. Ärzte, Sitz. Berl. Ak. 1901 I, 1255—1263. O. A p e l t , Krit. Miszellen
(darunter zu G.), Eisenach 1901 Pr. O. H e n n i c k e , Observ. criticae in Cl. G.
Pergameni commentarios περὶ ψυχῆς παθῶν καὶ ἁμαρτημάτων, Potestampii
1902. H. S c h ö n e (Überlieferungsgeschichtl.), Rh. Mus. 57 (1902) 627 ff., Sitz.
Berl. Ak. 1902, 442—447. E. T h o u v e r e z , Arch. f. Gesch. d. Philos. 15 (1902)
62 (G. als Begründer der 4. Schlußfigur). M. W e l l m a n n , Zu G. Schrift π.
κράσ. κ. δυν. τ. ἁπλῶν φαρμάκων, Hermes 38 (1903) 292—304. A. B r i n k m a n n ,
Zu G. Streitschr. geg. d. Empiriker, Rh. Mus. 59 (1904) 317—320. G. H e l m r e i c h ,
G. περὶ τῶν ἐν ταῖς τροφαῖς δυνάμεων 1, 13, Philol. 63 (1904) 310 f. A. R a i n -
f u r t , Zur Quellenkrit. v. G. Protreptikos, Freib. i. B. 1904 Diss. J. I l b e r g ,
Sextus bei G., Neue Jahrbb. 15 (1905) 624. F r. P a e t z o l t , Adn. crit. ad Lucian.
impr. pertin. (berührt auch G.), Berl. 1905 Pr. J o. G o s s e n , De G. libro qui
σύνοψις περὶ σφυγμῶν inscribitur, Berl. 1907 Diss. K. K o c h (Überlieferungsgeschichtl.), Sitz. Berl. Ak. 1907, 103—111. A. R i t z e n f e l d , Üb. d. Satzschluß
bei G., Berl. philol. Woch. 1907, 540 ff.; vgl. auch 1908, 643 (wichtig für Echtheits-
fragen). G u i l. S c h ä f e r , De G. qui fertur de parvae pilae exercitio libello,
Bonn 1908 Diss. J. M e w a l d t , G. üb. echte u. unechte Hippokratika, Hermes 44
(1909) 111—134. F. B r e n n e r , Die Seelenl. des G., Primitiae Czernov., Czernowitz
1909, 65—86 (unzureichend). K. S. K o n t o s , Διορθωτικά (darunter zu G.) in
᾿Επιστημονικὴ ἐπετηρίς (der Universität Athen) Bd. 4 u. 5, 1907—1909. E. O.
H a r t l i c h , Eine Blattversetzung in G. ῾Υγιεινά, Berl. philol. Woch. 1910, 1656.
S. V o g t , De G. in lit·ell. κατ᾽ ἰητρεῖον commentariis, Marp. Catt. 1910 Diss.
I. B y w a t e r , ῎Ατακτα II (darunter zu G.), Journ. of philol. 31 (1910) 197—206.
᾿Ι. ᾿Ε. Χ ρ υ σ ά φ η , Αἱ περὶ γυμναστικῆς δοξασίαι τοῦ Γ. Athen 1910. G. H e l m -
r e i c h , Hsl. Studien zu G., Ansbach 1910. 1911. 1914 Prr. W. d e B o e r , In G.
Pergameni libros π. ψυχῆς παθῶν καὶ ἁμαρτημάτων observ. criticae, Marp. Catt. 1911
Diss. J. L a c k e n b a c h e r , Quas actiones G. putaverit sensuum instrumentis
perfici, Wien 1911 Pr. A. M i n o r , De G. libris Περὶ δυσπνοίας, Marb. Catt. 1911
Diss. A. O l i v i e r i , Osservaz. sopra un᾽ opera morale di G., Atti d. R. Accad. di
arch., lett. etc. di Napoli N. S. I 2 (1911) 95—110. T h. M e y e r - S t e i n e g , Stud.
z. Physiol. d. G. I, Arch. f. Gesch. d. Mediz. 5 (1912) 172—224. H. D i e l s , Über die
hsl. Überl. d. Galenschen Komm. z. Prorrhet. d. Hippokr., Abh. Berl. Ak. phil. Kl.
1912 I, Berl. 1912. J. M e w a l d t , Die Editio princ. v. G. In Hipp. de nat. hominis,
Sitz. Berl. Ak. 1912, 892—913. G. B e r g s t r ä ß e r , Die bisher veröffentl. arab.
Hippokr.- u. G.-Überss., Lpz. 1912 Habilit.-Schrift (als Buch unter dem Titel Hunain
ibn Ishāk u. seine Schule, Leiden). J. M e w a l d t , Eine Fälschung Chartiers in
G. Schr. üb. d. Koma, Sitz. Berl. Ak. 1913, 256—270. O. H a r t l i c h , De G.
῾Υγιεινῶν libro quinto, Marb. Catt. 1913 Diss., und Grimma 1913 Pr. R. N o l l ,
Zu G. Schr. Εἰ κατὰ φύσιν ἐν ἀρτηρίαις αἷμα περιέχεται, Berl. philol. Woch. 1913,
1246 f. Über G. als Quelle für den chrysipp. Stoiz. handelt v. A r n i m , Stoic. vet.
fragm. I p. XVI, über Benutzung G. bei Nemesios H. K r a u s e , Stud. Neoplat.
20 f. W. W. J a e g e r , G. Wissenschaftsl. u. der Neuplatonismus, in des Verf.
Nemesios von Emesa, Berl. 1914, 4—67. A e m. I s s e l , Quaest. Sextinae et Gale-
nianae, Marp. Chatt. 1917 Diss. H. S c h ö n e , Rh. Mus. 73 (1920) 148 ff. (Protrept.).
Über Pseudo-G. Hist. phil. s. H. D i e l s , De G. hist. phil., Bonnae 1870 Diss, und
D i e l s , Doxogr. Graeci (s. Text § 4 oben S. 12) Vgl. auch Ps.-Galen S. 15*
unter c. Zum Fortwirken G.: H. H e i n r i c h s , Die Überwindung der Autorität
G. durch Denker der Renaissancezeit, in: Renaissance und Philosophie Heft 12. —
J. M e w a l d t , Art. G. 2 bei Pauly-Wissowa. — Von neueren Arbeiten zu mediz.
Schrr. des G., bez. Ps.-G. seien kurz notiert G. H e l m r e i c h Sitz. Berl. Ak. 1916,
197 ff., Bayer. Blätt. f. d. Gymn. 53 (1917) 276 ff., Philol. 75 (1919) 77 ff. Berl. philol.
Woch. 1919, 43 ff.; 1921, 957 ff. H. S c h ö n e , Rh.-Mus. 71 (1916) 388 ff. E. W e n -
k e b a c h , Abh. Berl. Ak. Jahrg. 1917 Nr. 1. Sitz. Berl. Ak. 1920, 241 ff.; 1921,
7. Juli. — *Belletristisch:* T h. M e y e r - S t e i n e g , Ein Tag im Leben des G., Jena

1913. — Weiteres bei C h r i s t - S c h m i d , Gesch. d. griech. Lit. II [6] 837 ff.
912 ff. und im Bericht über antike Medizin in Bursians Jahresbericht.
Aristokles: U. v. W i l a m o w i t z - M o e l l e n d o r f f , Antigonos v. Karystos
27. A. G e r c k e , Art. A. 15 bei Pauly-Wissowa. S. auch Text § 4. — *Alexander
v. Aphrodisias:* J. F r e u d e n t h a l . Die durch Averroes erhaltenen Fragm. Al. z.,
Metaph. des Aristot. unters. u. übers., mit Beitr. z. Erläut. d. arab. Textes v. S. Fränkel
Abh. Berl. Akad. 1885. Vgl. zur Frage nach der Herk. des unechten Teils des Meta-
physikkommentars auch K. P r a e c h t e r , Gött. gel. Anz. 1906, 882 ff. Üb. A.
handeln ferner: T h. H. M a r t i n , Questions connexes sur deux Sosigène . . . . et
sur deux péripatéticiens Al., l'un d'Égée et l'autre d'Aphrodisias, Annales de la faculté
des lettr. de Bordeaux 1 (1879) 174—187. O. A p e l t , Die Schr. des A. v. A. über
die Mischung, Philol. 45 (1886) 82—98. Die kleinen Schrr. des A. v. A., Rh. Mus. 49
(1894) 49—72. Krit. Bemerkungen, Jena 1906 Pr. (darunter zu A.). A. G ü n s z
s. Text. I v o B r u n s , Studien zu A. v. A., Rh. Mus. 44 (1889) 613—630; 45 (1890)
138—145, 223—235. C. R u e l l e , A. d'A. et le prétendu Alexandre d'Alexandrie, Rev. des ét. grecques 5 (1892) 101—107. J. Z a h l f l e i s c h , Die Polemik
A. v. Aphr. geg. die verschied. Theorien des Sehens, Arch. f. Gesch. d. Philos. 8 (1895)
373—386, 498—509; 9 (1896) 149—162. G. V o l a i t , Die Stell. d. A. v. Aphr. zur
aristot. Schlußlehre, Halle a. S. 1907, Bonner Diss., vollst. in: Abhandl. z. Philos. u.
ihrer Gesch. Heft 27. H. v. A r n i m , Textkrit. z. A. v. Aphr., Wien. Stud. 22 (1900)
1—10. E. T h o u v e r e z , Arch. f. Gesch. d. Philos. 15 (1902) 58 (Bericht des A.
über die peripatet. Syllogistik). H. v. A r n i m , Stoic. vet. fragm. I p. XVI f. (A
als Quelle für den chrysipp. Stoiz.). H. M u t s c h m a n n , Divisiones quae vulgo
dicuntur Arist., Lips. 1906, p. XXIV, XXXVI f. (Benutz. d. διαιρέσεις durch A).
W. C a p e l l e , Die Alexanderzitate bei Olympiodor, in: Χάριτες, Berl. 1911, 220—248.
H. W e g e h a u p t , Zur Überl. der Problemata des sog. A. v. Aphr., Berl. philol.
Woch. 1915, 95 f. Über A. verlorene Schr. περὶ ψυχῆς vgl. R. D. H i c k s' Einl. zu
seiner Ausg. von Aristot. περὶ ψυχῆς. Kleinere Beiträge: L. R a d e r m a c h e r ,
Philol. 59 (1900) 597 (Probl. mor. 147, 11). G. R o d i e r , Rev. de philol. 25 (1901)
66—71 (De fato). A. B r i n k m a n n , Rh. Mus. 57 (1902) 488 (*Π. κρᾶσ. κ. αὐξήσ.*
226, 30 ff.). H. D i e l s , Hermes 40 (1905) 301 ff. (zur Metaph. [1, 5, 987 a 10] 46,
23 f.; dazu K. P r a e c h t e r , Hermes 42 [1907] 647). F r. B ü c h e l e r , Rh. Mus.
63 (1908) 190 (De anima 151, 30). W. A. H e i d e l , Hermes 43 (1908) 170 (zur
Metaph. 123, 4). O. C u n z , Qu. Aelius Tubero, in Στρωματεῖς, Grazer Festgabe
zur 50. Philologenvers. (zu Meteor. 3, 4, 373 b 13). S. auch C r ö n e r t , Philol. 61
(1902) 175. 181. 183. 184. G e r c k e , Art. A. 94 bei Pauly-Wissowa. Weiteres in
den Jahresberichten. S. auch unten zu § 82 bei Simplikios.

Zu § 72. Die Sextier. Potamons eklektische Schule.

Die Sextier: Z e l l e r III 1[4] 699 ff., der die in der älteren Lit. (s. Zeller 701, 4)
mehrfach vertretene Annahme, daß zwischen den S e x t o s sprüchen und der S e x t i e r -
schule irgendein Zusammenhang bestehe, mit Recht abweist. S. auch T e u f f e l -
K r o l l - S k u t s c h , Gesch. d. röm. Lit. § 266, 6. Über *Sotion* P. R a b b o w ,
Ant. Schrr. üb. Seelenheilung u. Seelenleitung 82 f. 94 f. 97 ff., über *Sextius Niger*,
einen der Schule angehörigen Arzt, M. W e l l m a n n , Hermes 24 (1889) 530 ff.
42 (1907) 614 f.
Potamons eklektische Schule: Z e l l e r III 1[4] 639 ff., III 2[4] 500. D i e l s ,
Dox. Gr. 81 Anm. 4. S u s e m i h l , Gesch. der griech. Liter. in der Alex. II 295.

Zu § 73. Die jüdisch-hellenistische Philosophie. Jahresberichte s. oben S. 16* f.

Das Judentum unter dem Einfluß der griechischen Bildung im allgemeinen:
E. S c h ü r e r , Gesch. des jüd. Volkes im Zeitalter Jesu Christi [4], Lpz. 1901—1911.
W. B o u s s e t , Die Religion des Judent. im neutestamentl. Zeitalter[2], Berl. 1906.
G. K a r p e l e s , Gesch. d. jüd. Lit., Berl. 1909. H. G u n k e l , Die israel. Lit., in:
Kult. d. Gegenw. Teil 1 Abt. 7, Lpz. 1906. P. W e n d l a n d , Die hellenist.-röm.
Kult. in ihren Bezz. zu Judent. u. Christent. [2] u. [3], Tüb. 1912 (s. hier besonders 187 ff.).
P. K r ü g e r , Hellenism. u. Judent. im neutestamentl. Zeitalter, Lpz. 1908.
L. B o u i l l o n , L'église apostolique et les juifs philos. jusqu'à Philon I, Paris 1913.
O. S t ä h l i n , Die hellenist.-jüd. Lit., bei Christ-Schmid, Gesch. d. griech. Lit. II[6],
Münch. 1920, 535 ff. (dort auch weitere Lit.). T h. Z i e g l e r , Über die Entst.
der alexandrin. Philos., Verh. der Philologenvers. zu Karlsruhe (1882) 136—145.

H. B o i s , Essai sur les origines de la philos. judéo-alexandrine, Toulouse 1890.
E. Z e l l e r , Die Philos. der Griechen III 2⁴ 261 ff. El. B e n a m o z e g h , Storia
degli Esseni, Firenze 1865. H a r n i s c h m a c h e r , De Essenorum apud Judaeos
societate, Bonn 1866 G.-Pr. W. C l e m e n s , Die Therapeuten, Königsb. 1869 Pr.
De Essenorum moribus et institutis, Königsb. 1867 Diss. Die Quellen für die Gesch.
der Essener, Ztschr. f. wiss. Theol. hrsg. v. Hilgenfeld, 12 (1869) 328—352. Die
essenisch. Gemeinden, ebd. 14 (1871) 418—431. J. F r e u d e n t h a l , Zur Gesch.
d. Anschauungen üb. d. jüd.-hell. Religionsphilos., Bresl. 1869. P. E. L u c i u s ,
der Essenism. in seinem Verh. zum Judent., Straßb. 1881. Weitere Lit. über die
Essäer (und Therapeuten) in den oben angeführten Hauptwerken (bei Zeller a. a. O.
307 Anm. 2). Vgl. besonders W e n d l a n d in den unter Philon anzuführenden
Abhandl.: Die Essäer bei Philon und: Die Therapeuten u. die philon. Schr. vom beschaul. Leben. B e r g m a n n , Die stoische Philos. u. d. jüd. Frömmigkeit, in:
Judaica, Festschr. f. H. Cohen, Berl. 1912, 145—166.

Hellenistische Philosophie und alttestamentliche Schriften: A u g. P a l m ,
Qohelet u. d. nacharistot. Philosophie, Mannheim 1885. P. M e n z e l , Der griech.
Einfl. auf Prediger u. Weisheit Salomos, Halle 1889. M. F r i e d l ä n d e r , Griech.
Philos. im A. T., Berl. 1904. E. S e l l i n , Die Spuren griech. Philos. im A. T., Lpz.
1905. P. H e i n i s c h , Die griech. Philos. im B. der Weisheit, in: Alttestam. Abhandl. her. von Nikel 1, 4. P. B a r t h , Die Stoa², (Stuttg. 1908) 226 ff.: Die Nachwirk. in d. jüd. Philos. des Altert. (Koheleth; die Weisheit Sal.; das 4. Makkabäerb.;
Philo v. Alex.). E. G ä r t n e r , Komposition u. Wortwahl des B. der Weisheit,
Berl. 1912, Würzb. Diss. (berührt auch die Frage nach dem Verhältn. z. griech. Philosophie). F r. F o c k e , Die Entst. der Weisheit Salomos (Forsch. z. Rel. u. Lit. d. A.
u. N. T. hrsg. von Bousset u. Gunkel, N. F. Heft 5), Gött. 1913 (86—95: Verhältn.
z. griech. Philos.; 95—101: Verhältn. zu Philon. Vgl. auch 101—109). P. H e i -
n i s c h , Griech. Philos. u. A. T., 1: Die palästinischen Bücher; 2: Septuag. u. B.
der Weisheit (Bibl. Zeitfr. gemeinverst. erörtert, 6. Folge, 6. u. 7. Heft; 7. Folge,
3. Heft), 1. u. 2. Aufl., Münst. 1913. 1914 (dazu O. S t ä h l i n bei Christ-Schmid
II⁶ 561 ff.; hier 562, 1 Liste der wichtigsten philos. Einfl. verratenden Stellen).
W. G e m o l l s. o. S. 61*. J. H e i n e m a n n , Poseid. metaphys. Schrr. I 136 ff. —
Das sogen. Vierte Buch der Makkabäer: J. F r e u d e n t h a l , Die Flav. Josephus
beigelegte Schr. über die Herrschaft der Vernunft, eine Predigt aus dem ersten nach-
christl. Jahrh., Bresl. 1869. A e m i l. W o l s c h t , De Ps.-Josephi oratione quae
inscr. περὶ αὐτοκράτορος λογισμοῦ, Marb. 1881 Diss. E. N o r d e n , Ant. Kunstpr.
I 416 ff. J. H e i n e m a n n , Poseid. metaphys. Schrr. I 154 ff.

Hellenistische Philosophie und jüdische Schriften außerhalb des A. T.:
Aristeas. Aristobulos: P. W e n d l a n d in der Praefatio s. Ausg. des Aristeas-
briefes (Lpz. 1900) XXVI ff. E. L e f e b v r e , Aristée, Algier 1903. O. S t ä h l i n
bei Christ-Schmid II⁶ 619 ff. — L. C. V a l c k e n a e r , Diatr. de Aristob. Jud.,
philos. Peripatetico Alexandrino, s. oben Text. R. B i n d e , Aristobul. Studien I,
Glogau 1869 Pr.; II, ebd. 1870 Pr. H. G r a e t z , Der angebl. judäische Peripatetiker
Arist. u. seine Schrr., Monatsschr. f. Gesch. u. Wissensch. des Judent. 27 (1878)
49—60, 98—109. M. J o ë l , Blicke in die Religionsgesch. z. Anf. des 2. christl.
Jahrh. I, Der Talmud u. die griech. Sprache, nebst 2 Exkursen: a. Aristobul, der sogenannte Peripatetiker. b. Die Gnosis, Bresl. 1880. F. S u s e m i h l , Gesch. d.
griech. Lit. in der Alex. II 629—634. S. auch F r e u d e n t h a l , Hellenist. Studien,
Heft 2 (Bresl. 1875) 110 ff. und A. E l t e r in: De gnomol. Graec. historia atque
origine comment. part. 5—9, Bonn 1894 ff. A. J ü l i c h e r , Art. Aristeas Nr. 13
bei Pauly-Wissowa. A. G e r c k e , Art. Aristobulos Nr. 15 ebd. Übersicht über die
Geschichte der Aristobulosfrage bei O. S t ä h l i n (Christ-Schmid, Gesch. d. griech.
Lit. II⁶) 605, 3. — *Ps.-Phokylides;* J. B e r n a y s , Über d. phokylid. Gedicht, ein
Beitr. z. hellenistischen Lit., in des Verf. Ges. Abh. 1 (1885) 192—261. L e o p.
S c h m i d t , Jahns Jahrbb. 75 (1857) 510 ff. W. K r o l l , Zur Überlief. d. Pseudophocylidea, Rh. Mus. 47 (1892) 457—459. A. L u d w i c h , Lectiones Pseudo-
phocylideae, Königsb. 1892 Pr. N. G. D o s s i o s (zur Überlief.), Philol. 56 (1897)
616—620. A. A. Z a n o l l i , Pseudophocylidea, Venedig 1902. A. L u d w i c h ,
Über das Spruchbuch d. falschen Ph. I, Königsb. 1904 Pr. Quaestionum Pseudo-
phocylidearum pars II., Königsb. 1904 Pr. A. B e l t r a m i , Ea quae apud Ps.-Ph.
Veteris et Novi Testamenti vestigia deprehenduntur, Riv. di filol. class. 36 (1908)
411—424. Studi Pseudofocilidei, Firenze 1913. Spirito giudaico e specialmente

essenico della Silloge Pseudofocilidea, Riv. d. filol. class. 41 (1913) 513—548.
K. L i n c k e , Ph., Isokrates u. der Dekalog, Philol. 70 (1911) 438 ff. M. R o s s -
b r o i c h , De Ps.-Phocylideis, Münst. i. W. 1910 Diss. I. R a s p a n t e , Sulla
composizione e sull' autore del Carme pseudofocilideo, Catania 1913. F. R u d i s c h ,
Zur Überl. d. Pseudophocylidea, Wien Stud. 35 (1913) 387 f. S. auch S u s e m i h l ,
Gesch. d. griech. Lit. in d. Alex. II 639 ff. (hier auch frühere Literatur); C h r i s t -
S c h m i d I⁶ 177; ebd. O. S t ä h l i n II⁶ 621 f. (Überblick über die Geschichte der
Ps.-Phokylides-Frage).

    Philon: L. T r e i t e l , De Ph. Judaei sermone, Bresl. 1870 Diss. M. H e i n z e ,
Lehre vom Logos (s. o. S. 22*), 204—297 (vgl. dazu: R i p p n e r , Üb. d. Ursprünge d. philon. Logos, Monatsschr. f. Gesch. u. Wissensch. des Judent. 21 (1872)
289—305). C. S i e g f r i e d , Ph. v. Alexandr. als Ausleger des Alt. Testam., Jena
1875 (hier 47 ff. ein Glossarium Philoneum). J. D r u m m o n d , Principles of the Jewish-
Alexandrian Philos., Lond. 1877. J. R é v i l l e. La doctrine du Logos dans le quatrième
évangile et dans les oeuvres de Ph., Par. 1881. F. K l a s e n , Die alttestam. Weish.
u. d. Logos der jüd.-alex. Philos., Freib. i. Br. 1878. B. R i t t e r , Ph. u. d. Halacha,
Halle 1879 Diss. M. W o l f f , Die philon. Ethik, Philos. Monatsh. 15 (1879) 330
bis 350. E d. Z e l l e r , Der pseudophilon. Bericht üb. Theophrast, Hermes 15
(1880) 137—146; wiederholt mit zwei ungedruckten Briefen von J. Bernays in Zellers
Kl. Schrift. I 215—227. J. B e r n a y s , Über die unter Ph. Werken stehende
Schr. üb. d. Unzerstörb. d. Weltalls, Abh. Berl. Ak. vom J. 1882, Berl. 1883.
P. V. S c h m i d t , Libellus hist.-crit., in quo quomodo ultimis a. Chr. saeculis
Judaismus cum Paganismo coaluerit Philonis theosophiae ratione sub finem habita, . . .
Lpz. 1885 Licent.-Schr. R. A u s f e l d , De libro περὶ τοῦ πάντα σπουδαῖον κτλ.,
Gött. 1887 Diss., der die Schrift als unecht erweisen will; dagegen P. W e n d l a n d ,
Ph. Schrift περὶ τοῦ πάντα σπουδαῖον κτλ., Arch. f. Gesch. d. Philos. 1 (1888) 509
bis 517. H. v. A r n i m , Quellenstud. zu Ph. v. A. (Philol. Unterss. Heft 11), Berl.
1888. J. D r u m m o n d , Ph. Jud., or the Jewish-Alexandrian philosophy in its
development and completion, Lond. 1888. P. W e n d l a n d , Die Essäer bei Ph.,
Jahrbb. f. protest. Theol. 14 (1888) 100—105. L. M a s s e b i e a u , Le classement
des oeuvres de Ph., Par. 1889. F. C. C o n y b e a r e , The lost works of Ph., Academy
38 (1890) 32. Upon Ph. text of the Septuagint, The Expositor 4. ser. 4 (1891) 456
bis 466 (über die gleiche Frage in The Jew. quarterly rev. 5 [1893] 246—280; 8 [1896]
88—122). Ph., concerning The Contemplative Life, The Jew. quart. rev. 7 (1895)
755—769. Ph. De vita contempl., Academy 48 (1895) 274. Derselbe (zu Ph. de
sacrif.), Class. Rev. 10 (1896) 281—284. M. F r e u d e n t h a l , Die Erkenntnisl.
Ph. v. A., Berl. 1891, Diss. v. Greifsw. P. W e n d l a n d , Ph. Schr. über die Vorsehung. Ein Beitr. zur Gesch. der nacharistot. Philos., Berl. 1892. J. N e e l , Le
philonisme avant Ph., Revue de théologie Suisse 1892. S. T i k t i n , Die L. v. d.
Tugenden u. Pflichten bei Ph. v. A., Bern 1895 Diss. P. W e n d l a n d , Ph. u.
die kynisch-stoische Diatribe, in P. W. u. Otto Kern, Beitrr. z. Gesch. der griech.
Phil. u. Relig., Berl. 1895. E. K r e l l , Ph. π. τοῦ πάντα σπουδαῖον εἶναι ἐλεύθερον,
die Echtheitsfrage, Augsb. 1896 Pr. L. C o h n , Observ. de sermone Ph., in der
Ausg. v. De opif. m. p. XLI. LVIII. Die Ph.-Hss. in Oxf. u. Par., Philol. 51 (1892)
266—275. Zur indir. Überlief. Ph. u. der älteren Kirchenväter (nebst einem Nachtr.
v. P. Wendland), Jahrbb. f. protest. Theol. 18 (1892) 475—492. The latest researches
on Ph. of Alex., The Jewish quarterly rev. 5 (1893) 24—50. Krit.-exeget. Beiträge
z. Ph., Hermes 31 (1896) 107—148. Diassorinos u. Turnebus, ein Beitr. zur Textgesch. der philon. Schrr., S.-A. aus Satura Viadrina, Festschr. z. 25 jähr. Best. d.
philol. Vereins z. Bresl. 1896, 110—121. P. W e n d l a n d , Die Therapeuten u.
die philon. Schr. v. beschaul. Leben, Jahrbb. f. klass. Philol. Suppl. 22 (1896) 693
bis 772. Ph. u. Clemens Alexandr., Hermes 31 (1896) 435—456. Eine doxogr. Quelle
Ph., Sitz. Berl. Ak. 1897, 1074—1079. Krit. u. exeget. Bemerkk. z. Ph., Rh. Mus. 52
(1897) 465—504; 53 (1898) 1—36. A n. A a l l , Gesch. der Logosidee in d. griech.
Philos., Lpz. 1896, 184 ff. L. C o h n , Einteil. u. Chronol. d. Schrr. Ph., Philol.
Suppl. 7 (1899) 387—436. J a k. H o r o v i t z , Unters. üb. Ph. u. Platons L. v.
der Weltschöpfung, Marb. 1900. Das platon. Νοητὸν ζῷον u. der philon. Κόσμος νοητός,
Marb. 1900 Diss. L. R a d e r m a c h e r (zu de ebr. 22), Rh. Mus. 55 (1900) 150.
E. N e s t l e , Zu Ph. de somn. 2, 44. Philol. 61 (1902) 311 f. F. J. A. H o r t ,
J. O. T. M u r r a y (εὐχαριστία u. εὐχαριστεῖν bei Ph.), Journ. of theol. stud. 3
(1902) 594—598; vgl. T h. S c h e r m a n n , Philol. 69 (1910) 375. 385 f. L. C o h n ,

Beiträge z. Textgesch. u. Krit. d. philon. Schrr., Hermes 38 (1903) 498—545.
E. S a c h s s e , Die Logosl. bei Ph. u. bei Johannes, Neue kirchl. Ztschr. 15 (1904)
747—767. L. T r e i t e l , Der Nonnos, insonderheit Sabbat u. Feste, in philon.
Beleuchtung an der Hand v. Ph. Schr. de septenario, Monatsschr. f. Gesch. u. Wiss.
des Judent. 47, N. F. 11 (1903) 214—231, 317—321, 399—417, 490—514. Die
religions- u. kulturgesch. Stell. Ph., Theol. Stud. u. Kritiken 77 (1904) 380—401.
L. C o h n , Ein Ph.-Palimpsest (Vat. gr. 316), Sitz. Berl. Ak. 1905, 36—52. P. B a r t h,
Die stoische Theodicee bei Ph., Philos. Abh. f. M. Heinze, Berl. 1906, 14—33; der
erste Teil der Abh. mit Kürzung wiederholt in des Verf. Werk: Die Stoa², Stuttg.
1908, 62—75. L. M a s s e b i e a u et É. B r é h i e r , Essai sur la chronol. de la
vie et des oeuvres de Ph. I., Rev. de l'histoire des relig. 53 (1906) 25—64, 164—185,
267—288. H. G u y o t , L'infinité divine depuis Ph. le juif jusqu'à Plotin. Avec
une introd. sur le même sujet dans la philos. grecque avant Ph. le juif, Par. 1906.
G. F a l t e r , Beiträge z. Gesch. der Idee, I. Teil: Ph. u. Plotin (Philos. Arb. hrsg.
v. H. Cohen u. P. Natorp, 1. Bd. 2. H.), Gieß. 1906. P. K r ü g e r , Ph. u. Josephus
als Apologeten des Judent., Lpz. 1906. A u g. S c h r ö d e r , De Ph. Alex. Vetere
Testamento, Gryphiae 1907 Diss. M a t h. A p e l t , De rationibus quibusdam quae
Philoni Alexandrino cum Posidonio intercedunt, Lips. 1907, Jenaer Diss. L. C o h n ,
Neue Beitr. zur Textgesch. u. Krit. d. philon. Schrr., Hermes 43 (1908) 177—219.
P. H e i n i s c h , Der Einfl. Ph. auf die älteste christl. Exegese (Barnabas, Justin
u. Klemens v. Alex.), Münst. i. W. 1908 (Alttest. Abh. hrsg. von J. Nikel, 1. u. 2. Heft).
É. B r é h i e r , Les idées philos. et relig. de Ph. d'Alex., Par. 1908. H. W i n d i s c h,
Die Frömmigkeit Ph. u. ihre Bedeut. f. d. Christent., Lpz. 1909. H. G r é g o i r e ,
Zur Textkrit. Ph., Hermes 44 (1909) 318—320. D. N e u m a r k , Gesch. d. jüd.
Philos. des Mittelalters, 2. Bd. 1. Teil, Berl. 1910 (391—473 über die Philos. Ph.).
É. B r é h i e r , Ph. d'Alex. de spec. leg. 1, 82 C., Rev. d. philol. 34 (1910) 235—237.
M. L o u i s , Ph. le juif, Par. 1911. M. C a r a c c i o , F. d'Aless. e le sue opere,
Padova 1911. B. M o t z o , Un' opera perduta di F., Περὶ βίου πρακτικοῦ ἢ περὶ
'Εσσαίων, Atti d. R. Accad. d. scienze, Torino 1911. H. L e i s e g a n g , Die Raum-
theorie im späteren Platonism., insbes. bei Ph. u. den Neuplatonikern, Straßb. 1911
Diss. K. H e r z o g , Spekulative psycholog. Entwickl. d. Grundlagen u. Grundlinien
des philon. Systems, Lpz. 1912. L. C o h n , Zur L. v. Logos bei Ph., in: Judaica,
Festschr. zu H. Cohens 70. Geb., Berl. 1912, 303—331. L. T r e i t e l , Die alexandr.
L. v. den Mittelwesen oder göttl. Kräften, insbes. bei Ph., geprüft auf die Frage,
ob u. welchen Einfluß sie auf d. Mutterland Palästina gehabt, ebd. 177—184. J. H e i n e-
m a n n , Ph. L. v. Eid, ebd. 109—118. J. H o r o w i t z , Entw. d. alexandr. Judent.
unter d. Einfl. Ph., ebd. 535—567. G. T a p p e , De Ph. libro, qui inscrib. Ἀλέξαν-
δρος ἢ περὶ τοῦ λόγον ἔχειν τὰ ἄλογα ζῷα, quaest. selectae, Gott. 1912 Diss.
P. S h o r e y , Emend. of Ph. de praem. et poen. I (V p. 336 Cohn), Class. Philol. 7
(1912) 248. B. M o t z o , Le Ὑποϑετικά di F., Torino 1912. Per il testo del Quod
omnis probus liber di F., Torino 1912. L. T r e i t e l , Philon. Stud., hrsg. v. M. Brann,
Bresl. 1915. W. B o u s s e t , Jüdisch-christl. Schulbetrieb in Alexandria u. Rom;
literar. Unters. zu Ph. u. Clemens v. Alex., Justin u. Irenäus (Forsch. z. Rel. u. Liter.
d. Alten u. Neuen Test., N. F. Heft 6), Gött. 1915. L. C o h n , Krit. Bemerkk. zu
Ph., Hermes 51 (1916) 161 ff. M. W e l l m a n n , Hermes 52 (1917) 128 f. (Benutz.
durch Ps.-Eustathios z. Hexaëmeron). M. R. J a m e s , The Biblical Antiquities
of Ph. (Translations of early documents), Lond. 1917. A. B r i n k m a n n , Rh. Mus. 72
(1918) 319 f. (zu De aet. m. 2, 4, VI S. 73, 7 ff. C. - W.). U. v. W i l a m o w i t z -M.,
Hermes 54 (1919) 72 ff. H. L e i s e g a n g s. o. S. 125*. K e n n e d y , Ph. Contri-
bution to Religion, Lond. 1919. T h. H. B i l l i n g s , The Platonismus of Ph. Jud.
(bespr. Journ. of Hellen. Stud. 40, 134). F r. C u m o n t , Rev. d. philol. 44 (1920)
231 (Pythagoreisches bei Ph.). L. T r e i t e l , Gesamte Theologie u. Philosophie Ph.
v. Alexandr., Berl. 1923. Zu Ph. Zahlenspekulation (de opif. m. 15, 47 p. 15, 9 ff. C.)
A. S c h m e k e l , Philos. d. mittl. Stoa 409 ff., G. B o r g h o r s t , De Anatolii
fontibus (Berl. Diss. 1905) 4 ff., zu seiner Tierpsych. (de animalibus) S h. O. D i c k e r-
m a n , Transact. of the Amer. philol. assoc. 42 (1912) 124 ff. Beziehungen zu Aristoteles: W. J a e g e r , Arist. 148 ff., zu Poseidonios: ob. S. 153*. Über die Frage
nach dem Verh. des johann. Logos z. philonischen handeln außer R é v i l l e (s. o. S. 181*)
u. a. E d. S c h w a r t z , Aporien im vierten Evangelium IV., Nachr. d. Gött.
Ges. d. Wiss., philol.-hist. Kl. 1908, 497—560, J. d'A l m a , Ph. d'Al. et le quatrième
Évangile, Par. 1910, A. B o n h ö f f e r , Epiktet u. das Neue Testament 183 ff.,

wo auch weitere Literatur berücksichtigt ist. — Nachwirkungen Ph.: *Christl. Genesis-exegese:* K. G r o n a u , Poseidonios u. d. jüd.-christl. Genesisexegese, Lpz. Berl. 1914. W. W. J a e g e r , Nemesios v. Em. 138 ff. Im übrigen s. Grundr. II^{10} Register. F. F e n n e r , De Basilio Seleuc. (s. o. S. 92*) 30. — Von neueren Gesamtdar-stellungen vgl. besonders Z e l l e r III 2^4 385 ff. u. S t ä h l i n bei Christ-Schmid II 1^6 625 ff. S. auch W e n d l a n d , Hellenist.-röm. $Kult.^{2 \cdot 3}$, 204 ff.

Über die seit B e r n a y s , Die herakl. Briefe (Berl. 1869), Luc. u. d. Kyniker (Berl. 1879) 36. 96 ff. vielfach auf jüd. (oder christl.) Verf. zurückgef. *'Briefe des Ps.-Heraklit (4, 7 und 9) und des Ps.-Diogenes (28)* s. oben S. 167*.

Zu § 74. Der spätere Epikureismus.

Epikureerinschrift Ἐ φ η μ. ἀ ρ χ. 1890, 143, D i t t e n b e r g e r , $Syll.^3$ 834: H. D i e l s , Arch. f. Gesch. d. Philos. 4 (1891) 486—491. — *Diogenes v. Oinoanda:* H. v. H e r w e r d e n in: Syll. comment., quam v. cl. Const. Conto obt. philol. Bat. (Leiden 1893). H. D i e l s , Sitz. Berl. Ak. 1897, 1063. T h. G o m p e r z , Zur philos. Inschr. v. Oen., Arch.-epigr. Mitt. aus Österr.-Ungarn 20 (1897) 171 f. A. K ö r t e , T. Lucretius Carus bei D. v. O.?, Rh. Mus. 53 (1898) 160—165. W. C r ö n e r t , Rh. Mus. 54 (1899) 593—601. Kolot. u. Mened. 174. 182. 183. S. S u d h a u s , Rh. Mus. 65 (1910) 310—313. W. N e s t l e , Berl. philol. Woch. 1917, 1093 f. (zu Fr. 36. 63). R. P h i l i p p s o n , ebd. 1920, 1030 (zu d. Spruchsammlung). Vgl. auch U s e n e r (s. Text) u. die Praef. in W i l l i a m s Ausg. (s. Text).

Zu § 75. Der spätere Skeptizismus.

Über die Schule im allgemeinen und ihre einzelnen Vertreter s. Z e l l e r III 2^4 1 ff., G o e d e c k e m e y e r , Gesch. des griech. Skeptiz. 209 ff. Vgl. auch die betreffenden Artikel bei Pauly-Wissowa-Kroll. — C h. W a d d i n g t o n , Le scepticisme après Pyrrhon. . . Enésidème et les nouveaux Pyrrhoniens, Séances et trav. de l'Ac. d. sciences mor. 1902 août, 223—243 (auch in des Verf. Werk La philos. ancienne et la crit. histor. 356—379). — *Ainesidemos:* K. G o e b e l , Die Begründ. d. Skepsis d. A. durch die zehn Tropen, Bielef. 1880 Pr. P. N a t o r p , Unterss. üb. d. Skepsis im Altert., Rh. Mus. 38 (1883) 28—91. Forsch. z. Gesch. des Er-kenntnisprobl. im Altert., Berl. 1884, 63—126 (Aenesidem); 256—285 (die Skepsis A. in ihrem Verhältn. zu Demokrit u. Epikur). H. v. A r n i m , Philo u. A., in des Verf. Quellenstud. zu Philo v. Alexandr. (Philol. Unters. 11. Heft), Berl. 1888, 53 bis 100. E. P a p p e n h e i m , Der angebl. Heraklitismus des Skeptikers A., Berl. 1889. A l. P a t i n , A. u. die Einheitsl., in des Verf. Herakl. Beispielen, Neuburg a. D. 1893 Pr., 30—36. S. S e p p , A. Lebenszeit; A. bei Cicero, in des Verf. Pyrrhon. Studien, Freising 1893, 60—63, 133—141. A. d e O r a z i o , Enesidemo e lo scet-ticismo greco, Cultura 21, 5. H. v. A r n i m , Art. A. 9 bei Pauly-Wissowa. — *Sextos der Empiriker:* L. K a y s e r , Über S. E. Schr. πρὸς λογικούς, Rh. Mus. 7 (1850) 161—190. C. J o u r d a i n , S. E. et la philos. scolastique, Par. 1858, auch in des Verf. Excursions histor. et philos. à trav. le moyen âge, Par. 1888, 199—217. E. P a p p e n h e i m , De S. E. libror. numero et ordine, Berl. 1874, Pr. d. Kölln. Gymn.; Lebensverh. des S. E., Berl. 1875, Pr. d. Kölln. Gymn. Erläut. zu des S. E. Pyrrhon. Grundzügen (Philos. Bibl. Heft 296—300, Lpz. 1881). K. H a r t f e l d e r , Die Krit. d. Göttergl. bei S. E., Rh. Mus. 36 (1881) 227—234. L. H a a s , Leben des S. E., Burghausen 1882 Pr. Über die Schrr. des S. E., Freis. 1883 Pr. C. H a r t e n-s t e i n , Über die LL. der ant. Skepsis, bes. des S. E., in betreff der Kausalität, Ztschr. f. Philos 93 (1888) 217—279. C l. B a e u m k e r , Eine bisher unbek. mittel-alterl. lat. Übers. der Πυρρών. ὑποτ. des S. E., Arch. f. Gesch. d. Philos. 4 (1891) 574—577. E. W e b e r , Über den Dialekt der sog. Dialexeis u. Hss. des S. E., Philol. 57 (1898) 65 f. 87—102 (vgl. auch Philol.-histor. Beitr. C. Wachsmuth z. 60. Geb. überr., 34 ff.). W. V o l l g r a f f , La vie de S. E., Rev. de philol. 26 (1902) 195 bis 210. J. I l b e r g , S. bei Galen, Neue Jahrb. 15 (1905) 624. M. M. P a t r i c k , S. E. and Greek scepticism, Cambr. 1899, Berner Diss. H. M u t s c h m a n n , Die Überlief. d. Schriften des S. E., Rh. Mus. 64 (1909) 244—283. 478. A. N e b e , Zu S. E., Berl. philol. Woch. 1909, 1453—1456 (zur Textgeschichte). A. K o c h a l s k y , De S. E. adv. logicos libris quaest. criticae, Marp. Chatt. 1911 Diss. É. B r é h i e r , Le mot νοητόν et la critique du Stoicisme chez S. E., Rev. d. ét. anc. 16 (1914) 269 ff. Zum Namen Ἐμπειρικός M. W e l l m a n n , Art. Empirische Schule bei Pauly-Wissowa. E m. L o e w , Das heraklit. Wirklichkeitsprobl. u. seine Umdeut. bei

Sextus, Wien 1914 Pr. (s. dagegen F. L o r t z i n g , Berl. philol. Woch. 1916, 889 ff).
O. H ö f e r , Jahrbb. f. klass. Philol. 153 (1896) 316 (zu adv. math. 11, 191). A d . D y -
r o f f , Ethik der alten Stoa 147, 5. Über S. E. im christl. Altert., im Mittelalter
u. in neuerer Zeit A. E l t e r et L. R a d e r m a c h e r , Analecta Graeca, Bonn
1899 Univ.-Schr. A e m . I s s e l , s. o. S. 178*. Textkritische Beiträge: M. S c h a n z ,
Philol. 39 (1880) 32.   U. v. W i l a m o w i t z - M o e l l e n d o r f f , Coniectanea,
Gott. 1884 Pr. (zu adv. mus. 18 p. 751 B.).   E. W e b e r , Advers. crit. in Dion.
Chrys. et S. E., in: Comment. philol., quibus O. Ribbeckio . . . congratulantur . .,
Lips. 1888, 500 ff.   H. U s e n e r , Jahrbb. f. klass. Philol. 139 (1889) 383 = Kl.
Schr. I 345 f. (zu adv. math. 7, 135. 137; 9, 132; 1, 253. 269. 278; 7, 90). H. M u t s c h -
m a n n , Rh. Mus. 69 (1914) 414—415 (adv. log. 1, 339, p. 263, 19 B.). A. N e b e ,
Textkr. z. d. Buche des S. E. *Πρὸς ἀστρολ.*, Rh. Mus. 71 (1916) 102—116. S. auch
den Bericht von K. M ü n s c h e r , Jahresber. über die Fortschr. d. klass. Altertumswiss. 149 (1910 III), 101 ff.; 170 (1915 I) 114 ff. — Über *Favorinus (Phaborinos)* s.
den Mittleren Platonismus, S. 175*. — *Menodotos:* A. F a v i e r , Un médecin
grec du II. siècle après J.-Chr., précurseur de la méthode expériment. moderne,
M. de Nicomédie, Par. 1906.

Zu § 76. Durch verschiedene Schulen philosophisch Beeinflußte dieses Perioden-abschnittes.

Vergil: P. J a h n s. unter Theophrast S. 123*. R. W ö h l e r , M. E. H i r s t
u. F. C l a f l i n unter Lucrez S. 135*. 137*, C. P a s c a l unter Epikureismus,
S. 139*, A. S c h m e k e l , W. V o l k m a n n , E. N o r d e n , J. G e f f c k e n ,
W. K r o l l u. E. P f e i f f e r zu Verg. unter Poseidonios, S. 153*. E. N o r d e n ,
Vergilstudien, Hermes 28 (1893) 360—406. A. D y r o f f , Philol. 63 (1904) 43 Anm. 13
(atomistische Anschauungen bei V.). A. D i e t e r i c h , Nekyia 150 ff. L. R a d e r -
m a c h e r , Das Jenseits im Mythos der Hellenen 13 ff. F. P o s t m a , De numine
divino quid senserit V., Amsterd. 1914, Diss. R. H e i n z e , Virgils epische Technik²,
Lpz. 1915; s. dort d. Index unter Stoa. L. E. M a t t h a e i , The Fates, the Gods
and the Freedom of man's will in the Aeneid, Class. Quart. 11 (1917) 11 ff. T. F r a n k ,
Epicurean Determinism in the Aeneid, Amer. Journ. of Philol. 41, 115—126. Class.
Weekly 15 (1921) 24. Vergil's Apprenticeship, Class. Philol. 15 (1920) 103 ff. Beein-
flussung durch Philodem H. D i e l s , Abh. Berl. Ak. Jahrg. 1915 phil.-hist. Kl.
Nr. 7, 100. — P. H é r o u v i l l e , Virg. expliqué par Aristote, Rev. d. philol. 45
(1921) 234—236 (zu Georg. 3, 81 f.). — *Ps.-Vergil, Ciris:* S k u t s c h , Aus V. Früh-
zeit, Lpz. 1901. F. L e o , V. u. die Ciris, Hermes 37 (1902) 49. S. S u d h a u s ,
Hermes 42 (1907) 471 ff. R. R e i t z e n s t e i n , Krit. Bem. z. Eingange der Ciris,
Hermes 48 (1913) 250—268. — *Horaz:* R. H e i n z e , De H. Bionis imitatore,
Bonn 1899 Diss. Aristo v. Chios bei Plutarch u. H., Rh. Mus. 45 (1890) 497—523.
Zu H. Briefen, Hermes 33 (1898) 423—491. Vgl. auch die Einleitt. u. Anmerkk.
der von R. Heinze besorgten Neuauflagen der Kießlingschen Horazausgabe.
M. S c h n e i d e w i n , Die hor. Lebensweisheit . . ., Hannover 1891. T h . A r n o l d ,
Die griech. Stud. des H., neu hrsg. v. W. F r i e s , Halle a. S. 1891 (hier 122 ff.:
Studium der griech. Philosophen). U. v. W i l a m o w i t z - M., De tribus carminibus
Latinis, Gött. 1893 Pr., 3 ff.   A. G e r c k e , Die Komposition der ersten Satire
des H., Rh. Mus. 48 (1893) 41—52 (dazu Jahresber. über die Fortschr. der klass.
Altertumswiss. 96 [1898 I], 15 f.). H. T. K a r s t e n , De H. carminibus ad remp.
et Caesarem pertinent., Mnemos. 25 (1897) 237—260. De H. odis ad remp. pertin.,
ebd. 26 (1898) 125—171 (vgl. hier besonders 129 ff.). G. K e t t n e r , Die Episteln
des H., Berl. 1900. R. E h w a l d , Hor. carm. II 2 u. 3, Philol. 60 (1901) 635.
K. M e i s e r , Der Brief des H. an Bullatius (I 11), Berl. philol. Woch. 1909, 414
(stoische Reminiszenzen). Griech. Parallelstellen zu H., Berl. philol. Woch. 1909,
1581. M. S i e b o u r g , H. u. die Rhetorik, Neue Jahrb. 25 (1910) 267—278 (berührt auch sein Verhältnis zur Philos.). P. K o h l e r , Epikur u. die Stoa bei H.,
Freib. i. B. 1911 Diss. R. P h i l i p p s o n , H. Verh. z. Philos., in: Festschr. d.
König-Wilhelmsgymn. zu Magdeb. 1911. K. P r i n z , Zu H. sat. 1, 2, 121 u. Martial
epigr. 9, 32, Wien. Stud. 34 (1912) 227 (Philodem gemeinsames Vorbild). G. F r i e d -
r i c h , Q. Hor. Fl., Neue Jahrb. 31 (1913) 261—268. G. S h o w e r m a n , H. the
philosopher of life, Class. journ. 6 (1911) 275—289. W. K r o l l , H. Oden u.
die Philos., Wien. Stud. 37 (1915) 223—238. H. N o h l , Zu H. carm. 1, 1, Woch.
f. klass. Philol. 1915, 45—48. O. W e i n r e i c h , (Verh. z. Satura Menippea

[Sat. II 5], Hermes 51 [1916] 412 f.). W. K r o l l , Hellenistisch-röm. Gedichtbücher, Neue Jahrb. 37 (1916) 93—106 (hier 103 ff. über Philosophisches bei H.). Die histor. Stellung von H. Ars poetica, Sokr. 6 (1918) 81—98. V. U s s a n i , Oraz. e la filos. popolare, Atene e Roma 19 (1916) 205 f. B. L. U l l m a n , Q. Hor. Flacc., Ph. D., Professor of Ethics, Class. Journ. 13 (1918) 258—266. C. K., Analys. of Hor. Serm. 2, 3, Class. Weekly 13, 73. C h r. J e n s e n , Neoptolemos u. H., Abh. Berl. Ak. phil.-hist. Kl. Jahrg. 1918 Nr. 14 (wieder abgedr. in d. Verf. Ausg. v. Philodem Üb. d. Gedichte B. 5, S. 93 ff.). J o h. S c h r a d e r , Hor. ethicus, Cassellae 1922, Greifsw. Diss. Auszug. E. S t e m p l i n g e r , Art. Horatius Nr. 10 bei Pauly-Wissowa-Kroll 2351 ff. Beeinflussung durch Philodem, H. D i e l s , Abh. Berl. Ak. Jahrg. 1915 phil.-hist. Kl. Nr. 7, 100. M. G a l d i , Sull'ode III 29 di Orazio, Riv. indo-greco-ital. etc. 6 (1922) 148 ff. v. W i l a m o w i t z - M., Platen I² 250, 1 (Integer vitæ u. der daunische Bär der Pythagoraslegende, Jambl. v. Pyth. S. 42, 2 N.) — K. B a r - w i c k s. o. S. 109* (Arist. Rhetorik). S. auch H. A r n d t und E. R o w e unter Menippos S. 131*, M. L e n c h a n t i n d e G u b e r n a t i s unter Kerkidas S. 131*, L. D e u b n e r , Hermes 45 (1910), 313 f. (Kynisches in der 2. Sat. des 1. B.). A. W e i n g ä r t n e r und W. A. M e r r i l l s. unter Lucrez S. 135* f. J. O g ó - r e k unter Cicero, Paradoxa, S. 145*, A. S c h m e k e l unter Poseidonios S. 153*. — *Ovid:* C. P a s c a l s. unter Empedokles S. 49*, F. P o l l e unter Anaxagoras S. 49*. A. S c h m e k e l , De Ovidiana Pythagor. doctrinae adumbratione, Berl. 1885, Greifsw. Diss. Philos. d. mittl. Stoa 288, 4; 451 f. A. B e r n a r d i n i , Ad O. Metam. locos controversos II, Boll. di filol. class. 17, 208—210 (gemeinsame [stoische] Quelle von Ov. metam. 1, 425 ff., Pomp. Mela 1, 9, 52, Diod. 1, 10). F. E. R o b b i n s , The creation story in Ov. met. I, Class. Philol. 8 (1913) 401. J. G e f f c k e n , Hermes 49 (1914) 328. F. W i l h e l m , Rh. Mus. 71 (1916) 136 f. J. P. P o s t g a t e , On Ov. Fasti 6, 271 f., Class. Quart. 12, 139. K. P r i n z , Zu Ov. Ars am. 2, 662 u. Rem. am. 323 f., Wien. Stud. 40 (1918) 90—92.

Lukian: Jahresberichte: W. S c h m i d , im Jahresber. über die Fortschr. d. klass. Altertumsw. 108 (1901 I) 212—279 (für 1894—1900); 129 (1906 I) 220—300 (für 1901—1904). K. M ü n s c h e r , ebd. 149 (1910 III) 44—95 (für 1905—1909); 170 (1915) 67—103 (für 1910—1915). Lukians Beziehungen zur griechischen Philosophie werden sowohl in den umfassenderen Arbeiten über ihn (s. C h r i s t - S c h m i d II⁶ 710 Anm. 10), wie in der sehr ausgebreiteten Literatur über Einzelfragen des lukianischen Schrifttums wieder und wieder berührt. Hier seien nur einige Arbeiten genannt, die sich eingehender mit diesen Beziehungen befassen.

A l l g e m e i n e r e s:

J. B e r n a y s , L. und die Kyniker. Mit einer Übers. der Schr. L. Über d. Lebensende d. Peregrinus, Berl. 1879. I. B y w a t e r , Bernays' L. and the Cynics, Journ. of hellen, studies 1 (1880) 301—304. J. V a h l e n , L. de Cynicis iudicium. L. de Peregrini morte, Berl. 1882 Pr. = Opusc. acad. I (Lips. 1907), 181—197 (gegen Bernays; s. zu Bernays' Buch auch K. M e i s e r unten). I. B r u n s , L. philos. Satiren, Rh. Mus. 43 (1888) 86—103, 161—196; der 1. Teil wiederabgedr. in d. Verf. Vortr. u. Aufs., Münch. 1905, 228—251. L. u. Oenomaus, ebd. 44 (1889) 374—396 = Vortr. u. Aufs. 252—280. W. S c h m i d , Bemerkk. üb. L. Leben u. Schrr., Philol. 50 (1891) 297—318. P. S c h u l z e , Bemerkk. zu L. philos. Schrr., Dessau 1891 Pr. P. M. B o l d e r m a n n , Studia Lucianea, Lugd. Batav. 1893 Diss. (darin u. a. üb. die geg. die Philosophen gerichteten satir. Dialoge); dazu E. S c h w a r t z , Berl. philol. Woch. 1896, 353—361. K. P r a e c h t e r , Skeptisches bei L., Philol. 51 (1892) 284—293 (zum Hermotimos u. d. Parasiten). Zur Frage nach L. philos. Quellen, Arch. f. Gesch. d. Philos. 11 (1898) 505—516. R. H e l m , L. u. die Philosophenschulen, Neue Jahrb. 9 (1902) 188—213, 263—278, 351—369. L. u. Menipp. Lpz, Berl. 1906 (kommt auch für weitere Beziehungen L. zur Philos. in Betracht). K. M e i s e r , Stud. zu L., Sitz. Münch. Ak. philos.-philol. u. histor. Kl. 1906, 281 bis 325; darin: 1. L. u. J. Bernays (s. oben); 2. L. u. die Christen. T h. S i n k o , De L. libellorum ordine et mutua ratione, Eos 14 (1908) 113—158. T h. L i t t , L. philos. Entwickl., Köln 1909 Pr. E. G u i m e t , L. de Samosate philosophe, Annales du Musée Guimet 35 (1910) 1—66. W. C a p e l l e , Der Spötter v. Samosata, Sokr. 2 (1914) 606—622. Vgl. auch C. M a r t h a , Le scepticisme relig. et philos.: Lucien, in des Verf.: Les moralistes sous l'empire romain⁷, Par. 1900. B e r n h. S c h w a r z , L. Verhältn. z. Skeptiz., Tilsit 1914, Königsb. Diss. R. H i r z e l , Der Dialog II

269 ff. R. R e i t z e n s t e i n , Hellenist. Wundererzähl. (s. dort d. Register). J. G e f f c k e n , Kynika (berührt vielfach L. Beziehungen z. Kynismus; s. dort d. Register).
    Z u   d e n   e i n z e l n e n   S c h r i f t e n :
    Περὶ τοῦ ἐνυπνίου: Kraemer s. S. 54* unter Prodikos. Vgl. die S. 34* f. verzeichnete Lit. über die antike Synkrisis. O. W e i n r e i c h , Hermes 50 (1915) 316, 2. T h. O. A c h e l i s , Berl. philol. Woch. 1918, 717—719. — *M e n i p p i s c h e   S a t i r e n :* E. W a s m a n n s d o r f f , L. scripta ea quae ad Menippum spectant inter se comparantur et diiudicantur, Jenae 1874 Diss. F. B o l l , Ztschr. f. d. neutest. Wissensch. u. d. Kunde d. Urchristent. 17 (1916) 139 ff. (zur Nekyomantie). W. C r ö - n e r t , Kol. u. Men. 1 f. S. auch K n a u e r , H e n s e , H e l m , D i c t e r i c h zu Menippos oben S. 131*, L. R u h l oben S. 29*, G e f f c k e n oben S. 35*, B e r n a y s und die an seine Schr. sich anschließende Lit., sowie B r u n s und H e l m oben S. 185*. — *L y k i n o s d i a l o g e :* A. S c h w a r z , Über L. Hermotimos, Horn 1877 Pr. H. R i c h a r d , Über die Lykinosdialoge des L., Hamb. 1886 Pr.; dazu W. S c h m i d , Philol. 50 (1891) 306 ff. J. B r i d g e , On the author- ship of the „Cynicus" of L., Transact. of the Amer. philol. assoc. 19 (1888) 33 ff. J. B i e l e r , Über die Echtheit des lukian. Dial. Cynicus, Hildesh. 1891 Pr. F. H a h n e , Über L. Hermotimus, Braunschw. 1900 Pr. K. P r a e c h t e r , s. oben S. 185* (zum Hermotimos). Berl. philol. Woch. 1896, 869 f. (zum Sympos.). Hierokles der Stoiker (Lpz. 1901) 148 f. (zu den *Ἔρωτες*). R. B l o c h , De Ps.-L. amoribus, Straßb. 1907 Diss. (Diss. philol. Argentor. sel. vol. 12 fasc. 3); dazu A. B o n h ö f f e r , Dtsch. Literaturz. 1908, 2706 ff., K. M ü n s c h e r im Jahresb. üb. d. Fortschr. d. kl. Altertumsw. 149 (1910 III) 91, F r. W i l h e l m , s. oben S. 26* — *Πρὸς τὸν ἀπαίδευτον καὶ πολλὰ βιβλία ὠνούμενον*: Christ-Schmid, Gesch. d. griech. Lit. II⁶ 721, 9. — *Ἀνάχαρσις*: Rich. H e i n z e , K. P r a e c h t e r und P. V o n d e r M ü h l l s. oben S. 37*. — *Φιλοψευδής* : L. R a d e r m a c h e r , Festschr. f. Th. Gomperz, Wien 1902, 203 ff. Das Jenseits im Mythos d. Hellenen, Bonn 1903, 5 f. Rh. Mus. 60 (1905) 315 ff. R. R e i t z e n s t e i n , Hellenist. Wundererz. 1 ff. — *Περὶ παρασίτου*: K. P r a e c h t e r s. oben S. 185*. L. R a d e r m a c h e r und S. S u d h a u s in: Philod. vol. rhetor. ed. S. Sudhaus, Suppl., Lips. 1895, XXIII ff. XXVI ff. XXXIV ff. R. H e l m , L. u. Menipp. 357—364 (gegen die Echtheit). J. M e s k , Berl. philol. Woch. 1914, 157—160 (gegen Helms Athetese). — *Π ε ρ ὶ πένθους*: E. N o r d e n , Jahrbb. f. klass. Philol. Suppl. 18 (1891) 297 f. — K. P r a e c h - t e r , Philol. 57 (1898) 504 ff. R. H e l m , L. u. Menipp 348 ff. — *Περὶ θυσιῶν*: E. N o r d e n , Jahrbb. f. klass. Philol. Suppl. 18 (1891) 271. R. H e l m , Luc. und Menipp. 350 ff. — *Περὶ τῆς ἀστρολογίης*: Fr. Boll, s. zu Poseidonios oben S. 155*. *Περὶ τοῦ μὴ ῥᾳδίως πιστεύειν διαβολῇ* : H. M u t s c h m a n n , s. zu Ariston von Keos oben S. 157*. — *Δημώνακτος βίος:* Osk. W i c h m a n n , Zu L. Demonax, Jahrbb. f. klass. Philol. 123 (1881) 841—849. A d. T h i m m e , Quaest. Lucian. capita IV, Gött. 1884 Diss.; darin c. 4: De Demonacte philos. Weiteres oben S. 168* unt. Demonax. — *Περὶ τῆς Περεγρίνου τελευτῆς:* E. A e m. S t r u v e , De Peregrini morte quae tradidit L. num ad veritatem exhibita videantur, Görl. 1851 Pr. J. M. C o t t e r i l l , Peregr. Prot.: An investigation into certain relations subsisting between De morte Per., the two epistles of Clement to the Corinthians, the epistle to Diognetus, the Bibl. of Photius and other writings, Edinb. 1879. A. C l e i s z , Étude sur le Pérégr. de L., Par. 1880 Thèse. R. R e i t z e n s t e i n , Hellenist. Wundererz. 37 f. 50. Weiteres oben S. 168* unter Peregrinos. — *Νιγρῖνος*: M. C r o i s e t , Un épisode de la vie de L. Le Nigrinus, Acad. d. sc. et lettr. de Montpellier, sect. d. lettres 6 (1880) 357—381. L. H a s e n c l e v e r , Über L. Nigr., Münch. 1907 Diss. = Pr. d. Maximiliansgymn. Münch. 1908. T h. L i t t, L. N., Rh. Mus. 64 (1909) 98—107. J. M e s k , L. N. u. Juvenal, Wien. Stud. 34 (1912) 373—382; 35 (1913) 1—33. S. auch R. S c h u e t z e , Juvenalis ethicus, Gryph. 1905, Diss., 7. 91 f. 62. C h r i s t - S c h m i d , Gesch. d. griech. Liter. II⁶ 712 f. — *Ἀληθῆ διηγήματα:* Fr. B o l l , Zum griech. Roman, Philol. 66 (1907) 7 ff. (Einwirk. pythagor. Ansch.). Derselbe, Ztschr. f. d. neutest. Wiss. u. d. Kunde d. Urchristent. 17 (1916) 145 f.

Zu § 77. Die Neuplatoniker überhaupt. Jahresberichte s. oben S. 16* f.
    Gesamtdarstellung bei Z e l l e r , Philos. d. Griech. III 2⁴ 468—931. — J. S i - m o n , Histoire de l'école d'Alex., Par. 1843—45. E. V a c h e r o t , Histoire critique de l'école d'Alexandrie, Par. 1846—51. K. S t e i n h a r t , Neuplat. Philos., in

Paulys Realenzykl. des klass. Altert. A. G e r c k c , Eine platon. Quelle des Neuplatonism., Rh. Mus. 41 (1886) 266—291 (1. Quellen d. Neuplatonism. 2. Chalcidius
u. Pseudoplutarch. 3. Vorsehung u. Naturgesetz des Platonikers (ob. S. 176*) u. der
Neuplatoniker. 4. Stoiz. im Platonism.). M. J. M o n r a d , Über den sachl. Zusammenh. der neuplaton. Philos. mit vorhergehenden Denkrichtungen, besonders
mit dem Skeptiz., Philos. Monatsh. 24 (4888) 159—193. A. B u s s c , Die neuplaton.
Ausleger der Isagoge des Porphyrios, Berl. 1892 Pr. W. B a r e w i c z , Die Dämonol.
d. Neuplaton. u. des Origenes (polnisch), in: Symbolae in honorem Cwikliński, Leopoli
1902. H. K r a u s e , Studia Neoplatonica, Lpz. 1904 Diss. P. R. E. G ü n t h e r ,
Das Probl. d. Theodizee im Neuplaton., Borna Lpz. 1906, Lpz. Diss. R. B e r t h e l o t ,
Évolutionnisme et platonisme (Bibl. de philos. contempor.), Par. 1908. S t. S c h i n -
d e l e , Aseität Gottes, Essentia u. Existentia im Neuplaton., Philos. Jahrb. 22
(1909) 3—19, 159—170. K. Z i e g l e r , Zur neuplat. Theologie, Arch. f. Religionswiss.
13 (1910) 247—269. K. P r a e c h t e r , Richtungen u. Schulen im Neuplaton., in:
Genethliakon, Berl. 1910, 105—156. C. T r a v a g l i o , L'estetica degli Alessandrini,
Atti d. R. Accad. delle scienze, Torino 1912. H. L c i s e g a n g , Die Raumtheorie
im späteren Platonismus, insbes. bei Philon u. den Neuplaton., Straßb. 1911 Diss.
Die Begriffe der Zeit u. Ewigkeit im späteren Platonismus (Beitr. z. Gesch. d. Philos. d.
Mittelalters Bd. 13 H. 4), Münst. 1913. Zur Beurt. der neuplat. Ekstase s. P. B e c k ,
Die Ekstase. Ein Beitr. z. Psychol. u. Völkerkunde. Bad Sachsa im Harz 1906.
K. H. E. d e J o n g (Lehre v. d. Astralkörpern), Actes du IV. congr. intern. d'hist. d.
relig.) 128 ff. T h. W h i t t a k e r , The Neo-Platonists, 2. ed., with a Supplem. on
the Commentaries of Proclus, Cambr. 1918. R. C. K i ß l i n g , The ᾿Οχημα-Πνεῦμα
of the Neoplatonists and the De insomniis of Synes. of Cyr., Amer. Journ. of Philol.
43 (1922) 318—330. *Entstehung des Neuplatonismus:* W. W. J a e g e r , Nemesios v.
Emesa. Quellenforschungen z. Neuplatonismus u. seinen Anfängen bei Poseidonios,
Berl. 1914. *Beziehungen zum mittleren Platonismus:* K. P r a e c h t e r , Nikostratos
d. Platoniker, Hermes 57 (1922) 492 ff. *Platonüberlieferung der Neuplatoniker:*
O. I m m i s c h , Philol. Studien zu Plato, 2. H., Lpz. 1903. *Kommentierende
Tätigkeit:* K. P r a e c h t e r , Byz. Ztschr. 18 (1909) 520 ff. *Neuplatonische Be-*
strebungen, Platon und Aristoteles in Einklang zu bringen: A. B u s s e , Hermes
28 (1893) 268. K. P r a e c h t e r , Gött. gel. Anz. 1903, 526. Art. Simplikios bei
Pauly-Wissowa-Witte. O. I m m i s c h , Philol. 65 (1906) 3 ff. W. W. J a e g e r ,
Nemesios v. Emesa 44 f. 59 ff. *Neuplatonismus und Politik:* G. R u d b e r g , in:
Symbolae Arctoae fasc. 1, ed. Soc. philol. Christianiensis, Christ. 1922.
Fernwirkungen des Neuplatonismus. Beziehungen zur christlichen Welt (Voll-
ständigkeit ist bei der Fülle des Stoffes im Rahmen dieser Darstellung ausgeschlossen.
S. auch unten: Einflüsse Plotins auf Spätere): (Firmicus Maternus:) F. B o l l ,
Art. Firm. Mat. bei Pauly-Wissowa, 2374. K. Z i e g l e r , Arch. f. Religionswiss. 13
(1910) 247—269. *(Demo:)* H. U s e n e r , Rh. Mus. 28 (1873) 414 ff. = Kl. Schr. III
33 ff. A. L u d w i c h , Die Homerdeuterin Demo, Festschr. z. 50 jähr. Doktorj.
L. Friedländers, Lpz. 1895, 296—321. Allegoriae Homericae ex cod. Vindob. primum
editae, Königsb. i. Pr. 1895 (vgl. L. C o h n , Pauly-Wissowa, Suppl. Heft 1, 345).
Die Homerd. Demo. 2. Bearb. ihrer Fragm., Königsb. i. Pr. 1912—1914, 3 Prr.
Gegen Ludwichs Zurückführung der Homerscholien des cod. Vind. 49 auf Demo
K. R e i n h a r d t , De Graecor. theolog. cap. duo 49 ff., gegen Verbindung der
Demo mit dem Neuplatonismus W. K r o l l , Art. Demo, Homerdeut., bei Pauly-
Wissowa-Kroll, Suppl. III 331. Vgl. auch o. S. 166*. — *(Aineias von Gaza:)* G. S c h a l k -
h a u s e r , A. v. G. als Philos., Erl. 1898. S t. S i k o r s k i , De Aenea Gazaeo
(Bresl. philol. Abh. IX 5), Bresl. 1909, 22 ff. (daß A. Hierokles' Schüler ge-
wesen sei [S. 1], ist unbeweisbar). — *(Anonymus περὶ πολιτικῆς ἐπιστήμης:)*
K. P r a e c h t e r , Byz. Ztschr. 9 (1900) 621—632. — *(Dialog ῾Ερμιππος ἢ*
περὶ ἀστρολογίας:) W. K r o l l , Artikel Hermippos 9 bei Pauly-Wissowa-Kroll.
(Christentum im allgemeinen:) C h. E l s e e , Neoplatonism in relation to Christianity,
Cambr. 1908. S. auch A. H a r n a c k , Neuplaton. u. kirchl. Dogmatik, in d.
Verf. Lehrb. d. Dogmengesch. I⁴ 823 f. — *(Neuplatoniker christlich beeinflußt:)*
K. P r a e c h t e r , Christl.-neuplat. Beziehungen, Byz. Ztschr. 21 (1912) 1—27. —
(Patristik:) J. D r ä s e k e , Neuplatonisches in des Gregorios von Nazianz Trinitäts-
lehre, Byz. Ztschr. 15 (1906) 141—160. C. v a n C r o m b r u g g h e , La doctrine
christologique et sotériologique de Saint Augustin et ses rapports avec le Néo-Platonisme, Rev. d'hist. ecclés. 5 (1904) 237—257. H. T. K a r s t e n (Augustins Briefe

u. s. Bezz. z. Neuplatonismus), Versl. en Mededeel. d. kon. Ak. v. Wetensch. 4. Reeks 10. Deel (1911) 226—258.   Th. J. P a r r y , Augustine's Psychology during his first period of literary activity with special reference to his relation to Platonism, Straßb. 1913 Diss. C h. B o y e r , Christianisme et néo-platonisme dans la formation de Saint Augustin, Par. 1921. H. K o c h , Ps.-Dionysius Areopag. in seinen Bez. zu Neuplaton. u. Mysterienw. (Forsch. z. christl. Lit.- u. Dogmengesch. 1. Bd. 2. u. 3. H.), Mainz 1900. H. F. M ü l l e r , Dionysios, Proklos, Plotinos. Ein hist. Beitr. zur neuplat. Philos. (Beitr. z. Gesch. d. Philos. d. Mittelalt. Bd. 20 H. 3—4), Münst. i. W. 1918. — *(Mittelalter:)* C. S a u t e r , Der Neuplaton., s. Bedeut. f. d. antike u. mittelalterl. Philos., Philos. Jahrb. 23 (1910) 183—195, 367—380, 469—486. C l. B a e u m k e r , Der Platonism. im Mittelalter, Münch. 1916, Festr. d. Münch. Ak. (hier 35 f. frühere Lit.). — *(Byzanz:)* K. K r u m b a c h e r , Gesch. d. byzant. Lit. 432 ff. K. P r a e c h t e r , Byz. Ztschr. 19 (1910), 321 ff. S. auch das General-register zu Bd. 1 (1892) — 12 (1903) der Byz. Ztschr. unter Neuplatonismus. C h r. Z e r v o s , Un philos. néoplatonicien, Michael Psellos (bespr. Rev. de synthèse hist. 31, 99). — *(Abendländische Scholastik:)* M. J a c q u i n , Le Néo-Platonisme de Jean Scot, Rev. d. sciences philos. et théol. 1 (1907) 674—685. L. B a u r , Dominicus Gundissalinus (s. oben S. 1*). J. S t i g l m a y r , Neuplatonisches bei Dionysius d. Karthäuser, Histor. Jahrb. d. Görresges. 20 (1899) 367—388. — *(Islam und Judentum:)* I g n. G o l d z i h e r , Die islam. u. die jüd. Philos., in: Kultur d. Gegenw. Teil 1 Abt. 5². H. G e i s t , Berl. philol. Woch. 1913, 124. 1088 (Al-Kindî de radiis). — *(Neuzeit:)* K. P. H a s s e , Von Plotin zu Goethe. Die Entw. d. neuplat. Einheitsged. z. Weltansch. d. Neuzeit, Lpz. 1909, Jena 1912. J. G ö b e l (Neuplaton. Dämonologie in Goethes Faust), Proceed. of the 37. annual meeting of the Amer. philol. assoc., Ithaca New York 1905.

Vgl. für die Patristik und Scholastik auch Bd. II¹⁰, für die Neuzeit Bd. III¹³ dieses Grundrisses (s. dort die Register unter Neuplatonismus, Neuplatoniker).

Zu § 78. Ammonios Sakkas und seine unmittelbaren Schüler außer Plotinos.

Ammonios Sakkas: L. J. D e h a u t , Essai histor. sur la vie et la doctr. d'A. S., Bruxelles 836. G. V. L y n g , Die L. des A. S. (Abhandl. Ges. d. Wissensch. z. Christiania), 1874. H. v. A r n i m , Quelle der Überlief. über A. S., Rh. Mus. 42 (1887) 276—285. E. Z e l l e r , A. S. u. Plotinus, Arch. f. Gesch. d. Philos. 7 (1894) 295—312 = Kl. Schr. II 91—107. F. T h e d i n g a , De Numenio (s S. 169* Numenios) 23 f. H. U s e n e r , Jenaer Literaturz. 1875, 775 = Kl. Schr. I 367 f. B. D o m a ń s k i , Die L. des Nemesius üb. d. Wesen d. Seele, Münst. i. W. 1897 Diss., 17. H. K r a u s e , De A. S. memoria apud Nemesium conservata, in: Stud. Neopl. (s. oben S. 187*) 5 ff. F r e u d e n t h a l , Art. A. 14 bei Pauly-Wissowa. — *Origenes der Heide:* G. A. H e i g l , Der Bericht des Porph. über Orig., Regensb. 1835, dazu Z e l l e r , Phil. d. Gr. III 2⁴ 513, 4. W. W. J a e g e r , Nemes v. Em. 65 f. — *Origenes der Christ:* s. Grundriß II¹⁰ 102 ff. 54* ff. O. S t ä h l i n bei Christ-Schmid II⁶ 1317 ff. und die sonstigen Hilfsmittel für Patristik und Dogmengeschichte. — *Herennios:* E. H e i t z , Die angebliche Metaphysik des H., Sitz. Berl. Ak. 1889, 1167—1190. Zur Überlieferungsgesch. R. F ö r s t e r , Zu H. Metaphysik, Woch. f. klass. Philol. 1901, 221 f. und die dort berücksichtigte Lit. V. H a h n , ebd. 223 f. G. P a s q u a l i , La cosi detta Metafisica di Erennio e Andrea Darmario, in Xenia Rom., 1908, 23—27. K. P r a e c h t e r , Art. H. 1 bei Pauly-Wissowa-Kroll. — *Longinos:* D. R u h n k e n , Diss. de vita et scriptis L., Lugd. Bat. 1776, abgedr. in Ruhnkens Opuscula, Lugd. Bat. 1807 und in Weiskes Ausg. v. Ps.-Longin περὶ ὕψους. Charakteristik Longins bei G. K a i b e l , Cassius L. u. d. Schr. Περὶ ὕψους, Hermes 34 (1899) 107 ff. Im übrigen scheidet die reiche Lit. über die Schr. Περὶ ὕψους aus, nachdem durch G. K a i b e l a. a. O. und B r. K e i l , Longinfragmente, Verh. d. Philologenvers. in Halle 1903 (Lpz. 1904) 54 f. endgültig erwiesen ist, daß das Werk mit L. nichts zu tun hat. Die Rhetorik unseres L. berührt L. R a d e r - m a c h e r , Philol. Woch. 1921, 788 f.

Zu § 79. Plotinos, Amelios und Porphyrios.

Plotinos: Jahresberichte außer den oben S. 16* f. angegebenen: H. F. M ü l l e r , Philol. 38 (1879) 322—349; 39 (1880) 148—160; 46 (1888) 354—370. K. S t e i n - h a r t , Art. Plotin in Paulys Realenz. d. kl. Alt. E d. M ü l l e r , Pl., in: Gesch. der Theorie der Kunst bei d. Alten, II 285—315, Berl. 1837. J. A. N e a n d e r ,

Über Ennead. II 9: gegen die Gnostiker, Abh. Berl. Ak. 1843, 299 ff. F. G r e g o -
r o v i u s , Grundlinien einer Ästhetik des Pl., Fichtes Ztschr. f. Ph. 26 (1855) 113
bis 147. C. H. K i r c h n e r , Die Philos. d. Pl., Halle 1854. E. B r e n n i n g , Die
L. v. Schönen bei Pl., im Zusammenh. seines Systems darg.; ein Beitr. z. Gesch.
d. Ästhetik, Gött. 1864. A. R i c h t e r , Neuplat. Studien, H. 1: Über Leben u.
Geistesentw. d. Pl. H. 2: Pl. L. vom Sein u. die metaphys. Grundlage seiner Philos.
H. 3: Die Theol. u. Physik d. Pl. H. 4: Die Psychol. d. Pl. H. 5: Die Ethik d. Pl..
Halle 1864—1867. H. F. M ü l l e r , Ethices Plot. lineamenta, Berl. 1867 Diss.
Für u. über Pl., Verh. d. 28. Versamml. dtsch. Philol. u. Schulm. in Lpz. 1872 (Lpz.
1873) 64—82. Zur L. v. Schönen bei Pl., Philos. Monatsh. 12 (1876) 211—227. Pl.,
u. Schiller üb. d. Schönheit, ebd. 385—393. Pl. Forschung nach d. Materie, Nord-
hausen 1882, Pr. v. Ilfeld. Dispositionen zu den 3 ersten Enn. des Pl., Bremen 1883.
H. v. K l e i s t , Pl. Krit. des Materialismus, Philos. Monatsh. 14 (1878) 129—146.
Der Gedankeng. in Pl. 1. Abhandl. über die Allgegenwart der intelligibeln in der
wahrnehmb. Welt, Flensb. 1881 Pr. Zu Pl. 2. Abh. über die Allgegenw. der int. in
der wahrnehmb. Welt, Philol. 42 (1883) 54—71. Plotin. Studien I, Stud. z. 4. Enn.,
Heidelb. 1883. Zu Pl. Enn. III 1, Philol. 45 (1886) 34—53. Zu Pl. Enn. III 4, Hermes
21 (1886) 475—482. P. M a b i l l e , De causa, quae finis dicitur apud Platonem
et Pl., Dijon 1880 Thesis. G. L ö s c h e , Pl. u. Augustin, Ztschr. f. kirchl. Wissensch.
5 (1884) 337—346. P. P a b s t , Pl. Enn. 1, B. 1, c. 1—6, exeg. u. krit. unters.,
Philol. 43 (1884) 662—677. M. B e s o b r a s o f , Über Pl. Glückseligkeitsl., Lpz.
1887. J. A. L y l y , Plootinos sielun substantsiaalisuudesta, Helsingf. 1889 Diss.
S t r u v e , Die neuplat. Ethik des Pl. u. ihr Verh. zur platon., Kirchl. Monatsschr.
11 (1892) 467—478. L. P i s y n o s , Die Tugendl. d. Pl. mit besonderer Berücks.
der Begriffe des Bösen u. der Katharsis, Lpz. 1895 Diss. A. C o v o t t i , La cosmogonia plotin. e l'interpret. panteisto-dinamica dello Zeller, Rendic. della R. Accad.
dei Lincei, classe di scienze mor., stor. e filol., serie 5 vol. 4 (Roma 1895) 371—393,
469—488. Il Cósmos Noetós di Pl. nella sua posizione storica, Riv. ital. di filos. 12, 2.
F. S c h a r r e n b r o i c h , Pl. de pulchro doctr., Halle 1898 Diss. E. R o c h o l l ,
Pl. u. das Christent., Jena 1898 Diss. T h. G o l l w i t z e r , Pl. L. v. d. Willensfreiheit, I., Kempten 1900 Pr., II., Kaiserslautern 1902 Pr. J. L i n d s a y , The
philos. of Pl., Arch. f. Gesch. d. Philos. 15 (1902) 472—478. C a r l S c h m i d t ,
Pl. Stell. z. Gnostizismus u. kirchl. Christent., Texte u. Unters. z. Gesch. d. altchr.
Lit. 20, N. F. 5 (1901) H. 4. W. L u t o s l a w s k i , L'esthétique de Pl. en relation
avec la conception classique du beau, Anz. d. Akad. d. Wiss. in Krakau 1903, 79
bis 86. F. P i c a v e t , Pl. et les mystères d'Eleusis, Par. 1903. K. H o r s t , Pl.
Ästhetik, Vorstud. zu einer Neuunters. I, Gotha 1905. K. A l v e r m a n n , Die L.
Pl. v. der Allgegenwart d. Göttl., Jena 1905 Diss. H. G u y o t , Pl. et la génération
de l'intelligence par l'un, Revue néo-scolastique 1905, 55—59. Les réminiscences
de Philon le juif chez Pl., Par. 1906. A. D r e w s , Pl. u. d. Unterg. der ant. Weltansch., Jena 1907. Vgl. auch M. H e i n z e , Die L. v. Logos, 306—239. A. A a l l ,
Gesch. d. Logosidee in der griech. Philos., 238—251. J. W a l t e r , Gesch. d. Ästh.
im Altert. 736—786. W. B ö r n e r , Die Künstlerpsychol. im Altert. (darin: Plotin),
Ztschr. f. Ästhetik u. allgem. Kunstw. 7, 102 f. H. A. O v e r s t r e e t , The dia-
lectic of Pl., Berkeley 1909 Diss. C h. J. W h i t b y , The wisdom of Pl., Lond.
1909. K. S. G u t h r i e , Pl., his life, times and philos., Chicago 1909. C. T r a -
v a g l i o , La vera conoscenza secondo Pl., Mem. della R. Accad. delle scienze di
Torino, Ser. 2 tom. 61 (1911), sc. mor., stor. e filol., 197—250. F. L e t t i c h , Della
sensazione al pensiero nella filos. di Pl., Triest 1911 Pr. C a s. D r e a s , Die Usia
bei Pl., Borna Lpz. 1912, Jenaer Diss. E. T h i e l , Die Ekstasis als Erkenntnisform
bei Pl., Arch. f. Gesch. d. Philos. 26 (1913) 48 ff. B. A. G. F u l l e r , The problem
of evil in Pl., Cambr. 1912. H. F. M ü l l e r , Pl. Ein Charakterbild, Sokr. 2 (1914)
94—110. Pl. üb. d. Vorsehung, Philol. 72 (1913) 338—357. Plotin. Stud. I: Ist die
Metaphysik des Pl. ein Emanationssystem?, Hermes 48 (1913) 408—425. II: Orien-
talisches bei Pl.?, ebd. 49 (1914) 70—89. III: Enn. 1, 1 Περὶ τοῦ τί τὸ ζῷον καὶ
τί ὁ ἄνθρωπος, ebd. 51 (1916) 97—119. IV: Zur Ethik d. Pl., ebd. 52 (1917) 57
bis 76. V: Περὶ εὐδαιμονίας (Enn. I 4), ebd. 77—91. Pl. üb. Notwendigkeit
u. Freiheit, Neue Jahrb. 33 (1914) 462—488. Pl. über ästhet. Erziehung, ebd. 36
(1915) 69—79. Goethe u. Pl., German.-rom. Monatsschr. 1915, 45—60. Zur Gesch.
des Begr. „schöne Seele", ebd. 236—249. Die L. v. Schönen bei Pl., Sokr. 3 (1915)
593—602. Zu Pl. Metaphysik, Hermes 51 (1916) 319 f. Zur Ethik des Pl., Sokr. 4

(1916) 177—187. *Φύσις* bei Pl., Rh. Mus. 71 (1916) 232—245. Etymol. Spielereien bei Pl., Hermes 52 (1917) 151. Wortspiele bei Pl., ebd. 626—628. Die Lehre v. Logos bei Pl., Arch. f. Gesch. d. Philos. 30 (1917) 38—65. Pl. u. d. Apost. Paulus, Hermes 54 (1919) 109. Pl. über d. Unsterblichk. (Ennead. IV 7), Sokr. 7 (1919) 177—187. Das Probl. d. Theodizee bei Leibniz u. Pl., Neue Jahrb. 43 (1919) 199—229. O. W a l z e l , Pl. Begr. der ästhet. Form, Neue Jahrb. 37 (1916) 186—225. E. S c h r ö d e r , Pl. Abh. *Πόθεν τὰ κακά* (Enn. I 8), Rost. 1916 Diss. W. R. I n g e , The Philosophy of Pl., 2 Bde., New York 1918. M. W u n d t , Plotin. Studien z. Gesch. d. Neuplatonism. I, Lpz. 1919. F. H e i n e m a n n , Plotin. Forschungen üb. d. plotin. Frage. Pl. Entwickl. u. sein System, Lpz. 1921. O. S ö h n g e n , Das myst. Erlebnis in Pl. Weltansch., Lpz. 1923. — F. T h e d i n g a s. o. S. 170*. — Pl. Stell. z. Sternglauben: E. P f e i f f e r , Stud. z. ant. Sterngl. (*Στοιχεῖα* II) 68 f. Kritisch-exegetische u. ä. Beiträge: R. M a r c e l l i n o , Philol. 51 (1892) 45 (zu 5, 6, 6). I. B r u n s , Interpret. variae, Kiliae 1893 Pr., 11—14 (zu 3 cap. 1—7). B. v. H a g e n , Eine Platonreminiszenz bei Pl., Philol. 67 (1908) 475 f. T h. G o l l w i t z e r , Beiträge z. Krit. u. Erklär. Pl., Kaisersl. 1909 Pr. (hier 5 ff. Lit.). H. F. M ü l l e r , Glosseme u. Dittographien in den Enn. des Pl., Rh. Mus. 70 (1915) 42—55. Ein Aristoteleszitat bei Pl., Hermes 51 (1916) 320. Kritisches u. Exegetisches zu Pl., Berl. philol. Woch. 1916, 917—919, 1221—1224; 1917, 126 f. 974—976. 1007 f. 1055. 1375—1377; 1918, 21—24. 185 f. 210—212. 500 f. 1028; 1919, 309—312, 450—454. Ein Distichon Schillers erläut. durch Pl., Hermes 51 (1916) 629 f. K. P r a e c h t e r , Pl. Enn. 6, 1, 11, Hermes 55 (1920) 102—104. *Einflüsse Plotins auf Spätere:* A. J a h n , Basilius Magn. plotinizans, Bern 1838. C a r l S c h m i d t , Texte u. Unters. Bd. 20 H. 4 (1901) 86 f. (Porphyr. geg. d. Christen auf Anregung Pl.). K r a t z e r (Beziehungen d. Seelenl. Augustins zu Pl.), Arch. f. Gesch. d. Philos. 28 (1915) 369 ff. K. H. E. d e J o n g , Hegel u. Pl., Leiden 1916 (ungenügende Behandlung Plotins in Hegels Vorless. üb. d. Gesch. d. Philos.). M. W u n d t , Pl. u. d. Romantik, Neue Jahrb. 35 (1915) 649—672. Noch einmal Goethe u. Pl., ebd. 41 (1918) 140 f. H. F. M ü l l e r , Shaftesbury u. Pl., Berl. philol. Woch. 1918, 670 f. (dazu T. O. A c h e l i s , ebd. 1919, 48). Von griech. u. deutscher Mystik, Das humanist. Gymn. 30 (1919) 45—56, 108—121, 183—193 (Pl. u. Eckhart). S. auch o. S. 187* f. Vgl. ferner Grundriß II[10] III[12] und IV[12] (s. d. Register unter Plotinus).

     Amelios: F r e u d e n t h a l , Art. Amelius bei Pauly-Wissowa. Ferner kommen aus der Lit. zu Ammonios Sakkas die Arbeiten von T h e d i n g a , U s e n e r , D o m a ń s k i und K r a u s e in Betracht.

     Porphyrios: G. W o l f f über d. Leb. d. P. u. üb. d. Abfassungsz. s. Schrr. bei der Ausg. der Schr. De philos. ex orac. haur., Berl. 1856, 7—13, 14—37. J a k. B e r n a y s , Theophrastos' Schr. üb. Frömmigkeit, ein Beitr. z. Religionsgesch., mit krit. u. erkl. Bemerkk. zu P. Schr. üb. Enthaltsamkeit, Berl. 1866. A d. S c h ä f e r s , De P. in Plat. Tim. commentario, Bonn 1868 Diss. Zu den aus Kyrill ausgezogenen Fragm. s. D i e l s , Comment. Bonnens. in hon. Buecheleri et Useneri 1873, 61 ff., Doxogr. 11, 1. Über P. als Geschichtsschreiber der Philos. D i e l s , Dox., s. dort den Index. J. L. H e i b e r g , Literargesch. Studien über Euklid., Lpz. 1882, 159 ff. H. S c h r a d e r , Zu den Fragm. der *φιλόσοφος ἱστορία* des P., Arch. f. Gesch. d. Philos. 1 (1888) 359—374. A. J. K l e f f n e r , P., der Neuplaton. u. Christenfeind, Paderb. 1896. W. P u r p u s , Die Ansch. d. P. üb. d. Tierseele, Ansb. 1899, Erl. Diss. F r. B ö r t z l e r , P. Schr. v. den Götterbildern, Erl. 1903 Diss. Über eine syrische Vita des P. handelt A. B a u m s t a r k in den Philol.-hist. Beitr. C. Wachsmuth zum 60. Geb. überr., Lpz. 1897, übersyr. Kommentare zur *Εἰσαγωγή* des P. derselbe, Aristoteles bei den Syrern (s. o. S. 102*) 133 ff. Über Apollonios, den Lehrer des P., E. H e f e r m e h l im Anh. des Art. Menekrates v. Nysa u. die Schr. v. Erhabenen, Rh. Mus. 60 (1905) 283—303. — H. K r a u s e , De P. commixtis quaestion. in des Verf. Studia Neoplat. Kap. 2 S. 12 ff. (Auch die folgenden Kapitel der Arbeit kommen für P. in Betracht.) H. H a u s c h i l d t , De P. philos. Macarii Magnetis apologetae Christ. in libris *Ἀποκριτικῶν* auctore, Heidelb. 1907 Diss. P. H e s e l e r , Zu P. Schr. *Ἀφορμαὶ πρὸς τὰ νοητά*, Kreuznach 1909 Pr. (gegen Mommerts Ausg. gerichtet). A. D e l a t t e , Un *ἱερὸς λόγος* pythagoricien (zur Pythagorasvita d. P.), Rev. de philol. 34 (1910) 175—198. K. P r a e c h t e r , in: Genethliakon, Berl. 1910, 122 ff. (über P. allegorisierende Interpretationsmethode). J. B i d e z , V i e d e P. l e p h i l o s. n é o p l a t., G a n d. L p z. 1913 (Hauptwerk). W. B o u s s e t , Zur Dämonol. der späteren Antike, Arch. f. Religionswiss. 18 (1915) 134 ff. S. auch

R. R e i t z e n s t e i n , Historia Monachorum u. Historia Lausiaca (Forsch. z. Relig. u. Lit. des Alten u. Neuen Test., N. F. Heft 7), Gött. 1916, 98 ff. u. ö. H. J a e g e r , Die Quellen der Pythagorasbiogr. des P., Zürich 1919 Diss. C. V i t a n z a , Un episodio del paganesimo moriente in Sicilia, Athenaeum, Studi periodici di Letteratura e Storia, N. S. 1 (1923), 169 ff. Zu P. Schrift geg. d. Christen s. ferner U. v. W i l a m o - w i t z - M., Ztschr. f. d. neutestam. Wiss'n (1900) 101 ff., C. S c h m i d t o. S. 190* und diesen Grundriß II¹⁰ S. 138. 63*. Kritisch-exegetisches u. ä.: E. B e t h e , Philol. 47 (1889) 554 f. (zu de antro nymph.). G. S c h e p s s , Blätt. f. d. Gymnasialschulw. 29 (1893) 116 f. W. K r o l l , Rh. Mus. 52 (1897) 286—289. H. D i e l s , Hermes 33 (1898) 334 f. G. L e h n e r t , Rh. Mus. 55 (1900) 112 ff. O. C r u s i u s , Philol. 59 (1900) 315 f. F r. B o l l , Philol. 66 (1907) 12. R. R e i t z e n s t e i n , Zwei religionsgesch. Fragen 80, 1; 92, 2; 95. H. U s e n e r , Rh. Mus. 58 (1903) 347. L. R a d e r m a c h e r , Rh. Mus. 63 (1908) 533. P. C o r s s e n , Berl. philol. Woch. 1911, 1390; 1912, 733. C. F r i c k , Woch. f. klass. Philol. 1912, 809, 1. P. S h o r e y , Class. Philol. 6 (1911) 351 f. A. D i e t e r i c h , Mithrasliturgie² 63. 68, 1. E. B i c k e l , De P. περὶ ἁγνείας scriptore in des Verf. Diatr. in Sen. philos. fragm. I 129 ff. P. C o r s s e n , Paulus u. P., Sokr. 7 (1919) 18—30. Ztschr. f. d. neutest. Wiss. 19 (1919/20) 2—10 (zu 2. Kor. 3, 18.). O. K e r n , Verschollenes zu P., Hermes 54 (1919) 217—219. K. P r a e c h - t e r, P. in Arist. Cat. p. 123, 29 ff. B., Hermes 56 (1921) 226 f. — Für die Zusammenhänge zwischen P., Iamblichos, Cornelius Labeo, Arnobius, Macrobius, Praetextatus, Proklos, Ioannes Lydos sind (außer der S. 190* genannten Arbeit von Fr. Börtzler) F r. N i g g e t i e t , De Cornelio Labeone, Münst. 1908 Diss., C a r. R e i n h a r d t , De Graecorum theol. cap. duo, Berl. 1910, 94 ff. und B. B o e h m , De Corn. Lab. aetate, Königsb. 1913 Diss., 30, sowie die zu Iamblich (unten § 80) und Macrobius (unten § 84) anzuführenden Arbeiten von W i s s o w a und T r a u b e zu vergleichen. Für P. philologische und historische Schriften sei auf C h r i s t - S c h m i d II⁶ 852 ff. und B i d e z (o. S. 190*) verwiesen. *Einflüsse des P. auf Spätere:* Grundr. II¹⁰ (s. dort d. Register). Abälards Glossen z. Porph. (Grundr. II¹⁰ 278) liegen jetzt vor in d. Ausg. v. B. G e y e r , Beitr. z. Gesch. d. Philos. d. Mittelalt. 21, 1, Münst. i. W. 1919.

Zu § 80. Iamblichos und die syrische Schule.

Iamblichos: R. H e r c h e r , Iambl. π. τῆς Νικομάχου ἀριϑμητικῆς εἰσαγωγῆς, Hermes 6 (1872) 59—67. F r. B l a s s , Commentatio de Antiphonte sophista Iambl. auctore, Kiliae 1889 Univ.-Schr. H. P i s t e l l i , Iamblichea, Studi ital. di filol. class. 1 (1893) 25—39. F r. H u l t s c h , Erläut. zu d. Berichte des Iambl. über die vollkommenen Zahlen, Nachr. Ges. d. Wiss. zu Gött., phil.-hist. Kl. 1895, 246—255. K. P r a e c h t e r , in: Genethliakon, Berl. 1910, 108 f. (äußere Schulgeschichte), 113 ff. (Iambl. philos. Charakter u. allegorisierende Methode). E. S c h r ö d e r , Plotins Abh. Πόϑεν τὰ κακά 188 ff. *Iamblichos' Schrift Περὶ ϑεῶν:* G. W i s s o w a (s. S. 199* zu § 84 unter Macrobius). L. T r a u b e , Varia libamenta critica, Monach. 1883 Diss. F r. B ö r t z l e r (s. S. 190* unter Porphyrios). F. N i g g e t i e t , De Cornelio Labeone, Münst. 1908 Diss., 46 ff. K. R e i n h a r d t (s. oben). *Protreptikos:* I. B y w a t e r , Journ. of philol. 2 (1869) 55 ff. H. U s e n e r , Rh. Mus. 28 (1873) 400 = Kl. Schr. III 19. R. H i r z e l , Hermes 10 (1875) 61 ff. H. D i e l s , Arch. f. Gesch. d. Philos. 1 (1888) 477 ff. P. H a r t l i c h , De exhort. etc. 241 ff. E. B a d - s t ü b n e r (s. unter Seneca S. 159*) 9 f. H. M u t s c h m a n n , Divisiones quae vulgo dicuntur Aristot. p. XXXIX. S. E i t r e m , Varia (darin über das pythag. Symbol bei Iambl. Protr. S. 118 P.), Nord. Tidskr. f. filol. 3. R. 18, 50 ff. W. G e r - h ä u ß e r , Protrept. d. Poseid. (s. dort d. Register unter Iambl.). W. J a e g e r , Aristoteles 60 ff. *Pythagorasvita:* E. R o h d e , Die Quellen des Iambl. in s. Biogr. d. Pyth., Rh. Mus., 26 (1871) 554—576; 27 (1872) 23—61 (Kl. Schr. II 102 ff.). C. G. C o b e t , Observationes crit. et palaeogr. ad Iamblichi vitam Pythagorae, Mnemos. 5 (1877) 338—384, wiederholt in Collectanea critica, 1878 305 ff. E. R o h d e , Zu Iambl. de vita Pythagorica, Rh. Mus., 34 (1879) 260—271 (vgl. Kl. Schr. I S. XIV). W. R. P a t o n , Ad Iamblichi de vita Pythagorica librum, Philol. 51 (1892) 182—184. C h. M i c h e l (zu vit. Pyth. 255), in: Mélanges Havet, Par. 1909) 279. A. D e l a t t e (zu vit. Pyth. 254—264), Rev. de l'instr. publ. en Belg. 52 (1909) 90—97. G u i l. B e r t e r m a n n , De Iambl. vit. Pythag. fontibus, Königsb. 1913 Diss. B a s. M i c h a e l (zu vit. Pyth. 62), Woch. f. klass. Philol. 1917, 472 f. *Theologumena*

arithmeticae: E. P i s t e l l i , Studi ital. di filol. class. 5 (1897) 425—428; 11 (1903)
432. W. H. R o s c h e r , Philol. 60 (1901) 82. R. L a q u e u r , Hermes 42 (1907)
530—532. V. d e F a l c o , Sui Th. ar., Riv. Indo-Greco-Ital. 6 (1922) 49—61.
Un altro codice dei Th. ar., ebd. 7 (1923) 301 ff. *De mysteriis Aegyptiorum:* C. G. H a r -
l e s , Das B. v. d. ägyptischen Mysterien, Münch. 1858. H. K e l l n e r , Analyse
d. Schr. des Iambl. de mysteriis als eines Versuches, eine wiss. Theol. des Heident.
aufzustellen, Theol. Quartalschr. 49 (1867) 359—396. C a r . R a s c h e , De Iamblicho
libri qui inscribitur de mysteriis auctore, Monast. Guestf. 1911 Diss. *Verlorener
Alkibiadeskommentar:* R. A s m u s , Der Alkib.-Komm. des Iambl. als Hauptquelle
f. Kaiser Julian, Sitz. Heidelb. Ak. philos.-hist. Kl. 1917, 3 Abh. Textkritische
Beiträge: W. K r o l l , Philol. 53 (1894) 423; Rh. Mus. 52 (1897) 289 (zu Iambl.
b. Stob. ecl. I 376, 5; II 173, 8; 175, 20; 176, 1). T h. G o m p e r z , Sitz. Wien.
Ak. 134 (1896) 2. Abh. 2 (zu Protr. 97, 2. 21; 98, 24; 100, 13; 104, 4 Pist.). H. v a n Her-
w e r d e n , Mnem. 27 (1899) 390 (zu Iambl. b. Stob. fl. 5, 48 [5, 64 M.]). 395 (zu
Iambl. b. Stob. ecl. I 363, 11; 367, 6; 378, 21). I. B y w a t e r , Journ. of philol. 31
(1910) 197 ff. — G. M a u , W. K r o l l , Art. Iambl. 3 bei Pauly-Wissowa-Kroll.
— Über den Anonymus Iamblichi s. oben zu § 29, über Iamblichs Lehrer *Anatolios*
Z e l l e r , Philos. d. Gr. III 2⁴ 736, 1 und R i e s s , Art. Anatolius 12 bei Pauly-
Wissowa. — ***Theodoros von Asine:*** Z e l l e r III 2⁴ 783. — ***Sopatros:*** F. F o c k e ,
Quaestiones Plutarcheae, Monast. 1911 Diss., 57 ff. F r. W i l h e l m , Der Regenten-
spiegel des S., Rh. Mus. 72 (1918) 374—402. — ***Dexippos:*** A d. B u s s e , Der Histo-
riker u. d. Philosoph Dexippos, Hermes 23 (1888) 402—409.

Über *Theodoros von Asine, Dexippos* und *Sopatros* s. auch K. P r a e c h t e r in:
Genethliakon, 108 f.

Zu § 81. Die pergamenische Schule. Über die geschichtl. Stellung und den
Charakter der Schule handelt K. P r a e c h t e r in: Genethliakon 109 f. 117 f.
Für ihre einzelnen Mitglieder (außer dem zweiten Hierios und Hilarios) sind alle
aus den antiken Nachrichten zu gewinnenden wesentlichen Tatsachen bei Z e l l e r
III 2¹ 787 ff. vermerkt. Für *Aidesios* vgl. auch F r e u d e n t h a l , Art. Aidesios 4,
für *Chrysanthios* und *Eusebios* K r o l l , Art. Chrysanthios und Eusebios 35, für
Diogenes H a r t m a n n , Art. Diogenes 31, für *Hierios,* den Lehrer des Maximos,
und einen von ihm wohl zu unterscheidenden *zweiten Hierios* sowie für *Hilarios* und
Simonides P r a e c h t e r , Art. Hierios 8 und 9, Hilarios 1, Simonides 3 bei Pauly-
Wissowa-Kroll-Witte. Weitere Literatur ist hier nur für Julian, Sallust und Eunapios
zu verzeichnen.

Julian: D. F r. S t r a u s s , J. d. Abtrünnige, d. Romantiker auf d. Thron
d. Cäsaren, Mannh. 1847, auch in: Ges. Schriften I (1876) 177—216. W. S c h w a r z ,
De vita et scriptis J. imperatoris, Bonn 1888 Diss. F. C u m o n t , Sur l'authen-
ticité de quelques lettres de J. (Recueil d. trav. publ. par la fac. d. philos. et lettr.),
Gand 1889. L. B a r t e n s t e i n , Zur Beurt. d. Kaisers J., Bayreuth 1891 Pr.
F. C u m o n t , Fragments inédits de Julien, Rev. de philol. 16 (1892) 161—166.
Dazu R. F ö r s t e r , Rh. Mus. 49 (1894) 168. F. C (u m o n t), Les lettres de Julien
au philos. Eustathios, Rev. de l'instr. publ. en Belgique 35 (1892) 1—3. W. S c h w a r z
Julianstudien, Philol. 51 (1892) 623—653. K. P r a e c h t e r , Dion Chrysostomos
als Quelle J., Arch. f. Gesch. d. Philos. 5 (1892) 42—51. J. R. A s m u s , Theo-
dorets Therapeutik u. ihr Verh. zu J., Byz. Ztschr. 3 (1894) 116—145. A. G a r d n e r ,
J. philosopher and emperor and the last struggle of Paganism against Christianity,
Lond. 1895. J. R. A s m u s , J. u. Dio Chrysostomus, Tauberbischofsheim 1895 Pr.
W. C. F r a n c e , The Emperor J. Relation to the New Sophistic and Neo-Platonism;
with a Study of his Style, Lond. 1896, Diss. von Chicago. J. R. A s m u s , Ein
Bindeglied zw. d. pseudojustinischen Cohort. ad Graecos u. J. Polemik geg. d. Galiläer
(Dion Chrys. or. 12), Ztschr. f. wiss. Theol. 40 (1897) 268—284. J. G. B r a m b s ,
Stud. zu d. Werken J. d. Apost. I, Eichstätt 1897 Pr.; II, ebd. 1899 Pr. J. B i d e z
et F r. C u m o n t , Recherches sur la tradition manuscr. d. lettres de l'emper. J.,
Brux. 1898. W. V o l l e r t , Kais. J. religiöse u. philos. Überzeugung, Gütersl. 1899,
in: Beitrr. z. Förderung christl. Theologie, 3. Jahrg. 6. Heft. P. A l l a r d , J. l'Apo-
stat, 3 Bde., Par. 1900—1903. G. N e g r i , L'imperatore Guil. l'Ap.³, Milano 1914.
E. M ü l l e r , Kais. Flav. Claud. J., Hannov. 1901. R. A s m u s , J. Brief an
Dionysios, Arch. f. Gesch. d. Philos. 15 (1902) 425—441. J. Brief an Oreibasios,
Philol. 61 (1902) 577—592. J. Brief über Pegasius, Ztschr. f. Kirchengesch. 23 (1902)

479—495. J. Galiläerschr. im Zusammenh. mit s. übr. Werken, Freib. i. B. 1904
Pr. Die Invektiven des Gregorius v. Naz. im Lichte der Werke des Kais. J., Ztschr.
f. Kirchengesch. 31 (1910) 325—367. J. autobiograph. Mythos als Quelle d. Julianus-
romans, Ztschr. d. dtsch. morgenl. Ges. 68 (1914) 701—704. Kais. J. Misopogon u.
seine Quelle, Philol. 76 (1920) 266—292; 77 (1921) 109—141. M. L a n d a u , Kais.
J. u. s. Reformheidentum, Beil. z. Allgem. Zeit. 1903 Nr. 198. 199. C. P a r s o n s ,
Sir J. the Ap., Lond. 1903. L. d u S o m m e r a r d , J. l'Ap., Rev. d. deux mondes 29
(1905) 619—655. S c h u l t e , Das Verh. v. Theodorets Therapeutik zu d. Schrr.
Kais. J., Theol. Quartalsschr. 88 (1906) 492 f. G. M a u , Die Religionsphilos. Kais.
J. in s. Reden auf König Helios u. d. Göttermutter. Mit einer Übers. d. beiden Reden,
Lpz. Berl. 1907. C. G l a d i s , De Themistii Libanii J. in Constantium orationibus,
Bresl. 1907 Diss. J. G e f f c k e n , Kaiser J. u. die Streitschrr. s. Gegner, Neue
Jahrb. 21 (1908) 161—195. J. G e f f c k e n , Der röm. Kais. J., Preuß. Jahrb. 146
(1911) 1—22. C. B a r b a g a l l o , Guil. l'Ap., Genova 1912. J. G e f f c k e n ,
Kaiser Julianus (Das Erbe der Alten, Heft 8), Lpz. 1914 (hier im Anh. 128 ff. reiche
Nachweise von Material u. Lit. Vgl. dazu R. A s m u s , Woch. f. klass. Philol.
1914, 520 ff. Sitz. Heidelb. Ak. 1917, 3. Abh. 3,3). J. B i d e z , J. l'Apost., Rev.
d. l'instr. publ. en Belg. 57 (1914) 97 ff. E. J M a r t i n , The Emperor J., an Essay
on his Relations with the Christian Rel., Lond. 1919. T h. B i r t , J. in: Birt,
Charakterbilder Spätroms, Lpz. 1919, 207 f. A. R o s t a g n i , Giul. l'Apost., Torino
1920. S. auch B a r n e r o. S. 27*. A s m u s o. S. 192* (Iambl. Alkibiadeskomm.). Exegetische, text- und quellenkritische u. a. Beiträge veröffentlichten ferner: P. T h o m a s
(zu den Briefen), Rev. de l'instruct. publ. en Belg. 32 (1889) 149—152; (zu ep. 16, S. 495,
10 Hertl.), Mnem. 18 (1890) 403. F. C u m o n t (zum Misopogon 444, 8 u. 436, 13), Rev.
de l'instr. publ. en Belg. 32 (1889) 82—84. O(t t o) C(r u s i u s) (z. 8. Br.), Philol. 55
(1896) 38. T h. G o m p e r z (z. 6. Rede S. 201 1), Sitz. Wien. Ak. 139 (1898) 1. Abh. 7.
M a n s i o n (Überlief. d. 8. Rede), Rev. de l'instruct. publ. en Belg. 41 (1898) 246
bis 255. E. S o n n e v i l l e (Benutzung Plutarchs), ebd. 42 (1899) 97—101.
J. B i d e z , Rev. d. l'instr. publ. en Belg. 44 (1901) 177—181. Notes sur les lettres
de l'empereur J., Bull. de l'Acad. roy. de Belg., classe d. lettr. 1904, 493—506.
A. P l a t t , Class. Rev. 17 (1903) 150—152 (1. Rede); 18 (1904) 21 f. (Misopogon);
19 (1905) 156—159 (Reden u. Briefe); Class. Quart. 3 (1909) 289 f. (Briefe). R. A s m u s
(z. 4. Rede), Rh. Mus. 63 (1908) 627—631 — dazu A. B r i n k m a n n el d. 631 —;
(z. 5. Rede), ebd. 64 (1909) 318—336; (z. 59. Briefe), Philol 71 (1912) 376—389;
(zum 3.* u. 35. Br.), ebd. 72 (1913) 115—124. K. P r a e c h t e r (z. 4. Rede), Rh.
Mus. 68 (1913) 153 f.; (z. 6. Rede 238, 3 ff. H.), Hermes 56 (1921) 441—443.
A. P u e c h , J. et Tertullien, Didaskaleion 1 (1912) 48—53. P. S h o r e y (z. 5.Rede),
Class. Philol. 8 (1913) 229. S. auch R. A s m u s , Philol. 65 (1906) 410 ff. (Physiogno-
monisches). W. R. H a l l i d a y , St. Basil and J. the Apostate, a Fragm. of Legend.
Hist., Annals of Archaeol. and Anthropol. 7 (1914) 89—106. B r. K e i l , Ein λόγος
συστατικός, Nachr. Ges. d. Wiss. z. Gött. philol.-hist. Kl. 1913, 1—41 (z. Epist 35 H.).
H. B o g n e r , Kaiser J. 5. Rede, Philol. 79 (1923) 258—297. Ältere Beiträge von
C o b e t , N a b e r , H e r t l e i n , K l i m e k u. a. s. bei Engelmann-Preuß und
Klussmann, sowie Asmus S. V seiner Übers. — *Zu den Bildnissen Julians:* S. R e i -
n a c h , Un portrait authentique de l'empereur J., Rev. archéol. 38 (1901) 337—359.
G. N e g r i , L'imperatore Guil. l'Ap., s. o. S. 192* E. M i c h o n , La prétendue statue
de J. l'Ap. au Mus. du Louvre, Rev. archéol. 39 (1901) 259—280 R D e l b r ü c k ,
Ztschr. f. bild. Kunst, N. F. 14 (1902) 17—21. P. A l l a r d , L'iconographie de
J. l'Ap., Rev. des questions historiques 31 (1904) 580—586. Vgl. auch E. B a b e l o n ,
Acad. des inscript. 31. Jan. 1902 (über einen geschnittenen Stein mit dem Bilde J.).
L'iconographie monétaire de J. l'Ap., Rev. numism. 1903, 130—163. S p y r.
P. L a m b r o s , Byz. Ztschr. 1 (1892) 194. P. H. W e b b , Numism. chron. 1910,
238. — *Julian in der schönen Literatur:* R. F ö r s t e r , Kais. J. in der Dichtung
alter u. neuer Zeit, Studien zur vergl. Literaturgesch., 5 (1905) 1—120. Dazu Nachträge von R. F. A r n o l d u. K. K i p k a , ebd. 5 (1905) 330—336, und von
R. A s m u s , Woch. f. klass. Philol. 1905, 833 ff. R. A s m u s , Schiller u. J., Ztschr.
f. vergl. Literaturgesch. 17 (1909) 71—114. Eichendorffs „Julian", Neue Jahrb. 21
(1908) 634—662. — S. auch die Berichte über d. zweite Sophistik im Jahresb. üb.
d. Fortschritte d. klass. Altertumswissenschaft und Grundr. II ⁰ S. 79*.

   Sallustios: E. P a s s a m o n t i , La dottrina dei miti di S. filos. neoplat.,
Rendic. dell' Accad. dei Lincei, Cl. di sc. mor., stor. e filol., ser. 5 vol. 1 (1892) 643

bis 664. Le dottrine mor. e. relig. di S. filos. neopl., ebd. 712—727. F. C u m o n t , S. le philos., Rev. de philol. 16 (1892) 49—56. G. M u c c i o , Studi per un' edizione critica di S. filos., Studi ital. di filol. class. 3 (1895) 1 ff. Osservazioni su S. filos., Studi ital. di fil. class. 7 (1899) 45—73 (dazu W e n d l a n d , Berl. philol. Woch. 1899, 1409 f. P r a e c h t e r , Woch. f. klass. Philol. 1900, 182 ff.). Über die Persönlichkeit des S. und den Zweck seiner Schrift Z e l l e r III 2¹ 793, 1, U. v. W i l a - m o w i t z - M o e l l e n d o r f f , Eurip. Heracl. I (1889) 197, Die griech. Liter. d. Altert. (Kultur d. Gegenw. Teil 1 Abt. 8³) 282, F. C u m o n t (s. oben), M a u , Die Religionsphilos. Kaiser Julians (s. S. 193* unter Julian), 5 ff., E. S c h r ö d e r , Plotins Abh. Πόθεν τὰ κακά 194 f., P r a e c h t e r , Art. Sall. 37 bei Pauly-Wissowa-Witte. — *Eunapios:* Ältere Ausführungen über Leben u. Schrr. (v. J u n i u s u. F a b r i c i u s) sind in Boissonades Ausgabe dem Texte vorangeschickt. V. L u n d - s t r ö m , Proleg. in E. vitas sophist. et philosoph., Skrifter utgifna af k. humanist. Vetenskaps-Samfundet i Upsala 6, 2 (1897). Adversaria Eunapiana, Eranos 5 (1903) 45—52. B. K e i l , Hermes 42 (1907) 553, 2 (z. Chronologie des E.). K. M e i s e r , Hermes 45 (1910) 486; 46 (1911) 312 f. K. L a t t e , Eine Doppelfassung in den Sophistenbiogr. d. Eun., Hermes 58 (1923) 441 ff. Über E. als Sophisten u. Historiker C h r i s t - S c h m i d II⁶ 986. 1034. f. K. M ü n s c h e r , Jahresb. üb. d. Fortschr. d. klass. Altertumsw. 149 (1910 III 161; 170 (1915 I) 167. W. S c h m i d , Art. Eun. 2 bei Pauly-Wissowa.

Zu § 82. Die athenische Schule. J. S c h ü c k , Die letzten heidn. Philo-sophen unter Justinian, Jahrbb. f. Philol. u. Pädagog. 126 (1892) 426—440. P. T a n n e r y , Sur la période finale de la philos. grecque, Rev. philos. 42 (1896) 266—287. Über die geschichtl. Stellung u. den Charakter der Schule K. P r a e c h t e r in: Genethliakon, Berl. 1910, 119 ff. Für ihre einzelnen Vertreter findet man, was an Positivem über deren Leben, Schriften und Lehren aus der Überlief. zu gewinnen ist, bei Z e l l e r III 2³ 805 ff. (wo aber die athenische und die alexandrinische Schule nicht auseinandergehalten sind) zusammengestellt. Für *Aristokles* (17), *Asklepigeneia* (1), *Damaskios* (2), *Domninos* (4), *Hegias* (5), *Hierios* (10), *Isidoros* (17) liegen Artikel bei Pauly-Wissowa-Kroll vor. Über die von Syrian zu Hermog. II S. 56, 21 R. erwähnten (neuplaton.) Philosophen *Euagoras* und *Aquila* B r. K e i l , Hermes 42 (1907) 548 ff. Den Kreis des Proklos berührt K. P r a e c h t e r , Byz. Ztschr. 21 (1912) 426 ff., die Erklärer des platon. Timaios H. K r a u s e , Stud. Neoplat. 46 ff. Zur exeg. Tätigkeit der Schule s. auch O. I m m i s c h , 'Αττικοὶ ἐξηγηταί, Philol. 63 (1904) 31—40.

Syrian: T h. B a c h , De S. philos. neoplat., part. I., Lauban 1862 Pr. K. P r a e c h t e r , Gött. gel. Anz. 1903, 513—530. — *Domninos:* P. T a n n e r y , D. de Larissa, Bull. d. sc. math. et astron. 2. ser. 8 (1884) 288—298. Le manuel d'introd. arithmétique du philos. D. de Larissa, Rev. d. ét. grecqu. 19 (1906) 359 bis 382. S. K r a u ß , D., a jewish philos. of antiquity, Jewish quart. rev. 7 (1895) 270—277. F. H u l t s c h , Emendationen zu D., Jahrbb. f. klass. Philol. 155 (1897) 507 ff. Art. Domninos Nr. 4 bei Pauly-Wissowa (hier frühere Lit.).

Proklos: A. B e r g e r , P. exposition de sa doctrine, Par. 1840. H. K i r c h n e r , De P. neoplat. metaphysica, Berl. 1846. J. H. K n o c h e , Die Scholien des P. zu Euklid, Herford 1862. 1865 Pr. L. M a j e r , P. üb. die Petita u. Axiomata bei Euklid, Tüb. 1875 Pr. J. F r e u d e n t h a l , Zu P. u. d. jüngeren Olympiodor, Hermes 16 (1881) 201—224. Üb. Abfassungsz. u. Reihenfolge der Werke des P., ebd. 214 ff. Üb. die Lebensz. des P., Rh. Mus. 43 (1888) 486—493. J. D r ä s e k e , Zwei Be-streiter des P., Arch. f. Gesch. d. Philos. 4 (1891) 243—250. M. S c h n e i d e r , Die Hymnen des P. in ihrem Verh. zu Nonnos, Philol. 51 (1892) 593—601. E. D i e h l , Der Timaiostext des P., Rh. Mus. 58 (1903) 246—269. J. B i d e z , Psellus et le commentaire du Timée de P., Rev. de philol. 29 (1905) 321—327. M. A l t e n - b u r g , Die Methode der Hypothesis bei Platon, Aristoteles u. P., Marb. 1905 Diss. U. v. W i l a m o w i t z - M o e l l e n d o r f f , Die Hymnen des P. u. Synesios, Sitz. Berl. Ak. 1907, 272—295. F. S t e i n , De P. chrestomathia grammatica quaest. selectae, Bonn 1907 Diss. (für die Identität des Verf. der Chrestomathie mit dem Neuplatoniker, auf den auch die Προλεγόμενα περὶ κωμῳδίας II Kaibel zurück-gehen; vgl. auch G. K a i b e l , Die Prol. περὶ κωμῳδίας, Abh. Ges. d. Wiss. zu Gött. philol.-hist. Kl., N. F. Bd. 2 Nr. 4, Berl. 1898, Kap. 3: Die Chrestom. d. P. u. ihre Quellen; Kap. 4: P. üb. das Drama). O. I m m i s c h , Beitr. z. Chrestom.

d. P. u. z. Poetik d. Altert., Festschr. Th. Gomperz darg., Wien 1902, 237—274.
Weiteres C h r i s t - S c h m i d , Griech. Lit. II⁶ 881 ff. (gegen d. Identifikation).
Zu P. in Eucl. vgl. auch P. T a n n e r y , Rev. de philol. 22 (1898) 93—97, K. T i t t e l,
Rh. Mus. 56 (1901) 408 ff., N. H a r t m a n n , Des P. Diadochus philos. Anfangsgr.
d. Mathematik nach den zwei ersten BB. des Euklidkommentars darg., Marb. 1909,
Habilitationsschr. (Philos. Arb. hrsg. v. Cohen u. Natorp, 4. Bd. 1. H.), H. V o g t ,
Zur Entdeckungsgesch. des Irrationalen, Bibl. mathem. 14 (1914) 9—29. A. G.
L a i r d , Platos Geometr. Number [Politeia 546 bc] and the Comment of P., Madison
Wisconsin 1918. — Zu P. Lehre vom Schlechten (Bösen) E. S c h r ö d e r , Plot. Abh.
Πόθεν τὰ κακά 195—202. — K. M a n i t i u s , Des P. Leben u. Lehre, in des Verf.
Ausgab. der Hypotyp. astronom. posit. 276 ff. Über das Verh. des P. zu Pseudo-
Dionysius Areopagita handeln: H. K o c h , P. als Quelle des Pseudo-Dionysius
Areopagita in der L. v. Bösen, Philol. 54 (1895) 438—454, J. S t i g l m a y r , Der
Neuplatoniker P. als Vorlage des sog. Dionysius Areopagita in der L. v. Übel,
Histor. Jahrb. 16 (1895) 253—273, 721—748 (die Priorität des Proklos ist durch diese
Arbeit schlagend bewiesen) und H. F. M ü l l e r s. o. S. 88*. Zur Einwirkung des
P. auf die folgende Zeit vgl. auch H. S i e b e c k , Über d. Entst. der Termini natura
naturans u. natura naturata, Arch. f. Gesch. d. Philos. 3 (1890) 370—378, und diesen
Grundriß II¹⁰ (s dort das Register unter Proklus). — Textkritische Beiträge: P. T a n-
n e r y , Rev. d. philol. 13 (1889) 73 ff. (zu in prim. Eucl. elem.). A. L u d w i c h ,
Berl. philol. Woch. 1890, 812 (zu hymn. 7, 51). W. K r o l l , Philol. 53 (1894) 416 ff.
(zu theol. Platon., in Parmen., in Tim. und in rempubl.). L. R a d e r m a c h e r ,
Philol. 60 (1901) 493 (zu in remp. II 327, 2; 334, 17). G. P a s q u a l i , Studi italiani
di filol. class. 16 (1908) 449 f. (zu in Cratyl. p. 17, 11 Pasqu.). Una glossa . . . nel
comment. di P. al Cratilo, in: Xenia (Roma) 22—23. O. A p e l t , Krit. Misz.,
Eisenach 1901. W. H e a d l a m , Journ. of philol. 31 (1908) 1 ff. (zu P. Hymn. 2,
12). — Über P. Timaioskommentar auch K. P r a e c h t e r , Gött. gel. Anz. 1905,
505—535. — Ps.-Proklos (Briefsteller): C. D e n i g , Mitt. aus dem griech. Misz.-
Kodex 2773 d. Gr. Hofbibl. zu Darmst., Mainz 1899 Pr. E. K l o s t e r m a n n s.
oben S. 1: 2* (Benutzung von Plut. de sera num. vind. durch P.).

Marinos: Textkritisch behandeln J. P f l u g k , Schedae crit., Gedani 1835,
und A. N a u c k , Analecta critica, Hermes 24 (1889) 464 f., einige Stellen.
O. W e i n r e i c h , Hermes 51 (1916) 624—629 (zu c. 32). S. auch J. L. H e i b e r g ,
Literargesch. Studien üb. Euklid (Lpz. 1882) 173. Zur Form L e o , die griech.-
röm. Biographie nach ihrer liter. Form 263 ff. — *Isidoros:* K r o l l , Art. Is.
17 bei Pauly-Wissowa-Kroll. Is. wird berührt durch A s m u s' Rekonstruktion der
Isidorosbiographie des Damaskios. S. unter diesem. — *Damaskios:* C. E. R u e l l e ,
Le philos. D., étude sur sa vie et ses ouvrages, Par. 1861; D., son traité des premiers
principes, Arch. f. Gesch. d. Philos. 3 (1890) 379—388, 559—657. Notice des manuscrits de D. περὶ ἀρχῶν, Rev. de philol. 14 (1890) 135—145. A. E. C h a i g n e t ,
D., fragment de son comment. s. la troisième hypothèse du Parménide, Séances
et travaux de l'Ac. d. scienc. mor. et polit. 1897 772—812. E. H e i t z , Der Philos.
D., Straßb. Abh. zur Philos., Ed. Zeller zu s. 70. Geb., Freib. i. Br. u. Tüb. 1884,
1—24. J. R. A s m u s , Zur Rekonstruktion von D. Leb. d. Isidorus, Byz. Ztschr. 18
(1909) 424—480 (hier 424 f. frühere Lit.); 19 (1910) 265—284. Beiträge zu einzelnen
Stellen: A. N a u c k , Hermes 24 (1889) 465. F r. B u c h e r e r , Krit. Beiträge
zu D. Leben des Isidoros, Wertheim 1892 Pr. W. K r o l l , Advers. Graec., Philol 53
(1894) 424—428. Rh. Mus. 52 (1897) 289 (zu I 316, 18 ff. R.). T h. G o m p e r z ,
Sitz. Wien. Ak. 134 (1896) 2. Abh. 5 (zu I p. 322 R.). F. C u m o n t , Rev. de l'instr.
publ. en Belg. 1900, 385 f. (zu I p. 322 R.). A. O s t h e i d e , Zu D. Vita Is. § 98 W.,
Berl. philol. Woch. 1907, 1182—1183. P. C o r s s e n , In D. Diadochi Dubit. et
Solut., Berl. philol. Woch. 1911, 1046 f. In D. Platon. de orbe lacteo disputationem
a Ioanne Philopono relatam animadversiones, Rh. Mus. 66 (1911) 493—499. K r o l l ,
Art. D. 2 bei Pauly-Wissowa. — *Simplikios:* J. G. B u h l e , De S. vita, ingenio et
meritis, Gött. gel. Anz. 1786, 1977 ff. J. Z a h l f l e i s c h , Die Polemik des S.
(Coroll. p. 601—645 des Kommentars ed. Diels) geg. Arist. Phys. Δ 1—5 über den
Raum dargest., Arch. f. Gesch. d. Philos. 10 (1897) 85—109. Die Polemik des S.
gegen Alexander u. a. in dem Kommentar des ersteren zu d. aristot. Schr. de coelo
dargest., ebd. 191—227. Einige Corollarien des S. in seinem Kommentar zu Aristot.'
Physik, ebd. 15 (1902) 186—214. F. R u d i o , Der Bericht d. S. üb. die Quadraturen
d. Antiphon u. d. Hippokrates, Bibl. math. 3. Folge, III 3. J. Z a h l f l e i s c h ,

Variae lectiones zur Physik E—Z des Arist. bei S., Philol. 59 (1900) 64—89. K. K a l b -
f l e i s c h , Griech. Misz. IV, Festschr. f. Th. Gomperz, Wien 1902, 98 f. J. E. B.
M a y o r , Musonius and S., Class. Rev. 17 (1903) 23 f. C h. W a d d i n g t o n ,
S., in: La philos. anc. et la crit. hist. (s. o. S. 36*) 380 ff. (= Ad. Franck, Dictionn.
d. sc. philos. Artikel Simpl.). P. S h o r e y , On Simpl. de caelo 476, 11 sqq., Class.
Rev. 19 (1905) 205. Derselbe (zu de caelo), Class. Philol. 3 (1908) 345. P. C o r s s e n ,
In S. in Aristot. libr. de caelo 2, 9 comment., Berl. philol. Woch. 1911, 1143. S. auch
G. R u d b e r g zu Diog. v. Apoll. oben S. 41*. E. H o w a l d , Hermes 55 (1920)
86 ff. E. S c h r ö d e r , Plotins Abh. *Πόθεν τὰ κακά* 202 ff. P. S h o r e y , Class.
Philol. 17, 143 (zu de anima 146, 21). K. P r a e c h t e r , Simpl. in Aristot. de
caelo p. 370, 29 ff. H., Hermes 59 (1924) 118 f. Derselbe, Art. S. bei Pauly-Wissowa-
Witte. Zu Fragmenten des Anaxagoras und des Eudemos bei S. Z e l l e r , Arch. f.
Gesch. der Philos. 5 (1892) 441—444 = Kleine Schriften II 33—35.

Zu § 83. Die alexandrinische Schule. Über die geschichtl. Stellung und den
philos. Charakter der Schule K. P r a e c h t e r in: Genethliakon 110 ff. 144 ff.
Das Wesentliche, was über Leben, Schriften und Lehrmeinungen der einzelnen Philosophen festzustellen ist, gibt Z e l l e r III 2⁴ 801 ff. 812 ff. 890 ff. 909, 1. 917 ff.
(doch sind hier die Alexandriner nicht als eine besondere Schule von den anderen
Neuplatonikern geschieden). Über *Alexandros* (104) *von Lykopolis, Ammonios* (15),
Asklepiades (35), *Asklepiodotos* (11), *Asklepios den Kommentator* (5) und *Asklepios den
Arzt* (6), *David, Elias* (2), *Heliodor* (13), *Heraiskos, Hermeias* (13), *Hierax* (10), *Hierokles*
(18) und *Hypatia* Artikel bei Pauly-Wissowa-Kroll. Über die kommentierende Tätigkeit der Alexandriner K. P r a e c h t e r , Byz. Ztschr. 18 (1909) 520 ff., Genethl.
146 ff. S. auch P. T a n n e r y , Sur la période finale de la philos. grecque, Rev. philos.
42 (1896) 266—287. Zur Schulgeschichte F. S c h e m m e l , Die Hochschule von
Alexandreia usw. s. oben S. 2 *.
   Hypatia: R. H o c h e , H., die Tochter Theons, Philol. 15 (1860) 435—474
(hier 438 Anm. 1 u. 2 ältere Lit.). S t. W o l f , H., die Philosophin v. Alexandr.,
Czernowitz 1879 Pr. H. L i g i e r , De H. philosopha et eclecticismi Alexandrini fine,
Dijon 1879 Thèse. W o l f g. A l. M e y e r , H. v. Alexandria; ein Beitr. z. Gesch. des
Neuplat., Heidelb. 1886. G. B i g o n i , Ipazia Alessandrina, Atti del R. Istituto
Veneto di sc., lett. ed arti, tom. 5 serie 6 (1886/87) 397—437, 495—526, 681—710.
C. P a s c a l , Figure e caratteri (darin: Ipazia), Palermo 1908. K. P r a e c h t e r ,
Art. H. bei Pauly-Wissowa-Kroll. *Hypatia in Legende und schöner Literatur:*
H. v. S c h u b e r t , H. v. Alex. in Wahrh. u. Dicht., Preuß. Jahrbb. 124 (1906)
42—60. R. A s m u s , H. in Tradition u. Dichtung, Stud. zur vergl. Literaturgesch. 7
(1907) 11—44. — *Synesios:* R. V o l k m a n n , S. v. Cyr., Berl. 1869 (hier V ff.
ältere Lit.). E. G a i s e r , Des S. v. K. ägypt. Erzähll. od. über d. Vorsehung, Wolfen-
bütt. 1886, Erl. Diss. C. S c h m i d t , Synesii philosophumena eclectica, Halis
Saxon. 1889 Diss. O. S e e c k , Studien zu S., Philol. 52 (1893) 442—483. W. F r i t z ,
Die Briefe des Bischofs S. v. K., Lpz. 1898. Die hsl. Überl. der Briefe des Bisch. S.,
Abh. Münch. Ak. philos.-philol. Kl. 23. (1909) 2. Abt. (1905), 321—398. Unechte
Synesiosbriefe, Byz. Ztschr. 14 (1905) 75—86. J. R. A s m u s , S. u. Dio Chryso-
stomus, Byz. Ztschr. 9 (1900) 85—151 (hier 85 Anm. weitere Synesiosliteratur).
W. S. C r a w f o r d , S. the Hellen, Lond. 1901. N. T e r z a g h i , Sul commento
di Niceforo Gregora al *περὶ ἐνυπνίων* di S., Studi ital. di filol. class. 12 (1904) 181—217.
Derselbe handelt in mehreren Aufsätzen (Studi ital. di filol. class. 18 [1910] 32—40;
19 [1911] 1—7; 20 [1913] 450—497; Didaskaleion 1 [1912] 11—29) über Fragen der
Überlief. u. die Vorarbeiten zu der von ihm geplanten Ausg. der kleineren Werke, sowie
(Didaskaleion 1 [1912] 205—225, 319—360) über die rhythm. Klauseln in diesen
Werken. Derselbe, Studi sugli inni di S., Riv. Indo-Greco-Ital. di filol. etc. 5 (1921)
11 ff. 6 (1922) 1 ff. U. v. W i l a m o w i t z - M o e l l e n d o r f f , Die Hymnen des
Proklos u. S., Sitz. Berl. Ak. 1907, 272—295. J. G e f f c k e n, S. *φαλακρίας ἐγκώμιον,*
in: Kynika u. Verwandtes 149—151. R. S o l l e r t , Die Sprichwörter (u. sprichwörtl. Redensarten) bei S. v. K. I. II., Augsb. 1909. 1910 Pr. A. H a u c k , Welche
griech. Autoren d. klass. Zeit kennt u. benützt S. v. Cyr. ?, Friedland in Meckl. 1911 Pr.
G. G r ü t z m a c h e r , S. v. K., Lpz. 1913 (hier S. IV f. frühere Lit.). G. B a -
r a c c o n i , L'ultimo grand' uomo della Cirenaica, Nuova Antologia 48 (1913) 288
bis 296. P. M a a s , Hesychios, Vater des S. v. K., Philol. 72 (1913) 450 f. A. L u d -
w i g , Die Schr. *περὶ ἐνυπνίων* d. S. v. K., Theologie u. Glaube, Jahrg. 7, Paderb.

1915. S. auch N o r d e n , Die ant. Kunstprosa I 405. R. C. K i ß l i n g s. o. S. 187*.
Textkritische Beiträge: A. N a u c k (zu epist. 154, p. 291 d), Hermes 24 (1889)
462. P. K l i m e k , Krit. Bemerkk. z. Texte der pros. Schrr. d. S., Bresl. 1891 Pr.
S. A. N a b e r , Mnem. 22 (1894) 93—124. W. G. H e a d l a m , Emendations and
explanations, Journ. of philol. 30 (1907) 308 f. Zu Syn. enc. calv. 19 p. 1197 D Migne
s. W. S c h m i d , Philol. 65 (1906) 558 ff. — Vgl. auch Grundriß II¹⁰ 77* f. —
Hierokles: A. E l t e r , Zu H. d. Neuplat., Rh. Mus. 65 (1910) 175—199. H. wahr-
scheinl. Beeinflussung durch christl. Lehren behandelt K. P r a e c h t e r , Byz.
Ztschr. 21 (1912) 1—27, seinen philos. Standp. überhaupt derselbe, Art. Hierokles
18 bei Pauly-Wissowa-Kroll. — *Hermeias:* Zur Chronologie des H. und seiner Söhne
P. T a n n e r y , Bull. d. sc. math. et astron. 19 (1884) 319 ff. — M. S c h a n z , Zu
H., Hermes 18 (1883) 129—136. C h. É. R u e l l e , Note sur un passage du Néoplat.
H. relatif a la musique (p. 107 Ast), Rev. de philol. 14 (1890) 123—126. K. P r a e c h -
t e r (zu p. 48, 3 f. 70, 4 Couvr.), Hermes 46 (1911) 480. Über H. Phaidrosexegese
derselbe, Art. H. 13 bei Pauly-Wissowa-Kroll. S. auch J. R. A s m u s , Byz. Ztschr.
18 (1909) 455 f.; 19 (1910) 271. — *Ammonios:* Den sprachphilos. Abschn. im Komm. zu
Aristot. περὶ ἑρμηνείας p. 34, 10 ff. B. beleuchtet R. R e i t z e n s t e i n , M. Terent.
Varro u. Joh. Mauropus v. Euch. 24 f. Freudenthal, Art. A. 15 bei Pauly-Wissowa. —
Ioannes Philoponos: A. E. H a a s , Über die Originalität der physikalischen LL.
des J. Ph., Biblioth. mathem. 3. Folge 6, 337—342. P. T a n n e r y , Notes critiques
sur le traité d'astrolabe de Ph., Rev. de philol. 12 (1888) 60—73. S. auch B a u m -
s t a r k , in: Philol.-hist. Beiträge C. Wachsmuth überr., Lpz. 1897, 148 ff.; Aristot.
bei d. Syrern v. 5.—8. Jahrh., Lpz. 1900, 156 ff. (Kommentar zur Εἰσαγωγή des Porph.;
Bedeutung für die orient. Tradition), und P. T a n n e r y , Sur la période finale de la
philos. grecque, Rev. philos. 42 (1896) 272—275. L. R a d e r m a c h e r , Philol. 59
(1900) 177. 185 (zu de aet. mundi p. 54, 24; 108, 6; 233, 13). K. B u r k h a r d , Auszüge aus Ph. als Randbemerkk. in einer Nemesiushs., Wien. Stud. 34 (1912) 135 ff.
A. B r i n k m a n n (z. Textkritik von de opif. mundi u. z. Stil des Autors), Rh. Ms. 67
(1912) 611 ff. W. C r ö n e r t , Philol. 61 (1902) 176 f. 190. — Über Ph. grammat.
Schrr. s. C h r i s t - S c h m i d II⁶ 1068 f., und K r u m b a c h e r , Gesch. d. byz.
Lit.² 581, über seine christl.-theol. Wirksamkeit E h r h a r d bei Krumbacher a. a. O.
51. 53. — G u d e m a n , Artikel Ioannes (Nr. 21) Ph. bei Pauly-Wissowa-Kroll
und dazu W. K r o l l ebd. — Vgl. auch den Jahresber. über die das Verhältn. der
Kirchenväter z. griech. Philos. betreffende Lit. (oben S. 17*), das Generalregister zur
Byz. Ztschr. Bd. 1—12 unter Philoponos Ioannes und diesen Grundriß II¹⁰ S. 176. 81*.
— *Ps.-Philoponos* (Busse, Comment. in Aristot. Graec. vol. 4, pars i, p. XXXVIII):
G. M e r c a t i , Rh. Mus. 69 (1914) 415—416. — *Ps.-Philoponos* = Ioannes medicus
Alexandrinus des 7. Jahrh.: V a l. R o s e , Hermes 5 (1871) 205 ff. — *Olympiodoros:*
J. F r e u d e n t h a l , Der Laërtier Diogenes u. O. Prolegom., in des Verf. Hellenist.
Studien 3, Berl. 1879, 304 ef. Zu Proklus u. d. jüngeren O., Hermes 16 (1881) 201—224.
E. M a a s s , .O. de itineribus Platonis, Philol. Unterss. 3. Heft, Berl. 1880, 136 f.
L. S k o w r o n s k i , De scholiis O., in: Comment. philol. in honorem A. Reiffer-
scheidii, Bresl. 1884, 54 ff. De auctoris Heerenii et O. Alex. scholiis cum universis
tum iis singulis quae ad vitam Platonis spectant capita selecta, Bresl. 1884 Diss.
K. P r a e c h t e r , O. u. Kedren, Byz. Ztschr. 12 (1903) 224—230. O. u. Synkellos,
ebd. 15 (1906) 588 f. W. C a p e l l e , Die Alexanderzitate bei O., in: Χάριτες (Beil.
1911) 220—248. K. F u h r , Demosthenes in O. Phaidonkommentar, Berl. philol.
Woch. 1914, 29. Zum Texte: J. F r e u d e n t h a l , Hellen. Studien 3, 315 f. C. G.
C o b e t , Mnem. 11 (1883) 350. 386; 12 (1884) 148. 282. 292. C h. E. R u e l l e ,
Rev. de philol. 13 (1889) 154. P. S h o r e y , Class. Philol. 8 (1913) 90. S. auch
V. R o s e , Hermes 5 (1871) 206. A. B a u m s t a r k in: Philol.-histor. Beitr.
C. Wachsmuth überr. 148 ff. K. P r a e c h t e r , Gött. gel. Anz. 1904, 374—391. —
O. vielleicht Christ: T a n n e r y , Arch. f. Gesch. d. Philos. 1 (1888) 316, 1. Sur la
pér. finale (s. S. 196*) 277. Zu Norvins Ausg. d. Phaidonkomment. vgl. J. L. H e i -
b e r g , Nord. tidskr. for filol. 4. R. 5, 15 ff. W. N o r v i n , O. fra Alexandria og
hans Commentar til Platons Phaidon, København og Kristiania 1915. Verhältn.
d. O. zur Platonvita d. Diog. Laërt.: W. C r ö n e r t , Kol. u. Mened. 138. — *David:*
M i s s a k K h o s t i k i a n , D. d. Philosoph. Lpz. 1907, Berner Diss. K. P r a e c h -
t e r , Gött. gel. Anz. 1908, 209—239. Hermes 46 (1911) 316 f. W. K r o l l , ʼArt.
Dav. bei Pauly-Wissowa. — *Stephanos v. Alexandreia:* H. U s e n e r , De St. Alex.,
Bonn 1879 Pr., vollst. Bonn 1880 = Kl. Schr. III 247—322. Derselbe in: Monum.

German. histor.; auctor. antiquiss. tom. 13, Berl. 1898, 362 ff. A. B a u m s t a r k ,
Aristot. bei den Syrern 181 ff. *Ps.-Sterhanos:* R i e s s , Art. Alchemie bei Pauly-
Wissowa 1349 f. — *Alexandros v. Lykopolis:* A. B r i n k m a n n in der Praefatio
seiner Ausg. (über Person und Zeit XII ff.). O. B a r d e n h e w e r , Gesch. der alt-
kirchl. Lit. III 102 f. K. P r a e c h t e r , Byz. Ztschr. 21 (1012) 9 ff. — *Asklepiodotos:*
R. A s m u s , Der Neuplatoniker A. d. Gr., Arch. f. Gesch. d. Medizin 7 (1914) 26—42.
F r e u d e n t h a l , Art. Askl. 11 bei Pauly-Wissowa. — *Nemesios:* M a r g. E v a n -
g e l i d e s , Zwei Kapitel aus einer Monogr. über N. u. seine Quellen, Berl. 1882 Diss.
K. J. B u r k h a r d , Die hsl. Überl. v. Nemesius περὶ φύσεως ἀνϑρώπου, Wien. Stud.
10 (1888) 93—135; 11 (1889) 143—152, 243—267. Zu Nemesius, Wien. Stud. 15
(1893) 192—199; 26 (1904) 212—221. Scholia verbis N. adiecta e cod. Dresd., Serta
Harteliana, Wien 1896, 84—88. Krit. u. Sprachl. zu N., Wien. Stud. 30 (1908) 47—58.
Joh. v. Damask. Auszüge a. N., Wiener Eranos zur 50. Philologenvers., Wien 1909,
89—101. Zur Kapitelfolge in N. π. φύσεως ἀνϑρώπου, Philol. 69 (1910) 35—39.
L. D i t t m e y e r , Zur vetusta transl. des N., Blätt. f. d. Gymnasialschulw. (bayer.) 24
(1888) 454 f. J. D r ä s e k e , Apollinarios in den Anführungen des N., Ztschr. f.
wissensch. Theol. 29 (1886) 26—36. E. T e z a , La Natura dell' uomo di N. e le
vecchie traduzioni in italiano e in armeno, Atti del R. Istituto veneto di scienze,
lettere ed arti ser. 7 tom. 3 (1892) 1239—1279. Nemesiana. Sopra alcuni luoghi della
„Natura dell' uomo" in armeno, Rendic. della R. Accad. dei Lincei, cl. di scienze mor.,
stor. e filol. ser. 5 vol. 2 fasc. 1 (1893) 3—16. Cl. B a e u m k e r , Die Übers. des
Alfanus v. N. Περὶ φύσεως ἀνϑρώπου, Woch. f. klass. Philol. 13 (1896) 1095—1102.
D. B e n d e r , Unters. zu N. v. Em., Heidelb. 1898 Diss. B. D o m a ń s k i , Die
L. des N. üb. d. Wesen d. Seele, Münst. i. W. 1897 Diss. Die Psychol. d. N., Münst.
1900 (hier VII ff. über das Leben des N., die Ausgaben v. π. φύσ. ἀνϑρ. u. Lit. üb. N.)
A. Z a n o l l i , Osservazioni sul codice Marciano di N., Riv. di filol. 34 (1906) 472
bis 476. Osserv. sulla traduz. armena del π. φύσ. ἀνϑρ. di N., Giorn. della Società Asiat.
Ital. vol. 19. Über das Verh. des N. zu seinen Quellen s. M. P o h l e n z , De Posidonii
libris περὶ παϑῶν, Jahrbb. f. klass. Philol. Suppl. 24 (1898) 597 ff. H. K r a u s e ,
Studia Neoplat., besonders Cap. 4 (37 ff.): De Platonis apud N. memoria atque de
fontibus cap. 5 et 38 Nemesii. W. W. J a e g e r , N. von Emesa, Berl. 1914 (wichtig
für die philosoph. Entwicklung von Poseidonios bis N.). K. G r o n a u , Berl. phil.
Woch. 1915, 129 ff. (mit Übersicht üb. d. Gesch. d. Quellenproblems). H. A. K o c h ,
Quellenunters. zu N. von Emesa, Berl. 1921. H. S c h ö n e , Rh. Mus. 73 (1920)
156 ff. (zu S. 204, 5 Matth.). Über das Verh. des N. zu Aineias von Gaza S i k o r s k i ,
De Aenea Gazaeo (s. o. S. 92*) 41. N. wird berührt durch die Streitfrage über die
Bedeutung des Ammonios Sakkas für den Neuplatonismus. S. oben die Lit. zu Am-
monios Sakkas. Vgl. auch Grundriß II¹ 172 f. 78* — *Ioannes Lydos:* Über ihn s. im
allgemeinen C h r i s t - S c h m i d II⁶ 1041 ff. Über seine Beziehungen zu anderen
Vertretern neuplatonisch-antiquarischer Gelehrsamkeit vgl. die zu Iamblichos
(S. 191*), Cornelius Labeo (unten) und Macrobius (S. 199*) angeführten Arbeiten von
W i s s o w a , T r a u b e , B ö r t z l e r , N i g g e t i e t und B o e h m , zu Philosophie
und Religion E. N o r d e n , Agnostos Theos, 58 ff. 80 ff. Zum Texte von Περὶ μηνῶν
F. B ö r t z l e r , Philol. 77 (1921) 364—379. *Allegorisierende Erklärung von Helio-*
dors Aithiopika (Τῆς Χαρικλείας ἑρμήνευμα κτλ.) O l d f a t h e r , Philol. 67 (1908)
457 ff. A. B r i n k m a n n , Rh. Mus. 51 (1896) 442 f. S. auch oben S. 100* (Philippos v. Opus).

Zu § 84. Die Neuplatoniker des lateinischen Westens. Über ihre geschichtl.
Stellung u. ihren philos. Standpunkt K. P r a e c h t e r in: Genethliakon, Berl. 1910,
113. 154, über die einzelnen Vertreter Z e l l e r III 2⁴, 919 ff. Für *Albinus* (5),
Boëthius (3), *Chalcidius, Cornelius* (168) *Labeo* und *Favonius* (2) *Eulogius* Artikel
bei Pauly-Wissowa. Vgl. auch S c h a n z , Gesch. d. röm. Lit. IV und T e u f f e l -
K r o l l - S k u t s c h , Gesch. d. röm. Lit. III, diesen G r u n d r i ß II und C l.
B a e u m k e r (oben S. 188*). S. ferner F. B i t s c h , De Platonicorum quaestion.
quibusd. Vergilianis, Berol. 1911 Diss.
 Cornelius Labeo: G. K e t t n e r , C. L., Pforta 1877 Pr. W. K a h l , C. L.,
Philol. Suppl. 5 (1889) 717—807. J. M u e l l e n e i s e n , De C. L. fragmentis,
studiis, adsectatoribus, Marb. Catt. 1889 Diss. F r. N i g g e t i e t , De C. L., Münst.
1908 Diss. Weiteres W i s s o w a , Art. Cornel. (168) Labeo bei Pauly-Wissowa.
B. B o e h m , De C. L. aetate (darin Kap. 2: Quid de L. studiis philos. statuendum

sit), Regimonti 1913 Diss. (hier 5 ff. Gesch. der Labeofrage). W. K r o l l , Die Zeit des C. L., Rh. Mus. 71 (1916) 309 ff. W. A. B a e h r e n s , Über d. Lebenszeit des C. L., Hermes 52 (1917) 39 ff. Derselbe, C. L. atque eius comment. Vergilianus, Gent Lpz. 1918. — *Chalcidius:* A. G e r c k e , Ch. u. Ps.-Plutarch, Rh. Mus. 41 (1886) 269 ff. B. W. S w i t a l s k i , Des Ch. Komm. zu Platos Tim. (Beitr. zur Gesch. d. Philos. d. Mittelalt., hrsg. von Baeumker u. v. Hertling, Bd. 3, H. 6), Münst. 1902. D. T a - m i l i a , De Ch. aetate, Studi italiani di filol. class. 8 (1900) 79 f. G. B o r g h o r s t , De Anatolii fontibus, Berl. 1905 Diss. 26 ff. E. S t e i n h e i m e r , Unters. üb. die Quellen des Ch., Aschaffenb. 1912, Würzb. Diss. und Pr. des Gymn. z. Aschaffenb. S. auch S k u t s c h unter Favonius Eulogius. W. K r o l l , Art. Ch. bei Pauly-Wissowa. Einfluß des Ch. auf das Mittelalter: Cl. B a e u m k e r (s. oben S. 88*) 9 ff. P. S h o r e y , Note on Ch. Comment. on the Tim. 228, Class. Philol. 12 (1917) 97. — *Marius Victorinus:* H. U s e n e r , Anecd. Holderi 59 (dazu S a m. B r a n d t , Philol. 62 [1903] 623—625). G. K o f f m a n e , De M. V. philos. Christiano, Vratisl. 1880 Diss. G. W i s s o w a , De Macrob. Saturn. font. 41 (dagegen F r. N i g g e t i e t , De Corn. Lab. 50 f.). G. G e i g e r , C. M. V. Afer, ein neuplaton. Philosoph I. II, Metten 1887/8. 1888/9 Pr. P. M o n c e a u x , L'Isagoge Latine de M. V., in: Mélanges Havet, Par. 1909, 289 ff. — *Vettius Agorius Praetextatus:* Q. Aurelii Symmachi quae supersunt ed. O. S e e c k (Mon. Germ. hist., auct. antiqu. 6, 1), Berl. 1883, LXXXIII ff. F r. N i g g e t i e t , De Cornelio Labeone 58 ff. J. N i s t l e r , V. A. Pr., Klio 10 (1910) 462—475. — *Macrobius:* H. L i n k e , Quaestiones de M. Saturnaliorum fontibus. Vratisl. 1880 Diss. Über M. Komm. zu Ciceros Somn. Scip., Philol. Abh. M. Hertz z. 70. Geb. darg., Berl. 1888, 240—256. G. W i s s o w a , De M. Saturnaliorum fontibus capita tria, Vratisl. 1880 Diss. Analecta Macrobiana, Hermes 16 (1881) 499—505. Athenaeus u. Macrobius, Nachr. Gött. Ges. d. Wiss., philol.-hist. Kl. 1913, 325—337. Die in den beiden erstgenannten Arbeiten Wissowas behandelten Beziehungen des M. zu Iamblich u. a. werden auch berührt in den oben S. 191*. 198* angeführten Abhandl. von L. T r a u b e , F. B ö i t z l e r , F. N i g g e t i e t , K. R e i n h a r d t und B. B ö h m . M. Verhältnis zu Anatolios bespricht G. B o r g - h o r s t , De Anatolii fontibus (Berl. 1905) 38 ff., sein Verhältnis zu Apollodor R. M ü n z e l , De Apollodori π. $\vartheta\varepsilon\tilde{\omega}\nu$ libris (Bonnae 1883) Kap. 2. — R. R e i t z e n - s t e i n , Zwei religionsgesch. Fragen 58, 1; 80, 1. U. v. W i l a m o w i t z - M o e l - l e n d o r f f , Hermes 37 (1902) 303 f. S. E i t r e m , Nord. Tidskr. f. Filol. 4. R. 3, 55. F. B i t s c h a. a. O. 21 ff. M. S c h e d l e r , Beitr. z. Philos. d. M., Freib. 1913 Diss., vollst. unter dem Titel: Die Philos. d. M. u. ihr Einfl. auf die Philos. d. christl. Mittelalt., in: Beitr. z. Gesch. der Philos. des Mittelalt. Bd. 13 H. 1, Münst. 1916. H. S k a s s i s , De M. placitis philosophicis eorumque fontibus, Athen 1915. Für M. Einfluß auf das Mittelalter s. namentlich auch C l. B a e u m k e r , oben S. 188*. — *Favonius Eulogius:* F. S k u t s c h , Zu F. E. u. Chalcidius, Philol. 61 (1902) 193—200. P. v. W i n t e r f e l d , Der Satzschluß bei F. E., Philol. 61 (1902) 623—626. C. F r i e s , De M. Varrone a F. E. expresso, Rh. Mus. 58 (1903) 115—125. G. W i s - s o w a , Art. F. 2 bei Pauly-Wissowa. S. auch K. P r a e c h t e r , Hermes 46 (1911) 407 ff. F. B i t s c h a. a. O. 9 ff. — *Martianus Capella:* Sieh T e u f f e l - K r o l l - S k u t s c h § 452 S. 397 ff. G r u n d r i ß II[10] 190. 84*. — *Boëthius:* Sieh T e u f f e l - K r o l l - S k u t s c h § 478 S. 475 ff. G r u n d r i ß II[10] 190—193; 84*—86*. Notiert seien noch: G. S c h e p s s , in Comment. Woelfflinianae, Lips. 1891, 277—280. G. L e h n e r t , Eine rhetor. Quelle für B. Kommentare zu Arist. π. $\dot{\varepsilon}\rho\mu\eta\nu\varepsilon\dot{\iota}\alpha\varsigma$, Philol. 59 (1900) 574—577. G. B e d n a r z , De syntaxi B. II. III, Striegau 1907. 1910. W. A. E d w a r d s , The last of the Romans, Class. journ. 7 (1911/12) 252—262. E. U r s o l e o , La teodicea di B. in rapporto al cristianesimo ed al neoplatonismo, Napoli 1910. G r e g. A. M ü l l e r , Die Trostschr. des B.; Beitr. zu einer literar-hist. Quellenunters., Berl. 1912, Gieß. Diss. F. K l i n g n e r , De B. consol. philo-sophiae (Philol. Unters. H. 27), Berl. 1921. Beziehungen zu Aristoteles' Protrepticos: B y w a t e r , U s e n e r , D i e l s , J a e g e r , s. o. S. 110* f. 191* zu Aristot. Protr. und Iamblichos' Protr.; dazu Klingner 8 ff. Beziehungen zu Poseidonios: B a d s t ü b n e r Beitr. z. Erkl. u. Krit. d. philos. Schr. Senecas (s. o. S. 159*) 14 f. Zur Über-setzungsliteratur: S. K u g é a s , Ist Holobolos oder Planudes der Übers. der Schr. des B. „De dialectica"?, Byz. Ztschr. 18 (1909) 120—126. H. N a u m a n n , Notkers Boëthius, Straßb. 1913 (Quellen u. Forsch. z. Sprach- u. Kulturgesch. german. Völker 121). K. S c h ü m m e r , John Waltons metr. Übers. d. Consol. philos. (Bonner Studien z. engl. Philol. hrsg. v. K. D. Bülbring 6. Heft), Bonn 1914. Kritisch-exegetische Beiträge: C. B r a k m a n , Sidoniana et Boethiana, Utr. 1904. D. P. H., Ad B. (Cons. philos. 4, 7, 43), Mnem. N. S. 33 (1905) 332. P. S h o r e y (terminologisch: conversio per contrapositionem), Class. Philol. 8 (1913) 228. Einiges Weitere im Jahresber. üb. d. Fortschr. d. klass. Altertumsw. 96 (1898 I) 98 f.; 108 (1901 I) 201 f. Einfluß auf das Mittelalter: C . B a e u m k c r (s. oben S. 188*) 9 ff. Nachwirkk. d. Cons. in d. engl. Lit. d. 18. Jahrh.: G. B. D o l s o n , Class. Weekly 15 (1922) 124 f.

Zu § 85. Die Peripatetiker im dritten Abschnitt der hellenistisch-römischen Periode (Peripatetische Schule IV. Teil, Fortsetzung zu § 71).

Über *Heliodor, Ammonios, Ptolemaios, Prosenes* s. Z e l l e r III 1[1] 830 1. G e r c k e , Art. Ammonios 13 bei Pauly-Wissowa.

Anatolios: Z e l l e r III 1[4] 830, 2. H u l t s c h , Art. A. 15 bei Pauly-Wissowa. G. B o r g h o r s t , De A. fontibus, Berl. 1905 Diss. V. d e F a l c o s. S. 169* unter Nikomachos. Über seine christl.-theol. Betätigung B a r d e n h e w e r II 191 ff., J o r d a n 311. 340. — *Themistios:* Über eine angebl. Paraphrase des Th. z. ersten Analytik (Comment. in Arist. Gr. vol. 23 pars 3) handelt V a l. R o s e , Hermes 2 (1867) 191—214, der dieselbe vermutungsw. dem Mönche Sophonias aus dem 14. Jahrhundert zuschreibt. Über den Komm. zu den Parva naturalia ebd. u. bei F r e u d e n - t h a l , Rh. Mus. 24 (1869) 89. 90. Die Frage ist jetzt durch W e n d l a n d in der Vorr. seiner Ausg. (s. Text) entschieden. H. S c h e n k l , D. hsl. Überl. d. Reden d. Th., Wien. Stud. 20 (1898) 205—243; 21 (1899) 80—115, 225—263; 23 (1901) 14—25. Beitrr. z. Textgesch. d. Reden des Th., Sitz. Wien. Ak. 192 (1919) 1. Abh. K. K a l b f l e i s c h , Festschr. f. Th. Gomperz, Wien 1902, 94—96 (zu or. 30 p.349 a b). L. M é r i d i e r , Le philos. Th. devant l'opinion de ses contemporains, Rennes 1906 Thèse. O. S e e c k , Eine verlorene Rede des Th., Rh. Mus. 61 (1906) 554 bis 560, mit ergänzenden Bemerkk. von H. S c h e n k l , ebd. 560—566. C. G l a d i s , De Th., Libanii, Iuliani in Constantium orationibus, Bresl. 1908 Diss. G u i l. P o h l - s c h m i d t , Quaest. Themistianae, Münst. 1908 Diss. (1. De Th. Platonis sectatore. 2. Quae Th. communia sint cum panegyricis Latinis. 3. Quae Th. cum Seneca atque epistulae pseudaristotelicae auctore communia sint). H e i n r. S c h o l z e , De temporibus librorum Th., Gott. 1911 Diss. J. S c h a r o l d , Dio Chrysost. u. Th., Burghausen 1912 Pr. Vgl. zu Th. auch A. E l t e r , De gnomol. Graec. hist. atque origine comment. ramenta 13 ff., N o r d e n , Ant. Kunstprosa I 404. 378, P. H a r t l i c h , De exhortat. a Graecis Romanisque scriptarum historia et indole 326—332, G. B o h n e n b l u s t , Beitrr. z. Topos περὶ φιλίας, Beil. 1905, Bern. Diss., 16, J. A l p e r s , Hercules in bivio, Gott. 1912 Diss., 41 ff. H. B. D e w i n g , Amer. Journ. of Philol. 31 (1910) 321 ff. W. C r ö n e r t , Philol. 61 (1902) 176. 190. Textkritisch: G. M. S a k o r r a p h o s , Mnemos. 20 (1892) 306—310. A. B a u m - s t a r k , Jahrbb. f. klass. Philol. 21 (1894) 464 ff. K. D e n i g , Mitt. aus dem griech. Miszellankod. 2773 d. Gr. Hofbibl. zu Darmstadt, Mainz 1899 Pr. P. S h o r e y , Class. Philol. 3 (1908) 447 ff. (z. Paraphr. v. Aristot. Physik). S. auch die Berichte über die zweite Sophistik im Jahresb. üb. d. Fortschr. d. kl. Altertumswissenschaft. — *Doros:* Z e l l e r III 1[4] 831, 3. W. K r o l l , Art. D. 7 bei Pauly-Wissowa.

Peripatetische Philosophie bei den Syrern und Arabern: A. B a u m s t a r k , Aristoteles bei den Syrern vom 5.—8. Jahrhundert I, Lpz. 1900. Derselbe, Oriens Christianus 2 (1902) 212 f. C. S a u t e r , Die peripatet. Philos. bei den Syrern u. Arabern, Arch. f. Gesch. d. Philos. 17 (1904) 516—533.

Zu § 86. Die Kyniker im dritten Abschnitt der hellenistisch-römischen Periode (Kynismus IV. Teil, Fortsetzung zu § 68).

Z e l l e r III 1[4] 803 f. E. N o r d e n , Jahrbb. f. klass. Philol. Suppl. 19 (1893) 398 ff. 459.

Maximos: J. D r ä s e k e , M. philosophus?, Ztschr. f. wissensch. Theol. 36 (1893) 290—315. K. L ü b e c k , Die Weihe des Kynikers M. zum Bischof von Konstantinopel in ihrer Veranlassung darg., Fulda 1907 Pr. I o a. S a j d a k , Quaest. Nazianzenicae, pars I: Quae ratio inter Gregorium Naz. et M. Cynicum intercedat, Eos 15 (1909) 18—48. — *(Heron:)* S e e c k , Art. Heron 2 bei Pauly-Wissowa-Kroll. S a j d a k in der unter Maximos angeführten Abhandlung (Heron nach Sajdak nicht wie auf Grund der Angabe des Hieronymus gewöhnlich angenommen wird, mi, Maximos identisch). — *Sallustios:* R. A s m u s , Der Kyniker S. bei Damasciust Neue Jahrb. 25 (1910) 504—522. K. P r a e c h t e r Art. Sall. 39 b. Pauly-Wissowa-

Witte. — *Einflüsse des Kynismus in dieser Epoche:* s. oben S. 132* f. kynisch-stoische Diatribe. Über Gregor von Nazianz vgl.außerdem J. S a j d a k oben unter Maximos, über Julian und Synesios P r a e c h t e r und A s m u s oben S. 167* unter Dion Chrys. — Kynismus und Mönchtum: R. R e i t z e n s t e i n , Hellenist. Wundererz. 67 ff. Historia Monachorum und Historia Lausiaca (Forsch. z. Relig. u. Lit. d. Alten u. Neuen Testam., N. F. Heft 7) 256 f. P. W e n d l a n d , Neue Jahrb. 37 (1916) 234 ff. A d. B r e t z , Stud. u. Texte zu Asterios von Amasea (Texte u. Unters. z. Gesch. d. altchristl. Liter. 3. Reihe 10. Bd. 1. Heft), Lpz. 1914, 46 ff. 93 ff. u. ö.

Nachträge und Berichtigungen.

Nachträge.

S. 1 Z. 3 v. u.: Zur Bedeutung des Wortes σοφία vgl. jetzt Br. Snell in der unten zu S. 34* Z. 8 v. o. nachgetragenen Arbeit. S. auch oben Text S. 482. — S. 11 Z. 7 v. o.: Neuester Bericht über das Corpus medic. Graec. von W. Jaeger, Sitz. Berl. Ak. 1925 S. LXV. — S. 42 Z. 11 v. u.: Das Grabepigramm auf Hippon auch bei Diehl, Anthol. lyr. Gr. I S. 74. — S. 54 Z. 19 v. u.: Heraklit, seine Gestalt und sein Künden. Einführung, Übertragung, Deutung von G. Burckhardt, Zür. Lpz. 1925; Z. 8 v. u. füge hinzu: Skythinos, Diels, Poët. philos. Fragmm. S. 169 f.; Diehl, Anthol. lyr. Gr. I S. 259 f. — S. 60 Z. 1 v. o. (Epicharm): Fragmm. bei Diels, Vors. c. 13 B und Nachtr. z. ersten Band S. XXVI, Das unechte Grabepigramm (Diels Fragm. 64) auch bei Diehl, Anth. lyr. Gr. I S. 64. — S. 62 Z. 14 v. o. füge hinzu Ion v. Chios c. 25 (Fragmm. jetzt auch bei Diehl, Anth. lyr. Gr. I S. 68 ff.); Z. 22 v. u.: S. auch H. Täger, Nachtrag zu S. 124*. — S. 91 Z. 14 v. u.· Die unechten Epigramme Vors. 21 B 156. 157 auch bei Diehl, Anth. lyr. Gr. I S. 73. — S. 109 Z. 16 v. u.: R. Philippson, Demokrits Sittensprüche, Hermes 59 (1924) 369—419. — S. 127 Z. 15 v. o.: Poetische Kritiasfragmm. jetzt auch bei Diehl, Anth. lyr. Gr. I S. 81 ff.; Z. 18 v. o. (vgl. S. 129): Euenos, Fragmm. bei Diehl, Anth. lyr. Gr. I S. 78ff. — S. 151 Z. 26 v. o. Κυρ. Κοσμᾶς, Ξενοφ. ἀπομνημονεύματα κατ᾽ ἐκλογὴν ἐκδοθέντα, ἐν ᾿Αθήναις 1923.; Z. 14 v. u.: Xenoph. Scripta minora, with an Engl. Transl. by E. C. Marchant, Lond. 1925; Z. 9 v. u.: Xenoph. Symp. 8,6—9 auf Papyrus, behandelt v. H. J. M. Milne, Aegyptus (Rivista ital. di egittologia e di papirologia) 4 (1923) 41 f. (nach der Philol. Woch. 1924, 481). — S. 184 Anm.: Zur Auffassung der Diairesen des Sophistes und Politikos und damit auch der botanischen Seminarstunde vgl. auch Stenzel, Zahl u. Gestalt bei Platon u. Aristot. 11. Meine Auffassung der Epikratesstelle und der speusippischen Ὅμοια ist auch die Philippsons, Hermes 60 (1925) 473. — S. 191 Z. 5 v. o.: Erschienen sind Bde. in Bearbeitung von A. Croiset, M. Croiset, L. Bodin, A. Diès, A. Rivaud. — Pl. with an English Transl. by W. R. M. Lamb (Ausg. d. Loeb Class. Library). — S. 192 Z. 32 v. o.: Euthyphr., Apol. and Crito ed. with notes by John Burnet, Oxf. 1924, Il Critone, comment. da Aless. Annaratone, Torino; Z. 27 v. u.: Ion with an Engl. Transl. by W. R. M. Lamb (mit Politikos und Philebos von Fowler), Lond. 1925. — S. 193 Z. 2 v. o.: Das Gastmahl des Pl., neu übertragen, eingel. u. erläut. v. W. O. Gerhard Klamp, Stuttg. 1924. Pl. Symp. transl. by Birrell and Leslie, Nonesuch 1924; Z. 18 v. o.: Pl. Staatsschriften, griech. u. dtsch. v. Wilh. Andreae; 1. Teil: Briefe, 2. Teil: Staat, Jena 1925 (Staatsmann u. Gesetze in Vorber.); Z. 24 v. u.: The Statesman, with an Engl. Transl. by H. N. Fowler, Lond. 1925; Z. 20 v. u.: Philebus, with an Engl. Transl. by H. N. Fowler, Lond. 1925; Z. 5 v. u.: Πλάτωνος Ὅροι, Übers. mit Einleit. v. R. Adam, in: Satura Berolinensis, Festg. z. 50jähr. Bestehen d. Akadem. philol. Vereins an d. Univ. Berl.,

Berl. 1924, 1—19. — S. 342 Z. 19 v. o.: Speusippos' Grabepigramm auf Platon (S. 86 Lang) jetzt auch bei Diehl, Anth. lyr. Gr. I S. 98. — S. 356 Z. 19 v. u.: Arist. Metaph., a revised Text with Introd. and Comm. by W. D. Ross, I, II, Oxf. 1924. — S. 357 Z. 7 v. u.: Übers. v. A. Lasson, Jena 1925. — S. 358 Z. 1 v. u: Rhetor. transl. by W. Rhys Roberts, Oxf. 1924 (Sammlung W. D. Ross [o. S. 356] vol. XI). — De rhet. ad Alex. by E. S. Forster ebd. — S. 359 Z. 22 v. o.: De poetica by Ingr. Bywater, Oxf. 1924 (Sammlung W. D. Ross [o. S. 356] vol. XI); Z. 23 v. u.: Epigramme aus dem Peplos bei Diehl, Anth. lyr. Gr. II S. 171 ff. — S. 359 Z. 14 v. u.: Die Elegie an Eudemos (Frgm. 673 R.) und die übrigen poetischen Stücke auch bei Diehl, Anth. lyr. Gr. I S. 99 ff. — S. 401 Z. 1 d. Anm. v. u.: Wichtig für die Auffassung der aristotelischen Κάθαρσις τῶν παθημάτων sind natürlich auch die neuerdings von Howald, Hermes 54 (1919) 187 ff. und Pohlenz, Nachr. Gött. Ges. Wiss. 1920, 168 ff. geführten Untersuchungen über die Wurzeln dieser Theorie und ihre Einfügung als Fremdkörpers in die Mimesislehre sowie über die frühere dramatheoretische Verwendung von Furcht und Mitleid. Daß pythagoreische Anschauungen ein Stück Nährbodens für die dramatische Katharsistheorie bieten konnten (vgl. Howald 203), ist zuzugeben, so weit auch noch der Weg von diesen Anschauungen bis zu einer ausgebildeten Poetik gewesen ist. Interessant ist Pohlenz' Hinweis auf die Rolle, die schon Gorgias der Erregung von Furcht und Mitleid als poetischem Mittel zuwies. — S. 402 Z. 6 v. o.: Er. Reitzenstein, Theophrast bei Epikur und Lucrez, Orient und Antike, hrsg. v. G. Bergsträßer u. F. Boll, 2., Heidelb. 1924. Hier 86—108 arabischer Auszug aus einer ins Syrische übertragenen meteorologischen Abhandlung des Th., deutsch von G. Bergsträßer. — S. 411 Z. 22 v. u.: A. E. R. Boak, A Zenon Letter of 256 B. C.: Papyrus Michigan 45, Aegyptus 3 (1922) 284 (nach der Philol. Woch. 1924, 480). — Der Hymnos des Kleanthes übers. v. U. v. Wilamowitz-Moellendorff, Die Antike 1 (1925) 158 ff.; Z. 12 v. u. (antistoische Polemik): Vorwurf unsittlicher Knabenliebe (dazu meine Bemerkungen, Hierokles d. Stoiker 149 f.) bei Athen. 13, 15 S. 563 d ff. Daraus das Epigramm des Hermeias von Kurion auch bei Diehl, Anth. lyr. Gr. I S. 301. — S. 432 Z. 12 v. u. (Meleagros): Ital. Übers. v. Br. Lavagnini, Pisa 1924. — S. 436 Z. 7 v. u.: Für Hermarchos auch F. Poulsen, Bull. d. corresp. hellén. 48 (1924) 377—380. — S. 438 Z. 11 v. o.: E. Bignone, Note critiche ad Epicuro, Riv. di filol. 2, 383; Z. 20 v. o.: In Vorbereitung nach Mitteilung des Verf. eine französ. Epikur-Übers. von M. Solovine, enthaltend die Vita des Diog. Laërt., die drei Lehrbriefe, nebst den bei Diogenes an den zweiten und dritten Brief anschließenden Stücken, die Κύριαι δόξαι und die Ἐπικούρου προσφώνησις. — S. 441 Z. 10 v. u.: Lucrèce, De rer. nat., Comm. exégét. et critique par Alfr. Ernout et Léon Robin, tom I., livres I et II, Paris 1925; Z. 9 v. u.: Lucr. with an Engl. Transl. by W. H. D. Rouse, Lond. 1924. — S. 444 Z. 1 v. u., 445 Z. 6 v. o.: Nicht zwingend verwendet Er. Reitzenstein (s. Nachtr. zu S. 402 Z. 6 v. o.) 37 Lucrez' Begeisterung für die Persönlichkeit Epikurs zu dem Schlusse, daß der Dichter Epikur selbst, nicht zeitgenössische oder wenig ältere Epikureer seiner Darstellung des Systems zugrunde gelegt habe. Nicht zwingend sind freilich auch, darin hat Reitzenstein sicherlich recht, die von Usener u. Diels für den gegenteiligen Sachverhalt geltend gemachten Gründe. Die Frage ist mit unseren derzeitigen Mitteln schwerlich zu entscheiden. Mit beachtenswerter, wenngleich nicht durchweg triftiger Argumentation wendet sich Er. Reitzenstein 51 ff. auch gegen die Annahme einer Benutzung des Poseidonios durch Lucrez. — S. 466 Z. 3 v. u.: Della repubblica libri sei. Testo illustr. da Uberto Pedroli, I (libri I II), Firenze 1923 — S. 467 Z. 4 v. o.; Cic de fin., libr. I, II, edit. by J. S. Reid, Cambr. 1925; Z. 21 v. o.: Cato maior ins Deutsche übertr. v. Rud. Alex. Schröder, München 1924. — S. 480 Z. 4 v. u. ff.: Zum Dualismus von S ele und Leib bei Poseidonios vgl. jetzt auch Fr. Husner, Leib u. Seele in der Sprache Senecas, Philol. Suppl. 17 (1924) 25 f. — S. 488 Z. 7 v. u.: Nach „Unterss." einzufügen: Übersetzung. — S. 489 Z. 3 v. o. (Seneca): Briefe, übers. mit Einl. u. Anm. v. O. Apelt (Bd. 3 u. 4 der Gesamtüb. rsetzg.), Lpz. 1924. — S. 492 Z. 13 v. u.: Zur Beurteilung d. Verhältnisses v. Leib u. Seele bei Seneca vgl. bes. Husner 28 ff.— S. 515· Z. 20 v. u.: Die Nikomachosstücke jetzt in d. Ausg. d. iamblich. Theolog. arithm. von De Falco (o. Text S. 613); s. dort d. Register unter Nikom. — S. 516 Z. 1 v. o.: Hermetica, edit. with Engl. Transl. and Notes by Walter Scott, vol. I: Introd., Texts and Transl., Oxf. 1924.— S. 517 Z. 5 ff. v. o.: Mit den von Alexandros Polyh. und Sext. Emp. adv. math. 10, 261 ff. wiedergegebenen Darstellungen der pythag. Lehre berühren sich vermittelnd die Angaben des Eudoros bei Simpl. in Arist. Phys. 181, 10 ff. D. — S. 527 Z. 32 v. o.: Celsi Ἀληθὴς λόγος, excussit et restituere conatus est Otto Glöckner, Bonn 1924. — S. 557 Z. 10 v. u.: Eine Ausg. von Περὶ κόσμου plant W. L. Lorimer; Vorarbeit s. S. 177* Z. 22 f. v. o. — S. 569 Z. 17 v. o.: Die Herausgabe ist nach Cohns Tode fortgeführt von J. Heinemann. — S. 593 Z. 17 ff. v. o.: Einen hübschen Beleg für die alexandrinisch-neuplat. Systematik bringt das soeben veröffentlichte, in der Berliner Papyrussammlung unter P 11739 enthaltene Fragment eines Kommentars zu Galen Περὶ αἱρέσεων. Die Philosophie ist hier wieder πασῶν τῶν τεχνῶν μήτηρ u. umfaßt πάντα τὰ ὄντα ἢ [ὄντα ἐστίν, nach unzweifelhaft richtiger Ergänzung], ihr Ziel ist die ὁμοίωσις θεῷ κατὰ τὸ δυνατὸν ἄνθρωπον (vgl. oben S. 5 Abs. 3 die Definitionen 1, [2,] 4, 5 und S. 6 sowie unten das Register unter „Gottverähnlichung"). Entsprechend der allumfassenden Bedeutung der Philosophie wird nun im medizinischen Einleitungskolleg ganz analog dem philos. Einleitungskolleg verfahren. Gefragt wird nach der φύσις des zu behandelnden Wissensgebietes, die in seinem ὁρισμός zur Erscheinung kommt, es folgt eine Auskunft über Bedeutung und Herkunft dieses Terminus — hier greift das philosophische Kolleg auch materiell in das spezialwissenschaftliche über — und weiter folgen für die Begriffsableitung aus ὑποκείμενον und τέλος Beispiele aus Technik (Schiffsbau), Schwesterwissenschaften (Grammatik und Rhetorik) und der Philosophie selbst, wie auch umgekehrt im Philosophiekolleg von Ammonios, Elias und David mit den Spezialwissenschaften Medizin, Grammatik und Rhetorik exemplifiziert wird. Für das Einzelne s. die vortreffliche Ausgabe und Kommentierung des Papyrus von E. Nachmanson, Minnesskrift utgiven av Filologiska Samfundet i Göteborg, Göteborg 1925, 202 — 217. — S. 598 Z. 7 v. o.: Plotin, Ennéades, I. Texte établi et trad. par Ém. Bréhier, Paris 1923; Z. 21 v. o.: E. R. Dodds, Select Passages illustrating Neoplatonism, Lond. 1923 (Stellen in erster Linie aus Plotin). — S. 600 Z. 9 ff. v. o.: Eine scharfe Scheidung von Lehrtätigkeit und Schriftstellerei findet, wie mir scheint nicht zwingend, H. Oppermann, Gnomon 1 (1925) 159, in der Stelle Porph. v. Plot. 16 S. 15, 20 ff. M. Die Frage bedürfte einer erneuten, vertieften Behandlung. Vorläufig vgl. man zum Gebrauche von γράφειν βιβλίον Porph. v. Pl. 4 S. 6, 11 ff. M. (ἐκδεδομένα ὀλίγοις also Verbreitung innerhalb der Schule durch Abschrift der Vorlesungskonzepte). — S. 619 Z. 19 v. o.: L'empereur Julien. Oeuvres complètes. Tome I, 2 partie: Lettres et fragmm. Texte revu et trad. par J. Bidez, Par. 1924. — S. 648 Z. 19 v. u.: Boëthius de consol. ed. a Forti Scuto, Lond. 1924. — In der Wiener Kirchenvätersammlung wird die Cons. herausgegeben werden von W. Weinberger (Anz. d. Wiener Akad. 1925 Nr. XI).

S. 2* Z. 28 v. u.: M. H a v e n s t e i n und R. M ü l l e r - F r e i e n f e l s, Philos. Lesebuch, Frankfurt a. M. 1924. — S. 4* zu *B* 1: K. D ü r r . Wesen und Geschichte der Erkenntnistheorie, Zür. 1924. — S. 6* Z. 13 v. u.: P. B a r t h , Gesch. d. Erz. [5.6], Lpz. 1925. — S. 7* zu C: P. K i r c h b e r g e r , Die Entwickl. d. Atomtheorie, Karlsruhe 1922. — S. 8* zu F Z. 19 v. o.: R u d. E i s l e r , Wörterb. d. philos. Begr., 4. Aufl. in Vorber. (die Z. 18 als bisher neueste genannte Aufl. ist die 3., nicht die 4.). — S. 11* Z. 5 v. o.: O. S t r a u ß , Indische Philosophie, München 1925. — B e t t y H e i m a n n , Zur Struktur d. indischen Denkens, Kantstudien 30 (1925) 1—22. — S. 16* Z. 19 v. o.: (Xenoph. Jahresber.) 1919/1924 J. Mesk 203, 1 ff.; Z. 22 v. u.: (Ciceros philos. Schrr., Jahresber.) 1912—1921 Lörcher 200, 71 ff., 204, 59 ff. — S. 17* Z. 17 v. u.: (Rhein. Mus.) jetzt hrsg. v. Fr. Marx; Z. 15 v. u.: Die Neuen Jahrbb. tragen von 1925 an den Titel: Neue Jahrbb. f. Wissensch. u. Jugendbildung hrsg. v. Joh. Ilberg (1. Jahrg. 1925); Z. 13 v. u. f. h.: Bayer. Blätt. f. d. Gymnasialschulwesen; Z. 8 v. u. f. h.: Gnomon, Krit. Ztschr. f. die gesamte klassische Altertumswiss., hrsg. v. L. Curtius, L. Deubner, Ed. Fraenkel, M. Gelzer, E. Hoffmann, W. Jaeger, W. Kranz, K. Meister, P. Von der Mühll, K. Reinhardt, G. Rodenwaldt, W. Schubart, Wilh. Schulze, Ed. Schwartz, J. Stroux, Wilh. Weber; mit d. Redakt. beauftr. R. Harder, 1. Bd. 1925. — Die Antike, Ztschr. f. Kunst u. Kultur d. klass. Altert. hrsg. v. Wilh. Jaeger, 1. Bd. 1925. — S. 19* Z. 15 v. u.: H ö n i g s w a l d , 2. Aufl. Lpz. 1924; Z. 3 v. u.: H a n s M e y e r , Gesch. d. alt. Philos., Münch. 1925 (Philos. Handbücher Bd. 10). — E. C a s s i r e r und E. H o f f m a n n , Gesch. d. antiken Philosophie, in: Lehrbuch d. Philos., hrsg. v. Max Dessoir, Berl. 1925. — S. 21* Z. 23 v. o.: O. Immisch, Academia, Freiburg i. B. 1924, Rekt.-Rede; Z. 18 v. u.: G. M i s e n e r , Iconistic Portraits, Class. Philol. 19 (1924) 97—123. — S. 21* Z. 4 v. u. f. h.: und Logik. — S. 22* Z. 6 v. o.: E. H o f f m a n n , Die Sprache u. die archaische Logik, Tüb. 1925 (Heidelb. Abhh. z. Philos. u. ihrer Gesch. 3). — Derselbe, Der histor. Ursprung d. Satzes v. Widerspruch, Jahresber. d. Philol. Ver. zu Berlin 1923. — H. R i c k e r t , Das Leben der Wissenschaft u. die griech. Philosophie, Logos 12 (1923/24) 303—339. — P. S h o r e y , The Origin of the Syllogism, Class. Philol. 19 (1924) 1—19. — S v e n d R a n u l f , Der eleatische Satz v. Widerspruch, Kopenh., Kristiania, Lond., Berl. 1924, Diss. v. Kopenh. (greift in der Frage der Vieldeutigkeit der Begriffe u. ihrer Verwendung zu Trugschlüssen weit über den Eleatismus hinaus). — S. 22* zu II: H. H o m m e l , Das Problem des Übels im Altert., Neue Jahrb. f. Wiss. u. Jugendbild. 1 (1925) 186—196; Z. 18 v. u.: W. T h e i l e r , Zur Gesch. d. teleolog. Naturbetrachtung bis auf Aristoteles, Zür. 1925. — S. 23* Z. 24 v. o.: O. T o e p l i t z , Mathematik u. Antike, Die Antike 1 (1925) 175—203; Z. 18 v. u.: Th. H e a t h , A History of Greek Mathematics, Oxf. 1921; Z. 9 v. u.: W. C a p e l l e , Älteste Spuren d. Astrologie bei den Griechen, Hermes 60 (1925) 374—395. — S. 24* Z. 10 v. o.: Den genannten Hrsgb. d. Catal. cod. astrol. Gr. ist A. D e - l a t t e beizufügen; Z. 12 v. o.: G. S c h i a p a r e l l i , Scritti sulla storia della astronomia antica I, Bologna 1925. Catal. des Manuscrits Alchimiques Grecs, publ. sous la direction de J. B i d e z , F. C u m o n t , J. L. H e i b e r g et O. L a g e r c r a n t z I III, Bruxelles 1924; Z. 15 v. o.: E. G o l d b e c k , Der Untergang d. kosmischen Weltbildes d. Antike, Die Antike 1 (1925) 61—79; Z. 9 v. u. (Mikrokosmosidee): F r. B o l l , Sulla quarta ecloga di Virgilio (Accad. delle scienze dell' Istituto di Bologna), Bologna 1923, 5. E r. F r a n k , Plato u. d. sogen. Pythag. 106 ff. 327 ff. A. G ö t z e, Persische Weisheit in griech. Gewand, ein Beitr. z. Gesch. d. Mikrokosmosidee, Ztschr. f. Indol. u. Iranistik 2 (1923) 59—98, 167—177 (nach W. C a p e l l e , Hermes 60 (1925) 373 f.; vgl. auch Capelle ebd. 383. Vgl. z. Makromikrokosmosidee auch W. H. R o s c h e r , Über Alter, Ursprung u. Bed. d. hippokr. Schr. v. d. Siebenzahl (o. S. 41*; s. das Register bei Roscher S. 146) u. den zu S. 41* Z. 1 v. u. nachgetragenen pseudogalen. Kommentar; Z. 7 v. u.: K. Z i e g l e r u. S. O p p e n h e i m, Weltentstehung in Sage u. Wissensch., Lpz. Berl. 1925. — S. 25* zu IV: Zum Problem Seele und Leib s. F r. H u s n e r im Nachtrag zu S. 34* Z. 28 v. u. — H. G o m p e r z, Psycholog. Beobachtungen an griech. Philosophen. Lpz., Wien, Zür. 1924. — S. 26* Z. 23 v. o.: Zur Konsolationsliteratur $\pi\epsilon\varrho\grave{\imath}\ \varphi\upsilon\gamma\tilde{\eta}\varsigma$ F r. W i l h e l m, zu Ovid Ex Ponto I 3, Philol. 81, 155—167; Z. 17 v. u.: B o l l[2] Heidelb. 1922. — S. 27* Z. 3 v. o.: Topos $\pi\epsilon\varrho\grave{\imath}\ \dot{\eta}\sigma\upsilon\chi\acute{\imath}\alpha\varsigma$: F r. W i l h e l m, Plutarchs Schr. $\Pi\epsilon\varrho\grave{\imath}\ \dot{\eta}\sigma\upsilon\chi\acute{\imath}\alpha\varsigma$, Rhein. Mus. 73 (1920/24) 466 ff; Z. 7 v. o.: P ö h l m a n n[3] mit Anhang hrsg. v. F r. O e r t e l, Münch. 1925. — S. 28* Z. 20 v. o.: W o l d. G r a f U x k u l l - G y l l e n b a n d, Griech. Kulturentstehungslehren, Berl. 1924 (Bibl. f. Philosophie hrsg. v. L. Stein 26 Bd., Beil. z. Heft 3/4 d. Arch. f. Gesch. d. Philos. Bd. 36). — S. 29* Z. 18 v. o.: Mutter Erde[3], hrsg. v. E. F e h r l e, Lpz. Berl. 1925; Z. 25 v. o.: Myst. d. Mithra[3], bes. v. K. L a t t e, Lpz. Berl. 1923. — S. 31* Z. 20 v. u.: U. F r a c a s s i n i, Il Misticismo greco e il Cristianesimo, Città di Castello 1922. H. L e i s e g a n g, Die Gnosis, Lpz. 1924; Z. 19 v. u.: E d w. B e v a n, Hell. and Christ. erschien London 1921; Z. 16 v. u.: H. H o f f m a n n, Die Antike in d. Gesch. d. Christentums, Bern 1923, Akad. Rede. — E d. M e y e r, Urspr. u. Anfänge d. Christentums, 3 Bde., Stuttg. Berl. 1921—1924; Z. 14 v. u.: R. R e i t z e n s t e i n, Augustin als antiker u. mittelalterl. Mensch, in: Vortrr. d. Bibl. Warburg 1922/23 I. Teil, Lpz. Berl. 1924 — S. 32* Z. 15 v. o.: B. S c h w e i t z e r, Der bildende Künstler u. der Begriff des Künstlerischen in der Antike, Neue Heidelb. Jahrb. 1925, 28—132; zu IX: S v e n d R a n u l f, s. Nachtr. zu S. 22* Z. 6 v. o.: (wichtig für die Methode paralogistischer Dialektik). — S. 34* Z. 8 v. o.: S n e l l s Diss. liegt jetzt vollständig vor: Die Ausdr. f. d. Begriff d. Wissens in d. vorplaton. Philos. ($\sigma o\varphi\acute{\imath}\alpha$, $\gamma\nu\acute{\omega}\mu\eta$, $\sigma\acute{\upsilon}\nu\epsilon\sigma\iota\varsigma$, $\dot{\imath}\sigma\tau o\varrho\acute{\imath}\alpha$, $\mu\acute{\alpha}\vartheta\eta\mu\alpha$, $\dot{\epsilon}\pi\iota\sigma\tau\acute{\eta}\mu\eta$), Philol. Unterss. Heft 29, Berl. 1924; Z. 12 v. o.: W. R u p p e l, De historia vocis $\pi o\lambda\iota\tau\epsilon\acute{\upsilon}\mu\alpha\tau o\varsigma$, Ungedr. Jenaer Diss., Auszug 1923; Z. 27 v. u.: F r. H u s n e r, Leib u. Seele in d. Sprache Senecas. Ein Beitrag zur sprachl. Formulierung d. moral. Adhortatio, Philol. Suppl. 17. Heft 3, Lpz. 1924. — S. 35* Z. 9 v. o. (Synkrisis): F. F o c k e, Hermes 58 (1923) 327 ff., 465. — S. 37* Z. 10 v. u.: T h. H o p f n e r, Orient u. griech. Philosophie, Beihefte z. „Alten Orient" Heft 4, Lpz. 1925 (entscheidend gegen orientalischen Ursprung). — S. 38* Z. 1 v. o.: P. N i l s s o n, Götter u. Psychologie bei Homer, Arch. f. Religionswiss. 22 (1923/24) 363—390; Z. 8 v. o.: Mehrfach berührt Motive d. antiken Philosophie R o b. E i s l e r, Orphisch-Dionysische Mysteriengedanken in d. christl. Antike, in: Vortrr. d. Bibl. Warburg II 2 (Vortrr. aus d. Jahr. 1922/23), Lpz.-Berl. 1925; Z. 16 v. u.: K. V o r l ä n d e r, Die griech. Denker vor Sokrates, Lpz. 1924 (Philosophie, hrsg. v. K. Vorländer, Bd. 2); Z. 16 v. u.: J. A. F a u r e, L'Égypte et les Présocratiques, Paris 1923. — S. 41* Z. 1 v. o: Zu dem Satze $\delta\iota\delta\acute{o}\nu\alpha\iota\ \gamma\grave{\alpha}\varrho\ \alpha\dot{\upsilon}\tau\grave{\alpha}\ \delta\acute{\imath}\varkappa\eta\nu\ \varkappa\alpha\grave{\imath}\ \tau\acute{\imath}\sigma\iota\nu\ \dot{\alpha}\lambda\lambda\acute{\eta}\lambda o\iota\varsigma\ \tau\tilde{\eta}\varsigma\ \dot{\alpha}\delta\iota\varkappa\acute{\imath}\alpha\varsigma$ (ob. Text S. 48) W. J a e g e r, Sitz. Berl. Ak. 1924, 227; Z. 1 v. u.: Pseudogaleni in Hippocratis de septimanis commentarium ab Hunaino q. fertur Arabice versum ex cod. Monacensi primum ed. et Germanice vertit G. B e r g s t r a e s s e r, Lips. Berol. 1914 (Corp, medic. Graec. XI 2,1). A. G ö t z e, s. Nachtr. zu S. 24* Z. 9 v. u.: dazu W. C a p e l l e, Hermes 60 (1925) 373 f. — S. 43* Z. 17 v. u.: P. B i s e, La politique d'Héraclite d'Ephèse, Paris 1925; Z. 7 v. u.: (Ps.-Hippokr. $\pi\epsilon\varrho\grave{\imath}\ \delta\iota\alpha\acute{\imath}\tau\eta\varsigma$): W. C a p e l l e Hermes 60 (1925) 381 ff.; Z. 5 v. u.: H. G o m p e r z, „Heraklits Einheitslehre" von Alois Patin als Ausgangspunkt z. Verständnis Heraklits, Wiener Studien 43, 115—135. — S. 45* Z. 12 v. o.: F. M. C o r n f o r d, Mysticism and Science in the Pythagorean Tradition, Class. Quarterly 16 (1922) 137—150; 17 (1923) 1—12; Z. 26 v. u.: A. G i a n o l a, La fortuna di Pitagora presso i Romani dalle origini fino al tempo di Augusto, Ca-

tania 1921; Z. 30 v. o.: Zu Rostagnis Buch vgl. die Besprechung von W. T h e i l e r ,
Gnomon 1 (1925) 146 ff.; Z. 18 ff. v. u.: Eine eingehende Arbeit über Okellos (kritische
Ausg. d. Textes auf Grund vollständiger eigener Kollationen mit ausführlicher, be-
sonders überlieferungsgeschichtlicher, Einleitung und Kommentar) von R i c h.
H a r d e r ist nach Mitteilung des Verf. im D.uck. — S. 46* Z. 28 v. u.: E. H o w a l d
Die Schrift d. Philolaos, in: Essays on the History of Medicine presented to Prof.
K. Sudhoff, Zürich 1924. – S. 47* Z. 5 v. o.: S v e n d R a n u l f s. Nachtrag zu
S. 22* Z 6 v. o. — T. W h i t t a k e r , A note on the Eleatics, Mind 33, 428 — 432.; Z. 25 v. u.:
H e r m. F r ä n k e l , Xenophanesstudien, Hermes 60 (1925) 174—192. — S. 48*
Z. 9 v. o.: M a r i o U n t e r s t e i n e r , Parmenide, Torino 1925; Z. 24 v. o.:
J. U. P o w e l l , The Simile of the Clepsydra in Empedocles [zu Vors. 21 B 100],
Class. Quart. 17 (1923) 172—174. — S. 49* Z. 24 v. o.: A. R o s t a g n i , Il poema
sacro di Empedocle, Riv. di filol. 1,7 ff.; Z. 29 v. o.: Auf Romain R o l l a n d s dich-
terische Studie über Empedokles' Lehre von Haß und Liebe wurde ich durch P h i -
l i p p s o n , Berl. philol. Woch. 1920, 775 aufmerksam. — S. 50* Z. 27 v. o.:
J. S t e n z e l , Art. Leukippos 13 bei Pauly-Wissowa-Kroll. — S. 51* Z. 25 v. o.:
H. L a u e , Die Ethik d. D mokritos, Ztschr. Sokrates (Jahresber. d. Philol. Vereins
zu Berl.) 49 (1923/24) 23—28, 49—62. Dazu P h i l i p p s o n , s. Nachtrag zu S. 109
Z. 16 v. u.: Z. 29 v. o.: Zur Vorstellung von Demokrit als lachendem Philosophen
K. K r a f t , Die Abderitenfabel, Gießen 1924. — S. 52* Z. 28 v. u.: J. G e f f c k e n ,
Aus d. griech. Gedankenwelt des 5. Jahrh., Rostock 1924, Univ.-Rede. — S. 53*
Z. 23 v. o.: W. N e s t l e , Ein Echo aus Protagoras „$\Pi\varepsilon\varrho\grave{\iota}\ \vartheta\varepsilon\tilde{\omega}\nu$" ?, Philol. Woch. 1925,
316—318; Z. 9 v. u.: Hier war umfassender auf die von P o h l e n z , Nachr. Gött.
Ges. Wiss. 1920, 158 ff. ins Licht gerückten Verdienste des Gorgias um die Anfänge
einer poetischen Kunsttheorie zu verweisen. — S. 55* Z. 11 v. u.: F r. P f i s t e r ,
Zu den neuen Bruchstücken des Sophisten Antiphon (Oxyrh. Pap. 1364 u. 1797),
Philol. Woch. 1925, 201—205. S. L u r i a , Ein Gegner Homers, Bullet. de l'Acad. d.
Sciences de Russie 1924, 373—382. — S. 56* Z. 27 v. o.: W. N e s t l e , ᾿$A\pi\varrho\alpha\gamma\mu\sigma\sigma\acute{\nu}\eta$
(zu Thukyd. II 63), Philol. 81 (1925) 129—140 (berührt d. Verhältn. d. Thukyd. z.
Philosophie seiner Zeit [Anaxagoras, Sophistik, Sokratik]); Z. 26 v. u.: A u g. B u r k ,
Die Pädagogik d. Isokrates (Stud. z. Gesch. u. Kult. d. Altert. 12. Bd. 3./4. Heft),
Würzb. 1923. Dazu K. M ü n s c h e r , Philol. Woch. 1924, 1050 ff. — S. 59* Z. 12 v. o.:
E. M a a ß , Die Ironie d. Sokrates, Zeitschr. Sokrates (Jahresber. d. Philol. Ver.
z. Berl.) 49 (1923/24) 88—103. K l i m e k , Der Sokrates-Prozeß, Breslau 1920.;
Z. 12 v. u.: J. P a v l u , D.r 14. bis 17. sogen. Sokratikerbrief, in: $X\acute{\alpha}\varrho\iota\sigma\mu\alpha$, Festg.
z. 25 jähr. Stiftungsfeier des Ver. klass. Philologen in Wien, Wien 1924, 33 —42. —
S. 61* Z. 20 v. u.: A. T o m s i n , Un passage de Xén. expliqué par l'archéologie
(Banquet 7, 5), Musée Belge 28 (1924) 233 ff. Note sur Xén. Banquet 7, 5, Rev. Belge
de philol. et d'histoire 3 (1924) 583. — S. 64* Z. 3 v. u.: G. B. L. C o l o s i o , Aristippo
di Cirene filosofo socratico, Torino 1925. — S. 65* Z. 9 v. o.: (zum Titel der Schrift
des Euhemeros) K. R u p p r e c h t , ᾿$I\varepsilon\varrho\grave{\alpha}\ \dot{\alpha}\nu\alpha\gamma\varrho\alpha\varphi\acute{\eta}$. Philol. 80 (1925) 350— 352. —
Z. 16 v. u.: A. G o e d e c k e m e y e r , Platon (Philos. Reihe Bd. 42), München 1922.
E. v. A s t e r , Platon, Stuttg. 1925. — S. 67* Z. 7 v. o.: P. L. L a n d s b e r g , Wesen
und Bedeutung d. platon. Akademie, Bonn 1923. O. I m m i s c h , Academia, s. Nachtr.
zu S. 21* Z. 23 v. o. — S. 68* Z. 30 v. o.: E. D e n e k e , De Platonis dialogorum libri
Vindob. F memoria, Gött. 1922 Diss. — S. 73* Z. 18 v. o.: S v e n d R a n u l f , s.
Nachtr. zu S. 22* Z. 6 v. o. (kommt für Platon in besonderem Grade in Betracht);
Z 27 v. u.: A. S. F e r g u s o n , Plato's Simile of Light, I. The Smile of the Sun
and the Line, Class. Quarterly 15 (1921) 131—152. II. The Allegory of the Cave.

A: The Human Θεωρία. B: Prooimion and Nomos, ebd. 16 (1922) 15—28; Z. 20 v. o.:
Agn. Schweßinger, Eigenart und Eigengesetzlichkeit in Platos Kunst,
Philol. 80 (1925) 225—297; Z. 16 v. u.: C. L. Brownson, Plato's Studies and
Criticisms of the Poets, Boston 1920. — S. 77* Z. 3 v. o.: A. S. L. Farquharson,
Socrates Diagram in the Meno of Plato p. 86 e—87 a, Class. Quart. 17 (1923) 21 ff;
Z. 23 v. o.: B. Kößler, Abfassungszeit und Echtheit d. platon. Dial. Hippias
maior, Erl. 1921 Diss. — Th. Zieliński, De Hippia minore, Eos 26 (1923) 27 ff. —
S. 79* Z. 1 v. o.: Marianne Koffka, Plat. Symp. 209 c, Hermes 59 (1924)
478; Z. 30 v. o.: P. Shorey, The Origin of the Syllogism, s. Nachtr. z. S. 22* Z. 6 v. o.
— S. 81* Z. 28 v. u.: J. F. Mountford, The Musical Scales of Plato's Republ.
[zu 398 d ff.], Class. Quart. 17 (1923) 125 ff. — L. Radermacher (zu Politeia
364 b), Rhein. Mus. 73 (1920/24) 452. — S. 82* Z. 28 v. u.: A. Tumarkin, Die
Einheit d. platon. Phädrus, Neue Jahrb. f. Wissensch. u. Jugendbild. 1 (1925) 17
bis 31. — K. Kerényi, Astrologia Platonica. Zum Weltbilde d. Phaidros, Arch.
f. Religionswiss. 22, 245—256. — Gunnar Rudberg, Kring Plat. Phaidros
(Svenskt Arkiv for Humanistica Avhandl., utgivet genom W. Lundström I). —
S. 83* Z. 14 v. u.: A. Meillet, Le sens de γενήσομαι à propos de Parménide 141.
Rev. d. philol. 48 (1924) 44 ff. — Donald Sage Mackay, Mind in the Parme-
nides, a Study in the History of Logic, New York Columb. Univers. o. J. — S. 84*
Z. 24 v. u.: R. Philippson, Akademische Verhandll. über d. Lustlehre, Hermes
60 (1925) 444—481. — S. 86* Z. 9 v. o.: J. Bisinger, Der Agrarstaat in Platons
Gesetzen, Lpz. 1925. — M. Mühl, Ἄνθρωπος ἡμερώτατον ζῷον, Philol. Woch.
1924, 405 (zu Νόμοι 766 a). — S. 88* Z. 4 v. u.: O. Immisch, Die platon. Briefe.
Vortrag. Referat im Human. Gymn. 35 (1924) 83 f. — S. 89* Z. 18 v. u.: R. Adam,
Über eine unter Platons Namen erhaltene Sammlung von Definitionen, Philol. 80
(1925) 366—376. Vgl. auch Nachtr. z. S. 193 Z. 5 v. u. — S. 90* Z. 9 v. u.: E. Hoffmann, Der Sinn des Platonismus. Vortrag. Referat im Human. Gymn. 35 (1924)
82 f. — C. M. Chilcott, The Platonic Theory of Evil, Class. Quart. 17 (1923)
27—31. — S. 91* Z. 10 v. o.: Kurt Singer, Platon u. das Griechentum, Heidelb.
1920. — S. 92* Z. 1 v. o.: R. P. Casey, Clement of Alex. and the beginnings of Christian Platonism, Harv. Theol. Rev. 18 (1925). — S. 93* Z. 9 v. o.: A. E. Taylor,
Platonism and its Influence, Boston 1924. — S. 94* Z. 30 v. u.: G. C. Field, Aristotle's Account of the Historical Origin of the Theory of Ideas, Class. Quart. 17
(1923) 113 ff. — S. 95* Z. 27 v. u.: Svend Ranulf s. Nachtr. z. S. 73* Z. 18 v. o. —
S. 96* Z. 1 v. o.: P. E. More, The Religion of Plato, Princeton, Oxford 1921. —
H. Oehlke, Platon u. die Volksreligion, Sokr. 49 (1923/24) 78—87. — S. 99*
Z. 24 v. o.: (Sternberg) 2. Aufl., Berl. 1924; Z. 25 v. o.: R. Cl. Lodge, Private
and public spirit in Platonism, Philosoph. Rev. 34 (1925) 1ff; Z. 29 v. o.: C. Ve-
ring, Platons Staat, der Staat der königl. Weisen, Frankf. a. M. 1925; Z. 8 v. u.:
Fr. Glaeser, Platons Pädagogik, Wien. Blätt. f. d. Freunde d. Antike 2 (1924)
152 ff. — S. 100* Z. 18 v. o.: E. Cassirer, Eidos u. Eidolon. Das Probl. d. Schönen
u. d. Kunst in Platons Dialogen. Vortrr. d. Bibl. Warburg, hrsg. v. Fritz Saxl II
(Lpz. Berl. 1924) 1—27. Dort 27 ist für die Fortwirk. d. platon. Grundgedanken
angeführt: E. Panofsky, Idea. Ein Beitr. z. Begriffsgesch. d. älteren Kunsttheorie
(Stud. d. Bibl. Warburg V, Leipz. 1924).; Z. 29 v. u.: R. Philippson, Akad.
Verhandll., s. Nachtr. z. S. 84* Z. 24 v. u.; Z. 14 v. u. (Speusippos): Philippson
in der zu Z. 29 v. u. erwähnten Abhandlung bes. 447 ff., 468 ff. Diese ist auch
für Eudoxos — zu S. 101* Z. 11 ff. — nach mehreren Seiten hin (so auch betreffs seiner
Schrift περὶ θεῶν) von Wichtigkeit. — S. 102* Z. 27 v. o.: W. D. Ross, Aristotle,

Lond. 1923 — J. Burnet, Aristotle, Lond. 1924. — S. 105* Z. 22 v. o.: P. Gohlke,
Aus d. Entstehungsgesch. d. arist. Metaphysik in: Satura Berolinensis, Festg. z. 50jähr.
Bestehen d. Akad. philol. Ver. an d. Univ. Berl. 1924, 34—49. — S. 106* Z. 19 v. u.:
A. Mansion, Étude critique sur le texte de la Physique d'Aristote, Rev. d. philol.
47 (1923) 5 ff. — P. Gohlke, Die Entstehungsgesch. d. naturw. Schrr. d. Arist.,
Hermes 59 (1924) 274—306 (Abweichungen von Jaeger bezügl. Metaph. *A*, Phys. *B*
und Meteor. *Δ*, das d. Verf. 296, 3 für echt hält). — S. 108* Z. 5 v. o.: H. v. Arnim,
Die drei aristot. Ethiken, s. o. Text S. 370, 1. — R. Philippson in der zu S. 84*
Z. 24 v. u. nachgetragenen Arbeit 445 ff. — S. 109* Z. 21 v. u.: G. Mathieu, Deux
manuscrits méconnus de la Rhét. à Alex., Rev. d. philol. 47 (1923) 58. — S. 110* Z. 28
v. o.: A. Gudeman, Zur Überlieferungsgesch. d. arist. Poetik, in: Festg. z. 50 jähr.
Best. d. Akad. philol. Vereins an d. Univ. Berl., Berl. 1924, 50—60. — D. S. Margo-
liouth, The Homer of Arist., Oxf. 1923 (sucht in unhaltbarer Weise aus Arist. eine
Stütze für den Unitarismus in der Homerfrage zu gewinnen). — S. 111* Z. 9 ff v. o.:
Otto Schroeder, Arist. als Dichter, Neue Jahrb. f. Wissensch. u. Jugendb. 1 (1925)
31—35. — S. 112* Z. 5 v. u.: J. L. Stocks, Aristotelianism, Boston 1925. —
S. 114* Z. 20 v. o.: G. C. Field s. Nachtr. z. S. 94* Z. 30 v. u. — S. 119* Z. 7 v. u.
N. Costanzi, L'individuo e lo stato; estratti dalla Politica di Arist., Bari 1924
(mit Einleitung). — S. 121* Z. 11 v. u.: M Pohlenz s. Nachtr. z. Text S. 401. —
W. Sh. Fox, Katharsis in Aristotle, Class. Weekly 17 (1924) 184. — G. Méautis,
Beitr. z. arist. Tragödiendefinition, Philol. Woch. 1925, 174f. — S. 123* Z. 9 v. u.:
E. S. Forster, Some Emendations in the Fragments of Theophr., Class. Quar-
terly 15 (1921) 166 ff. — Er. Reitzenstein, Theophr. bei Epikur u. Lucrez,
Orient u. Antike 2, Heidelb. 1924 (s. Nachtr. z. S. 402 Z. 6 v. o). — S. 124* Z. 14 v. o.:
H. Täger, Aristoxenos als Gewährsmann altpythagoreischer Überlieferung, Sokr.
49, 44—77; Z. 23 v. o.: C. Del Grande, Teodette di Faselide, Riv. indo-greco-
ital. di filol. etc. 8 (1924) 35 ff. — S. 125* Z. 10 v. o.: J. Geffcken, Geisteskämpfe
im Griechentum der Kaiserzeit, Kantstudien 30 (1925) 23—38. — K. Latte, Religiöse Strömungen in der Frühzeit d. Hellenismus, Die Antike 1 (1925) 146—157;
Z. 12 v. o.: H. Gressmann, Die hellenist. Gestirnreligion, Beihefte zum „Alten
Orient" Heft 5, Lpz. 1925. Darin 7 ff. über das Vordringen der Gestirnreligion in
der Philosophie. — S. 126* Z. 10 v. o.: R. M. Wenley, Stoicism and its Influence,
Boston 1924. — S. 127* Z. 11 v. u.: Zu Chrysipp, Stoic. vet. fragm. II Nr. 178,
K. Kalbfleisch, Philol. Woch. 1924, 1037—1039. — S. 129* Z. 23 v. o.: Zur
stoischen Grammatik K. Barwick, Remmius Palaemon u. d. röm. ars grammatica,
Lpz. 1922, 90 ff. — S. 131* Z. 23 v. o.: Zu Menippos u. der Menippea s. auch O. Weinreich, Senecas Apokolok., Stellen im Register; Z. 12 v. u.: D. Knox, The Kerkidas Papyrus, Class. Rev. 38, 101 ff. — S. 132* Z. 9 v. o.: Texte des Phoinix bei Diehl,
Anthol. lyr. Gr. I 290—295; Z. 28 v. o.: Viel für Inhalt u. Form der Diatribe Wichtiges berührt Fr. Husner, s. Nachtr. zu S. 34* Z. 27 v. u.; Z. 24 v. u.: Einwirkung
d. Diatribe auf Plotin: M. Wundt, Plotin I 28—35. Vgl. auch F. Heinemann,
Plotin 92—94. — S. 133* Z. 18 v. u.: O. Tescari, Nota Epicurea: Isotachia atomica, Riv. di filol. 2, 192; Z. 16 v. u.: Die Frage der Κύριαι δόξαι behandelt
Bignone auch in seinem Epicuro 7 ff; Z. 10 v. u.: E. Bignone, Fra Epicurei
e poeti (Ergänzungen zu den Epicurea), Riv. di filol. 2, 145 ff. — S. 134* Z. 8 v. o.:
Kurt Prehn, De Epicuri ad Pythoclem epistula, Greifsw. 1925 Diss. — Er. Reitzenstein, Theophrast bei Epikur u. Lucrez (s. Nachtr. zu S. 402 Z. 6 v. o.), berührt
vielfach die an d. Pythoklesbrief sich knüpfenden Fragen. — S. 135* Z. 31 v. o.:
Rostagni (2. Teil), ebd. 2, 1 ff. — H. M. Last, The Date of Philodemos De signis,

Class. Quart. 16 (1922) 177—180. — Zu den Beziehungen zwischen Neoptolemos, Philodem und Horaz s. auch P h i l i p p s o n , Philol. Woch. 1924, 420. — S.137* Z. 16 v. u.: H a n s F i s c h e r , De capitulis Lucretianis, Gießen 1924 Diss. — A. C h i - a r i , A proposito d'una nuova edizione di Lucrezio, Riv. di filol. 2, 233 ff. — A. E r - n o u t , Lucretiana, Bull. de l'Association Guill. Budé 1924, 20 ff. — S. 138* Z. 21 v. u. E r. R e i t z e n s t e i n s. Nachtr. zu S. 402 Z. 6 v. o.; Z. 25 v. o.: W. A. M e r r i l l, The characteristics of Lucretius' verse and Lucubrationes Lucretianae, Univ. of Calif. Publ. in Class Philol. vol. 7 n. 7 and 8 p. 221—267, Berkeley 1924. The metrical technique of Lucr. and Cicero, ebd. n. 10 p. 293—306, Berk. 1924; Z. 24 v. u.: L. C h o - d a c z e k , Lucretiana (zu 4, 1125; 5, 1442), Eos 26 (1923) 103. — S. 139* Z. 6 v. u.: H. v. A r n i m s Vortrag über Epikurs Lehre v. Minimum ist gedruckt im Almanach d. Wien. Akad. 57 (1907) 383—402. — S. 143* Z. 18 v. o.: L. C h o d a c z e k , Var- ronianum, sat. Menipp. fr. 463 Büch., Eos 25 (1922) 45—55. — S. 144* Z. 19 v. o.: C. E. B u r r i s s , Cicero's Religious Unbelief, Classic. Weekly 17 (1923/24) 101. — S. 145* Z. 11 v. o.: R. R e i t z e n s t e i n , Zu Cic. de rep., Hermes 59 (1924) 356 bis 362 (zu R. Heinze, Cic. „Staat" als pol. Tendenzschr. u. zu des Verf. früheren Aufs. in den Gött. Nachr., s. S. 150* unter Panaitios). — S. 150* Z. 27 v. u.: F ·. T a e - g e r , Die Archäologie d. Polybios, Stuttg. 1922 (Verh. der Staatsl. d. Polyb. z. Panai- tios u. Cicero). — S. 151* Z. 8 v u.: Hingewiesen sei hier noch auf P. S c h n a b e l , Berossos u. d. babylon.-hellenist. Lit., Lpz. Berl. 1923, 94 ff. (Berossos von Pos. be- nutzt, von dem dann wieder Varro, Kleomedes, der Verf. d. Vetusta Placita und das dem Verf. des Briefes an Pythokles und dem Lucrez zu Grunde liegende jüngere Epikureertum abhängen). — S. 152* Z. 24 v. u.: Gegen Benutzung des Pos. durch Lucrez E r. R e i t z e n s t e i n (s. Nachtr. zu S. 402 Z. 6 v. o.). — S. 153* Z. 18 v. o.: A l f r. K l o t z , Cäsarstudien, Lpz. Berl. 1910, 110 ff.; Z. 32 v. o. (K e r é n y i): Die Ergebnisse von dem Verf. mit Hinweis auf Nachträge in deutscher Sprache zu- sammengefaßt in der Philol. Woch. 1925, 279—288 (gegen Zurückführung auf Posei- donios). — S. 157* Z. 9 v. o.: Gegen Hammer-Jensen für Echtheit von Arist. Meteor. $\varDelta$ P. G o h l k e, s Nachtr. z. S. 106* Z. 19 v. u. — S. 158* Z. 15 v. o.: O l g a R o s s i, De M. Catonis dictis et apophthegmatis, Athenaeum, Studi period. di lett. e stor., N. S. 2 (1924) 174 ff. — S. 161* Z. 10 v. o.: P. C a r t o n , Le naturisme dans Sénèque, Par. 1922. — Fr. H u s n e r , Leib u. Seele in der Sprache Senecas, s. Nachtr. zu S. 34* Z. 27 v. u. — E. B i c k e l , Die Datierung d. Apokolokyntosis, Philol. Woch. 1924, 845—848. — S. 162* Z. 14 v. o. (B u s c h e): Philol. Woch. 1924, 693—696; Z. 22 v. o. (W a l t e r): Philol. Woch. 1924, 402; 1925, 350 f.; Z. 23 v. o. (G a l d i): Riv. indo -greco -italica 8 (1924) 65 ff.; Z. 25 v. o.: O. R o s s b a c h , Der Titel d. Satire d. jüngeren Seneca, Philol. Woch. 1924, 799. — A l f. K u r f e s s , Zu Senecas Apocolocyntosis, Philol. Woch. 1924, 1308 —1312. — O. H e n s e , Zu Senecas Briefen, Rh. Mus. 74 (1925) 115—128. — S. 164* Z. 30 v. u.: S t o l t e , D. Begriff d. inneren Freiheit bei Epiktet u. d. Apostel Paulus. Vortrag, Referat Human. Gymn. 35 (1924) 122 f.; Z. 13 v. u.: Forts. d. Abhandl. v. B r i n k m a n n - H e r t e r ebd. 74 (1925) 25—63. — S. 165* Z. 29 v. u.: H. D. S e d g w i c k , Marcus Aurelius. A Biography etc., New Haven 1921; Z. 11 v. u. E. B i g n o n e, Note critiche, Riv. di filol. 2, 514. — S. 166* Z. 15 v. u.: A l b. S e v e r y n s , La grammairienne Demo, Rev. Belge de philol. et d'histoire 3 (1924) 713 ff.— S. 168* Z. 13 v. u.: S. Nachtr. z. S. 45* Z. 26 v. u. (G i a n o l a). − S. 171* Z. 7 v. o.: H. L i e t z m a n n , Orphisch-neupythagoreische Katakombenkunst in Rom, Archäol. Anz. 1923, 3/4. Derselbe, Der unterirdische Kultraum von Porta maggiore in Rom, Vortrr. d. Bibl. Warburg II (Vortrr. 1922/23 I), Berl. Lpz. 1924, 66—70. — Zum neupythagoreisch beeinflußten Kult auch V a l é r i e

Daniel, s. Nachtr. z. Porphyrios S. 191* Z. 20 v. o.; Z. 31 v. o. (zu Cichorius):
E. Honigmann, Zu CIG. 4730, Hermes 59 (1924) 477 f. — S. 174* Z. 20 v. o.:
Fr. Wilhelm, Plutarchs Schrift περὶ ἡσυχίας, Rh. Mus. 73 (1920/24) 466 ff. —
S. 175* Z. 26 v. o.: L. Chodaczeck, Apuleianum (de Plat. p. 86, 13 f. Thom.),
Eos 25 (1922) 56—58. — S. 178* Z. 11 v. u.: H. Schöne, Verbesserungen zum
Galentext, Sitz Berl. Ak. 1924, 94—106. — S. 180* Z. 14 v. o.: H. Willrich,
Urkundenfälschung in d. hellenistisch-jüd. Liter., Gött. 1924. — L. Cerfaux, In-
fluence des mystères sur le Judaisme alexandrin avant Philon, Le Muséon 37 (1924)
29 ff. — S. 183* Z. 1 v. o.: R. Harris, An archaeological Error in the Text of Philo
Judaeus, Class. Rev. 38, 61 f. (zu Ad Gaium 13 VI p. 173,7 C.-W.). — M. Adler,
Bemerkk. z. Philos Schr. Περὶ μέθης, Wien. Stud. 43, 92 ff.; Z. 6 v. o.: Sehr eingehend
beschäftigt sich mit Philon das schon S. 125*, 182* genannte Werk Leisegangs,
Der heilige Geist, wo auch reiche das Thema berührende neuere Literatur berück-
sichtigt ist. — S. 184* Z. 5 v. o.: (Sext. Emp.) R. Philippson, Ein Vorgänger
Einsteins, Wien. Blätt. f. die Freunde d. Antike 2 (1924) 146 ff. — S. 185* Z. 9 v. o.:
K. Latte, Reste frühhellenist. Poetik im Pisonenbrief d. Horaz, Hermes 60 (1925)
1—13.; Z. 27 v. o.: A. Rostagni, Il verbo di Pitagora, Torino 1924 (zu Ovid
Metam. 15, 75—258; 453—478); dazu Theiler, Gnomon 1 (1925) 147 ff. —
Fr. Wilhelm, Zu Ovid Ex Ponto I 3, s. Nachtr. zu S. 26* Z. 23 v. o. — S. 189*
Z. 31 v. o. (Gollwitzer): Die Reihenf. d. Schrr. Plotins, Blätt. f. d. bayer. Gym-
nasialschulw. 36 (1900) 4—16; Z. 10 v. u.: J. Cochez, L'esthétique de Plotin, Rev.
Néoscolast. 20 (1913) 294 ff. Derselbe, Les religions de l'empire dans la philos. de
Plotin in: Mélanges Ch. Möller, Univ. d. Louvain 1914 (Bd. 40, 9). — S. 190* Z. 10 v. o.:
Bei F. Heinemann S. VIII Anm. 2 sind weitere Arbeiten des Verf. ver-
zeichnet. Nr. 3 (Die Spiegeltheorie der Materie als Korrelat der Logos-Licht-Theorie
bei Plotin. Ein Beitr. z. Metamorphose d. plotin. Begr. d. Materie) ist im Philol. 81
(1925) 1—17 erschienen; Z. 11 v. o.: G. Mehlis, Plotin, Stuttg. 1924 (dazu
H. Oppermann, Gnomon 1 [1925] 154 ff.). — F. Thedinga, Plotins Schr.
über d. Glückseligkeit, Rh. Mus. 74 (1925) 129—154. — É. Bréhier, Sur le problème fondamental de la philos. de Pl., Bull. de l'Assoc. Guill. Budé 1924 Avril, 25 ff.;
Z. 22 v. o.: E. R. Dodds, Plotiniana, Class. Quarterly 16 (1922) 93—97; s. auch
Nachtr. zu S. 598 Z. 21 v. o. — S. 191* Z. 20 v. o.: Valérie Daniel, Une fresque
du viale Manzoni expliquée par un texte de Porphyre, Revue Belge de philol. et
d'hist. 3 (1924) 703 ff.; Z. 1 v. u.: M. Mühl, Platonisches in d. Pythagoras-Vita d.
Iambl., Philol. Woch. 1925, 235 f. — S. 193* Z. 21 v. o.: R. Asmus, Julians Invek-
tiven geg. Neilos u. ihre Hauptquelle, Philol. 80 (1925) 342—345; Z. 20 v. u.:
v. Wilamowitz, Hermes 59 (1924) 267—270 (zur Ausg. v. Bidez u. Cumont);
Z. 20 v. u.: F. Boulenger, Remarques critiques sur le texte de l'empereur
Julien, Par. 1922. — S. 195* Z. 19 v. o.: Rin. Nazzari, La dialettica di
Proclo e il sopravvento della filosofia cristiana, Roma 1921 (Quaderni di Bilychnis
Nr. 4 [1922]); Z. 27 v. u.: Sam. Krauss, Marinus, a Jewish philosopher
of Antiquity, Jew. Quart. Rev. 9 (1897) 518 f.

S. 194 Z. 2 v. o.: L. A. Post, Thirteen Epistles of Plato. Introd., Transl.
and Notes, Oxf. 1925. — S. 305 Z. 7 des Textes v. u.: In den Lusthassern erkennt
jetzt R. Philippson, Hermes 60 (1925) 470 ff., mit sehr guten Gründen Speusippos und seine Schüler. — S. 358 Z. 19 v. o.: Arist. Eth. Nicom. transl. into Engl.
by W. D. Ross, Oxf. 1925. — S. 439 Z. 1 v. u.: Philod. over den Dood. Diss. door
Taco Kuiper, Amsterd. 1925. — S. 516 Z. 1 v. o. (s. o. S. 204*): Walter

S c o t t , Hermetica vol. II: Notes on the Corpus Hermeticum, Oxf. 1925. —
S. 526 Z. 26 v. u.: Von der geplanten Ausg. ist inzwischen erschienen: Plut. Mor.
vol. I. rec. et emend. W. R. P a t o n et I. W e g e h a u p t. Praefationem scripsit
M. P o h l e n z , Lpz. 1925. — S. 598 Z. 14 v. o.: Plotin, Der Abstieg der Seele in
die Leibeswelt. Übers. v. R i c h. H a r d e r [mit Kommentar], Die Antike 1 (1925)
363—376. — S. 624 Z. 10 v. o.: Eine kritische Ausg. d. Marinos mit Kommentar wird
geplant von O t m. S c h i s s e l v. F l e s c h e n b e r g.

     S. 2* Z. 5 v. o.: F. H e i n e m a n n , Die Gesch. d. Philos. als Gesch. des
Menschen. Betrachtungen üb. ihren Gegenstand, ihre Methode u. Struktur, Kantstud.
Bd. 31 (nach Mitteil. d. Verf. im Druck). — S. 3* Z. 20 v. u.: E. H o w a l d , Die
Anfänge d. europäischen Philosophie, Münch. 1925. — S. 21* Z. 6 v. o.: F. S c h e m -
m e l , Die Schule v. Caesarea in Palästina, Philol. Woch. 1925, 1277 ff. — S. 22*
Z. 6 v. o.: J. N. R u f f i n , Great Logicians, down to Aristotle inclus., Lond. 1925. —
S. 23* Z. 8 v. o.: J. L. H e i b e r g , Gesch. d. Mathematik u. Naturwissenschaften
im Altertum (Handb. d. Altertumswiss. hrsg. v. W. Otto, V. Bd. 1. Abt. 2. Teil), Münch.
1925. — S. 34* Z. 12 v. o.: J. S t e n z e l , Zur Entwicklung des Geistesbegriffes in
d. griech. Philosophie; Die Antike 1 (1925) 244—272. — S. 44* Z. 24 v. u.: L. v. S c h r ö -
d e r , Das Bohnenverbot des Pythagoras u. im Veda, Wien. Ztschr. f. Kunde d.
Morgenlandes 15 (1901) 187—212. — S. 74* Z. 4 v. o. (zu Hiestand): F. B ö r t z l e r ,
Das wahre Gesicht d. Sokrates, Neue Jahrb. f. Wissensch. u. Jugendb. 1 (1925)
709—717. — S. 81* Z. 28 v. u.: A. B. D r a c h m a n n , Zu Plat. Staat [517 a],
Hermes 61 (1926) 110. — S. 90* Z. 25 v. o.: P. M a a s , Zum Platontext [Menon 99 e,
Gorg. 524 d], Hermes 60 (1925) 492 f. — S. 97* Z. 1 v. u.: J o h. H a u ß l e i t e r ,
D. Glücksgedanke bei Platon u. Aristoteles, in: Vom sittl.-relig. Erleben, Philos.
Unterss. Herm. Schwarz z. 60. Geb. dargebr., Greifsw. 1924, 17—26. — S. 108*
Z. 22 v. u.: F r z. A l t h e i m , Die Komposition d. Politik d. Arist., Ungedr. Diss. v.
Frankf. a. M., Auszug. — S. 123* Z. 9 v. u.: E m. O r t h , Theophr. char. VIII 1,
Philol. Woch. 1925, 1053 ff. — S. 125* Z. 14 v. o.: F. H e i n e m a n n , Gestalten
d. Spätantike, Der Morgen 1 (1925) 310—323. 480—495. 578—584. — S. 151* Z. 20 v. u.:
K. R e i n h a r d t , Kosmos u. Sympathie. Neue Unterss. über Poseidonios, München
1926. — S. 162* Z. 25 v. o.: R. H e i n z e , Zu Senecas Apocolocyntosis Hermes 61
(1926) 49—78. — S. 177* Z. 23 v. o.: W. L o r i m e r , Some Notes on the Text
of Ps.-Arist. de mundo, Lond. 1925. — S. 188* Z. 23 v. u.: F. H e i n e m a n n ,
Ammonios Sakkas u. der Urspr. d. Neuplatonismus, Hermes 61 (1926) 1—27. —
S. 190* Z. 34 v. u.: F r z. K o c h , Goethe u. Plotin, Lpz. 1925. — S. 129* Z. 21 v. u.:
A. Levi, Sulla psicol. gnoseol. degli Stoici, Athenaeum N. S. 3 (Pavia 1925) fasc. 3. 4.

Berichtigungen.

     S. 13 Z. 19 v. o. lies 1924 statt 1923. — S. 61 Z. 14 v. u. l. statt Okkelos wie
S. 514 f. 45* Okellos (die übliche, etymologisch begründete Namensform; die Über-
lieferung kennt auch Okkelos; vgl. Philol. 61 [1902] 267). — S. 597 Z. 6 v. u. l.
A. (nicht O.) Baumstark. — S. 11* Z. 18 v. o. l. Bigaudet. — S. 101* Z. 28 v. u. l. 1841
(statt 1881). — S. 104* Z. 20 v. u. l. J. C. (statt G.) Vollgraff. — S. 117* Z. 27 v. o.
l. Elfes statt Elfer; Z. 28 v. u. Wróbel; Z. 21 v. u. l. Marchl statt Marcht. —
S. 121* Z. 22 v. o. l. K. statt G. — S. 152* Z. 30 v. u. l. Anonymus. — S. 162*
Z. 20 v. o. l Dunbabin. — S. 166* S. 21 v. o. war Quintilianus kursiv, S. 169*
Z. 26/27 v. o. Nikomachos fett zu drucken. — S. 172* Z. 1 v. u. l. P. (statt O.)
Geigenmüller. — S. 208 Z. 6 v. u. l. „treten" statt „tritt".

Register.

Das Register enthält die Namen der Philosophen und Philosophenschulen und der Literatoren, sowie eine Auswahl weiterer Namen und Sachen. Ein der Seitenzahl nachgesetztes deutet auf eine Hauptstelle.

Einordnung der Umlaute: ä = ae, ö = oe, ü = ue.

Kern, O. 27 38* 47* f 85* 166* 191*.
Kernwart, E. A. 10*.
Kessler, E. 172*.
Kettner, G. 648 184* 198*.
Kettner, H. 142*.
Khostikian, Missak 197*.
Kiaulehn, W. 34* 73* 93*.
Kiefer, O. 151 191 489 598 98*.
Kiekebusch, W. 161*.
Kiesewetter, K. 29*.
Kiessling, Ad. 358.
Kiessling, Gottl. 598 612.
Kilb, J. A. 488 96*.
King, Ch. W. 619.
Kinkel, J. 119*.
Kinkel, W. 3*.
Kintrup 613.
Kiock, A. 77*.
Kipka, K. 193*.
Kirchberger, P. 205*.
Kirchenväter 13 93* s. auch Christentum, Patristik.
Kirchhoff, Ad. 598.
Kirchmann, J. H. v. 193 356.
Kirchner, C. H. 189*.
Kirchner, F. 3* 8*.
Kirchner, Hans 77*.
Kirchner, Herm. 124*.
Kirchner, Herm. 194*
Kirchner, J. 151 18* u. ö.
Kirchner, O. 122*.
Kirchner, V. 28*.
Kißling, R. C. 187* 197*.
Klamp, W. O. G. 202*.
Klaschka, F. 93*.
Klasen, F. 181*.
Klaudios Ptolemaios s. Ptolemaios.
Klaussen, J. 145*.
Kleanthes 69 157 410† 411 413† 416 418 423 f. 426 f. 498 663 669 f. 127* 203*.
Klearchos v. Soloi 401 f.† 404 124*.
Klebs, E. 18* 128* 150*.
Kleeberg, L. 78*.
Kleemann, A. v. 54* 70* 75* f. 78* 91*.
Kleffner, A. J. 190*.
Klein, G. B. 99*.
Klein, J. 118* 168*
Kleist, H. v. 75* 189*
Kleist, J. A. 146*.
Kleitarchos 62*.
Kleitomachos 24 465† 469† 472 f. 664 670 f. 142* 144*.
Klek, J. 358 116*.

Klemens v. Alexandreia 26 495 30* 91* 132* 155* u. ö.
Klemens v. Rom 155*.
Klemm, O. 5*.
Kleomedes 487† 489 500† 152* 155* 164* 210*.
Kleostratos 38*.
Klett, Th. 56*.
Kleuker, H. 193.
Klimek, P. 60* f. 193* 197* 207*.
Klingner, F. 653 199*.
Klohe, P. 148*.
Klostermann, E. 172* 195*.
Klotz, A. 1* 175* 210*.
Klotz, R. 466.
Kluge, Fr. 85*.
Kluge, O. 114*.
Klussmann, R. 15* und passim.
Knaack, G. 90* 128* 131* 142* 155*.
Knapp, C. 137* f.
Knapp, Ch. 148*.
Knatz, Fr. 48*.
Knauer, V. 3* 117*.
Knauer, W. 131* 186*.
Knauth, A. 130*.
Knebel, L. v. 442.
Knoche, J. H. 194*.
Knoellinger, H. 358 467 149*.
Knoke, F. 121*.
Knospe, S. 64* 82*.
Knox, D. 209*.
Knuth, O. 98*.
Koch, Frz. 212*.
Koch, G. A. 151.
Koch, H. 161* 188* 195*.
Koch, H. A. 488 156* 198*.
Koch, K. 33* 178*.
Koch, L. 192.
Koch, M. 78*.
Kochalsky, A. 12 436 140* 183*.
Köchly, H. 476 526 57*.
Koenig, A. 137*.
Königs, F. 100*.
Köpke, E. 34* 124*.
Köpke, R. 11.
Koepp, F. 102*
Körbel, A. 39*.
Körner, O. 116*.
Körte, A. 438 441 17* 36* 134* 138* 183*.
Körte, G. 60*.
Kössler, B. 208*.
Kösters, H. 47* 94*.
Köstlin, K. 6* 19*.
Koetschau, P. 527 176*.

Koffka, Marianne 208*.
Koffmane, G. 199*.
Kohelet 60 42* 180*.
Kohler, J. 149 58*.
Kohler, P. 139* 184*.
Kohm, J. 75*.
Kohn, M. 43*.
Kolár, A. 76*.
Kolessa, Ph. 60*.
Kolfhaus, O. 172*.
Kolotes 435 f. 438 134*.
Kommentar, philosophischer 35* u. passim.
Konstantinos Porphyrogennetos 355 619.
Kontos, K. S. 79* 176* 178*.
Koopmann, J. C. 168*.
Kopacz, J. 79*.
Kopernikus 69 345.
Kopetsch, G. 71*.
Koponios Maximos, T. 665.
Kopp, J. 102* f.
Koriskos 341 347 ff.
Korkisch, E. 67*.
Kornemann, E. 151 166*.
Kornitzer, A. 467 75* f.
Kornutos 421 487† 489 493† 154* 162*†.
Kosmas, Kyr. 202*.
Kosmologische Dichtung u. Prosa 27 40.
Kosmopolitismus 34 168 405 407 425 430 497 501 511 519 540 579 36*.
Kotek, F. 146*.
Kothe, H. 49*.
Kotzias, N. 4*.
Koujeas, S. 123*.
Krabinger, J. G. 636 f.
Kracik, J. 77*.
Kraemer 54* 186*.
Kraemer, A. 154*.
Krämer, W. 108*.
Kraetsch, Cl. 135*.
Kraft, K. 207*.
Krahner, L. H. 142*.
Král, J. 192 68*.
Kralik, R. 57*.
Kramer, H. 34*.
Krantor 35 341 † 342 346† 467 472 f. 611 46* 101* 148*.
Krantz, E. 119*.
Kranz, W. 40 104 110 33* 39* 48* f. 76* 110* 205*.
Krates v. Athen, der Akademiker 341† 342 346† 433 467 663 670 101*.
Krates v. Mallos 414 128*.

E. S. Mittler & Sohn, Berlin SW 68.